2024

Igor **Mascarenhas**
Luciana **Dadalto**

COORDENADORES

Direitos Reprodutivos e Planejamento Familiar

Adriano Marteleto **Godinho** • Alice Krämer Iorra **Schmidt** • Amanda Muniz **Oliveira** • Ana Carolina Brochado **Teixeira** • Ana Luiza Maia **Nevares** • Anna Cristina de Carvalho **Rettore** • Beatriz **Schettini** • Brunello **Stancioli** • Clara **Gustin** • Débora **Gozzo** • Elizabeth Mendonça **Azevedo** • Fernanda **Schaefer** • Flaviana Rampazzo **Soares** • Gabriel Massote **Pereira** • Graziella Trindade **Clemente** • Iara Antunes de **Souza** • Igor de Lucena **Mascarenhas** • Jessica Hind Ribeiro **Costa** • Leandro Reinaldo da **Cunha** • Lucas Costa de **Oliveira** • Luciana **Dadalto** • Maria Carolina **Nomura-Santiago** • Maria de Fátima Freire de **Sá** • Mariana **Brasileiro** • Marianna **Chaves** • Rafael Vieira de **Azevedo** • Renata Oliveira Almeida **Menezes** • Rosângela Viana Zuza **Medeiros** • Sarah **Carvalho**

Dados Internacionais de Catalogação na Publicação (CIP) de acordo com ISBD

D598

Direitos reprodutivos e planejamento familiar / Adriano Marteleto Godinho ... [et al.] ; coordenado por Igor Mascarenhas, Luciana Dadalto. -Indaiatuba, SP : Editora Foco, 2024.

496 p. ; 17cm x 24cm.

Inclui bibliografia e índice.

ISBN: 978-65-5515-906-6

1. Direito. 2. Direito familiar. 3. Direitos reprodutivos. 4. Planejamento familiar. I. Godinho, Adriano Marteleto. II. Schmidt, Alice Krämer Iorra. III. Oliveira, Amanda Muniz. IV. Teixeira, Ana Carolina Brochado. V. Nevares, Ana Luiza Maia. VI. Rettore, Anna Cristina de Carvalho. VII. Schettini, Beatriz. VIII. Stancioli, Brunello. IX. Gustin, Clara. X. Gozzo, Débora. XI. Azevedo, Elizabeth Mendonça. XII. Schaefer, Fernanda. XIII. Soares, Flaviana Rampazzo. XIV. Pereira, Gabriel Massote. XV. Clemente, Graziella Trindade. XVI. Souza, Iara Antunes de. XVII. Mascarenhas, Igor de Lucena. XVIII. Costa, Jessica Hind Ribeiro. XIX. Cunha, Leandro Reinaldo da. XX. Oliveira, Lucas Costa de. XXI. Dadalto, Luciana. XXII. Nomura-Santiago, Maria Carolina. XXIII. Sá, Maria de Fátima Freire de. XXIV. Brasileiro, Mariana. XXV. Chaves, Marianna. XXVI. Azevedo, Rafael Vieira de. XXVII. Menezes, Renata Oliveira Almeida. XXVIII. Medeiros, Rosângela Viana Zuza. XXIX. Carvalho, Sarah. XXX. Título.

2023-2323   CDD 342.16   CDU 347.61

Elaborado por Vagner Rodolfo da Silva – CRB-8/9410

Índices para Catálogo Sistemático:

1. Direito familiar 342.16

2. Direito familiar 347.61

Igor **Mascarenhas**
Luciana **Dadalto**

COORDENADORES

Direitos Reprodutivos *e* Planejamento Familiar

Adriano Marteleto **Godinho** • Alice Krämer Iorra **Schmidt** • Amanda Muniz **Oliveira** • Ana Carolina Brochado **Teixeira** • Ana Luiza Maia **Nevares** • Anna Cristina de Carvalho **Rettore** • Beatriz **Schettini** • Brunello **Stancioli** • Clara **Gustin** • Débora **Gozzo** • Elizabeth Mendonça **Azevedo** • Fernanda **Schaefer** • Flaviana Rampazzo **Soares** • Gabriel Massote **Pereira** • Graziella Trindade **Clemente** • Iara Antunes de **Souza** • Igor de Lucena **Mascarenhas** • Jessica Hind Ribeiro **Costa** • Leandro Reinaldo da **Cunha** • Lucas Costa de **Oliveira** • Luciana **Dadalto** • Maria Carolina **Nomura-Santiago** • Maria de Fátima Freire de **Sá** • Mariana **Brasileiro** • Marianna **Chaves** • Rafael Vieira de **Azevedo** • Renata Oliveira Almeida **Menezes** • Rosângela Viana Zuza **Medeiros** • Sarah **Carvalho**

2024 © Editora Foco

Coordenadores: Igor Mascarenhas e Luciana Dadalto

Autores: Adriano Marteleto Godinho, Alice Krämer Iorra Schmidt, Amanda Muniz Oliveira, Ana Carolina Brochado Teixeira, Ana Luiza Maia Nevares, Anna Cristina de Carvalho Rettore, Anna Cristina de Carvalho Rettore, Beatriz Schettini, Brunello Stancioli, Clara Gustin, Débora Gozzo, Elizabeth Mendonça Azevedo, Fernanda Schaefer, Flaviana Rampazzo Soares, Gabriel Massote Pereira, Graziella Trindade Clemente, Iara Antunes de Souza, Igor de Lucena Mascarenhas, Jessica Hind Ribeiro Costa, Leandro Reinaldo da Cunha, Lucas Costa de Oliveira, Luciana Dadalto, Maria Carolina Nomura-Santiago, Maria de Fátima Freire de Sá, Mariana Brasileiro, Marianna Chaves, Rafael Vieira de Azevedo, Renata Oliveira Almeida Menezes, Rosângela Viana Zuza Medeiros e Sarah Carvalho

Diretor Acadêmico: Leonardo Pereira

Editor: Roberta Densa

Assistente Editorial: Paula Morishita

Revisora Sênior: Georgia Renata Dias

Capa Criação: Leonardo Hermano

Diagramação: Ladislau Lima e Aparecida Lima

Impressão miolo e capa: FORMA CERTA GRÁFICA DIGITAL

DIREITOS AUTORAIS: É proibida a reprodução parcial ou total desta publicação, por qualquer forma ou meio, sem a prévia autorização da Editora FOCO, com exceção do teor das questões de concursos públicos que, por serem atos oficiais, não são protegidas como Direitos Autorais, na forma do Artigo 8º, IV, da Lei 9.610/1998. Referida vedação se estende às características gráficas da obra e sua editoração. A punição para a violação dos Direitos Autorais é crime previsto no Artigo 184 do Código Penal e as sanções civis às violações dos Direitos Autorais estão previstas nos Artigos 101 a 110 da Lei 9.610/1998. Os comentários das questões são de responsabilidade dos autores.

NOTAS DA EDITORA:

Atualizações e erratas: A presente obra é vendida como está, atualizada até a data do seu fechamento, informação que consta na página II do livro. Havendo a publicação de legislação de suma relevância, a editora, de forma discricionária, se empenhará em disponibilizar atualização futura.

Erratas: A Editora se compromete a disponibilizar no site www.editorafoco.com.br, na seção Atualizações, eventuais erratas por razões de erros técnicos ou de conteúdo. Solicitamos, outrossim, que o leitor faça a gentileza de colaborar com a perfeição da obra, comunicando eventual erro encontrado por meio de mensagem para contato@editorafoco.com.br. O acesso será disponibilizado durante a vigência da edição da obra.

Impresso no Brasil (09.2023) – Data de Fechamento (09.2023)

2024

Todos os direitos reservados à
Editora Foco Jurídico Ltda.
Rua Antonio Brunetti, 593 – Jd. Morada do Sol
CEP 13348-533 – Indaiatuba – SP

E-mail: contato@editorafoco.com.br
www.editorafoco.com.br

APRESENTAÇÃO

A poetisa Sylvia Plath inicia o belíssimo poema "Morning Song" dizendo que "O amor faz você andar como um gordo relógio de ouro". Esta poesia fala sobre uma mãe que acorda à noite com seu bebê chorando e fica tão ocupada cuidando dele que não consegue apreciar a beleza do sol. O eu lírico deste texto é inspirado na própria autora que, à época da escrita, era mãe de um bebê.

Pensamos nesta frase para apresentar o livro "Direitos Reprodutivos e Planejamento Familiar" pois vemos a construção desta obra como o relógio de ouro que faz o amor andar.

O amor, aqui, é o que move o direito ao planejamento familiar e os direitos reprodutivos. Amor ao próprio corpo, amor à liberdade, amor romântico, amor parental, dentre tantos.

É a percepção sobre os limites que o Direito brasileiro impõe ao exercício destes amores que move esta obra. Limites ao direito de procriar, limites ao direito de não procriar, limites ao direito de manipular geneticamente a prole, limites ao direito de usar o sistema público e privado de saúde para exercer seus direitos reprodutivos, dentre tantos.

Para a complexa missão de refletir crítica e juridicamente sobre estes amores e limites, convidamos juristas de todo o Brasil que, já na construção de seus artigos enfrentaram a árdua tarefa de escrever sobre assuntos que estão em constante mudança social, cultural, ética e jurídica; razão pela qual, desde já, informarmos ao leitor que todos os artigos estão atualizados até o início de agosto de 2023.

Ao longo deste livro, o leitor encontrará reflexões jurídicas e bioéticas sobre mercantilização dos direitos reprodutivos, reprodução humana assistida e seus diversos efeitos, wrongful actions, instrumentalização da vida humana, manipulação genética e embrionária, esterilização compulsória e caseira, responsabilidade civil dos médicos e clínicas, planejamento familiar em famílias plurais e custeio de métodos de reprodução medicamente assistida.

Nosso objetivo, ao organizar este livro, foi unir os mais variados debates em torno do tema principal, demonstrando a vasta gama de repercussões que a busca pela autodeterminação reprodutiva tem no Direito, na Biotecnologia e na Medicina.

Fica aqui, nosso convite para que o leitor nos acompanhe nesse percurso de muitas dúvidas, poucas certezas e uma grande vontade de dialogar. Aos autores e à Editora Foco, o nosso muito obrigado por acreditarem nesse projeto pioneiro.

Belo Horizonte e João Pessoa, inverno de 2023.

Igor de Lucena Mascarenhas
Luciana Dadalto

SUMÁRIO

APRESENTAÇÃO

Igor de Lucena Mascarenhas e Luciana Dadalto V

ENFOQUE BIOÉTICO DO PLANEJAMENTO FAMILIAR

Luciana Dadalto, Clara Gustin e Sarah Carvalho 1

VÁCUO LEGAL EM MATÉRIA DE REPRODUÇÃO HUMANA ASSISTIDA

Beatriz Schettini 17

WRONGFUL ACTIONS: PLANEJAMENTO FAMILIAR VIA REPRODUÇÃO ASSISTIDA, ACONSELHAMENTO GENÉTICO E RESPONSABILIDADE CIVIL

Iara Antunes de Souza 37

BEBÊ MEDICAMENTO: ENTRE A SALVAÇÃO E A OBJETIFICAÇÃO DO SER HUMANO

Fernanda Schaefer 55

MANIPULAÇÃO GENÉTICA: QUAIS OS LIMITES?

Graziella Trindade Clemente e Adriano Marteleto Godinho 69

INSEMINAÇÃO CASEIRA: UM DEBATE SOBRE FILIAÇÃO

Débora Gozzo e Maria Carolina Nomura-Santiago 87

PLANEJAMENTO FAMILIAR E REQUISITOS PARA REALIZAÇÃO DO PROCEDIMENTO DE ESTERILIZAÇÃO VOLUNTÁRIA NO BRASIL

Marianna Chaves.. 101

A ESTERILIZAÇÃO COMPULSÓRIA COMO DESDOBRAMENTO DA COLONIALIDADE: RACISMO, EUGENIA E INGERÊNCIA ESTATAL

Amanda Muniz Oliveira e Elizabeth Mendonça Azevedo 121

COBERTURA DA REPRODUÇÃO HUMANA ASSISTIDA NO ÂMBITO DA SAÚDE PÚBLICA: UMA ANÁLISE A PARTIR DOS JULGADOS PARA EFETIVAÇÃO DA TÉCNICA DE FERTILIZAÇÃO *IN VITRO* DO CENÁRIO BRASILEIRO

Jessica Hind Ribeiro Costa 141

DIREITOS REPRODUTIVOS E PLANEJAMENTO FAMILIAR: REPRODUÇÃO HUMANA ASSISTIDA NA SAÚDE SUPLEMENTAR

Gabriel Massote Pereira e Mariana Brasileiro 159

CONCEPÇÃO APÓS O PROCEDIMENTO DE ESTERILIZAÇÃO VOLUNTÁRIA: CONSENTIMENTO, TERMO DE CONSENTIMENTO E PROCESSO DE ESCOLHA ESCLARECIDA, SOB O ENFOQUE JURISPRUDENCIAL

Flaviana Rampazzo Soares 183

IMPACTOS NA SUCESSÃO DO FILHO CONCEBIDO VIA REPRODUÇÃO HUMANA ASSISTIDA *PÓS-MORTEM*

Ana Luiza Maia Nevares.. 201

ACESSO À REPRODUÇÃO HUMANA ASSISTIDA POR HOMOAFETIVOS E TRANSGÊNEROS

Leandro Reinaldo da Cunha 215

O CONHECIMENTO DA ORIGEM GENÉTICA: UMA BREVE ANÁLISE PARA ALÉM DO VÍNCULO PARENTAL NA REPRODUÇÃO HUMANA MEDICAMENTE ASSISTIDA

Rosângela Viana Zuza Medeiros 233

A (DES)NECESSIDADE DE MANIFESTAÇÃO EXPRESSA EM VIDA DO CÔNJUGE ACERCA DO USO DO MATERIAL GENÉTICO EM CASO DE FALECIMENTO

Ana Carolina Brochado Teixeira e Anna Cristina de Carvalho Rettore 251

ASSIMETRIA INFORMACIONAL NO PROCESSO DE DOAÇÃO DE MATERIAL GENÉTICO

Alice Krämer Iorra Schmidt 271

PATRIMONIALIDADE NA GESTAÇÃO DE SUBSTITUIÇÃO

Anna Cristina de Carvalho Rettore e Maria de Fátima Freire de Sá 283

O MERCADO DE GAMETAS HUMANOS: PRESSUPOSTOS, CONFIGURAÇÕES E INCONSISTÊNCIAS

Lucas Costa de Oliveira e Brunello Stancioli.. 307

A DESTINAÇÃO DOS EMBRIÕES CRIOPRESERVADOS EM CASO DE RECUPERAÇÃO JUDICIAL OU FALÊNCIA DE CLÍNICAS DE REPRODUÇÃO HUMANA ASSISTIDA

Renata Oliveira Almeida Menezes e Rafael Vieira de Azevedo 327

O EXERCÍCIO DO PLANEJAMENTO FAMILIAR NA ESTERILIZAÇÃO VOLUNTÁRIA E O ERRO MÉDICO POR NEGLIGÊNCIA INFORMACIONAL

Igor de Lucena Mascarenhas 341

ENFOQUE BIOÉTICO
DO PLANEJAMENTO FAMILIAR

Luciana Dadalto

Doutora em Ciências da Saúde pela Faculdade de Medicina da Universidade Federal de Minas Gerais, Brasil. Mestre em Direito Privado pela Pontifícia Universidade Católica de Minas Gerais, Brasil. Professora Universitária. Advogada com atuação exclusiva em Direito Médico e da Saúde.

Clara Gustin

Pós-graduada em Planejamento Patrimonial, Familiar e Sucessório pela Faculdade Legale Educacional. Pós-graduanda em Direito Médico e Bioética pela Escola Brasileira de Direito (EBRADI). Advogada.

Sarah Carvalho

Pós-graduanda em Ciências Penais e Interseccionalidade. Membra do Instituto de Ciências Penais e da Sociedade Brasileira de Bioética. Advogada.

Sumário: 1. Introdução – 2. Perspectivas do planejamento familiar pelo viés da bioética feminista – 3. Perspectivas do planejamento familiar pelo viés da bioética da proteção – 4. Análise bioética do planejamento familiar no ordenamento jurídico brasileiro – 5. Considerações finais – 6. Referências.

1. INTRODUÇÃO

A teoria de uma diferença sexual binária e oposta (homem e mulher) nem sempre existiu. Laqueur explica que o interesse de se buscar evidência acerca de dois sexos distintos só surgiu quando as diferenças anatômicas e fisiológicas se tornaram politicamente relevantes. Assim, as diferenças corporais foram eleitas para justificar as desigualdades sociais já existentes.[1]

Defendia-se que havia uma base natural na biologia sexual do homem que justificava a sua prerrogativa de dominação e poder acima da classe de mulheres, considerada inferior, própria ao cuidado do lar e dos filhos. Para Kehl, a subjugação feminina é fruto "de um padrão de feminilidade que sobrevive ainda hoje, cuja principal função (...) é promover o casamento, não entre a mulher e o homem, mas entre as mulheres e o lar".[2]

bell hooks esclarece que apesar de o homem branco ter sido considerado o homem universal, o racismo não impediu que homens negros absorvessem a mesma socialização

---

1. LAQUEUR, Thomas. *Inventando o sexo*: Corpo e gênero dos gregos a Freud. Rio de Janeiro: Relume-Dumará, 2001.
2. KEHL, Maria Rita. *Deslocamento do feminino*. São Paulo: Boitempo, 2016, p. 44.

sexista, desejando o reconhecimento de sua virilidade. Não à toa, até a divisão de trabalho designada por senhores brancos na escravidão foi baseada em sexo refletindo uma "tendência voltada para o homem (por exemplo, exigir que mulheres negras realizem tarefas 'masculinas', mas não exigir que homens negros realizem tarefas 'femininas' – mulheres trabalham no campo, mas homens não cuidam das crianças".[3]

No entanto, a oposição das mulheres em relação a esse papel social fez com que, sobretudo, a partir de 1791, movimentos feministas surgissem formalmente reivindicando mudanças. A psicologia foi a ciência responsável por cunhar o termo "gênero", principalmente pelos estudos de Robert Stoller, de modo que o feminino e o masculino passaram a ser vistos como construção social.[4] Para Butler, gênero se trata de um conceito relacional e implica, sempre, em relações de poder social, de privilégios de maior ou menor prestígio".[5] Se trata, em verdade, de uma performance, ou seja, a cultura dita regras de como agir, sentir, ser, para ser considerado verdadeiramente uma mulher ou um homem.

O movimento feminista brasileiro, muito embora influenciado pelas experiências europeias e estadunidenses, não apenas transgrediu com a imposição social de qual era o lugar feminino, mas também confrontou a ordem política instituída no país, desde o golpe militar de 1964.[6]

Romper com o clássico e exclusivo papel social que lhes era atribuído pela maternidade, controlar a fecundidade, praticar a anticoncepção e viver plenamente a sexualidade passaram a ser objetivos das mulheres. Essa conjuntura implicou a necessidade de políticas que permitissem o acesso aos métodos contraceptivos.

O movimento feminista reivindicava a autonomia sobre seus corpos, liberdade na escolha em relação à procriação, ao exercício da sexualidade e rejeição à heterossexualidade obrigatória. Nesse sentido, grupos de mulheres passaram a se estruturar para realizarem eventos, protestos e formarem organizações não governamentais (ONGs) com o objetivo de influenciar as políticas públicas e a elaboração das leis.

O impacto deste movimento foi visto na área da saúde e fez emergir o campo dos direitos reprodutivos, questionando a concepção e os usos sociais do corpo feminino, sobretudo pela medicina dirigida à mulher (ginecologia e obstetrícia) em torno das tecnologias reprodutivas. Questionou-se também a percepção de que o atendimento à mulher era limitado ao período gravídico-puerperal, de que questões importantes ligadas

---

3. HOOKS, Bell. *E eu não sou uma mulher*: mulheres negras e feminismo. 6. ed. Rio de Janeiro: Rosa dos Tempos, 2020, p. 147.

4. ZANELLO, Valeska. *Saúde mental, gênero e dispositivos*: cultura e processos de subjetivação. Curitiba: Appris, 2018.

5. BUTLER, Judith. *Problemas de gênero Feminismo e subversão da identidade*. 21. ed. Rio de Janeiro: Civilização Brasileira, 2003.

6. SARTI, Cynthia Andersen. O feminismo brasileiro desde os anos 1970: revisitando uma trajetória. *Revista Estudos Feministas*, 2004, v. 12, n. 2, p. 35-50. Disponível em: https://doi.org/10.1590/S0104-026X2004000200003. Acesso em: 05 jul. 2023.

à gravidez indesejada, aborto seguro e acesso aos métodos e às técnicas de controle da fertilidade estavam sendo colocadas politicamente a um plano secundário.[7]

Ao final do regime autoritário, graças à atuação do movimento feminista, o paradigma de atenção à saúde no Brasil foi alterado, passando a incluir a integralidade e a equidade na assistência e, por conseguinte, ampliou-se a noção de saúde da mulher para além da reprodução. No coração desta política foi criado o Programa de Assistência Integral à Saúde da Mulher, hoje Política Nacional de Atenção Integral à Saúde da Mulher,[8] estabelecendo que cada indivíduo deverá ser atendido conforme a sua própria demanda em saúde reprodutiva, incluindo programas de contracepção e tratamento para casos de infertilidade.

No fim da década de 1980, como saldo positivo de todo esse processo social, político e cultural, deu-se uma significativa alteração da condição da mulher com a promulgação Constituição da República Federativa do Brasil de 1988, que extinguiu a tutela masculina na sociedade conjugal. Ademais, introduziu-se o direito ao planejamento familiar no art. 226, § 7º, como corolário dos direitos à liberdade e à dignidade.

Assim, entende-se por planejamento familiar o exercício do direito da mulher ou do casal à informação, à assistência especializada, ao acesso a todos os recursos que lhes permitam a opção livre e consciente por ter ou não ter filhos, de escolher ou não o método anticoncepcional mais adequado aos seus desejos e condições orgânicas, sem coação de qualquer origem.[9]

O direito ao livre planejamento familiar está diretamente ligado ao exercício dos direitos reprodutivos, ao exercício dos direitos ao próprio corpo e saúde, bem como o de desenvolver livremente a personalidade. Trata-se de um conjunto de garantias de caráter personalíssimo, que pressupõe o exercício da autonomia privada e de seu fundamento máximo: a liberdade.

2. PERSPECTIVAS DO PLANEJAMENTO FAMILIAR PELO VIÉS DA BIOÉTICA FEMINISTA

A ideologia patriarcal, que assume serem os homens os responsáveis por criar, modificar e determinar, tanto o posicionamento das mulheres na sociedade, quanto o que deveria (ou não) ser objeto de normatização, ainda é recorrente.[10] É nesse contexto que, nos anos 1990, surge a bioética feminista, com objetivo de agregar valor e notorie-

---

7. Idem.
8. FORMIGA FILHO, J. F. N. Políticas de saúde reprodutiva no Brasil: uma análise do PAISM. In: L. Galvão, & J. Díaz (Ed.). *Saúde sexual e reprodutiva no Brasil* (p. 151-162). São Paulo, SP: Hucitec, 1999.
9. FERNANDES, M. F. M. Mulher, família e reprodução: um estudo de caso sobre o planejamento familiar em periferia do Recife, Pernambuco, Brasil. *Cadernos de Saúde Pública*, v. 19, n. 2, 253-261, 2003. Disponível em: https://doi.org/10.1590/S0102-311X2003000800007. Acesso em: 05 jul. 2023.
10. PEDROSA, Lauricio Alves; SILVEIRA, Ayala. Os (des)respeitos à autonomia da mulher nas restrições impostas pela lei de planejamento familiar à realização da laqueadura no Brasil: análise crítica com base na teoria feminista relacional e à luz da Constituição Federal. *Revista. Fórum de Dir. Civ. – RFDC*, ano 9, n. 25, p. 78. Belo Horizonte, 2020.

dade aos ideais das mulheres, diante da preponderância da bioética principialista nas relações e pesquisas médicas.

A aproximação entre bioética e o feminismo ocorreu por meio do diálogo sobre as desigualdades, as vulnerabilidades, os corpos, a reprodução, a orientação sexual e as identidades de gênero e, por conseguinte, com o reconhecimento de que o gênero se trata de um aspecto importante na compreensão dos conflitos morais em saúde.[11]

À título de exemplificação, cita-se a epidemia do HIV. Quando surgiu, no início da década de 1980, a Aids foi chamada de "peste gay" devido à falsa crença de que a doença afetava tão somente os homens homossexuais. Pouco tempo depois os cientistas demonstraram que a doença era causada por um vírus, o HIV, que sua transmissão se dava por via sexual e por sangue contaminado, de modo que, por se tratar de uma infecção sexualmente transmissível (IST), não existia qualquer restrição ao sexo biológico, orientação sexual ou identidade de gênero.[12]

Logo, começaram a surgir casos de mulheres infectadas pelo HIV, sendo que a queda no número de casos da população brasileira, constatada nos anos 2000, não foi observada especificamente em relação à população feminina.

A maioria das mulheres que convivia com o HIV estava em idade reprodutiva fértil, em relacionamentos fixos e, em tese, monogâmicos, o que poderia levar a crer que elas estariam protegidas do risco de se infectarem.[13] No entanto, como os valores de cumplicidade e amor romântico são estimulados culturalmente apenas às mulheres, de forma que a infidelidade masculina (socialmente aceita) e a submissão ao domínio dos homens que, frequentemente, recusam a camisinha, explicam o porquê de muitas mulheres em relacionamentos estáveis terem se tornado mais vulneráveis à contaminação.

Esta situação demonstrou que um discurso único de prevenção não contemplava as particularidades das mulheres, de forma que a medicina não poderia se valer tão somente do domínio técnico, mas também do conhecimento antropológico a fim de verificar que a epidemia alcançava homens e mulheres de formas diferentes.[14]

Inicialmente, a Bioética feminista se dedicou à análise crítica da teoria principialista, vez que, apesar de estabelecer princípios éticos importantes, quando mecanicamente referenciados, esta teoria não refletia a autenticidade de decisões consubstanciadas na vulnerabilidade social. Sobre isso, Diniz e Guilhem defendem que não é possível falar de princípios universalizantes em contextos de profunda desigualdade social, tal qual as opressões de gênero:

---

11. BANDEIRA, Lourdes; CAMPOS DE ALMEIDA, Tânia Mara. Bioética e feminismo: um diálogo em construção. Revista Bioética, vol. 16, núm. 2, 2008, pp. 173-189. Conselho Federal de Medicina Brasília, Brasil. Disponível em: https://revistabioetica.cfm.org.br/index.php/revista_bioetica/article/view/66. Acesso em: 05 jul. 2023.
12. DINIZ, Débora. Bioética e Gênero. Revista Bioética, v. 6, n. 2, 2009. Disponível em: https://revistabioetica.cfm.org.br/index.php/revista_bioetica/article/view/68. Acesso em: 05 jul. 2023.
13. GUILHEM, Dirce; AZEVEDO, Anamaria Ferreira. Bioética e gênero: moralidades e vulnerabilidade feminina no contexto da Aids. *Revista Bioética*, v. 16, n. 2, 2008. Disponível em: http://revistabioetica.cfm.org.br/index.php/revista_bioetica/article/view/70/73. Acesso em: 11 jul. 2023.
14. Idem.

Ou seja, antes que o apelo a princípios éticos sublimes, e muito provavelmente com forte grau de adesão entre bioeticistas de todo o mundo, tais como o princípio da liberdade ou da dignidade humana a tarefa da bioética deveria ser a análise, a discussão e o desenvolvimento de mecanismos éticos de intervenção frente a todos os tipos de desigualdade social. Assim sendo, a tarefa fundamental da bioética não seria mais a apresentação do mapa ético de como a humanidade deveria ser, se regida pela beneficência, não maleficência, justiça ou autonomia, mas sim a procura por mecanismos de reparação social da vulnerabilidade moral que tornem esses princípios eficazes. De princípios éticos universais passaríamos, portanto, para a defesa de princípios compensatórios da vulnerabilidade social.[15]

Nessa perspectiva, a Bioética Feminista contribuiu, segundo Bandeira e Almeida[16] para dar

visibilidade ao fato, presente na maioria das sociedades ocidentais, de que a maioria das mulheres vem sendo maltratada e inferiorizada por práticas abusivas, desde a aplicação de tratamentos inadequados e desrespeitosos nos serviços de saúde, exatamente por serem mulheres, aos arcabouços epistemológicos que patologizam seus corpos ou os deixam reféns do discurso hegemônico da maternidade conservadora de estatutos sociais, econômicos e políticos sexistas.

Pelo fato de a agenda de pesquisa da bioética feminista ser derivada das discussões do movimento organizado de mulheres, questões atinentes ao planejamento familiar estão dentre os temas que merecem intervenção.

Rodrigues defende que a definição do direito ao livre planejamento familiar necessita de ser remodelada, de modo que propõe alguns pressupostos para idealizar um novo conceito:

i. a dissociação da ética da sexualidade e da ética da reprodução, implicando, dentre outros fatores, o afastamento do conceito de planejamento familiar da noção de reprodução humana para aproximá-lo da ideia de autoria de projeto parental, por força da pluralidade familiar contemporânea e sua particular principiologia; ii. O trato da (co)titularidade do direito ao livre planejamento familiar nas entidades familiares conjugalizadas e a possibilidade de ser titularizado individualmente por pessoa só enquanto direito fundamental; iii. O avanço da biotecnologia, que permite a ampliação do espaço de decisão dos autores do projeto parental distinguindo ações de planejamento familiar no momento pré-concepção e no momento pós-concepção, o que implica a iv. Ampliação do espaço de decisão dos autores do projeto parental, os quais, por novas técnicas de reprodução assistida, podem assumir tanto o controle da quantidade da prole como o controle da qualidade da prole.[17]

A mudança dos processos culturais, sociais, científicos e morais possibilitou com que a reprodução humana deixasse de ser imprescindível para constituir a condição de

---

15. DINIZ, Débora; GUILHEM, Dirce. Bioética Feminista: o resgate político do conceito de vulnerabilidade. *Revista Bioética*, v. 7, n. 2, 2009, s/p. Disponível em: https://revistabioetica.cfm.org.br/index.php/revista_bioetica/article/view/310. Acesso em: 11 jul. 2023.

16. BANDEIRA, Lourdes; CAMPOS DE ALMEIDA, Tânia Mara. Bioética e feminismo: um diálogo em construção. *Revista Bioética*, v. 16, n. 2, p. 175, 2008. Disponível em: https://revistabioetica.cfm.org.br/index.php/revista_bioetica/article/view/66. Acesso em: 05 jul. 2023.

17. RODRIGUES, Renata de Lima. *Autonomia privada e direito ao livre planejamento familiar*: Como as escolhas se inserem no âmbito de autodeterminação dos indivíduos? Belo Horizonte, Pontifícia Universidade Católica de Minas Gerais, 2015. 226f. Tese (Doutorado em Direito). Faculdade Mineira de Direito, Pontifícia Universidade Católica de Minas Gerais, 2015.

parentalidade, haja vista que a decisão de ter filhos e constituir família não está unicamente ligado aos atos biológicos, podendo partir de outros fatos jurídicos.

A legislação e a doutrina brasileira sobre o assunto têm associado o planejamento familiar às técnicas e métodos para conceber ou evitar a concepção, de modo a controlar o tamanho da família. Entretanto, os avanços das técnicas de reprodução assistida, permitiram que as pessoas tomassem uma série de decisões antes da concepção, para evitá-la ou viabilizá-la, permitindo também que deliberassem de diferentes maneiras após a efetiva concepção, natural ou in vitro, como por exemplo a destinação de embriões obtidos com o uso dessas técnicas para fins reprodutivos e/ou científicos.[18]

Teixeira e Rodrigues esclarecem que o planejamento familiar "consiste em verdadeira condição de possibilidade para a (não) autoria responsável do projeto parental, abrangendo desde o fato da adoção, o acesso às mais variadas técnicas de reprodução assistida, bem como o (não) uso esclarecido de métodos contraceptivos adequados e eficientes a cada um."[19]

Todavia, na realidade fática, é preciso destacar que, apesar dos avanços tecnológicos existentes, as opressões que alcançam as mulheres são múltiplas e precisam ser combatidas para que se possa efetivar a garantia constitucional ora debatida.

Mulheres negras, em sua maioria, pobres, permanecem não possuindo direito à maternidade e ao planejamento familiar. Atualmente, seus filhos são alvos de genocídio ou são encarcerados em massa. Além disso, elas são as maiores vítimas de violência obstétrica e de morte materna.[20]

Ângela Davis esclarece que mulheres negras, em razão da escravidão, eram tratadas como "fêmeas" animais, próprias ao trabalho dos homens negros escravizados e servindo como matrizes para novas "crias" escravas. As crianças eram vendidas, sujeitas ao trabalho servil e na grande maioria das vezes, eram fruto do estupro de suas mães por senhores brancos.[21]

Por isso, fala-se hoje em Justiça Reprodutiva, conceito que une saúde reprodutiva com justiça social, direito comumente negado às minorias. Esse termo foi cunhado pela *Asian Communities for Reproductive Justice* (ACRJ) e se refere ao "completo bem-estar físico, mental, espiritual, político, social e econômico de mulheres e meninas, baseado na plena realização e proteção dos direitos humanos das mulheres".[22] Assim, considerando

---

18. Idem.
19. TEIXEIRA, Ana Carolina Brochado; RODRIGUES, Renata de Lima. A travessia da autonomia da mulher na pós-modernidade: da superação de vulnerabilidades à afirmação de uma pauta positiva de emancipação. *Revista de Ciências Jurídicas*, v. 23, n. 3, p. 09. Disponível em: https://periodicos.unifor.br/rpen/article/view/7777. Acesso em: 11 jul. 2023.
20. CAVALCANTE, Isabela. Por que mulheres negras são as que mais morrem na gravidez e no parto? *Portal Geledes*, 2018. Disponível em: https://www.geledes.org.br/por-que-mulheres-negras-sao-as-que-mais-morrem-na-gravidez-e-no-parto/. Acesso em: 11 jul. 2023.
21. DAVIS, Angela; CANDIANI, Heci Regina. *Mulheres, raça e classe*. São Paulo: Boitempo, 2016.
22. LEÃO, Ingrid; BARWINSKI, Sandra Lia Bazzo. Um legislativo pela vida das mulheres no Brasil. *Portal Geledes*, 2019. Disponível em: https://www.geledes.org.br/um-legislativo-pela-vida-das-mulheres-no-brasil/. Acesso

a histórica desigualdade social enfrentada pelas mulheres, é cediço que, enquanto não houver justiça social, nem todas terão condições de exercer seus direitos reprodutivos.

O debate da justiça reprodutiva também envolve a legalização do aborto, visto que a prática pode ser considerada como ato de liberdade do planejamento familiar. De acordo com a última pesquisa nacional de aborto, realizada em 2021, uma em cada sete mulheres brasileiras de até 40 anos já fez, pelo menos, um aborto.[23]

No entanto, no Brasil a interrupção da gravidez é permitida apenas em casos de estupro (art. 128, II, do Código Penal), de risco à vida da gestante (art. 128, I, do Código Penal) e em caso de anencefalia fetal (decisão do STF na ADPF 54, 2012). Em que pese o procedimento seja seguro e de baixa complexidade, é a criminalização do aborto que mata, persegue e não reconhece um dos valores centrais da bioética feminista: a capacidade de as mulheres fazerem suas escolhas sobre como e quando ser mãe e, sobretudo, de não usar a lei penal para persegui-las e transformá-las em criminosas.

A criminalização também ocasiona sérios problemas para a saúde, visto que cerca de metade das mulheres que abortam todos os anos precisam ser internadas, ou seja, a cada ano são 250 mil mulheres nos leitos do SUS por abortos inseguros. À nível mundial, segundo dados da Organização Mundial de Saúde (OMS), 5 milhões de mulheres por ano passam a sofrer de disfunções físicas e/ou mentais como consequência das complicações provenientes de aborto clandestino.[24]

O aborto é um cuidado de saúde, que viabilizado com respaldo legal e por meio de políticas públicas, protege a dignidade, o corpo e a vida das mulheres. No entanto, apesar de todas as produções científicas que denunciam o risco de se criminalizar o aborto para às mulheres pobres, o Estado permanece matando pelo menos uma mulher a cada dois dias.

O Estado também escolhe submeter as mulheres a diversos riscos de saúde ao promover a disponibilização de anticoncepcionais como métodos contraceptivos, tais como trombose, ocorrência de AVC e infarto. Esse cenário de pouca preocupação com a saúde integral de mulheres ficou ainda mais evidente quando, no início de 2021, a FDA, agência reguladora dos Estados Unidos, aconselhou paralisar temporariamente a aplicação do imunizante da Johnson & Johnson contra a Covid-19, enquanto pesquisas averiguavam se este provocava risco de trombose.[25]

No caso da vacina da Johnson & Johnson, foram encontrados 6 casos após quase 7 milhões de doses administradas, isto é, menos de 1 caso por milhão ou taxa de

---

em: 11 jul. 2023.

23. DINIZ, Debora, MEDEIROS, Marcelo, MADEIRO, Alberto. Pesquisa Nacional de Aborto 2021. *Ciência & Saúde Coletiva*, v. 28, n. 6, p. 1601-1606, 2023. Disponível em: https://cienciaesaudecoletiva.com.br/artigos/national-abortion-survey-brazil-2021/18689?id=18689. Acesso em 11 jul. 2023.

24. Op. cit.

25. SIERRA, Irene. Mulheres cansadas da minimização dos riscos de trombose e embolia com a pílula anticoncepcional. *El pais*, 2021. Disponível em: https://brasil.elpais.com/estilo/2021-05-06/mulheres-cansadas-da-minimizacao-dos-riscos-da-pilula.html. Acesso em: 07 jul. 2023.

0,0001%. Para a vacina da AstraZeneca, a ocorrência foi de 1 caso a cada 250.000, ou taxa de 0,0004%. Os casos de trombose têm especificidades diversas, de modo que não são necessariamente comparáveis entre si os casos relativos a anticoncepcionais e os vistos com a vacina. Contudo, os números sobre a ocorrência nas populações colocam o tema em perspectiva.[26]

A Agência Nacional de Vigilância Sanitária (Anvisa) aponta também que mulheres usando alguns tipos de medicamento anticoncepcional têm um risco de 4 a 6 vezes maior de desenvolver tromboembolismo venoso do que as que não usam o remédio.[27] Tal situação relançou um velho debate: por que suspender as vacinas por medo de trombose, mas não as pílulas anticoncepcionais, cujo risco já é comprovado?

3. PERSPECTIVAS DO PLANEJAMENTO FAMILIAR PELO VIÉS DA BIOÉTICA DA PROTEÇÃO

A bioética de proteção (BP) é uma corrente da bioética voltada para a qualidade de vida da sociedade ante os conflitos morais inerentes à saúde pública. Foi cunhada no início do século XXI, nos países em desenvolvimento da América Latina, visando a justiça e igualdade nas políticas sanitárias e práticas de saúde, especialmente para aqueles que vivem em situação de vulnerabilidade. Por essa perspectiva, o Estado possui a responsabilidade de garantir o mínimo para o devido bem-estar social.[28]

Portanto, a BP possui duas vertentes: a proteção de indivíduos que vivem na escassez (sentido estrito) e a proteção dos animais e meio ambientes ameaçados (sentido lato). Ademais, aspirando aprimorar a qualidade de vida da sociedade como um todo, a bioética de proteção também atua nos contextos da saúde pública, bioética e biopolítica. Nas palavras de Femin Schramm:

> Em particular, a BP pretende ocupar-se da moralidade das atividades práticas da SP, entendidas como pertencente ao campo amplo da biopolítica e que, no Brasil, devem ter em conta a proposta do Sistema Único de Saúde (SUS) que em princípio garante acesso integral, universal e gratuito para toda a população do país, mas que deve confrontar-se com inúmeras críticas acerca das contradições e dilemas envolvidos na ação governamental efetiva no campo da saúde.[29]

Tendo em vista que a BP pretende solucionar os conflitos concernentes à saúde pública e melhorar a qualidade de vida da sociedade, é de suma importância explicitar a participação do Estado neste âmbito. À luz da Constituição Federal, é dever do Estado promover e propiciar o acesso à saúde, sendo o Sistema Único de Saúde (SUS) sua principal ferramenta.

---

26. Op. cit.
27. Op. cit.
28. SCHRAMM, Fermin Roland. Bioética da Proteção: ferramenta válida para enfrentar problemas morais na era da globalização. *Revista Bioética*, v. 16, n. 1, p. 11-23, 2008.
29. SCHRAMM, Fermin Roland. A bioética de proteção: uma ferramenta para a avaliação das práticas sanitárias? *Revista Ciência e saúde coletiva*, v. 22, n. 5, p. 1532-1534. 2017.

Assim, as práticas sanitárias e as políticas de saúde são de responsabilidade do governo, que possui a obrigação de suprir as necessidades da sociedade e, principalmente, garantir o acesso e equidade para aqueles que se encontram em situação de vulnerabilidade. Além disso, as medidas sanitárias adotadas devem ser satisfatórias para toda a população, sendo a sua eficácia impreterível.[30]

No que se refere ao planejamento familiar, se faz necessário uma política direcionada, de forma equânime, a todos os seres humanos em idade reprodutiva e que tenha como meta atender ao princípio da justiça. Nesse contexto, a luta feminista pela conquista dos direitos das mulheres, especificamente na criação das políticas de saúde, é um avanço, todavia as políticas públicas de saúde também precisam ser pensadas para atrair a participação masculina, visto que a responsabilidade sobre o planejamento familiar não é apenas feminina.

O respeito ao princípio da justiça torna necessário que se considere as desigualdades sociais que atingem a população e que se configuram como fatores limitantes da capacidade de o indivíduo se autodeterminar, como a pobreza, a baixa escolaridade, a escassez de oportunidades de emprego, a falta de saneamento básico e o viés patriarcal ainda existente nas relações de gênero cumulado com o desvirtuamento paternalista das políticas de assistência.

Schramm esclarece, ainda, que a autonomia do indivíduo poderá ser limitada pela necessidade de proteção, isto é, quando grupos particularmente vulneráveis, ou literalmente vulnerados (ou afetados) se mostram incapazes, por alguma razão independente de suas vontades, de se defenderem sozinhos. No entanto, ela não deve ser confundida com paternalismo beneficente, pois, em princípio, o agente protetor não pode atuar sem o consentimento da população, tampouco promover políticas discriminatórias.[31]

Um exemplo recente de política governamental contrária à bioética de proteção e que não oferece o suporte necessário para que indivíduos em situação de vulnerabilidade tenham condições de exercerem sua autonomia se trata da Portaria SCTIE 13/2021, publicada pelo Ministério da Saúde através da Secretaria de Ciência, Tecnologia, Inovação e Insumos Estratégicos, no dia 19 de abril de 2021.

O documento instituiu o implante subdérmico de etonogestrel como estratégia de prevenção de gravidez indesejada por meio do Sistema Único de Saúde (SUS) para um grupo seleto de mulheres, a saber: aquelas que vivem em situação de rua, que convivem com HIV/AIDS e que fazem uso de dolutegravir; aquelas que fazem uso de talidomida; mulheres encarceradas; trabalhadoras do sexo; e mulheres em tratamento de tuberculose

---

30. SCHRAMM, Fermin Roland. A bioética de proteção: uma ferramenta para a avaliação das práticas sanitárias? *Revista Ciência e saúde coletiva*, v. 22, n. 5, p. 1535-1537. 2017.
31. Idem.

em uso de aminoglicosídeos, condicionado à criação de um programa que deve ser feito público no prazo de 180 dias.[32]

Convém esclarecer, entretanto, que essa proposta, inicialmente, foi pensada para todas as mulheres em idade reprodutiva. Porém, sob a justificativa de grande impacto orçamentário, a Comissão Nacional de Incorporação de Tecnologias no Sistema Único de Saúde (Conitec) fez recomendação desfavorável à proposta universal em 09 de dezembro de 2020 e, no dia 03 de março de 2021, definiu os grupos aos quais a portaria se limitaria, sem sequer esclarecer quais foram os critérios de seleção usados e, também, negligenciando implicações éticas, legais e de saúde pública.[33]

Esta portaria viola os princípios de acesso igualitário e livre exercício do planejamento familiar como estabelecidos pela Lei 9.263/96 e os princípios de universalidade e equidade do SUS. Além disso, selecionar minorias sociais para experimentos reprodutivos ou estratégias de controle natalista é uma prática abominável na história do Brasil e da saúde reprodutiva, em especial onde populações mais vulneráveis foram e ainda são submetidas a procedimentos compulsórios que violam seus direitos humanos.

4. ANÁLISE BIOÉTICA DO PLANEJAMENTO FAMILIAR NO ORDENAMENTO JURÍDICO BRASILEIRO

A Lei 9.263/96 regula o § 7º do artigo 226 da Constituição Federal, que trata do planejamento familiar. De acordo com o seu texto o planejamento familiar é definido como o "conjunto de ações de regulação da fecundidade que garanta direitos iguais de constituição, limitação ou aumento da prole pela mulher, pelo homem ou pelo casal", sendo vedada qualquer forma de controle demográfico.[34]

O planejamento familiar está integrado ao Programa de Saúde da Família (PSF) e na Política de Assistência Integral à Saúde da Mulher, buscando propiciar melhores condições para as famílias, tanto em saúde, quanto econômicas. Portanto, o planejamento familiar deve atuar em duas vertentes: prevenção e intervenção. Isto torna a capacitação dos profissionais de saúde e a disponibilização de informações sobre concepção e contracepção de extrema importância.

Sob a ótica da bioética feminista que preza pela igualdade social e almeja romper com a imposição de estereótipos sobre o papel da mulher na sociedade, percebe-se que

---

32. BRASIL. Portaria SCTIE/MS 13, de 19 de abril de 2021. Disponível em: https://www.in.gov.br/en/web/dou/-/portaria-sctie/ms-n-13-de-19-de-abril-de-2021-315184219. Acesso em: 07 jul. 2023.

33. CUNHA, Claudia Carneiro da; MOREIRA, Martha Cristina Nunes. Dimensões biopolíticas da Portaria 13/2021 do Ministério da Saúde: impactos nos direitos e no enfrentamento de estigmas de determinados grupos de mulheres. Cadernos de Saúde Pública, v. 37, n. 7. Disponível em: https://doi.org/10.1590/0102-311X00124621. ISSN 1678-4464. https://doi.org/10.1590/0102-311X00124621. Acesso em: 07 jul. 2023.

34. BRASIL, art. 2º da Lei 9.263, de 12 de janeiro de 1996. Regula o § 7º do art. 226 da Constituição Federal, que trata do planejamento familiar, estabelece penalidades e dá outras providências. Disponível em: http://www.planalto.gov.br/ccivil_03/leis/l9263.htm. Acesso em: 07 jul. 2023.

a referida Lei expõe erroneamente a função primordial da mulher como "mãe", devendo a maternidade ser objetivo comum para todas as mulheres.[35]

Todavia, ao atribuir esse padrão comportamental, se induz a visão histórica de que a maternidade é fator determinante para conferir valor à mulher, sendo de sua responsabilidade a reprodução e, consequentemente, os supostos deveres matrimoniais. Resta claro a desconsideração para com os valores e desejos de cada mulher, bem como o desrespeito à autonomia para a livre escolha dos projetos de vida que, inclusive, podem não envolver a maternidade e/ou o matrimônio.[36]

A vista disso, é importante mencionar o Projeto de Lei 5328/2016 que tramita na Câmara dos Deputados e versa sobre a criação de unidades exclusivas de assistência à saúde da mulher a cada grupo de cinquenta mil habitantes. Porém, apesar de ser uma medida importante, sobretudo considerando a bioética de proteção, leva a entender em suas justificativas que tais ambientes se prestarão a fornecer ajuda à maternidade, dando suporte no período puerperal, nos intervalos interpartais e na escolha de via de parto, reforçando a precária ideia de que planejamento familiar se limita às mulheres e a sua atuação enquanto mães.[37]

Além disso, convém pontuar que a Lei 9.263/1996 apresentava uma contradição intrínseca, pois enquanto o seu texto garante a igualdade e a liberdade de escolha de métodos para o planejamento familiar, impõe inúmeras restrições e impedimentos em seus dispositivos seguintes, especialmente no que se refere as decisões da mulher sobre seu corpo. Era o caso do antigo artigo 10, que permitia a feitura da esterilização voluntária apenas se cumpridas determinadas exigências dispostas. Faz alusão:[38]

Art. 10. Somente é permitida a esterilização voluntária nas seguintes situações:

I – em homens e mulheres com capacidade civil plena e maiores de vinte e cinco anos de idade ou, pelo menos, com dois filhos vivos, desde que observado o prazo mínimo de sessenta dias entre a manifestação da vontade e o ato cirúrgico, período no qual será propiciado à pessoa interessada acesso a serviço de regulação da fecundidade, incluindo aconselhamento por equipe multidisciplinar, visando desencorajar a esterilização precoce;

§ 2º É vedada a esterilização cirúrgica em mulher durante os períodos de parto ou aborto, exceto nos casos de comprovada necessidade, por cesarianas sucessivas anteriores.

§ 5º Na vigência de sociedade conjugal, a esterilização depende do consentimento expresso de ambos os cônjuges.

---

35. PEDROSA, Lauricio Alves; SILVEIRA, Ayala. Os (des)respeitos à autonomia da mulher nas restrições impostas pela lei de planejamento familiar à realização da laqueadura no Brasil: análise crítica com base na teoria feminista relacional e à luz da Constituição Federal. *Revista. Fórum de Dir. Civ. – RFDC*, ano 9, n. 25, p. 79. Belo Horizonte, 2020.

36. BAPTISTA, Vinicius Ferreira. Planejamento familiar: "inimigo" a ser combatido, "aliado" libertador ou falso "amigo"? *Revista Brasileira de Políticas Públicas*, v. 11, n. 1. p. 396, Brasília, 2021.

37. BRASIL. Projeto de Lei da Câmara dos Deputados n. 5328, de 2016. Disponível em: https://www.camara.leg. br/proposicoesWeb/fichadetramitacao?idProposicao=2084957. Acesso em: 07 jul. 2023.

38. BRASIL, Lei 9.263, de 12 de janeiro de 1996. Regula o § 7º do art. 226 da Constituição Federal, que trata do planejamento familiar, estabelece penalidades e dá outras providências. Disponível em: http://www.planalto. gov.br/ccivil_03/leis/l9263.htm. Acesso em: 07 jul. 2023

Ademais, em setembro de 2022, foi publicada a Lei 14.443,[39] que alterou a Lei 9.263/1996 nos seguintes termos:

Art. 10. (...)

I – em homens e mulheres com capacidade civil plena e maiores de 21 (vinte e um) anos de idade ou, pelo menos, com 2 (dois) filhos vivos, desde que observado o prazo mínimo de 60 (sessenta) dias entre a manifestação da vontade e o ato cirúrgico, período no qual será propiciado à pessoa interessada acesso a serviço de regulação da fecundidade, inclusive aconselhamento por equipe multidisciplinar, com vistas a desencorajar a esterilização precoce;

(...)

§ 2º A esterilização cirúrgica em mulher durante o período de parto será garantida à solicitante se observados o prazo mínimo de 60 (sessenta) dias entre a manifestação da vontade e o parto e as devidas condições médicas.

(...)

§ 5º (Revogado).

(...)

Em análise as alterações realizadas, percebe-se um avanço quanto a valorização da vontade própria e autonomia das mulheres no planejamento familiar. A nova redação não mais exige o consentimento do cônjuge para a feitura da esterilização na vigência de sociedade conjugal. Além disso, passa a permitir a realização da esterilização durante o período de parto, desde que respeitado o prazo mínimo de sessenta dias entre de manifestação de vontade e data do procedimento.

Ocorre que, tais modificações ainda se mostram insuficientes para a garantia plena dos direitos reprodutivos das mulheres, perpetuando com o arcaico (e persistente) posicionamento paternalista da mulher na sociedade, ou seja, de ser mãe como sua atuação primordial.

A título de exemplificação, verificava-se, no inciso primeiro do artigo décimo, três condições coercitivas para que fosse possível a realização da esterilização: a idade mínima de vinte e cinco anos ou dois filhos vivos, o período de sessenta dias e o aconselhamento de equipe multidisciplinar com intuito de inibir a escolha do procedimento. Nota-se que, a única alteração realizada foi a diminuição da idade mínima de vinte e cinco para vinte e um anos.

Há de se considerar que a fixação de uma idade mínima, superior ao determinado pelo ordenamento jurídico para a aquisição da capacidade civil plena (dezoito anos) é incabível e ausente de fundamentação idônea, o que remete (novamente) a visão paternalista sobre os corpos femininos, com a consequente compreensão de que as mulheres são incapazes para a tomada de decisão certeira.

No que tange à necessidade de se ter, ao menos, dois filhos para realizar a esterilização, denota claramente a interferência do Estado na vida privada, uma vez que

---

39. BRASIL. Lei 14.443, de 2 de setembro de 2022. Disponível em: https://planalto.gov.br/ccivil_03/_Ato2019-2022/2022/Lei/L14443.htm#art2. Acesso em: 07 jul. 2023.

impossibilita a feitura do procedimento para aquelas mulheres que, por livre arbítrio, optam por não ter mais de um filho ou sequer querem ter filhos biológicos.

Nessa linha de raciocínio subentende-se, então, que as mulheres que possuírem apenas um filho(a) ou que não desejam ser mães tornam-se inaptas para decidirem sobre seus direitos de reprodução? Seriam essas mulheres menos capazes do que as aquelas que se enquadram nos requisitos da lei?

Ainda, no que diz respeito ao tempo mínimo de sessenta dias entre a manifestação da vontade e o ato cirúrgico, com a consequente interferência de profissionais para persuadir à não realização do procedimento, é explícita a coerção do Estado para que a mulher cumpra com a sua conotação histórica de reprodução, além de, por óbvio, ignorar o princípio fundamental da liberdade.

Dessa forma, conclui-se que a Lei do Planejamento Familiar e o entendimento jurídico normativo da sociedade sobre o assunto são incompatíveis com as garantias fundamentais, aos direitos humanos e à bioética feminista. Ademais, a suposta previsão de direitos iguais, previamente mencionada no artigo 2º, está distante de ser efetiva, uma vez que, tanto a vontade, quanto o poder de escolha das mulheres sobre seu próprio corpo deixa de ser personalíssimo, tornando-se secundário às exigências estatais e de terceiros.[40]

Já sob a lente da bioética de proteção, a lei também apresenta diversas falhas na forma como o planejamento familiar é tratado pelo ordenamento jurídico brasileiro, que deveria amparar as dificuldades enfrentadas pela sociedade a fim de propiciar a melhoria da qualidade de vida.

A lei dispõe que, por meio do SUS, as ações e programas voltados para o planejamento familiar serão garantidos a todos, tais como a assistência à concepção e contracepção, a segurança para o livre exercício familiar, recursos informativos, educacionais, dentre outros. Porém, não é o que ocorre na prática. A assistência proporcionada pelo SUS não é capaz de abranger todas as garantias dispostas em lei, sendo necessária a disponibilização de novos recursos para a concretização e eficiência do planejamento familiar.

Por exemplo, a lei garante, em seu artigo nono, a disponibilidade de todos os métodos de concepção e contracepção cumulados com liberdade de opção para a escolha destes. Entretanto, além de o SUS não viabilizar todos os métodos possíveis, a própria lei estabelece vedações para a utilização destes, assim como o caso da esterilização aqui já mencionado.[41]

Além disso, a prevenção e a "garantia de acesso igualitário" prescrita pela lei também não é exercida. É nítida a discriminação de gênero sobre a assistência ofertada para

---

40. PEDROSA, Lauricio Alves; SILVEIRA, Ayala. Os (des)respeitos à autonomia da mulher nas restrições impostas pela lei de planejamento familiar à realização da laqueadura no Brasil: análise crítica com base na teoria feminista relacional e à luz da Constituição Federal. *Revista. Fórum de Dir. Civ. – RFDC*, ano 9, n. 25, p. 94-105. Belo Horizonte, 2020.

41. BRASIL, Lei 9.263, de 12 de janeiro de 1996. Regula o § 7º do art. 226 da Constituição Federal, que trata do planejamento familiar, estabelece penalidades e dá outras providências. Disponível em: http://www.planalto. gov.br/ccivil_03/leis/l9263.htm. Acesso em: 07 jul. 2023.

homens e mulheres, visto que, enquanto preservativos são concedidos nos postos de saúde há décadas, as mulheres enfrentam a chamada pobreza menstrual, ou seja, não possuem qualquer apoio pelo governo para a aquisição de absorventes e/ou remédios.

A efetividade prática da lei também se encontra limitada, pois o acesso às informações relativas à educação sexual para homens e mulheres, especialmente em classes sociais menos abastadas, não é eficaz e a oferta de métodos contraceptivos nos serviços públicos de saúde também não é constante.

Sem sombra de dúvida, a lei de planejamento familiar, assim como a maioria dos projetos de lei sobre o tema, não se valem da bioética feminista e da bioética de proteção para combater a opressão e a desigualdade de poder nas relações de gênero nessa esfera social. Ao contrário, reforçam lugares predeterminados às mulheres pela cultura, como a maternidade e o cuidado do lar, pouco possibilitando que tais estereótipos sejam abandonados.

5. CONSIDERAÇÕES FINAIS

O tema trazido a debate objetivou tratar do planejamento familiar sob a ótica da bioética feminista e de proteção, para se pensar a influência das questões de gênero na viabilização desse direito. Expôs-se ainda, os pontos controversos da Lei 9.263/96 e de projeto de lei que tramita acerca do tema.

Inicialmente, foi abordado o papel histórico das mulheres na sociedade, ou seja, subordinadas socialmente e juridicamente. Por muito tempo as mulheres não foram sequer consideradas como capazes e possuíam, como única função, cuidar dos filhos e dos afazeres domésticos.

Ocorre que, mesmo com a igualdade entre homens e mulheres, trazida pela Constituição Federal de 1988, a repetição do padrão de comportamento patriarcal e hierarquizado ainda persevera. Isto posto, demonstrou-se que o planejamento familiar foi (e continua sendo) visto pela sociedade por uma perspectiva opressora, restringindo a liberdade e autonomia da mulher.

Tal posição pode ser vista pela análise da lei específica sobre o assunto e ausência da bioética feminista em seu texto, à semelhança do atual ordenamento jurídico.

Já no contexto da bioética de proteção, que objetiva melhorar a qualidade de vida por meio da resolução de dilemas relativos à saúde pública e sanitária, a participação estatal é indispensável, uma vez que a disposição de profissionais, insumos e políticas de saúde são realizadas por meio do SUS. Todavia, verificou-se que as informações à população e a garantia de acesso aos métodos contraceptivos são ineficazes, sendo impossível efetivar o direito constitucional ao planejamento familiar.

Quanto à organização política da atenção prestada às mulheres, ainda há um longo caminho a percorrer para que seja possível garantir-lhes informações e tecnologias para o exercício de suas escolhas reprodutivas autônomas. Por enquanto, a autonomia decisória das mulheres é refém da oferta paternalista de serviços de atenção e de métodos.

6. REFERÊNCIAS

BANDEIRA, Lourdes; CAMPOS DE ALMEIDA, Tânia Mara. Bioética e feminismo: um diálogo em construção. *Revista Bioética*, v. 16, n. 2, 2008, p. 173-189. Conselho Federal de Medicina Brasília, Brasil. Disponível em: https://revistabioetica.cfm.org.br/index.php/revista_bioetica/article/view/66. Acesso em: 06 jul. 2023.

BAPTISTA, Vinicius Ferreira. Planejamento familiar: "inimigo" a ser combatido, "aliado" libertador ou falso "amigo"? *Revista Brasileira de Políticas Públicas*, v. 11, n. 1, p. 394-417. Brasília, 2021.

BRASIL, Lei 9.263, de 12 de janeiro de 1996. Regula o § 7º do art. 226 da Constituição Federal, que trata do planejamento familiar, estabelece penalidades e dá outras providências. Disponível em: http://www.planalto.gov.br/ccivil_03/leis/l9263.htm. Acesso em: 07 jul. 2023.

BRASIL. Portaria SCTIE/MS 13, de 19 de abril de 2021. Disponível em: https://www.in.gov.br/en/web/dou/-/portaria-sctie/ms-n-13-de-19-de-abril-de-2021-315184219. Acesso em: 07 jul. 2023.

BRASIL. Projeto de Lei da Câmara dos Deputados 5328, de 2016. Disponível em: https://www.camara.leg.br/proposicoesWeb/fichadetramitacao?idProposicao=2084957. Acesso em: 07 jul. 2023.

BRASIL. Lei nº 14.443, de 2 de setembro de 2022. Disponívem em:

https://planalto.gov.br/ccivil_03/_Ato2019-2022/2022/Lei/L14443.htm#art2. Acesso em: 07 jul. 2023.

BUTLER, Judith. *Problemas de gênero*: Feminismo e subversão da identidade. 21. Ed. Rio de Janeiro: Civilização Brasileira, 2003.

CAVALCANTE, Isabela. Por que mulheres negras são as que mais morrem na gravidez e no parto? *Portal Geledes*, 2018. Disponível em: https://www.geledes.org.br/por-que-mulheres-negras-sao-as-que-mais--morrem-na-gravidez-e-no-parto/. Acesso em: 11 jul. 2023.

CUNHA, Claudia Carneiro da; MOREIRA, Martha Cristina Nunes. Dimensões biopolíticas da Portaria 13/2021 do Ministério da Saúde: impactos nos direitos e no enfrentamento de estigmas de determinados grupos de mulheres. *Cadernos de Saúde Pública*, v. 37, n. 7. Disponível em: https://doi.org/10.1590/0102-311X00124621. ISSN 1678-4464. https://doi.org/10.1590/0102-311X00124621. Acesso em: 07 jul. 2023

DAVIS, Angela; CANDIANI, Heci Regina. *Mulheres, raça e classe*. São Paulo: Boitempo, 2016.

DINIZ, Débora. Bioética e Gênero. *Revista Bioética*, v. 6, n. 2, 2009. Disponível em: https://revistabioetica.cfm.org.br/index.php/revista_bioetica/article/view/68. Acesso em: 07 jul. 2023.

DINIZ, Débora; GUILHEM, Dirce. Bioética Feminista: o Resgate Político do Conceito de Vulnerabilidade. *Revista bioética*, v. 7, n. 2. Disponível em: https://revistabioetica.cfm.org.br/index.php/revista_bioetica/article/view/310. Acesso em: 11 jul. 2023.

DINIZ, Debora, MEDEIROS, Marcelo, MADEIRO, Alberto. Pesquisa Nacional de Aborto 2021. *Ciência & Saúde Coletiva*, v. 28, n. 6, p. 1601-1606, 2023. Disponível em: https://cienciaesaudecoletiva.com.br/artigos/national-abortion-survey-brazil-2021/18689?id=18689. Acesso em: 11 jul. 2023.

FARIAS, Cristiano Chaves; NETTO, Felipe Braga; ROSENVALD, Nelson. *Manual de Direito Civil* – Volume Único. 5. ed. rev., ampl. e atual. Salvador: JusPodivm, 2020.

FERNANDES, M. F. M. Mulher, família e reprodução: um estudo de caso sobre o planejamento familiar em periferia do Recife, Pernambuco, Brasil. *Cadernos de Saúde Pública*, v. 19, n. 2, 253-261, 2003. Disponível em: https://doi.org/10.1590/S0102-311X2003000800007. Acesso em: 05 jul. 2023.

FORMIGA FILHO, J. F. N. Políticas de saúde reprodutiva no Brasil: uma análise do PAISM. In: L. Galvão, & J. Díaz (Ed.). *Saúde sexual e reprodutiva no Brasil*. São Paulo, SP: Hucitec, 1999.

GUILHEM, Dirce; AZEVEDO, Anamaria Ferreira. Bioética e gênero: moralidades e vulnerabilidade feminina no contexto da Aids. *Revista Bioética*, v. 16, n. 2, 2008. Disponível em: http://revistabioetica.cfm.org.br/index.php/revista_bioetica/article/view/70/73. Acesso em: 11 jul. 2023

HOOKS, bell. *E eu não sou uma mulher*: mulheres negras e feminismo. 6. ed. Rio de Janeiro: Rosa dos Tempos, 2020.

KEHL, Maria Rita. *Deslocamento do feminino*. São Paulo: Boitempo, 2016.

LAQUEUR, Thomas. *Inventando o sexo*: Corpo e gênero dos gregos a Freud. Rio de Janeiro: Relume-Dumará, 2001.

LEÃO, Ingrid; BARWINSKI, Sandra Lia Bazzo. Um legislativo pela vida das mulheres no Brasil. *Portal Geledes*, 2019. Disponível em: https://www.geledes.org.br/um-legislativo-pela-vida-das-mulheres-no-brasil/. Acesso em: 11 jul. 2023

MOREIRA, Espíndula Lisandra. Lugar de Julgamento: Reflexões feministas para uma justiça plural. In: NICÁCIO, Camila; VIDAL, Júlia (Org.). *O gênero do direito*: análise de práticas e instituições. Rio de Janeiro: Metanoia, 2020.

PEDROSA, Lauricio Alves; SILVEIRA, Ayala. Os (des)respeitos à autonomia da mulher nas restrições impostas pela lei de planejamento familiar à realização da laqueadura no Brasil: análise crítica com base na teoria feminista relacional e à luz da Constituição Federal. *Revista Fórum de Dir. Civ. – RFDC*, ano 9, n. 25, p. 77-111. Belo Horizonte, 2020.

RODRIGUES, Renata de Lima. *Autonomia privada e direito ao livre planejamento familiar*: como as escolhas se inserem no âmbito de autodeterminação dos indivíduos? Belo Horizonte, Pontifícia Universidade Católica de Minas Gerais, 2015. 226f. Tese (Doutorado em Direito). Faculdade Mineira de Direito, Pontifícia Universidade Católica de Minas Gerais, 2015.

SARTI, Cynthia Andersen. O feminismo brasileiro desde os anos 1970: revisitando uma trajetória. *Revista Estudos Feministas*, v. 12, n. 2 , p. 35-50. 2004. Disponível em: https://doi.org/10.1590/S0104-026X2004000200003. Acesso em: 05 jul. 2023.

SCHRAMM, Fermin Roland. A bioética de proteção: uma ferramenta para a avaliação das práticas sanitárias? *Revista Ciência e saúde coletiva*, v. 22, n. 5, p. 1531-1538. 2017.

SCHRAMM, Fermin Roland. Bioética da Proteção: ferramenta válida para enfrentar problemas morais na era da globalização. *Revista Bioética*, v. 16, n. 1, p. 11-23. 2008.

TEIXEIRA, Ana Carolina Brochado; RODRIGUES, Renata de Lima. A travessia da autonomia da mulher na pós-modernidade: da superação de vulnerabilidades à afirmação de uma pauta positiva de emancipação. *Revista de Ciências Jurídicas*, v. 23, n. 3, p. 09. Disponível em: https://periodicos.unifor.br/rpen/article/view/7777. Acesso em: 11 jul. 2023.

THÉBAUD, Françoise; PERROT, Michelle; DUBY, Georges. *História das Mulheres no Ocidente*. v. V: O século XX. Portugal: Edições Afrontamento, 1991.

ZANELLO, Valeska. *Saúde mental, gênero e dispositivos*: cultura e processos de subjetivação. Curitiba: Appris, 2018.

VÁCUO LEGAL EM MATÉRIA DE REPRODUÇÃO HUMANA ASSISTIDA

Beatriz Schettini

Doutora e Mestre em Direito Privado pela PUC-Minas. Professora de Direito Civil da UFOP.

Sumário: 1. Introdução – 2. Das principais técnicas de reprodução humana e sua contribuição para ampliação do projeto parental: a gestação de substituição – 3. O direito de procriação no ordenamento jurídico brasileiro – 4. O conselho federal de medicina e a adoção de normas éticas para utilização das técnicas de reprodução assistida – 5. Conclusão – 6. Referências.

1. INTRODUÇÃO

A atual feição apresentada pela família decorre da transformação científica, tecnológica e cultural pela qual passou a sociedade ao longo do século XX. Assim, a família como entidade democrática, solidária, consolidada no ambiente de desenvolvimento da personalidade de seus membros e voltada para a promoção da sua dignidade é fruto de um processo de evolução derivado da afirmação da pessoa humana como sujeito capaz de eleger livremente suas escolhas.

O casamento, que, na antiga família romana e na codicista, serviu como único fato jurídico legitimador da família e dos filhos ali concebidos, passa a conviver com outras formas de se constituir uma família legítima: união estável; família monoparental e anaparental; família recomposta; família homoafetiva; família simultânea; família poliafetiva; entre outras. Cabe esclarecer que esses modelos de família não se esgotam em si mesmos, porquanto a pluralidade e o respeito à diferença assumem a pedra de toque do direito das famílias contemporâneas.

Assim, da liberdade e do afeto nascem novas famílias, merecedoras de reconhecimento e proteção estatal, como espaço de afirmação e preservação das situações mais íntimas de seus membros.[1]

A inauguração de um Estado Democrático de Direito, construído sob a idealização de uma sociedade plural, diversa, solidária e complexa, refletiu[2] nas famílias, fazendo

---

1. RODRIGUES JÚNIOR, Walsir Edson; ALMEIDA, Renata Barbosa de. *Direito civil: famílias*. Rio de Janeiro: Lumen Iuris, 2010.
2. A dinamicidade característica ínsita à família faz com que ela influencie e seja influenciada pelos subsistemas sociais, através dos quais interage, absorvendo em seu interior e por meio de seus membros as mudanças e transformações, ocorridas ao longo do tempo. De acordo com Menezes (2013): "Comportando-se como um subsistema social, a família interage com os demais sistemas e vai construindo e reconstruindo seus delineamentos de forma dinâmica. Opera semelhantemente ao sistema do qual é parte (a sociedade), é integradora relativamente às relações que seus membros têm entre si (conjugalidade, filiação, parentesco etc.) e interativa, na medida em que pode se inter-relacionar com outros subsistemas sociais, sejam eles de natureza política,

com que a autonomia privada assumisse as rédeas na sua constituição, como meio de formação biográfica da própria pessoa que a deseja.

Conforme Almeida,[3] a deliberação no âmbito familiar exerce função relevante: escolher viver só ou em família; ter ou não filhos (de forma natural, assistida ou por meio da adoção); optar pelo casamento, união estável, ou pela família monoparental, por exemplo, é opção individual assegurada a pessoa ou ao casal pelo Estado.[4] O inovador reside no estado de escolha: "o querer humano é sobrelevado, dando aos indivíduos a opção do objetivo reprodutivo para sua individualização, para construção de suas personalidades".[5] Os avanços científicos e biotecnológicos no que dizem respeito às técnicas de reprodução humana assistida, contribuíram sobremaneira para essa mudança.

Nesse contexto de ideias, habita o tema presente trabalho. Se, no passado, reproduzir era um mistério, uma função e uma tarefa exclusiva da mulher, verdadeira obrigação daqueles que se uniam em família, atualmente é resultado de deliberação, exercício de um direito fundamental. Onde a liberdade é ampliada em razão das novas possibilidades para exercício desse direito, trazidas pelas ciências da vida. É essa a grande mudança social e legislativa verificada.

O Estado passa a respeitar e a promover a autonomia privada, como forma para alcançar ou não o projeto parental. Se antes ter filhos tinha como objetivo assegurar o culto religioso ou o patrimônio dentro da família, hoje tem outra conotação: colaborar para a construção da pessoalidade do sujeito.

Nessa perspectiva, o texto objetiva demonstrar o papel da reprodução humana, como direito fundamental, cujo exercício contribui para a construção da pessoalidade do sujeito, e quais os efeitos do vácuo legislativo sobre a autonomia reprodutiva da pessoa.

2. DAS PRINCIPAIS TÉCNICAS DE REPRODUÇÃO HUMANA E SUA CONTRIBUIÇÃO PARA AMPLIAÇÃO DO PROJETO PARENTAL: A GESTAÇÃO DE SUBSTITUIÇÃO

Conforme mencionado , o cenário de possibilidades advindas das descobertas e dos avanços realizados pela evolução das ciências da vida colocou a sociedade diante de uma nova realidade: manipulação genética; mapeamento do genoma humano; exame de DNA; diagnóstico genético pré-implantatório; clonagem; cirurgia de mudança de sexo; pesquisas com células-tronco; seleção de sexo de embriões, etc.

---

religiosa, cultural etc. Nesse caminhar, influencia e é influenciada, permitindo diversas modificações em sua estrutura, concepção e organização". (MENEZES, 2013, p. 103).

3. ALMEIDA, Renata Barbosa de. Direito ao planejamento familiar e o choque de consentimentos sobre o uso dos embriões: o caso *Evans versus Reino Unido* sob a égide do Direito Brasileiro. Separata de Lex Medicinae. *Revista Portuguesa de Direito da Saúde*. ano 6. n. 12. p. 91-106. jul.-dez. 2009.

4. "[...] pois a família, cuja gênese tem caráter público, hoje tem acepção predominantemente privada. Nesse aspecto, o público e o privado sofreram mutações em suas fronteiras, [...]". (TEIXEIRA, 2009, p. 10).

5. ALMEIDA, Renata Barbosa de. Direito ao planejamento familiar e o choque de consentimentos sobre o uso dos embriões: o caso *Evans versus Reino Unido* sob a égide do Direito Brasileiro. Separata de Lex Medicinae. *Revista Portuguesa de Direito da Saúde*. ano 6. n. 12. p. 93. jul.-dez. 2009.

No âmbito das famílias, as transformações ocasionadas em razão dos avanços dabiotecnologia, especialmente no que diz respeito à procriação, ganham destaque na efetivação dos direitos fundamentais dos cidadãos. A ciência, ao tornar possível a desvinculação entre a reprodução e o ato sexual, em seu sentido positivo (ter filhos) ou negativo (contracepção), permitiu que a constituição de uma família decorresse da autodeterminação do sujeito, e não de molduras estabelecidas por um legislador, que insistentemente invadia um espaço de escolha, privacidade e intimidade pessoal.

A descoberta da perspectiva de geração de um novo ser fora do ato sexual fez com que a ciência tornasse possível a concretização do desejo de ter filhos para aqueles que apresentassem impedimentos, por algum problema médico, social ou estrutural. Nesse cenário, a técnica médica de reprodução humana assistida, aparece como possibilidade capaz de ampliar o exercício do direito de procriação, lado outro a escassez de normas sobre o assunto no Brasil, pode em certas situações, ocasionar limitação/restrição ao exercício do mesmo direito, é o que o texto se propõe a demonstrar.

A ciência, ao desvendar os mistérios da reprodução humana, tornou possível ampliar a liberdade do planejamento familiar, possibilitando a reprodução de forma desvinculada do ato sexual ou que pessoas com algum problema de infertilidade ou esterilidade pudessem realizar o desejo de ter um filho com descendência genética.

As primeiras descobertas científicas que contribuíram para a ampliação desse direito surgiram nos Estados Unidos da América na década de 60, com a invenção da pílula anticoncepcional. Referida descoberta ampliou o exercício do planejamento familiar em sua faceta negativa, permitindo a realização do ato sexual desvinculado da reprodução.

Já na década de 70, na Inglaterra, instaura-se uma nova fase acerca do planejamento familiar, ou seja, sua faceta positiva também recebeu possibilidade de alargamento, mediante o emprego bem sucedido da fertilização *in vitro*, técnica de reprodução humana assistida. De acordo com Almeida:[6]

> Neste sentido, recursos destinados à promoção da gravidez vêm se juntar àqueles já formulados em sentido inverso. A reprodução torna-se, portanto, assistida. Os auxílios clínicos passam a concorrer, de forma vertiginosa, tanto para evitar quanto para alcançar o filho pretendido. Ao lado daquela liberdade negativa – opção pela não concepção – pré-instalada, soma-se uma faceta positiva. É instaurado, portanto, um estado médico-biológico de integral escolha sobre a gestação. Da mesma forma que esta pode ser evitada pode ser buscada.

Insta esclarecer que as técnicas médicas não curam os problemas que impedem ou dificultam a reprodução. De acordo com o Conselho Federal de Medicina, "as técnicas de reprodução assistida (RA) têm o papel de auxiliar no processo de procriação".[7]

---

6. ALMEIDA, Renata Barbosa de. Direito ao planejamento familiar e o choque de consentimentos sobre o uso dos embriões: o caso *Evans versus Reino Unido* sob a égide do Direito Brasileiro. Separata de Lex Medicinae. *Revista Portuguesa de Direito da Saúde*. ano 6. n. 12. p. 93. jul.-dez. 2009.
7. CONSELHO FEDERAL DE MEDICINA. Resolução CFM 2.320/2022. Adota normas éticas para utilização das técnicas de reprodução assistida. Disponível em: https://sistemas.cfm.org.br/normas/visualizar/resolucoes/BR/2022/2320. Acesso em: 30 jun. 2023.

Atualmente a ciência disponibiliza uma gama de técnicas capazes de viabilizar a reprodução humana. Nesse conjunto de possibilidades, as técnicas mais conhecidas, de acordo com Sá e Naves,[8] são: fertilização *in vitro*; GIFT – transferência dos gametas para dentro da trompa; ZIFT– transferência do zigoto para dentro da trompa; e ICSI – injeção intracitoplasmática de espermatozoide.

O emprego da técnica irá variar de acordo com as necessidades pessoais e clínicas de cada paciente/beneficiário (futuro pai/mãe), ou seja, será o diagnóstico o determinante para a decisão de qual técnica médica será aplicada.

Sobre as particularidades das técnicas, esclarecem Sá e Naves:[9]

> A técnica de GIFT é usada para mulheres com infertilidade sem causa determinada, ou aparente, ou, ainda, em razão da presença de leve endometriose. "Nesse procedimento, o óvulo e os espermatozoides selecionados após a coleta são reunidos em um mesmo cateter e imediatamente transferidos para a trompa, ambiente natural da fecundação". No método ZIFT, "a primeira divisão do zigoto, que dará origem ao embrião, acontecerá já em seu ambiente natural, dentro da trompa. ali, as células passarão a multiplicar-se, enquanto o embrião em formação caminhará em direção ao útero. Na ICSI o espermatozoide é introduzido diretamente no óvulo por meio de uma agulha. [...]
>
> A FIV – fertilização *in vitro* – é o "método que promove em laboratório o encontro entre os espermatozoides e um óvulo colhido após tratamento com indutores". Ocorrida a fertilização procede-se à transferência do embrião para o útero. Essa técnica será realizada uma vez esgotadas todas as possibilidades em relação ao uso das demais.

Para o sucesso das técnicas reprodutivas, pode tornar-se necessária a intervenção de uma terceira pessoa (terceira parte) como doadora de gametas (óvulos ou esperma), quando o paciente/ beneficiário não consiga gerar gametas férteis. Assim, a reprodução assistida recebe o nome de homóloga ou heteróloga, caso os gametas utilizados no procedimento sejam dos próprios beneficiários (futuros pais) ou de terceiros (doadores). "[...] O avanço científico, ao alcançar a fecundação *in vitro*, definitivamente abriu as portas para a intervenção de terceira parte no processo reprodutivo, no que se refere tanto à doação de óvulos, como à gestação de substituição [...]".[10]Na perspectiva de emprego das técnicas de reprodução humana assistida, mediante a contribuição de uma terceira parte, destaca-se a gestação de substituição ou gestação sub-rogada. Essa técnica é indicada para as mulheres que, por algum problema de saúde ou em razão da idade, sejam incapazes de gerar o próprio filho e para os casais homoafetivos masculinos e homens solteiros que pretendam ter um filho.

---

8. SÁ, Maria de Fátima Freire de; NAVES, Bruno Torquato de Oliveira. *Manual de Biodireito*. 3. ed. rev. e ampl. Belo Horizonte: Del Rey, 2015a.

9. SÁ, Maria de Fátima Freire de; NAVES, Bruno Torquato de Oliveira. *Bioética e Biodireito*. 4. ed. Belo Horizonte: Del Rey, 2018, p. 139.

10. GUIMARÃES, Cláudia Maria Resende Neves. *Limites e desafios associados à doação de gametas no Brasil à luz do direito estrangeiro*: a aplicabilidade do sistema *doubletrack* no ordenamento jurídico pátrio. 2016. 305 f. Dissertação (Mestrado) – Programa de Pós Graduação em Direito, Pontifícia Universidade Católica de Minas Gerais, Belo Horizonte, 2016. Disponível em: http://www.biblioteca.pucminas.br/teses/Direito_Guimaraes-CMRN_1.pdf. Acesso em: 10 fev. 2017.

A gestação de substituição consiste no fato de uma mulher (gestante substituta) gerar em seu ventre o filho de outrem, o que poderá ocorrer mediante a inseminação artificial de seu próprio óvulo com esperma de um doador ou do futuro pai, ou ainda por meio da implantação, em seu útero, do embrião fertilizado *in vitro* (com gametas dos futuros pais ou de doadores).

De acordo com Teixeira:[11]

> Uma das formas de concretizar o direito à procriação encontra-se na gestação de substituição, que ocorre quando uma mulher é portadora de um óvulo fertilizado de outra mulher que não consegue levar a termo a gravidez, ou de um óvulo próprio, fertilizado com o sêmen do marido ou companheiro da mulher interessada na gestação.

Nota-se que a gestante não terá qualquer direito de maternidade relacionada à criança nascida. A filiação será concedida aos pais jurídicos ou intencionais, ou seja, àqueles que, de maneira livre e responsável, idealizaram o projeto parental. Nesse sentido, assevera Martínez:[12]

> Conhece-se como maternidade sub-rogada a prática em que uma mulher gesta um bebê prévio pacto ou compromisso, mediante o qual tem que ceder todos os direitos sobre o recém-nascido para a pessoa ou pessoas que assumirão a paternidade ou maternidade do mesmo.

Destaca-se a necessidade de a gestante ser mulher capaz nos termos da lei civil, com discernimento e competência para entender os riscos e infortúnios de uma gravidez.

A gestação de substituição pode ocorrer sob diferentes modalidades, caso a gestante receba (gestação onerosa) ou não (gestação altruísta) compensação ou contraprestação pecuniária pela gestação. Esses aspectos dependerão da legislação ou regulamentação normativa de cada país. Sendo possível vislumbrar três posturas acerca da técnica no Direito comparado: admissão ampla; admissão apenas da modalidade altruísta, condicionada a certos requisitos e condições; e proibição ampla.

Em razão da complexidade ética e jurídica que envolve o assunto, sua regulamentação não é uniforme nos ordenamentos estrangeiros. A Índia,[13] por exemplo, permite a realização da gestação de substituição em sua modalidade onerosa, ao contrário da Espanha, que proíbe a realização da técnica em qualquer de suas modalidades. Neste país, a maternidade é atribuída pelo parto, o que impede o reconhecimento de efeitos jurídicos ao pacto de gestação sub-rogada.

---

11. TEIXEIRA, Ana Carolina Brochado. Conflito positivo de maternidade e a utilização de útero de substituição. In: CASABONA, Carlos Maria Romeo; QUEIROZ, Juliane Fernandes (Coord.). *Biotecnologia e suas implicações ético-jurídicas*. Belo Horizonte: Del Rey, 2005.
12. MARTÍNEZ, Rocío Ruiz. *Maternidad Subrogada. Revisión bibliográfica*. Trabajo fin de grado. Departamento de Enfermeria. Cantabria, 2013, p. 4, tradução nossa.
13. Em 2012 o governo indiano proibiu a realização da gestação de substituição para pessoas solteiras e homossexuais. Sendo que em 2015 a técnica fora também proibida para estrangeiros. Na Índia as técnicas de reprodução assistidas são regulamentadas atualmente por normas éticas médicas. Destaca-se a propositura no Parlamento Indiano, ano de 2016 de um projeto de lei sobre gestação de substituição, que traz inúmeras restrições para a realização da técnica médica, entre elas a vedação da sua prática onerosa ou remunerada. (SCHETTINI, 2019).

Ainda no que diz respeito às modalidades/classes de gestação de substituição, a técnica pode acontecer mediante a fertilização do óvulo da mãe jurídica/intencional (gestacional: gestação parcial); do óvulo da própria gestante substituta (tradicional: gestação plena ou total); e por meio da fertilização de um óvulo de uma doadora (gestacional: gestação parcial).[14] No caso do projeto parental ser intencionado por homens solteiros ou em união homoafetiva, o óvulo a ser fecundado deverá ser da gestante substituta ou de uma doadora.

Destaca-se que as técnicas de reprodução assistida são bem aceitas pela prática médica, isto é, cientificamente não trazem risco para a saúde da futura criança ou da gestante. Nesse sentido, a utilização desses procedimentos, bem como da gestação de substituição, resta autorizada através do artigo 9º da Lei 9263/1996, que assim dispõe: "Para o exercício do direito ao planejamento familiar serão oferecidos todos os métodos e técnicas de concepção e contracepção cientificamente aceitos e que não coloquem em risco a vida e a saúde das pessoas, garantida a liberdade de opção".[15]

Atualmente, no Brasil, a utilização da gestação de substituição e das demais técnicas de reprodução assistida é regulamentada pelo Conselho Federal de Medicina. Diante da inexistência de lei específica sobre o assunto, a regulamentação ocorre por meio de norma ética médica: Resolução 2.320/2022.

Nesse contexto, na seção 4, são apresentados os requisitos exigidos pela norma ética para realização da gestação de substituição, bem como os questionamentos advindos de tal regulamentação, que proíbe a gestação de substituição em sua modalidade onerosa, bem como limita a idade de 50 anos da beneficiária da técnica de reprodução assistida, trazendo outras proibições e imposições de ordem deontológica.

É nesse ponto que o trabalho problematiza o fato de que a ausência de legislação sobre reprodução assistida no país, poderá culminar em restrição indevida ao direito fundamental de procriar. Para tanto, na próxima seção apresenta-se um breve panorama do ordenamento jurídico sobre o assunto, para depois apontar alguns problemas de limitações de direitos reprodutivos decorrentes do vácuo legislativo brasileiro, de maneira específica no que diz respeito à gestação de substituição.

3. O DIREITO DE PROCRIAÇÃO NO ORDENAMENTO JURÍDICO BRASILEIRO

A liberdade de planejamento familiar é assegurada através do artigo 226, parágrafo 7º da Constituição Federal de 1988, nos seguintes termos:

Art. 226: A família, base da sociedade, tem especial proteção do Estado.

---

14. MARTÍNEZ, Rocío Ruiz. *Maternidad Subrogada*. *Revisión bibliográfica*. Trabajo fin de grado. Departamento de Enfermeria. Cantabria, 2013.

15. BRASIL. Presidência da República. Lei Federal 9.263, de 12 de janeiro de 1996. Regula o § 7º do art. 226 da Constituição Federal, que trata do planejamento familiar, estabelece penalidades e dá outras providências. Disponível em: http://www.planalto.gov.br/ccivil_03/leis/L9263.htm. Acesso em: 24 mar. 2017.

[...]

§ 7º Fundado nos princípios da dignidade da pessoa humana e da paternidade responsável, o planejamento familiar é livre decisão do casal, competindo ao Estado propiciar recursos educacionais e científicos para o exercício desse direito, vedada qualquer forma coercitiva por parte de instituições oficiais ou privadas.[16]

De acordo com o artigo citado, o Estado assegura a pessoa a liberdade para formar ou não uma família. Esse direito pode ser exercido em sua faceta positiva ou negativa, desde que pautado pelos princípios da dignidade humana e paternidade responsável. Caso a escolha se dê pela procriação (faceta positiva), as técnicas de reprodução assistida ganham especial importância. Cabe destacar que a decisão sobre o planejamento familiar é pessoal, cabendo ao Estado apenas orientar, com a fomentação de recursos e esclarecimentos, quanto aos riscos e benefícios de cada escolha.

O eixo de sustentação do tema objeto de estudo fundamenta-se na consideração de que a construção do projeto parental efetivada por meio do planejamento familiar é individual, não cabendo ao Estado interferir na forma pela qual a pessoa responsavelmente escolhe ter um filho. A responsabilidade implica o fato de quem intencionou o projeto parental ter capacidade de "entender a extensão e a responsabilidade do exercício da paternidade e da maternidade".[17]

A sustentação da argumentação exposta repousa na afirmação de Sá e Naves:

Percebemos que o fator motivador ao uso das técnicas de reprodução assistida é a busca pela realização de um projeto parental, seja ele por homens, por mulheres ou casais. Ele pode se realizar de várias formas, inclusive por meio de adoção. Contudo, o Direito não pode interferir na esfera mais íntima da pessoa, para ditar a forma como ela terá um filho, pois o projeto parental é individual e compõe o conteúdo da personalidade de cada um.[18]

Com a finalidade de regulamentação do parágrafo 7º do artigo 226 da Constituição Federal, foi promulgada em 12 de janeiro de 1996 a Lei 9263, conhecida como lei do planejamento familiar, direito de todo cidadão, assegurado nos termos do artigo 1º da referida lei. De acordo com essa legislação especial, planejamento familiar é o conjunto de ações de regulação da fecundidade que garanta direitos iguais de constituição, limitação ou aumento da prole pela mulher, pelo homem ou pelo casal.[19]

---

16. BRASIL, Constituição da República Federativa do Brasil de 1988. Nós, representantes do povo brasileiro, reunidos em Assembleia Nacional Constituinte, para constituir um Estado Democrático, destinado a assegurar o exercício dos direitos sociais e individuais... *Diário Oficial da União*, Brasília, 5. out. 1988. Disponível em: http://www.planalto.gov.br/ccivil_03/constituicao/constituicaocompilado.htm. Acesso em: 17 fev. 2017.

17. SÁ, Maria de Fátima Freire de; NAVES, Bruno Torquato de Oliveira. *Manual de Biodireito*. 3. ed. rev. e ampl. Belo Horizonte: Del Rey, 2015a, p. 181.

18. SÁ, Maria de Fátima Freire de; NAVES, Bruno Torquato de Oliveira. *Manual de Biodireito*. 3. ed. rev. e ampl. Belo Horizonte: Del Rey, 2015a, p. 180.

19. BRASIL. Presidência da República. Lei Federal 9.263, de 12 de janeiro de 1996. Regula o § 7º do art. 226 da Constituição Federal, que trata do planejamento familiar, estabelece penalidades e dá outras providências. Disponível em: http://www.planalto.gov.br/ccivil_03/leis/L9263.htm. Acesso em: 24 mar. 2017.

Do sentido da norma, extrai-se que a liberdade de planejamento familiar, ou seja, a escolha em ter ou não uma família, "é um direito que tem a peculiaridade de poder ser exercido de formas variadas; em sentidos opostos".[20] Forma de exercício semelhante ocorre no que diz respeito ao direito à vida, que, em seu lado positivo, assume o direito de viver; e, no sentido oposto, o direito de morrer. A opção pela faceta positiva ou negativa, seja no direito à vida ou no direito à liberdade do planejamento familiar, decorre da opção de vida boa de cada um, o que contribui para construção e efetividade da pessoalidade do sujeito, sem interferências externas.

Disso decorre a importância da não intervenção estatal, na tomada de decisão acerca do projeto parental. Tal como exposto na introdução deste artigo: a mudança consiste na possibilidade de reconhecimento da escolha individual, entre as mais variadas formas de vida. Condenar o celibato ou atribuir à procriação uma função de preservação da religião doméstica ou do patrimônio, como outrora ocorreu, significa desprezar a normatividade da dignidade da pessoa, efetivada por meio do respeito à autonomia privada do indivíduo, exercida na convivência com valores contrapostos.[21]

Apesar da Constituição Federal assegurar a liberdade do planejamento familiar, no Brasil, a legislação sobre reprodução humana assistida é praticamente inexistente, sendo a questão enfrentada desde a década de noventa por normas éticas emanadas do Conselho Federal de Medicina. Não obstante a ausência de lei, as técnicas médicas de reprodução assistida são praticadas e bem aceitas no Brasil, que o faz através de clínicas particulares e alguns poucos hospitais da rede pública.

Partindo dessas considerações, a realização das técnicas de reprodução assistida, resta condicionada a inúmeros requisitos estabelecidos pelas Resoluções médicas, que, em face da inércia do Poder Legislativo brasileiro, acabaram por regulamentar a matéria. Nesse sentido:

> No Brasil, a reprodução humana assistida – incluindo-se a gestação de substituição (também denominada cessão temporária de útero) - é regulada pelo Conselho Federal de Medicina desde 1992, por meio de norma administrativa autoproclamada um "dispositivo deontológico a ser seguido pelos médicos brasileiros" (CONSELHO FEDERAL DE MEDICINA, 1992), inexistindo regulação expressa do tema por meio de Lei Federal. Essa norma sofreu consecutivas alterações em 2010, 2013 e 2015,[22] ampliando a possibilidade de acesso à técnica para uma gama maior de pessoas, bem como incorporando tanto atualizações que dizem respeito a necessidades biomédicas e de saúde, como inovações identificadas no próprio ordenamento jurídico nacional.[23]

---

20. ALMEIDA, Renata Barbosa de. Direito ao planejamento familiar e o choque de consentimentos sobre o uso dos embriões: o caso *Evans versus Reino Unido* sob a égide do Direito Brasileiro. Separata de Lex Medicinae. *Revista Portuguesa de Direito da Saúde*. ano 6. n. 12. p. 94. jul.-dez. 2009.

21. SÁ, Maria de Fátima Freire de; MOUREIRA, Diogo Luna. *Autonomia para morrer. Eutanásia, suicídio assistido e diretivas antecipadas de vontade*. Belo Horizonte: Del Rey, 2012.

22. Cumpre esclarecer que em junho de 2021, nova resolução sobre reprodução humana assistida foi publicada pelo Conselho Federal de Medicina, o que é analisado nas próximas páginas.

23. RETTORE, Anna Cristina de Carvalho; SÁ, Maria de Fátima Freire de. A gestação de substituição no Brasil: normatividade avançada e possibilidade de aprimoramento. *Congresso Nacional do CONPEDI/UFSC*, Florianópolis, p. 65-82, 2016b, p. 66-67. Disponível em: http://www.conpedi.org.br/publicacoes/02q8agmu/23fs-7c16/43JYs6251Cg10Pu3.pdf. Acesso em: 30 abr. 2017.

De outro lado, vários Projetos de Leis tramitam desde a década de noventa no Congresso Nacional, porém, até o presente momento, nenhuma lei foi aprovada, o que ainda faz da escassez de normas sobre reprodução assistida no Brasil um fator preponderante. De acordo com Sá e Naves:

> Os métodos alternativos de reprodução humana têm alargado o direito à liberdade de procriação. No entanto, as tentativas de regulamentação não passam de diversos projetos de lei, hoje todos apensados no Projeto de Lei 1.184/2003, ainda em lenta tramitação, e o direito continua se apoiando na doutrina, em legislações esparsas e nas resoluções do Conselho Federal de Medicina, que estabelecem critérios para o uso da técnica.[24]

Nesse sentido, tramitam no Congresso Nacional, desde o ano de 1999, inúmeros Projetos de Leis sobre reprodução humana assistida. O Projeto de Lei mais antigo é o n. 1.184/2003, proposto em 03 de junho de 2003, de autoria do Senador Lucio Alcantara, e o mais recente, apresentado em 03 de fevereiro de 2015, é o Projeto de Lei 115/2015, intitulado de "Estatuto da Reprodução Humana", de autoria do Deputado Juscelino Rezende Filho.

Atualmente, existem vinte e um Projetos de Leis sobre o assunto, todos apensados ao Projeto 1.184/2003. Alguns projetos são de iniciativa da Câmara dos Deputados, outros do Senado Federal, todos com lenta tramitação no Poder Legislativo. A última ação legislativa, realizada no dia 28 de setembro de 2021,[25] é a aprovação de requerimento para realização de audiência pública na CCJC, ainda sem data designada e que será realizada para debater o Projeto de Lei 1184/2003.

A ausência de uma legislação específica acarreta sérios problemas e, entre eles, convém destacar: o risco do envolvimento ético decorrente da regulamentação do tema pelo Conselho Federal de Medicina; efeitos gerados pela prática do turismo reprodutivo; e a insegurança jurídica causada pelos muitos questionamentos éticos e jurídicos que o tema carrega consigo. Conforme Rettore e Sá:

> O que torna inevitável a assunção do fato de que a regulação atualmente existente no país carrega consigo uma carga de insegurança jurídica pela ausência de norma clara, legítima e eficaz, sem parâmetros seguros para que se alcance a solução de uma eventual controvérsia.[26]

Outro problema gerado pela inércia legislativa é o risco de adaptações, conforme adverte Lima:

> A atitude não legiferante gera inúmeras adaptações: Aplica-se por vezes, às novas situações as soluções próprias de situações vizinhas. Resulta disso que os mesmos textos legais são aplicados

---

24. SÁ, Maria de Fátima Freire de; NAVES, Bruno Torquato de Oliveira. *Manual de Biodireito*. 3. ed. rev. e ampl. Belo Horizonte: Del Rey, 2015a. p. 67.

25. O acompanhamento dos projetos de leis, bem como a íntegra dos mesmos, encontra-se disponível no site da Câmara dos Deputados: http://www.camara.gov.br.

26. RETTORE, Anna Cristina de Carvalho; SÁ, Maria de Fátima Freire de. A gestação de substituição no Brasil: normatividade avançada e possibilidade de aprimoramento. *Congresso Nacional do CONPEDI/UFSC*, Florianópolis, p. 65-82, 2016b, p. 70. Disponível em: http://www.conpedi.org.br/publicacoes/02q8agmu/23fs7c16/43JYs6251Cg10Pu3.pdf. Acesso em: 30 abr. 2017.

em várias hipóteses, que guardam pouca semelhança entre si. Noutras vezes, procede-se a assimilações apressadas, encaixando-se novos fenômenos nas categorias clássicas, flagrantemente inadequadas.[27]

O problema da adaptação de normas, que poderá ter como consequência uma restrição inadequada de direitos, é abordado na seção seguinte, quando da análise da proibição emanada pelo Conselho Federal de Medicina, sobre a gestação de substituição em sua forma onerosa.

Nesse cenário, o primeiro projeto apresentado sobre reprodução humana foi o Projeto de Lei 90, de 1999, que "representou, sem sombra de dúvida, grande avanço em matéria de regulamentação da fertilização artificial. Recebeu elogios e críticas, [...], ganhando nova redação por meio de substitutivos".[28]

O Projeto de Lei 90 sofreu modificações em 2001, originando o primeiro substitutivo e, em 2003, por meio do segundo substitutivo, foi convertido no Projeto de Lei 1184/2003. Esse projeto teve até o momento maior tramitação, estando a ele apensados os seguintes Projetos de Leis (tramitação conjunta/prioridade alta): 120/2003; 4.686/2004; 2.855/1997; 4.665/2001; 1.135/2003; 2.061/2003; 4.889/2005; 4.664/2001; 6.296/2002; 5.624/2005; 3.067/2008; 7.701/2010; 3.977/2012; 4.892/2012; 115/2015; 7.591/2017; 9.403/2017; 5.768/2019; 4.178/2020, e 1.218/2020.

O Projeto 1.184/2003, composto por vinte e seis artigos, define normas para realização de inseminação artificial e fertilização "*in vitro*"; proibindo a gestação de substituição (barriga de aluguel) e os experimentos de clonagem radical. Já os outros Projetos de Leis são constituídos de um emaranhado de disposições confusas, ultrapassadas e preconceituosas sobre as técnicas de reprodução assistida, especialmente no que se refere à gestação de substituição.[29]

Esse quadro demonstra um descompasso do Poder Legislativo em relação à postura assumida pelo Conselho Federal de Medicina, que editou resoluções éticas sobre o tema, bem como uma postura de flagrante atraso em relação ao restante do mundo.

Constata-se a atitude pioneira e de vanguarda do Conselho Federal de Medicina, comparada à inexistente atividade legiferante do Congresso Nacional brasileiro, acerca da regulamentação das técnicas de reprodução humana assistida, não obstante as técnicas serem uma realidade no Brasil e no mundo. A inércia do Poder Legislativo diante de tema tão relevante e complexo tem feito com que um órgão destinado a fiscalizar e regulamentar a profissão médica faça as vezes de legislador ordinário, podendo gerar

---

27. LIMA, Taísa Maria Macena de. Filiação e Biodireito: Uma análise das presunções em matéria de filiação em face da evolução das ciências biogenéticas. In: SÁ, Maria de Fátima Freire; NAVES, Bruno Torquato de Oliveira (Coord.) *Bioética, Biodireito e o novo Código Civil de 2002*. Belo Horizonte: Del Rey, 2004, p. 269-270.

28. SÁ, Maria de Fátima Freire de; NAVES, Bruno Torquato de Oliveira. *Manual de Biodireito*. 3. ed. rev. e ampl. Belo Horizonte: Del Rey, 2015a, p. 144.

29. Os projetos: 2.855; 1.135 e 2.061, também abordam o tema da gestação de substituição, permitindo a realização da técnica apenas em sua modalidade altruísta. O Projeto de Lei 1.135 traz texto idêntico à revogada Resolução 1.358 do Conselho Federal de Medicina, no que tange à gestação de substituição.

limitações e concessões indevidas em direitos humanos fundamentais, o que é mais adiante analisado.

4. O CONSELHO FEDERAL DE MEDICINA E A ADOÇÃO DE NORMAS ÉTICAS PARA UTILIZAÇÃO DAS TÉCNICAS DE REPRODUÇÃO ASSISTIDA

A possibilidade de concepção de um ser humano fora das relações sexuais trouxe consigo, além do anseio pela superação da infertilidade, a necessidade de estabelecer diretrizes éticas para a prática médica das técnicas de reprodução assistida.

Essa necessidade, aliada à ausência de lei federal sobre o tema, levou o Conselho Federal de Medicina a publicar no Diário Oficial da União, no dia 19 de novembro de 1992, a Resolução 1.358/1992, primeira norma editada pelo Conselho Federal de Medicina e direcionada aos médicos, quando do emprego das técnicas de reprodução assistida. Essa normativa desempenhou relevante papel para a utilização das técnicas de reprodução no Brasil, vigorando por dezoito anos, quando, no ano de 2010, foi atualizada e revista, sendo revogada e substituída pela Resolução 1.957/2010.

No ano de 2013, em face do reconhecimento pelo Supremo Tribunal Federal da união homoafetiva como entidade familiar, o Conselho Federal de Medicina revogou a Resolução de 2010, com o objetivo de atualizar suas normas em razão da posição do Supremo Tribunal, editando a Resolução 2.013/2013, que, no ano de 2015, foi novamente atualizada e revogada pela Resolução 2.121/2015.

Em 10 de novembro de 2017, com o intuito de ampliar a possibilidade de acesso às técnicas reprodutivas para uma gama maior de pessoas, aliado ao objetivo de atualizar as regras diante dos avanços técnicos, científicos e sociais, o Conselho Federal de Medicina revoga e substitui a norma deontológica de 2015, ao publicar, no Diário Oficial da União, a quinta resolução médica sobre o tema.

No dia 15 de junho de 2021 a Resolução 168/2017 é revogada, entrando em vigor a Resolução 2.294/2021, , que em 2022 é revogada pela Resolução 2320 de 20 de setembro, norma ética, não cogente, que atualmente regulamenta o emprego das técnicas de reprodução humana assistida no Brasil.

Desde a publicação da primeira Resolução sobre o emprego das técnicas de reprodução assistida, as normas do Conselho Federal de Medicina, apesar de direcionadas aos médicos, servem de parâmetro para toda a sociedade, diante do vazio normativo acerca do assunto:

> As resoluções do CFM não criam o Direito, mas regulam o exercício da profissão médica. Inobstante isso, as resoluções do Conselho Federal de Medicina servem como parâmetro interpretativo para o Direito. Até porque as técnicas são uma realidade e a evolução da Medicina vem impactando o Direito, obrigando-o a pensar acerca da abrangência e dos limites das novas situações familiares.[30]

---

30. SÁ, Maria de Fátima Freire de; NAVES, Bruno Torquato de Oliveira. *Manual de Biodireito*. 3. ed. rev. e ampl. Belo Horizonte: Del Rey, 2015a, p. 67.

Nesse cenário, o presente texto busca apresentar como essas normas têm estabelecido proibições e permissões acerca do emprego das técnicas de reprodução humana assistida, e ainda se as referidas normas deontológicas têm legitimidade para inovar a ordem jurídica.

O questionamento feito no parágrafo acima parte da indagação formulada pelos autores Maria de Fátima Freire de Sá e Bruno Torquato de Oliveira Naves.[31] Nessa perspectiva, a realidade científica atual, configurada na possibilidade de superação da infertilidade, conferida pelos avanços biotecnológicos, impôs aos médicos a necessidade de estabelecer parâmetros éticos para a realização das técnicas de reprodução.

Essa necessidade restou agravada diante da inércia do Poder Legislativo brasileiro em regulamentar o tema. Dessa forma, a necessidade da classe médica, aliada à omissão legislativa foram os principais fatores que "acabaram por impor a exigência de normatização, oriunda do Conselho Federal de Medicina, sobre reprodução humana assistida no Brasil".[32]

O ponto nevrálgico da questão reside no fato da regulamentação não ter partido do órgão competente para legislar a nível nacional, mas sim de um órgão médico, com menor competência e com abrangência restrita de fiscalização e normatização da prática médica. Não se trata de criticar a atitude do Conselho Federal de Medicina[33] ao emitir normas éticas administrativas, direcionadas à classe que representa. Pelo contrário, a atividade do Conselho médico é pioneira comparada à inexistente atividade do Poder Legislativo sobre a matéria.

A vigente Resolução médica tem inúmeros pontos positivos, assim como as normas anteriores, o que se considera um avanço, em comparação à atividade legislativa de outros países. "Pode-se dizer que se está diante de uma permissividade não alcançada em outros países".[34] Nesse âmbito, não há dúvida de que o ponto de partida tenha sido dado pela classe médica:

> Pelo que se expôs, é claro que nem todo conteúdo da Resolução pode ser considerado o melhor, do ponto de vista da Bioética, ou válido, do ponto de vista do Biodireito.
>
> Um passo importante foi dado. Ainda que incompleta e questionável em alguns pontos, a Resolução permite, ao menos, ampliar a discussão para além dos limites do Conselho Federal de Medicina e do próprio Poder Legislativo.[35]

---

31. SÁ, Maria de Fátima Freire de; NAVES, Bruno Torquato de Oliveira. *Manual de Biodireito*. 3. ed. rev. e ampl. Belo Horizonte: Del Rey, 2015a.
32. SÁ, Maria de Fátima Freire de; NAVES, Bruno Torquato de Oliveira. *Manual de Biodireito*. 3. ed. rev. e ampl. Belo Horizonte: Del Rey, 2015a, p. 144.
33. O Conselho Federal de Medicina tem desempenhado um papel político importante na sociedade brasileira, atuando na defesa da saúde da população e dos interesses da classe médica. Não obstante, a importância de sua atividade, isso não o legitima a estabelecer normas que não estejam de acordo o ordenamento jurídico pátrio.
34. SÁ, Maria de Fátima Freire de; NAVES, Bruno Torquato de Oliveira. *Manual de Biodireito*. 3. ed. rev. e ampl. Belo Horizonte: Del Rey, 2015a, p. 167.
35. SÁ, Maria de Fátima Freire de; NAVES, Bruno Torquato de Oliveira. *Manual de Biodireito*. 3. ed. rev. e ampl. Belo Horizonte: Del Rey, 2015a, p. 164.

O que se questiona é o fato de essas normas atingirem toda a população e não apenas os médicos, principalmente em relação a alguns pontos específicos, cujo conteúdo possa restringir ou limitar o exercício do planejamento familiar, garantido a todos os cidadãos pela Constituição Federal.

Os pontos que merecem uma reflexão mais detalhada e que têm impactado no Direito podem ser sucintamente enumerados da seguinte forma: a) limitação de idade das candidatas à gestação; b) proibição de venda de gametas; c) limitações acerca da gestação de substituição e proibição da sua prática onerosa.

No tocante à imposição da idade máxima de 50 (cinquenta) anos para as candidatas à gestação, referida limitação implica restrição de direitos, pois impede que mulheres acima dessa idade façam uso das técnicas de reprodução assistida. Trata-se de norma abstrata, de repercussão geral e que desconhece as particularidades do caso médico concreto:

> O texto é da Resolução anterior, porém acrescido da parte final, que determina limite de idade para o uso da técnica, o que não parece ser válido juridicamente, em se tratando de uma resolução. A limitação de direitos das pacientes não pode ocorrer por intermédio de uma normativa de órgão autárquico, que tem abrangência tão somente de regulação interna. Assim, não se questiona a implantação de medidas preventivas para se evitar a gravidez de risco, mas sim a imposição de tal medida como norma que impõe limitações ao direito fundamental à procriação, extrapolando a competência da classe médica.[36]

Apesar de as Resoluções assumirem o papel da lei, em face da lacuna normativa existente no Brasil, cumpre esclarecer que não são normas jurídicas oriundas do Poder Legislativo, o que abre a possibilidade de sua impugnação. Acerca desse questionamento, o Tribunal Regional Federal da primeira região (Minas Gerais) manifestou-se, no ano de 2014, ao negar provimento ao agravo de instrumento interposto pelo Conselho Regional de Medicina. O Poder Judiciário, ao manter a decisão de primeira instância, afirmou que a limitação imposta pelo Conselho ofende a liberdade de planejamento familiar, garantida constitucionalmente.

No tocante à gestação de substituição, a postura do Conselho Federal de Medicina não fica isenta de críticas. A Resolução 2320 autoriza a utilização da técnica, desde que em sua modalidade altruísta e intrafamiliar. Assim, de acordo com o Conselho, a gestante substituta deve ter um filho vivo, ser parente consanguínea até o quarto grau de um dos futuros pais, não podendo receber nenhum tipo de compensação financeira pela gestação.

A exigência de que a gestante seja parente de um dos futuros pais acaba novamente por implicar restrições de direitos. Ressalta-se que, se os futuros pais não possuírem como parente uma mulher em condições de gerar uma criança, a gestação através de outra mulher (não parente) restará subordinada à autorização do Conselho Regional de Medicina. Essas limitações impedem o exercício da plena autonomia reprodutiva pelas pessoas, ultrapassando o limite de recomendações médicas:

---

36. SÁ, Maria de Fátima Freire de; NAVES, Bruno Torquato de Oliveira. *Manual de Biodireito*. 3. ed. rev. e ampl. Belo Horizonte: Del Rey, 2015a, p. 168.

Entretanto, apesar de normas administrativas virem regulando a matéria já por mais de trinta e dois anos, é de se advertir sobre a possibilidade de questionamento referente à legitimidade de um órgão corporativo para a edição de referidas normas, na medida em que, a uma, não se trata de instituição representativa do corpo social, e a duas, tem regulado questões que ultrapassam o liame das recomendações puramente médicas – como é o caso da exigência de que a gestante seja parente consanguínea até o quarto grau daquele(a) que busca a técnica, e de que nos demais casos haja autorização expressa do Conselho.[37]

A possibilidade trazida pela ciência de utilização da gestação de substituição ampliou o leque de pessoas que podem ter acesso às novas tecnologias reprodutivas. Além da inseminação artificial ou da fertilização *in vitro*, a cessão temporária do útero permitiu que pessoas impedidas de gerar um filho pudessem concretizar o projeto parental por meio da referida técnica.

Nesse contexto evolutivo científico e social, estabelecer limite de parentesco para a gestante, além de ofender o direito fundamental à procriação, constitui retrocesso em um país como o Brasil, onde a gestação de substituição tem sido praticada e bem aceita, não obstante ausência de lei específica.[38]

Ao estabelecer o parentesco como um dos requisitos para a admissão da gestante, o Conselho acaba fazendo, ainda que de forma indireta, a escolha dessa mulher, no lugar de quem intencionou o projeto parental. A recomendação médica deve-se limitar à verificação das condições de saúde da gestante, ou seja, à avaliação da saúde física e mental da mulher, pessoa maior e capaz que decidiu atuar como substituta no projeto parental de outrem.

O Conselho médico deve analisar se essa mulher possui, além da capacidade civil, condições de saúde e competência para discernir acerca dos riscos e desconfortos que envolvem uma gestação. Esse deve ser o âmbito de atuação dos médicos, isto é, a escolha da gestante deve ser ato único e exclusivo daquele que, de forma livre e responsável, intencionou ter um filho. De acordo com Lima e Sá:

> Mas, a imposição de parentesco entre os pais jurídicos e a gestante substituta afronta o princípio da igualdade, pois cria um óbice para as pessoas que não tenham parente do sexo feminino até o quarto grau, óbice que somente pode ser afastado por decisão dos conselhos regionais de medicina, na análise do caso concreto.
>
> Ora, as restrições (gratuidade e parentesco) são meramente deontológicas e não jurídicas. E conquanto elas limitem a utilização do procedimento, do ponto de vista jurídico importam intolerável violação ao direito ao livre planejamento familiar dos candidatos a pais e ao direito sobre o próprio corpo das candidatas a gestantes substitutas.[39]

---

37. RETTORE, Anna Cristina de Carvalho; SÁ, Maria de Fátima Freire de. A gestação de substituição no Brasil: normatividade avançada e possibilidade de aprimoramento. *Congresso Nacional do CONPEDI/UFSC*, Florianópolis, p. 65-82, 2016b. Disponível em: http://www.conpedi.org.br/publicacoes/02q8agmu/23fs7c16/43JYs-6251Cg10Pu3.pdf. Acesso em: 30 abr. 2017, p. 69-70.
38. RETTORE, Anna Cristina de Carvalho; SÁ, Maria de Fátima Freire de. A gestação de substituição no Brasil: normatividade avançada e possibilidade de aprimoramento. *Congresso Nacional do CONPEDI/UFSC*, Florianópolis, p. 65-82, 2016b. Disponível em: http://www.conpedi.org.br/publicacoes/02q8agmu/23fs7c16/43JYs-6251Cg10Pu3.pdf. Acesso em: 30 abr. 2017.
39. LIMA, Taísa Maria Macena; Sá, Maria de Fátima Freire de. Gestação de substituição: uma análise a partir do direito contratual. 2018. In: CORDEIRO, Carlos José; GOMES, Josiane Araújo (Coord.). *Temas contemporâneos de Direito das Famílias*. São Paulo: Editora Pillares, 2018, p. 464.

De fato, as recomendações do órgão médico ultrapassam em muito as questões de saúde, alcançando um espaço de liberdade inteiramente protegido pela legislação constitucional e infraconstitucional. Restringir a autonomia privada de uma pessoa que pretenda ter um filho não é papel de um conselho profissional, com legitimidade restrita à classe que representa. Ao Conselho Federal de Medicina, cabe apenas editar Diretrizes para orientação ética e administrativa dos médicos, quando do emprego das técnicas de reprodução humana assistida.

Outra controvérsia criada pelo Conselho Federal de Medicina, desde a edição da primeira Resolução, é a proibição da prática da gestação de substituição, em sua modalidade onerosa e a vedação da compra e venda de gametas. Essas proibições permanecem vigentes no texto da Resolução de 2022, sendo passíveis de questionamento, uma vez que inexiste, no ordenamento jurídico pátrio, legislação que proíba tais condutas.

Nesse sentido, a norma médica proíbe que a gestante receba qualquer tipo de compensação financeira pela gestação, ao contrário do que ocorre na Índia e em alguns Estados dos Estados Unidos da América, por exemplo.

Todavia, as Diretrizes do Conselho Federal de Medicina devem estar de acordo com a legislação vigente no ordenamento pátrio, sob pena de serem passíveis de impugnação e/ou descumprimento. A obrigatoriedade das normas médicas para além dos profissionais da medicina resta condicionada à análise de sua adequação e compatibilidade à legislação vigente no país, servindo de aporte também para a proibição acerca da compra e venda de gametas, estabelecida pela Resolução.

Neste ponto do trabalho, mister se faz abstrair a questão da onerosidade da gestação sob o ponto de vista das Resoluções médicas, para análise do tema sob o enfoque do direito brasileiro positivado.[40] Daí decorre a indagação: existe, no Brasil, lei que proíba a compensação financeira da gestante, decorrente da celebração de um contrato de gestação sub-rogada?

A resposta é negativa, uma vez que a Constituição Federal proíbe a comercialização de órgãos e tecidos, para fins de transplantes, pesquisa e tratamento, sem qualquer menção à gestação de substituição, nos seguintes termos:

Artigo 199. A assistência à saúde é livre à iniciativa privada.

[...]

Parágrafo 4º A lei disporá sobre as condições e os requisitos que facilitem a remoção de órgãos, tecidos e substâncias humanas para fins de transplante, pesquisa e tratamento, bem como a coleta, processamento e transfusão de sangue e seus derivados, sendo vedado todo tipo de comercialização.[41]

---

40. LIMA, Taísa Maria Macena; Sá, Maria de Fátima Freire de. Gestação de substituição: uma análise a partir do direito contratual. 2018. In: CORDEIRO, Carlos José; GOMES, Josiane Araújo (Coord.). *Temas contemporâneos de Direito das Famílias*. São Paulo: Editora Pillares, 2018.

41. BRASIL, Constituição da República Federativa do Brasil de 1988. Nós, representantes do povo brasileiro, reunidos em Assembleia Nacional Constituinte, para constituir um Estado Democrático, destinado a assegurar o exercício dos direitos sociais e individuais...*Diário Oficial da União*, Brasília, 5. out. 1988. Disponível em: http://www.planalto.gov.br/ccivil_03/constituicao/constituicaocompilado.htm. Acesso em: 17 fev. 2017.

Da redação desse artigo, depreende-se que o útero é um órgão humano, porém a gestação não implicará sua remoção, para fins de transplante, pesquisa ou tratamento. A gestação é um fenômeno temporário e, apesar dos riscos e incômodos para a saúde da gestante, sua realização não consistirá na retirada do órgão, para nenhuma das finalidades expostas na norma constitucional. Pelo contrário, somente o órgão atrelado às funções vitais do corpo de uma mulher será capaz de levar a termo uma gestação.

Já o transplante de útero é proibido pela norma em estudo, não podendo ser estendido para a gestação em nome de outrem, sob pena de restrição de direitos, o que ocasionará o fenômeno de adaptação de normas, apresentado por Lima.[42] Apesar de o transplante e a gestação terem como objeto os direitos de personalidade, são fenômenos essencialmente diferentes, o que impede sua equiparação. Conforme Lima e Sá:

> As hipóteses tratadas, tanto na Constituição quanto na Lei de Doação de Órgãos, diferem essencialmente da gestação de substituição, porquanto não há remoção do útero. Está claro que um transplante de útero não poderia ser ajustado mediante um contrato oneroso, mas aqui, a hipótese é de sua utilização temporária.
>
> Não há como ignorar que toda proibição é uma restrição de direitos, daí a cautela de não serem criadas novas proibições com base em textos legais que se referem a situações específicas. Diante disso, há de se concluir que quanto à vedação de gestação de substituição onerosa, proibição jurídica não há.[43]

Do exposto, conclui-se que não há, no ordenamento brasileiro, lei[44] (constitucional ou infraconstitucional) que proíba a realização da gestação de substituição em sua modalidade onerosa. De acordo com Stancioli, "a única disposição clara a respeito da proibição da venda de óvulos não está na Lei".[45] Situação idêntica ocorre com a gestação sub-rogada em sua modalidade onerosa, isto é, a proibição não decorre de lei, mas sim do Conselho Federal de Medicina.

Sobre o receio de comercialização do humano, que parece fortalecer ainda mais a tradição acerca da proibição dessa comercialização, leciona Stancioli:

---

42. LIMA, Taísa Maria Macena de. Filiação e Biodireito: Uma análise das presunções em matéria de filiação em face da evolução das ciências biogenéticas. In: SÁ, Maria de Fátima Freire; NAVES, Bruno Torquato de Oliveira (Coord.) *Bioética, Biodireito e o novo Código Civil de 2002*. Belo Horizonte: Del Rey, 2004, p. 251-280.
43. LIMA, Taísa Maria Macena; Sá, Maria de Fátima Freire de. Gestação de substituição: uma análise a partir do direito contratual. 2018. In: CORDEIRO, Carlos José; GOMES, Josiane Araújo (Coord.). *Temas contemporâneos de Direito das Famílias*. São Paulo: Editora Pillares, 2018, p. 466.
44. Da leitura atenta e cuidadosa da norma constitucional, nota-se que a mesma proíbe *todo tipo de comercialização de órgãos, tecidos e substâncias humanas, para fins de transplantes, pesquisa e tratamento, não para reprodução humana*. O transplante implica a retirada do órgão do corpo do doador e sua transferência para o corpo do receptor. A norma jurídica em apreço não faz menção sobre a gestação de substituição ou qualquer outra técnica médica de reprodução. Tanto é verdade que a lei que regulamenta referido dispositivo é conhecida como "Lei de Transplantes", Lei 9434/1997, e não sobre técnicas de reprodução assistida, legislação que, em momento algum, faz referência às técnicas reprodutivas. Destaca-se que o artigo 14 da Lei 9434/1997 tipifica como crime a conduta de remover órgãos, tecidos ou partes do corpo, em desacordo com as disposições dessa lei, valendo aqui, mais uma vez, ressaltar: a gestação não implica remoção/retirada ou transferência de órgãos, tecidos ou qualquer parte do corpo humano.
45. STANCIOLI, Brunello. *Lei não prevê crime para venda de óvulos*. Disponível em: http://www.conjur.com.br/2013-abr-28/brunello-stancioli-lei-nao-preve-crime-venda-ovulos. Acesso em: 10 jun. 2017. p. 02.

Curioso. Pode-se pagar (e paga-se bem!) pelos remédios associados ao processo. Pela fertilização *in vitro*. Pela qualidade do embrião (Diagnóstico Genético Pré-implantatório). Pelo implante dos embriões. Pelo acompanhamento da gestação. Pelo parto. Quem não pode receber nada por esse processo? A doadora. Não há coerência. Parece haver um medo de "comercialização do humano", talvez induzido por distopias futuristas ingênuas, como Gattaka. A comercialização de óvulos é permitida em alguns países, como a Espanha. E vai muito bem. Toda essa argumentação aponta para um processo inexorável: a dessacralização do corpo humano. Na linha histórica de um processo que vem desde o Renascimento, a "redescoberta" do corpo como sendo elemento fundamentalmente biofísicoquímico coloca novas possibilidades de uso de elementos biológicos humanos.[46]

Nota-se que o raciocínio empregado por Stancioli,[47] no que diz respeito à venda de óvulos, pode ser aplicado com razoabilidade e coerência à gestação de substituição onerosa, em face da realidade do ordenamento jurídico brasileiro.

Com base nessas considerações, conclui-se que não compete ao Conselho Federal de Medicina extrapolar a seara médica, restringindo a autonomia contratual das partes em um pacto de gestação de substituição. Assim, é lícito o contrato que prevê a compensação financeira da mulher que aceita gestar o filho de outrem, uma vez que a proibição de comercialização da técnica, assimilada apressadamente pelo Conselho médico, tem fundamentação moral, e não jurídica.

5. CONCLUSÃO

O artigo se propôs a analisar os impactos do vácuo legislativo no Brasil no que diz respeito à reprodução humana assistida, e ainda se o Conselho Federal de Medicina tem legitimidade para estabelecer limitações; criar direitos e deveres; proibir condutas; e fazer concessões. Em suma, pode um conselho profissional limitar uma esfera de liberdade, garantida constitucionalmente? Juridicamente, são válidas essas limitações no que se refere ao exercício do direito fundamental de procriar, garantido pela Constituição Federal?

A resposta é negativa, uma vez que o órgão autárquico não é uma entidade representativa do corpo social, legitimada a criar normas direcionadas a toda a sociedade.

Diante do exposto, afirma-se que a atividade do Conselho médico, ainda que relevante e pioneira, não faz com que suas regras sejam elevadas ao *status* de lei, no sentido formal do termo. As normas da Resolução são administrativas, de natureza ética, não cogente, direcionadas aos profissionais, quando do desempenho da função médica.

Nesse contexto de lacuna legislativa e necessidade da classe médica, conclui-se que o conteúdo das Resoluções médicas sobre reprodução assistida é oponível aos particulares, naquilo que não contrarie a ordem jurídica nacional.

---

46. STANCIOLI, Brunello. *Lei não prevê crime para venda de óvulos*. Disponível em: http://www.conjur.com.br/2013-abr-28/brunello-stancioli-lei-nao-preve-crime-venda-ovulos. Acesso em: 10 jun. 2017. p. 03.

47. STANCIOLI, Brunello. *Lei não prevê crime para venda de óvulos*. Disponível em: http://www.conjur.com.br/2013-abr-28/brunello-stancioli-lei-nao-preve-crime-venda-ovulos. Acesso em: 10 jun. 2017. p. 02.

O respeito ao pleno exercício do direito de procriação, exige do legislador brasileiro uma resposta real, efetiva e que se coadune com a liberdade do planejamento familiar garantida por meio da Constituição Federal de 1988. As técnicas de reprodução assistida, ao contribuírem para o combate e tratamento da infertilidade humana, anunciaram o aporte da ciência à concepção. Os avanços científicos permitiram que mais pessoas pudessem desfrutar o exercício de seus direitos reprodutivos. Resta agora ao legislador ordinário fazer a sua parte, além de que o panorama biotecnológico e constitucional do Brasil corrobora para essa resposta.

6. REFERÊNCIAS

ALMEIDA, Renata Barbosa de. Direito ao planejamento familiar e o choque de consentimentos sobre o uso dos embriões: o caso *Evans versus Reino Unido* sob a égide do Direito Brasileiro. Separata de Lex Medicinae. *Revista Portuguesa de Direito da Saúde*. ano 6. n. 12. p. 91-106. jul.-dez. 2009.

BRASIL, Constituição da República Federativa do Brasil de 1988. Nós, representantes do povo brasileiro, reunidos em Assembleia Nacional Constituinte, para constituir um Estado Democrático, destinado a assegurar o exercício dos direitos sociais e individuais...Diário Oficial da União, Brasília, 5. out. 1988. Disponível em: http://www.planalto.gov.br/ccivil_03/constituicao/constituicaocompilado.htm. Acesso em: 17 out. 2021.

BRASIL. Presidência da República. Lei Federal 9.263, de 12 de janeiro de 1996. Regula o § 7º do art. 226 da Constituição Federal, que trata do planejamento familiar, estabelece penalidades e dá outras providências. Diário Oficial da União, Brasília, 15 jan. de 1996. Disponível em: http://www.planalto.gov.br/ccivil_03/leis/L9263.htm. Acesso em: 17 out. 2021.

CONSELHO FEDERAL DE MEDICINA. Resolução CFM 2.168/2017. Adota normas éticas para utilização das técnicas de reprodução assistida. Disponível em: https://sistemas.cfm.org.br/normas/visualizar/resolucoes/BR/2017/2168. Acesso em: 17 out. 2021.

CONSELHO FEDERAL DE MEDICINA. Resolução CFM 2.294/2021. Adota normas éticas para utilização das técnicas de reprodução assistida. Disponível em: https://www.in.gov.br/en/web/dou/-/resolucao--cfm-n-2.294-de-27-de-maio-de-2021-325671317. Acesso em: 30 out. 2021.

CONSELHO FEDERAL DE MEDICINA. Resolução CFM 2.320/2022. Adota normas éticas para utilização das técnicas de reprodução assistida. Disponível em: https://sistemas.cfm.org.br/normas/visualizar/resolucoes/BR/2022/2320. Acesso em: 30 jun. 2022.

GUIMARÃES, Cláudia Maria Resende Neves. *Limites e desafios associados à doação de gametas no Brasil à luz do direito estrangeiro*: a aplicabilidade do sistema *doubletrack* no ordenamento jurídico pátrio. 2016. 305 f. Dissertação (Mestrado) – Programa de Pós Graduação em Direito, Pontifícia Universidade Católica de Minas Gerais, Belo Horizonte, 2016. Disponível em: http://www.biblioteca.pucminas.br/teses/Direito_GuimaraesCMRN_1.pdf. Acesso em: 10 fev. 2017.

LIMA, Taísa Maria Macena de. O uso de amostras biológicas humanas para fins de pesquisa e identificação. Uma breve reflexão. In: FIUZA, César; SÁ, Maria de Fátima Freire de; NAVES, Bruno Torquato de Oliveira. *Direito Civil: Atualidades II*. Belo Horizonte: Del Rey, 2007.

LIMA, Taísa Maria Macena de. Filiação e Biodireito: Uma análise das presunções em matéria de filiação em face da evolução das ciências biogenéticas. In: SÁ, Maria de Fátima Freire; NAVES, Bruno Torquato de Oliveira (Coord.). *Bioética, Biodireito e o novo Código Civil de 2002*. Belo Horizonte: Del Rey, 2004.

LIMA, Taísa Maria Macena; Sá, Maria de Fátima Freire de. Gestação de substituição: uma análise a partir do direito contratual. 2018. In: CORDEIRO, Carlos José; GOMES, Josiane Araújo (Coord.). *Temas contemporâneos de Direito das Famílias*. São Paulo: Editora Pillares 2018.

MARTÍNEZ, Rocío Ruiz. *Maternidad Subrogada. Revisión bibliográfica*. Trabajo fin de grado. Departamento de Enfermeria. Cantabria, 2013.

MENEZES, Joyceane Bezerra. A família e o direito de personalidade: a cláusula geral de tutela na promoção da autonomia e da vida privada. In: MENEZES, Joyceane Bezerra; MATOS, Ana Carla Harmatiuk (Org.). *Direito das Famílias por juristas brasileiras*. São Paulo: Saraiva, 2013.

RETTORE, Anna Cristina de Carvalho; SÁ, Maria de Fátima Freire de. Registro civil de crianças nascidas de gestação de substituição no Brasil: uma análise a partir de julgamentos pelo Tribunal Supremo espanhol. *Congresso Nacional do CONPEDI/UFSC*, Florianópolis, p. 26-45, 2016. Disponível em: http://www.conpedi.org.br/publicacoes/y0ii48h0/tvu736t8/QGFVxviu3iRwFCtp.pdf. Acesso em: 30 nov. 2019.

RODOTÁ, Stefano. *La vida y las reglas. Entre el derecho y el no derecho*. Editorial Trotta. Madrid: 2010.

RODRIGUES JÚNIOR, Walsir Edson; ALMEIDA, Renata Barbosa de; *Direito civil: famílias*. Rio de Janeiro: Lumen Iuris, 2010.

SÁ, Maria de Fátima Freire de; MOUREIRA, Diogo Luna. *Autonomia para morrer. Eutanásia, suicídio assistido e diretivas antecipadas de vontade*. Belo Horizonte: Del Rey, 2012.

SÁ, Maria de Fátima Freire de; NAVES, Bruno Torquato de Oliveira. *Manual de Biodireito*. 3. ed. rev. e ampl. Belo Horizonte: Del Rey, 2015a.

SÁ, Maria de Fátima Freire de; NAVES, Bruno Torquato de Oliveira. *Bioética e Biodireito*. 4. ed. Belo Horizonte: Del Rey, 2018.

SCHETTINI, Beatriz. *O tratamento jurídico do embrião humano no ordenamento brasileiro*. Ouro Preto: Editora Ouro Preto, 2015a.

SCHETTINI, Beatriz. Planejamento familiar e a gestação de substituição: os limites ao exercício do direito de procriação. In: RODRIGUES JÚNIOR, Walsir Edson (Org.). *Direito das famílias*: novas tendências. Belo Horizonte: D'Plácido Editora, 2015b.

SCHETTINI, Beatriz. *Reprodução humana e Direito: o contrato de gestação de substituição onerosa*. Belo Horizonte: Conhecimento Livraria e Distribuidora, 2019.

STANCIOLI, Brunello. *Lei não prevê crime para venda de óvulos*. Disponível em: http://www.conjur.com.br/2013-abr-28/brunello-stancioli-lei-nao-preve-crime-venda-ovulos. Acesso em: 10 jun. 2017.

STANCIOLI, Brunello; CARVALHO, Nara Pereira. Da integridade física ao livre uso do corpo: releitura de um direito da personalidade. In: TEIXEIRA, Ana Carolina Brochado; RIBEIRO, Gustavo Pereira Leite. *Manual de Teoria Geral do Direito Civil*. Belo Horizonte: Del Rey, 2011.

TEIXEIRA, Ana Carolina Brochado. Conflito positivo de maternidade e a utilização de útero de substituição. In: CASABONA, Carlos Maria Romeo; QUEIROZ, Juliane Fernandes (Coord.). *Biotecnologia e suas implicações ético-jurídicas*. Belo Horizonte: Del Rey, 2005.

TEIXEIRA, Ana Carolina Brochado. *Família, guarda e autoridade parental*. 2. ed. Rio de Janeiro: Renovar, 2009.

WRONGFUL ACTIONS: PLANEJAMENTO FAMILIAR VIA REPRODUÇÃO ASSISTIDA, ACONSELHAMENTO GENÉTICO E RESPONSABILIDADE CIVIL

Iara Antunes de Souza

Doutora e mestra em Direito Privado pela PUC Minas. Professora Associada da Graduação em Direito e do Mestrado Acadêmico Novos Direitos, Novos Sujeitos da Universidade Federal de Ouro Preto – UFOP. Pesquisadora do Grupo de Pesquisa em Bioética, Biodireito e Direito Médico – CEBID Jusbiomed. @cebidjusbiomed. Membro do Instituto Brasileiro de Estudos de Responsabilidade Civil – IBERC. iara@ufop.edu.br @souza_iara_antunes.

Sumário: 1. Introdução – 2. Planejamento familiar e reprodução assistida – 3. Espécies de aconselhamento genético; 3.1 Aconselhamento genético pré-conceptivo; 3.2 Aconselhamento genético pré-implantatório; 3.3 Aconselhamento genético pré-natal – 4. As *wrongful actions* e a responsabilidade civil; 4.1 *Wrongful conception* (concepção indevida) e *wrongful pregnancy* (gravidez indevida); 4.2 *Wrongful birth* (nascimento indevido); 4.3 *Wrongful life* (vida indevida) – 5. Referências.

1. INTRODUÇÃO

As *wrongful actions* são as ações judiciais que buscam a responsabilidade civil por concepção, gravidez, nascimento e vida indevidos/as (*wrongful conception, pregnancy, birth* e *life*), como consequência do aconselhamento genético, diante do exercício do planejamento familiar via reprodução assistida.

A tradução do vocábulo *wrongful* assume o sentido de errôneo, ou seja, indevido ou injusto. Adota-se, aqui, o termo "indevido", seguindo a linha de Paulo Mota Pinto,[1] "considerando o caráter axiológico que a justiça ou não de uma consequência do aconselhamento genético poderia desencadear."[2]

Objetiva-se, então, apresentar as *wrongful actions*, perpassando pelo aconselhamento genético, e a (im)possibilidade de aplicação no Direito brasileiro, considerando as normas atinentes ao planejamento familiar, à reprodução assistida, ao aconselhamento genético e à responsabilidade civil.

---

1. PINTO, Paulo Mota. Indenização em caso de "Nascimento Indevido" e de "Vida Indevida" (*Wrongful Birth* e *Wrongful Life*). *Revista Brasileira de Direito das Famílias e Sucessões*. v. 3, n. 3, p. 75-99, Porto Alegre, abr.-maio, 2008.
2. SOUZA, Iara Antunes de. *Aconselhamento Genético e Responsabilidade Civil*: as ações por concepção indevida (*wrongful conception*), nascimento indevido (*wrongful birth*) e vida indevida (*wrongful life*). Belo Horizonte: Arraes Editores, 2014. p. 52.

Trata-se de pesquisa teórico dogmática, pois parte-se nas normas deontológicas bioéticas e normas biojurídicas para, de modo argumentativo, por meio de coleta de dados documentais, apresentar os fundamentos para a aplicação das *wrongful actions*.

Há relevância na apresentação dos resultados da pesquisa realizada, na medida que danos materiais e existenciais podem emergir das técnicas de reprodução humana e reverberar na responsabilidade civil de médicos e de médicas e/ou de genitores/as (pacientes).

2. PLANEJAMENTO FAMILIAR E REPRODUÇÃO ASSISTIDA

No Brasil, o planejamento familiar é previsto como Direito Fundamental no art. 226, § 7º[3] da Constituição da República de 1988, onde a dicção do dispositivo deixa claro sua origem e fundamentação: os princípios da dignidade da pessoa humana e a paternidade/maternidade responsável.

Trata-se da liberdade ou, como chamamos no Direito Privado, no exercício das autonomias, que encerram responsabilidades pelas manifestações de vontade discernidas, acerca da forma de constituição da família pelas pessoas. Aplica-se desde a forma de constituição da entidade familiar, perpassa aspectos patrimoniais e existenciais, e desagua na escolha do projeto parental: ter ou não filhos/as, quando os ter, quantos ter e por qual método eles/as serão concebidos etc. (não se olvidando, ainda, nas escolhas que envolvem a gestação, o parto, a criação etc.).

A regulamentação do planejamento familiar é feita pela Lei 9.263/1996, que em seu art. 2º[4] é expressa em garantir o direito à mulher, ao homem ou ao casal, sem discriminação.

Algumas pessoas ou casais, para exercerem o projeto parental, que é nosso recorte de interesse junto ao planejamento familiar, utilizam-se das técnicas de reprodução assistida (RA). Afinal:

> [...] a análise do planejamento familiar, nos interessa, especificamente, neste trabalho, no que se refere ao aconselhamento genético no caso de doenças que possam ser prevenidas pelas técnicas que envolvem a reprodução assistida, o que pode repercutir, inclusive, para além do próprio projeto parental e afetar as futuras gerações.[5]

---

3. "[...] § 7º Fundado nos princípios da dignidade da pessoa humana e da paternidade responsável, o planejamento familiar é livre decisão do casal, competindo ao Estado propiciar recursos educacionais e científicos para o exercício desse direito, vedada qualquer forma coercitiva por parte de instituições oficiais ou privadas."

4. "Art. 2º Para fins desta Lei, entende-se planejamento familiar como o conjunto de ações de regulação da fecundidade que garanta direitos iguais de constituição, limitação ou aumento da prole pela mulher, pelo homem ou pelo casal."

5. SOUZA, Iara Antunes de; BERLINI, Luciana Fernandes. Planejamento Familiar e Aconselhamento Genético: entre autonomias e responsabilidades. In: SÁ, Maria de Fátima Freire de; ARAÚJO, Ana Thereza Meirelles; SOUZA, Iara Antunes de; NOGUEIRA, Roberto Henrique Pôrto; NAVES, Bruno Torquato de Oliveira. (Org.). *Direito e Medicina*: Interseções Científicas. Genética e Biotecnologia. Belo Horizonte: Conhecimento Editora, 2021. p. 217.

Não há norma jurídica que regulamente a RA no Brasil. Cabe, então, ao Conselho Federal de Medicina, por meio de normas deontológica tal regulamentação:

> A inexistência de legislação ordinária, emanada do poder legislativo brasileiro, que regulamente a utilização das técnicas de RA, corrobora, historicamente, o papel do CFM na regulamentação da temática, ainda que destinada estritamente às condutas dos profissionais que aplicam as técnicas. Um dos pontos fundamentais da regulamentação deontológica tem sido a medida de preservação das autonomias do paciente (e, mesmo, do médico) diante dos comandos normativos atuais.[6]

Atualmente, tal regulamentação é feita pela Resolução CFM 2.320/2022 que é expressa em afirmar que as técnicas de RA são voltadas a auxiliar no processo de procriação (item I.1), ou seja, de um lado assegura o exercício do projeto parental do planejamento familiar; de outro lado:

> A Reprodução Assistida, até a Resolução CFM 2.168/17, foi pontualmente concebida como mecanismo de auxílio aos problemas de reprodução humana, de forma a facilitar o processo de procriação (Item I.1). A Resolução CFM 2.294/21 excluiu a concepção restritiva, baseada na infertilidade física5, concebendo as técnicas como meios facilitadores do processo de procriação (item I.1). Tal concepção é concretizada na manutenção da ideia de que "é permitido o uso das técnicas de RA para heterossexuais, homoafetivos e transgêneros" (Item II.2 da Resolução CFM 2.294/21), previsão que havia sido incluída na Resolução de 2017 em 2020.[7]

Maria de Fátima Freire de Sá e Bruno Torquato de Oliveira Naves[8] informam a existência de um método de RA de baixa complexidade, a inseminação intrauterina, que consiste na introdução de um cateter com os espermatozoides na cavidade uterina. Informam, ainda, dois outros métodos de alta complexidade que envolvem a coleta dos gametas (espermatozoides e óvulos – neste caso com o uso de indutores de ovulação e sua coleta cirúrgica) e a junção em laboratório: no caso da Injeção Intracitoplasmática de Espermatozoide, ICSI (*Intracytoplasmic Sperm Injection*), o encontro dos gametas se dá com a introdução de espermatozoide no óvulo por meio de agulha; no caso da Fertilização *in* vitro, FIV, o encontro dos gametas se dá colocando-os em uma mesma lâmina sem a utilização da introdução. Após os métodos, o embrião é transferido para o útero da mulher ou é congelado para utilização futura.

Ainda pode-se considerar outros procedimentos na RA, como a orientação de coito, o uso de métodos contraceptivos (pílulas, ligadura de trompas e vasectomia, por exemplo) e a preservação da fertilidade (com o congelamento de óvulos e sêmen).

---

6. SÁ, Maria de Fátima Freire de; MEIRELLES, Ana Thereza; SOUZA, Iara Antunes de. Doação anônima de gametas à luz da resolução CFM 2.294/21 e (im)possibilidade de responsabilidade civil. *Migalhas*, Coluna Migalhas de RC, 15 jul. 2021. Disponível em: https://www.migalhas.com.br/coluna/migalhas-de-responsabilidade-civil/348539/doacao-anonima-de-gametas-a-luz-da-resolucao-cfm-2-294-21. Acesso em: 25 out. 2021.
7. SÁ, Maria de Fátima Freire de; MEIRELLES, Ana Thereza; SOUZA, Iara Antunes de. Doação anônima de gametas à luz da resolução CFM 2.294/21 e (im)possibilidade de responsabilidade civil. *Migalhas*, Coluna Migalhas de RC, 15 jul. 2021. Disponível em: https://www.migalhas.com.br/coluna/migalhas-de-responsabilidade-civil/348539/doacao-anonima-de-gametas-a-luz-da-resolucao-cfm-2-294-21. Acesso em: 25 out. 2021.
8. SÁ, Maria de Fátima Freire de; NAVES, Bruno Torquato de Oliveira. *Bioética e biodireito*. 6. ed. Indaiatuba: Foco, 2023. p. 112.

Assim, observamos que a RA se habilita a promover a procriação, bem como evitá-la, de acordo com o exercício da autônima dos/as pacientes envolvidos junto ao seu projeto parental dentro do planejamento familiar.

Contudo, no Brasil, a RA ainda tem custos elevados[9] e seu acesso pelo Sistema Único de Saúde (SUS), de forma gratuita, ainda não é disseminado. Razão pela qual, a técnica não é oferecida a todos/as que dela necessitam, o que fere o direito fundamental ao livre planejamento familiar.

Àqueles/as que têm acesso, é dentro da RA que poderão ser realizados os procedimentos de aconselhamento genético.

3. ESPÉCIES DE ACONSELHAMENTO GENÉTICO

Fala-se em várias espécies de aconselhamento genético a depender do momento em que é realizado: pré-conceptivo, pré-implantatório, pré-natal e pós-natal. Trata-se de um processo[10] de atos médicos, junto à medicina preditiva e preventiva, por meio do qual é possível averiguar doenças ou deficiências genéticas,[11] possibilitando a advertência acerca de suas consequências, da probabilidade de o embrião ou do feto (nascituro) apresentá-las, bem como dos meios para evitá-las, melhorá-las ou minorá-las.

A avaliação das questões genéticas (doença ou deficiência), em qualquer caso, deve levar em conta que seu resultado prático depende da combinação de fatores genéticos e socioambientais, em especial quando se tratar de deficiência, considerando o conceito biopsicossocial e de avaliação multidisciplinar previsto no art. 2º do Estatuto da Pessoa com Deficiência, como é conhecida a Lei 13.146/15 (Lei Brasileira de Inclusão).

Dentro da RA, em razão da liberdade e da autonomia dos/as pacientes junto ao exercício de seu planejamento familiar e da indicação médica para tanto, nem sempre é realizado aconselhamento genético, e quando o é agrega-se um custo adicional, relacionado às provas necessárias, aumentando o valor total do procedimento.

De qualquer forma, o/a paciente deve ser informado/a da existência e da possibilidade de realização do aconselhamento, cabendo a ele/ela a manifestação livre e esclarecida em não o realizar ou, ao contrário, realizá-lo.

---

9. SOUZA, Iara Antunes de. Reflexões acerca do futuro de uma sociedade eugênica inspirada no filme Gattaca. In: LIMA, Taísa Maria Macena de; SÁ, Maria de Fátima Freire de; MOUREIRA, Diogo Luna (Coord.). *Direitos e fundamentos entre vida e arte*. Rio de Janeiro: Lumen Juris, 2010. p. 92.

10. EMALDI-CIRIÓN, Aitziber. A responsabilidade dos profissionais sanitários no marco do assessoramento genético. In: CASABONA, Carlos Maria Romeo; QUEIROZ, Juliane Fernandes (Coord.). *Biotecnologia e suas implicações ético-jurídicas*. Belo Horizonte: Del Rey, 2004. p. 63-127.

11. As enfermidades genéticas podem ser agrupadas da seguinte maneira, a saber: 1 Transtornos de um único gen. 2 Alterações nos cromossomos – como a presença de um cromossomo 21, responsável pela Síndrome de Down. 3 Transtornos multifatoriais. Estes são oriundos da conjugação de fatores genéticos e sociais. AZCORRA, Miguel Urioste. Consejo genético y diagnóstico antenatal. In: CASABONA, Carlos Romeo (Dir.). *Genética y derecho*: estudios de derecho judicial, 36-2001. Madrid: Consejo General del Poder Judicial, 2001. p. 212.

Como um processo, o aconselhamento genético é composto de várias etapas ou fases. A partir dos ensinamentos de Carlos María Romeo Casabona[12] e de Aitziber Emaldi-Cirión[13] podemos resumir o aconselhamento genético como composto de cinco as fases.

Em uma primeira fase, o/a médico/a, dentro da boa prática médica da relação médico/a-paciente e junto ao seu direito de informar, explica ao/à paciente sobre a possibilidade de se realizar exames preditivos. Caberá ao/à paciente livre e esclarecidamente consentir ou não com a realização dos exames.

Em uma segunda fase, o/a paciente é submetido aos exames genéticos pertinentes, após seu prévio consentimento livre e esclarecido.

Em uma terceira fase é que ocorre o aconselhamento genético propriamente dito. Afinal, após extraídas as provas médicas mediante as quais o/a médico/a poderá realizar o diagnóstico genético do/a paciente, com a detecção de possíveis doenças, deficiências, suas causas, possibilidade de transmissão à descendência etc., é que o/a profissional poderá interpretá-las e valorá-las. Assim, por meio dos resultados obtidos junto às provas, será possível ao/à médico/a concluir acerca do procedimento indicado ao/à paciente para evitar a transmissão à descendência; e tratar, melhorar ou minorar eventual questão genética.

Em uma quarta fase, devidamente esclarecido/a sobre o resultado do diagnóstico e dos procedimentos existentes, o/a paciente consentirá de forma livre e esclarecida acerca de qual/quais procedimento/s médico/s será adotado, podendo, inclusive, optar pela não realização de nenhum deles.

Por fim, a quinta fase é a execução do ato médico. Nessa fase é que se pode falar em terapia ou edição gênica. A terapia para doenças ou deficiências genéticas tem três níveis:[14] no primeiro incluem-se os tratamentos que lidam diretamente com os sinais ou sintomas da doença, com intervenções terapêuticas (dietéticas, medicamentos, cirurgia, remoção de condições ambientais desfavoráveis etc.), sem se alterar a origem do problema; no segundo nível a terapia consiste na administração de uma enzima ou proteína junto ao gene defeituoso, para compensar-lhe a falta, contudo são poucas as enfermidades que podem ser tratadas nesse segundo nível; e no terceiro nível, busca-se a substituição do gene defeituoso por um saudável ou apenas a inserção de um gene

---

12. ROMEO CASABONA, Carlos María; EMALDI-CIRIÓN, Aitziber; EPIFANIO, Leire Escajedo San; JIMÉNEZ, Pilar Nicolás; MALANDA, Sergio Romeo; MORA, Asier Urruela. De la medicina curativa a la medicina preventiva: Consejo genético. *La ética y el derecho ante la biomedicina Del futuro*. Cátedra Interuniversitaria Fundación BBVA – Diputación Foral de Bizkaia de Derecho y Genoma Humano. Bilbao: Universidade de Deusto, 2006. p. 193.

13. EMALDI-CIRIÓN, Aitziber. A responsabilidade dos profissionais sanitários no marco do assessoramento genético. In: CASABONA, Carlos Maria Romeo; QUEIROZ, Juliane Fernandes (Coord.). *Biotecnologia e suas implicações ético-jurídicas*. Belo Horizonte: Del Rey, 2004. p. 64.

14. BEDATE, Carlos Alonso. Terapia genética. In: CASABONA, Carlos Maria Romeo (Ed.). *Genética Humana*: fundamentos para el estudio de los efectos sociales derivados de los avances en genética humana – monografías. Deusto: Universidad de Deusto (Cátedra de Derecho y Genoma Humano), Fundación BBV, Diputación Foral de Bizkaia, 1995. p. 228.

livre de doenças ou deficiências. A maioria das terapias gênicas encontra-se no primeiro nível. São duas as espécies básicas de terapia gênica:

> [...] a terapia somática e a terapia germinativa. A primeira se caracteriza com a alteração genética em celular que possuem material genético completo (2N), isto é, no caso do ser humano, 46 cromossomos. Já a terapia gênica germinativa é aquela que se opera em celular reprodutoras (N), seja nos gametas propriamente ditos – óvulos e espermatozoides –, ou nas estruturas celulares que o antecedem, como o ovócito. Portanto, na terapia somática a mudança no material genético atinge exclusivamente o indivíduo envolvido no tratamento; já na germinativa toda a descendência pode ser envolvida, pois a modificação é passada às gerações futuras.[15]

A Declaração Universal do Genoma Humano e Direitos Humanos da Organização das Nações Unidas[16] não permite a terapia gênica germinativa, até que se realizem mais estudos acerca de suas consequências para as gerações futuras. Tal proibição coaduna com os princípios da beneficência da Bioética e da responsabilidade e da precaução do Biodireito.

Nesse passo, fala-se no uso da técnica CRISPR/Cas9 na edição gênica, como um editor de texto genético, capaz de promover a correção ou a exclusão de genes com mutações relacionadas a doenças e a deficiências, de forma a desfazer ou a silenciar seus efeitos:

> Como a fertilização "in vitro" (FIV) em associação com o diagnóstico pré-implantatório (DPI) são métodos eficientes para selecionar embriões não afetados, muitos defendem não ser necessário lançar mão da técnica de edição gênica. Embora isso possa ocorrer, em várias situações, essa "suposta" eficiência esbarra em limites, ilustrativamente, nos casos de pessoas sadias, porém portadoras de doenças autossômicas dominantes (duas cópias de genes com mutação) ou de doenças autossômicas recessivas, nos quais não é possível evitar a transmissão do gene com mutação para os seus descendentes. Nesses casos, nem a fertilização "in vitro" (FIV), tão pouco o diagnóstico pré-implantação (DPI) são técnicas adequadas para garantir um embrião saudável [...].[17]

Verifica-se, portanto, que, de um lado, a terapia e a edição gênica sofrem questionamentos éticos e, de outro lado, que, ainda que passíveis de execução, nem sempre garantirão a vontade dos/as genitores/as de ter uma descendência livre de questões genéticas.

A depender do momento em que o processo de aconselhamento genético ocorre, tem-se nomenclatura própria, além de consequências particulares. São as espécies de aconselhamento genético: pré-conceptivo, pré-implantatório, pré-natal e pós-natal. Trataremos aqui dos três primeiros, eis que são deles que se originam as *wrongful actions*.

---

15. NAVES, Bruno Torquato de Oliveira. *Direitos de personalidade e dados genéticos*: revisão crítico-discursiva dos direitos de personalidade à luz da "natureza jurídica" dos dados genéticos humanos. Belo Horizonte: Escola Superior Dom Helder Câmara, 2010. p. 142.

16. ORGANIZAÇÃO DAS NAÇÕES UNIDAS (ONU). *Declaração universal do genoma humano e dos direitos humanos*. 1997. Disponível em: https://unesdoc.unesco.org/ark:/48223/pf0000122990_por. Acesso em: 27 jun. 2023.

17. CLEMENTE, Graziela Trindade; ROSENVALD, Nelson. Edição gênica e os limites da responsabilidade civil. In: MARTINS, Guilherme Magalhães; ROSENVALD, Nelson. *Responsabilidade civil e novas tecnologias*. Indaiatuba, SP: Editora Foco, 2020. p. 238.

3.1 Aconselhamento genético pré-conceptivo

O aconselhamento genético pré-conceptivo é o realizado antes da concepção (da união dos gametas masculino e feminino – espermatozoide e óvulo), *in vitro* ou *in vivo*. Com ele objetiva-se verificar possível transmissão de enfermidades ou deficiências genéticas, hereditárias ou cromossômicas[18] à descendência.

A fase de provas é realizada quando da divisão do ovócito – célula germinativa feminina, no seu subproduto denominado corpúsculo polar, que contém 23 (vinte e três) cromossomos.[19] Dele, tecnicamente, é possível amplificar qualquer gene.

O diagnóstico médico junto ao aconselhamento genético pré-conceptivo pode oferecer ao/à paciente as seguintes alternativas:[20] 1) se não for identificada qualquer questão genética, que seja realizada a concepção e, portanto, a gravidez; 2) se for identificada alguma questão genética e a possibilidade de sua transmissão à descendência, a) que seja utilizada a RA e o exame e seleção terapêutica de gametas, b) que seja realizada a esterilização ou o uso de métodos contraceptivos para se evitar a gravidez, ou c) dentro do exercício da autonomia junto ao planejamento familiar, a continuação dos métodos para concepção e gravidez, devidamente cientificados os/as pacientes de que a descendência poderá carregar as doenças e deficiências genéticas identificadas.

Assim, reafirmando, o aconselhamento genético pré-conceptivo é instrumento que permite uma concepção e gravidez sem qualquer enfermidade ou deficiência genética; ou, se identificada alguma questão genética, a opção, dentro do livre planejamento familiar, de não conceber e, portanto, não engravidar; ou, ainda, conceber e engravidar a despeito do conhecimento das doenças e das anomalias genéticas.[21]

---

18. EMALDI-CIRIÓN, Aitziber. A responsabilidade dos profissionais sanitários no marco do assessoramento genético. In: CASABONA, Carlos Maria Romeo; QUEIROZ, Juliane Fernandes (Coord.). *Biotecnologia e suas implicações ético-jurídicas*. Belo Horizonte: Del Rey, 2004. p. 64.

19. EGOZCUE, José. Diagnóstico preconcepcional y preimplantatório. In: CASABONA, Carlos Maria Romeo (Ed.). *Genética Humana*: fundamentos para el estudio de los efectos sociales derivados de los avances en genética humana – monografías. Deusto: Universidad de Deusto (Cátedra de Derecho y Genoma Humano), Fundación BBV, Diputación Foral de Bizkaia, 1995. p. 107.

20. ROMEO CASABONA, Carlos María; EMALDI-CIRIÓN, Aitziber; EPIFANIO, Leire Escajedo San; JIMÉNEZ, Pilar Nicolás; MALANDA, Sergio Romeo; MORA, Asier Urruela. De la medicina curativa a la medicina preventiva: Consejo genético. *La ética y el derecho ante la biomedicina Del futuro*. Cátedra Interuniversitaria Fundación BBVA – Diputación Foral de Bizkaia de Derecho y Genoma Humano. Bilbao: Universidad de Deusto, 2006. p. 193.

21. De toda sorte, ainda que as provas e o diagnóstico não contemplem doenças ou deficiência genéticas, é possível que ocorram mutações genéticas ou fatores teratógenos após a concepção: "Chamamos de agentes teratogênico tudo aquilo capaz de produzir dano ao embrião ou feto durante a gravidez. Estes danos podem se refletir como perda da gestação, malformações ou alterações funcionais (retardo de crescimento, por exemplo), ou ainda distúrbios neurocomportamentais, como retardo mental. São exemplos de agentes teratogênicos: – Medicações (talidomida, misoprostol, ácido retinoico, anticoagulantes, antifúngicos, anti-hipertensivos, antialérgicos, entre outros); – Doenças Maternas (diabetes, epilepsia, depressão, tuberculose, HIV/AIDS, entre outras.); – Infecções Congênitas (sífilis, toxoplasmose, rubéola, citomegalovirus, herpes, doença de chagas, varicela, entre outras); – Radiações (radiografias e radioterapia); – Substâncias Químicas (mercúrio, chumbo, por exemplo); Outras Drogas (álcool, fumo, cocaína e outras)." GRAVIDEZ SEGURA. *Agentes Teratogênicos*. SIAT – Departamento de Genética Médica do Hospital de Clínicas de Porto Alegre. Disponível em: http://gravidez-segura.org/index.php?option=com_content&task=view&id=5&Itemid=7. Acesso em: 27 jun. 2023.

3.2 Aconselhamento genético pré-implantatório

Após a concepção por meio das técnicas ICSI ou FIV na RA, é possível realizar o aconselhamento genético pré-implantatório junto ao embrião *in vitro* antes da ocorrência de sua da transferência ao útero da mulher. Como as provas e o diagnóstico são realizados junto ao embrião, já é possível a verificação do sexo biológico e de questões genéticas ligadas a ele. Ademais, suas possibilidades de êxito são maiores do que o exame genético realizado junto aos gametas.

As provas genéticas são realizadas na extração de um blastômero ou célula do embrião[22] na sua sexta ou oitava divisão celular, onde são realizados os exames diagnósticos cromossômicos e moleculares. O resto do embrião é mantido intacto para, sendo o caso, proceder-se à sua transferência ao útero da mulher.

Uma vez identificadas questões genéticas, é possível a realização da seleção terapêutica de embriões, o que é permitido no item VI.1[23] da Resolução CFM 2.320/2022; a realização de terapias gênicas; não implantar o embrião; a implantação do embrião e, gerando a gravidez, a realização de aconselhamento genético pré-natal; e/ou a seleção de sexo do embrião por questões terapêuticas.

Se não for identificada qualquer questão genética, a indicação médica será pela implantação e consequente gravidez. Faz-se aqui, contudo, a mesma observação constante da nota de rodapé 22, qual seja, é possível que ocorram mutações genéticas ou fatores teratógenos após a concepção.

Não se pode deixar de chamar atenção para as questões éticas e jurídicas envolvidas nas escolhas permitidas junto ao aconselhamento genético pré-implantatório e que desaguam naquilo que conhecemos como eugenia. A maior preocupação é com a eugenia positiva, ou seja, aquela em sentido negativo, que segrega, que considerada alguém doente ou deficiente como de menos valia. Afinal, a diversidade é inerente a humidade. Se de um lado há efeitos benéficos, como, por exemplo, não encontrar barreiras para o exercício da vida em sociedade; de outro lado esse é um "benefício" que somente seria passível de gozo por aquelas pessoas com acesso às técnicas. Ademais, pode-se deixar de ter vontade social e política de que as barreiras sejam quebradas, excluindo-se e segregando-se pessoas. Logo, as questões da terapia gênica, da edição gênica e da seleção de embriões devem ser levadas a sério e analisadas de acordo com os princípios de Direitos Humanos afetos à Bioética e ao Biodireito.

O aconselhamento genético pré-implantatório é, ainda, instrumento para permitir o nascimento do que se chama de "bebê remédio", isso é, de um/a irmão/a que nascerá

---

22. AZOFRA, María Jorqui. El Tribunal de Cagliari (Italia) da luz verde al diagnóstico genético preimplentatorio. *Revista de Derecho y Genoma Humano – Law and the Human Genoma Review*, n. 27, p. 137-177, Julio-Deciembre, 2007.

23. "VI – Diagnóstico Genético Pré-Implantacional de Embriões. 1. As técnicas de RA podem ser aplicadas à seleção de embriões submetidos a diagnóstico de alterações genéticas causadoras de doenças, podendo nesses casos ser doados para pesquisa ou descartados, conforme a decisão do(s) paciente(s), devidamente documentada com consentimento informado livre e esclarecido específico."

para ser doador na realização de transplante de células-tronco, conforme permitido no item VI.2[24] da Resolução CFM 2.320/2022.

3.3   Aconselhamento genético pré-natal

Após o início da gravidez, seja ela engendrada com ou sem as técnicas da RA, é possível a realização do aconselhamento genético pré-natal junto ao nascituro ou feto. As provas são realizadas por meio de "técnicas não invasivas (ecografia) e/ou técnicas invasivas (amniocentese, biópsia dos velos coriais ou velocentese, fetos-copia, funiculocentese, remoção de uma ou mais células do blastocito etc.)."[25]

Considerando os riscos das técnicas invasivas, o/a médico/a pode desaconselhar a realização da prova. Entretanto, tais riscos podem ser justificados apenas em alguns casos, tais como:[26] genitora com mais de 35 (trinta e cinco) anos e/ou genitor com idade superior a 55 (cinquenta e cinco) anos; descendência anterior com Síndrome de Down; genitores com deficiência cromossômica; história de doenças hereditárias na família; história familiar de malformações genitais; exposição a um fator teratogênico, capaz de causar dano ao nascituro, durante a gestação; 8) infertilidade prévia ligada a alterações cromossômicas; enfermidade crônica da gestante (diabetes, hipertireoidismo, hipertensão etc.); evolução obstétrica desfavorável da gravidez como o retardo no crescimento fetal, pouca quantidade de líquido amniótico, arritmia cardíaca fetal etc.

Diante do diagnóstico no aconselhamento genético pré-natal, o/a médico/a poderá indicar ao/à paciente as seguintes alternativas: se não for identificada qualquer questão genética, doença ou deficiência, a continuidade da gravidez; se for identificada alguma questão genética, doença ou deficiência, a interrupção terapêutica da gravidez, caso o ordenamento jurídico assim permita; ou proceder a uma terapia gênica fetal.

As eventuais falhas (erros) ocorridas nas espécies de aconselhamento genético junto à RA é que são fundamento para o nascedouro das *wrongful actions* que têm consequências na responsabilidade civil.

4.   AS *WRONGFUL ACTIONS* E A RESPONSABILIDADE CIVIL

As *wrongful actions,* buscando a responsabilização de médicos/as, hospitais, clínicas e dos/as genitores/as pela concepção, gravidez, nascimento e vida indevidos,

---

24.   "2. As técnicas de reprodução assistida também podem ser utilizadas para tipagem do Antígeno Leucocitário Humano (HLA) do embrião, no intuito de selecionar embriões HLA-compatíveis com algum irmão já afetado pela doença e cujo tratamento efetivo seja o transplante de células-tronco, de acordo com a legislação vigente."

25.   LEONE, Salvino; PRIVITERA, Salvatore; CUNHA, Jorge Teixeira da. *Dicionário de bioética*. Aparecida (SP): Editora Santuário, 2001. p. 267.

26.   MACIÁ, José M. Carrera. Diagnóstico prenatal. In: CASABONA, Carlos María Romeo (Ed.). *Genética Humana*: fundamentos para el estudio de los efectos sociales derivados de los avances en genética humana – monografías. Deusto: Universidad de Deusto (Cátedra de Derecho y Genoma Humano); Fundación BBV; Diputación Foral de Bizkaia, 1995. p. 116-121.

tiveram origem nos Estados Unidos na década de 1970.[27] Inicialmente, houve rejeição à indenização diante do fundamento dos pedidos das demandas, mas, posteriormente, viu-se uma tendência no sentido da progressiva aceitação das pretensões, embora haja muita controvérsia acerca do tema.[28]

Na atualidade, essas demandas são propostas e amplamente discutidas em países como Espanha, Estados Unidos, França, Inglaterra e Portugal. Objetiva-se apresentar as ações para verificar a possibilidade jurídica delas no Brasil e sua consequente aplicabilidade.

4.1 *Wrongful conception* (concepção indevida) e *wrongful pregnancy* (gravidez indevida)

O fundamento de uma ação de *wrongful conception* decorre de um aconselhamento genético pré-conceptivo ou pré-implantatório com conduta falha ou omissão nas provas e/ou em um resultado falso negativo, ensejando um diagnóstico também falho e, assim, uma gravidez indesejada. Por isso também é denominada de *wrongful pregnancy*. Vislumbra-se, da mesma forma, a fundamentação da demanda na falha decorrente da indicação ou da aplicação dos métodos contraceptivos.

Os/as autores/as da ação são os/as genitores/as (pacientes), que alegam que se não houvesse o erro médico, a concepção e a gravidez não teriam ocorrido, pelo menos como ocorreu, eis que poderiam ter optado pela terapia gênica, pela seleção de gametas ou embriões ou, ainda, por não engravidar. Logo, de um lado, a fundamentação da ação é ligada à concepção e à gravidez não desejadas, em especial diante de um embrião ou nascituro com questões genéticas; e, de outro lado, o fundamento é vinculado à violação da autonomia junto ao livre planejamento familiar.

Busca-se indenização material e compensação moral, condenando-se o/a agente culpado pelo dano ao pagamento das despesas com o nascimento e a criação de uma pessoa; bem como os danos existenciais dos/as pacientes.

Essa demanda pode ser proposta no Brasil diante de todas as suas fundamentações, em especial aquelas que violam a autonomia junto ao planejamento familiar, a realização de terapias gênicas (quando existentes e permitidas), a seleção terapêutica de gametas ou embriões e/ou a utilização de métodos anticonceptivos.

4.2 *Wrongful birth* (nascimento indevido)

A ação por *wrongful birth* decorre de falhas ou omissões no aconselhamento genético pré-natal, tanto nas provas como no resultado falso negativo, ensejando um diag-

---

27. PINTO, Paulo Mota. Indenização em caso de "nascimento indevido" e de "vida indevida" (*wrongful birth e wrongful life*). *Revista Brasileira de Direito das Famílias e Sucessões*. v. 3, n. 3, p. 75-99, Porto Alegre, abr.-maio 2008.

28. SOUZA, Iara Antunes de. *Aconselhamento genético e responsabilidade civil*: as ações por concepção indevida (*wrongful conception*), nascimento indevido (*wrongful birth*) e vida indevida (*wrongful life*). Belo Horizonte: Arraes Editores, 2014. p. 2.

nóstico e consequentemente um nascimento indesejado. Os/as autores/as da demanda são os/as genitores de um/a filho/a nascido/a com doenças ou com deficiências em face do/a médico/a conselheiro/a genético/a, dos laboratórios, das clínicas e/ou dos hospitais.

O fundamento da demanda é que os/as culpados pelo erro em sentido amplo são responsáveis pelos danos materiais decorrentes dos custos de criação de um/a filho/a e pelos danos existenciais oriundo da gravidez e do nascimento, que é indesejado, eis que não proporcionaram aos/às genitores uma série de provas e o diagnóstico; e/ou as provas geraram resultados falsos negativos; e/ou não foi detectado ou não comunicado à eles/as sobre a questão genética presente no nascituro a tempo de que se pudesse buscar a interrupção terapêutica da gravidez,[29] nos termos da Lei.

Em suma, o que se observa é que o erro médico acaba por cercear o direito dos/as genitores de exercer suas autonomias e tomar a decisão livre e esclarecida acerca da continuação ou não da gestação, interrompendo-a, em conformidade com o ordenamento jurídico; bem como a opção de utilização dos tratamentos afetos à terapia gênica fetal.

As ações por *wrongful birth* podem ser propostas conjuntamente com as ações por *wrongful life*.

No Brasil, a demanda por *wrongful birth* poderia ser proposta, diante da falha no aconselhamento genético pré-natal do qual decorra violação da autonomia em relação à opção pela interrupção da gravidez, apenas nas hipóteses do artigo 128 do Código Penal, quais sejam, o aborto necessário (quando não há outro meio de salvar a vida da gestante) e o aborto no caso de gravidez resultante de estupro; bem como no caso de gestação de fetos (mero)anencéfalos, conforme decisão do Supremo Tribunal Federal na Ação de Descumprimento de Preceito Fundamental 54 em 2012. Nas demais hipóteses de interrupção terapêutica da gravidez não haverá fundamento adequado, pois o aborto não é permitido no país.

Poder-se-ia falar, ainda, em fundamento para a demanda baseado na falha de provas ou de diagnóstico que retira o direito à terapia gênica fetal, se disponível e possível eticamente.

---

29. "Consiste en una demanda interpuesta por los padres del hijo deficiente contra el médico. El médico o consejero genético es responsable de un daño al no proponerle a una mujer una serie de pruebas, o bien al no detectar o no avisar a la mujer embarazada sobre la enfermedad o anomalía que sufre su feto, a tiempo de que ésta pueda abortar amparada por la Ley. Entonces, se permite que la mujer ejerza esta acción contra el médico, puesto que, debido a su negligencia le privó de la oportunidad de tomar una decisión informada sobre la continuidad o interrupción de su embarazo. Por tanto, se trata de una demanda que entablan los padres del niño contra el médico que no detecto en un diagnóstico prenatal la afección fetal o que, incluso, no les propuso la realización de pruebas diagnósticas y, por tanto, le reclaman una indemnización por el daño consistente en: a) el quebranto moral; y b) el quebranto económico derivado de haber tenido un hijo aquejado con una enfermedad o anomalía genética." ROMEO CASABONA, Carlos María; EMALDI-CIRIÓN, Aitziber; EPIFANIO, Leire Escajedo San; JIMÉNEZ, Pilar Nicolás; MALANDA, Sergio Romeo; MORA, Asier Urruela. De la medicina curativa a la medicina preventiva: Consejo genético. *La ética y el derecho ante la biomedicina Del futuro.* Cátedra Interuniversitaria Fundación BBVA – Diputación Foral de Bizkaia de Derecho y Genoma Humano. Bilbao: Universidade de Deusto, 2006. p. 215.

4.3 *Wrongful life* (vida indevida)

A ação por *wrongful life* é proposta pelo/a próprio/a filho/a nascido com questões genéticas (doença ou deficiência), devidamente representado/a ou assistido/a por seus/suas genitores/as, tutores/as ou outro/a representante legal (enquanto crianças ou adolescentes), em face do/a médico/a e/ou dos/as próprios/as genitores/as.

O fundamento é baseado no erro junto ao aconselhamento genético pré-natal, consubstanciado na falha das provas e/ou no diagnóstico, o que retira dos/as genitores o direito de optar pela interrupção terapêutica da gravidez, nos termos legais; ou a possibilidade de realização de terapias gênicas fetais. Há ainda a possibilidade de, quando a ação é proposta pelo/a filho/a contra os/as genitores, o fundamento ser a decisão deles/as de assumir o nascimento de um/a filho/a com questões genéticas.

O pedido engloba a responsabilização civil por danos materiais decorrentes do custo extraordinário de uma vida com doença ou deficiência (tais como gastos com tratamentos médicos, habilitação e reabilitação); e por danos existenciais. Aqui reside uma controvérsia importante, eis que os danos existenciais residiriam na fundamentação de que seria melhor não ter nascido do que ter nascido com doenças ou com deficiências. Logo, o que se argumenta é o direito de não nascer e o direito de nascer com o corpo e mente sãos.[30]

O caso mais conhecido que envolve a demanda por *wrongful life* é o Perruche na França. Nicolás Perruche nasceu em 1983. Sua genitora contraiu rubéola durante a gravidez e manifestou a vontade de interromper a gestação caso houvesse a comprovação de que a doença fora transmitida ao nascituro, o que é admitido pelo sistema jurídico Francês.[31] Houve erro na prova e na comunicação do resultado à genitora, resultado no nascimento dele com grave deficiência.

Os/as genitores/as representaram o filho em demanda contra o médico, o laboratório e a seguradora de saúde, pelos danos sofridos por ele, em especial o existencial: direito de não nascer ou nascer com corpo e mente sãos. A Corte de Apelação de Paris, em 26 de março de 1996, rejeitou o pedido e a possibilidade de indenização diante de um direito a nascer ou a não nascer, a viver ou não viver, eis que o dano decorreu da rubéola da mãe e não do erro médico. O caso chegou ao Tribunal de Cassação que reverteu a decisão, sob o fundamento de que houve violação à vontade da mãe em não continuar com a gravidez uma vez diagnosticada a rubéola.

O processo foi remetido à Corte de Apelação de Orléans, que, por sua vez, também julgou improcedente o pedido indenizatório, alegando que não existe prejuízo, pois não há o direito a nascer ou a não nascer; e, ainda que reconheça um dano que a deficiência ou doença causa ao filho, entendeu que ela não decorre de um direito subjetivo, juridicamente reparável.

---

30. EMALDI-CIRIÓN, Aitziber. A responsabilidade dos profissionais sanitários no marco do assessoramento genético. In: CASABONA, Carlos Maria Romeo; QUEIROZ, Juliane Fernandes (Coord.). *Biotecnologia e suas implicações ético-jurídicas*. Belo Horizonte: Del Rey, 2004. p. 97.

31. SOUZA, Iara Antunes de. *Aconselhamento genético e responsabilidade civil*: as ações por concepção indevida (*wrongful conception*), nascimento indevido (*wrongful birth*) e vida indevida (*wrongful life*). Belo Horizonte: Arraes Editores, 2014. p. 80.

Novamente submetida a questão à Corte de Cassação francesa, agora afetada ao pleno, esta decidiu, em 17 de novembro de 2000, reconhecendo: 1) "[...] as faltas cometidas pelo laboratório na execução dos contratos firmados com a Sra. Perruche impediram esta de exercer a sua escolha de interromper a gravidez a fim de evitar o nascimento de uma criança atingida por uma deficiência [...]"; 2) aquele que nasce com deficiência "[...] pode pedir reparação dos prejuízos resultantes desta deficiência e causado pelas faltas cometidas".[32]

Diante de tal precedente, mais de cem famílias processaram o Estado Francês em razão do nascimento de filhos/as com doenças ou com deficiência, sob o fundamento do direito de não nascer. Com o objetivo de frear tal situação e modificar a jurisprudência Perruche, acabando com a avalanche processual, a associação de pessoas com deficiência e médicos/as conseguiu que o Parlamento Francês aprovasse, em 11 de janeiro de 2002, uma lei que "[...] estabelece, de forma expressa, que ninguém pode reclamar judicialmente por haver sido prejudicado, simplesmente por haver nascido."[33]

No Brasil, entende-se que a demanda por *wrongful life*, sob o fundamento do direito de não nascer, não tenha amparo jurídico, ainda que evidenciada alguma falha no aconselhamento genético pré-natal, pois a pessoa nascida, enquanto nascituro, não tinha a possibilidade de exercer sua autonomia e escolher entre viver ou não.[34] Essa é uma decisão que cabe única e exclusivamente aos/às genitores/as.

Contudo, não se pode deixar de trazer a conhecimento a posição de Graziela Trindade Clemente e Nelson Rosenvald[35] no sentido de que a fundamentação possível juridicamente para a demanda por *wrongful life* seria aquela vinculada aos "custos acrescidos que uma situação peculiar de vida (com deficiência) impõe." o que é de legitimidade do/a filho/a, sem a necessária subordinação a eventual demanda dos/as genitores/as.

Realizou-se pesquisa disponibilizada em artigo em coautoria com Maria de Fátima Freire de Sá[36] junto ao mecanismo de busca de jurisprudência dos sites de todos[37] os Tribunais de Justiça dos Estados brasileiros e do Distrito Federal, utilizando a expressão

---

32. FÉO, Christina; VIEIRA, Tereza Rodrigues. Eugenia e o direito de nascer ou não com deficiência: algumas questões em debate. In: VIEIRA, Tereza Rodrigues. *Ensaios de Bioética e Direito*. Brasília: Editora Consulex, 2009. p. 51.

33. EMALDI-CIRIÓN, Aitziber. A responsabilidad dos profissionais sanitários no marco do assessoramento genético. In: CASABONA, Carlos Maria Romeo; QUEIROZ, Juliane Fernandes (Coord.). *Biotecnologia e suas implicações ético-jurídicas*. Belo Horizonte: Del Rey, 2004. p. 104.

34. SOUZA, Iara Antunes de. *Aconselhamento genético e responsabilidade civil*: as ações por concepção indevida (*wrongful conception*), nascimento indevido (*wrongful birth*) e vida indevida (*wrongful life*). Belo Horizonte: Arraes Editores, 2014. p. 131.

35. CLEMENTE, Graziela Trindade; ROSENVALD, Nelson. Edição gênica e os limites da responsabilidade civil. In: MARTINS, Guilherme Magalhães; ROSENVALD, Nelson. *Responsabilidade civil e novas tecnologias*. Indaiatuba, SP: Editora Foco, 2020. p. 258.

36. SÁ, Maria de Fátima Freire; SOUZA, Iara Antunes de. Responsabilidade Civil e Reprodução Humana Assistida: a (in)aplicabilidade das ações de wrongful conception ou pregnancy e birth nos tribunais brasileiros. In: MARTINS, Guilherme Magalhães; ROSENVALD, Nelson (Org.). *Responsabilidade Civil e novas tecnologias*. Indaiatuba, SP: Editora Foco, 2020. p. 394-395.

37. Fora pesquisado o termo "wrongful" no sistema de pesquisa de jurisprudência dos Tribunais de Justiça estaduais brasileiros e do Distrito Federal: TJAC, TJAL, TJAP, TJAM, TJBA, TJCE, TJDF, TJES, TJGO, TJMA, TJMT, TJMS, TJMG, TJPR, TJPB, TJPA, TJPE, TJPI, TJRN, TJRS, TJRJ, TJRO, TJRR, TJSC, TJSE, TJSP, TJTO.

"wrongful", e somente foram encontradas duas decisões do Tribunal de Justiça do Rio Grande do Sul – TJRS, envolvendo a utilização de métodos anticoncepcionais.

Na primeira decisão, de 2014, houve o reconhecimento da responsabilidade civil de um hospital, diante de dupla falha de informação: tanto à paciente, que não foi informada que a laqueadura de trompas não havia sido realizada, gerando nova gestação e nascimento; tanto à médica que não fora informada da vontade da paciente em realizar o procedimento. O hospital foi condenado ao pagamento de indenização pecuniária e pensão mensal em razão de filho não esperado/desejado:

> Apelação cível. Responsabilidade civil. Indenização por danos morais e materiais. Ligadura tubária. Procedimento médico solicitado e autorizado pela autora. Não realização. Ausência de informação à autora. Nova gravidez. Sentença de procedência quanto ao hospital e de improcedência quanto à médica obstetra confirmada. 1. Por meio da presente demanda, a autora busca a condenação dos réus, médica e hospital, ao pagamento de indenização por danos materiais e morais decorrentes da ausência de realização de procedimento cirúrgico solicitado por ela, qual seja, ligadura de trompas, por tratar-se de terceiro filho do casal. 2. O cerne da questão diz respeito, essencialmente, à informação, ou não, à demandante de que tal procedimento não fora realizado. 3. A autora havia solicitado e autorizado, via declaração entregue à funcionária que a recebeu no hospital, a realização do procedimento referido e não foi informada de que o mesmo não se realizara. Falhou o nosocômio, assim, ao não informar a autora de que o procedimento não fora realizado durante a cesárea à qual fora submetida. Além disso, o nosocômio repassou ao SUS a conta não só da cesárea, mas também da suposta ligadura tubária, o que culminou com o envio de correspondência à autora, pelo SUS, para avaliação do procedimento ao qual teria se submetido (cesariana com ligadura tubária). Ao não receber qualquer informação a respeito, deduziu a autora que não mais engravidaria, expectativa essa que se frustrou, pois veio novamente a engravidar. 4. Resulta claro que não foi observado o direito da autora à informação, com o correspondente dever de informação por parte do requerido, residindo, aí, o defeito no serviço autorizador do reconhecimento do dever de indenizar, nos termos do §6º do art. 37 da Constituição Federal. *5. Situação dos autos que se aproxima da figura conhecida no direito comparado como* wrongful conception or pregnancy. Doutrina e casuística a respeito. 5. O quantum indenizatório arbitrado pela sentença (R$ 30.000,00) é razoável e não merece reparos. 6. Pensão mensal temporária fixada em 30% do salário mínimo que igualmente não merece reparos. 6. No contexto dos autos, em que a informação não chegou aos médicos que realizaram o parto da autora, não havia como exigir da médica requerida conduta diversa da comprovadamente adotada nos autos. Improcedência da ação confirmada.[38] (grifo nosso).

Já na segunda decisão, de 2017, não houve o reconhecimento da responsabilidade civil de uma fabricante de anticoncepcionais injetáveis, diante da gravidez e nascimento de filho de usuária de forma não planejada, pois reconheceu-se que o método não é 100% (cem por cento) eficaz, o que constava da bula:

> Responsabilidade civil. Ação indenizatória. Anticoncepcional injetável nova gravidez não planejada. *Wrongful conception*. Pedido de indenização por danos extrapatrimoniais, lucros cessantes e pensionamento. Ausência de prova convincente, ainda que não inequívoca, do uso correto do produto. Sentença de improcedência mantida. 1. Por meio da presente demanda, a autora busca a condenação da ré ao pagamento de indenização por danos morais, lucros cessantes e pensionamento à filha, de-

---

38. RIO GRANDE DO SUL. Tribunal de Justiça do Estado. Apelação Cível n. 70058338039. Nona Câmara Cível. Relator: Eugênio Facchini Neto. Julgado em: 26 mar. 2014.

correntes da ineficácia do contraceptivo injetável. 2. Do ponto de vista teórico, o deslinde da questão passaria pela determinação de quem deveria suportar os riscos da inerente taxa de falibilidade do anticoncepcional: a empresa que o produz e de sua venda aufere lucros ou a consumidora que teria sua legítima expectativa frustrada. 3. *A situação dos autos configura a chamada wrongful conception, figura do direito comparado que trata do dano ao planejamento familiar, decorrente do nascimento de um filho não planejado*, apesar da correta adoção dos mecanismos tendentes a evitar a concepção, mecanismos esses que teriam falhado por algum fato imputável a determinado profissional (inadequada colocação de DIU, ou vasectomia mal feita, por exemplo), ou a um fornecedor de produtos ou serviços (o caso das pílulas de farinha, por exemplo). 4. Para que se possa responsabilizar alguém, todavia, é imprescindível que haja prova de que o autor da demanda fez precisamente tudo aquilo que dele se esperava para a obtenção do resultado visado – evitar a concepção. Somente se tal prova efetivamente foi produzida é que se pode pensar em transferir para a parte contrária o ônus de provar que não houve defeito do produto ou do serviço. 5. No caso em tela, a autora comprovou ser pessoa de hábitos rigorosos, levando vida metódica e planejada. Embora se trate de circunstância relevante, a reforçar a credibilidade da versão autoral, era imprescindível produzir prova mais consistente e relevante, como as prescrições médicas, a oitiva da ginecologista que acompanhava a autora, oitiva dos profissionais que ministravam a injeção, prontuário do serviço público de saúde que fornecia o medicamento, retendo a prescrição médica etc. Na ausência de outras provas idôneas a reforçar a versão autoral, é de se manter a sentença que desacolheu o pedido indenizatório. Apelo desprovido.[39] (grifo nosso).

Essa decisão do TJRS é repetida junto ao Agravo Regimental do Recurso Especial 660577 no Superior Tribunal de Justiça – STJ.

Apesar de não utilizar a terminologia *wrongful conception/pregnancy*, são encontradas nos tribunais brasileiros demandas que tem como fundamento esterilizações falhas, como a que foi encontrada em demanda julgada em 12 de setembro de 2007 pelo Tribunal de Justiça do Estado de Minas Gerais – TJMG, de número 0566326.87.2006.8.13.0016[40] de relatoria do Desembargador Marcelo Rodrigues, onde a responsabilidade civil não foi atribuída ao médico eis que a prática não é de anticoncepção absoluta, tendo o paciente que agir com meios contraceptivos complementares para evitar a gravidez, não se demonstrando a falha médica na espécie. Decisão com os mesmos fundamentos da do TJRS de 2017.

Logo, em que pese existirem fundamentos jurídicos para tanto e hipóteses possíveis, em especial quando vinculadas à violação da autonomia junto ao livre planejamento familiar, os Tribunais de Justiça dos Estados brasileiros e do Distrito Federal não aplicam a teoria da responsabilidade civil médica por *wrongful conception/pregnancy, birth* ou *life*, pelo menos com a nomenclatura estudada, ainda que as práticas de aconselhamento genético e RA sejam realizadas.

---

39. RIO GRANDE DO SUL. Tribunal de Justiça do Estado. Apelação Cível 70075425744. Nona Câmara Cível. Relator: Eugênio Facchini Neto. Julgado em: 13 Dez. 2017. Disponível em: http://www.tjrs.jus.br/site/busca-solr/index.html?aba=jurisprudencia. Acesso em: 25 out. 2021.

40. MINAS GERAIS. Tribunal de Justiça do Estado. Apelação Cível 0566326.87.2006.8.13.0016. Relator Desembargador Marcelo Rodrigues. Órgão Julgador: 11ª Câmara Cível. Data de Julgamento: 12 Set. 2007. Disponível em: http://www.tjmg.jus.br. Acesso em: 25 out. 2021.

5. REFERÊNCIAS

AZCORRA, Miguel Urioste. Consejo genético y diagnóstico antenatal. In: CASABONA, Carlos Romeo (Dir.). *Genética y derecho*: estudios de derecho judicial, 36-2001. Madrid: Consejo General del Poder Judicial, 2001.

AZOFRA, María Jorqui. El Tribunal de Cagliari (Italia) da luz verde al diagnóstico genético preimplentatorio. *Revista de Derecho y Genoma Humano* – Law and the Human Genoma Review, n. 27, p. 137-177, Julio-Deciembre, 2007.

BRASIL. Constituição da República Federativa do Brasil de 1988. Disponível em: http://www.planalto.gov.br/ccivil_03/constituicao/constituicaocompilado.htm. Acesso em: 27 jun. 2023.

BRASIL. Lei 9.263, de 12 de janeiro de 1996. Regula o § 7º do art. 226 da Constituição Federal, que trata do planejamento familiar, estabelece penalidades e dá outras providências. Disponível em: http://www.planalto.gov.br/ccivil_03/LEIS/L9263.htm. Acesso em: 27 jun. 2023.

BEDATE, Carlos Alonso. Terapia genética. In: CASABONA, Carlos Maria Romeo (Ed.). *Genética Humana*: fundamentos para el estudio de los efectos sociales derivados de los avances en genética humana – monografías. Deusto: Universidad de Deusto (Cátedra de Derecho y Genoma Humano), Fundación BBV, Diputación Foral de Bizkaia, 1995.

CLEMENTE, Graziela Trindade; ROSENVALD, Nelson. Edição gênica e os limites da responsabilidade civil. In: MARTINS, Guilherme Magalhães; ROSENVALD, Nelson. *Responsabilidade civil e novas tecnologias*. Indaiatuba, SP: Editora Foco, 2020.

CONSELHO FEDERAL DE MEDICINA. Resolução CFM 2.320/2022. Publicada no D.O.U. de 20 set 2022, Seção I, p. 107. Disponível em: https://sistemas.cfm.org.br/normas/visualizar/resolucoes/BR/2022/2320. Acesso em: 27 jun. 2023.

EMALDI-CIRIÓN, Aitziber. A responsabilidade dos profissionais sanitários no marco do assessoramento genético. In: CASABONA, Carlos Maria Romeo; QUEIROZ, Juliane Fernandes (Coord.). *Biotecnologia e suas implicações ético-jurídicas*. Belo Horizonte: Del Rey, 2004.

EGOZCUE, José. Diagnóstico preconcepcional y preimplantatório. In: CASABONA, Carlos Maria Romeo (Ed.). *Genética Humana*: fundamentos para el estudio de los efectos sociales derivados de los avances en genética humana – monografías. Deusto: Universidad de Deusto (Cátedra de Derecho y Genoma Humano), Fundación BBV, Diputación Foral de Bizkaia, 1995.

FÉO, Christina; VIEIRA, Tereza Rodrigues. Eugenia e o direito de nascer ou não com deficiência: algumas questões em debate. In: VIEIRA, Tereza Rodrigues. *Ensaios de Bioética e Direito*. Brasília: Editora Consulex, 2009.

GRAVIDEZ SEGURA. *Agentes Teratogênicos*. SIAT – Departamento de Genética Médica do Hospital de Clínicas de Porto Alegre. Disponível em: http://gravidez-segura.org/index.php?option=com_content&task=view&id=5&Itemid=7. Acesso em: 27 jun. 2023.

LEONE, Salvino; PRIVITERA, Salvatore; CUNHA, Jorge Teixeira da. *Dicionário de bioética*. Aparecida (SP): Editora Santuário, 2001.

MACIÁ, José M. Carrera. Diagnóstico prenatal. In: CASABONA, Carlos María Romeo (Ed.). *Genética Humana*: fundamentos para el estudio de los efectos sociales derivados de los avances en genética humana – monografías. Deusto: Universidad de Deusto (Cátedra de Derecho y Genoma Humano); Fundación BBV; Diputación Foral de Bizkaia, 1995.

MINAS GERAIS. Tribunal de Justiça do Estado. Apelação Cível 0566326.87.2006.8.13.0016. Relator Desembargador Marcelo Rodrigues. Órgão Julgador: 11ª Câmara Cível. Data de Julgamento: 12 Set. 2007. Disponível em: http://www.tjmg.jus.br. Acesso em: 27 jun. 2023.

NAVES, Bruno Torquato de Oliveira. *Direitos de personalidade e dados genéticos*: revisão crítico-discursiva dos direitos de personalidade à luz da "natureza jurídica" dos dados genéticos humanos. Belo Horizonte: Escola Superior Dom Helder Câmara, 2010.159p.

ORGANIZAÇÃO DAS NAÇÕES UNIDAS (ONU). *Declaração universal do genoma humano e dos direitos humanos*. 1997. Disponível em: https://unesdoc.unesco.org/ark:/48223/pf0000122990_por. Acesso em: 27 jun. 2023.

PINTO, Paulo Mota. Indenização em caso de "Nascimento indevido" e de "vida indevida" (*wrongful birth e wrongful life*). *Revista Brasileira de Direito das Famílias e Sucessões*. v. 3, n. 3, p. 75-99, Porto Alegre, abr.-maio 2008.

RIO GRANDE DO SUL. Tribunal de Justiça do Estado. *Apelação Cível n. 70058338039*. Nona Câmara Cível. Relator: Eugênio Facchini Neto. Julgado em: 26 mar. 2014. Disponível em: http://www.tjrs.jus.br/site/busca-solr/index.html?aba=jurisprudencia. Acesso em: 27 jun. 2023.

RIO GRANDE DO SUL. Tribunal de Justiça do Estado. Apelação Cível 70075425744. Nona Câmara Cível. Relator: Eugênio Facchini Neto. Julgado em: 13 Dez. 2017. Disponível em: http://www.tjrs.jus.br/site/busca-solr/index.html?aba=jurisprudencia. Acesso em: 27 jun. 2023.

ROMEO CASABONA, Carlos María; EMALDI-CIRIÓN, Aitziber; EPIFANIO, Leire Escajedo San; JIMÉNEZ, Pilar Nicolás; MALANDA, Sergio Romeo; MORA, Asier Urruela. De la medicina curativa a la medicina preventiva: Consejo genético. *La ética y el derecho ante la biomedicina Del futuro*. Cátedra Interuniversitaria Fundación BBVA – Diputación Foral de Bizkaia de Derecho y Genoma Humano. Bilbao: Universidade de Deusto, 2006.

SÁ, Maria de Fátima Freire de; MEIRELLES, Ana Thereza; SOUZA, Iara Antunes de. Doação anônima de gametas à luz da resolução CFM 2.294/21 e (im)possibilidade de responsabilidade civil. *Migalhas*, Coluna Migalhas de RC, 15 jul. 2021. Disponível em: https://www.migalhas.com.br/coluna/migalhas--de-responsabilidade-civil/348539/doacao-anonima-de-gametas-a-luz-da-resolucao-cfm-2-294-21. Acesso em: 27 jun. 2023.

SÁ, Maria de Fátima Freire de; NAVES, Bruno Torquato de Oliveira. *Bioética e biodireito*. 6. ed. Indaiatuba: Foco, 2023.

SÁ, Maria de Fátima Freire; SOUZA, Iara Antunes de. Responsabilidade Civil e Reprodução Humana Assistida: a (in)aplicabilidade das ações de wrongful conception ou pregnancy e birth nos tribunais brasileiros. In: MARTINS, Guilherme Magalhães; ROSENVALD, Nelson (Org.). *Responsabilidade Civil e novas tecnologias*. Indaiatuba, SP: Editora Foco, 2020.

SOUZA, Iara Antunes de. *Aconselhamento genético e responsabilidade civil*: as ações por concepção indevida (*wrongful conception*), nascimento indevido (*wrongful birth*) e vida indevida (*wrongful life*). Belo Horizonte: Arraes Editores, 2014.

SOUZA, Iara Antunes de. Reflexões acerca do futuro de uma sociedade eugênica inspirada no filme Gattaca. In: LIMA, Taísa Maria Macena de; SÁ, Maria de Fátima Freire de; MOUREIRA, Diogo Luna (Coord.). *Direitos e fundamentos entre vida e arte*. Rio de Janeiro: Lumen Juris, 2010. p. 85-99.

SOUZA, Iara Antunes de; BERLINI, Luciana Fernandes. Planejamento Familiar e Aconselhamento Genético: entre autonomias e responsabilidades. In: SÁ, Maria de Fátima Freire de; ARAÚJO, Ana Thereza Meirelles; SOUZA, Iara Antunes de; NOGUEIRA, Roberto Henrique Pôrto; NAVES, Bruno Torquato de Oliveira. (Org.). *Direito e Medicina*: Interseções Científicas. Genética e Biotecnologia. Belo Horizonte: Conhecimento Editora, 2021. p. 215-227.

BEBÊ MEDICAMENTO: ENTRE A SALVAÇÃO E A OBJETIFICAÇÃO DO SER HUMANO

Fernanda Schaefer

Pós-Doutorado no Programa de Pós-Graduação *Stricto Sensu* em Bioética da PUC-PR, bolsista CAPES. Doutorado em Direito das Relações Sociais na Universidade Federal do Paraná, curso em que realizou Doutorado Sanduíche nas Universidades do País Basco e Universidade de Deusto (Espanha) como bolsista CAPES. Professora do UniCuritiba. Coordenadora do Curso de Pós-Graduação em Direito Médico e da Saúde da PUC-PR. Assessora Jurídica CAOP Saúde MPPR. Contato: ferschaefer@hotmail.com.

> *As descobertas da genética nos apresentam a um só tempo*
> *uma promessa e um dilema.*
> *A promessa é que em breve seremos capazes de tratar*
> *e prevenir uma série de doenças debilitantes.*
> *O dilema é que nosso recém-descoberto conhecimento genético*
> *também pode permitir a manipulação de nossa própria natureza.*
> Michael J. Sandel, 2013, p. 19.

Sumário: 1. Introdução – 2. Limites à autonomia parental – 3. Equidade no acesso ao bebê medicamento como forma de tratamento para algumas doenças – 4. Considerações finais – 5. Referências.

1.   INTRODUÇÃO

Os discursos que acompanham o desenvolvimento da Engenharia Genética e das Técnicas de Reprodução Humana Assistida (TRHA) são sempre muito sedutores, travestindo-se de verdadeiras promessas de uma vida saudável, de bebês sem doenças e que espelhem as diversas idealizações de seus genitores.

Dentre os 'produtos' oferecidos ao mercado brasileiro estão os denominados *design babies*, bebês medicamento (*medicine babies*), *backup children*, *savior siblings* (irmão salvador) ou filhos para a cura. A nomenclatura parece fazer diferença apenas para dar ênfase à finalidade e à forma como se entende a prática: as três primeiras revelam do que realmente se trata: objetificação de um ser humano planejado para servir a outro; já as duas últimas possuem um apelo mais altruísta e, por isso, talvez estejam ganhando mais defensores: pais que geram filhos geneticamente compatíveis com outro filho, já existente, doente e que precisa do irmão salvador para poder receber tratamento (especialmente via transfusão ou transplante) que lhe garantirá melhor qualidade de vida ou a cura.

O título adotado no presente trabalho, portanto, já indica o viés que aqui será abordado. A partir de pesquisa de referencial teórico e normativo, o artigo apresenta uma crítica à popularização da técnica e à sua liberação (ainda que com restrições) por diversos países, pois embora amparada pelo Utilitarismo bioético, não encontra respaldo no Personalismo, especialmente no que se refere à tutela da dignidade da pessoa humana e ao princípio da precaução e da responsabilidade.

O apelo emocional dado pela justificativa genérica de salvar uma criança gerando outra com ela geneticamente compatível facilmente conduz à perda dos freios éticos e a escolhas que refletem diretamente sobre direitos fundamentais de outrem. Se hoje se autoriza a geração de seres humanos para serem doadores de medula, sangue do cordão umbilical ou sangue periférico e células-tronco,[1] amanhã estar-se-ia justificando a criação de seres humanos para simplesmente serem repositores de órgãos e tecidos para seus patrocinadores.[2]

O que conduz à pergunta: e se o irmão salvador não for requisitado apenas para ser doador de sangue ou medula, se a ele for solicitado um órgão, por exemplo?[3] De-

---

1. "Consider savior-siblings – children created by enhanced in vivo fertilization, IVF, bred for the express purpose of transfusing their blood to already existing children plagued with dreaded diseases, like certain leukemias, for which hematopoietic blood transfusions are the only cure. Because an "exact" immune tissue match is required, when none can be found via a blood bank, registry, or compatible relative, parents may decide to create a compatible blood donor by creating a new baby with the requisite immune signature. Without IVF, the odds are one in four that the "savior sibling" will be an exact (HLA) tissue-match. With it, the odds close in on 90%. [1]

No laws forbid this in the US. Indeed, very few American regulations address IVF at all, and the ones that do exist relate mostly to the procedure's effectiveness [2]. In the UK, the British Health and Embryology Agency strictly regulates IVF, but oversight varies in the rest of Europe [3], where in some countries it's legal, and others not. The initial objective of the procedure – aggressively advocated by British bioethicists some twenty years ago when it was then illegal – was to transfuse the savior sibling's umbilical cord blood, a benign procedure. But, if that didn't work, the savior would be subjected to bone-marrow transplantation – which subjects the savior child to surgery and incident anesthesia risk, all without a guarantee the bone marrow transplant will cure the ill sibling. It's a hope, and publicized success stories are quite seductive" (BILLAUER, Barbara Pfeffer. *Savior siblings or backup children*. Disponível em: https://www.acsh.org/news/2020/12/21/savior-siblings%C2%A0or--backup-children-15229. Acesso em: 30 out. 2021).

Tradução livre: "Considere os irmãos salvadores – crianças criadas por fertilização in vivo aprimorada, FIV, criadas com o propósito expresso de transfundir seu sangue para crianças já existentes atormentadas por doenças temidas, como certas leucemias, para as quais as transfusões de sangue hematopoiético são a única cura. Como uma correspondência exata do tecido imunológico é necessária, quando nenhuma pode ser encontrada por meio de um banco de sangue, registro ou parente compatível, os pais podem decidir criar um doador de sangue compatível criando um novo bebê com a assinatura imunológica necessária. Sem a fertilização *in vitro*, as chances são de uma em quatro de que o irmão salvador será uma combinação exata (HLA) de tecido. Com ele, as chances se aproximam de 90%. Nenhuma lei proíbe isso nos EUA. Na verdade, muito poucos regulamentos americanos tratam da FIV, e os que existem se relacionam principalmente com a eficácia do procedimento. No Reino Unido, a Agência Britânica de Saúde e Embriologia regula estritamente a FIV, mas a supervisão varia no resto da Europa, onde em alguns países é legal e em outros não. O objetivo inicial do procedimento – defendido agressivamente por bioeticistas britânicos há cerca de vinte anos, quando era então ilegal – era transfundir o sangue do cordão umbilical do irmão salvador, um procedimento benigno. Mas, se isso não funcionasse, o salvador seria submetido ao transplante de medula óssea – que sujeita o filho salvador a cirurgia e risco de anestesia incidente, tudo sem uma garantia de que o transplante de medula óssea curará o irmão doente. É uma esperança, e as histórias de sucesso divulgadas são bastante sedutoras".

2. Vide: SCHAEFER, Fernanda. A ilha: uma discussão sobre a instrumentalização do ser humano pelas técnicas de reprodução humana assistida. In: LIMA, Taisa Maria Macena; SÁ, Maria de Fátima Freire; BERNARDES, Wilba Lúcia Maia (Org.). *Direito e arte*. Os desafios da pessoalidade. Belo Horizonte: Arraes, 2015. p. 33-43.

3. Passados quinze anos desde a primeira notícia de uso da técnica, ainda não há dados disponíveis sobre o seu sucesso nos Estados Unidos. No entanto, na Europa, os dados indicam que a transfusão de sangue do cordão-

veria ser a requisição tratada com a naturalidade de quem fundamenta o pedido no apelo solidarista? E qual seria, ética e legalmente, a diferença entre uma situação (bebê medicamento) e outra (pessoas *backup*)? Relativizar aquela a partir de falsas noções de solidariedade leva à crença de que um ser humano pode servir a outro, sem restrições. É dar um novo passo, entre tantos outros já dados, na direção da ampla aceitação da eugenia liberal (melhoramentos genéticos não coercitivos) e da instrumentalização da pessoa (pelas diferentes promessas da Engenharia Genética).

2. LIMITES À AUTONOMIA PARENTAL

No Brasil não há lei regulamentado as técnicas de reprodução humana assistida, sendo a prática apenas regulada eticamente pela Resolução 2.294/2021, do Conselho Federal de Medicina. Nela, a entidade autoriza o uso de diagnóstico genético pré-implantacional ou pré-implantatório[4] (DGPI) para:

> VI – Diagnóstico genético pré-implantacional de embriões
>
> 1. As técnicas de RA podem ser aplicadas à seleção de embriões submetidos a diagnóstico de alterações genéticas causadoras de doenças, podendo nesses casos ser doados para pesquisa ou descartados, conforme a decisão do(s) paciente(s), devidamente documentada com consentimento informado livre e esclarecido específico. No laudo da avaliação genética, só é permitido informar se o embrião é masculino ou feminino em casos de doenças ligadas ao sexo ou de aneuploidias de cromossomos sexuais.
>
> 2. As técnicas de RA também podem ser utilizadas para tipagem do Antígeno Leucocitário Humano (HLA) do embrião, no intuito de selecionar embriões HLA-compatíveis com algum irmão já afetado pela doença e cujo tratamento efetivo seja o transplante de células-tronco, de acordo com a legislação vigente. (grifo nosso)
>
> 3. O tempo máximo de desenvolvimento de embriões in vitro será de até 14 (quatorze) dias.

Assim, sem maiores ponderações[5] ou análise crítica das implicações do uso da técnica para o bebê que está sendo gerado e até mesmo dissociado de ponderações sociais, o Conselho Federal de Medicina autoriza o diagnóstico pré-implantacional para selecionar embriões que venham a ser HLA-compatíveis com o irmão doente, prevendo, inclusive, que possa o bebê medicamento vir a ser doador em transplante de células-tronco.

Na prática, sustenta-se que a decisão de criar um bebê medicamento deve levar em conta que o tratamento recomendado seja considerado eficaz (Medicina Baseada em Evidências); que a doença que afeta o irmão deve ter algum componente genético (para

---

-umbilical tem taxa de sucesso de apenas 5% e 95% dos casos acabou exigindo o transplante de medula óssea, procedimento muito mais invasivo e que pode ainda vir cumulado com a necessidade de transfusão de sangue" (BILLAUER, op. cit.).

4. O diagnóstico genético pré-implantacional (DGPI) é método preditivo que permite a análise e seleção dos embriões antes mesmo de serem implantados na mulher. O exame tem por objetivo verificar a ocorrência doenças genéticas e cromossômicas no embrião a ser implantado, sendo realizado a partir da biópsia de uma ou duas células do embrião no período em que ele ainda possui entre seis a doze células. Atualmente é procedimento que consegue investigar trezentos genes associados a setecentas doenças genéticas (SCHAEFER, op. cit.).

5. A autorização foi incluída pela primeira vez na revogada Resolução 2.013/13, CFM, repetida nas também revogadas Resoluções 2.121/15 e 2.168/17 e nunca questionada por autoridades brasileiras.

que possa ser rastreada no DGPI); que não existam outros tratamentos disponíveis ou aqueles que são conhecidos tenham se mostrado ineficazes; que a doença que afeta o irmão seja considerada grave (debilitante ou fatal a médio ou longo prazo); que o uso de material biológico do irmão doador não o exponha a risco ou a situações degradantes ou torturantes; que a previsão de uso possa demorar algum tempo em razão do necessário desenvolvimento da criança doadora.[6] Considerados esses pressupostos, o tratamento com bebê medicamento não será necessariamente a primeira escolha, mas uma escolha a ser considerada após amplo processo de esclarecimento e reflexão.

Deve-se ainda ter em consideração que no diagnóstico pré-implantacional o embrião será examinado para primeiro se garantir que ele não tenha a mesma doença que afeta o irmão, só depois os embriões considerados viáveis serão analisados quanto à compatibilidade imunobiológica.[7] Assim, admitindo-se eventualmente a legalidade da realização do procedimento, todas essas condições devem ser obrigatória, objetiva e restritivamente analisadas e pensadas a partir de uma estrutura regulatória mais robusta do que a hoje (in)existente.

Como não há no Brasil norma regulamentando o assunto e o Conselho Federal de Medicina autorizando a prática, resta aos genitores a escolha, não havendo sobre ela qualquer tipo de fiscalização ou controle. No entanto, é preciso recordar que o livre planejamento familiar (art. 226, CF), embora princípio constitucional, sujeita-se a limites impostos por outros importantes princípios: o melhor interesse da criança e do adolescente (art. 227, CF; arts. 4º e 5º, Lei 8.069/90 – Estatuto da Criança e do Adolescente; arts. 1.583 e 1.584, CC) e a parentalidade responsável (art. 226, § 7º, CF).

E aqui, por óbvio, não basta apenas voltar os olhos à criança doente, é preciso compreender como o melhor interesse do bebê medicamento estaria protegido e a lógica permite afirmar que não é seu melhor interesse ser submetido a constantes e diversas intervenções médicas para que seu sangue, células-tronco ou outro material biológico sejam utilizados, nem tampouco lhe interessa ter sua privacidade escancarada para contar ao mundo a que veio.[8] É certo que a natureza dos valores envolvidos é complexa, no entanto, o melhor interesse da criança, no que diz respeito à sua saúde e existência, não pode ser reduzido exclusivamente a objetivos médicos e, pior ainda, objetivos médicos de terceiros.

---

6. SHAPIRO, Zachary E. Savior siblings in the United States: ethical conundrums, legal and regulatory void. *Washington and Lee Journal of Civil Rights and Social Justice*, v. 24, issue 2, article 6, 2018, p. 420-460.
7. Embora não seja objeto de análise do presente trabalho em razão da abrangência da discussão, outras questões podem daqui surgir, qual é o limite para a quantidade de embriões criados (a Resolução 2.294/21, afirma ser o limite de 8)? Sendo todos classificados como doentes e/ou sendo considerados incompatíveis, é possível criar novos embriões para se começar o processo todo novamente? Quantos embriões podem ser criados? Sendo todos considerados inviáveis ou incompatíveis, todos poderão ser descartados? Nota-se que a discussão não pode estar resumida apenas à possibilidade de salvar uma criança doente.
8. A privacidade do bebê medicamento é o objeto de interessante artigo escrito por PAVÃO, Juliana Carvalho; ESPOLADOR, Rita de Cássia Resquetti Tarifa. Bebê medicamento: direito à privacidade *vs.* divulgação nas mídias digitais. *Revista Direito UFMS*, v. 6, n. 2, jul./dez. 2020, p. 89-108.

As questões antes apontadas levam a outras perguntas: o que a criança faria se fosse capaz de tomar a decisão informada? Escolheria viver sua vida, podendo autodeterminar-se, colocando limites aos pedidos de doação para o irmão? Ou continuaria sendo doador para agradar seus familiares, para sentir-se útil e auxiliar no tratamento?

É evidente que o bebê medicamento passa por uma situação única quanto ao consentimento e à autonomia: 1 – à luz do ordenamento brasileiro não tem capacidade para consentir; 2 – seus interesses estão em claro conflito com os de seus genitores; 3 – eventual consentimento/assentimento não poderia ser considerado livre, porque desde seu nascimento há pressão para que seja doador (o primordial propósito de sua criação). A escolha, portanto, não seria genuinamente autônoma porque a criança, se pudesse, seria incapaz de avaliar racionalmente toda a complexidade da situação.

Na área da saúde a vulnerabilidade da criança é ainda mais agravada, não só pela falta de discernimento para a tomada de decisão, mas também por serem civilmente incapazes de determinar o rumo de suas escolhas, ficando dependentes do processo de decisão de seus pais ou representantes legais, o que nem sempre está em consonância com os seus interesses. A vulnerabilidade se estabelece principalmente na confusão feita pelos genitores entre o fazer o seu bem e fazer o meu bem, desconsiderando a individualidade e, principalmente, a dignidade, a privacidade e o direito à informação dos filhos menores.[9]

Essas questões são muito bem retratadas no filme Uma Prova Amor que não só apresenta os conflitos vivenciados pela irmã medicamento, como também apresenta as escolhas existenciais da irmã doente, que já não deseja mais nenhum tratamento. Ambas, é claro, em conflito com as escolhas de seus pais que exigem a continuidade do tratamento e a plena disponibilidade da filha doadora, afinal, foi ela gerada para isso. Sob a ética da solidariedade, a atitude dos pais seria até elogiada: salvar a vida da filha a qualquer custo, mesmo que esse custo seja a saúde física e psicológica da filha criada para curar. Sob a luz da tutela da dignidade da pessoa humana a conduta será sempre reprovada.[10]

Deve-se ter em conta que a autoridade parental (ou poder familiar) como hoje está regulamentada no Brasil não se revela em seu sentido de dominação, mas sim, no senti-

---

9. SCHAEFER, Fernanda. Autoridade parental e vacinação obrigatória. In: TEIXEIRA, Ana Carolina Brochado. DADALTO, Luciana (Coord.). *Autoridade Parental. Dilemas e Desafios Contemporâneos*. São Paulo: Foco, 2019, p. 245-261.

10. Dentro da tutela da dignidade da pessoa humana deve-se também proteger os direitos de personalidade do bebê medicamento. "Dentre os direitos da personalidade envolvidos, destacam-se a *integridade física e a psíquica*. Sua proteção jurídica civil encontra-se, em especial, nos art. 13, 14 e 15 da Lei 10.406/2002 (Código Civil), os quais garantem não apenas os direitos sobre o próprio corpo, mas também a inviolabilidade deste. Importa ressaltar que a tutela desses direitos está ligada ao direito à saúde (art. 196 da Constituição Federal). Efetivamente, no caso dos irmãos salvadores, esse é um dos pontos de maior controvérsia: há os riscos físicos dos procedimentos de doação e os riscos psicológicos de sentir-se como um elemento secundário, cuja existência na família estaria voltada prioritariamente ao tratamento do irmão" (FERRAZ, Miriam Olivia Knopik; MEIRELLES, Jussara Maria Leal. Ética e direito em uma prova de amor: análise jurídica sobre a possibilidade do irmão salvador como recurso médico. *Revista Novos Estudos Jurídicos*, v. 25, n. 2, p. 461-484. p. 475).

do de proteção, fixando obrigações e deveres (patrimoniais e existenciais) dos pais em relação aos filhos menores. Reflete-se na consagração do princípio da proteção integral da criança e do adolescente que reconhece os filhos menores como sujeitos de direito e determina aos genitores o dever de propiciar o seu pleno desenvolvimento e formação (física, moral e social) integral.[11]

Tratando-se de poder-função, não pode ser exercido ilimitadamente. O encargo imposto aos genitores obriga-os a pensar o melhor interesse tanto do filho doente, quanto do filho doador. Atendendo ao mandamento constitucional, a privacidade e opções familiares deixam de ser absolutas para agora se submetem ao melhor interesse da criança e à solidariedade familiar, que impõem aos genitores não apenas deveres de natureza material, mas também de natureza espiritual e social. O problema aqui estudado está justamente em entender qual é o limite da atuação dos pais e que tipos de tratamentos médicos poderiam, eventualmente, ser legalmente e socialmente aceitos.

E é por tudo isso que esse tipo de prática não pode ser apenas analisada eticamente. Escolhas normativas precisam ser urgentemente feitas para conter a prática e tutelar direitos fundamentais da criança gerada para curar. Segundo Billauer,[12]

> The signals of this practice are especially relevant to our decision-making in CRISPR/genetic engineering. While professing disdain for selecting "enhanced" genetically engineered traits – ones we might find useful or favorable, we are doing precisely this when creating savior children and choosing a desirable immune status. The desire to improve family genetics – to select for desired traits – not just to avoid bearing diseased children is now exposed: We've failed our own [sic] acid test of being seduced by eugenic improvements.

Pessoas não podem ser tratadas como *commodities* (há mais de um século já se sabe isso e parece que a Engenharia Genética parece provocar uma volta a esses períodos sombrios da História). Trazer ao mundo uma criança de forma condicional (para salvar o irmão doente), por si só, a ela impõe um fardo desde a mais tenra idade, colocando em xeque a máxima kantiana de nunca tratar uma pessoa como um meio,[13] mas sim, e sempre, como um fim em si mesma, ainda que se possa aqui contra-argumentar invocando-se a função social da família e seu pertencimento a essa mesma família.

Não importa o quanto os pais quiseram ou amam essa criança, o fato é que foi ela desejada para ser a salvadora de seu irmão e essa sombra para sempre irá lhe acompanhar

---

11. Sobre as limitações à autoridade parental já nos manifestamos no artigo: SCHAEFER, op. cit.
12. Tradução livre: "os sinais desta prática são especialmente relevantes para nossa tomada de decisão em CRISPR/ engenharia genética. Enquanto professamos desdém pela seleção de características geneticamente modificadas aprimoradas – aquelas que podemos achar úteis ou favoráveis, estamos fazendo exatamente isso ao criar filhos salvadores e escolher um status imunológico desejável. O desejo de melhorar a genética familiar - selecionar as características desejadas – não apenas evitar gerar filhos doentes está agora exposto: falhamos em nosso próprio teste ácido de sermos seduzidos por melhorias eugênicas (BILLAUER, op. cit.).
13. E para aqueles que sustentam que essa visão é equivocada, pois todos nós tratamos genericamente as pessoas como meios, fica a pergunta: realizado o procedimento médico, independente do sucesso do tratamento, poderiam os pais desistir dessa criança e entregá-la à adoção? Legalmente, no Brasil, não há proibição.

(seja porque salvou, seja porque não conseguiu auxiliar o irmão doente), o que pode ser de várias formas uma perpétua e dolorosa experiência.

Embora se afirme que "there is currently little direct evidence to back up claims that being a savior sibling is damaging to the welfare, psychological or emotional health of the savior sibling. It is essential to note, that this evidence is lacking, primarily because of the novelty of the procedure, and the absence of serious, long-term investigation",[14] a preocupação com a instrumentalização do ser humano em proveito de outro e os discursos sedutores que a acompanham devem ser sempre objeto de análise crítica e de regulação restritiva. O fato de não haver estudos robustos que demonstrem danos psicológicos e à saúde geral do bebê medicamento faz o argumento por si só cair, também não há argumentos que demonstrem qualquer benefício. Pelo princípio bioético da precaução, portanto, a técnica deveria ser rechaçada pelos potenciais riscos de danos sérios e irreversíveis que traz para a criança *backup*.

Instrumentalizar um ser humano para que sirva de medicamento ou tratamento a outro, por mais altruísta que o gesto possa parecer, limita a configuração autônoma da própria vida desse indivíduo, colocando em risco a sua própria dignidade. O problema dos bebês-medicamento não é apenas ético (de limitação da pessoa às intenções e determinações de terceiros), mas é também jurídico porque impede seu livre desenvolvimento, porque reifica o ser humano em benefício exclusivo das intenções egoístas daqueles que o geraram.[15]

---

14. Tradução livre: "atualmente há pouca evidência direta para apoiar as afirmações de que ser um irmão salvador é prejudicial ao bem-estar, à saúde psicológica ou emocional do irmão salvador. É essencial observar que essa evidência está faltando, principalmente pela novidade do procedimento e pela ausência de investigação séria e de longo prazo.

    Além disso, afirma Shapiro que "there is good reason to believe that these data are meaningful for the savior sibling situation, as the process of donation is the same for savior siblings and children who donate biological material but who were not specifically conceived as savior siblings. The study found that children who had donated stem cells in a successful transplant procedure had a generally positive view of the experience. The children reported that the process had many positive effects on their lives. Crucially, investigators noted that negative feelings of anger, guilt, and blame were present amongst donors who participated in unsuccessful transplants, or if the donor child was uninformed about potential medical complications or did not receive adequate support afterwards. This highlights that donation can be ethically conducted, but should involve honest discussion with the donor. Furthermore, it highlights that savior siblings, like any donor children, will need to have a well-established support network in place at home".

    Tradução livre: "Há boas razões para acreditar que esses dados são significativos para a situação dos irmãos salvadores, já que o processo de doação é o mesmo para irmãos salvadores e crianças que doam material biológico, mas que não foram especificamente concebidos como irmãos salvadores. O estudo descobriu que crianças que doaram células-tronco em um procedimento de transplante bem-sucedido tinham uma visão geralmente positiva da experiência. As crianças relataram que o processo teve muitos efeitos positivos em suas vidas. Crucialmente, os pesquisadores notaram que sentimentos negativos de raiva, culpa e culpa estavam presentes entre os doadores que participaram de transplantes malsucedidos, ou se a criança doadora não foi informada sobre possíveis complicações médicas ou não recebeu apoio adequado posteriormente. Isso destaca que a doação pode ser conduzida de forma ética, mas deve envolver uma discussão honesta com o doador. Além disso, destaca que os irmãos salvadores, como quaisquer filhos doadores, precisarão ter uma rede de apoio bem estabelecida em casa".

    (SHAPIRO, op. cit., p. 438).

15. SCHAEFER, op. cit..

3. EQUIDADE NO ACESSO AO BEBÊ MEDICAMENTO COMO FORMA DE TRATAMENTO PARA ALGUMAS DOENÇAS

Segundo Sandel[16]

O modo de combater as tendências instrumentalizadoras da tecnologia e do comércio modernos não é insistir em uma ética tudo ou nada que respeita pessoas e rebaixa todo o restante das formas de vida ao uso calculado. Uma ética assim ameaça transformar toda questão moral em uma batalha sobre os limites da pessoalidade. Ganharíamos mais cultivando uma valorização mais ampla da vida como dádiva que pede nossa reverência e restringe nosso uso.

Por isso, as reflexões aqui propostas estão alinhadas à proteção da pessoa humana enquanto fim em si mesma. Além das questões intimamente afetas à tutela da criança gerada para salvar, há também problemas sobre equidade no acesso ao tratamento.

As técnicas de Engenharia Genética, de reprodução humana assistida e de produção de embriões geneticamente compatíveis ainda são caras (especialmente considerados os padrões de vida média da população brasileira). Do jeito que as coisas caminham, teriam direito de acesso a esses serviços pessoas com poder aquisitivo elevado, devendo os demais apenas lidar com a inevitável dor e o sofrimento da doença e da falta de tratamento de seus filhos. A esses ainda restariam dois possíveis e também tortuosos caminhos: a assistência suplementar à saúde ou o Sistema Único de Saúde.

Aqueles que se valem do sistema privado e saúde (planos e seguros de saúde) encontraram no Superior Tribunal de Justiça (STJ), como regra, a negativa de acesso às técnicas de reprodução humana assistida, afirmando o tribunal que os planos de assistência privada à saúde não podem ser obrigados a pagar procedimentos excluídos expressamente da cobertura obrigatória pelo art. 10, da Lei 9.656/98 (Lei dos Planos de Saúde – LPS), embora o art. 35-C estabeleça que faz parte do conteúdo obrigatório a cobertura ao planejamento familiar (do qual aquelas fariam parte).

Há, nesse posicionamento, verdadeira inversão interpretativa, pois a Lei dos Planos de Saúde não proíbe ou mesmo presume a não cobertura, sendo uma faculdade do plano inserir as técnicas de reprodução assistida no seu rol de serviços cobertos. Portanto, não se trata propriamente de cláusula negativa de cobertura, mas sim, de cláusula permissa em contrato de adesão.[17]

Embora não seja objeto desse artigo essa discussão, vale aqui esclarecer que ao interpretar ampliativamente o disposto no art. 10, da LPS, estaria a Corte não só estendendo indevidamente seus efeitos ao autorizar a possibilidade de exclusão de cobertura a toda e qualquer técnica de reprodução humana assistida, mas também estaria pisoteando o art. 47, do Código de Defesa do Consumidor (CDC) ao estabelecer interpretação mais

---

16. SANDEL, Michael J. *Contra a perfeição*. Rio de Janeiro: Civilização Brasileira, 2013. p. 133.
17. MASCARENHAS, Igor de Lucena; COSTA, Ana Paula Correia de Albuquerque. Fertilização in vitro e o direito ao planejamento familiar: a ilegalidade do Enunciado 20 da I Jornada de Direito da Saúde do Conselho Nacional de Justiça e a Teoria da Captura aplicada à ANS. *Revista de Direito do Consumidor*, v. 121/2019, p. 323-345. jan.-fev. 2019.

favorável ao fornecedor e não ao aderente, permitindo que aqueles reduzam indevidamente o risco natural do próprio contrato.[18]

Ao tema aqui abordado importa mencionar que no momento esse posicionamento vem sendo mantido pelo STJ, com raras flexibilizações como a constante no REsp 1.832.996-BA,[19] de 4 de maio de 2020, em que se reconheceu que é indevida a negativa de cobertura para realização de exame de pesquisa genética para Talassemia-Beta (Beta-Talassemia Maior[20] – CID10:D56.1[21] – doença hereditária congênita, atualmente que causa anemia severa). Nos autos não se discutiu a questão de acesso a tratamento de reprodução humana assistida para criação de bebê medicamento.

Já no AREsp 1.533.189-SP,[22] de 21 de outubro de 2019, definiu o tribunal a possibilidade de se pleitear o procedimento de fertilização *in vitro* para geração de bebê medicamento para viabilizar transplante de medula óssea em criança com Talassemia--Beta Maior. Na decisão o STJ consignou ser necessário primeiro realizar uma busca de doadores compatíveis em banco de doadores pelo prazo de sessenta dias e, encerrado o prazo, determinou a cobertura do tratamento pelo plano de saúde.

Destacou a decisão que o pedido não se refere a acesso a planejamento familiar, mas sim a obtenção de tratamento alternativo para doença grave, sendo "[...] oportuno ressaltar que não se trata de garantir cobertura irrestrita à consumidora, ou mesmo de conferir direitos além dos avençados, mas sim de garantir-lhe o tratamento necessitado, sobretudo em observância ao direito constitucionalmente garantido a uma vida digna, além de assegurar seu acesso aos avanços da medicina. Além disso, compete ao profissional qualificado a indicação do tratamento mais adequado ao paciente".

Enquanto a 3ª e a 4ª Turmas do STJ não resolvem definitivamente a polêmica sobre ser o Rol de Procedimentos e Eventos em Saúde da Agência Suplementar de Saúde

---

18. MASCARENHAS, idem.

19. Vide: https://scon.stj.jus.br/SCON/decisoes/doc.jsp?livre=TALASSEMIA&b=DTXT&p=false&l=10&i=12&operador=mesmo&tipo_visualizacao=RESUMO. Acesso em: 1º nov. 2021.

20. As talassemias do tipo beta constituem um grupo de alterações genéticas da síntese de Hb extremamente diverso e que resulta na diminuição das cadeias de globina beta. Clinicamente, há grande variabilidade com relação a sintomas e manifestações e essas condições são resultantes de fatores genéticos e adqui- ridos. A variabilidade clínica e hematológica sugere heterogeneidade genética, que é confirmada atualmente pelo conjunto de mutações e alterações gênicas que originam as talassemias do tipo beta, podendo ser classificadas por análise de DNA. A diferenciação das talassemias é complexa, considerando-se o amplo espectro de variações das manifestações clínicas, dos diferentes alelos afetados e a associação destes com outras hemoglobinopatias (Protocolo Clínico SUS: https://bvsms.saude.gov.br/bvs/publicacoes/orientacoes_diagnostico_tratamento_talassemias_beta.pdf. Acesso em 1º nov. 2021).

21. Segundo Oliveira et al, "a doença, anteriormente conhecida como doença de Cooley, é uma forma de anemia grave, geralmente diagnosticada entre 6 e 24 meses de idade, que associa hepatosplenomegalia e icterícia. Na ausência de transfusão de sangue, o paciente evolui para deformidades ósseas, afetando especialmente os ossos longos e o crânio. A expectativa de vida é inferior a 20 anos. Morbidade e mortalidade durante o tratamento se dão por acometimento cardíaco (71% dos casos), hepático e endócrino, que normalmente estão relacionadas à sobrecarga de ferro oriundo das transfusões (Joly et al., 2014)" (OLIVEIRA, Romulo André Alegretti; SCHUCK, Lisiane Vieira Maciel; CRUZ, Lavínia Almeida. O uso da reprodução assistida para fins terapêuticos, a partir de um estudo de caso. *Justiça & Sociedade*, v. 2, n. 1, 2017, p. 75-99).

22. Vide: https://scon.stj.jus.br/SCON/decisoes/doc.jsp?livre=TALASSEMIA&b=DTXT&p=false&l=10&i=14&operador=mesmo&tipo_visualizacao=RESUMO.

taxativo ou exemplificativo, ficaria esse tipo de decisão sujeita à loteria da distribuição dos processos.

Já quanto ao Sistema Único de Saúde (SUS), caso paradigmático foi julgado pelo juízo da Comarca de Vista Alegre do Prata/RS,[23] afastando-se de outras decisões que negam o acesso às técnicas de reprodução humana assistida custeadas pelo Poder Público, decidiu que deve o sistema garantir acesso à técnica de fertilização *in vitro* e diagnóstico genético pré-implantacional para permitir aos pais gerar uma criança compatível com o filho doente para possibilitar a doação de medula como forma de tratamento curativo (embora seja um procedimento ainda bem limitado quanto a seus efeitos e questionável com relação aos seus riscos). Outros tratamentos convencionais já haviam sido tentados, mas sem eficácia.

Deferida a liminar, me face do Município de Vista Alegre e Estado do Rio Grande do Sul, a sentença destacou que no caso "não está se postulando a concessão de um tratamento contra a infertilidade, para assegurar o direito à maternidade sem risco de vida à paciente, mas sim a determinação de fornecimento de um tratamento médico para assegurar à autora a única possibilidade de sobreviver constatada por seu médico". E ainda, quando à dignidade do nascituro, afirmou que não se estaria utilizando "humanidade (criança concebida) como um simples meio em relação a outrem. Esta nova vida gerada com a fertilização, ainda que possa representar a salvação da vida da autora, a partir do transplante de células, não está sendo concebida com esta única e exclusiva finalidade".

O tratamento com transplante de medula óssea a pacientes com Beta-Talassemia ainda é considerado experimental. A própria Associação Brasileira de Talassemia[24] (ABRASTA) afirma que "com transfusão adequada e tratamento medicamentoso para retirar o excesso de ferro do corpo causado pelas repetidas transfusões de sangue, a pessoa pode levar uma vida normal". A partir dessa assertiva, é necessário perguntar: se há um tratamento conhecido e eficaz, porque substituí-lo por um tratamento experimental, que envolve a disponibilidade da integridade física de outra criança?

O Protocolo Clínico adotado pelo SUS nas Orientações para o Diagnóstico e Tratamento das Talassemias Beta[25] (Ministério da Saúde, 2016) afirma que

---

23. Ação Ordinária, com pedido de tutela antecipada, autos 058/5.15.0000127-0, processo que correu em segredo de justiça, 1º jul. 2015. "[...] (b) O deferimento do pedido da liminar viabilizou o pedido de reforma da decisão pelo Estado do Rio Grande do Sul na forma de Agravo de Instrumento, o que foi indeferido; (c) Da mesma forma, também, pretendeu a reforma do pedido da liminar o Município de Vista Alegre do Prata, na forma de Agravo de Instrumento, o que foi indeferido pelo mesmo Tribunal; (d) O Estado do Rio Grande do Sul, pretendendo a reforma do Acórdão, no que foi negado seguimento ao Recurso de Agravo de Instrumento, por meio de Agravo Interno, também foi indeferido pela mesma Corte; e) O Estado do Rio Grande do Sul, por meio de Embargos de Declaração, alegando omissão, quando do julgamento do Agravo Interno, no que se refere à alegação de nulidade da decisão prolatada, teve acolhido o pedido de seus Embargos, porém, novamente, desprovido o Agravo de Instrumento" (OLIVEIRA, et al, op. cit.).

24. Vide: https://www.abrasta.org.br/subtipos-sinais-diagnostico-e-tratamento-2/. Acesso em: 1º nov. 2021.

25. Vide: https://bvsms.saude.gov.br/bvs/publicacoes/orientacoes_diagnostico_tratamento_talassemias_beta.pdf. Acesso em: 1º nov. 2021.

BEBÊ MEDICAMENTO | **65**

O tratamento das talassemias dependentes de transfusão baseia-se em três pilares: transfusão de hemácias fenotipadas e filtradas, quelação eficaz de ferro e adesão ao tratamento [...].

Para garantir a sobrevida dessas crianças, é necessário um tratamento contínuo, que consiste em transfusões sanguíneas regulares que mantenham um nível de Hb adequado e diminuam a atividade da medula óssea, além do uso de quelantes do ferro, para ajudar a eliminar o excesso desse metal no organismo [...].

Assim, os objetivos da terapia transfusional são a correção da anemia, a supressão da eritropoese e a inibição da absorção do ferro gastrointestinal [...].

O aumento da sobrevida das pessoas com talassemia maior teve grande influência com o advento dos quelantes de ferro e da ressonância nuclear magnética (RNM) por T2* (para a adequada avaliação da sobrecarga de ferro cardíaca e hepática) [...].

O transplante de células-tronco hematopoiéticas (TCTH) é uma opção tera- pêutica capaz de curar as pessoas com talassemia. No entanto, apresenta ris- cos inerentes ao procedimento que devem ser ponderados com o paciente e seus familiares. No Brasil, o procedimento é regulamentado pela Portaria GM/MS, de 21 de outubro de 2009, que, no seu anexo VII, inclui a talassemia maior para indivíduos menores de 15 anos com hepatomegalia até dois centí- metros do rebordo costal, sem fibrose hepática e tratados adequadamente com quelante de ferro entre os diagnósticos passíveis de TCTH aparentado, tanto de medula óssea como de sangue de cordão [...]. Atualmente, com a maior utilização dos quelantes orais, com a melhoria nos cuidados com as pessoas com talassemia e a melhoria da qualidade e da segurança dos hemocomponentes transfundidos, *a indicação ou não de TCTH deve ser discutida individualmente, levando-se em consideração a idade, o estado clínico, a disposição em se submeter ao procedimento, a disponibilidade de doadores, a adesão à quelação de ferro e a qualidade de vida* (grifo nosso).

Nota-se, então, que nem no tratamento indicado pela ABRASTA, nem no Protocolo adotado pelo Ministério da Saúde há recomendação de transplante de medula óssea como primeiro ou único tratamento para a doença. Sendo o transplante recomendado considerado experimental e havendo outros tratamentos disponíveis (e dos quais a criança já fazia uso) é adequada a decisão que defere a criação de um bebê medicamento? A prática não só é questionável pelos seus perversos efeitos sobre a criança gerada para salvar e baixa eficácia para a criança doente, mas também porque é, no momento, socialmente seletiva e excludente não podendo sequer ser pensada como uma política pública de saúde[26] porque, sem dúvida, agravaria a vulnerabilidade humana em diversas dimensões.

Quando se fala em equidade na saúde, isso inclui também a distribuição justa de recursos de saúde. Os sistemas de saúde são fenômenos complexos e só podem ser compreendidos a partir do ordenamento e contexto econômico e social em que estão inseridos. Por isso, volta-se à uma das assertivas incialmente feitas nesse trabalho: não é possível pensar o bebê medicamento apenas e exclusivamente a partir da criança doente, é mandatório que outras reflexões sejam feitas a partir da proteção da criança gerada

---

26. "No âmbito das políticas de saúde e de investigação, o princípio da vulnerabilidade exige, tanto no plano social interno como no internacional, que o benefício de alguns não seja alcançado pela exploração e fraqueza de outros, bem como, a compreensão de que a melhoria do bem-estar de apenas alguns, torna, afinal, os restantes marginalizados, ainda mais vulneráveis" (NEVES, Maria do Céu. Sentidos da vulnerabilidade: características, condição, princípio. In: BARCHIFONTAINE, Christian de Paul; ZOBOLI, Elma Lourdes Campos Pavone (Org.). *Bioética, vulnerabilidade e saúde*. Aparecida, SP: Ideias & Letras; São Paulo: Centro Universitário São Camilo, 2007, p. 44).

para curar, do acesso às técnicas e dos impulso destas a discursos da eugenia liberal. Segundo Sandel.[27]

> O modo de combater as tendências instrumentalizadoras da tecnologia e do comércio modernos não é insistir em uma ética tudo ou nada que respeita pessoas e rebaixa todo o restante das formas de vida ao uso calculado. Uma ética assim ameaça transformar toda questão moral em uma batalha sobre os limites da pessoalidade. Ganharíamos mais cultivando uma valorização mais ampla da vida como dádiva que pede nossa reverência e restringe nosso uso.

Por isso, as conotações multifacetadas da equidade permitem pensá-la sob os mais variados enfoques, mas também abrem possibilidades ao uso deturpado a fim de justificar as mais diversas escolhas utilitaristas, o que sempre traz grandes riscos na área de saúde, especialmente quanto ao acesso a medicamentos e tratamentos. Por isso, "o princípio de equidade a ser considerado aproxima-se de um conceito de justiça que deve ter na desigualdade de oportunidade e na iniquidade o ponto central de suas preocupações".[28] A equidade[29] exige que as pessoas tenham oportunidades justas para atingir seu potencial em saúde.[30]

Assim, ainda que hoje excepcionais sejam as situações que justificariam clinicamente a criação do bebês medicamento, amanhã poderiam ser ampliadas as hipóteses para dar acesso a tratamento a qualquer pessoa que precise de material biológico compatível? É obrigatório se avaliar a justiça de processos e incorporar à pauta todos os vieses possíveis e isso inclui as discussões decorrentes dos argumentos *slippery slope* (ladeira escorregadia) porque integrantes de importantes dilemas morais que não podem ser solapados por tentadores argumentos utilitaristas.

4. CONSIDERAÇÕES FINAIS

O que é necessário pensar em tempos de desenvolvimento tecnológico, em que muitas condutas se justificariam pelos seus fins, é que à luz da corrente bioética Personalista, não basta que os fins justifiquem os meios, é preciso que a conduta possa ser universalizada. E é aqui que reside o grande perigo da aceitação dessa técnica como proposta de tratamento: universalizar a instrumentalização do ser humano para servir de *backup* a outro é realmente uma prática que pode ser socialmente aceita e generalizada? A questão, sem dúvida, é repleta de armadilhas éticas e argumentos favoráveis

---

27. SANDEL, op. cit., p. 133.
28. NUNES, André. As teorias de justiça e a equidade no sistema único de saúde no Brasil. *Planejamento e políticas públicas*, n. 37, jul.-dez., 2011, p. 09-37. p. 34.
29. Compreende-se que "todo cidadão é igual perante o Sistema Único de Saúde e será atendido e acolhido conforme as suas necessidades. Os serviços de saúde devem considerar que em cada aglomerado populacional existem grupos que vivem de formas diferentes, com problemas específicos em relação ao seu modo de viver, de adoecer e na forma de satisfazer suas necessidades de vida. Dessa forma, os serviços de saúde devem reconhecer e acolher estas diferenças, trabalhando para atender às diferentes necessidades, com respostas rápidas e adequadas, diminuindo as desigualdades existentes na qualidade de vida e saúde de diferentes camadas socioeconômicas da população brasileira (Pacto pela Saúde, 2006, p. 21)".
30. ALBRECHT, Cristina Arthmar Mentz; ROSA, Roger dos Santos; BORDIN, Ronaldo. O conceito de equidade na produção científica em saúde: uma revisão. *Saúde Soc.* São Paulo, v. 26, n. I, p. 115-128, 2017.

extremamente sedutores que entrelaçam autonomia parental, direitos familiares e tecnologia reprodutiva disponível.

Nas questões aqui levantadas não bastará o bom senso, nem tão pouco a ética médica. Deve-se investir em regulação extraordinária de todo o processo, visando-se a proteção da criança gerada para curar e impedindo-se que portas éticas questionáveis se abram cada vez mais a argumentos que não veem problema em objetificar a vida humana em nome do salvamento de outra. O reconhecimento das questões levantadas ao longo desse trabalho nos argumentos *slippery slope* (ladeira escorregadia) é importante para se compreender que não é apenas a técnica em si que traz grandes ameaças de instrumentalização do ser humano, mas, os discursos eugênicos liberais que com ela ganham cada vez mais força.

O cálculo ético e jurídico para justificar os bebês medicamento, como se viu, muda dependendo de fatores como qual doença está sendo tratada, que tipo de doação está sendo solicitada, quantos procedimentos o salvador será submetido, quem está sendo salvo. Se há tantos dilemas morais cujas respostas se alteram não só de acordo com valores dos próprios envolvidos, mas também em razão dos próprios egoísmos, é o caso de se aceitar o bebê medicamento como uma prática médica e socialmente aceita?

Alguns poderiam estar se perguntando por que tratar do assunto quando a prática ainda é considerada excepcional e rara? Justamente porque acontece, ainda que raramente, e porque dá sinais de que alguns discursos instrumentalizadores do ser humano estão ganhando cada vez mais adeptos. A proteção da dignidade da pessoa humana, da privacidade e da autodeterminação deve ser constantemente resgatada como princípio fundamental da Bioética e do Biodireito, tão necessários à tutela da própria essência humana.

5. REFERÊNCIAS

ALBRECHT, Cristina Arthmar Mentz; ROSA, Roger dos Santos; BORDIN, Ronaldo. O conceito de equidade na produção científica em saúde: uma revisão. *Saúde Soc.* São Paulo, v. 26, n. I, p. 115-128, 2017.

BILLAUER, Barbara Pfeffer. *Savior siblings or backup children.* Disponível em: https://www.acsh.org/news/2020/12/21/savior-siblings%C2%A0or-backup-children-15229. Acesso em: 30 out. 2021.

FERRAZ, Miriam Olivia Knopik; MEIRELLES, Jussara Maria Leal. Ética e direito em uma prova de amor: análise jurídica sobre a possibilidade do irmão salvador como recurso médico. *Revista Novos Estudos Jurídicos*, v. 25, n. 2, p. 461-484.

MASCARENHAS, Igor de Lucena; COSTA, Ana Paula Correia de Albuquerque. Fertilização in vitro e o direito ao planejamento familiar: a ilegalidade do Enunciado 20 da I Jornada de Direito da Saúde do Conselho Nacional de Justiça e a Teoria da Captura aplicada à ANS. *Revista de Direito do Consumidor*, v. 121/2019, p. 323-345. jan.-fev. 2019.

NEVES, Maria do Céu. Sentidos da vulnerabilidade: características, condição, princípio. In: BARCHIFON-TAINE, Christian de Paul; ZOBOLI, Elma Lourdes Campos Pavone (Org.). *Bioética, vulnerabilidade e saúde.* Aparecida, SP: Ideias & Letras; São Paulo: Centro Universitário São Camilo, 2007.

NUNES, André. As teorias de justiça e a equidade no sistema único de saúde no Brasil. *Planejamento e políticas públicas*, n. 37, p. 09-37. jul.-dez., 2011.

OLIVEIRA, Romulo André Alegretti; SCHUCK, Lisiane Vieira Maciel; CRUZ, Lavínia Almeida. O uso da reprodução assistida para fins terapêuticos, a partir de um estudo de caso. *Justiça & Sociedade*, v. 2, n. 1, p. 75-99. 2017.

PAVÃO, Juliana Carvalho; ESPOLADOR, Rita de Cássia Resquetti Tarifa. Bebê medicamento: direito à privacidade *vs*. divulgação nas mídias digitais. *Revista Direito UFMS*, v. 6, n. 2, p. 89-108. jul./dez. 2020.

SANDEL, Michael J. *Contra a perfeição*. Rio de Janeiro: Civilização Brasileira, 2013.

SHAPIRO, Zachary E. Savior siblings in the United States: ethical conundrums, legal and regulatory void. *Washington and Lee Journal of Civil Rights and Social Justice*, v. 24, issue 2, article 6, p. 420-460. 2018.

SCHAEFER, Fernanda. A ilha: uma discussão sobre a instrumentalização do ser humano pelas técnicas de reprodução humana assistida. In: LIMA, Taisa Maria Macena; SÁ, Maria de Fátima Freire; BERNARDES, Wilba Lúcia Maia (Org.). *Direito e arte*. Os desafios da pessoalidade. Belo Horizonte: Arraes, 2015.

SCHAEFER, Fernanda. Autoridade parental e vacinação obrigatória. In: TEIXEIRA, Ana Carolina Brochado. DADALTO, Luciana (Coord.). *Autoridade Parental. Dilemas e Desafios Contemporâneos*. São Paulo: Foco, 2019.

MANIPULAÇÃO GENÉTICA: QUAIS OS LIMITES?

Graziella Trindade Clemente

Pós-doutora em Direitos Humanos pela Universidade de Coimbra. Doutora em Biologia Celular e Mestre em Ciências Morfológicas pela Universidade Federal de Minas Gerais. Pós-graduada em Direito da Medicina pela Universidade de Coimbra. Professora dos cursos de graduação e pós-graduação do Centro Universitário Newton Paiva. Professora do curso de pós-graduação em Direito Médico e Bioética – PUC Minas. E-mail: grazitclemente@gmail.com.

Adriano Marteleto Godinho

Pós-doutor em Direito Civil pela Universidade de Coimbra. Doutor em Ciências Jurídicas pela Universidade de Lisboa. Mestre em Direito Civil pela Universidade Federal de Minas Gerais. Professor dos cursos de graduação e pós-graduação *stricto sensu* da Universidade Federal da Paraíba. E-mail: adrgodinho@hotmail.com.

Sumário: 1. Introdução – 2. O sistema CRISPR/Cas9 – aplicabilidades e limitações do "editor de texto genético" – 3. CRISPR/Cas9: finalidade terapêutica e possibilidade de melhoramento genético – 4. Aplicabilidade da manipulação genética (CRISPR/Cas9) nos projetos parentais assistidos – novos desafios – 5. Considerações finais – 6. Referências.

1. INTRODUÇÃO

O desenvolvimento de tecnologias que possibilitam a manipulação genética de células e organismos com o intuito de promover a exclusão ou correção de mutações gênicas, desfazendo ou silenciando seus efeitos deletérios, tem sido objeto de ampla dedicação da comunidade científica. Nesse sentido, as técnicas de manipulação genética destacam-se como ferramenta promissora e revolucionária no mapeamento de doenças graves de caráter hereditário, na maioria das vezes incuráveis, gerando expectativa positiva no que se refere às medidas de prevenção e de criação de novas alternativas terapêuticas em humanos. Entretanto, tais técnicas podem ser também utilizadas com a pretensão de promover melhoramento genético, viabilizando a escolha de características da futura prole, de acordo com as preferências elencadas no projeto parental assistido.

De certo, como em todo avanço científico biotecnológico, ainda restam muitos desafios técnicos, éticos e legais a serem enfrentados diante da condição de incerteza que permeia a manipulação genética. Justifica-se, portanto, a necessidade dos contínuos diálogos interdisciplinares, imprescindíveis no sentido de se ponderar, delinear e estabelecer as adequações de segurança pertinentes à técnica.

Considerando-se a percepção desse cenário que provoca mudanças paradigmáticas e inova de forma revolucionária, propõe-se o enfrentamento de singulares discussões como: quais seriam os limites para utilização dessa tecnologia inovadora? Caberia cogitar do retorno de uma preconceituosa prática de eugenia, em razão da livre escolha de caracteres de seres humanos por nascer? Em quais circunstâncias seria legítimo lançar mão da manipulação genética e, na eventualidade de esta técnica tornar-se uma opção terapêutica viável, sua não utilização poderia também acarretar efeitos potencialmente danosos?

Nesse cenário, merece destaque a nova e revolucionária técnica de manipulação genética denominada CRISPR/Cas9. A partir da descoberta do sistema CRISPR/Cas9, generalizou-se a aplicabilidade da manipulação genética e foi possível, com significativa eficiência, facilidade e baixo custo, utilizá-la nas pesquisas básicas, na biotecnologia e no desenvolvimento de novas estratégias de prevenção, diagnóstico e tratamento. Por intermédio dessa ferramenta promissora, descortinou-se um leque imprevisível de possibilidades e democratizou-se a edição do genoma animal e vegetal, o que representou uma revolução na pesquisa em biologia e o reconhecimento científico de uma das mais importantes descobertas do século XXI.

2. O SISTEMA CRISPR/CAS9 – APLICABILIDADES E LIMITAÇÕES DO "EDITOR DE TEXTO GENÉTICO"

O CRISPR/Cas9 (*clustered regularly interspaced short palindromic repeats*)[1] funciona como um tipo de "editor de texto genético" que propicia a correção, anulação ou exclusão de genes portadores de mutações.[2] Sua aplicabilidade, inicialmente, restringiu-se à linhagem de células somáticas, ou seja, aquelas responsáveis pela formação dos diferentes tecidos e órgãos, sem potencial de gerar gametas. Por outro lado, quando utilizada em células germinativas humanas, a edição gênica é capaz de impactar o organismo do indivíduo como um todo, bem como de seus descendentes.[3] Por esse motivo, a possibilidade de se promover mudanças permanentes no DNA, com eventual impacto sobre as futuras gerações, tem suscitado intensos debates sobre o tema.[4]

É inquestionável que, em pesquisas básicas, a técnica CRISPR/Cas9 tenha ampliado o conhecimento científico de modo significativo (esclarecimento sobre mecanismos de

---

1. Jinek, M. et al. *Programmable Dual-RNA-Guided DNA Endonuclease in Adaptive Bacterial Immunity*. Science, 337(6096), 816-821. doi:10.1126/science.1225829, 2012.
2. CRISPR/Cas9 – Trata-se de complexo formado por enzima do tipo endonuclease (Cas9) guiada até a região específica da molécula de DNA (gene marcado) que se pretende editar, por meio de uma molécula de gRNA, programada para reconhecer a sequência específica do DNA. Assim, procede-se à substituição do fragmento de DNA, que possui a mutação, por sequência normal possibilitando a correção da desordem. A molécula de gRNA pode ser personalizada para reconhecer sequências específicas do DNA por meio de alteração de apenas 20 nucleotídeos. Dessa forma, genes específicos podem ser alvo do gRNA e, consequentemente, da Cas 9, o que propicia modificações precisas dos mesmos (REYES, A.; LANNER, F., Towards a CRISPR view of early human development: applications, limitations and ethical concerns of genome editing human embryos. *The Company of Biologists*, n. 144, p. 3-7, 2017).
3. LIANG, P., XU, Y., ZHANG, X., DING, C., HUANG, R., et al. CRISPR/Cas9-mediated gene editing in human tripronuclear zygotes. *Protein Cell*, v. 6, n. 5, p. 363-372, 2015.
4. CLEMENTE, G. T. Responsabilidade Civil, Edição Gênica e o CRISPR. In: ROSENVALD, N.; DRESCH, R. F. V.; WESENDONCK, T. (Org.). *Responsabilidade Civil* – novos riscos. Indaiatuba, SP: Foco, 2019, p. 301-317.

diferenciação celular; investigação e compreensão da gênese de várias doenças genéticas; elaboração de terapias gênicas).[5] Por sua vez, no que se refere às pesquisas de aplicação clínica, é inegável o potencial de seus avanços na prevenção de várias enfermidades, inclusive no âmbito das doenças infecciosas.[6]

Embora a tecnologia CRISPR/Cas9 tenha gerado entusiasmo no sentido de se garantir a possibilidade de tratamentos efetivos para doenças complexas e incuráveis, nem todos os seus impactos são positivos. Assim, como ocorre na maioria das tecnologias inovadoras, um dos grandes desafios dos estudos envolvendo a técnica CRISPR/Cas9 se refere aos riscos desconhecidos inerentes à sua utilização, dentre os quais se destacam a probabilidade de ocorrência do mosaicismo[7] e/ou das mutações *off-target* (mutações não intencionais ou fora do alvo).[8]

O embrião mosaico resulta de um corte ineficiente do DNA pela nuclease e/ou por reparação inapropriada do mesmo. Assim, mesmo após edição, coexistirão diferentes tipos de células: as originais sem mutação (normais); as originais com mutação e as devidamente editadas (sem mutação) – fato que comprometeria a efetividade da edição.[9] Apesar do evidente risco do mosaicismo, resultados de estudos inéditos são promissores. Experimentos realizados em animais de laboratório, utilizando método especializado de edição gênica (CRISPR/Cas9/sgRNA), comprovaram aumento significativo na efetividade preventiva do mosaicismo.[10]

No que se refere às mutações *off-target*, destacam-se como riscos associados a ação inespecífica e não pretendida da enzima Cas9. Nesse caso, torna-se importante estimar o dano para, assim, avaliar a real possibilidade de utilização da técnica.[11]

Para reduzir tais riscos, os pesquisadores se dedicam ao aprimoramento tecnológico de guias de RNA e endonucleases Cas9 mais específicas e com maior fidelidade. Atualmente, já é possível proceder, de forma prática e eficiente, à análise das possíveis mutações "*off-target*" geradas após utilização da técnica CRISPR/Cas9, bem como calcular

---

5. GYNGELL, C., FELLOW, M., DOUGLAS, T., SAVULESCU, J. The ethics of germline gene editing. *J Appl Philos*, n. 34(4), p. 498-513, 2017.
6. XU, L. et al. CRISPR/Cas9 – mediated CCR5 ablation in human hematopoietic steam/progenitor cells confers HIV-1 resistence in vivo. *American Society of Gene & Cell Therapy*, v. 25, n. 8, p. 1782-1789, 2017.
7. "O mosaicismo é a presença em um indivíduo ou em um tecido de ao menos duas linhagens celulares geneticamente diferentes, porém derivadas de um único zigoto. As mutações que acontecem em uma única célula após a concepção, como na vida pós-natal, podem originar clones celulares geneticamente diferentes do zigoto original porque, devido à natureza da replicação do DNA, a mutação irá permanecer em todos os descendentes clonais dessa célula." (THOMPSON & THOMPSON, *Genética médica*: padrões de herança monogênica. Rio de Janeiro: Elsevier, 2016, p. 107-132).
8. Em condições fisiológicas, erros ou falhas podem ser introduzidos durante a replicação ou reparação do DNA. Essas alterações podem também ocorrer em virtude da ação de agentes físicos ou químicos – denominados agentes mutagênicos (THOMPSON & THOMPSON, *Genética médica*: padrões de herança monogênica. Rio de Janeiro: Elsevier , 2016, p. 43-56).
9. MA, H., MARTI-GUTIERREZ, N., PARK, SW. et al. Correction of a pathogenic gene mutation in human embryos. *Nature*, p. 1-7, 2017.
10. HASHIMOTO, M., YAMASHITA, Y., TAKEMOTO, T. Eletroporation of Cas9 protein/sgRNA into early pronuclear zygotes generates non-mosaic mutants in the mouse. *Dev Biol.*, n. 418, p. 1-9, 2016.
11. MA, H. et al, Op. cit., p. 1-7.

seu efeito mutagênico correspondente, utilizando-se ferramentas de bioinformática.[12] Merecem destaque, ainda, estudos que sugerem que quando a técnica CRISPR/Cas9 é utilizada no momento exato da fertilização, tanto o mosaicismo quanto a ocorrência de mutações "*off-target*" foram efetivamente prevenidos.[13]

Notadamente, o aprimoramento da técnica, com objetivo de reduzir tais riscos, tem surpreendido as expectativas. Estima-se que, em pouco tempo, uma vez superadas as limitações da técnica, o CRISPR/Cas9 deixará de ser uma realidade distante e constituirá o cotidiano dos laboratórios de biologia celular, genética e embriologia.

Apesar dos avanços conquistados no âmbito da edição genética, existe um consenso global no sentido da proibição da edição de células germinativas humanas, sendo permitidas apenas as modificações do genoma humano em células somáticas, com finalidade preventiva, diagnóstica ou terapêutica.[14] No ordenamento jurídico brasileiro, a proibição de pesquisas que envolvem edições e terapias gênicas em células germinativas e/ou embriões se confirma na Lei de Biossegurança (Lei 11.105/2005).[15] As manipulações ficam adstritas às entidades de direito público ou privado, as quais serão responsáveis pela obediência aos preceitos da mencionada lei, assim como pelas eventuais consequências ou efeitos advindos de seu descumprimento. As entidades envolvidas nessa fiscalização são a Agência Nacional de Vigilância (ANVISA), a Comissão Nacional de Saúde (CONEP) e o Comitê de Ética em Pesquisa (CEP).

A despeito de todas as argumentações sobre as potencialidades e limitações da técnica, ela ainda carece de regulamentação específica que garanta, de forma segura, sua aplicação no futuro.[16] Apesar da pretensão mundial em balizar, de forma ética e legal, a utilização da edição gênica em embriões humanos, a técnica foi indiscriminadamente realizada na China ao final de 2018. Contrariando-se todos os critérios que pautam os protocolos de ensaios clínicos, realizou-se a primeira edição gênica de embriões humanos (e que vieram a nascer), causando perplexidade no mundo científico e inaugurando um perigoso precedente para o emprego desta técnica em circunstâncias ética e juridicamente ilegítimas.[17]

---

12. KLEINSTIVER, B., PATTANAYAK, M., TSAI, S., et al. High fidelity CRISPR-Cas9 (nucleases with no detectable genome-wide off-target effects. *Nature*, n. 529, p. 490-495, 2016.

13. MA, H. et al. Op. cit., p. 1-7.

14. CLEMENTE, G.T. Modulações gênicas em embriões humanos. *Cadernos da Lex Medicinae, Saúde, novas tecnologias e responsabilidades*. v. I, n. 4, p. 263-276, 2019.

15. BRASIL. Lei 11.105, de 24 de março de 2005. Regulamenta os incisos II, IV e V do § 1º do art. 225 da Constituição Federal, estabelece normas de segurança e mecanismos de fiscalização de atividades que envolvam organismos geneticamente modificados – OGM e seus derivados, cria o Conselho Nacional de Biossegurança – CNBS, reestrutura a Comissão Técnica Nacional de Biossegurança – CTNBio, dispõe sobre a Política Nacional de Biossegurança – PNB, revoga a Lei 8.974, de 5 de janeiro de 1995, e a Medida Provisória 2.191-9, de 23 de agosto de 2001, e os arts. 5º, 6º, 7º, 8º, 9º, 10 e 16 da Lei 10.814, de 15 de dezembro de 2003, e dá outras providências. Disponível em: http://www.planalto.gov.br/ccivil_03/_Ato2004-2006/2005/Lei/L11105.htm. Acesso em: 19 out. 2021.

16. GOUSI, L.; YAO-GUANG, L.; YAANLING, C. Genome-editing Technologies: the gap between application and policy. *Sci China Life*, v. 62, p. 1-5, 2019.

17. CYRANOSKI, D.; LEDFORD, H. Genome-edited baby claim provokes international outcry. *Nature*, n. 563, p. 607-608, 2018.

3. CRISPR/CAS9: FINALIDADE TERAPÊUTICA E POSSIBILIDADE DE MELHORAMENTO GENÉTICO

A evolução tecnológica que engendramos e, ao mesmo tempo, à qual nos submetemos, vem transformando a vida humana em uma velocidade sem precedentes. Conforme destaca Tirosh-Samuelson, a convergência de instrumentos tecnológicos como a nanotecnologia, a biotecnologia e a robótica inaugura uma circunstância na qual o ser humano se transforma em um projeto de *design*, e não apenas dos indivíduos já viventes: graças à engenharia genética, mais do que redefinir a si mesmo e se livrar de diversas de suas limitações, o homem poderá redesignar futuras gerações, afetando com isso o próprio processo evolutivo.[18] A potencialidade de se redesenhar livremente a humanidade e determinar antecipada e artificialmente características como inteligência, altura, cor dos cabelos ou autoestima de pessoas vindouras – os "bebês projetados" – será, enfim, o triunfo definitivo da moderna tecnologia genética.[19]

A manipulação do genoma, de fato, pode ser empregada não apenas para fins terapêuticos, isto é, de erradicação de males indesejáveis, como também para a seleção de determinadas características supostamente "desejáveis" – o que, para já, desperta preocupação com os riscos de possíveis condutas eugênicas. Por isso, teme-se, neste domínio, que ocorram graves violações a regras essenciais contidas em diplomas internacionais, como, por exemplo, o teor do art. 6º da Declaração Universal do Genoma Humano e dos Direitos Humanos, que assim estatui: "ninguém será sujeito a discriminação baseada em características genéticas que vise infringir ou exerça o efeito de infringir os direitos humanos, as liberdades fundamentais ou a dignidade humana".[20] Preocupação semelhante, aliás, emerge do art. 7º, alínea *a* da Declaração Internacional sobre os Dados Genéticos Humanos:

> Deverão ser feitos todos os esforços no sentido de impedir que os dados genéticos e os dados proteómicos humanos sejam utilizados de um modo discriminatório que tenha por finalidade ou por efeito infringir os direitos humanos, as liberdades fundamentais ou a dignidade humana de um indivíduo, ou para fins que conduzam à estigmatização de um indivíduo, de uma família, de um grupo ou de comunidades.[21]

Dentre as várias possíveis intervenções de caráter terapêutico – e mesmo melhorador – que se podem conceber na atualidade, destaca-se, com efeito e de modo muito particular, o melhoramento de cunho genético, que, em nome de uma suposta "beneficência procriativa", objetiva aperfeiçoar as gerações vindouras, por meio de técnicas como *screening* genético, engenharia genética, eugenia pré-natal e eliminação de genes indesejáveis.

---

18. TIROSH-SAMUELSON, Hava. A critical historical perspective on transhumanism. In: HANSELL, Gregory R.; GRASSIE, William. *H+: transhumanism and its critics*. Metanexus Institute, 2010, p. 19-20.
19. FUKUYAMA, Francis. *Our posthuman future* (versão e-book). New York: Picador, 2011, p. 1.553.
20. UNESCO. Declaração Universal do Genoma Humano e dos Direitos Humanos. 1997. Disponível em: http://www.ghente.org/doc_juridicos/dechumana.htm. Acesso em: 07 jul. 2021.
21. UNESCO. Declaração Internacional sobre os Dados Genéticos Humanos. 2004. Disponível em: https://bvsms.saude.gov.br/bvs/publicacoes/declaracao_inter_dados_genericos.pdf. Acesso em: 07 jul. 2021.

É importante ressaltar que a utilização da técnica em embriões humanos ou nas células da linhagem germinativa como ferramenta para aprimoramento genético "máximo" da espécie humana – os "designer babies" – tem sustentado intensos debates. Assim, a intervenção no genoma teria finalidade de proporcionar supostas melhorias genéticas fenotípicas de natureza física, intelectual ou comportamental, baseadas em escolhas ou preterições subjetivas dos indivíduos. Nesse sentido, o melhoramento genético poderia potencializar o preconceito ou restringir a diversidade gênica nas futuras gerações, bem como estreitar o conceito de "normalidade."

Apesar da relevância e devida cautela que a problemática exige, merece destaque o fato de que estudos recentes comprovam que tal potencialidade da técnica CRISPR/Cas9 ainda é considerada inexequível, na medida em que exigiria uma série de modificações complexas e simultâneas do DNA. Reforçando essa argumentação cabe esclarecer que para se alcançar muitas das características potencialmente desejáveis – no caso dos "designer babies" – é necessário para que essas alterações se expressem, não somente, modificações promovidas no DNA, mas também um somatório de fatores como, por exemplo, os ambientais.[22]

Há quem vislumbre na perspectiva de realização de edições genéticas em embriões não apenas uma possibilidade, mas uma autêntica necessidade, a impor aos pais a obrigação moral de agirem em benefício de sua prole,[23] quando menos para erradicar potenciais enfermidades. Eis a síntese deste pensamento: "casais (ou reprodutores solteiros) devem selecionar o filho, dentre os possíveis filhos que podem ter, que tenha a expectativa de ter a melhor vida, ou pelo menos tão boa quanto a dos outros, baseando-se nas informações relevantes disponíveis".[24] Aprofundando esta concepção, ao acusar o que chama de "determinismo genético", Ismail Fagundes argumenta que, para além de ser ilógico estabelecer uma diferenciação moral entre mal patológico e não patológico, seria descabido supor que filhos melhorados pretendessem responsabilizar seus pais em virtude de tê-los tornado mais inteligentes ou mais resistentes ao desenvolvimento de enfermidades.[25]

Um dos mais vigorosos argumentos empregados contra as intervenções biotecnológicas que possam afetar futuras gerações corresponde aos severos riscos de uma nova eugenia, prática que corresponde à utilização de edições genéticas para selecionar e eliminar determinadas características dos seres humanos.[26] O risco de se manipular os caracteres humanos não deixa de soar irônico, pois após décadas de estudos que

---

22. CLEMENTE, G.T. Modulações gênicas em embriões humanos. *Cadernos da Lex Medicinae, Saúde, novas tecnologias e responsabilidades*. v. I, n. 4, p. 263-276, 2019.

23. TERRONES RODRÍGUEZ, Antonio Luis. Una aproximación general al transhumanismo y su problematización. *Análisis*, v. 51, n. 95, jul.-dez. 2019, p. 325.

24. FAGUNDES, Ismail. *As implicações éticas do transumanismo*: uma análise a partir do melhoramento humano. Dissertação de mestrado. Programa de Pós-Graduação em Filosofia da Universidade de Caxias do Sul. 2019, p. 109.

25. FAGUNDES, Ismail. Op. cit., p. 45-46.

26. GONZÁLEZ MELADO, Fermín Jesús. Cíborgs: ciudadanos post-género en un futuro post-humano. Mater Clementissima: *Revista de Ciencias Eclesiásticas*, n. 4, 2019, p. 110.

finalmente comprovam ser possível encontrar mais diferenças genéticas entre pessoas de mesma origem étnica e cultural que entre pessoas supostamente pertencentes a raças diversas, pode ser que logo agora a ciência venha a inaugurar verdadeiras diferenças raciais,[27] o que somente contribuiria para desagregar a humanidade.

A erradicação de características consideradas más ou indesejáveis pode, de fato, consagrar um retorno dos ideais eugênicos. Tratar-se-ia de uma "neoeugenia", com o propósito de conduzir os humanos rumo a um estado de suposta perfeição, que não deixa de partir da premissa de que certos corpos são mais aceitáveis que outros e que determinadas pessoas ou vidas são piores que outras.[28] O controle das futuras gerações e o pretenso melhoramento da humanidade seriam as ferramentas para atingir um ideal de "pessoa boa" e eliminar as "más características" dos seres humanos.[29] Eis aí o dilema: a quem competiria eleger quais seriam as qualidades desejáveis ou indesejáveis dos indivíduos, a ponto de se presumir que a eliminação destas e a promoção daquelas contribuiria para formar uma sociedade melhor e mais feliz?

A proposta de seleção de características humanas por meio da edição genética pode revelar duas vias distintas, senão quanto aos seus métodos, certamente quanto aos efeitos: a "eugenia negativa" e a "eugenia positiva". Ainda que ambas pressuponham a intervenção biotecnológica no sentido de afetar o sequenciamento gênico, elas divergem sensivelmente quanto aos respectivos fins. Cumpre abordar o sentido de cada uma dessas espécies:

A eugenia negativa implica a eliminação de malformações, a erradicação de enfermidades associadas aos genes[30] e alterações genéticas em nascituros, constatados por diagnósticos pré-natais, ou mesmo a seleção de filhos saudáveis através de um diagnóstico genético anterior à implantação dos embriões no útero materno.[31] Aqui, a intervenção genética abarca um propósito terapêutico, ainda que em caráter preventivo, e não uma perspectiva de aprimoramento.

A eugenia positiva, por sua vez, implica a escolha de características desejáveis para a prole futura, tais como a cor dos olhos ou a estatura, com o propósito de "construir o melhor filho possível"[32] e aperfeiçoar os talentos e o bem-estar geral da população.[33]

Enquanto a primeira via, da eugenia negativa, corresponde aos propósitos de cura típicos das ciências da saúde, ainda que possa ser contestada do ponto de vista de seus

---

27. JOUGLEUX, Philippe. *Frankenstein and the law: some reflexions on transhumanism*. Disponível em: https://www.researchgate.net/publication/278714983_Frankenstein_and_the_law_some_reflexions_on_transhumanism. Acesso em: 05 jan. 2021, p. 6.
28. FLETCHER, David-Jack. *Transhuman perfection*: the eradication of disability through transhuman technologies. Disponível em: https://www.researchgate.net/publication/312626313_Transhuman_Perfection_The_Eradication_of_Disability_Through_Transhuman_Technologies. Acesso em: 05 jan. 2021, p. 8-10.
29. KOCH, Tom. Enhancing who? Enhancing what? Ethics, bioethics, and transhumanism. *Journal of Medicine and Philosophy*, 0, 2010, p. 7.
30. NEWMAN, Stuart A. The transhumanism bubble. *Capitalism Nature Socialism*, v. 21, n. 2, p. 31. jun. 2010.
31. GONZÁLEZ MELADO, Fermín Jesús. Op. cit., p. 105-106.
32. GONZÁLEZ MELADO, Fermín Jesús. Op. cit., p. 106-107.
33. NEWMAN, Stuart A. Op. cit., p. 31.

métodos – eis que não deixa de desconsiderar que a informação genética se reveste de qualidades especiais, sendo, à partida, permanente, indestrutível e imutável[34] –, a segunda, muito particularmente, pode ser associada aos propósitos de aperfeiçoamento dos seres humanos, levada a efeito não por uma necessidade terapêutica, mas antes pela vontade caprichosa de estabelecer diretrizes sobre quais seriam as qualidades mais desejáveis e apreciáveis dos seres humanos. A propósito, é neste rumo que se editou em Portugal a Lei 12/2005, de 26 de janeiro, cujo art. 8º, que cuida da terapia gênica, assim estabelece:

> 1 – A intervenção médica que tenha como objecto modificar intencionalmente o genoma humano só pode ser levada a cabo, verificadas as condições estabelecidas nesta lei, por razões preventivas ou terapêuticas.
>
> 2 – É proibida qualquer intervenção médica que tenha por objectivo a manipulação genética de características consideradas normais, bem como a alteração da linha germinativa de uma pessoa.

De certo, intervenções genéticas que tenham o propósito de evitar enfermidades não podem ser confundidas com a manipulação genética que vise não a impedir doenças – isto é, preservando-se as condições naturais do indivíduo ainda por nascer –, mas a aprimorar as capacidades de um nascituro, com vistas à geração pré-natal de um indivíduo aprimorado. Neste derradeiro caso, os riscos de danos assumidos são intensos, não apenas porque pode haver erro na manipulação provocada, mas também em razão de potenciais danos causados às futuras gerações, cuja verificação é desconhecida no momento da intervenção.

O debate sobre questões desta natureza atrai pareceres de inegáveis entusiastas e ferrenhos detratores, aqueles favoráveis a toda e qualquer intervenção biotecnológica, estes radicalmente contrários à perspectiva de se manipular, muito em especial, a genética humana. Como proceder então para alçar boas conclusões e evitar o desmedido apego a ideologias extremadas e predeterminadas?

Um bom ponto de partida será o reconhecimento de que a tecnologia pode ser utilizada para fins ética e juridicamente aceitáveis e úteis aos seres humanos. A este respeito, Antonio Diéguez propõe algumas valiosas premissas para viabilizar o bom emprego da tecnologia: i) evitar a tecnofobia e o neoludismo, pois a técnica moderna não atenta contra a condição e a cultura humanas; pelo contrário, desenvolver a técnica é que corresponde ao fomento de nossa cultura; ii) promover uma política educacional que combine a aquisição de valores cívicos com o ensino da importância da ciência e da tecnologia; iii) reconhecer que, muito embora as novas tecnologias possam implicar riscos, uma sensação de completa segurança é, de todo modo, inviável, não havendo sentido em embargar o desenvolvimento da técnica sob o argumento de que dela podem advir prejuízos; iv) abandonar a fé cega na técnica e refletir cuidadosamente sobre quais os fins a serem atingidos pela tecnologia, que devem ser desejados e benéficos aos seres humanos em geral e não apenas para uma inexpressiva minoria; v) desenvolver

---

34. PEREIRA, André Gonçalo Dias. O médico-robô e os desafios para o direito da saúde: entre o algoritmo e a empatia. *Gazeta de Matemática*, n. 189, p. 33. nov. 2019.

tecnologias que não nos separem radicalmente da natureza,[35] eis que, afinal, somos seres que a integram e a habitam.

É preciso, ademais, não ignorar os progressos alcançados pela biotecnociência, cujo emprego avança no sentido de bem promover os princípios bioéticos da beneficência e da não-maleficência, mediante o tratamento de deficiências e doenças e a promoção de valores como a saúde e o bem-estar. Tomando-se por base estes princípios, Murilo Vilaça e Alexandre Palma estabelecem o seguinte silogismo:

> (*Premissa 1*) se, e somente se, doenças e deficiências impingem dor ou sofrimento a um ser senciente e isso é um mal; (*premissa 2*) e se, e somente se, podem ser evitadas; (*conclusão*) não evitá-las seria um ato de profunda e injustificável insensibilidade moral, indiferença ou sadismo. Em suma, ao passo que causar ou permitir que sejam causados dor e sofrimento seria um mal, poder evitar, mas não fazê-lo, seria igualmente um mal, e, portanto, moralmente reprovável. Consequentemente, a escolha seria menos de usar ou não, aprovar ou não as biotecnologias do que de fazer um bem ou um mal.[36]

O emprego de meios biotecnológicos será legítimo, pois, a depender essencialmente de seus fins: se eles objetivarem eliminar os males que possam afetar a saúde humana, serão bem-vindos, correspondam eles a técnicas já existentes ou àquelas vindouras (como, por exemplo, o desenvolvimento de tecnologias antivirais baseadas em nano-robôs,[37] potencialmente eficientes ao ponto de evitar pandemias como a que passou a assolar o mundo em 2020).

Caminhemos, pois, rumo à identificação de quais intervenções biotecnológicas estão em conformidade com a dignidade humana e quais podem contribuir para estabelecer uma condição desumana em relação às pessoas.

Em primeiro lugar, cabe defender a plena legitimidade das intervenções biotecnológicas de cunho estritamente terapêutico, cujo propósito reside, afinal, em eliminar doenças e propiciar boas condições de saúde aos indivíduos.

Muito embora persistam inarredáveis e graves controvérsias a respeito, cumpre advogar inclusive a legalidade das alterações no genoma que também observem fins terapêuticos, sejam em caráter reativo ou curativo – quando se verificarem patologias que podem ser curadas por meio de intervenções genéticas – ou mesmo preventivo, com o fito de evitar a ocorrência de futuras enfermidades. Nesse caso, entende-se que a alteração genética não caracteriza uma violação à dignidade da pessoa humana, sendo antes um modo de promovê-la, não apenas porque o emprego desta técnica corresponderá (presumivelmente) à vontade do paciente ou de seus representantes legais, como também porque o que poderia atentar contra a dignidade – e mesmo à

---

35. DIÉGUEZ, Antonio. La acción tecnológica desde la perspectiva orteguiana: el caso del transhumanismo. *Revista de Estudios Orteguianos*, n. 29, nov. 2014, p. 142.
36. VILAÇA, Murilo Mariano; PALMA, Alexandre. Limites biológicos, biotecnociência e transumanismo: uma revolução em Saúde Pública? *Interface – Comunic., Saúde, Educ.*, v. 16, n. 43, p. 1027-1029. out./dez. 2012.
37. KURZWEIL, Ray. *A singularidade está próxima: quando os humanos transcendem a biologia*. Trad. Ana Goldberger. São Paulo: Itaú Cultural-Iluminuras, 2018, p. 691-692.

vida – do indivíduo seria não utilizar esta tecnologia, desde que se possa garantir a segurança no seu manuseio.[38]

Cabe regressar, neste particular domínio, às considerações empreendidas acerca da eugenia, que admite duas espécies, a negativa e a positiva. Enquanto a negativa propõe a erradicação de enfermidades de ordem genética, inclusive e nomeadamente em nascituros, a positiva propõe apenas a possibilidade de uma caprichosa escolha sobre certas características humanas supostamente desejáveis. Por corresponder aos objetivos terapêuticos próprios da medicina, defende-se que a eugenia negativa possa ser levada a efeito, o que, naturalmente, haveria de ser objeto de adequada regulação e fiscalização por comitês de ética e outros órgãos encarregados de assegurar a legitimidade e a higidez de tal prática. A eugenia positiva, lado outro, deve ser veementemente rechaçada, não apenas por não corresponder a quaisquer fins curativos, mas sobretudo por propor a odiosa ideia de que certas qualidades humanas são mais "adequadas" que outras, o que caracteriza, enfim, uma posição de puro e indesejável preconceito.

A propósito, e em vias de conclusão sobre o tema, seria conveniente recusar o emprego da nomenclatura "eugenia negativa" para aludir às práticas correspondentes a fins terapêuticos, precisamente para que se evite qualquer confusão com a típica eugenia "seletiva", dita positiva. Um termo a ser empregado como substituto daquela expressão poderia ser "intervenção genética terapêutica".

4. APLICABILIDADE DA MANIPULAÇÃO GENÉTICA (CRISPR/CAS9) NOS PROJETOS PARENTAIS ASSISTIDOS – NOVOS DESAFIOS

Clemente G. T. e Gozzo, D.[39] apontam para os desafios envolvidos na aplicabilidade da técnica de manipulação genética – CRISPR/Cas9 – no contexto da reprodução humana assistida. Na oportunidade, as autoras ressaltam que inerente ao tema da manipulação genética – CRISPR/Cas9, encontra-se o da reprodução humana assistida, uma vez que só se pôde pensar em manipulação do embrião humano a partir do momento em que foi possível conceber uma pessoa fora do útero materno, isto é, em laboratório.[40] Inegavelmente, tal fato destacou-se como grande passo da medicina reprodutiva, não só por de ter sido possível realizar o ato de conceber um filho fora do útero materno – fertilização "in vitro" ou, simplesmente FIV –, mas por possibilitar a intervenção no embrião, sempre que necessário, e que a ética permitir. Neste sen-

---

38. DIÉGUEZ, Antonio. La función ideológica del transhumanismo y algunos de sus presupuestos. *Isegoría. Revista de Filosofía Moral y Política* n. 63, p. 371. jul.-dez. 2020.

39. Clemente, G.T.; Gozzo, D. Tecnologias de edição genética (CRISPR/Cas9) e sua aplicabilidade na reprodução humana assistida: desafios de uma nova realidade. In: SÁ, Maria de Fátima Freire de et al (Coord.). *Direito e Medicina*: interseções científicas. Belo Horizonte: Conhecimento Editora, 2021, p. 109-122.

40. GOZZO, D. MONTEIRO, J. R. Melhoramento do Embrião Humano e Responsabilidade Civil do Profissional da Saúde, In: IVO, Fernanda. (Org.). *Da Estrutura à Função da Responsabilidade Civil*. Indaiatuba: Foco, 2021, p. 41-52.

tido, a Resolução 2.320/2022 do Conselho Federal de Medicina (CFM),[41] que cuida de regulamentar as técnicas de reprodução humana assistida, autoriza o diagnóstico pré-implantatório (DPI). O objetivo é o de evitar não só a transmissão de doenças genéticas, permitindo-se aqui que o embrião "doente" (com alteração ou deficiência) seja doado para pesquisa, mas, ainda, a seleção de embrião que possa salvar a vida de irmão já vivo – o denominado *"saviour sibling"*.[42]

Importante ressaltar que o Diagnóstico Pré-Implantatório (DPI) é técnica que vem sendo permitida eticamente pelo CFM, pelo menos desde a primeira normativa sobre Reprodução Humana Assistida no país, em 1992.[43] De lá para cá, pouco foi alterada a redação da Resolução do Conselho Federal de Medicina sobre a possibilidade desse diagnóstico. A busca pela perfeição, tão almejada por muitos, encontraria, aqui, obstáculos éticos para ser implementada completamente, posto ela remeter à ideia de uma sociedade de pessoas perfeitas, por meio do eugenismo. No entanto, como relata Vera Lúcia Raposo,[44] constata-se que "[n]o processo de gestação natural cerca de 50% dos embriões sofre de anomalias cromossómicas graves." E, complementa a autora, que muitos deles, justamente por conta de tais anomalias, acabam sendo eliminados naturalmente." Ademais, a autora menciona que o DPI pode ser visto como medicina preventiva e não como prática eugênica – "enquanto nos restantes domínios médicos a prevenção consiste na remoção da causa da doença, na medicina reprodutiva traduz-se na 'remoção' do próprio ser."

Robustecendo essa linha argumentativa salienta-se que sendo a técnica de manipulação genética – CRISPR/Cas9 aprimorada, a ponto de ser considerada como opção terapêutica, poderá ser utilizada em substituição à seleção de embriões que se segue à técnica de diagnóstico pré-implantação, evitando-se a produção e descarte dos inúmeros embriões excedentários resultantes da técnica de reprodução humana assistida. Nesse caso, a manipulação genética – CRISPR/Cas9 possibilitaria a correção do padrão do genoma do embrião antes de se realizar a implantação, fato relevante quando analisado sob a perspectiva da saúde pública.[45-46-47] Nessas situações, aventa-se real possibilidade de garantir, com eficiência, a correção de defeitos genéticos que implicariam em mani-

---

41. Disponível em: https://sistemas.cfm.org.br/normas/arquivos/resolucoes/BR/2021/2294_2021.pdf. Acesso em: 9 jul. 2021.
42. Disponível em: https://www.in.gov.br/materia/-/asset_publisher/Kujrw0TZC2Mb/content/id/19405123/do1-2017-11-10-resolucao-n-2-168-de-21-de-setembro-de-2017-19405026. Acesso em: 30 out. 2021.
43. Resolução n. 1.358/1992. Disponível em: https://sistemas.cfm.org.br/normas/arquivos/resolucoes/BR/1992/1358_1992.pdf. Acesso em: 30 out. 2021. De acordo com Juliano Ralo Monteiro, o primeiro diagnóstico pré-implantacional sobre o qual se tem notícia, foi realizado em Longres, em 1989. Inicialmente a técnica era usada para a escolha de sexo. E, continua o autor, relatando que, a "partir de 2006, mais de 15.000 ciclos de DGPI foram relatados" (2012, p. 183).
44. RAPOSO, V. L. *Direito à imortalidade*. Coimbra: Almedina, 2014, p. 912-928.
45. GYNGELL, C. et al, op. cit., p. 498-513.
46. LIANG, P. et al, op. cit., p. 363-372.
47. RAPOSO, V.L. Bons pais, bons genes? Deveres reprodutivos no domínio da saúde e *procreative beneficence*. *Cadernos da Lex Medicinae* – Saúde, novas tecnologias e responsabilidades. v. II, n. 4, p. 471-487. 2019.

festação de doenças geneticamente determinadas, incuráveis e que limitam a autonomia do indivíduo.[48]

Comumente, as técnicas de reprodução humana assistida em associação com o diagnóstico pré-implantação (DPI) são indicadas nos casos em que se pretende selecionar embriões não afetados. Embora, no contexto da reprodução humana assistida, ainda não seja aventada a indicação da manipulação gênica, uma vez que existem outras soluções clinicamente aceitas para essas condições, deve-se ressaltar que as mesmas esbarram em limitações importantes. São exemplos impactantes dessa situação os casos de pessoas sadias, porém portadoras de doenças autossômicas dominantes (duas cópias de genes com mutação), ou de doenças autossômicas recessivas, nas quais não é possível evitar a transmissão do gene com mutação para os seus descendentes. Nessas situações, nem a fertilização "in vitro," tampouco o diagnóstico pré-implantatório são consideradas técnicas adequadas para garantir um embrião saudável, mesmo quando produzido número significativo de embriões, o que é frequentemente inviável.[49]

Nesses casos, a única opção compatível para se garantir a produção de embrião saudável seria a doação de gametas. Esta, entretanto, afastaria a possibilidade de parentesco biológico, condição considerada inegociável por alguns genitores. Nas hipóteses diagnósticas de malformações fetais graves, a possibilidade de interrupção terapêutica da gestação pode ser aceitável, desde que prevista no ordenamento jurídico pátrio. Essa alternativa, reforça, de modo peculiar, a indicação da manipulação genética, uma vez que garantiria o nascimento de criança saudável ao invés de, simplesmente, evitar o nascimento de criança doente (interrupção terapêutica).[50]

Se por um lado o advento das técnicas de reprodução humana assistida, associadas aos meios de diagnóstico pré-implantatório e às técnicas de edição genética, ampliaram as possibilidades de garantia do exercício dos direitos reprodutivos, por outro, aumentaram a responsabilidade dos genitores no que concerne aos deveres reprodutivos.[51] Diante desse contexto de ampliação da liberdade procriativa deve-se assegurar que sejam garantidas decisões que impeçam danos ao embrião, feto ou pessoa que vier a nascer,[52] o que vai de encontro, pelo menos, ao princípio bioético da não maleficência.

Assim, na eventualidade de a técnica CRISPR/Cas9 tornar-se uma opção terapêutica viável (o que ainda está no campo das hipóteses) caberá, então, questionar os efeitos danosos da sua não utilização, principalmente nos casos de doenças que comprometam a saúde de modo a limitar o exercício do projeto de vida da pessoa. Neste contexto, é possível indagar se a omissão deliberada ao recurso da manipulação genética configu-

---

48. VASSENA, R., HEINDRYCKX, B., PECO, R. et al. Genome engineering trough CRISPR/Cas9 technology in the human germline and pluripotent stem cells. *Human Reproduction*. 2016, p. 413-415.

49. CAVALIERI, G. Genome editing and assisted reproduction: curing embryos, society or prospective parents? *Medicine, Health Care and Philosophy*, p. 1-11, 2017.

50. RAPOSO, V.L. CRISPR-Cas9 and the promise of a better future. *European Journal of Health Law 26*, p. 308-329, 2019.

51. Clemente G.T.; Gozzo, D. Op. cit., p. 109-122.

52. RAPOSO, V.L. Op. cit., p. 471- 487.

raria ofensa mediada no tempo, uma vez que o que nos faz humanos atravessa gerações e culmina por agir como ponte entre elas.[53] De acordo com os referidos autores, embora no contexto da manipulação genética a preocupação preponderante seja a possibilidade de danos consequentes à sua utilização, não se pode negar a potencialidade lesiva da situação contrária, até mesmo sua possível repercussão no âmbito da responsabilidade civil – cabimento de indenização em razão das ações denominadas *wrongful actions*.

A esse respeito, Clemente, G.T e Rosenvald, N.[54] ponderam que a as situações em que a técnica estava disponível, mas não tendo sido utilizada, seja por falha no aconselhamento genético, seja por opção consciente dos genitores de não a realizar, constituem exemplos da aplicabilidade das referidas demandas. Diante disso, pode-se inferir que a edição gênica, apesar de ser prática ainda em desenvolvimento, apresenta-se como alternativa prática do aconselhamento genético. Além da possibilidade de dano ao embrião pela perda da chance[55] de ter as alterações genéticas corrigidas, verifica-se o dano causado aos genitores que veem cerceado seu direito de tomada de decisão livre e esclarecida, seja em relação à continuidade da gestação (conforme previsão do ordenamento jurídico),[56] seja pela realização da edição gênica.[57]-[58]-[59]-[60]

Na primeira situação, a falha no processo de aconselhamento genético é representada pela falta de esclarecimento em relação à disponibilidade de exames diagnósticos (ineficácia do consentimento livre e esclarecido), ou pela possibilidade de erro de diagnóstico (por falha do médico ou do laboratório responsável pela realização dos exames) e merecem ser consideradas. Em ambos os casos, ao deixar de ser detectada a doença ou anomalia por meio do processo de aconselhamento, perde-se a oportunidade de realizar a seleção terapêutica de embriões ou, como se propõe nesta discussão, perde-se a chance de realizar a manipulação genética. Perante o exposto, é possível inferir que existiria cabimento para demandas de *wrongful birth* no cenário presumido, no qual a manipulação genética seria opção terapêutica não concretizada em função de erro no processo de aconselhamento genético. A propositura da ação teria, como fundamento, a frustração do direito de se corrigir defeito genético pelo uso da técnica. Os sujeitos ativos da demanda – os genitores – pleiteariam indenização por danos patrimoniais, com base nos gastos extraordinários decorrentes da criação de um filho doente ou com deficiência, e, por danos extrapatrimo-

---

53. CLEMENTE, G. T., ROSENVALD, N. Dano ao projeto de vida no contexto da edição gênica: uma possibilidade. In: MENEZES, J. B; DADALTO, L.; ROSENVALD, N. (Org.). *Responsabilidade Civil e Medicina*. Indaiatuba, SP: Editora Foco, 2020. p. 227-245.
54. CLEMENTE, G.T.; ROSENVALD, N. Edição Gênica e os limites da responsabilidade civil. In: MARTINS, G. M.; ROSENVALD, N. (Org.). *Responsabilidade Civil e Novas Tecnologias*. Indaiatuba, SP: Editora Foco, 2020. p. 235-261.
55. GOZZO, D. Diagnóstico Pré-Implantatório e Responsabilidade Civil à luz dos Direitos Fundamentais, In: MARTINS-COSTA, J.; MÖLLER, L.L. *Bioética e Responsabilidade*. Rio de Janeiro: Gen/Forense, 2009, p. 400-422.
56. SÁ, M. F.F.; NAVES, B. T. O. *Bioética e Biodireito*. 5. ed. Indaiatuba, SP: Editora Foco, 2021. 355 p.
57. MOTA PINTO, P. *Direitos de Personalidade e Direitos Fundamentais – Estudos*. Coimbra: GESTLEGAL, 2018. p. 735-772.
58. RAPOSO, V.L., 2019, Op. cit., p. 308-329.
59. RAPOSO, V.L. 2019, Op. cit., p. 471-487.
60. CLEMENTE, G. T., ROSENVALD, N., Op. cit., p. 235-261.

niais, com base no impedimento ao exercício livre da autonomia no planejamento familiar, que se caracteriza como um direito de personalidade.[61-62]

Destaca-se, ainda, nessa linha argumentativa, a questão da não utilização da técnica de manipulação genética em função de consciente e deliberada opção dos genitores. Nesse caso, em que o diagnóstico pré-implantatório e a manipulação genética configurariam alternativas terapêuticas viáveis para os concepturos comprometidos pelas alterações genéticas, uma má decisão por parte dos genitores poderia gerar sua consequente responsabilização? Diante da decisão dos genitores pela manutenção da gravidez sem a tentativa de correção do defeito genético, seria justificável que o filho viesse pleitear algum tipo de reparação por danos contra os pais?

Diante desse cenário, torna-se imprescindível discutir o cabimento da ação denominada *wrongful life*. Nesse caso, a ação é interposta com fundamento na vida indevida de criança nascida com grave deficiência ou enfermidade, sendo proposta pela própria criança (devidamente representada, quando for o caso), em face do médico e/ou dos próprios genitores. Proposta contra o médico, a demanda fundamenta-se na falha no aconselhamento genético[63] e, quando proposta em face dos pais, o fundamento baseia-se na decisão deles de assumir o nascimento de um filho deficiente ou doente, mesmo diante do conhecimento da deficiência ou doença negando, inclusive, a opção de recorrer às medidas susceptíveis de atenuar tais danos.[64-65]

Argumenta-se em relação à polêmica discussão em torno do cabimento das ações de *wrongful life* que, independentemente da possibilidade do nascimento da criança estar vinculado ao comportamento falho, o padrão contra factual de comparação deveria ser o da pessoa sem deficiências, ou seja, completamente funcional.[66] Com efeito, um processo de *wrongful life* se propõe a cobrir não uma perda, mas um ganho: o fato da existência de alguém.[67] Invalida, portanto, a argumentação lógica pragmática no

---

61. CLEMENTE, G. T.; ROSENVALD, N., 2020, Op. cit., p. 235-261.
62. CLEMENTE, G. T. & GOZZO, D., 2021, Op. cit., p. 109-122.
63. "A evolução do pensamento jurídico, o debate dos argumentos, a reflexão que se vem produzindo, quer a nível nacional, quer na experiência do direito comparado europeu, apontam no sentido de aceitar que a criança que nasceu com grave deficiência e que tem grave sofrimento físico e psíquico possa pedir uma indenização a um agente médico que atuou ilicitamente, porque em contrariedade as regras de conduta, e com negligência, porque com uma diligência inferior a um médico normalmente competente, zeloso e cuidadoso." (PEREIRA, A. G. D., 2015, p. 278-279). Acerca deste tema v.: GOZZO, D. 2009, em especial p. 411 e s.
64. CLEMENTE, G. T.; ROSENVALD, N., 2020. Op. cit., p. 235-261.
65. CLEMENTE, G. T. & GOZZO, D., 2021. Op. cit., p. 109-122.
66. "Quer-nos parecer que a negação de uma indenização com fundamento na inadmissibilidade de uma bitola "contra-factual", ou hipotética, a que aquela criança que formula a pretensão possa recorrer, quase envolve, nos resultados a que chega (que são evidentemente o teste decisivo), como que uma renovada afirmação da ofensa que lhe foi feita: não só a criança nasceu com uma grave deficiência, como, na medida em que não poderia existir de outro modo, é-lhe vedado sequer comparar-se à uma pessoa "normal", para o efeito de obter uma reparação." (MOTA PINTO, P., 2018, p. 758).
67. Bem sintetiza o autor que "embora os processos de vida injusta tratem da questão ontológica a respeito de que tipo de vida vale a pena viver, não é isso que os provoca. Ser deficiente acarreta despesas colossais, e a maioria dos pais que entram com processos de vida injusta o faz numa tentativa de garantir o cuidado dos filhos. Numa distorção horrível, pais e mães precisam eximir-se das obrigações da paternidade responsável, afirmando em documentos legais que desejam que seus filos jamais tivessem nascido". (SALOMÃO, L.F.; TARTUCE, F. 2018, 783 p.).

sentido de que nas ações de *wrongful life,* a criança não teria pretensão indenizatória já que sem o comportamento falho (do médico ou genitores) ela sequer teria chegado a nascer (não teria sido criada).[68]

Por fim, conforme destacam Clemente, G.T. e Rosenvald, N.:[69]

> Em tal pretensão, não se discute a apreciação da vida como um valor ou desvalor; não se nega o direito da criança à existência ou se afirma que teria sido preferível a não existência à uma existência como tal. Pelo contrário, o que se pretende é uma compensação pelos custos acrescidos que uma situação peculiar de vida (com deficiência) impõe. Considerar a criança nascida com sérias deficiências como um dano, jamais determinaria um juízo de valor da mesma, ou de sua existência como pessoa.

Tem-se, portanto, que não apenas o emprego das técnicas de edição genética provoca debates sobre sua legitimidade ética e jurídica, eis que pode provocar, em última instância, a consagração da denominada eugenia positiva, como também a escolha pela não adoção de tais técnicas coloca em xeque as consequentes repercussões, mormente na seara da responsabilidade civil, em que cumprirá discutir se a opção de abdicar da edição genética pode ser considerada a causa suficiente e adequada para a provocação de danos sofridos pelos filhos, estabelecendo-se então a possibilidade de estes reclamarem pelas vias próprias a respectiva reparação.

5. CONSIDERAÇÕES FINAIS

Os avanços no campo da biotecnologia têm suscitado constantes e progressivos debates acerca de suas repercussões nos mais variados âmbitos científicos, entre os quais, naturalmente, figura o Direito. A manipulação genética, muito particularmente empreendida pela técnica denominada CRISPR/Cas9, provoca debates acerca não apenas de sua legitimidade, como também de suas eventuais repercussões jurídicas.

No decorrer destas linhas, defendeu-se que a manipulação genética, uma vez empregada para fins terapêuticos, é medida ética e juridicamente adequada, eis que seu propósito, respeitadas as finalidades indicadas, é o de promover a saúde e o bem-estar dos indivíduos, o que corresponde à perspectiva de se tutelar e desenvolver a personalidade humana e alguns dos mais caros direitos fundamentais. Rechaça-se, por outro lado, a possibilidade de se valer das técnicas de manipulação genética com o propósito eugenista de se eleger caprichosamente determinadas características supostamente mais "desejáveis" de seres humanos vindouros, uma vez que, nestas circunstâncias, não haverá qualquer contributo para a sua saúde, mas antes uma antecipada e execrável seleção de determinadas qualidades humanas em detrimento das demais.

Nos projetos parentais assistidos, em especial, o tema ganha particular interesse, não apenas porque o aprimoramento da técnica CRISPR/Cas9 a ponto de torná-la uma opção terapêutica segura pode contribuir, no âmbito da reprodução humana assistida,

---

68. CLEMENTE, G. T. & GOZZO, D., 2021. Op. cit., p. 109-122.
69. CLEMENTE, G. T.; ROSENVALD, N., 2020. Op. cit., p. 235-261.

para evitar a produção e descarte de incontáveis embriões excedentários, mas também porque, neste âmbito, caberá discutir sobre se a manipulação genética de embriões com o fito de propiciar-lhe o melhor desenvolvimento possível representaria não apenas uma prerrogativa, mas um autêntico *dever*, a impor aos pais trilhar esta via e evitar que sua prole padeça de enfermidades geneticamente determinadas, incuráveis e que limitam a autonomia dos indivíduos do porvir.

A se considerar que a escolha pelo não emprego das técnicas de manipulação nos domínios genéticos possa gerar danos evitáveis a seres concepturos, abrem-se os caminhos da responsabilidade civil, que poderia ser invocada para que os pais sejam responsabilizados pelos aludidos danos, no âmbito da teoria da perda de uma chance e das denominadas "wrongful actions".

A temática em apreço, como se vê, é extremamente espinhosa, e ainda são turvos os caminhos a seguir, seja em relação à exequibilidade e à admissibilidade da manipulação genética em si, seja quanto aos seus potenciais reflexos jurídicos. Esperam os autores deste escorço que algumas luzes tenham sido lançadas sobre o tema, que seguramente ainda reclamará futuros e mais intensos estudos.

6. REFERÊNCIAS

CAVALIERI, G. Genome editing and assisted reproduction: curing embryos, society or prospective parents? *Medicine, Health Care and Philosophy*, p. 1-11, 2017.

CLEMENTE, G.T. Modulações gênicas em embriões humanos. *Cadernos da Lex Medicinae, Saúde, novas tecnologias e responsabilidades*. v. I, n. 4, p. 263-276, 2019.

CLEMENTE, G. T. Responsabilidade Civil, Edição Gênica e o CRISPR. In: ROSENVALD, N.; DRESCH, R. F. V.; WESENDONCK, T. (Org.). *Responsabilidade Civil* – Novos riscos. Indaiatuba, SP: Foco, 2019.

CLEMENTE, G. T., ROSENVALD, N. Dano ao projeto de vida no contexto da edição gênica: uma possibilidade. In: MENEZES, J. B; DADALTO, L.; ROSENVALD, N. (Org.). *Responsabilidade Civil e Medicina*. Indaiatuba, SP: Editora Foco, 2020.

CLEMENTE, G.T.; ROSENVALD, N. Edição Gênica e os limites da responsabilidade civil. In: MARTINS, G. M.; ROSENVALD, N. (Org.). *Responsabilidade Civil e Novas Tecnologias*. Indaiatuba, SP: Editora Foco, 2020.

Clemente, G.T.; Gozzo, D. Tecnologias de edição genética (CRISPR/Cas9) e sua aplicabilidade na reprodução humana assistida: desafios de uma nova realidade. In: SÁ, Maria de Fátima Freire de et al (Coord.). *Direito e medicina*: interseções científicas. Belo Horizonte: Conhecimento Editora, 2021.

CYRANOSKI, D.; LEDFORD, H. Genome-edited baby claim provokes international outcry. *Nature*, n. 563, p. 607-608, 2018.

DIÉGUEZ, A. La acción tecnológica desde la perspectiva orteguiana: el caso del transhumanismo. *Revista de Estudios Orteguianos*, n. 29, nov. 2014.

DIÉGUEZ, A. La función ideológica del transhumanismo y algunos de sus presupuestos. *Isegoría. Revista de Filosofía Moral y Política* n. 63, jul.-dez. 2020.

FAGUNDES, I. *As implicações éticas do transumanismo*: uma análise a partir do melhoramento humano. Dissertação de mestrado. Programa de Pós-Graduação em Filosofia da Universidade de Caxias do Sul, 2019.

FLETCHER, D-J. *Transhuman perfection*: the eradication of disability through transhuman technologies. Disponível em: https://www.researchgate.net/publication/312626313_Transhuman_Perfection_The_Eradication_of_Disability_Through_Transhuman_Technologies. Acesso em: 05 jan. 2021.

FUKUYAMA, F. *Our posthuman future* (versão e-book). New York: Picador, 2011.

GONZÁLEZ MELADO, F. J. Cíborgs: ciudadanos post-género en un futuro post-humano. Mater Clementissima: *Revista de Ciencias Eclesiásticas*, n. 4, 2019.

GOUSI, L.; YAO-GUANG, L.; YAANLING, C. Genome-editing Technologies: the gap between application and policy. *Sci China Life*, v. 62, p. 1-5, 2019.

GOZZO, D. Diagnóstico Pré-Implantatório e Responsabilidade Civil à luz dos Direitos Fundamentais. In: MARTINS-COSTA, J.; MÖLLER, L.L. *Bioética e Responsabilidade*. Rio de Janeiro: Gen/Forense, 2009.

GOZZO, D. MONTEIRO, J. R. Melhoramento do Embrião Humano e Responsabilidade Civil do Profissional da Saúde, In: IVO, Fernanda. (Org.). *Da Estrutura à Função da Responsabilidade Civil*. Indaiatuba: Foco, 2021.

GYNGELL, C., FELLOW, M., DOUGLAS, T., SAVULESCU, J. *The ethics of germline gene editing. J Appl Philos*, n. 34(4), p. 498-513, 2017.

HASHIMOTO, M., YAMASHITA, Y., TAKEMOTO, T. Eletroporation of Cas9 protein/sgRNA into early pronuclear zygotes generates non-mosaic mutants in the mouse. *Dev Biol.*, n. 418, p. 1-9, 2016.

JINEK, M., CHYLINSKI, K., FONFARA, I., HAUER, M., DOUDNA, J. A., CHARPENTIER, E. A Programmable Dual-RNA-Guided DNA Endonuclease in Adaptive Bacterial Immunity. *Science*, 337(6096), 816-821. doi:10.1126/science.1225829, 2012.

JOUGLEUX, Philippe. *Frankenstein and the law*: some reflexions on transhumanism. Disponível em: https://www.researchgate.net/publication/278714983_Frankenstein_and_the_law_some_reflexions_on_transhumanism. Acesso em: 05 jan. 2021.

KLEINSTIVER, B., PATTANAYAK, M., TSAI, S. et al. High fidelity CRISPR-Cas9 nucleases with no detectable genome-wide off-target effects. *Nature*, n. 529, p. 490-495, 2016.

KOCH, T. Enhancing who? Enhancing what? Ethics, bioethics, and transhumanism. *Journal of Medicine and Philosophy*, 2010.

KURZWEIL, R. A *singularidade está próxima: quando os humanos transcendem a biologia*. Trad. Ana Goldberger. São Paulo: Itaú Cultural-Iluminuras, 2018.

LIANG, P., XU, Y., ZHANG, X., DING, C., HUANG, R. et al. CRISPR/Cas9-mediated gene editing in human tripronuclear zygotes. *Protein Cell*, v. 6, n. 5, p. 363-372, 2015.

MA, H., MARTI-GUTIERREZ, N., PARK, SW. et al. Correction of a pathogenic gene mutation in human embryos. *Nature*, p. 1-7, 2017.

MOTA PINTO, P. Direitos de Personalidade e Direitos Fundamentais – Estudos. Coimbra: GESTLEGAL, 2018.

NEWMAN, S. A. The transhumanism bubble. *Capitalism Nature Socialism*, v. 21, n. 2, jun. 2010.

PEREIRA, A. G. D. *Direitos dos pacientes e responsabilidade médica*. Coimbra: Coimbra Editora, 2015.

PEREIRA, A.G.D. O médico-robô e os desafios para o direito da saúde: entre o algoritmo e a empatia. *Gazeta de Matemática*, n. 189, nov. 2019.

RAPOSO, V. L. *Direito à imortalidade*. Coimbra: Almedina, 2014.

RAPOSO, V.L. Bons pais, bons genes? Deveres reprodutivos no domínio da saúde e *procreative beneficence. Cadernos da Lex Medicinae* – Saúde, novas tecnologias e responsabilidades. v. II, n. 4, p. 471- 487. 2019.

RAPOSO, V.L. CRISPR-Cas9 and the promise of a better future. *European Journal of Health Law 26*, p. 308-329, 2019.

REYES, A.; LANNER, F., Towards a CRISPR view of early human development: applications, limitations and ethical concerns of genome editing human embryos. *The Company of Biologists*, n. 144, p. 3-7, 2017.

SÁ, M. F.F.; NAVES, B. T. O. *Bioética e Biodireito*. 5. ed. Indaiatuba, SP: Editora Foco, 2021.

SALOMÃO, L.F.; TARTUCE, F. *Direito Civil*: diálogos entre a doutrina e a jurisprudência. São Paulo: Atlas, 2018.

TERRONES RODRÍGUEZ, A. L. Una aproximación general al transhumanismo y su problematización. *Análisis*, v. 51, n. 95, jul.-dez. 2019.

THOMPSON & THOMPSON, Genética Médica: *Padrões de herança monogênica*. Rio de Janeiro: Elsevier , 2016.

TIROSH-SAMUELSON, H. A critical historical perspective on transhumanism. In: HANSELL, G.R.; GRASSIE, W. *H+: transhumanism and its critics*. Metanexus Institute, 2010.

UNESCO. Declaração Internacional sobre os Dados Genéticos Humanos. 2004. Disponível em: https://bvsms.saude.gov.br/bvs/publicacoes/declaracao_inter_dados_genericos.pdf. Acesso em: 07 jul. 2021.

UNESCO. Declaração Universal do Genoma Humano e dos Direitos Humanos. 1997. Disponível em: http://www.ghente.org/doc_juridicos/dechumana.htm. Acesso em: 07 jul. 2021.

VASSENA, R., HEINDRYCKX, B., PECO, R. et al. Genome engineering trough CRISPR/Cas9 technology in the human germline and pluripotent stem cells. *Human Reproduction*. 2016.

VILAÇA, M.M.; PALMA, A. Limites biológicos, biotecnociência e transumanismo: uma revolução em Saúde Pública? *Interface* – Comunic., Saúde, Educ., v. 16, n. 43, out./dez. 2012.

XU, L. et al. CRISPR/Cas9 – mediated CCR5 ablation in human hematopoietic steam/progenitor cells confers HIV-1 resistence in vivo. *American Society of Gene & Cell Therapy*, v. 25, n. 8, p. 1782-1789, 2017.

INSEMINAÇÃO CASEIRA:
UM DEBATE SOBRE FILIAÇÃO

Débora Gozzo

Pós-doutora pelo *Max-Planck-Institut für ausländisches und internationales Privatrecht*, Hamburgo/Alemanha. Doutora em Direito pela Universidade de Bremen/Alemanha. Mestre em Direito pela Universidade de Münster/Alemanha e pela Universidade de São Paulo. Ex-bolsista da *Alexander von Humboldt – Stiftung*. Professora Titular de Direito Civil da USJT. Ex-Professora Titular do Mestrado em Direito e da Graduação do UNIFIEO. Professora Colaboradora do Mestrado em Ciência do Envelhecimento da Universidade São Judas Tadeu/SP; Coordenadora do Núcleo de Biodireito e Bioética da ESA-OAB/SP. *Visiting Professor* do *Institut für Deutsches, Europäisches und internationales Medizinrecht, Gesundheitsrecht und Bioethik der Universitäten Heidelberg und Mannheim*, Mannheim/Alemanha. *Fellow* do *Käte-Hamburger-Kolleg* (Center for Advanced Studies in the Humanities) da Universidade de Bonn/Alemanha. *Visiting professor* do *Referenzzentrum für Bioethik in den Biowissenschaften*, da Universidade de Bonn/Alemanha. *Visiting professor* da *Bucerius Law School*/Alemanha. Membro do IBERC; da Rede de Direito Civil Contemporâneo; do Instituto de Direito Privado. Coordenadora da Comissão de Direitos Fundamentais do IASP. Líder do Grupo de Pesquisa Inovações Tecnológicas e Direito pela USJT. E-mail: deboragozzo@gmail.com.

Maria Carolina Nomura-Santiago

Mestre em Direito Civil Comparado pela Pontifícia Universidade Católica de São Paulo – PUC-SP. Diploma de Estudios Avanzados em Direito Internacional pela *Universidad Complutense de Madrid*. Especialista em Direito de Família e das Sucessões pela Escola Paulista de Direito. Membro da *Academia Iberoamericana de Derecho de Familia y de las Personas* e do Instituto Brasileiro de Responsabilidade Civil. Advogada e Jornalista. E.mail: mariacarolina.nomura@gmail.com.

Sumário: 1. Introdução – 2. Sobre a reprodução humana assistida, o CFM e o anonimato do doador – 3. Sobre a "reprodução humana assistida" caseira – 4. O provimento 63/2017, alterado pelo provimento 83/2019 do CNJ – 5. O filho nascido por meio da reprodução humana caseira – 6. Considerações finais – 7. Referências.

---

1. INTRODUÇÃO

O Direito ao Planejamento Familiar encontra-se na primeira geração dos direitos fundamentais, uma vez que cuida da liberdade de formar a própria família e encontra guarida Civil, expressa na Constituição Federal, em seu artigo 226, § 7º, que foi replicado no artigo 1.565, § 2º do Código

O Brasil, como cediço, a despeito de vários Projetos de Lei aguardando andamento no Congresso Nacional, carece até os dias que seguem, de legislação específica sobre reprodução humana assistida. Contudo, tema bastante polêmico é a questão da Inseminação Caseira, que não é reprodução humana assistida propriamente dita, apesar de ser tratada como pertencente àquele universo, tanto por conta da utilização de material genético de terceiro para a concretização do projeto parental do casal/parceiros ou de pessoa solteira que não queira se envolver com o doador(a); quanto por causa dos problemas oriundos desse tipo de prática que, muitas vezes, esbarram na realidade já conhecida da reprodução assistida, como, por exemplo, o anonimato do doador na reprodução heteróloga.

A reprodução humana, para ser assistida, requer o emprego de técnicas laboratoriais seja para a extração do óvulo e sua fertilização *in vitro*, ou a inseminação artificial, também com a utilização de procedimentos específicos. Por ser realizado em clínicas médicas, cujo procedimento é bastante caro e não é, necessariamente, coberto pelos planos de saúde nem pago pelo Sistema Único de Saúde, todo o material genético coletado é examinado, a fim de se detectar possíveis doenças dos doadores, receptores, e, inclusive, do embrião formado a partir da junção dos gametas masculino e feminino por meio do diagnóstico pré-implantatório.

Já na Inseminação Caseira, método mais barato para a reprodução, as "técnicas" empregadas para a geração de um filho são bastante primitivas: utiliza-se uma seringa para injetar o sêmen na mulher ou acontece o ato sexual sem preservativo. As celeumas decorrentes desta prática vão desde a insegurança de que o material genético utilizado está livre de doenças, quanto da própria filiação da criança gerada por este método, que é o tema do presente artigo, e sobre o quê será explanado nos itens a seguir.

2. SOBRE A REPRODUÇÃO HUMANA ASSISTIDA, O CFM E O ANONIMATO DO DOADOR

As técnicas de reprodução humana assistida são regulamentadas pela Resolução 2.3204, de 20 de setembro de 2022 do Conselho Federal de Medicina.[1] Esta Resolução, bem como as anteriores, começando no ano de 1992, tem cunho meramente deontológico, e serve de norteador para a prática do profissional da área médica, que esteja envolvido nesse tipo de procedimento. Na verdade, o próprio Código de Ética Médica[2] cuida de estabelecer os primeiros parâmetros para esse profissional, conforme previsto em seu art. 15 e respectivos parágrafos.[3]

Na atual Resolução do CFM sobre reprodução humana assistida encontram-se normas, regulamentando as técnicas da reprodução humana homóloga e heteróloga.

---

1. A partir de agora referido como CFM.
2. Disponível em: https://sistemas.cfm.org.br/normas/visualizar/resolucoes/BR/2022/2320. Acesso em: 15 mar. 2023.
3. Segue o art. 15 e parágrafos do Código de Ética Médica: Art. 15. Descumprir legislação específica nos casos de transplantes de órgãos ou tecidos, esterilização, fecundação artificial, abortamento, manipulação ou terapia genética. § 1º No caso de procriação medicamente assistida, a fertilização não deve conduzir sistematicamente à ocorrência de embriões supranumerários. § 2º O médico não deve realizar a procriação medicamente assistida com nenhum dos seguintes objetivos: I – criar seres humanos geneticamente modificados; II – criar embriões para investigação; III – criar embriões com finalidades de escolha de sexo, eugenia ou para originar híbridos ou quimeras. § 3º Praticar procedimento de procriação medicamente assistida sem que os participantes estejam de inteiro acordo e devidamente esclarecidos sobre o método." Disponível em: https://portal.cfm.org.br/images/stories/biblioteca/codigo%20de%20etica%20medica.pdf. Acesso em: 30 out. 2022.

A primeira só é possível quando as pessoas que dela se valerem, forem pessoas de sexo diverso, sejam elas casadas ou convivendo em união estável.[4] Já esta dependerá da doação do gameta feminino ou masculino, uma vez que pela reprodução humana assistida heteróloga, o que ocorre é a utilização de material genético de terceiro alheio ao núcleo familiar. O emprego de gameta de terceiro também poderá ocorrer quando pessoas solteiras, viúvas, separadas ou divorciadas, portanto, sem um parceiro ou uma parceira, planejarem a constituição de uma família monoparental.[5] Isto poderá acontecer tanto em relação à mulher, situação em que bastará a ela obter o sêmen de um doador, o que é permitido pela Resolução 2.320/2023 do CFM, quanto ao homem. Neste caso, entretanto, ele necessitará, além do óvulo doado, de uma mulher que concorde em ficar grávida para ele, configurando-se aqui um caso de maternidade de substituição.

No caso da reprodução humana assistida heteróloga, para a qual é necessário recorrer-se a um banco de sêmen, de óvulo ou de embrião, prática devidamente autorizada, como já referido pelo CFM, o que prevalece é o *anonimato da pessoa dos doadores*. Isto é assim desde 1992, por ocasião da entrada em vigor da primeira Resolução do Conselho Federal de Medicina a disciplinar a reprodução humana assistida – Resolução 1.358.[6] O anonimato, contudo, tem levantado boas questões nesta seara, posto todos terem direito a conhecer sua origem genética. Não fosse assim, em termos de direito brasileiro, o art. 48 da Lei 8.069/1990, mais conhecida por ECA – Estatuto da Criança e do Adolescente –, nada disporia sobre a possibilidade de o adotado poder tomar conhecimento de sua ascendência biológica. Isto, a partir do momento em que ele alcançar a maioridade aos dezoito (18) anos. Saber sobre a própria origem familiar é tão relevante no campo da adoção, que se garantiu inclusive ao menor de dezesseis (16) anos o acesso a essa informação, desde que "assegurada orientação e assistência jurídica e psicológica", como regulamentado na parte final do parágrafo único do mencionado dispositivo legal. A verdade é que pelas normas deontológicas do CFM, a doação de gametas deve ser feita de forma anônima. Em 2016, o Conselho Nacional de Justiça editou o Provimento 52, no qual estabelecia o fim do anonimato do doador, obrigando, inclusive, o diretor da Clínica de Reprodução Humana, em que o procedimento tivesse sido realizado, a declinar a identidade dessa pessoa, sob pena de prisão. Ocorre que o médico sempre esteve – e continua! – adstrito ao cumprimento das normas deontológicas de seu Conselho de Classe, encontrando-se, por esse motivo, impedido de revelar a identidade do doador naquele momento, ou até mesmo hoje, uma vez que a norma não foi alterada, a despeito da última Resolução. Nas hipóteses de utilização de sêmen, óvulo ou embrião doado,

---

4. A Resolução 2.320/2022 autoriza o emprego da técnica de reprodução humana assistida em pessoas casadas ou convivendo em união estável. Duas pessoas que sejam, por exemplo, amigas, ou que venham a se conhecer por meio de alguma rede da internet, e que resolvam ter um filho em comum, naquilo que ficou conhecido pelo termo "coparentalidade", por ora não encontrarão guarida nas normas ciadas do CFM.

5. A família monoparental está prevista como entidade familiar no § 4º do art. 226 da Constituição da República.

6. Disponível em: https://sistemas.cfm.org.br/normas/arquivos/resolucoes/BR/1992/1358_1992.pdf. Acesso em: 1º nov. 2022.

aliás, cabe ao profissional que realizará o procedimento, a escolha do material, conforme o fenótipo (itens 5 e 9, capítulo IV do CFM) daquele que o receberá.[7]

O Provimento 52 foi revogado pelo Provimento 63 de 2017, alterado, por sua vez pelo Provimento 83 de 2019, mas não houve modificação quanto à quebra do anonimato do doador de gametas, estabelecido no artigo 17, § 3º, que determina que "O conhecimento da ascendência biológica não importará no reconhecimento do vínculo de parentesco e dos respectivos efeitos jurídicos entre o doador ou a doadora e o filho gerado por meio da reprodução assistida."

3. SOBRE A "REPRODUÇÃO HUMANA ASSISTIDA" CASEIRA

Normalmente o que tem chamado a atenção do interessado na área da reprodução humana assistida tem sido o fato de que muitas parceiras homoafetivas têm recorrido a esse tipo de procedimento, a fim de concretizarem o desejo de constituição de família. Afinal, não só consta do art. 226, § 7º da Constituição da República, como igualmente do art. 1.565, § 2º do Código Civil, que o planejamento familiar é decisão do casal, não podendo o Estado imiscuir-se nessa questão. Mencione-se, ainda, o artigo 1.513 da lei civil que estabelece ser defeso a instituições públicas ou privadas, interferirem no âmbito das relações familiares. Não restam dúvidas, pois, de que é o casal, na hipótese de serem eles heteroafetivos, ou, os parceiros, quando se tratar de homoafetivos, que têm condições de decidir sobre como pretendem formar seus núcleos familiares.

Em 1996, dando concretude ao dispositivo constitucional, o legislador pátrio houve por bem disciplinar o planejamento familiar, por meio da Lei 9. 263, em 12 de janeiro de 1996. Assim é que se encontra disposto no art. 1º da referida lei, que se deve entender por planejamento familiar "o conjunto de ações de regulação da fecundidade que garanta direitos iguais de constituição, limitação ou aumento da prole pela mulher, pelo homem ou pelo casal."

Presume-se, pois, do texto acima, no que concerne à formação da família, que ela poderá decorrer da iniciativa de uma só pessoa ou de pessoas que vivam juntas pelos laços do casamento ou em união estável. Sejam elas um casal,[8] como faz referência a lei,

---

7. Segundo Roseli Costa Gomes, a cor da pele, do cabelo e dos olhos são os principais traços avaliados para averiguar a semelhança fenotípica. Ao casal receptor do gameta masculino, em clínicas particulares, é oferecido uma lista de itens do doador como tipo de sangue, Rh, raça, origem étnica, religião, cor da pele, cor e textura dos cabelos, cor dos olhos, altura, peso, constituição óssea, ocupação e hobby. COSTA, Rosely Gomes. O que a seleção de doadores de gametas pode nos dizer sobre noções de raça. Physis: Revista de Saúde Coletiva [online]. 2004, v. 14, n. 2, pp. 235-255. Disponível em: https://doi.org/10.1590/S0103-73312004000200004. Acesso em: 16 ov. 2022.

Caso que chocou o Brasil foi o do médico Roger Abdelmassih, condenado por estupro de pacientes e de manipulação e troca de material genético em sua clínica de fertilização. Após a condenação e prisão do médico, mais de 2 mil embriões estavam congelados em suas clínicas sem que as donas desse material pudessem recuperá-los. Disponível em: https://www.uol.com.br/universa/noticias/redacao/2021/04/05/corte-interamericana-roger--abdelmassih.htm. Acesso em: 16 nov.2022.

8. No momento de promulgação da referida lei, o Supremo Tribunal Federal ainda não havia garantido direitos iguais aos existentes para a união estável entre um homem e uma mulher, conforme previsto no § 3º do art. 226 da Constituição da República, o que só ocorreu em 2011, no julgamento da ADI 4277 e da ADPF 132, que reconheceu o direito ao estabelecimento de união estável por casais homoafetivos.

ou parceiras homoafetivas, femininas ou parceiros masculinos. Na verdade, pode-se imaginar, neste contexto, inclusive que uma pessoa transgênero venha a submeter-se a algum procedimento de reprodução humana assistida. Nada a impede. O único senão que se poderia questionar, em qualquer um desses casos, é se haveria ou não, garantido pelo ordenamento jurídico, em especial, a Constituição, um direito à reprodução humana de toda e qualquer pessoa. Na verdade, o Estado não tem como transformar uma pessoa que por exemplo seja estéril, em alguém que possa ter filhos. Se o corpo dela não produz gametas, nada se pode fazer, em princípio. Nada deverá obstá-la, todavia, a recorrer a alguma clínica de reprodução humana, se essa pessoa for mulher, e implantar em seu útero um embrião doado. A decisão tem de ser dela ou de quem com ela tenha um projeto parental. O que o Estado deve garantir é o acesso aos meios para que ela possa ter um filho, nem que para isso seja essencial disponibilizar os procedimentos médicos que poderão ajudá-la a alcançar seu intento. A mesma conclusão se tira para aquela pessoa que é infértil, isto é, tenha dificuldade para ter um filho. Tanto faz se homem ou mulher. A medicina tem meios para auxiliar e isto deve ser colocado à disposição da população como um todo. No entanto, sabe-se que o Estado, por meio do Poder Judiciário, entende não ser possível obrigar um convênio médico a cobrir os custos com o procedimento de reprodução humana assistida (tema repetitivo do STJ 1067[9]). Neste caso, constata-se que o Estado não está cumprindo com o que foi estabelecido na Lei de Planejamento Familiar, do ano de 1996, conforme já citado. Isto precisaria ser revisto.[10]

Não à toa, a partir do aqui exposto, que a pessoa que queira ter um filho, mas dependa do emprego dos meios de reprodução humana assistida, acabe por recorrer à chamada *Inseminação Caseira*, mais conhecida pela sigla *IC*. Afinal, se pela reprodução humana assistida ela depende de um profissional da área médica para realizar seu objetivo de ter um filho, como isso encarecerá em muito o processo, ela tenderá a recorrer à IC, sem sombra de dúvida, muito mais barata. Isto porque ela só precisará de um doador de sêmen, no caso de ser uma mulher. Já no caso do homem, além do óvulo, ele necessitará de uma mulher que concorde em levar adiante a gravidez, no que se costuma chamar de "maternidade de substituição" ou, mais comumente, "barriga solidária". O recurso à IC tem sido muito difundido no campo da união estável formada por duas mulheres, mas ele não está restrito nem a elas, nem a parceiros homoafetivos de modo geral. Há casos de casais heteroafetivos que, por não terem condições financeiras para arcar com os altos custos das clínicas de reprodução humana assistida, buscam um terceiro para auxiliá-los nessa empreitada. Nem sempre, aliás, as escolhas que têm sido feitas

---

9. Disponível em: https://www.stj.jus.br/sites/portalp/Paginas/Comunicacao/Noticias/15102021-Em-repetiti-vo--STJ-decide-que-planos-de-saude-nao-sao-obrigados-a-custear-fertilizacao-in-vitro.aspx. Acesso em: 16 nov. 2022.

10. "Contudo, em decisão da Terceira Turma do Superior Tribunal de Justiça, em agosto de 2020, em acórdão relatado pelo Ministro Paulo de Tarso Sanseverino no Recurso Especial 1.815.796, foi reconhecida a obrigatoriedade dos planos de saúde em custear a criopreservação de gametas de mulher acometida de câncer de mama. A justificativa do Ministro Sanseverino foi o princípio da não-maleficência ou do *primum non nocere*, através do qual os médicos se comprometem, ao prescreverem determinado tratamento, a evitar danos e a não prejudicar o paciente, reduzindo ao máximo a ocorrência de efeitos adversos ou indesejáveis." NOMURA-SANTIAGO, Maria Carolina. *Post Mortem*: a questão sucessória dos embriões criopreservados. São Paulo: LIberArs, 2021, p.33.

no campo da IC são as que oferecem menos riscos aos envolvidos. Já houve caso em que pessoas casadas aceitaram a oferta de sua empregada doméstica, para engravidar daquele marido. O óvulo seria dela. Basta uma simples decisão do casal neste sentido, para que a vida deles possa tornar-se um pesadelo, se a empregada, nascida a criança que também é filha dela, resolver ficar com o bebê assim concebido, gestado e nascido com vida. Ou que ela possa exigir alguma remuneração do casal, para entregar a eles o seu filho com aquele homem casado. Outros questionamentos surgem de situações como essa, mas isto não tem impedido às pessoas de recorrerem à IC. Na verdade, há relatos até de pessoas que poderiam pagar pelos serviços de uma clínica de reprodução humana, mas optam por realizar a inseminação caseira.

Mas como se dá o procedimento da inseminação caseira? Trata-se de procedimento bem simples, sem a sofisticação biotecnológica disponibilizada pelos profissionais da área médica. Por isso mesmo, aliás, seu índice de sucesso pode ser reduzido.[11] Normalmente ele tem sido feito por parceiras homoafetivas. Em primeiro lugar elas escolhem o doador que, como se pode verificar, não será anônimo, o que poderá causar problemas no futuro. Esta escolha se dá, em geral, por meio de grupos nas redes sociais, em especial o Facebook.[12] Nesses grupos, as mulheres se auxiliam mutuamente a encontrar o melhor doador, indicando, muitas vezes, aquele cujo material genético já usaram para a concretização de seu próprio projeto familiar. Aqui já se pode observar um problema. Diferentemente das normas do Conselho Federal de Medicina, que determinam quantos homens e quantas mulheres poderão nascer de um único doador,[13] devendo a Clínica responsável pelo procedimento observar esse aspecto, na IC, isto não acontece. Não há controle sobre ela. E sempre que há falta de lei, de controle sobre alguma situação, em vez de pensar-se na liberdade para a prática de determinados atos, seria importante refletir que a concretização de certas atitudes pode acabar sendo mais prejudicial do que benéfica. Enfim, com a ausência de fiscalização acerca do número de pessoas de sexo diverso que serão geradas por um único doador, a probabilidade de irmãos virem, futuramente, a

---

11. Estudo publicado em 2017 no Journal of Human Reproductive Sciences afirma que a taxa de sucesso em pessoas que utilizam esse método entre 20 e 33 anos é de 69%, entre 33 a 36 anos, de 43% e acima de 36 anos, 25%. Banerjee K, Singla B. Pregnancy Outcome of Home Intravaginal Insemination in Couples with Unconsummated Marriage. J Hum Reprod Sci. 2017;10(4):293-296. Doi:10.4103/jhrs.JHRS_5_17. Acesso em: 16 nov.2022.

12. Rede social abriga arriscado mercado de venda e doação de esperma. Disponível em: https://extra.globo.com/noticias/rio/rede-social-abriga-arriscado-mercado-de-venda-doacao-de-esperma-17542050.html. Acesso em: 16 nov. 2022.

    Inseminação caseira para engravidar cresce no Brasil; entenda os riscos. Disponível em: https://www.cnnbrasil.com.br/nacional/inseminacao-caseira-para-engravidar-cresce-no-brasil-entenda-os-riscos/. Acesso em: 15.mar. 2023.

13. Note-se que pelo disposto no item n. IV, 6, da Resolução 2.320/2022, do Conselho Federal de Medicina, um doador não poderá ter mais do que dois filhos gerados por essas técnicas, a fim de que se evite o incesto. Desse modo, dispôs o palestrante: "Na região de localização da unidade, o registro dos nascimentos evitará que um(a) doador(a) tenha produzido mais de 2 (dois) nascimentos de crianças de sexos diferentes em uma área de 1 (um) milhão de habitantes. Exceto quando uma mesma família receptora escolher um(a) mesmo(a) doador(a), que pode, então, contribuir com quantas gestações forem desejadas". Disponível em: https://sistemas.cfm.org.br/normas/visualizar/resolucoes/BR/2022/2320. Acesso em: 15 mar. 2023.

manter algum tipo de relacionamento, inclusive matrimonial, por desconhecerem sua ascendência genética, mostra-se mais viável (provável?).

Quanto à falta de anonimato do doador, isto não significa que ele será, de fato, conhecido daquele que assim nasce. O doador é conhecido da receptora[14] de seu material genético. No entanto, antes de ela se submeter ao procedimento de IC, ele, na prática, tem assinado um contrato, do qual consta cláusula estabelecendo que o doador abre mão do exercício de sua paternidade. Trata-se de algo que não se tem como saber, de antemão, se será ou não cumprido. Afinal, por lei, esse pai poderá reconhecer esse filho, voluntariamente, conforme previsto nos incisos do art. 1.609 do Código Civil. E, de modo diverso, por exemplo, do ordenamento jurídico alemão, que exige a anuência da mãe para o reconhecimento, no Brasil ele poderá reconhecer o filho de forma independente da mãe. Se ele assim agir, poder-se-ia alegar que estaria interferindo no projeto familiar daquela mulher, o que é defeso pelo art. 1.513 da lei civil. Fato é que ele, como pai, pode sim, querer exercer sua paternidade. E, se assim for, independentemente do que eles acordaram, o Poder Judiciário, posto ele ser o pai da criança, poderá entender que ele não pode renunciar ao exercício do Poder Familiar.[15] Na verdade, se até o Provimento 63/2017 do CNJ, com as alterações introduzidas pelo Provimento 83/2019 garante a dupla parentalidade, a exclusão do doador pode vir a ser questionada judicialmente. Pelo desenvolvimento que a matéria da reprodução humana assistida tem tido por parte da doutrina e do judiciário, não há segurança alguma para os envolvimentos na IC, de que o constante do negócio jurídico venha a ser cumprido. Afinal, uma mirada para aquele que assim nasce, pode vir a mudar tudo.

Uma vez escolhido o doador, tarefa que envolve não só os aspectos físicos e de ascendência familiar, espera-se que ele apresente exames e relatório médico, indicando que é saudável. Em outras palavras, que nenhuma doença genética ou hereditária, ou transmissível pelo contágio com seu material genético (*seja passado?*) à receptora. O que se objetiva é o nascimento de uma criança sã.

Observe-se, desde este ponto, que não se opta, quando se cuida de mulher que assim queira engravidar, pelo chamado *método natural*, mas sim, pelo *método seringa*.[16] Aquele consiste na mantença de relações sexuais, o que é considerado mais eficiente; este, o método pelo qual o doador coleta o sêmen, coloca-o em uma seringa, inserindo-se o líquido seminal a seguir no canal vaginal da receptora, a fim de que ela consiga engravidar. Estes procedimentos, que reste claro, são realizados em locais distintos, sem que doador e receptora tenham contato. No fundo, a IC, em termos de técnica, é uma das

---

14. Tentante é como são conhecidas as mulheres que buscam um doador para a concretização de um projeto familiar mono ou coparental. FELIPE, Mariana Gonçalves. TAMANINI, Marlene. Inseminação Caseira e a Construção de Projetos Lesboparentais no Brasil. *Revista Ñanduty*, [S.l.], v. 8, n. 12, p. 18-44, out. 2020. ISSN 2317-8590. Disponível em: https://ojs.ufgd.edu.br/index.php/nanduty/article/view/15301. Acesso em: 17 nov. 2022.

15. Observe-se que o exercício do Poder Familiar, que é irrenunciável, pode ser renunciado, a fim de que outrem possa exercê-lo, o que ocorre em casos de adoção.

16. FELIPE, Mariana Gonçalves. TAMANINI, Marlene. *Inseminação caseira e a construção de projetos lesboparentais no Brasil*. Disponível em: https://ojs.ufgd.edu.br/index.php/nanduty/article/view/15301. Acesso em: 17 nov. 2022.

mais simples, se não for a mais simples, que é a da inseminação artificial, a qual pode ser realizada no próprio consultório médico. O único problema é que a taxa de sucesso da inseminação artificial não costuma ser alta, quando a pessoa já tem problema de fertilidade. Por não ser um processo sofisticado, ele é relativamente barato, quando se pensa em termos de reprodução humana assistida.

O acima explanado é basicamente aplicável às mulheres. No caso dos homens o procedimento é mais complexo, uma vez que eles dependem de uma mulher para ter o filho. A coleta do óvulo é bem mais complexa e depende da ajuda da medicina. Uma vez coletado, ele será inseminado na clínica. Isto se o pretendente à formação de uma família não quiser manter relações sexuais com uma mulher. Pela Resolução 2.320/202 do CFM – v. n. 2, supra –, ele poderá valer-se de alguém da família para a realização desse projeto familiar. Seja este um projeto solitário ou com algum parceiro ou, até mesmo companheira ou cônjuge, como na hipótese paradigmática aqui citada, do casal que se valeu da empregada para alcançar seu projeto parental. Não foram poucas as mães que já serviram de "barriga solidária" para um filho, gerando o próprio neto, num admirável mundo novo, nem por Aldous Huxley[17] imaginado.

4. O PROVIMENTO 63/2017, ALTERADO PELO PROVIMENTO 83/2019 DO CNJ

O nascimento de uma pessoa passa pela atribuição de sua paternidade e de sua maternidade, isto é, quem são seus pais. Isto é definido, em princípio, pela certidão de nascimento, que somente expressam o teor do termo de nascimento. Assim é que, de acordo com os arts. 1.630 e s. do Código Civil, só aqueles que constarem do registro de nascimento exercerão a autoridade familiar sobre ela até sua maioridade ou emancipação.

Normalmente o registro civil da pessoa natural correspondem às verdadeiras maternidade e paternidade. Quando se trata, porém, de reprodução humana assistida na sua forma heteróloga, isto é, com o material genético de terceiro, a lei civil presume, no inciso V do art. 1.597, na hipótese de pessoas casadas, que o marido é o pai dos filhos havidos por sua mulher. Afinal, já dizia o brocardo romano, "pai é aquele que demonstra as justas núpcias". E o legislador, em se tratando de um projeto parental dessas pessoas, e, desde que o marido autorize a inseminação do óvulo de sua mulher com o sêmen de terceiro, presume esse homem como sendo o pai desse filho. O detalhe é que, nesta hipótese, ele não poderá contestar a paternidade, conforme previsto no art. 1.561 da lei civil, posto ele ter concordado com o emprego de gameta de terceiro. No que concerne ao filho assim nascido, mas, agora, de uma união estável, portanto de uma relação não

---

17. Admirável Mundo Novo é um romance escrito por Aldous Huxley e publicado em 1932. A história se passa em Londres no ano 2540, quando a sociedade é dividida por castas, e princípios científicos, que foi geneticamente fabricada: "Um ovo, um embrião, um adulto –é o normal. Mas um ovo bokanovskizado tem a propriedade de germinar, proliferar, dividir-se: de oito a noventa a seis germes, e cada um destes se tornará um embrião perfeitamente formado, e cada embrião, um adulto completo. Assim se consegue fazer crescer noventa e seis seres humanos em lugar de um só, como no passado. Progresso." HUXLEY, Aldous. *Admirável mundo novo*. Trad. Lino Valsando, Vidal Serrano. 22. ed. São Paulo: Globo, 2014, p. 26.

matrimonial, necessário que ambos os companheiros procedam ao reconhecimento do filho, a fim de que ele possa ter o nome dos dois na sua certidão. Estas são as soluções quando se trata de parceiros heteroafetivos.

No caso de parceiros homoafetivos, a situação é diversa, uma vez que, como cediço, ambos são do mesmo sexo, impondo-se a reprodução humana heteróloga como única possibilidade para geração de um filho biológico de pelo menos um deles. No Provimento 63/2017 do CNJ, contudo, o registro poderá ser feito sem problema, segundo o § 2º do art. 16.

O Provimento acima citado, que regulamenta o registro de nascimento decorrente também de reprodução humana assistida heteróloga tanto entre pessoas casadas quanto companheiras homoafetivas, elas deverão cumprir os requisitos do art. 17, entre eles a declaração do diretor da clínica em que houver sido feito o procedimento, indicando não só que o bebê foi concebido por técnica de reprodução humana assistida heteróloga, como também os seus beneficiários (inciso II). O artigo 18 do citado Provimento, por sua vez, determina ser vedado ao oficial do Cartório de Registro Civil, deixar de lavrar o termo de nascimento de pessoa nascida por qualquer meio de reprodução humana assistida nele previsto.

Importante ressaltar, que consta igualmente do art. 17, § 3º do Provimento 63/2017, o que segue: "O conhecimento da ascendência biológica não importará no reconhecimento do vínculo de parentesco e dos respectivos efeitos jurídicos entre o doador ou a doadora e o filho gerado por meio da reprodução assistida." Tal norma mostra-se bastante discutível frente à decisão prolatada em 21 de setembro de 2016, do Supremo Tribunal Federal, na qual o relator Ministro Luiz Fux deu pela possibilidade de dupla parentalidade. Ele entendeu que a requerente poderia ter em seu registro de nascimento as paternidades socioafetiva e a biológica, com todos os direitos e deveres delas decorrentes. Sendo assim, ao que parece, se o filho nascido com o auxílio da medicina, pelo emprego de gameta doado por terceiro quiser, ele poderá ingressar com ação de investigação de paternidade contra o doador, a fim de que seja estabelecida a verdade biológica em seu registro de nascimento. Note-se que o disposto no art. 1.604 do Código Civil, na hipótese de filho de pessoas casadas, parece permitir essa solução: "Ninguém pode vindicar estado contrário ao que resulta do registro de nascimento, salvo provando-se erro ou falsidade do registro".

No que concerne à filiação não matrimonial, parece ser possível subsumir-se a hipótese ao art. 1.614 do estatuto civil, uma vez que a pessoa teria sido registrada por alguém que não seria seu ascendente biológico. Por óbvio que seria possível argumentar a excepcionalidade da situação, porquanto o Conselho Nacional de Justiça, por meio do Provimento, ter disciplinado acerca dessa temática. Só não se pode esquecer que as normas do Conselho não têm força de lei.[18] Ademais, trata-se aqui de um direito da

---

18. GOZZO, Débora. Provimento 52/2016 da Corregedoria do Conselho Nacional de Justiça, que dispõe sobre o registro de nascimento e emissão da respectiva certidão dos filhos havidos por reprodução assistida. Revista nacional de direito de família e sucessões. Porto Alegre, Magister/IASP, 2016, v. 13, p. 104. Afirma a autora: "(...)

pessoa, em prol do princípio do livre desenvolvimento de sua personalidade, de ter em seu registro de nascimento a verdade dos fatos.

Eventualmente, poder-se-ia tentar equiparar a situação desse filho ao adotivo, posto o art. 48 do Estatuto da Criança e do Adolescente (Lei 8.069/1990)[19] permitir ao adotado o conhecimento de sua ascendência genética após ter alcançado a maioridade. Essa revelação, todavia, não o autoriza a requerer a inclusão do nome de seus pais biológicos em seu registro de nascimento, fato que, se possível fosse, garantir-lhe-ia ser titular de direitos, mas, igualmente, de deveres, frente a eles. E vice-versa, claro. Para isso, tudo indica que será necessária *norma jurídica* para disciplinar o assunto. Sem isso, um mero Provimento do CNJ não tem o condão de impedir que o filho nascido por reprodução humana assistida heteróloga.

A hipótese prevista no Provimento 63/2017 do CNJ, porém, tem a ver com a reprodução humana assistida heteróloga, praticada em clínica, por profissional autorizado. No caso da Inseminação Caseira, a situação fática é bastante diversa, como já aqui delineado. Em primeiro lugar, aqueles que planejaram a constituição de uma família por esse meio, não estão submetidos às normas deontológicas da Resolução 2.320/2022 do Conselho Federal de Medicina. Deste modo, não há sigilo em relação ao doador ou doadora do material genético, o que poderá ser um ponto nevrálgico nesta constelação.

Ademais, aqueles que desejam esse filho, não têm a segurança de que o procedimento será feito de modo a evitar problemas no que concerne à saúde tanto daquela que gestará quanto daquele que assim será concebido, uma vez que as medidas sanitárias não serão as ideais. Neste sentido, não se tem como ter certeza de que o doador esteja em perfeita condição de saúde, ou que não carregue consigo alguma doença que possa ser transmitida à prole. Mais, não se tem como impedir, dependendo do número de doações que essa pessoa fizer, que ela não acabe por facilitar, no futuro, a ocorrência de incesto.[20]

O Conselho Nacional de Justiça, com base no art. 103-B da Constituição da República, não tem competência para legislar sobre essa matéria, ainda que o objetivo tenha sido nobre." E acrescenta: "Além disso, *não é da competência do CNJ determinar* – ou teria sido *legislar* o que ele fez? – que não serão estabelecidos laços de parentesco entre o doador e a pessoa nascida com o emprego de seu material genético, impedindo-se que ambos possam ser titulares de um direito recíproco aos alimentos, no caso já da maioridade dos filho, bem como de exercerem sseu direito de herança, direito este considerado como fundamental pela Constituição da República (art. 5º, XXX)."

19. Art. 48. O adotado tem direito de conhecer sua origem biológica, bem como de obter acesso irrestrito ao processo no qual a medida foi aplicada e seus eventuais incidentes, após completar 18 (dezoito) anos.

Parágrafo único. O acesso ao processo de adoção poderá ser também deferido ao adotado menor de 18 (dezoito) anos, a seu pedido, assegurada orientação e assistência jurídica e psicológica.

20. Resolução 2.320/2022, CFM: IV – Doação de gametas ou embriões.

6. Na região de localização da unidade, o registro dos nascimentos evitará que um(a) doador(a) tenha produzido mais de 2 (dois) nascimentos de crianças de sexos diferentes em uma área de 1 (um) milhão de habitantes. Exceto quando uma mesma família receptora escolher um(a) mesmo(a) doador(a), que pode, então, contribuir com quantas gestações forem desejadas..

8. É permitida a doação voluntária de gametas, bem como a situação identificada como doação compartilhada de oócitos em reprodução assistida, em que doadora e receptora compartilham tanto do material biológico quanto dos custos financeiros que envolvem o procedimento.

Some-se a isto, que o doador, a despeito da celebração de contrato que possa ser assinado por ele e pelos pretendentes à constituição de uma entidade familiar com filhos, poderá mudar de ideia e resolver registrar o filho como seu, como visto no item 2 supra, exigindo seu direito de guarda e visita. Na prática, pode-se imaginar que ele poderá, ainda, exigir que eles lhe paguem certa quantia em dinheiro, a fim de não proceder ao registro do menor. Afinal, ele é o ascendente biológico daquela pessoa, e este seria o preço para deixar aquela entidade nuclear *livre* de sua presença.

Como é visível, a Inseminação Caseira pode ser causadora de uma série de questionamentos éticos e jurídicos, pela simples falta de seu controle por parte da área médica ou do Poder Público. Falta lei para o assunto que deveria ser discutido pela sociedade.

5. O FILHO NASCIDO POR MEIO DA REPRODUÇÃO HUMANA CASEIRA

A filiação decorrente da reprodução assistida caseira implicará, sempre, tratar do princípio da socioafetividade, uma vez que, se esse filho nasce em razão do planejamento familiar de um casal ou de parceiros homoafetivos, ele terá em sua certidão de nascimento o nome de um pai ou de uma mãe, que não corresponderá à sua ascendência genética. Além disso, como visto no item 4 supra, nada impede, no ordenamento jurídico pátrio, desde setembro de 2016, quando o Supremo Tribunal Federal decidiu ser possível inserir no termo de nascimento, além do nome da mãe e do pai, o nome de um terceiro. De fato, o próprio Provimento 63/2017 do CNJ, alterado pelo Provimento 83 de 2019, permite que no termo de nascimento conste o nome dos genitores e de um pai ou mãe socioafetivo.

Ora, nada parece ter o condão de impedir que do termo de nascimento conste o nome da mãe ou do pai biológico, e daquele que doou o material genético para a concepção daquele filho. A socioafetividade foi reconhecida pelo Enunciado 256 do CNJ, no qual "a posse do estado de filho (parentalidade socioafetiva) constitui modalidade de parentesco civil."

Portanto, apesar de o legislador pátrio ainda não ter criado uma legislação específica para a reprodução assistida e seus efeitos na sociedade, as normas deontológicas e os Provimentos judiciais, Enunciados e Jurisprudência estão construindo uma realidade legislativa.

A partir do momento em que se estabelece entre pai e filho uma relação de afeto, sem que haja entre eles uma ligação biológica, ter-se-á uma filiação e uma paternidade/maternidade socioafetiva. Esta, na verdade, foi tratada pela primeira vez, com toda propriedade, por João Baptista Villela, que desmembrou, a partir do nascimento de Louise

---

9. A escolha das doadoras de oócitos, nos casos de doação compartilhada, é de responsabilidade do médico assistente. Dentro do possível, o médico assistente deve selecionar a doadora que tenha a maior semelhança fenotípica com a receptora, que deve dar sua anuência à escolha.

11. Na eventualidade de embriões formados por gametas de pacientes ou doadores distintos, a transferência embrionária deverá ser realizada com embriões de uma única origem para a segurança da prole e rastreabilidade.

Brown na Inglaterra, em 1978, a paternidade biológica da socioafetiva.[21] Pai é aquele que cria. O ato da reprodução humana tem de ser um ato de responsabilidade, pois dele pode-se ter a concepção de um novo ser humano. Daí a importância da sociafetividade para o presente tema, porquanto um dos envolvidos desse projeto parental, não será o pai/mãe biológico daquele que será sustentado, criado e educado por essas pessoas. Afinal, na IC um deles será o ascendente biológico do filho, cabendo ao outro o exercício da parentalidade sem laços consanguíneos com ele. Isto não torna o sentimento dos envolvidos nesse processo em algo menor, algo que não deva ser levado em conta pelo ordenamento jurídico, em especial a doutrina e a jurisprudência, uma vez que até hoje, apesar das várias tentativas já feitas para regularização das técnicas de Reprodução Humana Assistida, não há lei disciplinando o tema. Se isto, por um lado, facilita o emprego de métodos reprodutivos não naturais, mas dependentes da biotecnologia, por outro, pode vir a gerar uma série de questionamentos acerca dos direitos e deveres envolvidos nessa relação decorrente de uma IC.

No campo da proteção dos menores, destaca-se o princípio do melhor interesse da criança. Mencioná-lo significa analisar o caso concreto, pensando-se em como alcançar a melhor solução para concretizar os direitos desse menor. Daí a importância, para sua aplicação, de levar em consideração as circunstâncias concretas que se apresentarem.

Com base no exposto acima, pergunta-se: corresponde ao melhor interesse do menor que ele venha a ser concebido por meio da chamada inseminação caseira, independentemente de os protagonistas de sua história serem parceiros hetero ou homoafetivos ou até mesmo amigos? Segundo Débora Gozzo e Wilson Ricardo Ligiera, a procriação deve ser um ato de profunda reflexão e não de mero impulso sexual ou instinto direcionado à preservação da espécie humana. "A criança gerada tem total primazia ao bem-estar físico, psíquico e espiritual, devendo ser garantidos seus direitos fundamentais de modo a lhe proporcionar uma existência digna – do que decorre a responsabilidade dos pais pelas relações jurídicas pessoais e patrimoniais relacionadas ao filho".[22]

O Provimento 63 de 14 de novembro de 2017 do Conselho Nacional de Justiça[23] – CNJ –, que dispõe acerca do registro de nascimento, regulamenta tanto o registro de nascimento de crianças que foram concebidas com a ajuda das técnicas da medicina reprodutiva, quanto aquelas que são filhas socioafetivas. Neste caso, aliás, o Provimento foi alterado, com intuito de só permitir esse registro, desde que o menor acima de doze (12) anos, que venha a ser reconhecido, concorde com o reconhecimento, no caso de a pessoa que quer registrá-lo como filho, não ter laços biológicos com ele, mas unicamente socioafetivos.

---

21. VILLELA, João Baptista. A desbiologização da paternidade. *Revista Da Faculdade De Direito Da UFMG*, [S.l.], n. 21, p. 400-418, fev. 2014. ISSN 1984-1841. Disponível em: https://www.direito.ufmg.br/revista/index.php/revista/article/view/1156. Acesso em: 12 nov. 2022.
22. GOZZO, Débora; LIGIERA, Wilson Ricardo. Maternidade de substituição e a lacuna legal: questionamentos. *Civilistica.com*. Rio de Janeiro, a. 5, n. 1, 2016. Disponível em: http://civilistica.com/maternidade-de-substituicao-e-a-lacuna-legal-questionamentos/. Acesso em: 16 nov 2022.
23. Disponível em: https://atos.cnj.jus.br/atos/detalhar/2525. Acesso em: 7 nov. 2022.

Mencione-se, por fim, que o filho assim nascido, se vier a tomar conhecimento, por qualquer meio que seja, de que seja seu pai ou sua mãe biológicos, a partir da decisão do Supremo Tribunal Federal, de 22 de setembro de 2016, poderá ingressar em juízo com ação de investigação de paternidade/maternidade, se assim quiser. É direito dessa pessoa ter sua verdade biológica em seu registro de nascimento, a fim de que sua dignidade seja preservada integralmente. Negar-lhe esse direito parece ser algo que infringe seu direito à sua verdade biológica, à sua identidade pessoal, impede essa pessoa, portanto, de desenvolver-se livremente.

6. CONSIDERAÇÕES FINAIS

As pessoas, assim, são livres para buscarem a forma de concretizar seu projeto parental, seja por meio da reprodução natural, seja por meio da reprodução humana assistida, com a utilização de técnicas específicas ou por meio da inseminação caseira. Porém, importante consignar que toda a escolha tem suas consequências.

Ainda que a reprodução humana assistida não tenha respaldo legal, sua prática é regulamentada pelas Resoluções do Conselho Federal de Medicina, Provimentos do CNJ e Enunciados do CFJ, que são aceitas pela sociedade e pelo Poder Judiciário. Contudo, diversas questões importantes como o anonimato do doador, por exemplo, têm orientações conflitantes. O CFM, por exemplo, determina o anonimato do doador, enquanto o Provimento do CNJ determina a quebra desse anonimato, sem que isso signifique a imposição dos deveres oriundos da paternidade.

O problema da inseminação caseira é que, enquanto nas clínicas de fertilização todo o procedimento está regulamento pelo CFM, inclusive a identidade do doador de gametas que está protegida pelo sigilo – e os médicos devem seguir o disposto em seu conselho de classe –, a prática doméstica não encontra qualquer respaldo legal, nem tampouco de classe profissional. Em razão de os pretendentes ao uso dessa técnica necessitarem de um doador ou de uma doadora, normalmente o anonimato dele ou dela acaba não sendo possível. Muitas vezes, aliás, trata-se de alguém conhecido e próximo que poderá, sim, após o nascimento da criança exigir o reconhecimento desta como seu filho (a), o que é autorizado pelos incisos do art. 1.609 do Código Civil e pelo Provimento 83/2019 do CNJ. Nada poderá impedir o filho assim nascido, igualmente, de propor a competente ação de investigação de paternidade/maternidade, para ver estabelecida sua origem biológica.

Enfim, a cada dia que passa e que o legislador pátrio não trabalha no sentido de aprovar uma lei que discipline o tema da Reprodução Humana Assistida e da Inseminação Caseira, nada poderá impedir a judicialização dessa problemática. Portanto, a partir do momento em que não há lei, aqueles que buscam o seu direito ao planejamento familiar devem estar cientes de todos os riscos que a IC envolve, que vai além da insegurança da saúde do doador. Envolve a filiação propriamente dita, que é a essência de todo o projeto parental.

7. REFERÊNCIAS

ANDRADE, Denise. *Filiação socioafetiva*. São Paulo: LiberArs, 2020.

ARAÚJO, Ana Thereza Meirelles. Projetos Parentais por meio de Inseminações Caseiras: Uma Análise Bioética-Jurídica. *Revista Brasileira de Direito Civil* – RBDCivil. v. 24, p. 101-119. Belo Horizonte: Fórum, 2020.

BANERJEE K, Singla B. Pregnancy Outcome of Home Intravaginal Insemination in Couples with Unconsummated Marriage. *J Hum Reprod Sci*. 2017;10(4):293-296. doi:10.4103/jhrs.JHRS_5_17. Acesso em: 16 nov. 2022.

COSTA, Rosely Gomes. O que a seleção de doadores de gametas pode nos dizer sobre noções de raça. Physis: *Revista de Saúde Coletiva* [online]. 2004, v. 14, n. 2, pp. 235-255. Disponível em: https://doi.org/10.1590/S0103-73312004000200004. Acesso em: 16 nov. 2022.

FELIPE, Mariana Gonçalves. TAMANINI, Marlene. Inseminação Caseira e a Construção de Projetos Lesboparentais no Brasil. *Revista Ñanduty*, [S.l.], v. 8, n. 12, p. 18-44, out. 2020. ISSN 2317-8590. Disponível em: https://ojs.ufgd.edu.br/index.php/nanduty/article/view/15301. Acesso em: 17 nov. 2022.

GOZZO, Débora.

Provimento 52/2016, da Corregedoria do Conselho Nacional de Justiça que dispõe sobre o registro de nascimento e emissão da respectiva certidão dos filhos havidos por reprodução assistida. Disponível em: https://www.conjur.com.br/dl/parecer-iasp-reproducao-assistida.pdf. Acesso em 16 nov. 2022.

GOZZO, Débora; LIGIERA, Wilson Ricardo. Maternidade de substituição e a lacuna legal: questionamentos. *Civilistica.com*. Rio de Janeiro, a. 5, n. 1, 2016. Disponível em: http://civilistica.com/maternidade-de--substituicao-e-a-lacuna-legal-questionamentos/. Acesso em: 16 nov. 2022.

HUXLEY, Aldous. *Admirável mundo novo*. Trad. Lino Valsando, Vidal Serrano. 22. ed. São Paulo: Globo, 2014.

NOMURA-SANTIAGO, Maria Carolina. *Post mortem*: São Paulo: LiberArs, 2021.

VILLELA, João Baptista. A desbiologização da paternidade. *Revista Da Faculdade De Direito Da UFMG*, [S.l.], n. 21, p. 400-418, fev. 2014. ISSN 1984-1841. Disponível em: https://www.direito.ufmg.br/revista/index.php/revista/article/view/1156. Acesso em: 12 nov. 2022.

PLANEJAMENTO FAMILIAR E REQUISITOS PARA REALIZAÇÃO DO PROCEDIMENTO DE ESTERILIZAÇÃO VOLUNTÁRIA NO BRASIL

Marianna Chaves

Doutora em Direito Civil pela Universidade de Coimbra e Universidade de São Paulo. Mestra em Ciências Jurídicas pela Universidade de Lisboa. Vice-Presidente da Comissão de Biodireito e Bioética do IBDFAM. Assessora Jurídica e Membro da Comissão de Curso do Mestrado em Direito da Universidade Nacional Timor Lorosa'e.

Sumário: 1. Introdução – 2. Direitos sexuais e reprodutivos – 3. A esterilização voluntária como um meio de realização dos direitos reprodutivos e do planejamento familiar – 4. O planejamento familiar e os requisitos para a esterilização voluntária; 4.1 Do inciso i do art. 10 da lei de planejamento familiar; 4.2 Da exigência de anuência do cônjuge – 5. Considerações finais – 6. Referências.

1. INTRODUÇÃO

A esterilização é um método de controle de natalidade e todas as técnicas de esterilização (terapêutica e não terapêutica) são destinadas, em regra, a serem definitivas, nada obstante a Medicina atual permita, em determinados casos, a reversão da vasectomia e a reanastomose tubária.

A esterilização não terapêutica traz algumas nuances complexas do ponto de vista ético. Por um lado, pode-se dizer que os obstáculos à esterilização voluntária possam ter alguma ligação com o histórico de esterilizações involuntárias eugênicas ou neoeugênicas em diversas sociedades, não apenas em contextos de guerras, como foi o caso das esterilizações não consentidas levadas a cabo pelos nazistas no decorrer da Segunda Guerra Mundial.[1] É imperioso reforçar que esterilizações não consentidas devem ser consideradas graves violações de direitos humanos.[2]

De igual maneira, não se pode desconsiderar perspetivas culturais e religiosas sobre a fertilidade, procriação e parentalidade. Mas o eixo central dos óbices à esterilização voluntária parece residir na ideia de, supostamente, existir um alto risco de que uma mulher (ou homem) que tenha tomado essa decisão em uma idade jovem possa se arre-

---

1. Para um *background* das esterilizações involuntárias ao redor do mundo, ver o acórdão do Tribunal Europeu dos Direitos Humanos do caso *Gauer and Others v. France* – 61521/08 [Section V]. Disponível em: https://hudoc. echr.coe.int/eng?i=001-111246. Acesso em: 03 jan. 2022.
2. O *"primun non nocere"*, ou seja, a fórmula hipocrática de ajudar ou, pelo menos, não prejudicar, tem sido um princípio que rege a ética médica ao longo dos séculos (obviamente, descartando as práticas desumanas perpetradas pelo Terceiro Reich e outros episódios nefastos ocorridos na História da Humanidade), e tem sido também o critério que preside a relação entre o médico e seus pacientes. Em igual sentido, ver HELLÍN, T. "The physician-patient relationship: recent developments and changes". *Haemophilia*, v. 8, n. 3, p. 450-454, 2002.

pender futuramente. Aliás, tal ideia é facilmente identificada em diversos dispositivos da Lei de Planejamento Familiar brasileira, que reiteradamente olvida da autonomia reprodutiva que constitucionalmente é assegurada às pessoas.

Assim, será que o Estado tem o direito de limitar o exercício dos direitos reprodutivos de uma pessoa em determinado momento da vida, com base apenas no fato de que alguns anos depois ela poderá vir a mudar de opinião sobre tal escolha? Há justificativa do ponto de vista do interesse público para tal imiscuição na vida privada e familiar?

Há no Brasil um respeito ao compromisso social de um planejamento familiar pautado na liberdade, igualdade, parentalidade responsável e autonomia privada dos indivíduos? Será que visões culturais, religiosas e mundividências de terceiros se prestam como justificações para limitação à liberdade e às opções de vida dos titulares dos direitos reprodutivos?

O direito de cada um ao seu corpo, na totalidade ou em partes, como os seus tecidos e órgãos é uma revelação de diversos princípios constitucionais, entre eles o da dignidade humana e o da autodeterminação, e ambos os mandamentos constitucionais materializam a prerrogativa dos seres humanos a deliberarem ativa e responsavelmente sobre os destinos das próprias existências.

Deve-se sempre relembrar de que já se foi o tempo em o indivíduo era concebido somente como parte do todo social e a dignidade humana, entendida como valor dos valores, pressupõe a existência de condições para que os cidadãos possam se governar e exercer uma independência física, ética e moral.

Nos termos do art. 13 do Código Civil brasileiro, é proibido dispor do próprio corpo, quando tal ato resultar na diminuição permanente da integridade física ou contrariar os bons costumes. É de clareza meridiana que a a esterilização não terapêutica não contraria os bons costumes. Se assim não fosse, certamente não existira uma previsão legal, ainda que sujeita a requisitos injustificáveis. Outrossim, não parece ser razoável se afirmar que a tais procedimentos médicos diminuam a integridade física dos indivíduos, tendo em vista que está em causa apenas a inibição da capacidade de reprodução.

Salvo casos pontuais e específicos, a esterilização não acarreta riscos substanciais à saúde física das pessoas. Obviamente, todo e qualquer procedimento cirúrgico apresenta perigos ao paciente. Todavia, o mesmo se aplica, por exemplo, a cirurgias estéticas e nem por isso o Estado avoca o direito de impedir que pessoas se submetam a determinados procedimentos cirúrgicos (usualmente mais extensos e complexos do que a esterilização)[3] por eventuais riscos como os relativos à anestesia, infecção ou abcessos, apenas para citar alguns.

Além disso, deve-se ter em mente os avanços da medicina reprodutiva, cujo progresso passou a permitir que indivíduos incapazes de reproduzir naturalmente em razão

---

3. Considerando que a esterilização feminina pode ser feita por meio de procedimentos simples como minilaparotomia e laraposcopia, com anestesia local e sedação, e as vasectomias possuem ainda menos probabilidade de efeitos colaterais e complicações que os procedimentos feitos nas mulheres.

de uma intervenção cirúrgica, possam ter filhos geneticamente ligados a si, mesmo esterilizados.

Assim, o propósito do presente artigo é apreciar criticamente se o Estado, através do texto atual da Lei de Planejamento Familiar, está salvaguardando os direitos reprodutivos e o direito ao livre planejamento familiar garantidos aos cidadãos brasileiros na Constituição da República Federativa do Brasil e em diversos instrumentos de Direito Internacional. A análise centrar-se-á no inciso I e no § 5º do art. 10 da Lei 9.623, de 12 de janeiro de 1996, cuja constitucionalidade está sendo contestada em duas Ações Diretas de Inconstitucionalidade (ADI 5097 e ADI 5911), que em breve serão julgadas conjuntamente pelo Supremo Tribunal Federal.

2. DIREITOS SEXUAIS E REPRODUTIVOS

Na atualidade, a tutela conferida aos direitos humanos inclina-se a deixar de ser apenas uma constante dos discursos "mais ou menos bem-intencionados", para se traduzir em uma realidade atuante na defesa dos direitos, liberdades e garantias fundamentais.[4] Nos termos do Enunciado 68, aprovado nas II Jornadas de Direito da Saúde do CNJ, "os direitos reprodutivos correspondem ao conjunto de direitos básicos relacionados com o livre exercício da sexualidade e da reprodução humana". Os direitos reprodutivos são considerados direitos humanos e no seu epicentro se encontra o direito à autodeterminação reprodutiva.

Quando se fala em direitos reprodutivos, não se pode olvidar dos direitos sexuais, direitos humanos que devem sempre estar presentes na agenda de políticas públicas de todas as nações. Trata-se de direitos que são salvaguardados na mesma medida e constituem um conglomerado de prerrogativas que afetam a vida sexual dos indivíduos.

Os indivíduos têm direito de ter relações sexuais que não impliquem reprodução, prerrogativa que estará sendo suprimida por uma imposição de prazos para forçar uma desistência aos potenciais candidatos à esterilização voluntária. Como já afirmamos alhures, "tal condicionamento revela um cenário de celibato compulsório enquanto a esterilização não for consentida, panorama que materializa uma restrição arbitrária à liberdade sexual das pessoas".[5]

Afora serem uma divisão dos direitos humanos e estarem intimamente conectados aos direitos reprodutivos, os direitos sexuais estão estreitamente interligados "com a desigualdade de gênero e com as questões multidisciplinares de saúde pública".[6]

---

4. Nesse sentido, cfr. BARRETO, Ireneu Cabral. *A Convenção Europeia dos Direitos do Homem anotada*. 4. ed. Coimbra: Coimbra Editora/ Wolters Kluwer, 2010, p. 8.
5. PEREIRA, Rodrigo da Cunha; DIAS, Maria Berenice; CHAVES, Marianna. *Da (in)justiça do planejamento familiar*. Disponível em: https://redir.stf.jus.br/paginadorpub/paginador.jsp?docTP=TP&docID=724337088&prcID=5368307 Acesso em: 03 jan. 2022.
6. SCHIOCCHET, Taysa. Marcos normativos dos direitos sexuais: uma perspectiva emancipatória. In: BRAUNER, Maria Claudia Crespo (Org.). Biodireito e Gênero/ Ijuí: Unijuí, 2007, p. 62.

Nessa lógica, o princípio da autonomia privada no âmbito dos direitos reprodutivos e, nos limites legais, de disposição do próprio corpo, implica que cada mulher ou homem capaz possui o direito de decidir sobre os seus planos e dinâmica de vida, seu corpo e os seus desejos, como o de formar (ou não) uma família, com ou sem filhos. Aliás, não se pode descartar que mesmo que uma pessoa ou um casal desejem ter filhos, tal intuito pode ser alcançado através do instituto milenar da adoção ou da reprodução humana assistida, com doação de gametas ou embriões.

Outrossim, é preciso ressaltar que a esterilização não atinge os direitos ou interesses de terceiros, já que se trata de uma intervenção voltada à não concepção, em momento anterior à existência de vida intrauterina. A única pessoa efetivamente atingida pelo ato médico é a mulher ou o homem que não deseja se reproduzir.[7] Deve-se também relembrar que a bioética foi construída sobre quatro pilares fundamentais: não maleficência, beneficência, justiça e autonomia. Quanto mais privada a escolha, ou seja, quanto mais disser respeito à integridade dos próprios projetos e à autoconcepção do indivíduo, e quanto menos afetar diretamente terceiros, mais robusto será o direito à autonomia das pessoas.[8]

Por outro lado, óbices desnecessários ao exercício dos direitos reprodutivos, nomeadamente em sentido negativo, através da esterilização aliados a políticas públicas de saúde reprodutiva precárias, como é o caso do Brasil, podem fazer com que se perpetue o aborto como método de controle de natalidade. Como afirmado em outra oportunidade,

> O Estado brasileiro está falhando na salvaguarda da saúde reprodutiva, que não se resume à ausência de enfermidades ou moléstias, sendo antes o estado de total bem-estar social, físico e mental em todas as matérias relativas ao sistema reprodutivo, suas finalidades e processos.
>
> Nessa lógica, a saúde reprodutiva equivale a que um indivíduo possa ter uma vida sexual segura e boa, tenha a faculdade de procriar e a liberdade de decidir se, quando e quantas vezes o fará, como proposto pela Conferência do Cairo de 1994, no Capítulo VII, ponto 7.1.[9]

Ao fim e ao cabo, restringir a autonomia reprodutiva das pessoas termina por transmitir uma ideia de que uma família genuína só é passível de ser formada caso exista o exercício da maternidade e paternidade, transferindo para a vida privada e familiar das pessoas valores sociais ultrapassados e duvidosos, que terminam por instrumentalizar os indivíduos em nome de convicções morais tradicionais.

Em certa medida, trata-se de uma perpetuação do mandamento bíblico trazido pelo Livro de Gênesis (Gênesis 1:28, 9:1, 9:7) pelo qual os seres humanos deveriam ser férteis, multiplicar-se e povoar a terra. Ademais, caso a esterilização voluntária fosse uma afronta absoluta aos bons costumes e à moralidade tradicional, não estaria prevista em lei, ainda que o acesso esteja dependente do preenchimento de requisitos questionáveis.

---

7. Em sentido análogo, cfr. FREITAS, Fernanda Grasselli; PINTO, Gerson. A regulamentação do procedimento de esterilização voluntária no Brasil e na Espanha. *Revista de Bioética y Derecho*, v. 47, p. 109-127, 2019.
8. Como adverte SCHUCK, Peter H. Rethinking Informed Consent. *Yale Law Journal*, v. 103, n. 4, p. 899-960, 1994.
9. PEREIRA, Rodrigo da Cunha; DIAS, Maria Berenice; CHAVES, Marianna. Da (in)justiça do planejamento familiar, cit.

3. A ESTERILIZAÇÃO VOLUNTÁRIA COMO UM MEIO DE REALIZAÇÃO DOS DIREITOS REPRODUTIVOS E DO PLANEJAMENTO FAMILIAR

Como já referido, esterilização é a privação permanente do poder de reprodução, talvez o método mais efetivo de prevenir gravidezes indesejadas e controlar a natalidade, que pode ser dividida em esterilização terapêutica e esterilização não terapêutica: na primeira, o objetivo é terapêutico, como no caso de câncer ou outras patologias orgânicas dos órgãos reprodutivos, enquanto na segunda o objetivo é contraceptivo. Nos homens, o tipo mais comum de esterilização permanente é a vasectomia e nas mulheres, a laqueadura que acarretará em um bloqueio, fechamento ou corte das trompas de Falópio da paciente.

Numa perspectiva feminina, muitas mulheres estão considerando a esterilização como uma forma de realizar seus direitos reprodutivos e, especificamente, o direito à escolha consciente de não ter filhos e nem dar à luz. Algumas mulheres na pós-modernidade acreditam que limitar seu direito à esterilização permanente os coloca em uma posição desigual em relação aos homens.[10]

As razões de uma mulher para buscar um controle de natalidade perpétuo podem ser, entre outras, falta de vontade de ter filhos; consideração dos filhos como um fardo financeiro e a resultante relutância em reduzir a situação econômica; resistência em mudar o estilo de vida; sensação de que a existência de um filho pode obstaculizar muitas opções existenciais. A falta de vontade de engravidar pode ter um significado especial para executivas, modelos, atrizes, atletas e todas aquelas mulheres para quem a gravidez pode afetar negativamente sua carreira profissional, seja por mudanças corporais, seja pelo fato de que a sociedade não vê a maternidade da mesma forma que a paternidade. Além disso, a intenção de recorrer à esterilização permanente pode advir de medos quanto ao risco de complicações médicas durante a gravidez e o parto, algo muito comum entre mulheres que sofreram traumas em razão de violência obstétrica.[11]

Também não se pode ignorar que, nada obstante existam outros mecanismos de controle de natalidade temporários ou reversíveis, a esterilização cirúrgica pode ser a única forma de contracepção possível, por razões religiosas, culturais, intolerância física a anticoncepcionais[12] ou mesmo pela dificuldade de acesso a outros métodos.

---

10. Como referido na petição inicial da ADI 5911, ainda existe um "descomunal desequilíbrio nas relações de poder entre homens e mulheres na sociedade". PSB. Petição Inicial da ADI 5911. Disponível em: https://static. poder360.com.br/2021/12/ADI-5911.pdf. Acesso em: 02 jan. 2022.
11. DEL SORDO, Sara et al. Legal and Ethical Implications of Voluntary Non-Therapeutic Sterilization as a Way of Realization of Human Reproductive Rights. *Vestnik of Saint Petersburg University Law*, v. 2019, n. 3, p. 557-565, 2019.
12. Ao contrário da pílula, a esterilização não interfere nos níveis hormonais da mulher nem causa ganho de peso, alterações no humor, sensibilidade mamária ou diminuição da libido. O uso prolongado dos anticoncepcionais orais também tem sido associado à depressão e a um risco aumentado de problemas graves de saúde, como trombose e câncer de mama. Neste sentido, ver MCQUEEN, Paddy. A Defence of Voluntary Sterilisation. *Res Publica ^^*, v. 26, p. 237-255, 2020.

Há que se ter igualmente em mente a questão da desigualdade e da violência de gênero. Ainda que exista uma igualdade formal entre homens e mulheres, a verdade é que ainda estamos longe de alcançar a igualdade material e os estereótipos de gênero ainda existem vivamente na sociedade brasileira, na qual muitas mulheres ainda exercem pouco ou nenhum controle na sua vida sexual e reprodutiva.

Não são incomuns as situações nas quais mulheres são impedidas pelos maridos e companheiros e usarem métodos contraceptivos farmacológicos por receio de que as mesmas sejam infiéis. De igual maneira, são usuais os casos em que há recusa dos homens em utilizarem preservativos, sujeitando-as a gravidezes indesejadas.[13] São comportamentos que, nos termos do inciso III, do art. 7º da Lei Maria da Penha, são considerados como espécie de violência sexual.

Como advertido por alguma doutrina,[14] a esterilização pode proporcionar a essas mulheres uma sensação de controle, satisfação, independência, alívio e/ou conclusividade, permitindo que elas se comprometam totalmente com seu estilo de vida preferido e livrando-as das preocupações de uma gravidez.

É necessário sublinhar que a Lei 8.080/90, de 19 de setembro de 1990, ao tratar sobre as condições de promoção, proteção e recuperação da saúde, assevera que as ações e serviços públicos de saúde e os serviços privados contratados ou conveniados que integram o Sistema Único de Saúde (SUS), devem respeitar o princípio da "preservação da autonomia das pessoas na defesa de sua integridade física e moral", nos termos do art. 7º, III da mesma lei.

O Estado deve ter em consideração o fato de que a decisão de submeter a uma esterilização, em regra, não é impulsiva, sendo resultado de uma avaliação consciente sobre a questão por parte do indivíduo em causa. É ao possuidor do direito fundamental e de personalidade ao livre exercício da sexualidade sem fins reprodutivos e ao planejamento familiar a quem compete a decisão final, afinal, foi àquela pessoa que a CF/88 atribuiu a titularidade dos seus direitos reprodutivos e não ao Estado.[15]

Trata-se, portanto, de uma liberdade individual, de acordo com a qual o indivíduo deve ser percebido como "agente moral, dotado de razão, capaz de decidir o que é bom ou o que é ruim para si, e que deve ter liberdade para guiar-se de acordo com estas escolhas".[16]

Como assevera Ana Carolina Brochado Teixeira, "o corpo pertence à própria pessoa e é ela quem deve lhe dar a destinação que melhor lhe aprouver, dentro do que a

---

13. Inclusive, a Organização Mundial da Saúde reconhece que a simples sugestão de uso de preservativos masculinos poderá ocasionar episódios de violência doméstica. Neste sentido, ver OMS. *Planejamento Familiar* – Um Manual Global para Profissionais e Serviços de Saúde. Disponível em: https://apps.who.int/iris/bitstream/handle/10665/44028/9780978856304_por.pdf;sequence=6 Acesso em: 07 jan. 2022.

14. MCQUEEN, Paddy. A Defence of Voluntary Sterilisation, cit., p. 240.

15. Em sentido análogo, ver PEREIRA, Rodrigo da Cunha; DIAS, Maria Berenice; CHAVES, Marianna. Da (in) justiça do planejamento familiar, cit.

16. SARMENTO, Daniel. *Direitos fundamentais e relações privadas*. Rio de Janeiro: Lumen Juris, 2006, p. 154.

realiza".[17] Não desejar ter filhos não é uma "rebelião contra a natureza",[18] mas o simples exercício de um direito constitucionalmente assegurado.

Pensar de outra maneira é paternalismo e imiscuição arbitrária na vida das pessoas travestido de preocupação ou proteção, onde o Estado trata o indivíduo que busca a esterilização voluntária como um "inválido moral".[19] Assim, não há dúvidas de que cruzada pronatalista à qual se assiste na Lei de Planejamento Familiar é ilegítima e tirânica.

Deve-se ressaltar que mesmo que uma mulher seja esterilizada por laqueadura, ainda poderá carregar um filho através de fertilização *in vitro* (inclusive com a utilização de óvulos ou embriões eventualmente criopreservados), se assim desejar. Outrossim, há sempre a possibilidade de se recorrer à gestação de substituição com a doação de gametas. Nessa lógica, a esterilização voluntária não representa um caminho sem volta no que diz respeito a um eventual desejo de exercer a maternidade no futuro. A mulher apenas e tão somente estará impedida de se reproduzir de forma natural.

Independentemente do gênero, todas as pessoas são titulares do direito de decidir de maneira autônoma, em uma lógica de autorresponsabilidade, se querem ter filhos, quantos e como desejam tê-los. Tal prerrogativa faz parte do núcleo essencial dos direitos reprodutivos. É um direito fundamental que existe em sentido positivo (direito a ter) ou negativa (direito a não ter filhos) e que deve ser vislumbrado numa perspectiva que acolha e dignifique de maneira igual o direito à parentalidade e o direito à não-parentalidade.

Pode-se afirmar que determinados dispositivos da Lei de Planejamento Familiar traduzem uma intromissão descabida na vida privada e familiar dos cidadãos brasileiros. Conforme o art. 5º, inciso X, da CF/88, existe o reconhecimento e a tutela constitucional da inviolabilidade da intimidade e da vida privada dos indivíduos. De igual maneira, a Convenção Interamericana de Direitos Humanos (Pacto de San José da Costa Rica), no art. 11, n. 2, salvaguarda o direito das pessoas de não serem vítimas de "ingerências arbitrárias ou abusivas" na vida privada ou familiar, no mesmo sentido do art. 17, n. 1 do Pacto Internacional sobre os Direitos Civis e Políticos.

De igual maneira, deve-se lembrar do reconhecimento e da promoção da autonomia na ética médica, em uma lógica de autogoverno dos pacientes. O art. 24 da Resolução CFM 1931/2009 (Código de Ética Médica) veda ao profissional da Medicina deixar de garantir ao paciente o exercício da escolha livre e esclarecida sobre o seu bem-estar e a sua pessoa, assim como exercer a sua autoridade de forma paternalista para tolhê-lo.

Tal disposição se harmoniza com o art. 5º da Declaração Universal sobre a Bioética e Direitos Humanos, onde está prescrito que a autonomia das pessoas "no que respeita à tomada de decisões, desde que assumam a respectiva responsabilidade e respeitem

---

17. TEIXEIRA, Ana Carolina Brochado. *Saúde, Corpo e Autonomia Privada*. Rio de Janeiro: Renovar, 2010, p. 52.

18. HINTZ, Elizabeth A.; BROWN, Clinton L. Childfree by Choice: Stigma in Medical Consultations for Voluntary Sterilization. *Women's Reproductive Health*, v. 6, n. 1, p. 62-75, 2019.

19. Expressão utilizada por HELLÍN, T. The physician-patient relationship: recent developments and changes, cit., p. 450.

a autonomia dos outros, deve ser respeitada",[20] em uma lógica de superação do que se pode chamar de infantilização do paciente.

Assim, o médico deve respeitar o direito à autodeterminação do paciente, após esclarecê-lo sobre o(s) ato(s) médicos a serem executados, devendo sempre obter o consentimento informado do indivíduo ou do seu representante, a não ser que haja risco iminente de morte, o que certamente não será o caso de uma esterilização voluntária. As relações entre os médicos e pacientes deixaram de ser verticais e assimétricas.

Já não é o médico que deve fazer a escolha pelo paciente e, certamente, ao profissional não compete colocar as pessoas em uma posição imaturidade para tomada de decisões sobre a própria vida, onde lhes caberia apenas uma posição de passividade e acatamento daquilo que fosse decidido pelo médico. O mesmo raciocínio deve ser aplicado ao Estado, que não deve ser protagonista de uma decisão de caráter personalíssimo, antes devendo se restringir ao seu papel de promover e propiciar recursos educacionais e científicos para a promoção do planejamento familiar que, repise-se, deve ser livre.

Portanto, o Código de Ética Médica proíbe aquilo que a Lei de Planejamento Familiar não apenas autoriza, mas compulsa às equipes multidisciplinares: a intervenção e o sugestionamento nas escolhas das pessoas, "desconsiderando o seu autogoverno e autossuficiência".[21] A autonomia – materializada na capacidade de autodeterminação – dos indivíduos pode ser considerada como uma das mais nobres prerrogativas humanas. Nessa lógica, a liberdade é muito mais do que uma mera orientação ética, "é a *conditio sine qua non* da ética, como o é também para o direito".[22]

Suprimir por completo o perigo de reconsideração é virtualmente impossível, já que a existência cotidiana de um ser humano autônomo com capacidade decisória implica, invariavelmente, a probabilidade (em maior ou menor escala) de arrependimentos relativamente a opções e atos. Trata-se de um fenômeno que foi denominado por "dignidade do risco".[23] Eliminar o risco de um potencial arrependimento extirpando a autonomia das pessoas é pior do que se permitir que as pessoas, no exercício da sua autodeterminação, façam escolhas equivocadas.

---

20. UNESCO. Declaração Universal sobre a Bioética e Direitos Humanos. Disponível em: http://unesdoc.unesco. org/images/0014/001461/146180por.pdf. Acesso em: 05 jan. 2022.
21. PEREIRA, Rodrigo da Cunha; DIAS, Maria Berenice; CHAVES, Marianna. Da (in)justiça do planejamento familiar, cit.
22. ANDORNO, Roberto. 'Liberdade' e 'Dignidade' da Pessoa: Dois Paradigmas Opostos ou Complementares na Bioética?. In: MARTINS-COSTA, Judith; MÖLLER, Letícia Ludwig (Org.). *Bioética e responsabilidade*. Rio de Janeiro: Forense, 2009, p. 74.
23. Como é advertido em alguma doutrina, reconhecer a dignidade do risco não significa que os médicos devam parar de tentar ajudar os pacientes. Em vez disso, quando os pacientes internalizam o locus de controle de suas escolhas e ações, as decisões informadas das quais mais tarde se arrependem são vistas como uma oportunidade de crescimento. Vê-se aquele dissabor como um momento em que os profissionais de saúde podem ajudar os pacientes a usarem a experiência para redefinir ou fortalecer objetivos de vida, elaborarem novas estratégias para alcançá-los e desenvolverem resiliência. Neste sentido, ver WATSON, Katie. "Reframing Regret". *JAMA*, v. 311, n. 1, p. 27-29, 2014.

4. O PLANEJAMENTO FAMILIAR E OS REQUISITOS PARA A ESTERILIZAÇÃO VOLUNTÁRIA

No Brasil, a temática do planejamento familiar é pormenorizadamente regulada pela Lei 9.623, de 12 de janeiro de 1996, que regula o § 7º da Constituição da República Federativa do Brasil. Nos termos do art. 4º, da Lei de Planejamento Familiar indica que o mesmo consiste em ações preventivas e educativas e pelo asseguramento de um acesso equitativo a informações, mecanismos, procedimentos e estratégias para o controle da fecundidade.

O art. 5º da mesma lei é de clareza meridiana no sentido de que é uma obrigação do Estado oportunizar condições e mecanismos técnicos, científicos, educativos e de informação que garantam o livre planejamento familiar.

Tal artigo está hamonizado com o disposto no art. 226, § 7º da Constituição Federal, onde está fixado que o planejamento familiar é "livre decisão do casal", devendo ser "vedada qualquer forma coercitiva por parte de instituições oficiais ou privadas". As duas normas estão em conformidade com o estabelecido no Princípio 8 da Conferência Internacional sobre População e Desenvolvimento (CIPD) do Cairo, de 1994, *in verbis*:

> Princípio 8
>
> Toda pessoa tem direito ao gozo do mais alto padrão possível de saúde física e mental. Os estados devem tomar todas as devidas providências para assegurar, na base da igualdade de homens e mulheres, o acesso universal aos serviços de assistência médica, inclusive os relacionados com saúde reprodutiva, que inclui planejamento familiar e saúde sexual. Programas de assistência à saúde reprodutiva devem prestar a mais ampla variedade de serviços sem qualquer forma de coerção. Todo casal e indivíduo têm o direito básico de decidir livre e responsavelmente sobre o número e o espaçamento de seus filhos e ter informação, educação e meios de o fazer.[24]

No ponto 7.20 do Capítulo VII (Direitos de Reprodução e Saúde Reprodutiva) do Relatório da CIPD,[25] está expressamente indicado que os governos devem "tornar mais fácil a casais e indivíduos assumir a responsabilidade por sua própria saúde reprodutiva, removendo desnecessários obstáculos legais, médicos, clínicos e regulamentares à informação e ao acesso a serviços e métodos de planejamento familiar" e não criar ou manter óbices desarrazoados, como é o caso da Lei de Planejamento Familiar.

---

24. A Conferência Internacional sobre População e Desenvolvimento – CIPD foi convocada sob os auspícios das Nações Unidas, foi realizada no Cairo, Egito, de 5 a 13 de setembro de 1994. Nos termos do ponto n. 1.12 do Preâmbulo do Relatório, "o presente Programa de Ação recomenda à comunidade internacional uma série de importantes objetivos de população e desenvolvimento, assim como metas qualitativas e quantitativas que se apoiam mutuamente e de importância decisiva para esses objetivos. Entre esses objetivos e metas estão: crescimento econômico sustentado no contexto de um desenvolvimento sustentável; educação, especialmente para moças; equidade e igualdade dos sexos; redução da mortalidade materna, de bebês e crianças e o *acesso universal aos serviços de saúde reprodutiva, de inclusive de planejamento familiar e saúde sexual*" (Destaque nosso). ONU. Texto Integral do Relatório da Conferência Internacional sobre População e Desenvolvimento, p. 41 e 43, doravante denominado de Relatório da CIPD. Disponível em: inst_int.pdf (unfpa.org.br). Acesso em: 15 dez. 2021.

25. Relatório da CIPD, cit., p. 66.

Portanto, a Lei de Planejamento Familiar reconhece que a organização familiar dos indivíduos deve ser pautada pela autonomia e pela autodeterminação. No entanto, o que se vislumbra ao longo da normativa em causa é uma série de restrições desconectadas da ideia de liberdade no planejamento familiar e uma imiscuição arbitrária na intimidade das pessoas, como se pode observar no art. 10 da referida lei, que regula os requisitos para o acesso à esterilização voluntária, *in verbis*:

> – em homens e mulheres com capacidade civil plena e maiores de vinte e cinco anos de idade ou, pelo menos, com dois filhos vivos, desde que observado o prazo mínimo de sessenta dias entre a manifestação da vontade e o ato cirúrgico, período no qual será propiciado à pessoa interessada acesso a serviço de regulação da fecundidade, incluindo aconselhamento por equipe multidisciplinar, visando desencorajar a esterilização precoce;
>
> II – risco à vida ou à saúde da mulher ou do futuro concepto, testemunhado em relatório escrito e assinado por dois médicos.
>
> § 1º É condição para que se realize a esterilização o registro de expressa manifestação da vontade em documento escrito e firmado, após a informação a respeito dos riscos da cirurgia, possíveis efeitos colaterais, dificuldades de sua reversão e opções de contracepção reversíveis existentes.
>
> § 2º É vedada a esterilização cirúrgica em mulher durante os períodos de parto ou aborto, exceto nos casos de comprovada necessidade, por cesarianas sucessivas anteriores.
>
> § 3º Não será considerada a manifestação de vontade, na forma do § 1º, expressa durante ocorrência de alterações na capacidade de discernimento por influência de álcool, drogas, estados emocionais alterados ou incapacidade mental temporária ou permanente.
>
> § 4º A esterilização cirúrgica como método contraceptivo somente será executada através da laqueadura tubária, vasectomia ou de outro método cientificamente aceito, sendo vedada através da histerectomia e ooforectomia.
>
> § 5º Na vigência de sociedade conjugal, a esterilização depende do consentimento expresso de ambos os cônjuges.

São paradoxos em que se promove e se suprime a autodeterminação das pessoas num mesmo dispositivo. Por um lado, encontra-se dentre os requisitos imprescindíveis, a exigência da manifestação de vontade livre e esclarecida dos pacientes, o que faz todo o sentido levando em consideração o princípio bioético da autonomia. Por outro lado, vislumbra-se uma série de restrições arbitrárias e anacrônicas a essa mesma autonomia, em especial no inciso I e no § 5º cuja constitucionalidade, como referido, está sendo questionada por meio da ADI 5097 e ADI 5911.

4.1 Do inciso I do art. 10 da Lei de Planejamento Familiar

Nos termos do art. 10, I, da Lei 9.623/1996, uma das condições para que homens e mulheres tenham acesso à esterilização voluntária é serem capazes, com idade superior a 25 anos ou terem, ao menos, dois filhos vivos.

Tal dispositivo já traz uma incongruência marcante ao falar em capacidade e idade superior a 25 anos. Ora, a capacidade plena é atingida com a extinção da menoridade, que ocorre quando o indivíduo atinge os dezoito anos completos, momento a partir do qual passa a estar habilitado a todos os atos da vida civil, como prescreve o art. 5º do

Código Civil. Como asseverou o Justice norte-americano Benjamin Cardozo, no caso *Schloendorff v. Society of New York Hospital*, julgado pela Corte de Apelações do Estado de Nova Iorque em 1914, "todo ser humano em idade adulta e mente sã tem o direito de determinar o que deve ser feito com seu corpo".[26]

Não parece existir qualquer razoabilidade na restrição do exercício da autodeterminação reprodutiva, condicionando-o ao alcance de uma idade muito superior à maioridade civil, mormente quando está em causa algo visceralmente ligado à esfera pessoal e íntima das pessoas. A idade imposta pela Lei de Planejamento Familiar não faz sentido sequer se considerarmos que a mesma foi aprovada enquanto o Código Civil de 1916 ainda se encontrava em vigor, tendo em consideração o fato de que, à época, a maioridade civil era atingida aos 21 e não aos 25 anos.

Outro elemento que evidencia a injustificabilidade da imposição normativa em causa é a de que as pessoas podem adotar uma criança – uma decisão, à partida, permanente e irretratável – a partir dos 18 anos, como prescrito no art. 42 do Estatuto da Criança e do Adolescente.

Como indicado em publicação da Organização das Nações Unidas, a dependência de ter atingido uma determinada idade ou de consentimento do cônjuge ou ainda a obrigação de ter um certo número de filhos para se ter acesso à esterilização voluntária são pressupostos que afrontam fortemente o direito à privacidade dos indivíduos, especialmente das mulheres.[27]

Como estabelecido no Princípio 4 da CIPD, "o progresso na igualdade e equidade dos sexos, a emancipação da mulher, a eliminação de toda espécie de violência contra ela e a garantia de poder ela própria controlar sua fecundidade são pedras fundamentais de programas relacionados com população e desenvolvimento".[28] Como afirmado em voto do Ministro do Superior Tribunal de Justiça, Luís Felipe Salomão,

> A igualdade e o tratamento isonômico supõem o direito a ser diferente, o direito à autoafirmação e a um projeto de vida independente de tradições e ortodoxias. Em uma palavra: o direito à igualdade somente se realiza com plenitude se é garantido o direito à diferença. Conclusão diversa também não se mostra consentânea com um ordenamento constitucional que prevê o princípio do livre planejamento familiar.[29]

Não parece existir dúvida de que a mesma noção de autorresponsabilidade e autodeterminação que se aplica aos adotantes deve ser aplicada aos candidatos à esterilização voluntária, sob pena de uma discriminação que desconsidera os direitos à vida privada e familiar, à intimidade, à isonomia, à liberdade e à dignidade humana.

---

26. *Schloendorff v. Society of New York Hospital*, 211 N.Y. 125, 105 N.E. 92 (1914). Disponível em: Schloendorff v. New York Hospital, 211 N.Y. 125 | Casetext Search + Citator. Acesso em: 15 dez. 2021.
27. ONU. Reproductive Rights are Human Rights: A Handbook for National Human Rights Institutions, p. 106. Disponível em: http://www.ohchr.org/Documents/Publications/NHRIHandbook.pdf Acesso em: 15 dez. 2021.
28. Relatório da CIPD, cit., p. 42.
29. *Vide* STJ, 4ª Turma, REsp 1183378 / RS, Rel. Min. Luís Felipe Salomão, j. 25.10.2011.

A sujeição do acesso aos procedimentos de esterilização voluntária a determinada idade revela a ideia de que o indivíduo – mormente a mulher – potencialmente mudaria de ideia sobre a decisão. Todavia, trata-se de uma opção equivocada por parte do legislador brasileiro. Por um lado, pressupõe que a mulher (ou o homem), não poderia ter feito uma escolha consciente e esclarecida, por uma suposta falta de maturidade, o que causa alguma estupefação, já que aos 18 anos os brasileiros capazes estão habilitados ao exercício de todos os atos da vida civil. No caso específico das mulheres, assevera-se que a falta da decisão consciente e esclarecida estaria vinculada à falta de vivência do chamado do "relógio biológico".[30]

Todavia, tal juízo não parecer ter amparo científico. Nesse sentido, já há muitos anos, um estudo longitudinal com cerca de 8.000 mulheres jovens (entre 20 e 34 anos) que buscaram esterilização voluntária entre 1978 e 1988 (quando o peso social para o exercício da maternidade era ainda maior) evidenciou que no grupo de mulheres com idade entre 20 e 24 anos, 95,7% afirmaram não terem se arrependido da decisão. No grupo de mulheres com idade entre 30 e 34 anos a taxa de não arrependimento foi ainda maior, alcançando 97,6%.[31]

Como referido em publicação do Colégio Americano de Obstetras e Ginecologistas (ACOG), eventuais arrependimentos e insatisfações são usuais não em mulheres que se submeteram à esterilização pelo desejo de não exercer a maternidade ou de ter mais filhos, mas naquelas que se esterilizaram por desinformação, coerção por parte do médico, do marido, companheiro ou outro membro da família.[32]

Os indivíduos tomam decisões significativas, que possuem consequências permanentes e usualmente irreversíveis, das quais podem se arrepender futuramente, como, por exemplo, fazer tatuagens, ter filhos, submeter-se a uma cirurgia plástica ou bariátrica, doar um órgão ou mesmo casar (muito embora o divórcio já seja possível no Brasil após 1977, o indivíduo casado jamais retornará ao estado civil de solteiro, exceto na hipótese de anulação do casamento).

Ainda na perspectiva feminina, pode-se dizer que a opção do legislador brasileiro evidencia o conceito de que a maternidade é um padrão a ser seguido, na lógica bíblica do "frutificai e multiplicai-vos", presente em Gênesis 1:28, como se a função social da mulher ainda fosse, de modo exclusivo, a de gerar e criar filhos. Sem dúvidas, da mesma maneira de que o "fardo" social e psicológico da infertilidade não é partilhado de maneira igual entre homem e mulher, os obstáculos trazidos pela Lei de Planejamento Familiar pendem na balança para o lado da mulher, em uma

---

30. TAZKARGY, Ariel S. From Coercion to Coercion: Voluntary Sterilization Policies in the United States. *Law and Inequality: A Journal of Theory and Practice*, v. 32, n. 1, p. 135168, 2014.

31. WILCOX, Lynne S. et al. Risk factors for regret after tubal sterilization: 5 years of follow-up in a prospective study. *Fertility & Sterility*, v. 55, n. 5, p. 927-933, 1991.

32. THE AMERICAN COLLEGE OF OBSTETRICIANS AND GYNECOLOGISTS. Sterilization of Women: Ethical Issues and Considerations. Disponível em: https://www.acog.org/clinical/clinical-guidance/committee-opinion/articles/2017/04/sterilization-of-women-ethical-issues-and-considerations Acesso em: 06 jan. 2022.

lógica de maternidade quase compulsória, que termina restringindo a autonomia reprodutiva.[33]

Aliás, é curioso que se considera uma mulher com idade inferior a 25 anos imatura e incapaz de fazer uma escolha consciente de não ter filhos, mas não se considera uma mulher da mesma idade inexperiente e inapta para ter filhos, uma opção transformadora e um compromisso de vida exigente e igualmente permanente.

E nem se use o argumento de que as mulheres não se arrependem da maternidade, pois, ainda que o assunto seja um tabu, o arrependimento existe e não é incomum.[34] Não ter filhos, uma resolução que afeta apenas a vida da mulher, é considerada uma opção problemática em razão da idade, mas não a de ter filhos, sendo incomum, para não dizer virtualmente impossível, que alguém tente dissuadir uma mulher que não tenha 25 anos completos a aguardar mais tempo para exercer a maternidade.

É irrazoável e ilógico reputar um indivíduo apto ao exercício de todos os atos da vida civil, inclusive para adotar, assumindo o compromisso e a responsabilidade de cuidar de um infante, e não o considerar capacitado para exercer o seu direito à autodeterminação reprodutiva. Tal escolha legislativa é um paradoxo desproporcional e injustificável que afronta uma enorme amálgama de direitos fundamentais.

De igual maneira, a imposição de que o paciente tenha, pelo menos dois filhos vivos, caso ainda não tenha atingido os 25 anos termina por indiretamente edificar um "dever de procriação" e fixar um "número ideal" de descendentes, desconsiderando a autonomia privada das pessoas, como bem apontado na petição inicial da ADI 5911.[35]

Como afirmado pelo ACOG, é eticamente admissível a realização de esterilização em mulheres nulíparas, ainda que jovens, e que não desejam ter filhos. Nada obstante seja compreensível o receio do médico relativamente a um eventual arrependimento, deve-se evitar o paternalismo.[36]

Além do critério etário e da exigência de um determinado número de filhos para se poder ter acesso à esterilização voluntária no Brasil, a Lei de Planejamento Familiar impõe prazos e um desencorajamento da pessoa que busca a esterilização no momento do "aconselhamento" por equipe multidisciplinar.

Como mencionado alhures, a fixação de prazos e o esforço do legislador para desencorajar os candidatos à esterilização voluntária configuram uma imiscuição ilegítima no

---

33. Deve ser ressaltado que ainda que o papel e o *status* da mulher não devam ser definidos com base na sua capacidade reprodutiva, todavia, a realidade é que em algumas sociedades a condição feminina ainda é definida através da maternidade. Inclusive, em algumas situações, a infertilidade feminina ainda pode resultar em instabilidade conjugal, estigmatização, ostracismo ou mesmo motivar violência doméstica como indicam VAYENA, Effy et al. Foreword. In: VAYENA, Effy; ROWE, Patrick J.; GRIFFIN, P. David (Ed.). *Current Practices and Controversies in Assisted Reproduction.* Geneva: World Health Organization, 2002, p. xv.

34. Sobre o tema, sugere-se a leitura de DONATH, Orna. *Regretting Motherhood:* A Study. Berkley: North Atlantic Books, 2017.

35. PSB. "Petição Inicial da ADI 5911", cit.

36. THE American College of Obstetricians and Gynecologists. Sterilization of Women: Ethical Issues and Considerations, cit.

planejamento familiar. Ademais, as dilações temporais e o afinco normativo para fazer as pessoas mudarem de ideia configuram "uma espécie de aliciamento pró-natalidade, que pode ter como resultado maternidades/paternidades indesejadas, existentes tão--somente pela coação – explícita ou velada – por parte dos agentes públicos".[37] Trata-se de uma genuína tirania da reprodução.

4.2 Da exigência de anuência do cônjuge

De acordo com o § 5º, do art. 10 da Lei de Planejamento Familiar, na vigência de sociedade conjugal, a esterilização depende do consentimento expresso de ambos os cônjuges.

A família matrimonializada atual se afastou dos retratos familiares do passado, que não representavam um lócus privilegiado do amor e desenvolvimento da personalidade dos seus membros, sendo antes um lugar primacialmente destinado à reprodução e às alianças, mormente econômicas e políticas. A reprodução já deixou de ser *conditio sine qua non* para a legitimação de um casamento.

Foi-se o tempo em que ao marido era dado "o direito sobre o corpo da mulher", tornando-o um "usufrutuário, autorizado a servir-se dele, a explorá-lo, a fazê-lo dar fruto",[38] um "simples instrumento de reprodução".[39] O matrimônio não significa que os cônjuges passam a ter possuidores ou titulares do sistema reprodutivo uns dos outros. Os consortes não se podem impedir reciprocamente de utilizarem métodos contraceptivos temporários ou perenes. De igual maneira, um marido não pode obrigar que a mulher engravide, assim como uma esposa não pode exigir que o esposo a engravide. Com o casamento, o par não perde o direito de dispor dos seus corpos, tornando-se objetos um do outro.

Uma laqueadura ou uma vasectomia produzem uma transformação apenas no corpo da mulher ou do homem, razão pela qual apenas à pessoa que irá se submeter à cirurgia cabe a obrigação e a prerrogativa de prestar consentimento. Como afirmado por André Dias Pereira, "o consentimento é estritamente pessoal, a relação médico-paciente não envolve terceiros, nem mesmo o cônjuge".[40]

Certamente, o casamento implica em uma comunhão ou parceria de vida e o diálogo é importante, mas será sempre ao titular do direito a quem deve ser atribuída a decisão final de se submeter ou não à esterilização. Como indicado em publicação da Organização Mundial da Saúde, a opção pela esterilização pertence exclusivamente aos pacientes:

---

37. PEREIRA, Rodrigo da Cunha; DIAS, Maria Berenice; CHAVES, Marianna. Da (in)justiça do planejamento familiar, cit.
38. DUBY Georges *apud* LINS, Regina Navarro. *A cama na varanda*: arejando nossas ideias a respeito de amor e sexo: novas tendências. ed. rev. e ampl. Rio de Janeiro: BestSeller, 2007, p. 61.
39. ENGELS, Friedrich. *A origem da família, da propriedade e do Estado*. Trad. H. Chaves. 4. ed. Lisboa: Editorial Presença, 1891, p. 76.
40. PEREIRA, André Gonçalo Dias. *O consentimento informado na relação médico-paciente* – Estudo de Direito Civil. Coimbra: Coimbra Editora, 2004, p. 213.

> Um homem ou uma mulher poderá consultar o parceiro e outras pessoas quanto à decisão de submeter-se à esterilização e poderá levar em conta suas opiniões, mas a decisão não pode ser tomada no lugar deles por um parceiro ou outra pessoa da família, por um profissional de saúde, uma liderança da comunidade ou qualquer outro indivíduo. Os profissionais de planejamento familiar têm o dever de certificar-se de que a decisão a favor ou contra a esterilização seja tomada pelo ou pela cliente e que não sido pressionada ou forçada por ninguém.[41]

Não estando em causa uma falta de capacidade, as decisões em tal âmbito devem ser consideradas personalíssimas e os direitos à intimidade, à privacidade e à autonomia reprodutiva se impõem mesmo faze aos cônjuges. Ainda de acordo com André Dias Pereira, "o exercício do direito à autodeterminação nos cuidados de saúde e da livre disposição da integridade física deve ser regido pelo princípio da autonomia".[42]

Portanto, o direito à intimidade, à liberdade, à privacidade e à dignidade da pessoa humana, como não poderia deixar de ser, impõem-se mesmo face aos cônjuges ou quaisquer outros membros da família, sendo a exigência de anuência do consorte um "retrocesso social", como afirmado em julgado do Tribunal de Justiça de Minas Gerais:

> Apelação cível – Obrigação de fazer – Esterilização voluntária – Laqueadura de trompas – Requisitos da Lei 9.263, de 1996 – Direito da mulher – Consentimento do cônjuge – Retrocesso social – Direitos individuais – Dignidade da pessoa humana – Planejamento familiar – Direito de liberdade – Interesse familiar e social – Art. 1º, inciso III, art. 5º, *caput* e incisos I, X, da Constituição da República – Art. 1.567 e parágrafo único do Código Civil de 2002 – Ponderação de princípios – apelação à qual se dá provimento. 1. A esterilização voluntária regulamentada pela lei 9.263, de 1996 é um direito social conquistado pela mulher e que deve ser garantido pelo Estado como corolário do planejamento familiar. 2. A exigência do consentimento do cônjuge para a esterilização voluntária constitui ofensa à dignidade da pessoa humana, da liberdade individual, bem como do planejamento familiar, revelando-se retrocesso social da proteção conferida pela Constituição da República. (TJMG, 2ª Câmara Cível, AC. 10647130082793002 MG, Rel. Des. Marcelo Rodrigues, j. 23.06.2015).

Outrossim, é de se notar que no âmbito da Lei Maria da Penha, será considerada violência sexual qualquer conduta que impeça a mulher de usar métodos contraceptivos, a force à gravidez ou que limite ou anule o exercício dos seus direitos sexuais e reprodutivos, como dispõe o art. 7.º, inciso III. Diante de tal dispositivo, o consentimento do cônjuge se tornou irrelevante, já que a negativa configuraria, sem qualquer dúvida, uma espécie de violência sexual, pois impediria a mulher do recurso a um método de controle de natalidade.

5. CONSIDERAÇÕES FINAIS

Um dos principais componentes dos direitos reprodutivos é o direito à escolha consciente e esclarecida de perpetuação (ou não) da linhagem familiar que, em seu sentido negativo, pode ser exercido sob a forma de contracepção, na qual se inclui a esterilização voluntária, uma forma de controle de natalidade destinada a ser perma-

---

41. OMS. *Planejamento Familiar*, cit.
42. PEREIRA, André Gonçalo Dias. *O consentimento informado na relação médico-paciente*, cit., p. 205.

nente. Assim, é de clareza meridiana que a esterilização voluntária é uma das formas de materialização do planejamento familiar e uma das rotas para o exercício da autonomia reprodutiva das pessoas.

Considerando-se a autonomia privada na seara dos direitos reprodutivos, é de se entender que todo indivíduo com capacidade civil deve ter o direito de dispor dentro dos limites estabelecidos em lei do seu próprio corpo, fazer escolhas de vida relativamente a construir (ou não) uma família ou ter (ou não) descendência. E caso decida ter filhos, cabe ao titular dos direitos fundamentais em causa resolver quando deseja se tornar mãe ou pai, qual a forma para alcançar o exercício da parentalidade (naturalmente, por reprodução assistida ou adoção) e qual o tamanho da prole que almeja ter.

Um dos primeiros pontos marcadamente inconstitucionais da Lei de Planejamento Familiar está no inciso I do art. 10. Como ressaltado ao longo do texto, inúmeras decisões de vida e de saúde das pessoas são permanentes e podem causar arrependimentos, como ser mãe ou pai (por reprodução natural, procriação medicamente assistida ou adoção), doar órgãos, submeter-se a certos procedimentos cirúrgicos eletivos, entre outras hipóteses.

No entanto, não se questiona a capacidade das pessoas, não se presume a sua incompetência à partida e nem existe por parte do Estado tentativas de dissuasão dos indivíduos, por mais que tais opções sejam radicais. No caso de atos médicos, exige-se apenas que a pessoa, maior e capaz, seja minuciosamente esclarecida e preste o seu consentimento informado para que possa se submeter a determinada intervenção.

Fazendo um paralelo com a adoção, afigura-se irrazoável e ilógico reputar um indivíduo apto ao exercício de todos os atos da vida civil, inclusive para adotar, assumindo o compromisso e a responsabilidade de cuidar de um infante, e não o considerar capacitado para exercer o seu direito à autodeterminação reprodutiva. Tal opção legislativa é um paradoxo desproporcional e injustificável que viola uma expressiva combinação de direitos fundamentais.

Comparando os direitos reprodutivos em sentido positivo e em sentido negativo (de forma definitiva), não há dúvidas de que os exercícios de ambos acarretam alterações significativas na vida das pessoas e podem ocasionar arrependimentos futuros. Todavia, não é o papel de terceiros e muito menos do Estado tentar dissuadir ou incitar que mulheres (ou homens) maiores e capazes tenham ou deixem de ter filhos.

Em ambos os casos, desde que haja capacidade legal, a escolha (e as respectivas consequências) cabe à ou ao titular dos direitos em causa. O único risco a ser considerado para uma negativa à esterilização voluntária de uma pessoa é uma eventual ameaça à saúde,[43] sendo uma apreciação de natureza objetiva e não um exercício de futurologia que suponha um potencial remorso futuro.

---

43. Como, por exemplo, o caso de mulheres com doença inflamatória pélvica, cervicite purulenta, clamídia, gonorreia, cânceres pélvicos, doença trofoblástica maligna, doença cardíaca devido a artérias bloqueadas, coágulos sanguíneos em veias profundas das pernas e dos pulmões, hepatite viral ativa, doença pulmonar, doença de

A autonomia dos pacientes é um princípio basilar da ética médica e a injustificável recusa da esterilização voluntária de um indivíduo, desde que não haja contraindicações médicas, deixa de reconhecer o seu direito à autodeterminação e a sua liberdade, desprezando a capacidade de fazer escolhas relevantes no que diz respeito ao seu corpo e saúde, ainda que possa se arrepender delas mais tarde.

O arrependimento, caso venha a existir, será uma responsabilidade a ser assumida com base na dignidade do risco e um fardo a ser carregado pela pessoa que se submeteu, voluntariamente e conscientemente, à esterilização, não pelo médico que executou o procedimento nem pelo Estado.

Assim, a toda e qualquer pessoa maior e capaz, deveria ser assegurado o direito de, em caráter definitivo, não ter filhos, inclusive às pessoas *chidless* ou *child-free*, ou seja, àquelas que ainda não possuem descendência e, de maneira consciente, optaram por não ter. Impor um determinado número de filhos como condição de acesso à esterilização voluntária significa, de alguma maneira, uma hierarquização de entidades familiares, perpetuando uma ideia de "família ideal".

A não parentalidade tem que deixar de ser um estigma e a parentalidade deve deixar de ser enxergada, mormente pela legislação, como um imperativo biológico que atribui maior dignidade às entidades familiares. Da mesma maneira que ninguém deve se sentir constrangido a explicar o porquê de querer ser mãe ou pai, nenhum indivíduo deve ser forçado, em nome de uma pressão social – e jurídica – pronatalista a justificar as suas opções existenciais privadas ou a formar uma família em moldes que não fazem parte do seu ideal pessoal.

As pessoas, com ou sem filhos, são consideradas a partir dos 18 anos como seres legalmente e socialmente autônomos. Assim, supõe-se que sejam maduras, racionais e independentes, plenamente capazes em sentido ético, jurídico e moral de tomar decisões existenciais significativas. E mais: são constitucionalmente livres para tomá-las, razão pela qual o inciso I do art. 10 da Lei de Planejamento Familiar é claramente inconstitucional.

O Estado constrange os cidadãos brasileiros a terem filhos ou a não poderem usufruir da sua vida sexual na totalidade. É de se notar que, caso o Estado fosse um familiar das mulheres impedidas de se esterilizarem, estaria cometendo violência sexual, nos termos da Lei Maria da Penha, ao impedir o acesso a todos os métodos contraceptivos existentes, nos quais se inclui a esterilização.

A mesma mácula de inconstitucionalidade que recai sobre o inciso I se aplica ao § 5º do art. 10. A autonomia, o direito ao consentimento informado e à confidencialidade são mandamentos éticos fundamentais dentro da Medicina e o direito ao consentimento

---

vesícula biliar com sintomas, anemia aguda por deficiência de ferro, infecção sistêmica, entre outras situações. Deve ser ressaltado que se trata de contraindicações de saúde que implicam retardamento da esterilização e não impedimento intransponível. No caso dos homens, indica-se como critérios para retardamento a existência de infecção sistêmica, filaríase ou elefantíase, doença sexualmente transmissível ativa, infecção dermatológica ou massa no escroto, entre outros. Nesse sentido, ver OMS. *Planejamento Familiar*, cit.

é pessoal e instransferível. Não deve competir qualquer pessoa que não seja o paciente o exercício dos seus direitos reprodutivos, neste caso materializado por meio da esterilização, a não ser que esteja em causa alguém impedido ou inabilitado temporária ou permanentemente para o exercício dos seus direitos. Certamente, não parece ser o caso uma pessoa que busca o procedimento de esterilização voluntária.

O poder de tomar decisões sobre a sexualidade, fertilidade e reprodução cabe a cada indivíduo, não sendo transferido ao cônjuge em razão do casamento. Submeter-se a uma esterilização voluntária é uma decisão personalíssima, que até pode ser discutida com o cônjuge, mas, sob nenhuma hipótese deve depender da autorização do mesmo

Pessoas maiores e capazes devem poder exercer a sua autonomia reprodutiva sem pressões sociais ou imposições jurídicas que se traduzem em ideias de boa vida e valores que não são os seus. Adultos com competência decisória devem poder usufruir livremente da sua sexualidade, do seu corpo e do direito à busca da felicidade, ainda que essa busca revele a assunção de riscos, sem que o preenchimento dos seus direitos reprodutivos esteja dependente de critérios descabidos impostos pelo Estado ou de consentimento de terceiros, como o cônjuge.

6. REFERÊNCIAS

ANDORNO, Roberto. 'Liberdade' e 'Dignidade' da Pessoa: Dois Paradigmas Opostos ou Complementares na Bioética? In: MARTINS-COSTA, Judith; MÖLLER, Letícia Ludwig (Org.). *Bioética e Responsabilidade*. Rio de Janeiro: Forense, 2009.

BARRETO, Ireneu Cabral. *A convenção europeia dos direitos do homem anotada*. 4. ed. Coimbra: Coimbra Editora/ Wolters Kluwer, 2010.

DEL SORDO, Sara et al. Legal and Ethical Implications of Voluntary Non-Therapeutic Sterilization as a Way of Realization of Human Reproductive Rights. *Vestnik of Saint Petersburg University Law*, v. 2019, n. 3, p. 557-565, 2019.

DONATH, Orna. *Regretting Motherhood*: A Study. Berkley: North Atlantic Books, 2017.

ENGELS, Friedrich. *A origem da família, da propriedade e do Estado*. Trad. H. Chaves. 4. ed. Lisboa: Editorial Presença, 1891.

FREITAS, Fernanda Grasselli; PINTO, Gerson. A regulamentação do procedimento de esterilização voluntária no Brasil e na Espanha. *Revista de Bioética y Derecho*, v. 47, p. 109-127, 2019.

HELLÍN, T. The physician-patient relationship: recent developments and changes. *Haemophilia*, v. 8, n. 3, p. 450-454, 2002.

HINTZ, Elizabeth A.; BROWN, Clinton L. Childfree by Choice: Stigma in Medical Consultations for Voluntary Sterilization. *Women's Reproductive Health*, v. 6, n. 1, p. 62-75, 2019.

LINS, Regina Navarro. *A cama na varanda*: arejando nossas ideias a respeito de amor e sexo: novas tendências. ed. rev. e ampl. Rio de Janeiro: BestSeller, 2007.

MCQUEEN, Paddy. A Defence of Voluntary Sterilisation. *Res Publica ^^*, v. 26, p. 237-255, 2020.

OMS. *Planejamento Familiar – Um Manual Global para Profissionais e Serviços de Saúde*. Disponível em: https://apps.who.int/iris/bitstream/handle/10665/44028/9780978856304_por.pdf;sequence=6 Acesso em: 07 jan. 2022.

ONU. Reproductive Rights are Human Rights: A Handbook for National Human Rights Institutions. Disponível em: http://www.ohchr.org/Documents/Publications/NHRIHandbook.pdf Acesso em: 15 dez. 2021.

ONU. *Texto Integral do Relatório da Conferência Internacional sobre População e Desenvolvimento*. Disponível em: inst_int.pdf (unfpa.org.br). Acesso em: 15 dez. 2021.

PEREIRA, André Gonçalo Dias. *O consentimento informado na relação médico-paciente* – Estudo de Direito Civil. Coimbra: Coimbra Editora, 2004.

SARMENTO, Daniel. *Direitos fundamentais e relações privadas*. Rio de Janeiro: Lumen Juris, 2006.

SCHIOCCHET, Taysa. Marcos normativos dos direitos sexuais: uma perspectiva emancipatória. In: BRAUNER, Maria Claudia Crespo (Org.). *Biodireito e Gênero*. Ijuí: Unijuí, 2007.

SCHLOENDORFF *v. Society of New York Hospital*, 211 N.Y. 125, 105 N.E. 92 (1914). Disponível em: Schloendorff v. New York Hospital, 211 N.Y. 125 | Casetext Search + Citator Acesso em: 15 dez. 2021.

SCHUCK, Peter H. Rethinking Informed Consent. *Yale Law Journal*, v. 103, n. 4, p. 899-960, 1994.

TAZKARGY, Ariel S. From Coercion to Coercion: Voluntary Sterilization Policies in the United States. *Law and Inequality: A Journal of Theory and Practice*, v. 32, n. 1, p. 135168, 2014.

TEIXEIRA, Ana Carolina Brochado. *Saúde, corpo e autonomia privada*. Rio de Janeiro: Renovar, 2010.

THE AMERICAN COLLEGE OF OBSTETRICIANS AND GYNECOLOGISTS. Sterilization of Women: Ethical Issues and Considerations. Disponível em: https://www.acog.org/clinical/clinical-guidance/committee-opinion/articles/2017/04/sterilization-of-women-ethical-issues-and-considerations Acesso em: 06 jan. 2022.

UNESCO. *Declaração Universal sobre a Bioética e Direitos Humanos*. Disponível em: http://unesdoc.unesco.org/images/0014/001461/146180por.pdf Acesso em: 05 jan. 2022.

VAYENA, Effy et al. Foreword. In: VAYENA, Effy; ROWE, Patrick J.; GRIFFIN, P. David (Ed.). *Current Practices and Controversies in Assisted Reproduction*. Geneva: World Health Organization, 2002.

WATSON, Katie. Reframing Regret. *JAMA*, v. 311, n. 1, p. 27-29, 2014.

WILCOX, Lynne S. et al. Risk factors for regret after tubal sterilization: 5 years of follow-up in a prospective study. *Fertility & Sterility*, v. 55, n. 5, p. 927-933, 1991.

A ESTERILIZAÇÃO COMPULSÓRIA COMO DESDOBRAMENTO DA COLONIALIDADE: RACISMO, EUGENIA E INGERÊNCIA ESTATAL

Amanda Muniz Oliveira

Advogada. Professora de Processo Penal no curso de Direito da Universidade Federal de Juiz de Fora. Doutora em Direito Política e Sociedade pela Universidade Federal de Santa Catarina – UFSC e Mestra em Teoria e História do Direito pela mesma Universidade. Coordenadora do Contra Legem: Núcleo de Estudos em Direito e Humanidades (CNPq/UFJF). Membro da Italian Society for Law and Literature, da Rede Brasileira de Direito e Literatura (RDL) e da Graphic Justice Research Alliance. Possui como temas de interesse: direito e arte (*cultural legal studies*) e crítica feminista do direito, com ênfase em justiça reprodutiva. E-mail: amanda.muniz@ufjf.br.

Elizabeth Mendonça Azevedo

Mestranda em Sociologia pela Universidade Federal do Rio Grande do Sul (UFRGS) e Bacharel em Direito pela Universidade Federal do Pampa (UNIPAMPA). Integrante do Grupo de Pesquisa Associativismo, Contestação e Engajamento (GPACE/UFRGS) e do Contra Legem – Núcleo de Estudos em Direito e Humanidades (UFJF). Possui como temas de interesse: justiça reprodutiva, movimentos sociais, interações socioestatais e conservadorismo. E-mail: azevedoecm@gmail.com.

Sumário: 1. Introdução – 2. Direitos reprodutivos: uma perspectiva decolonial – 3. Controle de natalidade no Brasil: a interferência dos Estados Unidos e a questão do racismo – 4. Eugenia e racismo no Brasil de 2018: o caso de Janaína Quirino – 5. Conclusão – 6. Referências.

1. INTRODUÇÃO

Brasil. Junho de 2018. Vários veículos de informações divulgam a notícia de que o Estado brasileiro, por meio do poder judiciário do estado de São Paulo, esterilizou uma mulher contra a sua vontade, por meio de uma sentença judicial. Juristas de todo o país apresentam as suas perspectivas sobre o tema: para alguns, ainda que em momento algum do processo a mulher tenha manifestado sua vontade de forma clara, os laudos e certidões anexados ao processo eram provas suficientes de que a mulher precisava ser submetida à cirurgia de esterilização; para outros, a atuação do Estado, representado na figura dos juízes e promotores do caso, fora absurda, já que decidiram intervir no corpo de uma mulher sem o seu consentimento.

Mais do que *insights* jurídicos sobre o legal e o ilegal, ou mesmo sobre o justo e o injusto, este caso nos permite afirmar (e alertar!) para o fato de que, apesar da independência do Brasil ter sido decretada em 1822, a colonialidade ainda vigora de forma plena nesta sociedade – incluindo aqui seus poderes legislativo, executivo e judiciário – bem como ideais eugenistas que vinculam controle populacional à ideia de progresso e desenvolvimento. Tais perspectivas, porém, aparecem de maneira camuflada em discursos liberais que supostamente defendem a plena liberdade individual na prática dos direitos reprodutivos.

Por colonialidade, entendemos aqui o processo de hierarquização sociocultural que se manteve presente nos países latinos mesmo após o fim da colonização política.[1] Ocorre que, mesmo após a independência formal dos países latinos, incluindo o Brasil, a Europa continuou exercendo um certo tipo de dominação, pautada na ideia de que apenas este continente possuía relevância cultural, científica e/ou social, o que a estabeleceu como centro hegemônico mundial. Por mais que formalmente o Brasil estivesse, portanto, independente de Portugal, eram os países europeus que ditavam o que os brasileiros deveriam vestir, pensar, ler, ouvir; em suma, o nacional era tido como irrelevante, atrasado, subdesenvolvido, enquanto o europeu era sinônimo de progresso e desenvolvimento. No século XX, os Estados Unidos passam a fazer parte desta gama de países hegemônicos constituindo o que alguns autores irão chamar de *Norte Global*.[2]

Assim, para demonstrar de que forma esta mentalidade colonial continua arraigada no Estado brasileiro, o presente artigo se divide em três partes. Primeiro, será necessário analisar o conceito de direitos reprodutivos a partir de uma ótica decolonial, o que significa compreender de que forma esta categoria de direitos foi pensada em âmbito internacional, majoritariamente pelos países do Norte Global, e quais as suas contradições e problemas para as mulheres de países do Sul Global, como o Brasil. Em seguida, iremos demonstrar que, apesar do Brasil aparentemente ter se preocupado em eliminar a interferência dos Estados Unidos em suas políticas contraceptivas, por meio de uma investigação realizada pelo parlamento deste país que constatou a esterilização em massa de mulheres brasileiras de baixa renda por influência norte-americana, o Brasil acabou incorporando de forma acrítica os discursos relativos à autonomia reprodutiva e à contracepção. Por fim, iremos analisar o caso de Janaína Quirino, mulher, brasileira, negra e pobre que foi esterilizada contra a sua vontade e com autorização do judiciário brasileiro, no intuito de demonstrar como esta perspectiva colonial está longe de ser extirpada do país.

2. DIREITOS REPRODUTIVOS: UMA PERSPECTIVA DECOLONIAL

No Brasil, a esterilização, regulamentada pela Lei. 9.263/1996, por meio da cirurgia de laqueadura é compreendida como um direito da pessoa que, por vontade própria, não deseja mais ter filhos. Trata-se, portanto, do efetivo exercício dos direitos reprodutivos, uma categoria de direitos amplamente discutida e cunhada em âmbito internacional, especialmente pelos países do Norte Global. Assim, por mais que estes direitos ofereçam

---

1. QUIJANO, Aníbal; WALLERSTEIN, Immanuel. Americanity as a concept, or the Americas in the modern world. *International social science journal*, v. 44, n. 4, p. 549-557, 1992.
2. MIGNOLO, Walter; LAVENDER, Caroline. *Introduction*: the global south and world dis/order. The Global South, v. 5, n. 1, p. 1, 2011.)

alguma autonomia às mulheres e pessoas que engravidam[3] em relação aos seus próprios corpos e às suas capacidades reprodutivas, é preciso compreendê-los a partir de uma perspectiva decolonial, no intuito de expor de que forma eles podem ser utilizados para perpetuar a colonialidade nos países do Sul Global.

Apesar da expressão *direitos reprodutivos* só ter ganhado notoriedade a partir de 1984,[4] seu conteúdo é muito mais antigo: 'a ideia de que as mulheres devem ser particularmente capazes de "decidir se, quando e como querem ter seus filhos" teve origem nos movimentos feministas de controle de natalidade que se desenvolveram principalmente entre os socialistas ingleses por volta de 1830'.[5] Dentro do movimento feminista, os direitos reprodutivos englobavam tanto a concepção de controle sobre o próprio corpo quanto o direito de se recusar o sexo e a própria gravidez, o que será abrangido pelo conceito de *autonomia reprodutiva*. Nesse sentido, diversas foram as tentativas de enquadrar os direitos reprodutivos como um direito humano pois, além dos movimentos feministas, o chamado movimento populacional também tinha interesse nesse reconhecimento em virtude das supostas consequências sociais e econômicas oriundas do crescimento desenfreado da população.

Um dos defensores mais conhecidos desta tese fora Thomas Malthus, para quem o desenvolvimento não passaria de uma ilusão, já que o crescimento populacional superaria os meios de subsistência.[6] O início do século XX, porém, foi marcado pela queda nas taxas de natalidade e mortalidade nos países então chamados de desenvolvidos, fenômeno chamado pelos demógrafos de *transição demográfica*:

> As primeiras abordagens da transição demográfica não viam contradição entre população e desenvolvimento, mas uma relação de influência mútua, já que o desenvolvimento induziria à redução das taxas de mortalidade e natalidade, e as mudanças na estrutura etária e o baixo crescimento populacional, decorrentes deste processo, ajudariam na decolagem do progresso econômico.[7]

De outro lado, o cenário nos países ditos subdesenvolvidos começou a ser problematizado no pós-guerra, uma vez que o equilíbrio do crescimento populacional nesses lugares ocorreu por fatores externos, como a importação de tecnologias e medidas sanitárias, e não internos. Em outras palavras, a estabilidade populacional não foi gerada e nem gerou uma mudança estrutural na sociedade. Como consequência, na segunda

---

3. Fazemos referência às pessoas que não se compreendem como mulheres e ainda assim podem engravidar, como é o caso de homens trans, pessoas não binárias e intersexo.
4. CORREA, Sonia; PETCHESKY, Rosalind. Direitos sexuais e reprodutivos: uma perspectiva feminista. *Physis*. v. 6, n. 1-2, p. 147-177, 1996.)
5. CORREA, Sonia; PETCHESKY, Rosalind. Direitos sexuais e reprodutivos: uma perspectiva feminista. *Physis*. v. 6, n. 1-2, p. 147-177, 1996.
6. CORREA, S.; ALVES J.E.D.; JANNUZZI, P.M. Direitos e saúde sexual e reprodutiva: marco teórico-conceitual e sistema de indicadores. In: CAVENAGHI S. (Coord.). *Indicadores municipais de saúde sexual e reprodutiva*. Rio de Janeiro: ABEP; 2006.
7. CORREA, S.; ALVES J.E.D.; JANNUZZI, P.M. Direitos e saúde sexual e reprodutiva: marco teórico-conceitual e sistema de indicadores. In: CAVENAGHI S. (Coord.). *Indicadores municipais de saúde sexual e reprodutiva*. Rio de Janeiro: ABEP; 2006, p. 30.

metade do século XX, estes países tendiam a apresentar elevadas taxas de crescimento demográfico.[8]

Observa-se, portanto, que foi nesse contexto de debates sobre o aumento do crescimento populacional e da emergência de um pensamento neomalthusiano, que a ideia de direitos reprodutivos começa a emergir. Por essa razão, os debates não estavam direcionados a busca pela autonomia reprodutiva, como desejado pelo movimento feminista, mas à efetivação de políticas de estabilização demográfica. As *Conferências Mundiais Sobre População* realizadas pela Organização das Nações Unidas (ONU) a partir dos anos 1950 (especialmente em Roma, 1954 e em Belgrado, 1965), tiveram como marco principal a polarização das posições defendidas pelos países desenvolvidos e pelos subdesenvolvidos:

> De um lado, os países capitalistas avançados (Primeiro Mundo) defendiam posições neomalthusianas, argumentando que o alto crescimento populacional poderia ser um entrave ao desenvolvimento econômico. Na Conferência de Belgrado, foi feita menção explícita a métodos contraceptivos como a pílula e o dispositivo intrauterino (DIU), e à esterilização masculina e ao aborto legalizado quando aceitos pela sociedade. Os países não alinhados do Terceiro Mundo dividiram-se entre as três visões existentes: controlismo, natalismo, ou a população concebida como elemento neutro para o desenvolvimento.[9]

Já na *Conferência Mundial sobre População*, ocorrida em 1974 em Bucareste, os países em desenvolvimento acusaram os países desenvolvidos de estarem assegurando sua primazia na ordem internacional por meio de controle do crescimento populacional, que estaria vinculado ao grau de desenvolvimento dos países.[10] De fato, a questão do controle populacional nunca irá desaparecer por completo; tem-se como exemplo a venda de contraceptivos capazes de provocar esterilidade para as mulheres do Sul Global, bem como 'o crescente mercado capitalista de contraceptivos, envolvendo agências especializadas da ONU, dos Estados Unidos da América e algumas ONGs de mulheres e feministas no Norte Global.'[11]

A *Conferência Mundial de População e Desenvolvimento* ocorrida em 1984, no México, reafirmou esse viés populacional ao estabelecer como obrigatório aos governos a disponibilização de programas de planejamento familiar aos seus cidadãos, visando a estabilização demográfica sob o argumento de que esta traria melhor qualidade de vida aos países do sul.[12]

---

8. CORREA, S.; ALVES J.E.D.; JANNUZZI, P.M. Direitos e saúde sexual e reprodutiva: marco teórico-conceitual e sistema de indicadores. In: CAVENAGHI S. (Coord.). *Indicadores municipais de saúde sexual e reprodutiva.* Rio de Janeiro: ABEP; 2006. p. 14-26.

9. CORREA, S.; ALVES J.E.D.; JANNUZZI, P.M. Direitos e saúde sexual e reprodutiva: marco teórico-conceitual e sistema de indicadores. In: CAVENAGHI S. (Coord.). *Indicadores municipais de saúde sexual e reprodutiva.* Rio de Janeiro: ABEP; 2006. p. 32.

10. FREEDMAN, Lynn P.; ISAACS, Stephen L. Human rights and reproductive choice. *Studies in family planning*, p. 18-30, 1993.

11. TELO, Florita Cuhanga António. Direitos reprodutivos e (des)colonização: Notas preliminares sobre a colonialidade dos direitos reprodutivos. Bahia: *Cadernos de Gênero e Diversidade*, v. 05, n. 04, p. 199-218, out.-dez, 2019. Disponível em: https://portalseer.ufba.br/index.php/cadgendiv/issue/view/1887/showToc. Acesso em: 09 fev. 2022.

12. CORREA, S.; ALVES J.E.D.; JANNUZZI, P.M. Direitos e saúde sexual e reprodutiva: marco teórico-conceitual e sistema de indicadores. In: CAVENAGHI S. (Coord.). *Indicadores municipais de saúde sexual e reprodutiva.* Rio de Janeiro: ABEP; 2006.

A preocupação com a autonomia reprodutiva das mulheres, só viria a ser formalizada em 1994, na *Conferência Internacional de População e Desenvolvimento* (CIPD), ocorrida no Cairo.[13] Todavia, é preciso aqui problematizar o significado desta autonomia reprodutiva, levando em consideração não apenas a perspectiva feminista, mas também a perspectiva decolonial, visto que o controle populacional dos países do sul é uma motivação constante para os países do Norte Global.

Em primeiro lugar é preciso destacar que na Conferência do Cairo, fora distribuído um documento no qual constava o nome de membros da *Planned Parenthood Internacional* (IPPF), que atuaram como delegados de países e membros de ONG's. Dentre os 3,500 delegados totais, 59 eram membros da IPPF, representando 53 países com poder de voto. Este dado ganha relevância ao compreendermos as origens da IPPF, uma organização fundada por Margaret Sanger, relacionada a políticas racistas e eugenistas nos Estados Unidos, e pelo demógrafo Hans Harmsen, relacionado ao eugenismo nazista.[14] Além de criar políticas de incentivo para que os casais alemães tivessem filhos, visando um aumento quantitativo da população alemã, Harmsen também se preocupava com o aumento qualitativo: era contrário à legitimação jurídica de filhos concebidos fora do casamento e acreditava que aqueles que pouco contribuíam com o país deveriam ser proibidos de procriar, chegando a defender uma intervenção compulsória do Estado neste sentido.[15]

A IPPF, fundada sob perspectivas eugenistas e plenamente atuante na Conferência do Cairo, possui parcerias com o United Nations Population Fund (UNFPA), com o World Bank, com o United Nations International Children's Emergency Fund (UNICEF), United Nations Development Programme (UNDP) e com a ONG Population Council,[16] o que demonstra como a questão do controle populacional, a partir de um viés eugenista caminha próxima à questão dos direitos reprodutivos.

Em segundo lugar, cumpre analisar de que forma o discurso de empoderamento feminino tornou-se um cavalo de Troia que carrega em si as ideologias de controle populacional.[17] O rascunho do documento final da conferência do Cairo confronta a questão dos direitos individuais e do bem coletivo, sugerindo que, se por um lado, as pessoas tem direito a decidir se, quando e quantos filhos desejarão ter, por outro, há um interesse coletivo, relacionado ao desenvolvimento, que também deve ser levado em consideração.[18] Em seguida, porém, é dito que o Estado deve auxiliar mas nunca

---

13. CORREA, S.; ALVES J.E.D.; JANNUZZI, P.M. Direitos e saúde sexual e reprodutiva: marco teórico-conceitual e sistema de indicadores. In: CAVENAGHI S. (Coord.). *Indicadores municipais de saúde sexual e reprodutiva*. Rio de Janeiro: ABEP; 2006.
14. GUILFOYLE, Jean M. The Agenda. Population Research Institute, v. 1, 1994.
15. SCHLEIERMACHER, Sabine. Racial hygiene and deliberate parenthood: two sides of demographer hans harmsen's population policy. *Issues in Reproductive and Genetic Engineering*, v. 3, p. 201-210, 1990.
16. TELO, Florita Cuhanga António. Direitos reprodutivos e (des)colonização: Notas preliminares sobre a colonialidade dos direitos reprodutivos. Bahia: *Cadernos de Gênero e Diversidade*, v. 05, n. 04, p. 199-218. out.-dez. 2019. Disponível em: https://portalseer.ufba.br/index.php/cadgendiv/issue/view/1887/showToc. Acesso em: 09 fev. 2022.
17. GUILFOYLE, Jean M. The Agenda. *Population Research Institute*, v. 1, 1994.
18. GRIMES, Seamus. The ideology of population control in the UN draft plan for Cairo. *Population Research and Policy Review*, v. 13, n. 3, p. 209-224, 1994.

coagir as famílias sobre a questão reprodutiva, o que soa quase como uma ironia se nos lembrarmos que a UNFPA e a IPPF, tiveram relação direta com a política de controle populacional na China.[19]

O documento também faz um uso excessivo da expressão *liberdade de escolha*, de forma que nos faz questionar que tipo de liberdade seria essa.[20] Quando mencionam a importância do planejamento familiar como política de preservação e respeito da vontade das mulheres em ter filhos, estariam os países participantes dispostos a respeitar a liberdade de escolha de mulheres do Sul Global que decidem ter cinco ou seis filhos? Quando mencionam a liberdade de uso de métodos anticoncepcionais, estariam estes países pensando em mulheres que optar por não utilizar nenhum método, seja por motivos religiosos, seja por motivos de saúde ou mesmo questões pessoais? Da forma como se apresenta o texto, evidencia-se que a única liberdade de escolha possível recai sobre qual seria a melhor forma de controlar sua reprodução, não visando uma autonomia reprodutiva, mas visando questões unicamente políticas e econômicas. Tal fato evidencia, portanto, como a ideologia de controle populacional ainda estava (ou está?) presente no cenário internacional:

> The draft is completely neo-Malthusian in its outlook, and like Malthus it frowns on the breeding behavior of poor people, who clearly cannot be trusted with their own reproduction. This mentality reflects an apparent fear on the part of the developed world that the burgeoning masses in poorer countries will destabilize the economies of the West in the future. The growth of the politics of racism in European countries reflects recent influxes from the rapidly growing countries south of the Mediterranean, and also the fact that the balance between the population of ageing white Europe and youthful black Africa is changing rapidly.[21]

Tal questão ganha ainda mais fundamento ao analisarmos um trecho do memorando *Worldwide Population Growth for US Security and Overseas Interests*, também conhecido como *National Security Study Memorandum 200, NSSM 200* ou *Relatório Kissinger*, elaborado pelo Conselho de Segurança Nacional dos EUA em 1974.[22] Nele, está presente a seguinte citação:

> Os EUA podem ajudar a minimizar as acusações de motivação imperialista por trás de seu apoio às atividades populacionais, afirmando repetidamente que tal apoio deriva de uma preocupação com: (a) o direito do casal de determinar livre e responsavelmente seu número e espaçamento entre filhos e filhos e ter informação, educação e meios para isso; e (b) o desenvolvimento social e econômico dos países pobres, nos quais o crescimento populacional é tanto uma causa quanto uma consequ-

---

19. GRIMES, Seamus. The ideology of population control in the UN draft plan for Cairo. *Population Research and Policy Review*, v. 13, n. 3, p. 209-224, 1994.
20. GRIMES, Seamus. The ideology of population control in the UN draft plan for Cairo. *Population Research and Policy Review*, v. 13, n. 3, p. 209-224, 1994.
21. GRIMES, Seamus. The ideology of population control in the UN draft plan for Cairo. *Population Research and Policy Review*, v. 13, n. 3, p. 209-224, 1994.
22. TELO, Florita Cuhanga António. Direitos reprodutivos e (des)colonização: Notas preliminares sobre a colonialidade dos direitos reprodutivos. Bahia: *Cadernos de Gênero e Diversidade*, v. 05, n. 04, p. 199-218. out.-dez. 2019. Disponível em: https://portalseer.ufba.br/index.php/cadgendiv/issue/view/1887/showToc. Acesso em: 09 fev. 2022.

ência da pobreza generalizada. Além disso, os EUA também devem tomar medidas para transmitir a mensagem de que o controle do crescimento da população mundial é do interesse mútuo dos países desenvolvidos e em desenvolvimento.[23]

Ou seja, existem elementos para se pensar que a discussão a respeito dos direitos reprodutivos em nível internacional não foi pautada a partir das demandas feministas, visando o respeito às liberdades individuais e a autonomia reprodutiva. A questão do controle populacional, da eugenia e do imperialismo permearam estes debates, o que demonstra mais uma esfera de ação da colonialidade dos países do norte em relação aos países do sul. Tal ponto é extremamente importante para compreender os reflexos destas práticas e destes discursos em um país latino americano como o Brasil e é disso que trataremos a seguir.

3. CONTROLE DE NATALIDADE NO BRASIL: A INTERFERÊNCIA DOS ESTADOS UNIDOS E A QUESTÃO DO RACISMO

Em 1º de abril de 1992, foi instaurada no Brasil um tipo de investigação denominado pela lei brasileira de *Comissão Parlamentar Mista de Inquérito* (CPMI),[24] a pedido da deputada negra Benedita da Silva, com o objetivo principal de se averiguar as razões para o aumento de cirurgias de esterilização via laqueadura em mulheres brasileiras, largamente realizadas principalmente entre as mulheres negras e periféricas. Ao final da investigação, restou comprovada a influência direta dos Estados Unidos, que por meio de clínicas e ONG's implementou uma política de esterilização em massa no país, como forma de proteger seus próprios interesses e recomendada a criação de uma lei para regulamentar o assunto, o que foi atendido. Todavia, antes de abordar a investigação em si e de suas consequências posteriores para as mulheres brasileiras, é preciso uma breve contextualização sobre os direitos reprodutivos no Brasil.

Desde o século XIX, a esterilização de mulheres por laqueadura tubária é utilizada como método contraceptivo no país, apesar da controvérsia existente dentro da comunidade médica. A ideia teria sido inserida no país pelo médico Abel Parente em 1893, mas teria sido contestada pela comunidade médica em virtude do risco de depopulação.[25] De fato, este método é apontado como a principal causa de decréscimo populacional no Brasil entre os anos 1960 e 1990, já que:

---

23. Traduzido do original em inglês: The U.S. can help to minimize charges of an imperialist motivation behind its support of population activities by repeatedly asserting that such support derives from a concern with: (a) the right of the individual couple to determine freely and responsibly their number and spacing of children and to have information, education, and means to do so; and (b) the fundamental social and economic development of poor countries in which rapid population growth is both a contributing cause and a consequence of widespread poverty. Furthermore, the U.S. should also take steps to convey the message that the control of world population growth is in the mutual interest of the developed and developing countries alike.

24. Trata-se de uma investigação conduzida por deputados e senadores sobre projetos de lei e temas que sejam de interesse nacional. Todavia, essa investigação não possui o poder de punir os envolvidos na denúncia; ao final, é redigido um relatório encaminhado ao Ministério Público para que tome as medidas cabíveis.

25. SILVA, Sabrina Cristina Queiroz. *Planejamento familiar ou esterilização em massa de mulheres negras?* o relatório da Comissão Parlamentar Mista de Inquérito (CPMI) de 1993. 2018.

Dados do IBGE de 1986 apontavam que 33% das mulheres casadas e em idade fértil (15 a 54 anos) foram esterilizadas, enquanto a porcentagem em países europeus não ultrapassava 7%. Mesmo em comparação com países considerados "subdesenvolvidos", a taxa de mulheres esterilizadas não excedia os 15%, o que reforça a gravidade dos números brasileiros.[26]

Percebe-se, desde já, a discrepância dos dados quando comparamos o número de mulheres laqueadas em um país do Sul Global (Brasil) com o de mulheres do Norte Global. Entretanto, além do viés decolonial que norteia o presente trabalho, não podemos nos esquecer das questões relativas à classe e à raça, especialmente quando tratamos de um país com um passado marcado pela escravização de pessoas negras, como é o caso do Brasil.

Assim, para entender como a questão racial está também relacionada à questão decolonial, é preciso compreender como ocorrem as tensões raciais no Brasil. O mito da democracia racial, difundido pelo sociólogo Gilberto Freyre nos anos 1930, prevaleceu no imaginário sobre este país, perpetuando a ideia de que brancos e negros coexistiram de forma harmônica sem grandes tensões.[27] Ao lado deste discurso hegemônico, entretanto, práticas de eugenia, visando o embranquecimento da população brasileira, estavam sendo implementadas com aval do Estado e do Direito. Um dos exemplos desse pensamento está presente no Decreto-Lei 7.967 de 1945:

Art. 2º Atender-se-á, na admissão dos imigrantes, à necessidade de preservar e desenvolver, na *composição étnica da população, as características mais convenientes da sua ascendência europeia*, assim como a defesa do trabalhador nacional (grifos nossos).

Observe-se que, conforme a referida lei, os imigrantes eram bem vindos ao Brasil desde que pudessem contribuir para uma melhoria da raça. Trata-se de um resquício da colonialidade, segundo a qual tudo o que provém do Norte Global é superior – inclusive as pessoas. Entretanto, como afirmado por Edna Roland[28] em seu depoimento durante a CPMI, por mais que os brasileiros possuam pele clara, aos olhos dos países hegemônicos pautados na ideologia eugenista, sempre serão considerados latinos, ou seja, cidadãos de segunda classe, uma população descartável.

Há, portando, pelo menos dois grandes pontos importantes sobre a investigação realizada pelo parlamento brasileiro em 1992: se em relação ao discurso internacional a colonialidade é internalizada a ponto de o próprio país incorporar ideias sobre controle populacional (como iremos demonstrar no tópico 3), no discurso nacional, este controle recai especificamente sobre aquelas mulheres que são colocadas a margem da sociedade brasileira: pobres e negras.

---

26. SILVA, Sabrina Cristina Queiroz. *Planejamento familiar ou esterilização em massa de mulheres negras?* o relatório da Comissão Parlamentar Mista de Inquérito (CPMI) de 1993. 2018. p. 4.
27. SILVA, Sabrina Cristina Queiroz. *Planejamento familiar ou esterilização em massa de mulheres negras?*: o relatório da Comissão Parlamentar Mista de Inquérito (CPMI) de 1993. 2018.
28. BRASIL. Congresso Nacional. *Exame da incidência da esterilização em massa de mulheres no Brasil*. Brasília: Comissão Parlamentar de Inquérito, 1993. Disponível em: http://www2.senado.leg.br/bdsf/bitstream/handle/id/85082/CPMIEsterilizacao.pdf?sequence=7. Acesso em: 09 fev. 2022.

No que se refere ao discurso internacional de controle populacional, com forte viés colonial, a investigação de 1992 aponta para as consequências drásticas para as mulheres brasileiras. A partir de 1965, organizações como a já mencionada IPPF, criada por Margaret Sanger e Hans Harmsen nos EUA, com claro viés eugenista, se instalam no país. A IPPF irá apoiar a criação da Sociedade de Bem-Estar Familiar no Brasil (BEMFAM), composta por obstetras da Universidade Federal do Rio de Janeiro (UFRJ) e que logo passa a adotar um discurso voltado à prática do planejamento familiar, contribuindo para a disseminação de uma cultura da esterilização via laqueadura no Brasil.[29]

Dentre as principais táticas utilizadas por instituições similares, estavam a oferta gratuita de laqueadura, sem uma explicação adequada sobre o caráter irreversível do procedimento (o que gerava altos índices de arrependimento por parte das mulheres operadas) e a realização da esterilização logo após o parto por meio de cesariana, contra a vontade das mulheres.[30] É o que relata a depoente Sônia Beltrão:

> (...) ao se submeter a uma cirurgia cesariana para dar à luz seu quarto filho, em curso do seu puerpério imediato, durante uma visita médica, realizada para orientação de estudantes e residentes, percebeu, pelos comentários de um dos médicos, que fora esterilizada durante o ato cirúrgico. Tendo ido verificar no prontuário médico a confirmação da ocorrência, soube que o mesmo tinha desaparecido do Hospital-Maternidade Praça XV.[31]

Neste hospital público, especializado em bebês prematuros e voltado ao atendimento da população de baixa-renda, aconteceram mais casos semelhantes, mas que infelizmente não foram formalmente apurados em razão da desistência de mulheres em levar o processo adiante.[32]

Cabe salientar que além da presença da IPPF, a investigação cita o também já mencionado *National Security Study Memorandum*, de 1974, no qual o Brasil é mencionado de forma direta como um país no qual os Estados Unidos deveriam interferir para assegurar o controle de natalidade;[33] a intenção seria 'garantir a manutenção do sistema de poder dos países desenvolvidos.'[34]

Neste sentido, após análise de diversos documentos e coleta de depoimentos variados, a investigação conclui que houve intervenção direta dos Estados Unidos na

---

29. BRASIL. Congresso Nacional. *Exame da incidência da esterilização em massa de mulheres no Brasil*. Brasília: Comissão Parlamentar de Inquérito, 1993. Disponível em: http://www2.senado.leg.br/bdsf/bitstream/handle/id/85082/CPMIEsterilizacao.pdf?sequence=7. Acesso em: 09 fev. 2022.

30. SILVA, Sabrina Cristina Queiroz. *Planejamento familiar ou esterilização em massa de mulheres negras?* o relatório da Comissão Parlamentar Mista de Inquérito (CPMI) de 1993. 2018.

31. BRASIL. Congresso Nacional. *Exame da incidência da esterilização em massa de mulheres no Brasil*. Brasília: Comissão Parlamentar de Inquérito, 1993, p.110. Disponível em: http://www2.senado.leg.br/bdsf/bitstream/handle/id/85082/CPMIEsterilizacao.pdf?sequence=7. Acesso em: 09 fev. 2022.

32. SILVA, Sabrina Cristina Queiroz. *Planejamento familiar ou esterilização em massa de mulheres negras?*: o relatório da Comissão Parlamentar Mista de Inquérito (CPMI) de 1993. 2018.

33. US, NSSM 200 (documento online) 1974, p. 10. Disponível em: https://pdf.usaid.gov/pdf_docs/Pcaab500.pdf. Acesso em: 09 fev. 2022.

34. BRASIL. Congresso Nacional. *Exame da incidência da esterilização em massa de mulheres no Brasil*. Brasília: Comissão Parlamentar de Inquérito, 1993, p.41. Disponível em: http://www2.senado.leg.br/bdsf/bitstream/handle/id/85082/CPMIEsterilizacao.pdf?sequence=7. Acesso em: 09 fev. 2022.

esterilização das mulheres brasileiras, 'por meio de instituições não governamentais que financiaram projetos de controle de natalidade através de investimentos milionários nas décadas de 70 e 80 em institutos e universidades':[35]

> [...] [está] confirmada a esterilização em massa de mulheres no Brasil [...]. O contexto em que as esterilizações são realizadas é bastante perverso: ausência de outras alternativas contraceptivas disponíveis e reversíveis e desinformação quanto aos riscos, sequelas e irreversibilidade da laqueadura.
>
> Em percentual significativo, as esterilizações são realizadas durante o curso de cesarianas, indicadas com o objetivo de se realizar, simultaneamente, a laqueadura tubária. Essa situação contribui para que o Brasil sustente internacionalmente o lastimável título de campeão da prática de cesarianas.
>
> É especialmente preocupante a alta taxa de arrependimento pós-laqueadura tubária (esterilização cirúrgica), o que comprova não estarem as mulheres dispondo de tempo nem informações suficientes para amadurecimento da decisão.[36]

Além disso, não podemos ignorar os indícios presentes na investigação de 1992 sobre as questões raciais. Apesar de concluírem pela existência de uma esterilização em massa realizada pelos Estados Unidos, a comissão negou uma maior incidência de esterilização em mulheres negras, fato denunciado pelo Movimento Negro. Todavia, uma pesquisa de 1995[37] corrobora o fato de que as mulheres negras foram mais atingidas que as brancas em relação a sua fertilidade. Entre 1940 e 1980, tanto a população negra quanto branca apresentaram uma redução, fato explicado pelo aumento da população que se entendia como parda, em razão da miscigenação. A população preta, porém, sofria com taxas mais altas de mortalidade e mais baixas de fecundidade, fato que se modifica a partir de 1965, quando as mulheres brancas passam a utilizar pílulas anticoncepcionais. Desta forma:

> os demógrafos previam que em 1990 a população branca continuaria perdendo seu peso relativo que a população preta permaneceria estável e que a população parda aumentaria mais ainda. [...] Esperavam inclusive que a população negra (pretos + pardos) no Brasil seria majoritária ultrapassando a população branca. Mas a PNAD (Pesquisa Nacional por Amostra de Domicílios) de 1990 não confirmou esta expectativa a população branca até cresceu um pouco.[38]

Entre os anos 1980 e 1990, a população negra decresceu, 'contrariando todas as tendências históricas',[39] o que é explicado pelo alto índice de esterilização de mulheres (629% do total de mulheres que utilizava algum método contraceptivo no ano de 1991) na região nordeste, cuja maioria da população é negra.[40] Sobre isso, comenta a deputada Benedita da Silva, que deu início à investigação de 1992:

---

35. SILVA, Sabrina Cristina Queiroz. *Planejamento familiar ou esterilização em massa de mulheres negras?* o relatório da Comissão Parlamentar Mista de Inquérito (CPMI) de 1993. 2018.
36. BRASIL. Congresso Nacional. Exame da incidência da esterilização em massa de mulheres no Brasil. Brasília: Comissão Parlamentar de Inquérito, 1993, p. 117. Disponível em: http://www2.senado.leg.br/bdsf/bitstream/handle/id/85082/CPMIEsterilizacao.pdf?sequence=7. Acesso em: 09 fev. 2022.
37. ROLAND, Edna. Direitos reprodutivos e racismo no Brasil. *Revista Estudos Feministas*, v. 3, n. 2, 1995.
38. ROLAND, Edna. Direitos reprodutivos e racismo no Brasil. *Revista Estudos Feministas*, v. 3, n. 2, 1995, p. 509.
39. ROLAND, Edna. Direitos reprodutivos e racismo no Brasil. *Revista Estudos Feministas*, v. 3, n. 2, 1995, p. 510.
40. ROLAND, Edna. Direitos reprodutivos e racismo no Brasil. *Revista Estudos Feministas*, v. 3, n. 2, 1995.

é sintomático constatar que o maior percentual de esterilizadas encontra-se exatamente nos Estados da[s] regiões que concentram os maiores índices de miséria e pobreza do nosso país, e onde a composição populacional aponta para uma maioria negra, como por exemplo o Nordeste e o Centro-Oeste. Por outro lado, em estados de maioria branca, como por exemplo o Rio Grande do Sul, o índice de mulheres esterilizadas fica abaixo da média nacional (Relatório 2, p. 10).

Durante a investigação, representantes do movimento negro também denunciaram diversas práticas racistas atreladas à ideia de direitos reprodutivos. Na cidade de Salvador, Bahia, estado com população majoritariamente negra, circulou durante os anos 1980 uma propaganda do Centro de Pesquisa e Assistência em Reprodução Humana (CEPARH), na qual fotos de mulheres e crianças negras eram apresentadas com a legenda 'defeito de fabricação'.[41]

No estado de São Paulo, em 1982, foi confeccionado pelo economista Benedito Pio da Silva, membro de um dos grupos de assessoria e participação do governador Paulo Maluf, o documento *O Censo de 1980 no Brasil e no Estado de São Paulo e suas curiosidades e preocupações*, no qual consta a seguinte frase:

A população branca corresponde a 55%, a parda a 38%, a negra a 6% e a amarela a 1%. De 1970 para 1980 a população branca reduziu-se de 61% para 55% e a parda aumentou de 29% para 38% [...]. Enquanto a população branca praticamente já se conscientizou da necessidade de controlar a natalidade, principalmente nas classes médias e altas, a negra e a parda elevaram seus índices de expansão em 10 anos, de 29 para 38%. Assim temos, 65 milhões de brancos, 45 milhões de pardos e um milhão de negros. A manter essa tendência no ano 2000 a população parda e negra será de ordem de 60%, portanto muito superior à branca, e eleitoralmente poderá mandar na política e dominar postos chaves. A não ser que façamos como em Washington, capital dos Estados Unidos, que devido ao fato da população negra ser da ordem de 63% não há eleições.

Percebe-se no documento um teor racista e também colonial: o aumento da população negra é visto como um perigo para a população branca (já que as políticas eram voltadas ao embranquecimento da população) e este fato deveria ser combatido, sob pena dos negros terem voz ativa na política do país. Por isso, caso isso acontecesse, seria necessário imitar um país do Norte Global (Estados Unidos) que preferiu extinguir as eleições do que aceitar que o povo negro tivesse força política.

Apesar de todos esses dados, a investigação parlamentar de 1992 concluiu que não havia provas de uma maior incidência de esterilização em mulheres negras. Uma das possíveis explicações para isso recai sobre o perfil de quem conduziu as investigações: dos 30 parlamentares, 13 eram mulheres; das 13 mulheres, apenas a deputada Benedita da Silva, que deu início ao trâmite, era negra.[42]

Assim, é possível argumentar que o racismo anda lado a lado da colonialidade, especialmente quando se fala em direitos reprodutivos no Brasil. Se por um lado o

---

41. DAMASCO, Mariana Santos; MAIO, Marcos Chor; MONTEIRO, Simone. Feminismo negro: raça, identidade e saúde reprodutiva no Brasil (1975-1993). *Revista Estudos Feministas*, v. 20, p. 133-151, 2012.
42. SILVA, Sabrina Cristina Queiroz. *Planejamento familiar ou esterilização em massa de mulheres negras* o relatório da Comissão Parlamentar Mista de Inquérito (CPMI) de 1993. 2018.

Estado brasileiro incorpora os discursos eugenistas do Norte Global em relação às mulheres latinas (população descartável a nível global), por outro lado as estruturas de raça e classe garantem que apenas algumas mulheres sofrerão estes efeitos na prática, qual seja, as mulheres negras e pobres (população descartável brasileira). Até então, trouxemos informações da década de 1990, posto que este período é um marco para a história dos direitos reprodutivos brasileiros; entretanto, iremos demonstrar que estes discursos continuam influenciando práticas de controle de natalidade, a partir de um caso ocorrido em 2018.

4. EUGENIA E RACISMO NO BRASIL DE 2018: O CASO DE JANAÍNA QUIRINO

Brasil. Junho de 2018. Vários veículos de informações divulgam a notícia de que o Estado brasileiro, por meio do poder judiciário do estado de São Paulo, esterilizou uma mulher contra a sua vontade, por meio de uma sentença judicial. Juristas de todo o país apresentam as suas perspectivas sobre o tema: para alguns, ainda que em momento algum do processo a mulher tenha manifestado sua vontade de forma clara, os laudos e certidões anexados ao processo eram provas suficientes de que a mulher precisava ser submetida à cirurgia de esterilização; para outros, a atuação do Estado, representado na figura dos juízes e promotores do caso, fora absurda, já que decidiram intervir no corpo de uma mulher sem o seu consentimento.

Cadastrado sob o número 1001521-57.2017.8.26.0360, o processo pode ser acessado publicamente por qualquer interessado por meio do site do Tribunal de Justiça de São Paulo[43] e uma leitura atenta de suas 195 páginas nos mostra a materialidade cruel dos discursos eugenistas proferidos pelo Norte Global, e incorporado pelas elites do Sul Global, na vida de Janaína Quirino: mulher, negra, pobre e brasileira (latina).

O processo, aberto pelo Ministério Público contra o município de Mococa, estado de São Paulo, e contra Janaína Quirino, inicia com a informação de que Janaína 'pessoa hipossuficiente [uma palavra bonita para pobre], apresenta grave quadro de dependência química, sendo usuária contumaz de álcool e outras substâncias entorpecentes'.[44] Conforme o Ministério Público, a mulher já teria sido internada à força em instituições públicas para tratar do vício e, apesar de ter recebido alta, se negava a seguir com os tratamentos. Na sequência, o órgão passa a descrever *a situação familiar* de Janaína, que já seria mãe de cinco crianças e não possuía condições de oferecer cuidados a elas; por isso:

> foi recomendada pelos equipamentos [sic] de saúde e de assistência social deste Município a realização de laqueadura tubária da requerida Janaína como método contraceptivo. [...] Janaína, em determinados momentos, manifesta vontade em realizar o procedimento de esterilização; noutros, demonstra desinteresse ao não aderir aos tratamentos e ao descumprir as mais simples orientações

---

43. Para conferir o processo, acesse o site http://www.tjsp.jus.br/ e informe o n. 1001521-57.2017.8.26.0360.
44. BRASIL. Tribunal de Justiça de São Paulo. Ação Civil Pública 1001521-57.2017.8.26.0360 – de Mococa. Ministério Público de São Paulo, Janaína Aparecida Quirino e outro. Juiz: Djalma Moreira Gomes Júnior. 31 de maio de 2017, p. 3.

dos equipamentos da rede protetiva. Diante de tal quadro fático, não há dúvidas de que somente a realização de laqueadura tubária na requerida será eficaz para salvaguardar a sua vida, a sua integridade física e a de eventuais rebentos que poderiam vir a nascer e ser colocados em sério risco pelo comportamento destrutivo da mãe.[45]

Nesta passagem percebe-se que a esterilização, ou seja, um método contraceptivo definitivo, é sugerido como a única solução de proteger a vida e a integridade de Janaína e seus filhos. Ou seja: não há uma preocupação com ela enquanto ser humano, mas apenas enquanto ser reprodutivo; se a única forma de a proteger é impedindo-a de se reproduzir, resta claro que Janaína não é vista como pessoa, mas como útero – e um útero indesejado, por ser pobre, dependente química e, provavelmente, também por ser negra – embora a cor de sua pele jamais seja mencionada, o que não afasta a incidência do racismo institucional a qual o judiciário brasileiro está sujeito. O Ministério Público prossegue:

De fato, a requerida, pessoa hipossuficiente, faz uso abusivo de drogas e já possui cinco filhos. Ao fazer uso contumaz de tais substâncias, levar uma vida desregrada, sem sequer possuir residência fixa e apresentar comportamento de risco, é maior a possibilidade de a requerida contrair doenças venéreas e ter nova gestação indesejada, aumentando a sua prole de forma irresponsável e não planejada. Assim, percebe-se que, em razão de sua condição, a requerida não demonstra discernimento para avaliar as consequências de uma gestação.[46]

Percebe-se o tom moralista e julgador com que tais palavras foram escritas. 'Vida desregrada, sem sequer possuir residência fixa', como se não possuir local fixo de residência fosse sempre uma escolha. E ainda que fosse, o Ministério Público desconhece as razões que a levaram a tal situação e parece com isso não se preocupar; o que importa é proferir o julgamento moral e tentar diminuir a credibilidade da acusada para que a causa seja ganha. E lembremos o crime de Janaína: ter um útero.

A passagem acima termina com um paradoxo curioso: segundo o Ministério Público, 'a requerida não demonstra discernimento para avaliar as consequências de uma gestação'. Em primeiro lugar, resta comprovado no processo[47] que Janaína utilizou anticoncepcional injetável por um tempo, que indica que ela possuía pleno discernimento sobre as consequências de uma gestação indesejável.

Em segundo lugar, ainda que fosse o caso, parece que a eventual falta de discernimento não seria um entrave para que o Estado, por meio do judiciário, executasse a esterilização – ou seja, o Ministério Público se sente capaz de decidir por ela, em relação

---

45. BRASIL. Tribunal de Justiça de São Paulo. Ação Civil Pública 1001521-57.2017.8.26.0360 – de Mococa. Ministério Público de São Paulo, Janaína Aparecida Quirino e outro. Juiz: Djalma Moreira Gomes Júnior. 31 de maio de 2017, p. 4.

46. BRASIL. Tribunal de Justiça de São Paulo. Ação Civil Pública 1001521-57.2017.8.26.0360 – de Mococa. Ministério Público de São Paulo, Janaína Aparecida Quirino e outro. Juiz: Djalma Moreira Gomes Júnior. 31 de maio de 2017, p. 4-5.

47. Brasil, 2017, BRASIL. Tribunal de Justiça de São Paulo. Ação Civil Pública 1001521-57.2017.8.26.0360 – de Mococa. Ministério Público de São Paulo, Janaína Aparecida Quirino e outro. Juiz: Djalma Moreira Gomes Júnior. 31 de maio de 2017, p. 15.

ao exercício dos seus próprios direitos reprodutivos e em relação à sua própria integridade corporal. Afinal de contas, como já debatido na seção 2.0, a única liberdade de escolha possível recai sobre qual seria a melhor forma de controlar sua reprodução, não visando autonomia reprodutiva, mas visando questões unicamente políticas e econômicas. E é exatamente este o pedido central do processo: 'Assim, não resta alternativa ao Ministério Público senão o ajuizamento da presente ação para compelir o Município de Mococa a realizar a laqueadura tubária em Janaína, bem como para submetê-la a tal procedimento *mesmo contra a sua vontade*[...] (emphasis added).'[48]

O próximo ato do processo é uma avaliação psicológica, determinada pelo juiz do caso, para avaliar se Janaína desejava ou não ser esterilizada. A própria avaliação inicia alertando o seu caráter não definitivo: 'Vale ressaltar, que o processo de avaliação considera as determinações históricas, sociais, econômicas e políticas das questões psicológicas, portanto, há de se considerar a sua natureza dinâmica, ou seja, não definitiva e não cristalizada.'[49]

Conforme este laudo de avaliação, Janaína manifesta interesse na cirurgia, mas alerta que acha o procedimento difícil e complicado, perdendo o interesse por ele em alguns momentos. Isso demonstra que existem grandes chances dela nem sequer saber ao certo o que significava a cirurgia e seus efeitos. Ainda segundo o laudo, nem ela nem o companheiro da época estavam utilizando métodos contraceptivos e o relacionamento dos dois era conturbado – ela chega a mencionar agressões. Apesar disso, saliente-se que é sobre ela quem recai a cobrança pelo uso de métodos anticoncepcionais; é ela quem está sendo processada e é ela quem irá ser esterilizada, embora seja biologicamente impossível que ela conceba um filho sozinha.

Sobre este ponto, cumpre ressaltar que o Ministério Público, durante todo o processo, julga, cobra e criminaliza a conduta de Janaína, seja por ser mulher (e negra), seja por ser pobre (o que significa, aos olhos deste, incapacidade para cuidar dos filhos), mas não há, em todo documento, uma palavra sobre os pais das crianças. Se a preocupação de fato era sobre os filhos e não sobre o controle reprodutivo eugenista ao corpo de Janaína, porque as figuras dos pais não são mencionadas? Não seriam eles, também, responsáveis por cuidar das crianças?

De qualquer forma, o laudo psicológico é favorável a esterilização como um 'direito reprodutivo.'[50] Aqui vemos mais uma vez que a autonomia reprodutiva recai sobre o direito de escolher como não se reproduzir, especialmente quando se trata de mulheres

---

48. BRASIL. Tribunal de Justiça de São Paulo. Ação Civil Pública 1001521-57.2017.8.26.0360 – de Mococa. Ministério Público de São Paulo, Janaína Aparecida Quirino e outro. Juiz: Djalma Moreira Gomes Júnior. 31 de maio de 2017, p. 6.

49. BRASIL. Tribunal de Justiça de São Paulo. Ação Civil Pública n. 1001521-57.2017.8.26.0360 – de Mococa. Ministério Público de São Paulo, Janaína Aparecida Quirino e outro. Juiz: Djalma Moreira Gomes Júnior. 31 de maio de 2017, p. 24.

50. BRASIL. Tribunal de Justiça de São Paulo. Ação Civil Pública 1001521-57.2017.8.26.0360 – de Mococa. Ministério Público de São Paulo, Janaína Aparecida Quirino e outro. Juiz: Djalma Moreira Gomes Júnior. 31 de maio de 2017, p. 17.

negras e pobres no Brasil. Em momento algum o laudo se preocupa com a existência ou não de informações suficientes para esta suposta *tomada de decisão*; ainda que Janaína ache o procedimento *complicado*, não há um interesse em descomplicá-lo para ela.

Ainda sobre a vontade de Janaína em submeter-se à cirurgia de esterilização, encontramos duas informações que não podem simplesmente ser ignoradas: 1) A mulher apresentava problemas de perda de memória, não se recordando de já ter conversado sobre o assunto;[51] 2) Apesar de em uma ocasião mostrar interesse na esterilização, os próprios agentes de saúde afirmaram que ela não possuía condições para dar seguimento ao procedimento.[52] Que tipo de autonomia reprodutiva poderia ser emanada de uma mulher neste estado?

Há ainda uma questão mais sutil, mas igualmente problemática. Por mais que o processo esteja cheio de laudos e certidões sobre o que Janaína Quirino disse ou deixou de dizer, estes documentos estão sempre assinados por pessoas com forte inclinação em realizar a cirurgia: os profissionais de saúde, o Ministério Público, o juiz... Mas onde está a voz de Janaína? Por que em nenhum momento ela é chamada a falar, diretamente, no processo? Não há uma coleta de seus depoimentos, que acreditamos, seriam mais fidedignos ao seu desejo e ao seu ponto de vista; não há sequer a representação de Janaína por meio de advogado, alguém que realmente estivesse no processo para defender os seus interesses. Nada. Janaína não tem voz; não tem fala. Mesmo sendo a ré, em nenhum momento lhe é oferecida chance de defesa ou contra argumentação. Mulheres negras e pobres não podem falar sobre seus próprios direitos reprodutivos nos processos brasileiros? Inclusive, em estágio adiantado do processo, uma promotora (mulher) solicita que seja dada a chance de Janaína apresentar alguma manifestação ou resposta no processo e é completamente ignorada.[53]

Há também motivos suficientes para entender que Janaína era uma mulher incapaz conforme a lei brasileira, seja em razão dos problemas de saúde apresentados nos laudos e certidões (esquecimentos), seja em relação ao uso frequente de entorpecentes, uma das causas de incapacidade para o direito brasileiro. Nestes casos, a pessoa não pode tomar decisões sem o auxílio de um curador, uma pessoa nomeada judicialmente para defender seus interesses. Inclusive a prefeitura da cidade de Mococa, que também é ré no processo, argumenta neste sentido e é ignorada.[54]

---

51. BRASIL. Tribunal de Justiça de São Paulo. Ação Civil Pública 1001521-57.2017.8.26.0360 – de Mococa. Ministério Público de São Paulo, Janaína Aparecida Quirino e outro. Juiz: Djalma Moreira Gomes Júnior. 31 de maio de 2017, p. 11.
52. BRASIL. Tribunal de Justiça de São Paulo. Ação Civil Pública 1001521-57.2017.8.26.0360 – de Mococa. Ministério Público de São Paulo, Janaína Aparecida Quirino e outro. Juiz: Djalma Moreira Gomes Júnior. 31 de maio de 2017, p. 12.
53. BRASIL. Tribunal de Justiça de São Paulo. Ação Civil Pública 1001521-57.2017.8.26.0360 – de Mococa. Ministério Público de São Paulo, Janaína Aparecida Quirino e outro. Juiz: Djalma Moreira Gomes Júnior. 31 de maio de 2017, p. 66.
54. BRASIL. Tribunal de Justiça de São Paulo. Ação Civil Pública 1001521-57.2017.8.26.0360 – de Mococa. Ministério Público de São Paulo, Janaína Aparecida Quirino e outro. Juiz: Djalma Moreira Gomes Júnior. 31 de maio de 2017, p. 81-82.

Assim, o juiz do caso entende que a esterilização deve ser feita e emite uma ordem para que o município da cidade faça o procedimento em até 30 dias. E apesar desta ordem judicial, Janaína simplesmente não aparece no hospital para realizar o procedimento. Neste sentido, indagamos: por que uma mulher que supostamente deseja realizar a cirurgia de esterilização (como atestado pelos laudos e certidões) se recusa a comparecer ao hospital para realizar o procedimento, de forma gratuita e por ordem judicial? A resposta aparece na manifestação do Ministério Público, ao saber que a mulher não havia comparecido para realizar a cirurgia:

> Ora, em se tratando de ação que visa à realização de cirurgia de esterilização compulsória, a resistência da requerida era esperada, motivo pelo qual foi pleiteado pelo Ministério Público e determinada liminarmente a realização de cirurgia de laqueadura, a qual deve ser feita mesmo contra a vontade da requerida. Caso contrário, nem seria necessário o ajuizamento de ação judicial.[55]

Este talvez seja o trecho mais importante e mais revelador de todo o processo. É aqui que o Ministério Público deixa claro que não está preocupado com a vida de Janaína, nem com o bem estar de suas crianças: seu objetivo, desde o início, era esterilizar a mulher, contra a sua vontade. 'Caso contrário, nem seria necessário o ajuizamento de ação judicial'. Há, portanto, um forte resquício do discurso colonial de controle de natalidade, incorporado pelo Brasil, mas ressignificado para atingir os corpos mais vulneráveis desta nação. Por que um promotor público se incomodaria de pedir a esterilização compulsória de uma mulher negra, pobre, usuária de entorpecentes e já mãe de seis filhos (ela dá à luz a uma criança no curso do processo), se não por considerar que pessoas como ela não deveriam se reproduzir?

Por mais que este discurso perpasse a ideia liberal de autonomia reprodutiva e de desenvolvimento, não existem comprovações de que o decréscimo populacional auxilia os países do Sul Global a aumentarem suas riquezas; não existe garantia de que esta autonomia reprodutiva é assegurada a mulheres que são colocadas à margem da sociedade, seja em razão de classe, gênero ou raça. Para que haja autonomia é necessário conhecimento e compreensão, coisas que não foram asseguradas à Janaína em nenhum momento ao longo do processo.

O desenrolar do processo é inacreditável. Apesar de todos os argumentos e de tudo o que foi pontuado sobre a esterilização forçada por meio do judiciário brasileiro, a sentença reforça a necessidade de se realizar a cirurgia, assim que for possível. Há recurso por parte da prefeitura de Mococa, também réu no processo, no qual argumenta-se que todo o procedimento é nulo já que o Ministério Público solicitou 'esterilização involuntária com nítido fim de controle demográfico' o que é proibido pela lei brasileira.

Porém, a documentação nos informa que em determinado momento Janaína fora presa (não há menção ao crime cometido) e que o Ministério Público exige o cum-

---

55. BRASIL. Tribunal de Justiça de São Paulo. Ação Civil Pública 1001521-57.2017.8.26.0360 – de Mococa. Ministério Público de São Paulo, Janaína Aparecida Quirino e outro. Juiz: Djalma Moreira Gomes Júnior. 31 de maio de 2017, p. 50.

primento da sentença (ou seja, a esterilização) durante o período de prisão.[56] E assim, antes do julgamento do recurso pelo Tribunal de São Paulo, Janaína Quirino, presa, é esterilizada contra a sua vontade.[57]

Pouco tempo depois, o recurso é julgado e o Tribunal entende, como já estava óbvio desde o início do caso, que o processo é marcado por lacunas e resistências por parte de Janaína. Ademais, salienta que a esterilização compulsória é proibida por lei e jamais deve ser realizada, sendo que a própria esterilização é um método extremo e que outros métodos contraceptivos devem ser testados e ofertados antes dele. Por fim, o Tribunal sinaliza que mesmo que houvesse concordância expressa por parte de Janaína, seria necessário averiguar se ela estava sóbria, com plenos poderes de discernimento em ação para que esta vontade tivesse alguma validade.[58]

Entretanto, de nada adiantou este recurso tardio cheio de argumentos bonitos. O discurso colonial de controle de natalidade e esterilização das populações descartáveis, que incluem mulheres pobres e negras, foi mais ágil e garantiu que Janaína Quirino tivesse seu corpo violado por um Estado colonial e eugenista, que se sente autorizado a dizer quem pode usufruir da autonomia reprodutiva plena e quem não pode. Se a colonização abandonou o país em 1822, a colonialidade ainda parece distante de deixá-lo.

5. CONCLUSÃO

Se a colonização política dos países do Sul Global é um fato passado, o mesmo não se pode dizer sobre a colonialidade. Os países do Norte Global ainda ditam as tendências do que é sinônimo de desenvolvimento, progresso e do que é direito. Desta forma, os direitos reprodutivos, frequentemente associados a pautas feministas, precisam ser analisados em detalhe, sob pena de oprimir ao invés de emancipar mulheres do mundo inteiro.

Desta forma, o presente artigo se propôs a analisar os direitos reprodutivos a partir de um viés decolonial. Em um primeiro momento, analisamos de que forma esta categoria de direitos fora pensada em âmbito internacional, com forte influência de países do Norte Global comprometidos com discursos eugenistas e racistas. Conclui-se que a pauta dos direitos reprodutivos é algo a ser tratado com cuidado e atenção, uma vez que o controle de natalidade e a ideia de que apenas determinados sujeitos podem se reproduzir são questões que andam próximas das demandas por autonomia reprodutiva.

Na sequência, demonstramos de que forma o discurso eugenista, o controle de natalidade e a própria colonialidade geraram efeitos materiais danosos para as mulheres

---

56. BRASIL. Tribunal de Justiça de São Paulo. Ação Civil Pública 1001521-57.2017.8.26.0360 – de Mococa. Ministério Público de São Paulo, Janaína Aparecida Quirino e outro. Juiz: Djalma Moreira Gomes Júnior. 31 de maio de 2017, p. 118.
57. BRASIL. Tribunal de Justiça de São Paulo. Ação Civil Pública 1001521-57.2017.8.26.0360 – de Mococa. Ministério Público de São Paulo, Janaína Aparecida Quirino e outro. Juiz: Djalma Moreira Gomes Júnior. 31 de maio de 2017, p. 145.
58. BRASIL. Tribunal de Justiça de São Paulo. Ação Civil Pública 1001521-57.2017.8.26.0360 – de Mococa. Ministério Público de São Paulo, Janaína Aparecida Quirino e outro. Juiz: Djalma Moreira Gomes Júnior. 31 de maio de 2017, p. 163-168.

brasileiras. Segundo investigação realizada pelo parlamento deste país, entre os anos de 1960 e 1990 ocorreu um fenômeno de esterilização em massa das mulheres brasileiras por influência direta dos Estados Unidos. Todavia, o Estado brasileiro, apesar de todos dados, recusou-se a reconhecer que as mulheres negras e pobres foram as mais afetadas por esta política que se aproxima a uma tentativa de genocídio, conforme denunciou o Movimento Negro à época.

Poderíamos pensar que estas questões são coisas do passado que já não ocorrem no Brasil do século XXI. Entretanto, a partir da análise do caso de Janaína Quirino, mulher, brasileira negra e pobre que foi esterilizada contra a sua vontade pelo Brasil, por meio do poder judiciário, percebemos que a colonialidade, assim como a ideologia eugenista e o racismo, estão longe de acabar.

Em 2022 a Lei de Planejamento Familiar sofreu uma importante alteração. Antes somente pessoas com 26 anos ou mais, ou com dois filhos vivos, podiam realizar o procedimento de esterilização; hoje esse dispositivo foi revogado, passando a prever que pessoas com 21 anos ou mais ou, pelo menos, com dois filhos vivos, podem realizar o procedimento. Além disso, a disposição que previa a necessidade de autorização do/da cônjuge para realizar a esterilização também foi revogada. Apesar dessa importante (e até certo ponto, tardia) mudança, ainda assim, perspectivas racistas e eugenistas ancoradas em uma seletividade contraceptiva permeiam essa alteração legislativa. A princípio a alteração foi realizada objetivando maior autonomia sexual e reprodutiva das pessoas com capacidade reprodutiva, mas, da análise dos fundamentamos presentes quando da tramitação da lei no parlamento brasileiro, revelam-se objetivos de controle populacional da população pobre e periférica, ônus que recai fundamentalmente sobre as mulheres.

Desta forma, entendemos haver uma linha muito tênue entre os discursos que permeiam a autonomia reprodutiva. Sem conhecimento e, principalmente, consentimento, autonomia e liberdade reprodutivas não passam de uma liberdade ilusória que pode ser permeada por interesses coloniais e colonialistas do corpo e da sexualidade, principalmente das mulheres e dissidentes de gênero.

6. REFERÊNCIAS

BRASIL. Congresso Nacional. Exame da incidência da esterilização em massa de mulheres no Brasil. Brasília: Comissão Parlamentar de Inquérito, 1993. Disponível em: http://www2.senado.leg.br/bdsf/bitstream/handle/id/85082/CPMIEsterilizacao.pdf?sequence=7. Acesso em: 09 fev. 2022.

CORREA, S.; ALVES J.E.D.; JANNUZZI, P.M. Direitos e saúde sexual e reprodutiva: marco teórico-conceitual e sistema de indicadores. In: Cavenaghi S, coordenador. *Indicadores municipais de saúde sexual e reprodutiva*. Rio de Janeiro: ABEP; 2006.

CORREA, Sonia; PETCHESKY, Rosalind. Direitos sexuais e reprodutivos: uma perspectiva feminista. *Physis*. v. 6, n. 1-2, p. 147-177, 1996.

DAMASCO, Mariana Santos; MAIO, Marcos Chor; MONTEIRO, Simone. Feminismo negro: raça, identidade e saúde reprodutiva no Brasil (1975-1993). *Revista Estudos Feministas*, v. 20, p. 133-151, 2012.

FREEDMAN, Lynn P.; ISAACS, Stephen L. Human rights and reproductive choice. *Studies in family planning*, p. 18-30, 1993.

GRIMES, Seamus. The ideology of population control in the UN draft plan for Cairo. *Population Research and Policy Review*, v. 13, n. 3, p. 209-224, 1994.

GUILFOYLE, Jean M. The Agenda. *Population Research Institute*, v. 1, 1994.

QUIJANO, Aníbal; WALLERSTEIN, Immanuel. Americanity as a concept, or the Americas in the modern world. *International social science journal*, v. 44, n. 4, p. 549-557, 1992.

ROLAND, Edna. Direitos reprodutivos e racismo no Brasil. *Revista Estudos Feministas*, v. 3, n. 2, 1995.

SCHLEIERMACHER, Sabine. Racial hygiene and deliberate parenthood: two sides of demographer hans harmsen's population policy. *Issues in Reproductive and Genetic Engineering*, v. 3, p. 201-210, 1990.

SILVA, Sabrina Cristina Queiroz. *Planejamento familiar ou esterilização em massa de mulheres negras?* o relatório da Comissão Parlamentar Mista de Inquérito (CPMI) de 1993. 2018.

TELO, Florita Cuhanga António. Direitos reprodutivos e (des)colonização: Notas preliminares sobre a colonialidade dos direitos reprodutivos. Bahia: *Cadernos de Gênero e*

Diversidade, v. 05, n. 04, p. 199-218, out.-dez. 2019. Disponível em: https://portalseer.ufba.br/index.php/cadgendiv/issue/view/1887/showToc. Acesso em: 09 fev. 2022.

US, NSSM 200 (documento online) 1974, p. 10. Disponível em: https://pdf.usaid.gov/pdf_docs/Pcaab500.pdf. Acesso em: 09 fev. 2022.

COBERTURA DA REPRODUÇÃO HUMANA ASSISTIDA NO ÂMBITO DA SAÚDE PÚBLICA: UMA ANÁLISE A PARTIR DOS JULGADOS PARA EFETIVAÇÃO DA TÉCNICA DE FERTILIZAÇÃO *IN VITRO* DO CENÁRIO BRASILEIRO

Jessica Hind Ribeiro Costa

Pós-Doutora em Desigualdades Globais e Justiça Social: Diálogos sul e norte pela UNB-FLACSO. Doutora e mestra em Direito das Relações Sociais e Novos Direitos pela Universidade Federal da Bahia. Professora. Advogada.

Sumário: 1. Introdução – 2. Notas introdutórias acerca da regulamentação da reprodução humana assistida no âmbito do SUS – 3. Judicialização da reprodução humana no Brasil a partir de uma análise jurisprudencial – 4. Metodologia – 5. Resultados e discussões – 6. Considerações finais – 7. Referências.

1. INTRODUÇÃO

A vida é o bem maior de um ser, é um valor, é um estado de existência. Cuidar desse bem, trabalhar para o seu cuidado, para a sua salvaguarda e para a sua continuidade implica mover-se em torno da preservação de sua saúde. Há de pensar que quaisquer que sejam as ações de cuidado com a saúde de um indivíduo não se faz dissociável do coletivo, posto que o acometimento de uma parte acaba se reverberando em um todo, especialmente no que tange às patologias.

Em se falando em patogênese, durante muito tempo, as práticas de saúde estiveram vinculadas às doenças, organizadas em torno da cura, do tratamento, da remediação de agravos, o que as subordinava consequentemente a um viés assistencialista do cuidado, restringindo as políticas de saúde a uma perspectiva dissociada da prevenção e do planejamento coletivo. Foi somente no final do século XX, que a percepção acerca da saúde e da vida passou a ser delineada às tímicas social e econômica, posto que os indicativos de saúde passaram a ser reconhecidos como coeficientes determinantes do desenvolvimento de um país.

Nesse sentido, a qualidade de vida da população – medida a partir da intersecção entre determinados bens, quais sejam: moradia, saneamento básico, alimentação, renda, educação, meio ambiente, trabalho, vigilância sanitária e farmacológica – está direta ou indiretamente ligada à promoção da saúde, à sua preservação e à sua proteção contra agravos. Para além desse conjunto de bens, a saúde também pode ser analisada por vieses intersecionais, como a reprodução humana e as prerrogativas jurídicas para a sua assistência, sobretudo no que tange aos direitos sexuais e reprodutivos.

A infertilidade e a esterilidade são temas recorrentes no que se refere ao debate acerca da reprodução assistida, especialmente em se tratando da fertilização *in vitro*. Assim, considerando as conjunturas que afetam a sistemática relativa à garantia do bem-estar individual e coletivo pelo viés da saúde reprodutiva, este artigo versa sobre a "Cobertura da reprodução humana assistida no âmbito da saúde pública: uma análise a partir dos julgados para efetivação da técnica de fertilização *in vitro* do cenário brasileiro". O principal objetivo desse estudo é cotejar os estudos e documentos jurisprudenciais acerca dos direitos sexuais e reprodutivos no cenário brasileiro, a fim de averiguar a cobertura da reprodução assistida na rede pública de saúde e a sua efetivação por meio das técnicas de fertilização *in vitro*.

Dessa maneira, este constructo organiza-se da seguinte maneira: seção introdutória, que faz uma breve contextualização acerca do campo de estudo desta pesquisa; a segunda seção – "Notas introdutórias acerca da regulamentação da reprodução humana assistida no âmbito do SUS" – aborda sobre o cenário da reprodução humana no contexto das políticas públicas de saúde, pontuando o percurso regulamentar desse sistema; a terceira seção – "Judicialização da reprodução humana no Brasil a partir de uma análise jurisprudencial" –, por sua vez, traz os julgados relativos às decisões jurisprudenciais acerca da problemática reprodutiva; na seção seguinte, são dispostos os resultados do levantamento documental e a discussão sobre esses dados; e por fim, são tecidas considerações finais.

2. NOTAS INTRODUTÓRIAS ACERCA DA REGULAMENTAÇÃO DA REPRODUÇÃO HUMANA ASSISTIDA NO ÂMBITO DO SUS

A saúde é definida pela Organização Mundial de Saúde (OMS) como a situação de perfeito bem-estar físico, mental e social. No entanto, essa definição não corresponde à realidade, apresentando-se como ultrapassada, posto que a noção de perfeição é inalcançável, e sua interpretação, subjetiva[1]. Nesse sentido, revela-se, de fato, inexequível assegurar esse conceito em uma perspectiva plena e abrangente, seja pela discricionariedade que cada sujeito atribui a suas dores e a suas angústias, seja pela ausência de recursos materiais para prover todas as demandas.

Pensar em saúde implica refletir sobre a dinâmica normativa da própria vida[2] – em sentido e valor conferidos a esta –, a qual é atravessada por inúmeros processos – de dependência, de autonomia, de normatividade, de continuidade, de finitude –, o que demanda mais que uma análise patogênica de corpos. Na perspectiva foucaultiana, essa dinâmica figura o chamado biopoder, as práticas de saúde constituem-se "[...] fragmentos de estratos históricos e políticos que exercem suas relações de força", que

---

1. SEGRE, M.; FERRAZ, F. C. O conceito de saúde. *Ponto de Vista, Rev. Saúde Pública*, v. 31, n. 5, p. 538-42, Out 1997. Disponível em: https://www.scielo.br/j/rsp/a/ztHNk9hRH3TJhh5fMgDFCFj/?lang=pt&format=pdf. Acesso em: 02 nov. 2021.
2. CANGUILHEM, G. *O normal e o patológico*. Rio de Janeiro: Forense Universitária, 1990.

regulam as práticas médicas, de modo que a noção de saúde se faça convergida em efeito, normalizando corpos e vivências.[3]

Para além da concepção da saúde como valor propulsivo atrelado à vida e sob um percurso ontológico,[4] enquanto premissa, à saúde, são ponderados recursos e necessidades que arrolam-se à economia, porquanto é "[...] fundamento que norteia a linha de pensamento de grande parte dos modelos econômicos e administrativos atuais. Sendo considerado um pressuposto de diversas teorias macro e microeconômicas que regem iniciativas administrativas".[5]

Nesse sentido, tanto no âmbito público quanto no privado, as limitações orçamentárias são pontos convergentes na finitude dos recursos que, muitas vezes, resultam na impossibilidade física de apropriação de determinado objeto ou serviço. Se elencadas realidades de evidente vulnerabilidade socioeconômica, como é o caso do Brasil e outros países subdesenvolvidos, as dificuldades e restrições são bem acirradas, condição que torna os dilemas de saúde recorrentes e persistentes.[6]

A Carta Magna brasileira prevê no art. 196 que "[...] a saúde é direito de todos e dever do Estado, garantido mediante políticas sociais e econômicas que visem à redução do risco de doença e de outros agravos e ao acesso universal e igualitário às ações e serviços para sua promoção, proteção e recuperação".[7] Deve essa ser regulamentada na forma da lei,[8] cabendo, pois, ao Poder Público, estabelecer as ações e os limites possíveis em sede de efetivação da saúde e em relação aos tratamentos disponíveis no âmbito privado.[9]

Para fins de promoção à saúde de forma equânime e descentralizada, o Brasil instituiu o Sistema Único de Saúde (SUS), o qual foi criado com base na solidariedade social, cujo objetivo primevo é assegurar a participação de todas as camadas da população brasileira, com equidade e garantia de direitos, respeitando os princípios da isonomia, da igualdade, da legalidade e da humanização.[10] Há de se salientar que esse sistema se constitui em uma das mais conquistas mais notáveis da "Constituição Cidadã", pois foi a partir da institucionalização e democratização dos serviços e das ações de saúde que

---

3. FOUCAULT, M. *O nascimento da clínica*. Rio de Janeiro: Forense Universitária, 1998.
4. ROZA, M. Uma relação entre conceito de saúde, normatividade e biopolítica. In: BAGRICHEVSKY, M.; ESTEVÃO, A. (Org.). *Saúde coletiva*: dialogando sobre interfaces temáticas. Ilhéus, Ba: Editus, 2015. p. 91-119.
5. SILVA, J. S.; SANTOS, J. D. Recursos escassos, necessidades ilimitadas? *Rev Bras Adm Pol*, v. 7, n. 1, p. 127-142, 2016. Disponível em: https://periodicos.ufba.br/index.php/rebap/article/view/15606. Acesso em: 2 nov. 2021. p. 127.
6. PAIM, J.; TRAVASSOS, C.; ALMEIDA, C.; BAHIA, L.; MACINKO, J. O sistema de saúde brasileiro: história, avanços e desafios. *Health in Brazil 1*, v. 377, p. 1778-97, maio, 2011. Disponível em: https://repositorio.ufba. br/ri/bitstream/ri/3028/1/Per%20int%202011.12.pdf. Acesso em: 03 nov. 2021.
7. BRASIL. Constituição (1988). Constituição da República Federativa do Brasil. Brasília, DF: Senado Federal: Centro Gráfico, 1988.
8. Ibidem.
9. Nesse sentido, a própria Constituição Federal de 1988 assevera no seu art. 197 que: "Art. 197. São de relevância pública as ações e serviços de saúde, cabendo ao Poder Público dispor, nos termos da lei, sobre sua regulamentação, fiscalização e controle, devendo sua execução ser feita diretamente ou através de terceiros e, também, por pessoa física ou jurídica de direito privado". (Ibidem).
10. CONSELHO NACIONAL DE SAÚDE. O SUS. Brasília-DF, 2021. Disponível em: https://conselho.saude.gov. br/web_sus20anos/sus.html. Acesso em: 03 nov. 2021.

a população brasileira passou a acessar uma política de atenção à saúde balizada pela qualidade de vida.[11]

Dentre os problemas de saúde que são identificados na população e que englobam o objeto temático deste estudo, merecem destaque a infertilidade e a esterilidade, cujas definições diferenciam-se da seguinte forma: a "[...] esterilidade é a incapacidade de se gerar um filho, já a infertilidade é o termo usado para pessoas que não conseguem levar uma gestação adiante".[12]

Ressalte-se que a Psicologia da Saúde traz a possiblidade de a infertilidade acarretar no indivíduo efeitos devastadores, podendo desestabilizar as relações desse com seu entorno social, o que pode ocasionar decréscimo à sua qualidade de vida, afetando de maneira direta o seu bem-estar.[13] Trata-se, pois, de problema de saúde pública que deve ser tratado como uma possível enfermidade para aqueles(as) que compreendem a impossibilidade ou a dificuldade de gerar filhos como uma problema que lhe acarreta consequências negativas na esfera individual.

Nesse sentido, é possível encontrar na literatura médica a respectiva indicação da infertilidade enquanto doença a partir da atribuição de Código "N97 – Infertilidade feminina",[14] a qual pode decorrer de diversas causas que precisam ser analisadas e avaliadas no caso concreto. No entanto, mais importante do que analisar as causas dessa dificuldade reprodutiva, importa destacar as graves consequências (potenciais) desse diagnóstico. Nesse sentido:

> [...] a literatura psicanalítica tem buscado a compreensão do sentido da infertilidade e não sua causalidade. Assume que estaremos em terreno mais firme ao examinarmos as consequências da infertilidade e não as suas causas. Mesmo os psicanalistas que consideram o predomínio da infertilidade psicogênica concordam que o intenso estresse da infertilidade pode promover regressões para estágios anteriores do desenvolvimento psíquico. A infertilidade pode evocar poderosas e assustadoras fantasias, atingindo a personalidade como um todo".[15]

Assim, no Brasil, a questão da infertilidade foi reconhecida enquanto problema com implicações médicas e psicológicas, a qual foi tratada pelas Resoluções do Conselho Federal de Medicina – respectivamente CFM 2.121/2015, CFM 2.168/2017 e CFM

---

11. BRASIL. Ministério da Saúde. Secretaria Executiva. Sistema Único de Saúde (SUS): princípios e conquistas. Brasília-DF: Ministério da Saúde, 2000. Disponível em: https://bvsms.saude.gov.br/bvs/publicacoes/sus_principios.pdf. Acesso em: 02 nov. 2021.

12. FÉLIS, K. C.; ALMEIDA, R. J. Perspectiva de casais em relação à infertilidade e reprodução assistida: uma revisão sistemática. *Reprodução & Climatério*, v. 31, Issue 2, p. 105-111, 2016. Disponível em: https://doi.org/10.1016/j.recli.2016.01.004. Acesso em: 02 nov. 2021.

13. FARINATI, D. M.; RIGONI, M. S.; MÜLLER, M. C. Infertilidade: um novo campo da Psicologia da saúde. *Estudos de Psicologia*, Campinas, v. 23, n. 4, p. 433-439, 2006. Disponível em: https://www.scielo.br/j/estpsi/a/GPnYdjvDJdjpxF7nvRQ5C8t/?format=pdf&lang=pt. Acesso em: 4 nov. 2021.

14. RANZONI, R. M. *Direito reprodutivo e os beneficiários da procriação assistida*: uma análise legislativa e jurisprudencial. 2017. 147f. Dissertação (Mestrado em Direito) – Universidade de Lisboa, Lisboa, 2017. Disponível em: https://repositorio.ul.pt/bitstream/10451/37359/1/ulfd136441_tese.pdf. Acesso em: 04 nov. 2021.

15. CUNHA, M. C. V. et al. Infertilidade: associação com transtornos mentais comuns e a importância do apoio social. *Revista de Psiquiatria do Rio Grande do Sul*, v. 30, n. 3, p. 201-210, 2008. Disponível em: https://www.scielo.br/j/rprs/a/WbggvhpnBBKKtkvV9hZt74h/abstract/?lang=pt. Acesso em: 2 nov. 2021.

2.294/2021 – como um problema de saúde que ensejaria como possíveis respostas a ser efetivadas pela ciência, a autorização de emprego das técnicas de reprodução humana assistida.

A Reprodução Humana Assistida se caracteriza como um conjunto de tecnologias que intervêm em processos reprodutivos humanos, os quais podem incluir métodos mecânicos e genéticos baseados em evidências científicas e boas práticas médicas e laboratoriais, tendo como técnica de efetividade mais avançada. Dentre os métodos mais eficazes, está a fertilização *in vitro* (FIV), a qual decorre da exposição de óvulos (células reprodutivas femininas) fora do corpo da mulher e a sua fertilização pelo sêmen (material reprodutivo masculino) em uma placa que será manipulada em laboratório, fazendo surgir assim a expressão de que os frutos do uso da técnica seriam bebês de proveta.[16]

No âmbito da saúde pública, o Brasil regulamentou o emprego de técnicas de reprodução assistida de forma gratuita, a partir da publicação da Portaria 426/GM/MS de 22 de março de 2005 do Ministério da Saúde, a qual instituiu a Política Nacional de Atenção Integral em Reprodução Humana Assistida por meio do SUS, incluindo a fertilização *in vitro* como emprego de técnica de Alta Complexidade.[17] Já em dezembro de 2012, a Portaria 3.149, destinou o recurso financeiro no valor total de R$ 10.000.000,00 (dez milhões de reais) aos estabelecimentos de saúde que realizam procedimentos de atenção à Reprodução Humana Assistida, no âmbito do SUS, instituindo, ainda, alguns hospitais que inicialmente estariam obrigados a realizar a prestação do serviço, estando eles incluídos nas localidades de: Brasília, Belo Horizonte, Porto Alegre, São Paulo e Recife.

Ocorre que, apesar de ser decorrente do direito constitucional à saúde e de estar devidamente regulamentado e previsto para a efetivação pelo SUS, a realidade da prestação dos serviços é bem distante da garantia legal. Isso porque há uma séria de empecilhos e desafios que inviabilizam o acesso ao serviço, sejam decorrentes de limitações impostas pelos municípios, tais como idade e números de tentativa, sejam devido à alta demanda, o que acarreta longas filas de espera e a impossibilidade de acesso rápido e/ou efetivo ao uso da técnica.

Como resultado da impossibilidade de acesso aos recursos públicos e da garantia constitucional de acesso à justiça, uma parcela da população recorre ao Poder Judiciá-

---

16. CORRÊA, M. C. D. V.; LOYOLA, M. A. Tecnologias de reprodução assistida no Brasil: opções para ampliar o acesso. *Physis: Revista de Saúde Coletiva* [online], v. 25, n. 3, p. 753-777, 2015. Disponível em: https://www.scielo.br/j/physis/a/kBK3nzhbSQHF9Zp6H9RVnRD/?lang=pt. Acesso em: 04 nov. 2021.

17. Atenção Básica é a porta de entrada para a identificação do casal infértil e na qual devem ser realizados a anamnese, o exame clínico-ginecológico e um elenco de exames complementares de diagnósticos básicos, afastando-se patologias, fatores concomitantes e qualquer situação que interfira numa futura gestação e que ponham em risco a vida da mulher ou do feto; Média Complexidade: os serviços de referência de Média Complexidade estarão habilitados a atender aos casos encaminhados pela Atenção Básica, realizando acompanhamento psicossocial e os demais procedimentos do elenco deste nível de atenção, e aos quais é facultativa e desejável, a realização de todos os procedimentos diagnósticos e terapêuticos relativos à reprodução humana assistida, à exceção dos relacionados à fertilização in vitro; e, Alta Complexidade: os serviços de referência de Alta Complexidade estarão habilitados a atender aos casos encaminhados pela Média Complexidade, estando capacitados para realizar todos os procedimentos de Média Complexidade, bem como a fertilização *in vitro* e a inseminação artificial.

rio como forma de assegurar serviços e materiais da saúde (cirurgias, medicamentos e leitos de Unidades de Terapia Intensiva). Dessa forma, a partir de uma decisão judicial, busca-se obter algum recurso escasso ou que por algum motivo não teve acesso, o que pode colocar o demandante em uma situação de prioridade em detrimento dos outros usuários do serviço público, mas pode vir a acarretar uma desigualdade no acesso à justiça entre os grupos sociais, na medida em que privilegia um em detrimento do coletivo.[18]

Para a melhor compreensão da quantidade e do desfecho das demandas referentes ao acesso às técnicas de reprodução assistida, notadamente, a fertilização *in vitro*, por ser, como dito outrora, mais eficaz, propõe-se uma análise a partir da consulta de demandas nos estados do Brasil, a qual será explorada e analisada na seção seguinte.

3. JUDICIALIZAÇÃO DA REPRODUÇÃO HUMANA NO BRASIL A PARTIR DE UMA ANÁLISE JURISPRUDENCIAL

Levando em consideração que, no Brasil, parte significativa das unidades de saúde não dispõem de aparato necessário para a realização dos diagnósticos, dos insumos e dos materiais adequados para o uso da técnica, oferecer integralmente os tratamentos de infertilidade é um desafio e tanto. Além disso, muitas instalações físicas se mostram inapropriadas, as equipes profissionais não detêm capacitação suficiente aos procedimentos e atendimento de qualidade, a morosidade dos diagnósticos se faz recorrente; o que torna o sistema ineficaz e o trabalho pesaroso. São muitos os empecilhos que acabam inviabilizando o acesso aos serviços de reprodução humana assistida pelo SUS.[19]

Nesse sentido, a não priorização de políticas públicas, de informação e de regras legais para a implementação e a uniformização do direito ao planejamento familiar e à saúde reprodutiva pode ser justamente o mecanismo que legitima a negativa e ameniza a importância do acesso às técnicas de reprodução. Isso acaba acarretando uma acomodação social a respeito da possibilidade de usufruto de técnicas com esse objetivo de maneira gratuita, como a fertilização *in vitro*, restando relegadas aos que têm condição de desembolsar os altos valores para o procedimento em clínicas particulares, considerando que o número de clínicas que realizam o procedimento de maneira gratuita não chega a 5% do número de procedimentos iniciados no Brasil.[20]

> Contudo, atrás de uma aparente universalidade na elegibilidade de acesso, a não priorização das TRA no âmbito do SUS cria e mantém uma barreira ao acesso de ordem econômica: estão excluídos aqueles que não podem pagar por medicamentos, procedimentos e serviços de reprodução assistida.

---

18. GUALBERTO, J. M. S.; HOLANDA, M. Equidade, justiça e a judicialização da saúde. *Revista Brasileira De Bioética*, 14(edsup), 2019. Disponível em: https://periodicos.unb.br/index.php/rbb/article/view/26504. Acesso em: 02 nov. 2021.

19. ALFANO, B. *Reprodução assistida*: a organização da atenção às infertilidades e o acesso às técnicas reprodutivas em dois serviços público universitários no Estado do Rio de Janeiro. 2014. Dissertação (Doutorado em Saúde Coletiva) – Instituto de Medicina Social, Universidade do Estado do Rio de Janeiro, Rio de Janeiro, 2014.

20. SOUZA, M. C. B. Latin America and access to Assisted Reproductive Techniques: a Brazilian perspective. *JBRA Assisted Reproduction*. Rio de Janeiro, v. 18, n. 2, p. 47-51, 2014. Disponível em: https://www.jbra.com.br/media/html/JBRA1068.html. Acesso em: 2 nov. 2021.

Tendo em vista o valor social da reprodução humana, esta concentração da medicina reprodutiva no setor privado aprofunda desigualdades e agudiza vulnerabilidades de pessoas excluídas do acesso a essas tecnologias.[21]

Além das dificuldades de acesso ao serviço de saúde, levando-se em consideração a escassez de instituições que oferecem o serviço de forma gratuita, merece destaque também a implementação de requisitos locais, como idade da paciente e outras questões que são levantadas ao longo das decisões judiciais, as quais se referem muitas vezes a portarias e instruções normativas que não encontram guarida em normas de alcance nacional bem como na literatura médica, o que dificulta ainda mais o acesso e restringe ainda mais as possibilidades de atuação dos magistrados ao lidarem com as demandas.

Nesse sentido, há aqueles que conseguem superar a barreira do acesso à justiça no âmbito da saúde, que decorre basicamente de três âmbitos: "[...] a indefinição conceitual, o reducionismo biológico da biomedicina e a reificação dessas noções, que se expressam claramente no desenho das políticas públicas de saúde, das leis e jurisprudências relacionadas ao tema".[22]

Ultrapassados os obstáculos e compreendendo que a ineficiência legislativa autoriza o acesso ao Judiciário em busca de uma solução, parte da população busca a alternativa da demanda judicial como uma forma de obter, finalmente, a prestação do direito. O presente artigo pretende analisar, pois, quais as respostas mais comuns às lides interpostas com essa finalidade.

4. METODOLOGIA

Em se falando de metodologias e procedimentos, para fins de consulta das demandas judiciais relativas à efetivação de direitos reprodutivos no Brasil, este constructo se estruturou a partir de uma revisão de literatura e de uma revisão documental. No exame inicial, em vista de se compilar o estado arte, realizou-se uma pesquisa bibliográfica sobre o Sistema de Saúde Pública no Brasil, os desafios e as demandas relativas à saúde, à reprodução assistida e aos direitos sexuais e reprodutivos. A coleta de dados se materializou por meio da seleção de livros, teses e artigos constantes em bases de dados eletrônicas, como a Scientific Electronic Library Online (Scielo), a Medical Literature Analysis and Retrievel System Online (Medline), Literatura Latino-Americana e do Caribe em Ciências da Saúde (LILACS) e Google Acadêmico.

O investimento subsequente delineou-se por meio de um levantamento documental, objetivado pela seleção de documentos jurisprudenciais repositados nos *sites* de cada um dos respectivos Tribunais do 26 Estados do Brasil, bem como do Distrito

---

21. CORRÊA; LOYOLA, 2015, op. cit., p. 770.
22. VENTURA, M. et al. Judicialização da saúde, acesso à justiça e a efetividade do direito à saúde. *Physis*: Revista de Saúde Coletiva [online], v. 20, n. 1, p. 77-100, 2010. Disponível em: https://www.scielo.br/j/physis/a/35xXd-QXR9JrdvpPmtkktL9F/?lang=pt. Acesso em: 04 nov. 2021. p. 81.

Federal. O percurso da consultação às jurisprudências se deu a partir da determinação de critérios de busca, quais sejam:

1) Documentos que versassem sobre as palavras-chave "fertilização in vitro", "reprodução assistida" e "SUS", cujo recorte espaço-amostral se fez pelos estados cujas pesquisas iniciais trouxessem mais de 1.000 (mil) resultados;

2) Documentos que constassem no ícone "pesquisa de jurisprudência" dos *sites* do Tribunal de Justiça de cada Estado, cujo recorte temporal se delineou entre os anos 2017 e 2021;

3) Documentos que tivessem como parte o poder público – União, Estado ou Município – a fim de isolar as demandas relativas à efetivação da reprodução assistida no âmbito gratuito das que visavam assegurá-la pelos Planos de Saúde, bem como a discussão sobre a negativa cobertura contratual, embora não seja objeto da presente pesquisa;

4) para fins de uniformização, serão consultadas apenas as decisões de segundo grau de jurisdição e as decisões em sede de Turmas Recursais, considerando que poucos tribunais permitem a consulta das sentenças do tribunal a quo[23].

5. RESULTADOS E DISCUSSÕES

Uma vez aplicados os critérios estabelecidos na metodologia, esta seção se dedica à exposição dos resultados obtidos a partir da amostra ora delineada. Assim, apenas os estados da Bahia e de São Paulo apresentaram o quantitativo – 1.000 (mil) achados – estipulado como critério, como se pode conferir na planilha a seguir:

Estado	FIV	Estado	Repr Assist	Estado	Deferido	Indeferido
Acre	0	0	0	0	xx	xx
Alagoas	2	1	2	2	0	3
Amapá	0	0	1	0	xx	xx
Amazonas	0	0	0	0	xx	xx
Bahia	1645 (90)	1	588 (58)	1 *	1	1 *
São Paulo	1138 (69)	39	587 (45)	28 (1*)	7	61
Rio de Janeiro	0	0	44	13	8	5
Mato Grosso	7	1	0	0	0	1
Minas Gerias	91	3			0	3
Pará	0	0	0	0	xx	xx
Paraíba	1	0	4	0	xx	xx
Paraná	86	1	43	0	1	0
Mato Grosso do Sul	25	6	20	1	3	4

---

23. Tribunal *a quo* = instância inferior de onde provém o processo objeto do recurso ou o ato que se discute em outro juízo.

Estado	FIV	Estado	Repr Assist	Estado	Deferido	Indeferido
Pernambuco	49	0	9	0	xx	xx
Piauí	0	0	0	0	xx	xx
Rio Grande do Norte	8	0	4	0	xx	xx
Rio Grande do Sul	83	53				7	46
Rondônia	13	2				0	2
Roraima	0	0	0	0	xx	xx
Santa Catarina	18	0	31	0	xx	xx
Sergipe	2	0	2	0	xx	xx
Tocantins ***	0	0	0	0	xx	xx
Ceará	29	2	25	0	1	1
Distrito Federal	127	3	88	1	3	1
Espírito Santo	7	1	4	0	1	0
Goiás	12	1	7	2	0	3
Maranhão	3	1	1	0		0

Muitos processos resultaram de uma dupla localização a partir dos critérios de busca, aparecendo o termo "fertilização *in vitro*" e também como resultado da pesquisa pela expressão "reprodução assistida" que, nessas condições, foram desconsiderados para que não acarretassem uma alteração na veracidade/quantificação dos dados. Foram quantificados os processos que acarretaram o deferimento do pedido de uso de técnica de reprodução assistida e aqueles que foram indeferidos, seja pela análise da matéria, seja pela falha de algum pressuposto processual, como competência, litispendência e/ou ausência de requisitos que autorizem o deferimento do pedido liminar.

O resultado final dos processos consultados a partir dos dados disponíveis chegou a 160 demandas pleiteando o uso de técnicas de reprodução assistida ao poder público nos últimos 5 anos, decididas em sede de segundo grau e passíveis de localização pelos termos "fertilização *in vitro*" e "reprodução assistida" no âmbito dos sítios virtuais dos tribunais estaduais.

Foram deferidas 33 demandas, seja para manter ou alterar a sentença de impro-cedência do tribunal de piso, efetivando o uso da técnica de fertilização, concedendo medicamento, marcando consultas prévias ou qualquer outra forma de promover o resultado pleiteado. Esse número correspondeu a 20,6% das demandas analisadas.

Considerando a estimativa de que "[...] a infertilidade atinja de 10% a 20% dos casais em idade reprodutiva, independentemente de suas origens étnicas ou sociais"[24], percebe-se que o número de deferimento judicial em sede de judicialização à saúde em termos de comparação com a densidade populacional do país ainda é bastante pequeno.

---

24. PASQUALOTTO, F. F. Investigação e reprodução assistida no tratamento da infertilidade masculina. Rev. Bras. Ginecol. Obstet., v. 29, n. 2, p. 103-12, fev., 2007. Disponível em: https://www.scielo.br/j/rbgo/a/LM3yCVDd-vMWVRQG7spFSshc/?lang=pt&format=pdf. Acesso em: 04 nov. 2021. p. 103.

Isso demonstra que, além dos muitos entraves para o exercício do direito de demandar o Judiciário e ter acesso à informação referente ao seu estado de saúde, ainda existe uma segunda frustação dos que acessam esse sistema: o julgamento improcedente da lide, muitas vezes, cumulada com o pagamento de custas.

Dessa maneira, como forma de esclarecimento dos dados, convêm destacar algumas especificidades para a leitura da tabela: a informação "xx" nos campos Deferido e Indeferido se refere aos casos nos quais não foram localizados processos cuja parte fosse ente público, e por isso, não se aplica à referida informação.

No Estado da Bahia, o único processo que resultou da busca pelos termos "reprodução assistida" e "SUS" tinha como parte esse estado, mas decorria em verdade da prestação de assistência pelo Planserv (sistema de assistência à saúde, subsidiado, que o Estado coloca à disposição dos servidores), não sendo discussão que pode ser transposta para a população como um todo por mais se aproximar da cobertura contratual referente a um plano de saúde/assistência. O mesmo ocorreu com o Estado de São Paulo, tendo como parte a FUNSERV (Fundação da Seguridade Social dos Servidores Públicos de Sorocaba) (*).

No Mato Grosso do Sul, especificamente, as decisões de indeferimento foram justificadas no fato de que haveria a previsão de custeio das técnicas de reprodução assistida em Estado vizinho, em face disso, as demandantes tiveram seu pedido negado e o encaminhamento para buscar o serviço no local indicado[25](**).

A consulta de Jurisprudência do Tribunal de Justiça do Estado do Tocantins não gerou qualquer dado independente da palavra-chave utilizada para buscar o que faz presumir a instabilidade do recurso, o qual foi testado diversas vezes, em dias distintos, sem sucesso[26](***).

Por fim, os campos preenchidos na cor cinza resultaram em processos idênticos aos que foram consultados a partir da busca pelo termo "fertilização *in vitro*", pelo que, foram desconsiderados, sob pena de duplicidade de dados e majoração do resultado.

Da análise das principais justificativas e argumentações trazidas nos autos, verificou-se corroboração do estado da arte trabalhado em seção inicial, refletindo o dilema de destinação de recursos para uns em detrimento das políticas de efetivação de direitos em saúde no âmbito coletivo. Tal discussão encontra-se traduzida na contraposição entre a micro e a macrojustiça, na medida em que a microjustiça (traduzida em demandas individuais em tema de políticas públicas) resultam em impactos orçamentários violadores da isonomia. Assim, os recursos das referidas demandas dever-se-iam alocar na efetiva transformação de políticas individuais em políticas coletivas, inclusive, porque

---

25. É descabido o pedido de custeio pelo poder público de tratamento para reprodução assistida (fertilização in vitro) em hospital ou clínica particular do Estado, quando este oferece o procedimento em outro ente da Federação, arcando com as despesas (Recurso Inominado Cível 0810908-44.2017.8.12.0110 - Juizado Especial Central de Campo Grande. Segunda Turma Recursal. 6 de março de 2020).
26. O Tribunal de Justiça do Estado do Tocantins foi consultado via e-mail acerca da ferramenta, mas até a presente data, 03.11.2021, não houve resposta acerca do problema indicado.

tem-se demonstrando que as ações judiciais são movidas pela população relativamente abastada, muitos com acesso a bons advogados ou possuidores de melhor assistência judiciária pública e nos estados mais ricos da federação.[27] Isso fica evidente na presente pesquisa ao se constatar que Rio de Janeiro, São Paulo e Rio Grande do Sul despontam como os líderes em número de demandas.

A judicialização a saúde, em regra, representa esse dilema entre a efetivação de um direito no âmbito privado e o agravamento da impossibilidade de melhoria do serviço público a partir da teoria da reserva do possível,[28] a qual, muitas vezes, é utilizada como argumento para a negativa da concessão do direito.

Ressalta-se ainda que um argumento utilizado como negativa – completamente compreensível em termos de compatibilização entre o público e o privado – é aquele que compreende "[...] a presença da plausibilidade do direito alegado". No entanto, não se compreende que haveria motivo para que se autorizasse a "quebra da fila", entendendo, pois, que a disponibilização do tratamento deve passar pelo crivo e pelas regras administrativas impostas de forma coletiva[29].

No entanto, outro argumento aqui merece destaque e que coloca a discussão acerca da cobertura da Reprodução Humana Assistida no âmbito da saúde pública em outro patamar, qual seja: a argumentação trazida como fundamentação dos recursos analisados coloca a situação da infertilidade em uma outra posição, na medida em que não é reconhecida a condição de que se trata essa condição merecedora de tratamento. Ter filhos é visto, muitas vezes, não como um direito decorrente da previsão constitucional da saúde e do planejamento familiar, mas sim como mero "capricho" ou vaidade daqueles que buscam a efetivação do uso da técnica. Percebe-se tal argumento de forma bastante clara em:

A documentação médica juntada, apesar de evidenciar o diagnóstico da autora, bem como a necessidade do tratamento medicamentoso para realização da fertilização in vitro, não se verifica urgência do tratamento, especialmente considerando que o pleito não se destina à concretização do direito à saúde amparado na Constituição Federal, mas sim à satisfação pessoal de engravidar 2. Destaca-se que a não realização do tratamento, não causará nenhum prejuízo diretamente à saúde da autora e, portanto, não justifica a preterição de casos de maior urgência relacionados à saúde, diante da escassez de recursos públicos.[30]

---

27. BAHIA, S. J. C. Judicialização da política, mínimo existencial e dignidade da pessoa humana. *Revista do Tribunal Regional Federal da 1ª Região*, [S. l.], v. 31, n. 1, p. 145–153, 2019. Disponível em: https://revista.trf1.jus.br/trf1/article/view/33. Acesso em: 1 nov. 2021. p. 151.

28. A cláusula da reserva do possível remete ao "[...] limite ao poder do Estado de concretizar efetivamente direitos fundamentais a prestação", sendo esse acionado administrativa ou judicialmente a custear determinados direitos previstos na Constituição Federal de 1988, considerando suas reservas financeiras. Dessa maneira, o Estado só será responsabilizado por suas obrigações havendo dinheiro em caixa (SARLET, I. W.; TIMM, L. B. *Direitos Fundamentais*: orçamento e reserva do possível. Porto Alegre: Livraria do Advogado, 2010). p. 180.

29. SÃO PAULO. Tribunal de Justiça de São Paulo. Processo: AgRg no REsp 12707 /Campinas-SP. Agravo de instrumento 2197646-91.2017.8.26.0000. Relator(a): Ministro Mauro Iuji Fukumoto (1º Vara Fazenda Pública). Data do Julgamento: 14.03.2018. Data da publicação/Fonte: DJe 19.03.2018.

30. RIO GRANDE DO SUL. Superior Tribunal de Justiça do Rio Grande do Sul. Recurso Cível: 71009325507/RS. Relator (a): Roberto Behrensdorf Gomes da Silva. Data de Julgamento: 29/04/2020 (2ª Turma Recursal Cível).

Em decisão semelhante, coincidentemente também do Tribunal de Justiça do Rio Grande do Sul, existe uma interpretação limitante de que tal direito não poderia ser assegurando em razão de extrapolar o limite assegurado ao mínimo existencial em termos de saúde.[31] Ocorre que não existe uma menção expressa na lei que acarrete como consectário lógico a interpretação de que a saúde deveria ser assegura de forma mínima. Conforme já se mencionou aqui, não se pode assegurá-la de forma plena e ampla em virtude de limites orçamentários, mas isso não quer dizer que apenas o mínimo deve ser efetivado. Se assim fosse, não seria legítima a discussão acerca da possível obrigatoriedade do Estado brasileiro a arcar com remédio de alto custo que não conste na lista do Sistema Único de Saúde,[32] por exemplo.

A argumentação é corriqueiramente exposta no sentido de que a maternidade seria um sonho, um "defeito" quase que psicológico, não sendo passível de comparação com enfermidades que acarretam risco de vida. Há de se salientar que esse entendimento, além de introduzir o legítimo argumento da reserva orçamentária, evidentemente deslegitima a maternidade enquanto direito e a infertilidade enquanto enfermidade.

Merece também destaque a reforma na condenação de primeiro grau que determinava o custeio da fertilização *in vitro* pelo Estado, considerando como parte do argumento que, antes de "trazer alguém ao mundo", seria necessário aplacar a dor e a saúde dos já enfermos que clamam por saúde. O argumento de que "[...] Penso que, primeiro é necessário cuidar dos que aqui estão",[33] traz nas entrelinhas a ideia de que existe ali uma mulher, aspirante à condição de mãe, a qual pode enfrentar sérios problemas em decorrência dessa condição, mas que não merece ser cuidada, como se fosse uma aventura muito leviana e cara pleitear que se efetivasse o direito a uma política de fertilização prevista na norma.

Não foi objeto do presente trabalho analisar todas as decisões referentes ao procedimento de judicialização da saúde, que são muitos e variados, destacando-se a insegurança e até mesmo a legitimidade de decisão acerca dos problemas de saúde a partir do entendimento de um magistrado (sem formação específica para isso) que afasta a condição de enfermidade a partir do convencimento de que aquele problema não acarreta danos em saúde. Seria necessário também, em pesquisa oportuna, analisar se não existe aqui uma discussão que necessariamente compreende o gênero como fundamento

---

Data de Publicação: DJe 06.05.2020.

31. Assim, nada obstante esta ordem constitucional esteja inquestionavelmente imbuída dos valores do *welfare state* (Estado de bem-estar social), a filtragem da questão através dos princípios da razoabilidade e da proporcionalidade reclamam a oposição da reserva do possível, em ordem a aplacar pretensões como a dos autos, que evidentemente não se destina a salvaguardar o direito ao mínimo existencial (RIO GRANDE DO SUL. Superior Tribunal de Justiça do Rio Grande do Sul. Recurso Inominado: 71009415639 /RS. Relator (a): Mauro Caum Gonçalves. Data de Julgamento: 05.08.2020 (2ª Turma Recursal da Fazenda Pública). Data de Publicação: DJe 21.08.2020).

32. RIO GRANDE DO NORTE. Supremo Tribunal Federal do Rio Grande do Norte. RE 566471/RN. Relator (a): Ministro Marco Aurélio. Data de Julgamento: 15.11.2007. Data de Publicação: DJe-157: 07.12.2007.

33. MATO GROSSO. Tribunal de Justiça do Mato Grosso. AgRg. no AI no 1007558-28.2020.8.11.0000/MT. Relator(a): Des. Luiz Carlos da Costa. Data do Julgamento: 16.06.2020. Data de Publicação: DJe 28.08.2020.

oculto de decisão. Isso porque estão essas mulheres, muitas vezes, vulneráveis e passivas à decisão por aqueles que talvez não compreendam essa dificuldade. A pesquisa revelou que, no ano de 2018, eram 68,6% de homens brancos compondo os cargos de juízes no Poder Judiciário.[34]

Não se pretende com isso minimizar a dotação orçamentária, os limites de exercício do direito à saúde e os impactos que isso acarreta no erário do respectivo ente público; contudo se pretende apenas pontuar que a deslegitimação da causa, do sofrimento e da enfermidade pode ser considerado como uma forma de violência de gênero. Isso se mostra fundamental, pois as questões de gênero, usualmente, atravessam o Judiciário, sobretudo na forma como as mulheres são tratadas no âmbito do que aqui opta-se por chamar de "vulnerabilidade decisória".

Em linha consonante, o que se pretende é a efetivação de técnicas que já estão consolidadas na literatura médica e na previsão pública de acesso à saúde.[35] Em determinada demanda, por exemplo, a autora foi impedida de acessar o programa de efetivação de técnicas reprodutivas considerando a idade avançada, superior a trinta e cinco anos a quarenta anos – idade que representa uma diminuição hormonal significativa, mas que não é impeditiva de exercício do uso da técnica – e que são frequentemente implementadas como óbices para o ingresso nos respetivos sistemas. Nesse caso, a turma entendeu que negar o direito à tentativa fundada nesse argumento seria:

> [...] beneficiar-se da sua própria torpeza, ou seja, empreendeu demora excessiva e injustificada de fornecimento do tratamento a autora, negando-o, ao cabo, em razão da idade, desconsiderando o fato de que quando do requerimento administrativo a demandante adimplia com os critérios de inclusão. Ademais, nos termos do que bem frisado no decisum, a Resolução 2.121/2015 do Conselho Federal de Medicina, estabelece que as técnicas de reprodução assistida podem ser usadas em candidatas a gestação de até 50 anos de idade.

A ausência de previsão orçamentária e da reserva do possível são argumentos que não constituem óbice ao dever da administração de prestar assistência à saúde no caso concreto, podendo e até devendo ser utilizadas como fundamento de negativa no caso concreto. Ocorre que tais argumentos não podem ser utilizados para justificar gestões ineficientes que, constantemente, violam e dificultam o acesso a direitos já regulamentados, tais como o acesso aos métodos e às técnicas de (anti)concepção cientificamente aceitos.

O Estado brasileiro, regulamentando pauta constitucional, "[...] reconhece ser direito de todo cidadão o planejamento familiar (art. 1º, Lei 9.263/1996) devendo o Poder Público adotar as medidas necessárias para sua concretização mediante aplicação de po-

---

34. CONSELHO NACIONAL DE JUSTIÇA. Pesquisa sobre negros e negras no Poder Judiciário. Brasília: CNJ, 2021.
35. RIO GRANDE DO SUL. Superior Tribunal de Justiça do Rio Grande do Sul. Recurso Inominado: 71007898687/RS. Relatora: Dra. Maria Beatriz Londero Madeira. Data de Julgamento: 21.08.2018 (1ª Turma Recursal da Fazenda Pública). Data de Publicação: DJe 21.08.2018.

líticas públicas para a concretização de prerrogativas individuais e coletivas".[36] Enquanto isso não acontece, o ciclo de demandas, frustrações e discricionariedades continuará até que seja implementada nova norma ou até que sejam definidos os contornos de forma clara pelos tribunais superiores.

Isso faz com que as demandas individuais sejam, por vezes, o fio de esperança de efetivação de um direito que, na prática, tem-se implementado de forma morosa e desacompanhada de uma efetiva compreensão acerca da legitimidade de exercício de políticas destinadas aos problemas de infertilidade do sujeito (homens e mulheres). Essa condição carece de compreensão no que tange ao reconhecimento da dignidade do cidadão abarcado na sua esfera de saúde; não a saúde enquanto perfeição prevista pela OMS, mas como sendo "[...] um estado de razoável harmonia entre o sujeito e a sua própria realidade".[37]

Apesar de não ser o objetivo do trabalho abordar a temática a partir de uma análise bioética, destaca-se a corrente da Bioética Feminista[38] como sugestão de reflexão teórica para análise dos dados aqui contidos uma perspectiva de intervenção social como uma instância necessária para a reflexão bioética que leve em consideração questões de raça, gênero, escolaridade, limitações materiais e várias outras questões (interseccionais) que vulneram as pessoas envolvidas em dilemas de infertilidade, grande parte das quais sequer contempladas na análise jurisprudencial realizada pelo simples fato de não conseguirem sequer acesso aos meios necessários para o pleito, ou que por qualquer outro motivo optaram por não fazê-lo.

Assim, os números aqui representados não contemplam, representam ou evidenciam o problema em sua perspectiva mais abrangente, o que deve ser feito em momento futuro a partir de uma análise que leve em conta teóricos da Bioética, do Direito, da Saúde Coletiva, da Economia, das disciplinas humanas e sociais e de ouras contribuições certamente "bem-vindas" para compreensão mais ampla da questão referente a cobertura da Reprodução Humana Assistida no âmbito da saúde pública.

6. CONSIDERAÇÕES FINAIS

A partir de uma visitação à literatura recente, o presente artigo trouxe um estudo sobre a cobertura da reprodução assistida no âmbito da saúde pública, pontuando os paradigmas relativos à saúde no Brasil que delinearam as sistemáticas governamentais de seguridade em torno da vida. Da intersecção entre a acepção da saúde enquanto bem e valor nessa sociedade e o seu reconhecimento enquanto direito prevista na Constituição Federal de 1988, este estudo debruçou-se nos julgados relativos às técnicas de fertilização *in vitro* na esfera jurisprudencial.

---

36. CEARÁ. Tribunal de Justiça do Estado do Ceará. AgRg AI no 06315526220188060000/CE. Relatora: Rosilene Ferreira Facundo. Data do Julgamento: 02.09.2019 (3ª Câmara Direito Público). Data de Publicação: 09.09.2019.

37. SEGRE; FERRAZ, 1997, op. cit. p. 540.

38. DINIZ, Debora; GUILHEM, Dirce. Feminismo, bioética e vulnerabilidade. *Revista Estudos Feministas*, v. 8, n. 1, p. 237-244, Florianópolis, 2000. Disponível em: http://www.periodicos.ufsc.br/index.php/ref/article/view/9881/9107. Acesso em: 15 out. 2021.

Percebe-se que as demandas pela reprodução assistida transitam no campo das possibilidades socioeconômicas dos demandantes, pois, da inexistência de políticas públicas que garantam esse direito, recorre-se à esfera privada, ou seja, não dispondo de recursos, os vulneráveis ficam relegados ao esquecimento, à desinformação, ao indeferimento inconteste. Essa prerrogativa monetária se faz corroborada na concentração das demandas entre os estados mais abastados da nação, quais sejam: Rio de Janeiro, São Paulo e Rio Grande do Sul.

No tocante aos limites orçamentários, verificou-se o indeferimento quase que hegemônico, muito em face da restrição de recursos ou da compreensão da judicialização da saúde ainda como uma controvérsia entre a efetivação de um direito no âmbito privado em detrimento de prerrogativas abalizadas pela teoria da reserva do possível, sob o risco de se outorgar a impossibilidade de melhorias do serviço público. Entretanto, as demandas que são assentidas como individuais urgem por reconhecimento como coletivas, ascendendo discussões sobre a real constituição de critérios às políticas públicas.

Até que a saúde seja assentida como um estado de razoável harmonia entre o sujeito e a sua própria realidade, a medida do possível margeia a percepção de coletividade pela restrição de direitos individuais, cerceando a dignidade do indivíduo por julgamentos capitaneados por supremacias e legitimações da ordem das gerenificações. Da efetividade da cobertura pretendida, ainda há um caminho longo a se percorrer na esfera pública, o que implicar dizer que mais estudos precisam ser deflagrados.

7. REFERÊNCIAS

ALFANO, B. *Reprodução assistida*: a organização da atenção às infertilidades e o acesso às técnicas reprodutivas em dois serviços público universitários no Estado do Rio de Janeiro. 2014. Dissertação (Doutorado em Saúde Coletiva) – Instituto de Medicina Social, Universidade do Estado do Rio de Janeiro, Rio de Janeiro, 2014.

BAHIA, S. J. C. Judicialização da política, mínimo existencial e dignidade da pessoa humana. *Revista do Tribunal Regional Federal da 1ª Região*, [S. l.], v. 31, n. 1, p. 145–153, 2019. Disponível em: https://revista.trf1.jus.br/trf1/article/view/33. Acesso em: 1º nov. 2021.

BRASIL. Constituição (1988). Constituição da República Federativa do Brasil. Brasília, DF: Senado Federal: Centro Gráfico, 1988.

BRASIL. Ministério da Saúde. Secretaria Executiva. Sistema Único de Saúde (SUS): princípios e conquistas. Brasília-DF: Ministério da Saúde, 2000. Disponível em: https://bvsms.saude.gov.br/bvs/publicacoes/sus_principios.pdf. Acesso em: 02 nov. 2021.

CANGUILHEM, G. *O normal e o patológico*. Rio de Janeiro: Forense Universitária, 1990.

CEARÁ. Tribunal de Justiça do Estado do Ceará. AgRg AI no 06315526220188060000/CE. Relatora: Rosilene Ferreira Facundo. Data do Julgamento: 02.09.2019 (3ª Câmara Direito Público). Data de Publicação: 09.09.2019.

CONSELHO NACIONAL DE JUSTIÇA. Pesquisa sobre negros e negras no Poder Judiciário. Brasília: CNJ, 2021.

CONSELHO NACIONAL DE SAÚDE. O SUS. Brasília-DF, 2021. Disponível em: https://conselho.saude.gov.br/web_sus20anos/sus.html. Acesso em: 03 nov. 2021.

CORRÊA, M. C. D. V.; LOYOLA, M. A. Tecnologias de reprodução assistida no Brasil: opções para ampliar o acesso. *Physis: Revista de Saúde Coletiva* [online], v. 25, n. 3, p. 753-777, 2015. Disponível em: https://www.scielo.br/j/physis/a/kBK3nzhbSQHF9Zp6H9RVnRD/?lang=pt. Acesso em: 04 nov. 2021.

CUNHA, M. C. V. et al. Infertilidade: associação com transtornos mentais comuns e a importância do apoio social. *Revista de Psiquiatria do Rio Grande do Sul*, v. 30, n. 3, p. 201-210, 2008. Disponível em: https://www.scielo.br/j/rprs/a/WbggvhpnBBKKtkvV9hZt74h/abstract/?lang=pt. Acesso em: 2 nov. 2021

DINIZ, D; GUILHEM, D. Feminismo, bioética e vulnerabilidade. *Revista Estudos Feministas*, v. 8, n. 1, p. 237-244, Florianópolis, 2000. Disponível em: http://www.periodicos.ufsc.br/index.php/ref/article/view/9881/9107. Acesso em: 15 out. 2009.

FARINATI, D. M.; RIGONI, M. S.; MÜLLER, M. C. Infertilidade: um novo campo da Psicologia da saúde. *Estudos de Psicologia*, v. 23, n. 4, p. 433-439, Campinas, 2006. Disponível em: https://www.scielo.br/j/estpsi/a/GPnYdjvDJdjpxF7nvRQ5C8t/?format=pdf&lang=pt. Acesso em: 4 nov. 2021.

FÉLIS, K. C.; ALMEIDA, R. J. Perspectiva de casais em relação à infertilidade e reprodução assistida: uma revisão sistemática. *Reprodução & Climatério*, v. 31, Issue 2, p. 105-111, 2016. Disponível em: https://doi.org/10.1016/j.recli.2016.01.004. Acesso em: 02 nov. 2021.

FOUCAULT, M. *O nascimento da clínica*. Rio de Janeiro: Forense Universitária, 1998.

GUALBERTO, J. M. S.; HOLANDA, M. Equidade, justiça e a judicialização da saúde. *Revista Brasileira De Bioética*, 14(edsup), 2019. Disponível em: https://periodicos.unb.br/index.php/rbb/article/view/26504. Acesso em: 02 nov. 2021.

MATO GROSSO. Tribunal de Justiça do Mato Grosso. AgRg. no AI no 1007558-28.2020.8.11.0000/MT. Relator(a): Des. Luiz Carlos da Costa. Data do Julgamento: 16.06.2020. Data de Publicação: DJe 28.08.2020.

PAIM, J.; TRAVASSOS, C.; ALMEIDA, C.; BAHIA, L.; MACINKO, J. O sistema de saúde brasileiro: história, avanços e desafios. *Health in Brazil 1*, v. 377, p. 1778-97, maio, 2011. Disponível em: https://repositorio.ufba.br/ri/bitstream/ri/3028/1/Per%20int%202011.12.pdf. Acesso em: 03 nov. 2021.

PASQUALOTTO, F. F. Investigação e reprodução assistida no tratamento da infertilidade masculina. Rev. Bras. Ginecol. Obstet., v. 29, n. 2, p. 103-12, fev., 2007. Disponível em: https://www.scielo.br/j/rbgo/a/LM3yCVDdvMWVRQG7spFSshc/?lang=pt&format=pdf. Acesso em: 04 nov. 2021.

RANZONI, R. M. *Direito reprodutivo e os beneficiários da procriação assistida*: uma análise legislativa e jurisprudencial. 2017. 147f. Dissertação (Mestrado em Direito) – Universidade de Lisboa, Lisboa, 2017. Disponível em: https://repositorio.ul.pt/bitstream/10451/37359/1/ulfd136441_tese.pdf. Acesso em: 04 nov. 2021.

RIO GRANDE DO NORTE. Supremo Tribunal Federal do Rio Grande do Norte. RE 566471/RN. Relator(a): Ministro Marco Aurélio. Data de Julgamento: 15/11/2007. Data de Publicação: DJe-157: 07/12/2007.

RIO GRANDE DO SUL. Superior Tribunal de Justiça do Rio Grande do Sul. Recurso Cível: 71009325507 /RS. Relator (a): Roberto Behrensdorf Gomes da Silva. Data de Julgamento: 29.04.2020 (2ª Turma Recursal Cível). Data de Publicação: DJe 06.05.2020.

RIO GRANDE DO SUL. Superior Tribunal de Justiça do Rio Grande do Sul. Recurso Inominado: 71009415639 /RS. Relator (a): Mauro Caum Gonçalves. Data de Julgamento: 05.08.2020 (2ª Turma Recursal da Fazenda Pública). Data de Publicação: DJe 21.08.2020.

RIO GRANDE DO SUL. Superior Tribunal de Justiça do Rio Grande do Sul. Recurso Inominado: 71007898687/RS. Relatora: Dra. Maria Beatriz Londero Madeira. Data de Julgamento: 21.08.2018 (1ª Turma Recursal da Fazenda Pública). Data de Publicação: DJe 21.08.2018.

ROZA, M. Uma relação entre conceito de saúde, normatividade e biopolítica. In: BAGRICHEVSKY, M.; ESTEVÃO, A. (Org.). *Saúde coletiva*: dialogando sobre interfaces temáticas. Ilhéus, Ba: Editus, 2015.

SÃO PAULO. Tribunal de Justiça de São Paulo. Processo: AgRg no REsp 12707 /Campinas-SP. Agravo de instrumento 2197646-91.2017.8.26.0000. Relator(a): Ministro Mauro Iuji Fukumoto (1º Vara Fazenda Pública). Data do Julgamento: 14.03.2018. Data da publicação/Fonte: DJe 19.03.2018.

SARLET, I. W.; TIMM, L. B. *Direitos Fundamentais*: orçamento e reserva do possível. Porto Alegre: Livraria do Advogado, 2010.

SEGRE, M.; FERRAZ, F. C. O conceito de saúde. *Ponto de Vista, Rev. Saúde Pública*, v. 31, n. 5, p. 538-42, Out 1997. Disponível em: https://www.scielo.br/j/rsp/a/ztHNk9hRH3TJhh5fMgDFCFj/?lang=pt&format=pdf. Acesso em: 02 nov. 2021.

SILVA, J. S.; SANTOS, J. D. Recursos escassos, necessidades ilimitadas? *Rev Bras Adm Pol*, v. 7, n. 1, p. 127-142, 2016. Disponível em: https://periodicos.ufba.br/index.php/rebap/article/view/15606. Acesso em: 2 nov. 2021.

SOUZA, M. C. B. Latin America and access to Assisted Reproductive Techniques: a Brazilian perspective. *JBRA Assisted Reproduction*. Rio de Janeiro, v. 18, n. 2, p. 47-51, 2014. Disponível em: https://www.jbra.com.br/media/html/JBRA1068.html. Acesso em: 2 nov. 2021.

VENTURA, M. et al. Judicialização da saúde, acesso à justiça e a efetividade do direito à saúde. *Physis: Revista de Saúde Coletiva [online]*, v. 20, n. 1, p. 77-100, 2010. Disponível em: https://www.scielo.br/j/physis/a/35xXdQXR9JrdvpPmtkktL9F/?lang=pt. Acesso em: 04 nov. 2021.

DIREITOS REPRODUTIVOS E PLANEJAMENTO FAMILIAR: REPRODUÇÃO HUMANA ASSISTIDA NA SAÚDE SUPLEMENTAR

Gabriel Massote Pereira

Mestrando em Direito Médico pela UNISA. Especialista em Direito da Medicina pela Universidade de Coimbra, Portugal. Pós-Graduado em Direito Administrativo e Gestão Pública pela Unyleya. Graduado em Direito pela Universidade Federal de Uberlândia. Membro fundador da ABRAS – Associação Brasileira dos Advogados em Saúde. Presidente da Comissão de Saúde, Bioética e Biodireito da OAB de Uberlândia. Coordenador Geral e Docente da Pós-Graduação em Direito Médico, Odontológico e da Saúde pelo IGD – Goiânia. Professor das Pós-Graduações em Direito Médico da PUC-PR, EBRADI e DAMÁSIO. Advogado com atuação exclusiva em Direito Público, Médico e à Saúde. Sócio fundador do Projeto Social "Salve Mais Um".

Mariana Brasileiro

Pós-Graduada em Direito Constitucional e Administrativo pela Escola Paulista de Direito. Especializada em Direito Médico, Odontológico e da Saúde pelo IGD. Graduada em Direito pela Pontifícia Universidade Católica de Minas Gerais – PUC. Advogada com atuação exclusiva em Direito Público, Médico e à Saúde. Vice-Presidente da Comissão de Saúde Bioética e Biodireito da OAB de Uberlândia.

Sumário: 1. Considerações iniciais – 2. Técnicas de reprodução humana assistida: inseminação artificial e fertilização *in vitro*; 2.1 Reprodução médica assistida: hipótese terapêutica e de planejamento familiar; 2.2 Reprodução médica assistida – hipótese curativa – 3 breve histórico da saúde suplementar no Brasil e a relação com a RHA; 3.1 A agência nacional de saúde (ANS) e as técnicas de RHA – 4. O tema 1.067 – Recurso repetitivo – exclusão da fertilização *in vitro* como procedimento de cobertura obrigatória; 4.1 Da exceção à aplicação do tema 1.067 – Hipótese curativa – *distinguishing* – 5. Propostas e conclusões – 6. Referências.

1. CONSIDERAÇÕES INICIAIS

O acesso aos direitos reprodutivos e ao planejamento familiar no âmbito da saúde suplementar passa pela conceituação moderna do que venha a ser família. Isso porque as hipóteses que levam à necessidade de técnicas reprodutivas, como a fertilização *in vitro*, deixaram de ser apenas decorrentes da infertilidade patológica, passando também a alcançar diversos fatores sociais associados a novos arranjos familiares.

É que ao lado da família dita tradicional, formada pelo homem, mulher e filhos concebidos desta relação, estão as famílias construídas com base em relações estabelecidas além do casamento e independente de consanguinidade, fundada no afeto, na solidariedade, na cooperação entre seus membros e no respeito à dignidade das pessoas envolvidas, que se obrigam mutuamente em uma comunhão de vida sem padrões definidos e que, não raro, transcendem os limites fixados pela Constituição Federal.

De acordo com Ruzyk,[1] pode-se afirmar que as mudanças na conjuntura familiar são anteriores à ordem normativa ou reconhecimento jurídico, ou seja, o Direito apenas passa a contemplar as alterações consolidadas de tempos em tempos.

Nesse sentido, Maria Berenice Dias[2] preleciona que as uniões não previstas na Constituição Federal de 1988 fazem parte da atual realidade brasileira e, por isso, não podem ser ignoradas, sendo, portanto, necessário acolhê-las no âmbito do direito de família e nos demais ramos do direito.

Aliás, verifica-se uma tendência de ressignificação deste ramo do Direito Civil, tendo em vista que alguns autores, como Maria Berenice Dias, entre outros, passam a adotar o conceito de 'direito das famílias', de modo a deixar evidente a ideia de pluralismo subjacente às novas composições familiares.

Como instrumento de controle social, o direito pretende regulamentar essas relações. A pretensão, como se sabe, por vezes está um passo atrás da situação vivida.

Nesse contexto, as regras para a definição de família não podem se limitar às situações vivenciadas no passado. Assim, a identificação das novas entidades familiares não pode ser pautada tão somente no casamento entre homem e mulher, mas deve ser feita a partir da análise de requisitos indispensáveis, também denominados valores jurídicos, que inclui não só a formalidade do casamento tradicional, mas também o respeito, consideração mútua, lealdade e identidade de projetos e propósitos comuns.

Segundo Tânia da Silva Pereira "a importância do grupo familiar advém do fato de a família ser, ao mesmo tempo, o objeto das recordações dos indivíduos e o espaço em que essas recordações podem ser avivadas".[3]

Nesse contexto é que se insere a Reprodução Humana Assistida – RHA, que através de inovações de ordem científica, possibilita, de forma decisiva, a composição de novos núcleos familiares, com noções contemporâneas de planejamento familiar.

Essa introdução se faz necessária para demonstrar que é justamente através da RHA que diversas pessoas conseguem concretizar o desejo humano de ter filhos, que pode decorrer de diversas razões que não se atrelam necessariamente a critérios médicos, como exposição à radiação (fatores externos) e/ou a presença de comorbidades que impossibilitem a procriação do homem e/ou da mulher, mas também a critérios sociais vinculados à família, como orientação sexual (possibilidade de geração de filhos de casais do mesmo sexo), estado civil (possibilidade de mães e/ou pais solteiros em ter filhos) e maternidade em idade mais avançada.

Em todo caso, e independente da causa e da condição, o fato é que a procriação é um dos desejos mais naturais do ser humano, e este, ao se deparar com a impossibilidade de

---

1. RUZYK, Carlos Eduardo Pianovski. *Famílias simultâneas*: da unidade codificada à pluralidade constitucional. Rio de Janeiro: Renovar, 2005.
2. DIAS, Maria Berenice. *Manual de Direito de Família*. São Paulo: Ed. RT, 2009. p. 182-183.
3. PEREIRA, Tânia da Silva. Famílias Possíveis: novos paradigmas na convivência familiar. In: PEREIRA, Rodrigo da Cunha (Org.). *Anais do IV Congresso Brasileiro de Direito de Família*.

gerar filhos, inicia uma busca incessante por recursos médicos científicos disponíveis. É o que explica Ana Paula Guimarães.

> Se por um lado, os avanços no âmbito da contracepção fizeram com que se tenham apenas os filhos que se querem, por outro, as técnicas de procriação medicamente assistida, permitiram realizar o desejo de ter filhos de quem não tem capacidade para se reproduzir. É corrente afirmar-se que nada há de mais 'natural' do que a falta de filhos num casamento. Daí a tentativa, tantas vezes desesperada, de os casais os obterem através dos recursos médicos e científicos disponíveis.[4]

A Reprodução Humana Assistida invoca uma infinidade de considerações éticas e legais, além das nuances sociais, religiosas e políticas, alcançando discussões jurídicas que envolvem não só os interessados, mas também a classe médica, as operadoras de saúde e o Sistema Único de Saúde, a depender de cada caso concreto, e cuja compreensão é necessária para se alcançar proposições efetivas para garantir a todos – e não apenas seletivamente a alguns – o efetivo direito de gerar prole.

2. TÉCNICAS DE REPRODUÇÃO HUMANA ASSISTIDA: INSEMINAÇÃO ARTIFICIAL E FERTILIZAÇÃO *IN VITRO*

As duas técnicas mais utilizadas de reprodução humana assistida reconhecidas no meio científico e clínico são a inseminação artificial e a fertilização *in vitro*.

A inseminação artificial intrauterina se dá através da colocação de espermatozoides diretamente dentro do útero da mulher, aumentando as chances de fecundação do óvulo. Durante o procedimento, são selecionados os espermatozoides mais ativos e a inseminação é feita no dia previsto para ovulação da mulher, podendo ser utilizados hormônios que garantam melhor perspectiva de gravidez.

> Na realização da inseminação artificial, primeiramente recolhem-se os espermatozoides do marido ou do companheiro ou de um doador, através da masturbação. Os espermatozoides, então, são analisados quanto à quantidade e mobilidade, separando-se os normais dos anormais. O esperma, então, é diluído em uma solução crioprotetora composta por um glicerol misturado a frutose, antibióticos e gema de ovo, a qual é distribuída automaticamente em tubos de plástico numerados, os quais estão prontos para serem conservados em azoto líquido a uma temperatura de 196 graus abaixo de zero; os capilares são colocados em botijões de estocagem cheios de azoto líquido, podendo ser conservados pelo prazo atualmente fixado de 20 anos.[5]

A inseminação heteróloga se dá nos casos em que se utiliza o sêmen de um doador anônimo, diferenciando-se da inseminação homóloga que é feita através da utilização do sêmen do próprio marido/companheiro da mulher.

---

4. GUIMARÃES, Ana Paula. *Alguns problemas jurídico-criminais da procriação medicamente assistida*. Coimbra: Coimbra Editora, 1999, p. 12.

5. FERRAZ, Ana Cláudia Brandão de Barros Correia. *A reprodução humana assistida e suas consequências nas relações de família*: a filiação e a origem genética sob a perspectiva da repersonalização. Curitiba: Ed. Juruá, 2016, p. 39.

Há também a possibilidade de uma inseminação bisseminal quando o material fecundante masculino pertence a duas pessoas diversas, ao marido ou companheiro e ao doador desconhecido, o que é indicado para as hipóteses em que os espermatozoides do marido ou companheiro são insuficientes e precisam ser misturados aos de um doador para realizar a introdução na mulher. Esse procedimento é utilizado nos casos em que a infertilidade se dá em razão da impossibilidade do encontro dos espermatozoides com o óvulo no interior da tuba uterina.

A Fertilização *in vitro*, por sua vez, consiste na junção do óvulo e do espermatozoide em laboratório para a formação do embrião e, posteriormente, este embrião é transferido para o útero da mulher para que seja implantado e resulte em gravidez. Em outras palavras, é um processo que viabiliza a fertilização do óvulo pelo espermatozoide fora do organismo da mulher, em que alguns milhares de espermatozoides, de forma selecionada, são colocados em uma placa de cultivo, juntamente com os óvulos, para que ocorra a fertilização.

> Um óvulo maduro é extraído do ovário feminino e misturado na proveta, ao sêmen do marido, companheiro ou doador, a fim de que se processe a fecundação. Uma vez fecundado o óvulo é transferido novamente para o útero da mulher, para que possa se desenvolver.[6]

O procedimento, também chamado de FIV, é indicado principalmente em casos de alterações tubárias, endometriose, alterações seminais e infertilidade sem causa aparente e permite a modalidade heteróloga, em que a doação do sêmen ocorre por um terceiro que não seja o marido/companheiro. No campo das relações sociais, casais do mesmo sexo ou indivíduos solteiros podem ter filhos a partir das novas configurações de família, todas já chanceladas pelo Supremo Tribunal Federal.[7]

Diante das diferentes técnicas de reprodução humana assistida, compete à autoridade médica responsável eleger a que melhor se adequa ao caso concreto, levando em consideração as expectativas do paciente e seus familiares, o contexto que o envolve, o histórico clínico, eventuais problemas de saúde que tenham acarretado a infertilidade, entre outros fatores relevantes para a efetividade do procedimento não ligados a critérios patológicos, mas sociais e afetivos, sempre precedidos do necessário Termo de Consentimento Livre e Esclarecido – TCLE.

Para melhor delimitação do alcance da RHA, especialmente em relação aos direitos relacionados à saúde suplementar, é necessário verificar que a Reprodução Humana pode se derivar em três grupos, para fins: a) terapêuticos; b) de planejamento familiar e c) curativos.

2.1 Reprodução médica assistida: hipótese terapêutica e de planejamento familiar

A infertilidade é uma doença que impede um indivíduo ou um casal de conceber um filho. As causas da infertilidade podem ser diversas, ocasionadas por tratamentos

---

6. FERRAZ, Ana Cláudia Brandão de Barros Correia. *A reprodução humana assistida e suas consequências nas relações de família*: a filiação e a origem genética sob a perspectiva da repersonalização. Curitiba: Ed. Juruá, 2016, p. 40.
7. A ADI 4277 e a ADPF 132 reconhecem o direito ao estabelecimento de união estável por casais homoafetivos.

intensivos que tornam o paciente inapto para a procriação, disfunções no organismo feminino, masculino ou em ambos, ou até mesmo por razões desconhecidas.

Nessa linha, a Classificação Internacional de Doenças (CID) traz em sua listagem a infertilidade feminina (CID 10. N97) e a masculina (CID 10. N46).[8]

A Resolução 2.294 de 27 de maio de 2021, do Conselho Federal de Medicina, considera a infertilidade humana como um problema de saúde, que acarreta implicações médicas e psicológicas ao paciente.[9] A mesma Resolução dispõe também sobre a infertilidade ocasionada em decorrência de fortes tratamentos para neoplasia maligna, justificando, assim, a adoção de utilização das técnicas de reprodução assistida antes das intervenções que levam à infertilidade.

Nestes casos, a reprodução médica assistida figura como hipótese terapêutica, ou seja, como tratamento aos efeitos do diagnóstico da infertilidade.

Para melhor entendimento conceitual, é importante considerar que a RHA não é destinada à cura da infertilidade em si (a pessoa em regra continua inapta a procriar sem a utilização da técnica reprodutiva), mas sim para contornar os efeitos deste diagnóstico para fins de procriação, a partir de técnicas avançadas de reprodução.

O planejamento familiar, por sua vez, diz respeito às ações que auxiliam os indivíduos a planejar ou prevenir a procriação. A Lei 9.263/96, em seu artigo 1º, estabelece que o planejamento familiar é um direito de todo cidadão. Em seguida, em seu artigo 2º, conceitua o planejamento familiar como "um conjunto de ações de regulação da fecundidade que garanta direitos iguais de constituição, limitação ou aumento da prole pela mulher, pelo homem ou pelo casal".[10]

Também na Constituição Federal, o planejamento familiar é tido como corolário do princípio da dignidade da pessoa humana e da paternidade responsável:

Art. 226. A família, base da sociedade, tem especial proteção do Estado.

§ 7º Fundado nos princípios da dignidade da pessoa humana e da paternidade responsável, o planejamento familiar é livre decisão do casal, competindo ao Estado propiciar recursos educacionais e científicos para o exercício desse direito, vedada qualquer forma coercitiva por parte de instituições oficiais ou privadas.

---

8. OMS. Organização Mundial de Saúde. Múltiplas definições de infertilidade. [Internet]. *Saúde sexual e reprodutiva*. 2017, p. 1-2. Disponível em: https://www.who.int/reproductivehealth/topics/infertility/multiple-definitions/en/.

9. BRASIL. *Resolução 2.294*, de 27 de maio de 2021. Adota as normas éticas para a utilização das técnicas de reprodução assistida – sempre em defesa do aperfeiçoamento das práticas e da observância aos princípios éticos e bioéticos que ajudam a trazer maior segurança e eficácia a tratamentos e procedimentos médicos, tornando-se o dispositivo deontológico a ser seguido pelos médicos brasileiros e revogando a Resolução CFM 2.168, publicada no DOU de 10 de novembro de 2017, Seção 1, p. 73. Disponível em: https://www.in.gov.br/en/web/dou/-/resolucao-cfm-n-2.294-de-27-de-maio-de-2021-325671317.

10. BRASIL. *Lei 9.263* de 12 de janeiro de 1996. Trata do planejamento familiar, estabelece penalidades e dá outras providências. Disponível em: http://www.planalto.gov.br/ccivil_03/leis/l9263.htm.

Além da tutela constitucional, a garantia ao planejamento familiar também encontra amparo no art. 35-C da Lei 9.656/98[11] (Lei dos Planos de Saúde) que prevê a obrigatoriedade da cobertura do atendimento em se tratando de planejamento familiar.

Desse modo, considerando o atual contexto social, o desejo cada vez mais tardio dos conviventes em ter filhos, bem como os novos conceitos de família, que não são necessariamente compostos por um casal (geração independente) ou por casais do mesmo sexo, é que a reprodução médica assistida está cada vez mais intimamente ligada ao planejamento familiar.

O importante até aqui é o entendimento de que independentemente de o desejo de prole ser decorrente da infertilidade como patologia, a atrair a hipótese terapêutica, ou de cenários sociais que impeçam a procriação de um casal e/ou indivíduo, o fato é que a RHA (para geração de prole), considerada como espécie, possui implicações legais e constitucionais, e atrai o posicionamento jurisprudencial do Superior Tribunal de Justiça, que será devidamente avaliado neste capítulo.

2.2 Reprodução médica assistida – Hipótese curativa

Além das hipóteses terapêuticas e de planejamento familiar, há, ainda, hipóteses curativas relacionadas à RHA, consistente na geração de filhos a partir de seleção de embriões, para que a partir das células do cordão umbilical ou da coleta da medula do bebê gerado, seja possível coletar células tronco hematopoiéticas aptas a curar um parente relacionado que esteja doente.

Um caso paradigmático na medicina certamente é o que envolve pacientes com diagnóstico da anemia falciforme, doença que até pouco tempo não possuía nenhuma hipótese curativa.

> A anemia falciforme é a doença hereditária monogênica mais comum do Brasil. No Brasil, a doença é predominante entre negros e pardos, também ocorrendo entre brancos. De modo geral, além da anemia crônica, as diferentes formas de doenças falciformes caracterizam-se por numerosas complicações que podem afetar quase todos os órgãos e sistemas, com expressiva morbidade, redução da capacidade de trabalho e da expectativa de vida. Além das manifestações de anemia crônica, o quadro é dominado por episódios de dores osteoarticulares, dores abdominais, infecções e enfartes pulmonares, retardo do crescimento e maturação sexual, acidente vascular cerebral e comprometimento crônico de múltiplos órgãos, sistemas ou aparelhos.[12]

A literatura científica existente sobre o tema esclarece que são duas as formas de terapias alternativas ao tratamento convencional da anemia falciforme: "o transplante

---

11. BRASIL. *Lei 9.656* de 03 de junho de 1998: Dispõe sobre os planos e seguros privados de assistência à saúde. Disponível em: http://www.planalto.gov.br/ccivil_03/leis/L9656.htm.
12. BRASIL. *Manual de diagnóstico e tratamento de doenças falciformes*. Agência Nacional de Vigilância Sanitária. Brasília: ANVISA, 2001, p. 11. Disponível em: https://bvsms.saude.gov.br/bvs/publicacoes/anvisa/diagnostico. pdf.

de medula óssea e a administração oral de hidroxiureia, um agente indutor da síntese de hemoglobina fetal".[13]

Por questões metodológicas, o presente capítulo analisará a hipótese curativa lastreada no transplante de medula óssea, até porque o tratamento com hidroxiureia, em si, apesar de ter o condão de controlar a anemia falciforme em determinados pacientes, não é propriamente uma hipótese curativa.

> O tratamento baseia-se no controle dos sintomas. O único medicamento aprovado que altera o curso da doença é o antineoplásico hidroxiureia e, apesar de seu sucesso clínico, não é curativo e pode desencadear muitos efeitos adversos. O único tratamento curativo é o transplante de células tronco hematopoéticas.[14]

Assim, a cura efetiva da anemia falciforme passa necessariamente pela realização de um transplante de medula óssea em regra aparentado (entre membros da família).[15] E o problema reside justamente quando a criança não possui irmãos viáveis e/ou aptos à doação, o que impedia a possibilidade de cura. Nesse cenário, é que se evidencia a viabilidade de ser gerado um filho saudável, para que a partir das células do cordão umbilical ou da coleta das células tronco hematopoiéticas, seja possível a realização do transplante de medula óssea.

O SUS já admite tal técnica curativa desde 2015 a partir do Transplante de Medula Óssea, regulamentada através da Portaria do Ministério da Saúde 1.321/2015.[16]

Código	Procedimento	Código da CID 10
05.05.01.001-1	Transplante Alogênico de células-tronco hematopoéticas de medula óssea - aparentado	D57.0 - anemia falciforme com crise D57.2 - transtornos falciformes heterozigóticos duplos
05.05.01.003-8	Transplante Alogênico de células-tronco hematopoéticas de sangue de cordão umbilical aparentado	D57.0 - anemia falciforme com crise D57.2 - transtornos falciformes heterozigóticos duplos
05.05.01.005-4	Transplante Alogênico de células-tronco hematopoéticas de sangue periférico - aparentado	D57.0 - anemia falciforme com crise D57.2 - transtornos falciformes heterozigóticos duplos

No entanto, como a anemia falciforme é uma doença hereditária, tal situação indica que pai e mãe possuem o traço falciforme, o que evidencia a relevante possibilidade de

---

13. BRASIL. *Manual de diagnóstico e tratamento de doenças falciformes*. Agência Nacional de Vigilância Sanitária. Brasília: ANVISA, 2001, p. 50. Disponível em: https://bvsms.saude.gov.br/bvs/publicacoes/anvisa/diagnostico.pdf.

14. FERREIRA, Reginaldo; Gouvêa, Cibele. Recentes avanços no tratamento da anemia falciforme. *Revista Médica de Minas Gerais*. Universidade Federal de Alfenas, v. 28, p. 1, 2016. Disponível em: http://www.rmmg.org/artigo/detalhes/2324.

15. TRANSPLANTE de Medula Óssea como cura para Anemia Falciforme. AME – Associação da Medula óssea. Disponível em: https://ameo.org.br/transplante-de-medula-ossea-como-cura-para-anemia-falciforme/.

16. BRASIL. *Portaria 1.321*, de 21 de dezembro de 2015. Inclui, na Tabela de Procedimentos, Medicamentos, Órteses, Próteses e Materiais Especiais do SUS, a compatibilidade do transplante alogênico aparentado de medula óssea, de sangue periférico ou de sangue de cordão umbilical, para tratamento da doença falciforme. Disponível em: https://bvsms.saude.gov.br/bvs/saudelegis/sas/2015/prt1321_21_12_2015.html.

geração de novos filhos com a doença (25%). A imagem, a seguir,[17] ajuda a entender a transmissibilidade da anemia falciforme:

Exemplo 4: pai e mãe portadores de traço falciforme

Nessa situação, existe 50% de chance dos filhos terem traço, 25% de terem anemia falciforme e 25% de terem genes normais.

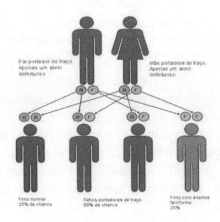

Legenda: r = gene defeituoso; R = gene normal.
Pessoa Vermelha = anemia falciforme; Pessoa Roxa = traço falciforme; Pessoa Azul = normal.

Diante disso, a única hipótese[18] segura para se garantir a geração de filho sem a presença da doença – e consequentemente viabilizar a coleta de material para o transplante – é através de aconselhamento genético, a ser ultimado com fertilização *in vitro* com seleção de embriões que não tenham o traço falciforme, antes da implantação no útero da mãe.[19]

Como se verá, a melhor compreensão da hipótese curativa relacionada à RHA traz diferenças substanciais no âmbito da saúde suplementar (e entendimento judicial sobre o tema) se comparadas com as técnicas relacionadas aos tratamentos terapêuticos e para fins de planejamento familiar.

3 BREVE HISTÓRICO DA SAÚDE SUPLEMENTAR NO BRASIL E A RELAÇÃO COM A RHA

Para que seja possível aprofundar no tema da reprodução assistida no âmbito da saúde suplementar, abordando as perspectivas jurídicas e os recentes entendimentos

---

17. PINHEIRO, Pedro. Anemia falciforme: traço, sinais e tratamento. *Md. Saúde*, 2021. Disponível em: https://www.mdsaude.com/hematologia/anemia-falciforme/.
18. ASSAD, Mariana. Fertilização in vitro pode prevenir doenças hereditárias no embrião? *Centro de Fertilidade de Ribeirão Preto*, 2018. Disponível em: https://ceferp.com.br/blog/fertilizacao-in-vitro-pode-prevenir-doencas-hereditarias-no-embriao/.
19. PLANO de saúde deve custear fertilização *in vitro* para tratamento de criança com doença genética. COAD, 2019. Disponível em: https://www.coad.com.br/home/noticias-detalhe/94947/plano-de-saude-deve-custear--fertilizacao-in-vitro-para-tratamento-de-crianca-com-doenca-genetica.

jurisprudenciais que dispõem sobre a obrigatoriedade (ou não) de cobertura deste procedimento por parte das operadoras, faz-se necessário tecer um breve relato sobre as atividades do sistema de saúde suplementar no Brasil.

O início das atividades da saúde suplementar no Brasil se deu na década de 1960, quando o setor industrial começou a oferecer assistência à saúde aos seus funcionários sem que houvesse nenhum tipo de regulamentação.[20]

Com o advento da Constituição Federal de 1988, o Sistema Único de Saúde (SUS) foi consagrado como responsável pelas ações e serviços públicos de saúde, sendo permitida também a participação do setor privado, consagrando, assim, um sistema híbrido, com a interação entre o serviço público e o privado.

Outro movimento institucional de grande importância foi a edição do Código de Defesa do Consumidor em 1990, que trouxe uma gama de artigos destinados à proteção do consumidor, considerado a parte mais vulnerável na relação consumerista, a fim de atender as suas necessidades e conferir respeito à sua dignidade, saúde e segurança, além de assegurar também seus interesses econômicos.

Desse modo, com a vigência do Código de Defesa do Consumidor, os indivíduos que optam pela contratação de um plano de saúde privado passam a ser considerados consumidores, atraindo a seu favor todo o compêndio legislativo, com exceção dos contratos administrados por entidade de autogestão em que não se aplica o Código de Defesa do Consumidor, conforme dispõe a Súmula 608[21] do Superior Tribunal de Justiça.

Nestes casos em que os contratos de plano de saúde são administrados por entidades de autogestão, apesar de afastadas as regras protetivas consumeristas, se aplicam os dispositivos do Código Civil, a fim de que a relação entre as partes seja norteada pelos princípios da boa-fé contratual, equidade, lealdade, cooperação e vedação à onerosidade excessiva.

É importante salientar que no sistema de saúde suplementar, independente de se tratar de planos de autogestão ou não, são vedadas práticas contratuais desleais, enganosas, desproporcionais e ilegítimas, que frustrem as expectativas dos beneficiários e vulnerem a finalidade precípua dos contratos desta natureza: assegurar a saúde, o bem estar e a vida dos contratantes/aderentes.

A Lei 9.656/98, conhecida como a Lei dos Planos de Saúde, também é de suma importância nesse contexto, por ser responsável por regulamentar os contratos de saúde. Nos termos do artigo 1º, inciso I, da mencionada Lei, o plano de saúde é conceituado como a prestação continuada de serviços ou cobertura de custos assistenciais a preço pré ou pós-estabelecidos, por prazo indeterminado, com a finalidade de garantir, sem limite financeiro, a assistência à saúde, englobando a assistência médica, hospitalar e odontoló-

---

20. SANTOS, Fausto Pereira dos. Saúde suplementar – impactos e desafios da regulação. *Revista UFG*, 2017, p. 1. Disponível em: https://www.revistas.ufg.br/revistaufg/article/view/48114.
21. Aplica-se o Código de Defesa do Consumidor aos contratos de plano de saúde, salvo os administrados por entidades de autogestão.

gica, a ser paga integral ou parcialmente às expensas da operadora contratada, mediante reembolso ou pagamento direto ao prestador, por conta e ordem do consumidor.

Atualmente, mesmo diante de toda a evolução sobre o conceito de entidade familiar, ainda existe uma lacuna legislativa em nosso ordenamento jurídico sobre a reprodução humana assistida, bem como dispositivos legais que impõem limitações à cobertura deste procedimento por parte das operadoras de saúde.

A mencionada Lei de Planos de Saúde[22] dispõe em seu artigo art. 10, III que as operadoras de saúde estão obrigadas a custear os tratamentos para as doenças listadas na Classificação Internacional de Doenças, mas excepciona expressamente a inseminação artificial – uma das espécies de RHA.

> Art. 10. É instituído o plano-referência de assistência à saúde, com cobertura assistencial médico-ambulatorial e hospitalar, compreendendo partos e tratamentos, realizados exclusivamente no Brasil, com padrão de enfermaria, centro de terapia intensiva, ou similar, quando necessária a internação hospitalar, das doenças listadas na Classificação Estatística Internacional de Doenças e Problemas Relacionados com a Saúde, da Organização Mundial de Saúde, respeitadas as exigências mínimas estabelecidas no art. 12 desta Lei, *exceto: [...] III – inseminação artificial*. (destaque nosso)

É possível constatar que o artigo nada menciona sobre as demais técnicas de reprodução humana assistida, prevendo, inclusive, em seu artigo 35-C,[23] a cobertura obrigatória por parte das operadoras de saúde nos casos de planejamento familiar.

Neste sentido, Igor Mascarenhas e Ana Paula Albuquerque da Costa[24] defendem que:

> O fato de a norma não prever a inseminação artificial como procedimento a ser obrigatoriamente coberto pelo plano de Saúde não inibe a cobertura de outras espécies de reprodução assistida. Ademais, o art. 35-C da Lei 9656/98 (LGL\1998\100) define que planejamento familiar é procedimento de cobertura obrigatória, ressalvada a hipótese de inseminação artificial.

Tal lacuna legislativa era de fato um convite à judicialização. O alto número de ações que discutiam a necessidade de cobertura da RHA, notadamente em relação à fertilização *in vitro* (não excluída na lei de regência), fez com que o STJ afetasse três Recursos Especiais, os quais foram submetidos à sistemática dos Repetitivos (Tema 1.067[25]), a fim de se chegar a uma possível pacificação sobre o tema, com decisiva participação da Agência Nacional de Saúde – ANS que, como será detalhado adiante, foi protagonista na decisão a que chegou a Corte Superior.

---

22. BRASIL. *Lei 9.656* de 03 de junho de 1998: Dispõe sobre os planos e seguros privados de assistência à saúde. Disponível em: http://www.planalto.gov.br/ccivil_03/leis/L9656.htm.
23. Idem.
24. MASCARENHAS, Igor de Lucena; DA COSTA, Ana Paula de Albuquerque. Fertilização *in vitro* e o direito ao planejamento familiar: a ilegalidade do Enunciado 20 da I Jornada de Direito da Saúde do Conselho Nacional de Justiça e a teoria da captura aplicada à ANS. *Revista de Direito do Consumidor*. v. 121. ano 28. São Paulo: Ed. RT, jan.-fev. 2019.
25. BRASIL. Superior Tribunal de Justiça. *Tema repetitivo 1.067*. Cobertura de fertilização in vitro pelo plano de saúde. Brasília: STJ, 2021. Disponível em: https://processo.stj.jus.br/repetitivos/temas_repetitivos/pesquisa.jsp?novaConsulta=true&tipo_pesquisa=T&cod_tema_inicial=1067&cod_tema_final=1067.

3.1 A Agência Nacional de Saúde (ANS) e as técnicas de RHA

A saúde suplementar é de livre iniciativa e possui, diante das normas constitucionais, caráter complementar, sendo fiscalizada pela Agência Nacional de Saúde (ANS).

A ANS foi criada pela Lei 9.961/00, possui natureza jurídica de uma autarquia e é vinculada ao Ministério da Saúde. Os artigos 3º e 4º da referida Lei trazem em seus textos a finalidade e as competências dessa entidade, o que permite concluir que um dos seus principais papéis é a proteção dos interesses dos consumidores, a fim de garantir, de forma imparcial, o equilíbrio entre as operadoras de saúde e os seus beneficiários.[26]

Além de garantir aos consumidores o acesso aos serviços contratados, a Agência também possui as funções de regular, normatizar, controlar e fiscalizar a prestação de planos e seguros privados de assistência à saúde.

Nesse sentido, o artigo 4º, III, da Lei 9.961/00 prevê que compete à ANS "elaborar o rol de procedimentos e eventos em saúde, que constituirão referência básica para os fins do disposto na Lei 9.656/98 e suas excepcionalidades".[27]

A partir desta previsão legal, é possível dizer que o Rol de Procedimentos e Eventos em Saúde, atualizados periodicamente pela ANS, estabelece a cobertura assistencial mínima a ser garantida pelos planos de saúde aos seus beneficiários, incluindo nesta listagem procedimentos, exames e medicamentos considerados indispensáveis ao tratamento das doenças internacionalmente codificadas.

Importante destacar que no ano de 2021, a Resolução 465 elaborada pela ANS incorporou novos fármacos e procedimentos no referido Rol, o que foi considerado um avanço para a medicina e, notadamente, para os pacientes com acesso à saúde suplementar.

No entanto, apesar dos avanços trazidos, a Resolução 465 resolveu inovar, de forma bastante desfavorável ao consumidor no que se refere à natureza do Rol, fazendo constar que este passaria a ser taxativo. Desde então, o rol de procedimentos, que era conceituado como uma referência básica de cobertura, ou seja, uma lista exemplificativa de procedimentos a serem cobertos pelas operadoras de saúde, passou em tese a ser considerado como taxativo.

Assim, nos termos da Resolução, tudo o que não estava previsto no Rol da ANS não seria de cobertura obrigatória pelas operadoras de saúde. Constou do artigo 2º da Resolução 465/2021:

> Para fins de cobertura, *considera-se taxativo* o Rol de Procedimentos e Eventos em Saúde disposto nesta RN e seus anexos, podendo as operadoras de planos de assistência à saúde oferecer cobertura maior do que a obrigatória, por sua iniciativa ou mediante expressa previsão no instrumento contratual referente ao plano privado de assistência à saúde.

---

26. PRADO, Daniella Alvarez. Considerações sobre Saúde Suplementar no Brasil e a incidência da Lei 9.656/98 diante dos princípios do Código de Defesa do Consumidor. Curso de direito em saúde suplementar. *Judicialização da saúde, Parte I*: saúde suplementar no direito brasileiro. Rio de Janeiro: EMERJ, 2011. Disponível em: https://www.emerj.tjrj.jus.br/serieaperfeicoamentodemagistrados/paginas/series/6/judicializacaodasaude_111.pdf.

27. BRASIL. *Lei 9.961* de 28 de janeiro de 2000. Cria a Agência Nacional de Saúde Suplementar – ANS e dá outras providências. Disponível em: http://www.planalto.gov.br/ccivil_03/leis/l9961.htm. Acesso em: 15 dez. 2021.

É nesse aspecto que se torna nítido o desvio das competências legalmente estabelecidas à ANS, pois desde o ano 2.000 há expressa previsão legislativa no sentido de que compete à agência elaborar um rol mínimo (referência básica) de procedimentos a ser observado pelas operadoras de saúde, o que foi repentinamente alterado no ano de 2021 com a edição da Resolução 465, que trouxe em seu bojo a natureza taxativa do rol.

Importante o destaque de que esta Resolução 465/2021 exerceu forte influência na divergência de posicionamento sobre a matéria instaurada entre a Terceira e a Quarta Turma do Superior Tribunal de Justiça.

Estas duas Turmas do STJ são responsáveis pelo julgamento das ações de Direito Privado. A Quarta Turma, presidida pelo Ministro Marco Buzzi, indicava forte inclinação em priorizar os termos contratuais e os regramentos da ANS, o que levou à mudança de seu entendimento originário (*overruling*), passando a decidir que o rol seria taxativo, beneficiando claramente os interesses financeiros das operadoras de saúde.[28]

Mesmo diante da mudança de entendimento da Quarta Turma, a Terceira Turma, presidida pelo Ministro Moura Ribeiro, manteve categoricamente o entendimento que prestigia os direitos do consumidor – de que o rol da ANS é meramente exemplificativo, uma referência de cobertura não taxativa.[29]

Em razão dessa divergência de posicionamento entre as duas Turmas e da insegurança jurídica que havia se instaurado para os beneficiários de planos de saúde, a Segunda Seção do Superior Tribunal de Justiça ao julgar os EREsp 1886929 e EREsp 1889704, no dia 08 de junho de 2022, entendeu por maioria dos votos que o Rol da ANS seria taxativo. Contudo, na mesma oportunidade, fixou parâmetros para que, em situações excepcionais, os planos de saúde fossem obrigados a custear procedimentos que não estivessem previstos na lista. Assim, definiram-se as seguintes teses:

1. O rol de procedimentos e eventos em saúde suplementar é, em regra, taxativo;

2. A operadora de plano ou seguro de saúde não é obrigada a arcar com tratamento não constante do rol da ANS se existe, para a cura do paciente, outro procedimento eficaz, efetivo e seguro já incorporado ao rol;

3. É possível a contratação de cobertura ampliada ou a negociação de aditivo contratual para a cobertura de procedimento extra rol;

4. Não havendo substituto terapêutico ou esgotados os procedimentos do rol da ANS, pode haver, a título excepcional, a cobertura do tratamento indicado pelo médico ou odontólogo assistente, desde que (i) não tenha sido indeferido expressamente, pela ANS, a incorporação do procedimento ao rol da saúde suplementar; (ii) haja comprovação da eficácia do tratamento à luz da medicina baseada em evidências; (iii) haja recomendações de órgãos técnicos de renome nacionais (como Conitec e Natjus) e estrangeiros; e (iv) seja realizado, quando possível, o diálogo interinstitucional do magistrado com entes ou pessoas com expertise técnica na área da saúde, incluída a Comissão de Atualização

---

28. STJ, Agravo Interno no Recurso Especial 1875980/SP, rel. Ministra Maria Isabel Gallotti, Quarta Turma, julgado em 04.10.2021, DJe 08.10.2021.

29. STJ, Agravo Interno Recurso Especial 1958572/SP, rel. Ministro moura ribeiro, Terceira Turma, julgado em 13.12.2021, DJe 15.12.2021.

do Rol de Procedimentos e Eventos em Saúde Suplementar, sem deslocamento da competência do julgamento do feito para a Justiça Federal, ante a ilegitimidade passiva *ad causam* da ANS.

A decisão do Superior Tribunal de Justiça que trouxe a taxatividade mitigada do Rol da ANS foi considerada um grande retrocesso para os beneficiários de planos de saúde, especialmente para aqueles que dependem de tratamentos de custo mais elevado.

Desse modo, o Projeto de Lei 2.033/2022 apresentado em julho de 2022 por um grupo de trabalho da Câmara dos Deputados foi considerado uma reação imediata do Congresso Nacional para alterar esse cenário e viabilizar a continuidade dos tratamentos, terapias, procedimentos e eventos que deixaram de ser cobertos pelas operadoras de saúde.

O mencionado Projeto de Lei foi sancionado pelo Presidente da República e, em seguida, a Lei 14.454 foi publicada no Diário Oficial da União no dia 21 de setembro de 2022, com previsão expressa de que o rol de procedimentos e eventos em saúde atualizado pela ANS servirá apenas como referência básica para os planos de saúde, sendo considerado, portanto, exemplificativo. Consta na redação da Lei:

Art. 2º A Lei 9.656, de 3 de junho de 1998, passa a vigorar com as seguintes alterações:

Art. 10. (...)

§ 4º A amplitude das coberturas no âmbito da saúde suplementar, inclusive de transplantes e de procedimentos de alta complexidade, será estabelecida em norma editada pela ANS, que publicará rol de procedimentos e eventos em saúde suplementar, atualizado a cada incorporação.

(...)

§ 12. O rol de procedimentos e eventos em saúde suplementar, atualizado pela ANS a cada nova incorporação, constitui a referência básica para os planos privados de assistência à saúde contratados a partir de 1º de janeiro de 1999 e para os contratos adaptados a esta Lei e fixa as diretrizes de atenção à saúde.

§ 13. Em caso de tratamento ou procedimento prescrito por médico ou odontólogo assistente que não estejam previstos no rol referido no § 12 deste artigo, a cobertura deverá ser autorizada pela operadora de planos de assistência à saúde, desde que:

I – exista comprovação da eficácia, à luz das ciências da saúde, baseada em evidências científicas e plano terapêutico; ou

II – existam recomendações pela Comissão Nacional de Incorporação de Tecnologias no Sistema Único de Saúde (Conitec), ou exista recomendação de, no mínimo, 1 (um) órgão de avaliação de tecnologias em saúde que tenha renome internacional, desde que sejam aprovadas também para seus nacionais.[30]

Nesse sentido, com a publicação da lei, os beneficiários de planos de saúde alcançam maior segurança e passam a ter direito à cobertura de tratamentos e procedimentos que possuam comprovação científica de eficácia ou existência de recomendações pela Comissão Nacional de Incorporação de Tecnologias no Sistema Único de Saúde (Conitec) ou recomendação de, no mínimo, 1 (um) órgão de avaliação de tecnologias em saúde que tenha renome internacional, desde que sejam aprovadas também para seus nacionais.

---

30. BRASIL. Lei 14.454 de 21 de setembro de 2022. Disponível em: https://www.planalto.gov.br/ccivil_03/_Ato2019-2022/2022/Lei/L14454.htm.

É nesse sentido que deve ser analisado se as técnicas de Reprodução Humana Assistida, notadamente a fertilização *in vitro*, mesmo não constando do Rol da ANS, deveriam ou não ser cobertas pelas operadoras de saúde.

Mas a discussão, que possui forte envergadura técnica e teórica, passou por um importante marco a partir do julgamento do tema 1.067 pelo STJ em outubro de 2021, que deu novos contornos para a discussão desde a sua publicação – tema central do próximo capítulo.

4. O TEMA 1.067 – RECURSO REPETITIVO – EXCLUSÃO DA FERTILIZAÇÃO *IN VITRO* COMO PROCEDIMENTO DE COBERTURA OBRIGATÓRIA

O Superior Tribunal de Justiça consolidou o Tema 1.067 que estabeleceu que "salvo disposição contratual expressa, os planos de saúde não são obrigados a custear o tratamento médico de fertilização *in vitro*".[31]

Os três recursos especiais afetados (REsp 1822420/SP, 1822818/SP e 1851062/SP) e submetidos à sistemática dos Repetitivos, nos moldes do artigo 1.036 do Código de Processo Civil,[32] ficaram sob a relatoria do Ministro Marcos Buzzi.[33]

Na oportunidade, delimitou-se o ponto controvertido das demandas: a interpretação do artigo 10, III da Lei 9.656/98 (Lei dos Planos de Saúde), que versa sobre a exclusão de cobertura por parte das operadoras para o procedimento de inseminação artificial e do artigo 35-C do mesmo diploma legal, que traz previsão expressa de cobertura obrigatória para atendimento nos casos de planejamento familiar: "fixadas essas premissas normativas, observa-se que o caráter central do apelo recursal diz respeito à interpretação dos artigos 10-III e 35-C, da Lei 9.656/98 (Lei dos Planos de Saúde)".[34]

Nesse contexto, houve maioria entre os membros da Segunda Seção do Superior Tribunal de Justiça pela ausência de obrigatoriedade de cobertura para fertilização *in vitro* por parte das operadoras de saúde, vencidos os Ministros Moura Ribeiro e Paulo de Tarso Sanseverino.

---

31. BRASIL. Superior Tribunal de Justiça. *Tema repetitivo 1.067*. Cobertura de fertilização in vitro pelo plano de saúde. Brasília: STJ, 2021. Disponível em: https://processo.stj.jus.br/repetitivos/temas_repetitivos/pesquisa. jsp?novaConsulta=true&tipo_pesquisa=T&cod_tema_inicial=1067&cod_tema_final=1067.

32. Art. 1.036, CPC. Sempre que houver multiplicidade de recursos extraordinários ou especiais com fundamento em idêntica questão de direito, haverá afetação para julgamento de acordo com as disposições desta Subseção, observado o disposto no Regimento Interno do Supremo Tribunal Federal e no do Superior Tribunal de Justiça. BRASIL. *Lei 13.105*, de 16 de março de 2015. Institui o Código de Processo Civil. Diário Oficial da União, Brasília, DF, 17 março 2015. Disponível em: https://www.planalto.gov.br/ccivil_03/_ato2015-2018/2015/lei/l13105.htm.

33. BRASIL. Superior Tribunal de Justiça. *Recurso Especial 1.822.420*. Relator: ministro Marco Buzzi. Brasília: STJ, 2021. Disponível em: https://processo.stj.jus.br/processo/julgamento/eletronico/documento/mediado/?documento_tipo=integra&documento_sequencial=137877709&registro_numero=201901804699&peticao_numero=&publicacao_data=20211027&formato=PDF.

34. BRASIL. Superior Tribunal de Justiça. *Recurso Especial 1.822.818*. Relator: ministro Marco Buzzi. Brasília: STJ, 2021. Disponível em: https://stj.jusbrasil.com.br/jurisprudencia/1306298514/recurso-especial-resp-1822818-sp-2019-0183471-7/inteiro-teor-1306298607.

Já no que se refere à inseminação artificial, outra técnica de Reprodução Humana Assistida, a possibilidade de cobertura pelas operadoras foi afastada de forma unânime, pois a legislação já é expressa acerca da exclusão, salvo se houver previsão contratual em sentido contrário. Argumenta o Ministro Marco Buzzi:

> A legislação de regência da matéria ora em liça, é expressa e categórica no sentido de excluir a inseminação artificial da cobertura obrigatória a ser oferecida pelos planos de saúde aos consumidores/pacientes, sendo, pois, facultativa a inclusão da referida assistência nos respectivos contratos de saúde.[35]

O voto condutor utilizou amplamente o critério de que a técnica de fertilização *in vitro* não possui caráter curativo, ou seja, em tese não se encaixaria nas hipóteses curativas para as doenças de base enfrentadas pelos potenciais genitores, o que afastaria o dever de cobertura via saúde suplementar. Constou do acórdão proferido no REsp 1822420/SP, em que se tratava de paciente infértil, acometida por endometriose:

> O Ministério da Saúde, no protocolo clínico e de diretrizes terapêuticas de tratamento da endometriose apresenta extensa, detalhada e objetiva lista de terapias médicas de enfrentamento da doença, dentre elas é possível elencar: i) uso de anticoncepcionais; ii) intervenção cirúrgica "indicada quando os sintomas são graves, incapacitantes, quando não houve melhora com tratamento empírico com contraceptivos orais ou progestágenos, em casos de endometriomas, de distorção da anatomia das estruturas pélvicas, de aderências, de obstrução do trato intestinal ou urinário" e iii) terapêutica combinada, hipótese em que "há indicação de aplicação das referidas terapias de maneira simultânea." [...]
>
> *Veja-se, pois, que dos medicamentos indicados para o enfrentamento da patologia, elaborados pelo Ministério da Saúde, não há indicação*, sequer a mínima referência acerca da necessidade de utilização e/ou aplicação da fertilização in vitro para o fim específico de obtenção de êxito no combate da referida doença. (fls. 10/59) (grifo nosso)"

O entendimento, acompanhado pela maioria dos membros da 2ª Seção do STJ, é baseado na ausência de relação entre a doença de base do detentor da patologia e o procedimento da fertilização *in vitro*, que em última análise não é considerado fonte curativa, mas apenas uma alternativa para o exercício do direito de gerar prole em razão da infertilidade.

Aqui é preciso fazer um contraponto em relação ao voto do Ministro Relator, uma vez que a infertilidade, na medida em que é considerada uma patologia que impede o indivíduo de gerar filhos, e estando listada na Classificação Internacional de Doenças, deveria ser de cobertura obrigatória pelas operadoras de saúde, conforme determina o caput do artigo 10 da Lei 9.658/96, não sendo a fertilização *in vitro* expressamente excluída em nenhum de seus incisos.

Esta ponderação foi feita pelo Ministro Moura Ribeiro ao divergir em seu voto do Ministro Relator:

---

35. BRASIL. Superior Tribunal de Justiça. *Recurso Especial 1.851.062*. Relator: ministro Marco Buzzi. Brasília: STJ, 2021. Disponível em: https://stj.jusbrasil.com.br/jurisprudencia/1306298515/recurso-especial-resp--1851062-sp-2019-0356986-1/inteiro-teor-1306298608.

> Vale, aqui, esclarecer que *tanto a infertilidade quanto a esterilidade são consideradas doenças, e estão registradas na Classificação Estatística Internacional de Doenças e Problemas Relacionados à Saúde, CID 10 da Organização Mundial da Saúde, podendo ter tratamento.*
>
> A título de informação, identifiquei os seguintes códigos: N46 – Infertilidade masculina; N97.0 – Infertilidade feminina associada à anovulação; N97.1 – Infertilidade feminina de origem tubária; N97.2 – Infertilidade feminina de origem uterina; N97.3 – Infertilidade feminina de origem cervical; N97.4 – Infertilidade feminina de origem associada à fatores do parceiro; N97.5 – Infertilidade feminina de outra origem; e N97.9 – Infertilidade feminina não especificada (Fonte: http://www2.datasus.gov.br/cid10/V2008/cid10.htm e – consulta em 05 out. 2021).
>
> Importante salientar que a medicina reprodutiva avançou e passou a oferecer técnicas mais sofisticadas e menos invasivas, dentre elas o processo de fertilização in vitro (FIV). (grifo nosso)

Outro argumento amplamente utilizado no acórdão para defender a exclusão de cobertura da fertilização *in vitro* por parte das operadoras de saúde é de que não haveria lógica de que "o procedimento médico de inseminação artificial seja, por um lado, de cobertura facultativa – consoante a regra do art. 10, III, da lei de regência – e, por outro, a fertilização *in vitro*, que possui característica complexa e onerosa [...] tenha cobertura obrigatória".[36]

O entendimento gera perplexidade, pois se a RHA corrige o principal efeito do diagnóstico da infertilidade (não ter filhos), afronta todos os princípios éticos e de proteção do consumidor a conclusão de que se exigiria capacidade curativa da doença de base como condição de cobertura, ou de que o procedimento seja mais ou menos oneroso – como sugere o voto condutor.

Agrava a situação a existência de previsão expressa de cobertura para hipóteses de planejamento familiar na Lei 9.656/98, nos termos do art. 35-C,[37] amplamente explorado no decorrer desta pesquisa.

Porém, para se eximir da aplicação de direito expressamente garantido ao consumidor, o voto condutor sugeriu – com apoio em Resolução da ANS 192/2009, que o direito de planejamento familiar comportaria exceções, ainda que não previstas na Lei Federal:

> Diante da amplitude da expressão inseminação artificial, a ANS procurou, por meio de seus atos normativos, esclarecer o alcance do termo, tendo editado a Resolução Normativa 192, de 27 de maio de 2009, a qual estabeleceu como de cobertura obrigatória os seguintes procedimentos médicos relacionados ao planejamento familiar: i) *consulta de aconselhamento para planejamento familiar*; ii) atividade educacional para planejamento familiar; iii) implante de dispositivo intrauterino (DIU).

Aqui fica o questionamento: como compatibilizar o direito à "consulta de aconselhamento para planejamento familiar" de um casal ou de uma pessoa infértil e/ou incapaz

---

36. BRASIL. Superior Tribunal de Justiça. *Recurso Especial 1.822.420*. Relator: ministro Marco Buzzi. Brasília: STJ, 2021. Disponível em: https://processo.stj.jus.br/processo/julgamento/eletronico/documento/mediado/?documento_tipo=integra&documento_sequencial=137877709&registro_numero=201901804699&peticao_numero=&publicacao_data=20211027&formato=PDF.

37. BRASIL. *Lei 9.656* de 03 de junho de 1998: Dispõe sobre os planos e seguros privados de assistência à saúde. Disponível em: http://www.planalto.gov.br/ccivil_03/leis/L9656.htm.

de gerar filhos, se as técnicas disponíveis para garantir este planejamento e o direito de gerar filhos podem ser recusadas pelas operadoras?

A conclusão a que se chega é que mesmo não havendo previsão legal de recusa de cobertura para a fertilização *in vitro* (apenas para a inseminação artificial – art. 10, III da LPS), a leitura atenta do acórdão proferido no REsp 1822420/SP, um dos que levou à edição do Tema 1.067, sugere a interpretação sistemática e teleológica das normas, só que através de perspectiva contrária aos direitos do consumidor. Antes, para o acórdão, está o equilíbrio atuarial das operadoras. Constou do acórdão:

> Em controvérsias deste jaez a interpretação deve ocorrer de maneira *sistemática e teleológica*, de modo a conferir exegese que garanta o equilíbrio atuarial do sistema de suplementação privada de assistência à saúde, não podendo as operadoras de plano de saúde serem obrigadas ao custeio de procedimentos que são, segundo a lei de regência e a própria regulamentação da ANS, de natureza facultativa, salvo, evidentemente, expressa previsão contratual.

A incongruência é realmente preocupante. Para o voto condutor, o rol de direitos do consumidor seria meramente exemplificativo, comportando exclusões ainda que não previstas em lei. Ou seja, mesmo a lei garantindo obrigatoriedade de cobertura para planejamento familiar (art. 35-C da Lei 9.656/98), e mesmo o art. 10, III da LPS não excluindo expressamente a fertilização *in vitro*, caberia "interpretação de maneira sistemática e teleológica" para afastar o dever de cobertura da FIV pelas operadoras de saúde.

Em sentido diametralmente oposto, os deveres das operadoras, especialmente pela leitura dos acórdãos da 4ª Turma do STJ – e também da 2ª Seção nos autos dos EREsp 1886929 e EREsp 1889704, seriam absolutamente taxativos (não está no rol, a negativa seria em regra legítima).

De forma coerente, o voto vencido do Ministro Moura Ribeiro utiliza-se do fundamento de que o artigo 10, III, da mencionada Lei de Planos de Saúde excetua da cobertura tão somente a inseminação e não as demais técnicas de reprodução humana assistida, não sendo admissível a interpretação extensiva pelo Judiciário ou mesmo pela Agência Reguladora, sob pena de ampliar o alcance da lei além do que pretendeu o legislador:

> Primordialmente, a função do Poder Judiciário é interpretar, dar sentido à lei, e não ampliar o seu alcance.
>
> Se o próprio legislador optou por restringir apenas a inseminação artificial, não tem como o Poder Judiciário dilatar o seu alcance, muito menos a ANS, por força de suas resoluções normativas.
>
> (...)
>
> Por conseguinte, se fosse intenção do legislador estender a restrição à FIV, ele, certamente, teria feito textualmente. Não o fez!
>
> Não se trata, com a devida vênia, de excesso de restrição interpretativa, mas, sim, de dar razão à norma legal, interpretando-a no exato sentido que o legislador a consolidou.[38]

---

38. BRASIL. Superior Tribunal de Justiça. *Recurso Especial 1.822.420*. Relator: ministro Marco Buzzi. Brasília: STJ, 2021, p. 30. Disponível em: https://processo.stj.jus.br/processo/julgamento/eletronico/documento/media-

A discussão sobre a obrigatoriedade da cobertura da fertilização *in vitro*, que possui lastro legal (art. 35-C) e não foi expressamente excluída (art. 10, III) encontra fácil solução pela perspectiva do artigo 47 do Código de Defesa do Consumidor[39] e o artigo 423 do Código Civil,[40] *in verbis:*

> Art. 47. As cláusulas contratuais serão interpretadas de maneira mais favorável ao consumidor.
>
> Art. 423. Quando houver no contrato de adesão cláusulas ambíguas ou contraditórias, dever-se-á adotar a interpretação mais favorável ao aderente.

É o que conclui o Ministro Moura Ribeiro na parte final do seu voto:

> Na hipótese, ao excluir expressamente da cobertura do plano de assistência à saúde as despesas relacionadas *apenas* com inseminação artificial (Cláusula 4.2, III, e-STJ, fls. 56/57), *não há como interpretar esse contrato em manifesto prejuízo do consumidor/beneficiário para o fim de possibilitar a exclusão do tratamento de fertilização in vitro, sob pena de afronta do art. 47 do CDC, bem como do próprio art. 10, III, da LPS.*[41] (grifo nosso).

O Ministro Paulo Sanseverino, que também acompanhou a divergência, muito bem sintetizou aos argumentos que levam à noção de ilegalidade da vedação de acesso do usuário da saúde suplementar a fertilização *in vitro*:

> Repiso o entendimento firmado no voto-vista proferido no julgamento do Recurso Especial 1.794.629, no âmbito da Terceira Turma no sentido de que o art. 10, inciso III, da Lei 9.656/98, exclui expressamente apenas a inseminação artificial; b) o art. 20, § 1º, inciso III, da Resolução Normativa 387/2015, da ANS inovou na ordem jurídica, restringindo e modificando direitos e obrigações não previstos no art. 10, inciso III, da LPS, especificamente no que se refere a equiparação da inseminação artificial a fertilização "in vitro", estando, portanto, em desacordo com a Lei 9.656/98 e; c) se o art. 10, III, da LPS excetua a inseminação, e tão somente a inseminação, não é possível que seja realizada interpretação analógica em prejuízo ao consumidor, por força do art. 47, do Código de Defesa do Consumidor.

Por fim, em seu voto divergente, o Ministro Moura Ribeiro fez menção aos direitos reprodutivos como direito básico de qualquer indivíduo, destacando trecho do relatório da Conferência Internacional sobre População e Desenvolvimento das Nações Unidas (CIPD) realizada no Cairo em 1994:

> Além disso, no item 7.3 foi destacado que esses direitos se baseiam no reconhecido direito básico de todo casal e de todo indivíduo de decidir livre e responsavelmente sobre o número, o espaçamento e a oportunidade de seus filhos e de ter a informação e os meios de assim o fazer, e o direito de gozar

---

do/?documento_tipo=integra&documento_sequencial=137877709&registro_numero=201901804699&peticao_numero=&publicacao_data=20211027&formato=PDF.

39. BRASIL. *Código de Defesa do Consumidor.* Lei 8.078 de 11 de setembro de 1990. Senado Federal. Brasília. Disponível em: http://www.planalto.gov.br/ccivil_03/leis/l8078.htm.

40. BRASIL. *Código Civil.* Lei 10.406 de 10 de janeiro de 2002. Senado Federal. Brasília. Disponível em: http://www.planalto.gov.br/ccivil_03/leis/2002/l10406.htm.

41. BRASIL. Superior Tribunal de Justiça. *Recurso Especial 1.822.420.* Relator: ministro Marco Buzzi. Brasília: STJ, 2021, p. 27. Disponível em: https://processo.stj.jus.br/processo/julgamento/eletronico/documento/mediado/?documento_tipo=integra&documento_sequencial=137877709&registro_numero=201901804699&peticao_numero=&publicacao_data=20211027&formato=PDF.

do mais alto padrão de saúde sexual e de reprodução. Inclui também seu direito de tomar decisões sobre a reprodução, livre de discriminação, coerção ou violência, conforme expresso em documentos sobre direitos humanos.

Por mais que a posição trazida neste Capítulo seja crítica em relação ao resultado do julgamento do Tema 1.067 do STJ, o fato é que daqui em diante, e a menos que haja futura revisitação do tema pelo STJ, ou mudança legislativa que inclua de forma expressa a fertilização *in vitro* como de cobertura obrigatória pelas operadoras,[42] novas ações judiciais que discutam a obrigatoriedade de cobertura da FIV pelas operadoras de saúde para fins terapêuticos e de planejamento familiar estão fadadas ao insucesso, ressalvados os casos em que a Fertilização decorra de hipótese curativa, que é o que se passa a demonstrar.

4.1 Da exceção à aplicação do Tema 1.067 – Hipótese curativa – *Distinguishing*

Como se vê, a temática do acesso ou não à fertilização *in vitro* aos usuários da saúde suplementar se limitou às hipóteses terapêuticas para contornar os efeitos da infertilidade e de planeamento familiar.

Aliás, o argumento protagonista adotado pelo STJ no tema 1.067 para chancelar a validade de recusa ao procedimento foi justamente o fato de a FIV não ter capacidade curativa da doença de base do indivíduo ou casal infértil.

Veja-se, pois, que dos medicamentos indicados para o enfrentamento da patologia, elaborados pelo Ministério da Saúde, não há indicação, sequer a mínima referência acerca da necessidade de utilização e/ou aplicação da fertilização *in vitro* para o fim específico de obtenção de êxito no combate da referida doença.

Desta forma, por ter escapado da análise do STJ, quando a FIV for indicada para hipóteses curativas, como a geração de prole para cura da anemia falciforme em terceiro familiar, não haverá como se aplicar a literalidade do Tema 1.067.

Nesta hipótese, não se trata de planejamento familiar ou de terapia para infertilidade. A fertilização *in vitro* naturalmente se destinará a geração de novo filho, mas também será responsável por viabilizar um transplante de medula óssea que, em última análise, é a única hipótese curativa de beneficiário acometido de anemia falciforme.

Vários Tribunais de Justiça fazem esta distinção entre planejamento familiar e hipótese curativa, mesmo nos julgamentos finalizados com o restritivo entendimento de que a fertilização *in vitro* não deveria ser coberta em casos de planejamento familiar:

---

42. A atual redação da Lei 14.454/2022, que afastou o caráter taxativo do Rol da ANS, não parece ter força legal e hermenêutica suficiente para alterar o entendimento jurisprudencial sobre a matéria, já que se está a prestigiar o conceito alargado à exclusão da inseminação artificial prevista na Lei dos Planos de Saúde (art. 10), que alcançaria também a fertilização *in vitro*.

> Agravo de instrumento. Irresignação em face da decisão que deferiu a tutela de urgência para determinar *à seguradora custear as despesas referentes à reprodução assistida e, após, àquelas pertinentes ao transplante de medula óssea. Cabimento parcial. A rigor a operadora de saúde não pode ser compelida a custear despesas com a fertilização in vitro, quando realizada com a finalidade de planejamento familiar, ocorre, porém, que a fertilização não foi indicada apenas com a finalidade reprodutiva, mas para que se possa escolher embriões sadios e integralmente compatíveis com a agravada, portadora de doença hereditária, que necessita do material para que possa realizar transplante de medula óssea. O que se almeja é a realização do transplante que poderá servir de cura à menor, e não necessariamente a realização da inseminação artificial.* (...) Recurso parcialmente provido. (TJ-SP 22408100920178260000 SP 2240810-09.2017.8.26.0000, Relator: James Siano, Data de Julgamento: 19.01.2018, 5ª Câmara de Direito Privado, Data de Publicação: 19/01/2018) (grifos nossos)

Em recentíssimo precedente, o TJDFT ainda destaca que a anemia falciforme é doença listada e de cobertura obrigatória, e sendo o Transplante de Medula Óssea a única hipótese curativa, e não tendo o paciente doador compatível, a cura passa pela geração de filho sem traço falciforme apto a viabilizar o procedimento, o que só é possível através da FIV:

> A autora/agravada foi diagnosticada como portadora de anemia falciforme (CID D 57.0). Extrai-se dos relatórios médicos a definição de que o Transplante de Células Tronco Hematopoiéticas (TCTH) Alogênico *é o único tratamento possível à autora/agravada, ressaltada a urgência para a realização da fertilização in vitro. 2. Como bem posto pela decisão agravada, questão que não diz respeito a exclusivo planejamento familiar,* "mas sim como ultima ratio para tratamento da doença que atinge a menor I.C.G.", *mormente em razão do fato de que* "tanto a autora como seu marido João possuem traços de anemia genética, razão pela qual qualquer tentativa de gravidez pelos métodos tradicionais poderá gerar outro filho com anemia falciforme". (...) . 3.1. Por sua vez, o art. 10 da Lei 9.656/98 instituiu um plano-referência de assistência à saúde, com cobertura de tratamentos das doenças listadas na Classificação Estatística Internacional de Doenças e Problemas Relacionados com a Saúde, da Organização Mundial de Saúde. A norma legal foi regulamentada pela ANS, a qual estabeleceu um rol de procedimentos e diretrizes de utilização para cobertura de procedimentos na saúde suplementar (atual RN 465/2021), dentre os quais, obrigatoriamente, a comorbidade que atinge a autora/agravada (...) 4.1. E, no caso, como visto, *único tratamento para anemia falciforme que acomete a autora/agravada consiste na fertilização "in vitro" de embrião que com ela seja compatível.* (TJDFT, Agravo de Instrumento 0722988-70.2021.8.07.0000, relatora Maria Ivatônia, publicado em 07.10.2021.

Desta forma, é materialmente impossível a aplicação do Tema para hipóteses curativas, o que, como demonstrado, decorre do próprio teor dos acórdãos levados a julgamento pelo STJ,[43] que considera a impossibilidade de cura da infertilidade como lastro para chancelar a negativa do procedimento de fertilização. Se o objetivo for curativo, *mutatis mutandi*, a cobertura será devida.

Está-se, pois, diante de uma flagrante hipótese de aplicação da *distinguishing*, que na prática revela a demonstração cabal de que o caso em julgamento não possui correspondência fática com o precedente invocado para aplicação ou afastamento do direito postulado.

---

43. "(...) não há indicação, sequer a mínima referência acerca da necessidade de utilização e/ou aplicação da fertilização in vitro para o fim específico de obtenção de êxito no combate da referida doença (infertilidade) (trecho do voto condutor).

Aplicar a *distinguishing* é o oposto de raciocinar por analogia. Quando se distingue um caso de outro, o argumento utilizado aponta que os fatos do caso precedente são, em alguma medida, diferentes dos fatos do caso em julgamento, de tal modo que as razões fundamentais do precedente não deverão ser aplicadas ao caso em julgamento, realizando-se uma exceção que permite que o julgador se furte da aplicação do precedente.[44]

Aplicando-se ou não a figura da *distinguishing*, fica, de qualquer forma, a crítica ao Tema, finalizado com a redação "salvo disposição contratual expressa, os planos de saúde não são obrigados a custear o tratamento médico de fertilização *in vitro*", por não ter excepcionado as hipóteses curativas, o que certamente continuará levando às recusas indevidas por parte das operadoras de saúde, e consequentemente ocasionando à indesejável judicialização, que poderia ser evitada com o devido enfrentamento desta situação excepcional, qual seja: o transplante de medula óssea como hipótese curativa de pessoas com anemia falciforme e de outras doenças através da FIV com seleção de embriões compatíveis.

5. PROPOSTAS E CONCLUSÕES

O julgamento do Tema 1.067 pelo STJ encerra um capítulo melancólico aos que buscam acesso à fertilização *in vitro* como hipóteses terapêuticas e de planejamento familiar, com tendência de finalização das demandas existentes e de cerceio àquelas que se apresentam diariamente nos Tribunais Pátrios.

É realmente contraditória a existência de decisões do STF, intimamente ligadas à noção de dignidade da pessoa humana, a exemplo da que permite o casamento de pessoas do mesmo sexo,[45] com o julgamento do Tema 1.067, que retira destas mesmas pessoas a possibilidade de geração de prole com cobertura assistencial pelas operadoras de saúde.

Ainda com mais gravidade, mesmo sendo a infertilidade considerada uma doença, devidamente classificada internacionalmente e com CID específico (o que atrairia a cobertura obrigatória por parte das operadoras de saúde, nos termos do artigo 10 da Lei 9.656/98), o único tratamento efetivo (FIV) destinado a atacar os efeitos desta patologia está, a partir do julgamento do Tema, excluído das coberturas obrigatórias.

Em outras palavras, é como se a infertilidade, assim como os seus efeitos, tivesse menor importância se comparada as demais doenças.

De igual modo, destaca-se que o Tema 1.067 impede a cobertura da FIV a pessoas que tenham o diagnóstico de infertilidade em razão de sequelas de tratamentos cobertos (radioterapias e quimioterapias), trazendo a percepção de que as operadoras são obrigadas a tratar a doença base (um câncer, por exemplo), mas, contraditoriamente, estariam isentas da cobertura de suas sequelas.

---

44. Distinguishing e overruling na aplicação do art. 489, § 1º, VI, do CPC/2015. Wagner Arnold Fensterseifer, citando Fruehwald, Edwin S. Legal Argument and Small-Scale Organization. Hofstra University:Legal Studies Research. Paper n. 7-11.

45. A ADI 4277 e a ADPF 132 reconhecem o direito ao estabelecimento de união estável por casais homoafetivos.

O fato é que a decisão está posta, e o caminho para contornar o julgamento do Superior Tribunal de Justiça passa necessariamente por mudanças na Lei 9.656/98 perante o Congresso Nacional, através de Projetos que tragam de forma taxativa que a previsão de exclusão de cobertura da inseminação artificial (art. 10, III) não abarca outras técnicas reprodutivas, e de que o direito ao planejamento familiar inclui a fertilização *in vitro*.

Em busca no Congresso Nacional, encontra-se o PL 5.730/2009,[46] de autoria do Deputado Geraldo Resende, que propõe a alteração do art. 35-C da Lei 9.656/98, sugerindo a seguinte redação: "art. 35-C. É obrigatória a cobertura do atendimento nos casos: III – de planejamento familiar, incluindo a reprodução assistida".

O Projeto está apensado ao PL 7419/2006, que prevê outras alterações na Lei 9.656/98, ainda sem pauta para votação. Porém, destaca-se que qualquer alteração a ser promovida na Lei dos Planos de Saúde deverá ser expressa em relação à cobertura da fertilização *in vitro*, evitando novos exercícios de interpretação e teleologia a serem exercidos pelos Tribunais e pela própria ANS, como na interpretação elástica dada ao conceito de inseminação artificial para vedar acesso à FIV – um verdadeiro contrassenso.

Até que a referida alteração legislativa ocorra, pela construção doutrinária e jurisprudencial defendida, deverá ser coberto pelas operadoras de saúde todo e qualquer procedimento de fertilização *in vitro* que tenha por finalidade precípua hipóteses curativas, como a situação das pessoas com anemia falciforme destacadas neste capítulo, que para terem acesso ao transplante de medula óssea como única possibilidade curativa, comprovadamente necessitam de acesso à FIV.

6. REFERÊNCIAS

ASSAD, Mariana. Fertilização *in vitro* pode prevenir doenças hereditárias no embrião? *Centro de Fertilidade de Ribeirão Preto*, 2018. Disponível em: https://ceferp.com.br/blog/fertilizacao-in-vitro-pode-prevenir-doencas-hereditarias-no-embriao/. Acesso em: 15 dez. 2021.

BRASIL. Câmara dos Deputados. Projeto de Lei 5.730/2009, de 06 de agosto de 2009. Altera a Lei 9.656, de 3 de junho de 1998, que "dispõe sobre os planos e seguros privados de assistência à saúde". Brasília: Câmara dos Deputados, 2009. Disponível em: https://www.camara.leg.br/proposicoesWeb/prop_mostrarintegra?codteor=676733&filename=Tramitacao-PL+5730/2009. Acesso em: 15 dez. 2021.

BRASIL. Constituição da República Federativa do Brasil. Diário Oficial da União, 5 de outubro de 1988.

BRASIL. Código Civil. Lei 10.406 de 10 de janeiro de 2002. Senado Federal. Brasília. Disponível em: http://www.planalto.gov.br/ccivil_03/leis/2002/l10406.htm. Acesso em: 15 dez. 2021.

BRASIL. Código de Defesa do Consumidor. Lei 8.078 de 11 de setembro de 1990. Senado Federal. Brasília. Disponível em: http://www.planalto.gov.br/ccivil_03/leis/l8078.htm. Acesso em: 15 dez. 2021.

BRASIL. Lei 9.263 de 12 de janeiro de 1996. Trata do planejamento familiar, estabelece penalidades e dá outras providências. Disponível em: http://www.planalto.gov.br/ccivil_03/leis/l9263.htm. Acesso em: 15 dez. 2021.

---

46. BRASIL. Câmara dos Deputados. Projeto de Lei 5.730/2009, de 06 de agosto de 2009. Altera a Lei 9.656, de 3 de junho de 1998, que "dispõe sobre os planos e seguros privados de assistência à saúde". Brasília: Câmara dos Deputados, 2009. Disponível em: https://www.camara.leg.br/proposicoesWeb/prop_mostrarintegra?codteor=676733&filename=Tramitacao-PL+5730/2009.

BRASIL. Lei 9.656 de 03 de junho de 1998: Dispõe sobre os planos e seguros privados de assistência à saúde. Disponível em: http://www.planalto.gov.br/ccivil_03/leis/L9656.htm. Acesso em: 15 dez. 2021.

BRASIL. Lei 9.961 de 28 de janeiro de 2000. Cria a Agência Nacional de Saúde Suplementar – ANS e dá outras providências. Disponível em: http://www.planalto.gov.br/ccivil_03/leis/l9961.htm. Acesso em: 15 dez. 2021.

BRASIL. Lei 13.105, de 16 de março de 2015. Institui o Código de Processo Civil. Diário Oficial da União, Brasília, DF, 17 março 2015. Disponível em: https://www.planalto.gov.br/ccivil_03/_ato2015-2018/2015/lei/l13105.htm. Acesso em: 15 dez. 2021.

BRASIL. Manual de Diagnóstico e Tratamento de Doenças Falciformes. Agência Nacional de Vigilância Sanitária. Brasília: ANVISA, 2001, p. 50. Disponível em: https://bvsms.saude.gov.br/bvs/publicacoes/anvisa/diagnostico.pdf. Acesso em: 22 dez. 2021.

BRASIL. Portaria 1.321, de 21 de dezembro de 2015. Inclui, na Tabela de Procedimentos, Medicamentos, Órteses, Próteses e Materiais Especiais do SUS, a compatibilidade do transplante alogênico aparentado de medula óssea, de sangue periférico ou de sangue de cordão umbilical, para tratamento da doença falciforme. Disponível em: https://bvsms.saude.gov.br/bvs/saudelegis/sas/2015/prt1321_21_12_2015.html. Acesso em: 22 dez. 2021.

BRASIL. Resolução 2.294, de 27 de maio de 2021. Adota as normas éticas para a utilização das técnicas de reprodução assistida – sempre em defesa do aperfeiçoamento das práticas e da observância aos princípios éticos e bioéticos que ajudam a trazer maior segurança e eficácia a tratamentos e procedimentos médicos, tornando-se o dispositivo deontológico a ser seguido pelos médicos brasileiros e revogando a Resolução CFM 2.168, publicada no DOU de 10 de novembro de 2017, Seção 1, p. 73. Disponível em: https://www.in.gov.br/en/web/dou/-/resolucao-cfm-n-2.294-de-27-de-maio-de-2021-325671317. Acesso em: 23 dez. 2021.

BRASIL. Superior Tribunal de Justiça. Tema repetitivo 1.067. Cobertura de fertilização in vitro pelo plano de saúde. Brasília: STJ, 2021. Disponível em: https://processo.stj.jus.br/repetitivos/temas_repetitivos/pesquisa.jsp?novaConsulta=true&tipo_pesquisa=T&cod_tema_inicial=1067&cod_tema_final=1067. Acesso em: 23 dez. 2021.

BRASIL. Superior Tribunal de Justiça. Recurso Especial 1.822.420. Relator: ministro Marco Buzzi. Brasília: STJ, 2021. Disponível em: https://processo.stj.jus.br/processo/julgamento/eletronico/documento/mediado/?documento_tipo=integra&documento_sequencial=137877709&registro_numero=201901804699&peticao_numero=&publicacao_data=20211027&formato=PDF. Acesso em: 23 dez. 2021.

BRASIL. Superior Tribunal de Justiça. Recurso Especial 1.822.818. Relator: ministro Marco Buzzi. Brasília: STJ, 2021. Disponível em: https://stj.jusbrasil.com.br/jurisprudencia/1306298514/recurso-especial-resp-1822818-sp-2019-0183471-7/inteiro-teor-1306298607. Acesso em: 23 dez. 2021.

BRASIL. Superior Tribunal de Justiça. Recurso Especial 1.851.062. Relator: ministro Marco Buzzi. Brasília: STJ, 2021. Disponível em: https://stj.jusbrasil.com.br/jurisprudencia/1306298515/recurso-especial-resp-1851062-sp-2019-0356986-1/inteiro-teor-1306298608. Acesso em: 23 dez. 2021.

BRASIL. Supremo Tribunal Federal. ADI 4277. Relator: ministro Ayres Britto. Disponível em: https://redir.stf.jus.br/paginadorpub/paginador.jsp?docTP=AC&docID=628635. Acesso em: 23 dez. 2021.

BRASIL. Supremo Tribunal Federal. ADPF 132. Relator: ministro Ayres Britto. Disponível em: https://redir.stf.jus.br/paginadorpub/paginador.jsp?docTP=AC&docID=628633. Acesso em: 23 dez. 2021.

BRÊTAS, Pollyana. ANS diz que planos de saúde são obrigados a pagar apenas procedimentos listados no rol. *O Globo*, 2021. Disponível em: https://oglobo.globo.com/economia/defesa-do-consumidor/ans-diz-que-planos-de-saude-sao-obrigados-pagar-apenas-procedimentos-listados-no-rol-veja-lista-24897566#:~:text=ANS%20diz%20que%20n%C3%A3o%20houve%20mudan%C3%A7a%20de%20entendimento&text=Segundo%20a%20ag%C3%AAncia%2C%20%22a%20troca,pela%204%C2%AA%20Turma%20do%20STJ. Acesso em: 15 dez. 2021.

DIAS, Maria Berenice. *Manual de direito de família*. São Paulo: Ed. RT, 2009.

FERRAZ, Ana Cláudia Brandão de Barros Correia. *A reprodução humana assistida e suas consequências nas relações de família*: a filiação e a origem genética sob a perspectiva da repersonalização. Curitiba: Ed. Juruá, 2016.

FERREIRA, Reginaldo; Gouvêa, Cibele. Recentes avanços no tratamento da anemia falciforme. *Revista Médica de Minas Gerais*. Universidade Federal de Alfenas, v. 28, 2016. Disponível em: http://www.rmmg.org/artigo/detalhes/2324.

GUIMARÃES, Ana Paula. *Alguns Problemas jurídico-criminais da procriação medicamente assistida*. Coimbra: Coimbra Editora, 1999.

LEITE, Eduardo de Oliveira. *Procriações artificiais e o direito, aspectos médicos, religiosos, psicológicos, éticos e jurídicos*. São Paulo: Ed. RT, 1995.

MASCARENHAS, Igor de Lucena; DA COSTA, Ana Paula de Albuquerque. Fertilização *in vitro* e o direito ao planejamento familiar: a ilegalidade do Enunciado 20 da I Jornada de Direito da Saúde do Conselho Nacional de Justiça e a teoria da captura aplicada à ANS. *Revista de Direito do Consumidor*. vol. 121. ano 28. São Paulo: Ed. RT, jan.-fev. 2019.

OMS. Organização Mundial de Saúde. Múltiplas definições de infertilidade. [Internet]. *Saúde sexual e reprodutiva*. 2017, p. 1-2. Disponível em: https://www.who.int/reproductivehealth/topics/infertility/multiple-definitions/en/. Acesso em: 23 dez. 2021.

PEREIRA, Tânia da Silva. Famílias Possíveis: novos paradigmas na convivência familiar. In: PEREIRA, Rodrigo da Cunha (Org.). *Anais do IV Congresso Brasileiro de Direito de Família*.

PINHEIRO, Pedro. Anemia falciforme: traço, sinais e tratamento. *Md. Saúde*, 2021. Disponível em: https://www.mdsaude.com/hematologia/anemia-falciforme/. Acesso em: 23 dez. 2021.

PLANO de saúde deve custear fertilização in vitro para tratamento de criança com doença genética. *COAD*, 2019. Disponível em: https://www.coad.com.br/home/noticias-detalhe/94947/plano-de-saude-deve--custear-fertilizacao-in-vitro-para-tratamento-de-crianca-com-doenca-genetica. Acesso em: 23 dez. 2021.

PRADO, Daniella Alvarez. Considerações sobre Saúde Suplementar no Brasil e a incidência da Lei 9.656/98 diante dos princípios do Código de Defesa do Consumidor. In: Curso de direito em saúde suplementar. *Judicialização da saúde, Parte I: saúde suplementar no direito brasileiro*. Rio de Janeiro: EMERJ, 2011. Disponível em: https://www.emerj.tjrj.jus.br/serieaperfeicoamentodemagistrados/paginas/series/6/judicializacaodasaude_111.pdf. Acesso em: 23 dez. 2021.

RUZYK, Carlos Eduardo Pianovski. *Famílias simultâneas*: da unidade codificada à pluralidade constitucional. Rio de Janeiro: Renovar, 2005.

SANTOS, Fausto Pereira dos. Saúde suplementar – impactos e desafios da regulação. *Revista UFG*, 2017. Disponível em: https://www.revistas.ufg.br/revistaufg/article/view/48114. Acesso em: 23 dez. 2021.

CONCEPÇÃO APÓS O PROCEDIMENTO DE ESTERILIZAÇÃO VOLUNTÁRIA: CONSENTIMENTO, TERMO DE CONSENTIMENTO E PROCESSO DE ESCOLHA ESCLARECIDA, SOB O ENFOQUE JURISPRUDENCIAL

Flaviana Rampazzo Soares

Doutora e Mestre em Direito pela PUC-RS. Especialista em Direito Processual Civil. Advogada e Professora.

Sumário: 1. Introdução – 2. Quais são (ou deveriam ser) os requisitos para a esterilização – 3. Qual é o conteúdo informativo a ser contemplado na fase de escolha esclarecida – 4. Análise de algumas questões envolvidas em decisões judiciais sobre a matéria – 5. Conclusões – 6. Referências.

1. INTRODUÇÃO

A Constituição Federal brasileira trata do planejamento reprodutivo no § 7º do art. 226, o qual prevê que esta é uma decisão do núcleo familiar, fundada na autodeterminação existencial, cabendo ao Estado "propiciar os recursos educacionais e científicos" necessários ao seu exercício.

Além de ser considerada uma deliberação de um núcleo familiar sob o enfoque reprodutivo, o planejamento familiar significa a dimensão programada que cada família terá, a qual poderá ser menor ou maior, conforme os legítimos interesses das pessoas nela diretamente envolvidas e que diz respeito ao projeto de vida que é construído e reconstruído continuamente, voluntária ou involuntariamente.

Ou seja, cada núcleo autodefine a sua extensão quanto a sua composição, a qual não é estanque (pois pode ser revista a qualquer momento) e tampouco limitada pela lei, uma vez que o direito brasileiro não restringe o tamanho ou a proporção das famílias, constituídas sob os ditames do pluralismo e da liberdade nos seus diferentes e possíveis arranjos (casamento ou união estável, com ou sem filhos etc.).

O planejamento familiar constitucionalmente previsto é regulamentado por lei específica (Lei 9.263/1996), a qual prevê, em seu art. 2º, que esse direito é constituído por medidas "de regulação da fecundidade", a assegurar a "constituição, limitação ou aumento da prole", de modo a deixar nas mãos dos próprios interessados e diretamente envolvidos a possibilidade de controle reprodutivo.

O art. 9º da mesma Lei refere que as técnicas de concepção e de contracepção cientificamente aceitas deverão estar à disposição dos interessados, para exercício do direito ao planejamento familiar. Ademais, o sistema de saúde brasileiro proporciona o acesso a métodos de esterilização que impedem definitivamente o contato entre espermatozoide e óvulo.

Os procedimentos de esterilização voluntária usualmente empregados são a laqueadura tubária, para órgãos reprodutivos femininos e a vasectomia, para os órgãos reprodutivos masculinos, e ambos envolvem procedimento cirúrgico, conquanto o primeiro seja mais invasivo que o segundo. A literatura médica insere esses métodos na categoria da esterilização permanente, assim consideradas em razão do reduzido percentual de irreversibilidade,[1] alcançando uma eficácia média de 99%.[2]

A questão posta e a ser avaliada neste texto é a ocorrência de concepção após a passagem por procedimento de esterilização, em sua correlação com o consentimento do paciente e o processo de escolha esclarecida, tendo em vista algumas decisões judiciais que trataram do tema. A perspectiva de abordagem é essencialmente prática, sob o enfoque do paciente e voltado à análise de alguns erros e acertos das referidas decisões, com o objetivo de pinçar os principais pontos de debate da questão, quando posta em juízo.

Para que esse fim seja alcançado, é essencial investigar: (a) as situações que permitem a esterilização; (b) as informações que devem ser repassadas a quem se submeterá ao procedimento, bem como a definição do seu destinatário; (c) a necessidade de consentimento e de termo de consentimento e, por fim, (d) a análise de algumas decisões judiciais envolvendo a matéria.

Como metodologia de pesquisa, optou-se por uma abordagem dedutiva, a partir de aspectos gerais, com um olhar dirigido à prática médica e jurídica. Adotou-se a abordagem da pesquisa exploratória, com levantamento documental bibliográfico e jurisprudencial.

2. QUAIS SÃO (OU DEVERIAM SER) OS REQUISITOS PARA A ESTERILIZAÇÃO

A esterilização, para que seja considerada tecnicamente adequada sob os aspectos jurídicos e da saúde, depende do preenchimento de determinados requisitos, que são essencialmente vinculados à condição clínica do paciente e às exigências previstas em lei.

---

1. A reversão pode ser possível, conforme o caso, mas o percentual de êxito é de aproximadamente 75% se realizada em até 3 anos a contar da data do procedimento, e de apenas 35% se realizada entre 9 e 19 anos (https://www.nhs.uk/conditions/contraception/vasectomy-reversal-nhs/).

2. Para vasectomia, consultem-se os dados dos *Centers for disease control and prevention* (CDC), agência do Departamento de Saúde e Serviços Humanos dos EUA (https://www.cdc.gov/reproductivehealth/contraception/mmwr/spr/male_sterilization.html) e de SHARLIP, I.D.; BELKER A.M.; HONIG S. et al. Vasectomy: AUA guideline. J Urol 2012; 188: 2482 (disponível em: https://www.auanet.org/guidelines/guidelines/vasectomy--guideline). Para ligadura tubária, vejam-se as informações de Trussell J, Aiken ARA, Micks E, Guthrie KA. Efficacy, safety, and personal considerations. In: Hatcher RA, Nelson AL, Trussell J, Cwiak C, Cason P, Policar MS, Edelman A, Aiken ARA, Marrazzo J, Kowal D, eds. *Contraceptive technology*. 21st ed. New York, NY: Ayer Company Publishers, Inc., 201. Em geral, os estudos demonstram que a eficácia se eleva na medida do tempo de passagem pelo procedimento (Vide *Journal of obstetrics and gynecology Canada*, nov/2015, chapter 6, p. S26-S39. in: https://www.jogc.com/article/S1701-2163(16)39377-X/pdf).

Como toda intervenção cirúrgica, depende da existência de instalações adequadas, de realização por profissional médico e da prévia passagem pelo processo informativo decisório do paciente, que resulte em consentimento. Ademais, como todo procedimento, é necessário verificar se o paciente está em condições clínicas de ser operado.

Permite-se a esterilização voluntária quanto houver risco à vida ou à saúde da paciente ou do futuro concepto, a ser comprovado por meio de relatório escrito e firmado por dois médicos.

Segundo o § 4º do art. 10 da Lei 9.263/1996, a esterilização cirúrgica voluntária como método contraceptivo "somente será executada através da laqueadura tubária, vasectomia ou de outro método cientificamente aceito, sendo vedada através da histerectomia e ooforectomia".

A Lei 9.263/1996, em seu art. 10 (com a redação dada pela Lei 14.443/2022), refere que a esterilização voluntária depende do preenchimento do requisito da capacidade civil do paciente, que deve ter 21 anos de idade completos ao tempo do procedimento[3] ou, ainda que não alcançada a referida idade, que a pessoa interessada tenha ao menos dois filhos vivos.

O procedimento somente pode ser efetivado depois de transcorrido o prazo de sessenta dias da manifestação da vontade, para que a pessoa tenha tempo para adequadamente refletir sobre esse tema extremamente importante, destacando-se que a revogação é ato permitido a qualquer tempo, enquanto não efetivado o ato cirúrgico. Exige-se que o interessado passe pelo "serviço de regulação da fecundidade, incluindo aconselhamento por equipe multidisciplinar, visando desencorajar a esterilização precoce". Embora a legislação possa não ter utilizado a melhor linguagem, uma vez que o processo informativo não deve ter o objetivo de direcionar a decisão do paciente, mas sim de fornecer subsídios à deliberação deste, fica claro que o indivíduo interessado deve receber informações quanto ao procedimento ao qual pretende se submeter e o seu risco de irreversibilidade.

---

3. O requisito da idade mínima vem sendo aplicado na jurisprudência, conforme demonstram os seguintes precedentes do TJRJ: AI 0001577-18.2017.8.19.0000. Rel. Des. Paulo Sérgio Prestes dos Santos. J. em 26.04.2017; AI 0023824-95.2014.8.19.0000, Rel. Des. Jose Acir Giordani. J. em 18.08.2014 e AI 0020461-61.2018.8.19.0000. 25 Câmara Cível. Rel. Desa. Isabela Pessanha Chagas. Os precedentes referidos ainda consideravam a idade mínima de 25 anos de idade, na redação original da Lei 9.263/1996, que agora foi reduzido para 21 anos de idade.

Casos disponíveis em: www.tjrj.jus.br.

Há hipóteses nas quais os requisitos devem ser devidamente ponderados, como foi salientado na decisão do AREsp 775125 pelo STJ, de relatoria do Min. Napoleão Nunes Maia Filho, DJU 23.08.2016 (disponível em: www.stj.jus.br), no qual consta a possibilidade de que uma jovem dependente de drogas seja submetida ao procedimento, havendo laudos médicos indicativos da necessidade.

Sabe-se que há quem sustente a inconstitucionalidade do dispositivo legal, mas esse ponto não será objeto deste texto (registre-se as Ações Diretas de Inconstitucionalidade 5.911 e 5.097, em tramitação perante o STF, as quais questionam as exigências de consentimento do cônjuge para a esterilização; a idade mínima de 25 anos; bem como a questão da vedação da realização do procedimento durante o parto ou aborto, ambas pendentes de julgamento até a data da elaboração deste artigo).

Destarte, a pessoa que pretende se submeter ao procedimento deve ter capacidade (sob o enfoque cognitivo) de passar pela fase de escolha esclarecida, tendo em vista que se trata de uma decisão de cunho existencial vinculada ao planejamento reprodutivo e não propriamente de um tratamento de saúde que tenha como objetivo extirpar ou prevenir uma doença.[4]

A partir da vigência da Lei 14.443/2022, não mais se exige o consentimento "expresso" do casal, mesmo se o procedimento for efetivado "na vigência da sociedade conjugal", nos termos do art. 10 da Lei 9.263/1996. Assim, apenas a pessoa que se submeterá ao procedimento deverá consentir, independentemente da vontade de seu cônjuge.

O Estatuto da Pessoa com Deficiência (Lei 13.146/2015 – EPD) é claro ao estabelecer que a deficiência não afeta a regra da plena capacidade civil do indivíduo (a qual é atualmente utilizada como referência para o consentimento), inclusive para que este possa livremente decidir sobre o exercício dos seus direitos sexuais e reprodutivos, tanto que é vedada taxativamente a esterilização compulsória, embora o seu consentimento possa ser suprido "na forma da lei".

Ademais, o EPD permite o atendimento independentemente de consentimento no caso de emergência ou quando houver risco de morte, resguardado o superior interesse do paciente e "adotadas as salvaguardas legais cabíveis" (sendo essa a expressão dos artigos 6º, 11, 12 e 13 do EPD).

Segundo o texto da Lei 9.263/1996, no art. 10, a esterilização depende do registro de "expressa manifestação da vontade em documento escrito e firmado, após a informação a respeito dos riscos da cirurgia, possíveis efeitos colaterais, dificuldades de sua reversão e opções de contracepção reversíveis existentes", a qual deve decorrer de decisão proveniente de pessoa com discernimento pleno, livre da ação de quaisquer agentes que possam alterar o discernimento do paciente, como, por exemplo, pela ação de substâncias psicoativas em face de estados emocionais alterados. Assim, com a curatela será possível que ocorra o suprimento da vontade do paciente, desde que submetido à intervenção judicial prévia, assegurando-se a participação da pessoa com deficiência na decisão a ser tomada, na melhor medida possível.[5]

---

4. Diante das limitações intrínsecas que dizem respeito tanto ao tema quanto ao espaço para que o mesmo seja explorado, explicita-se que este texto não abordará importantes aspectos envolvidos na questão da esterilização voluntária, como a esterilização de pessoas com deficiência e também o consentimento do cônjuge.

5. "Partindo da ideia preliminar e fundamental de que a capacidade é a regra e a incapacidade a exceção, veio o direito positivo contemplar, objetivamente, as hipóteses de restrição da plena capacidade, esclarecendo ser excepcional a limitação ao exercício dos atos da vida civil. (...) Esse concerto de opções legislativas conforme a distinção entre a pessoa com deficiência e a pessoa com deficiência qualificada pela curatela também é devidamente ilustrado nos arts. 11 e 12 da Lei 13.146/15 (...) Da aparente contradição entre os textos e os caputs e de seus parágrafos, infere-se que a autodeterminação não é uma prerrogativa de qualquer pessoa com deficiência. Quando ela for qualificada pela curatela, poderá se dar a substituição, na tomada de decisões em atos personalíssimos, como esterilização, internação e tratamentos médicos, desde que respeitada a identidade, a história de vida e as circunstâncias pessoais e sociais do paciente. A simples proibição de substituição em âmbitos vinculados ao exercício de direitos fundamentais, sem que existam meios alternativos de expressão da vontade, poderia redundar em exclusão total da pessoa em esferas de atuação consideradas essenciais (...)". FARIAS, Cristiano Chaves; ROSENVALD, Nelson. *Curso de Direito Civil*. 8. ed. Salvador: JusPodivm, 2016. v. 6, p. 901.

Ultrapassada essa breve análise relativa ao consentimento da pessoa com deficiência na esterilização, segue-se a investigação com o alerta de que a mulher, deficiente ou não, pode ser submetida a procedimento de esterilização "durante o período de parto", desde que a paciente gestante tenha manifestado vontade nesse sentido ao menos 60 dias antes do parto (texto do § 2º do art. 10 da Lei 9.263/1996, com a redação da Lei 14.443/2022) e que haja condições de saúde para que esse procedimento ocorra no mesmo ato que o parto.

Assim, para facilitar a compreensão do exposto, apresenta-se abaixo um quadro (não exaustivo) dos requisitos a serem observados, bem como a respectiva providência a ser adotada pelo esculápio no atendimento.

Requisito	Providência
Condição clínica do paciente	Declaração médica de adequação e exames pré-operatórios indicativos de aptidão do paciente a passar pelo procedimento.
Capacidade para consentir	Verificação da capacidade para consentir (paciente lúcido, orientado, com discernimento, com condições para decidir), conferida durante o processo de escolha esclarecida até o seu final, atestada por declaração ou por aplicação de questionário específico, como o *MacArthur Competence Assessment Tool – MacCAT* ou o *Capacity Assessment Tool* (CAT).[6]
Instalações adequadas	Uso de instalações adequadas ao procedimento a ser realizado, com base na boa técnica, aceitas pelo paciente e por eventual agente custeador que não seja diretamente o paciente (v.g., seguro saúde).
Indicação do tipo de procedimento adequado à finalidade	Laqueadura tubária, vasectomia ou outro método cientificamente aceito, que deverá ser documentado pelo médico e equipe de atendimento.
Idade mínima do paciente	Assegurar-se que o paciente tenha ao menos 18 anos de idade, se comprovadamente tiver ao menos dois filhos vivos, ou, independentemente de prole, a partir dos 21 anos de idade. A idade deve ser considerada a que o paciente tiver na data do procedimento. A esterilização cirúrgica em pessoas absolutamente incapazes somente poderá ocorrer mediante autorização judicial e deverá ser devidamente documentada e comprovada.
Consentimento	O termo de consentimento (obrigatoriamente por escrito – art. 10 § 1º da Lei 9.263/1996) deve ser preenchido corretamente pelo médico e assinado pelo paciente, o qual deve efetivamente ter passado por um processo prévio e correto de escolha esclarecida, no qual deverá ter recebido todas as informações aptas e necessárias à tomada de decisão. Atentar para a dispensa de consentimento do cônjuge ou convivente, tendo em vista a revogação do § 5º do art. 10 da Lei 9.263/1996, pela Lei 14.443/2022.
Prazo para reflexão de 60 dias	O procedimento somente pode ser efetivado depois de 60 dias a contar da data em que for emitido o consentimento. Isso deve estar documentado, especialmente a partir da análise da ficha do paciente, da baixa hospitalar e do próprio termo de consentimento. Esse prazo, no entanto, não precisa ser atendido no caso de procedimento de emergência.

---

6. GRISSO, Thomas; APPELBAUM, Paul S. *Assessing competence to consent to treatment*: a guide for physicians and other health professionals. New York: Oxford University Press, 1998. p. 102-126; CARNEY, Maria T.; NEUGROSCHL, Judith; MORRISON, R. Sean; MARIN, Deborah; SIU, Albert L. The development and piloting of a capacity assessment tool. *The journal of clinical ethics*. v. 12. n. 1. 2001. p. 17-23, apêndice das p. 21-22. Os questionários estão reproduzidos e traduzidos em: SOARES, Flaviana Rampazzo. *Consentimento do paciente no direito médico*. Indaiatuba: Foco, 2021. p. 151-155.

Requisito	Providência
Informações aptas e necessárias prévias à escolha esclarecida	Providenciar que o paciente tenha previamente sido informado quanto a métodos contraceptivos eficientes, reconhecidos, menos invasivos e temporários. Custos, riscos, benefícios, cuidados envolvidos (tanto da equipe quanto do próprio paciente), efeitos colaterais, dificuldades de reversão etc.
Cuidado quanto ao período de realização do procedimento.	Para mulheres, o procedimento passou a ser de possível realização durante o parto, desde que seja respeitado o prazo prévio mínimo de 60 dias entre o consentimento e o procedimento. O médico deve ter o cuidado de registrar o atendimento de acordo com esta diretriz, declarando, com a assinatura conjunta do paciente, que o procedimento se faz mediante a observância dos requisitos legais.
Prévio encaminhamento do paciente ao serviço de atendimento relativo à fecundidade, a permitir o aconselhamento/atendimento por equipe multidisciplinar.	Essa comprovação se faz por meio de formulário de encaminhamento assinado pelo paciente e pelo médico. Ultrapassada essa etapa, o atendimento terá continuidade com o documento emitido pelo serviço de atendimento, atestando o consentimento do paciente, após a passagem pelo acompanhamento.
Notificação da esterilização.	Quando ocorrer o procedimento laqueadura tubária, vasectomia, e de cesariana com laqueadura tubária em pacientes com cesáreas sucessivas anteriores/risco de vida, deve-se notificar o SUS e preencher a ficha de registro individual de notificação de esterilização (conforme o modelo anexo da Portaria MS 48/1999, nos termos do art. 8º da referida Portaria), devendo esta ser arquivada junto ao prontuário do paciente.

Ultrapassado esse ponto, parte-se para a investigação a respeito do conteúdo informativo da fase de escolha esclarecida nos procedimentos de esterilização voluntária.

3. QUAL É O CONTEÚDO INFORMATIVO A SER CONTEMPLADO NA FASE DE ESCOLHA ESCLARECIDA

A decisão sobre a esterilização, diante das suas consequências e difícil reversão, deve ser tomada com elevado cuidado e, sempre que possível, deve ser exercida pela própria parte que se submeterá ao procedimento.

Essa decisão é parte de um processo que envolve a verificação da capacidade para consentir, seguida do repasse da informação, da sua assimilação, da tomada de decisão e da sua emissão por meio de vontade declarada.

O destinatário da informação é o paciente ou o seu representante, quando este for chamado para decidir. A informação pode ser repassada individualmente, tendo em vista que se trata de questão existencial a envolver dados sensíveis, que devem ser resguardados do conhecimento ou da ingerência alheia, na melhor medida possível.

Se o paciente não quiser ser informado, isto poderá, conforme o caso, ser considerado como equivalente a uma recusa de atendimento, pois não é admissível que o paciente decida "em branco" quanto a riscos que desconheça ou que se recuse a conhecer. Mesmo que a informação seja mais sucinta – e o nível informativo será definido a partir das circunstâncias de atendimento e do procedimento que seja demandado, tendo em vista o quadro clínico do paciente, a sua intenção, e o tempo para o atendimento – um mínimo informativo é exigido para uma decisão regular do paciente.

O dever de informar é do esculápio, embora seja admissível que integrantes da equipe multidisciplinar que presta o atendimento também possam repassar as informações e que sejam utilizados meios tecnológicos para auxiliar nesse processo informativo, tudo fica sob a responsabilidade do profissional que realizará o atendimento ou o procedimento.[7]

O destinatário da informação deve receber informações corretas e completas, dentre as quais estão os requisitos – tanto legais quanto técnicos – do procedimento, as suas características e finalidades, as alternativas terapêuticas, as contraindicações, os riscos e os benefícios associados, as providências relevantes cabíveis prévias, concomitantes e subsequentes que competem ao paciente, os custos envolvidos, a influência do fator "tempo" para o melhor resultado da intervenção, a resposta aos questionamentos quanto à necessidade efetiva da esterilização em consideração com as expectativas e projetos do paciente, as modalidades disponíveis, as condutas que couberem ao paciente ou que dependam da colaboração deste (e suas ações ou omissões cabíveis) para que o tratamento ou o procedimento tenha maior chance de êxito atingível dentro das possibilidades que as circunstâncias concretas permitirem (por exemplo, a fisioterapia após uma intervenção cirúrgica; o repouso; a observância da prescrição medicamentosa e a informação a respeito das principais ocorrências pós-intervenção, qualitativa ou quantitativamente relevantes, os exames posteriores necessários).

Nesse sentido, a Recomendação CFM 1/2016[8] apresenta-se como uma importante ferramenta de *soft law* indicativa dos elementos a se considerar na fase informativa, a reforçar a necessidade de "esclarecimento claro, pertinente e suficiente sobre justificativas, objetivos esperados, benefícios, riscos, efeitos colaterais, complicações, duração, cuidados e outros aspectos específicos inerentes à execução", o qual "tem o objetivo de obter o consentimento livre e a decisão segura do paciente para a realização de procedimentos médicos".

Um correto procedimento decisório envolve a avaliação das necessidades contraceptivas do paciente, a discussão de métodos alternativos, o debate sobre as técnicas cirúrgicas, com a escolha daquela que melhor se adaptada ao indivíduo por atender com maior adequação à sua condição clínica, além de um debate "franco e honesto sobre os riscos e complicações específicas associados" ao procedimento e à técnica a ser utilizada.[9]

As informações devem ser corretas, completas, úteis, compreensíveis, tecnicamente respaldadas, apresentadas ao tempo e modo devidos, pois se deve atingir "uma efetiva interação" entre paciente e médico, "onde as informações dadas por escrito possam, de fato, ser úteis no seu repasse e conteúdo e na sua compreensão", de modo que o seu destinatário claramente tenha compreensão do que está consentindo.[10]

---

7. PEREIRA, André Gonçalo Dias. *O consentimento informado na relação médico-paciente*: estudo de direito civil. Coimbra: Coimbra Editora, 2004. p. 360-367. No mesmo sentido, BERGSTEIN, Gilberto. *A informação na relação médico-paciente*. São Paulo: Saraiva, 2013. p. 128-131.

8. Disponível em: www.cfm.org.br.

9. HARRIS, N. M. et al. Requests for vasectomy: counselling and consent. *Journal of the Royal Society of Medicine*. 2001. Oct. 94 (10), p. 510-511. Disponível em: https://www.ncbi.nlm.nih.gov/pmc/articles/PMC1282203/.

10. GOLDIM, José Roberto. Consentimento e informação: a importância da qualidade do texto utilizado. *Revista HCPA*. v. 26, n. 3, p. 117-122. Porto Alegre, 2006.

Destaque-se, outrossim, a dispensa de repasse de informações que sejam singelas e secundárias, questões simples (sem repercussão qualitativa ou quantitativa relevante na saúde do paciente, que seja reconhecida na literatura médica), como, por exemplo, o tipo de ponto que será empregado no procedimento.

Assim, espera-se legitimamente que o esculápio e o destinatário das informações consigam desenvolver um diálogo profícuo no sentido de otimizar e de promover um entendimento eficiente ao atendimento da finalidade da intervenção e ao alcance das justas expectativas do paciente.[11]

Ao final, haverá a decisão, que poderá ser de *consentir*, de dissentir, de decidir posteriormente, de transferir a terceiro a decisão, sendo que, na esterilização, não é seguro que esta escolha seja transferida a terceiro sem um motivo juridicamente aceitável, uma vez que esta decisão existencial tem enorme relevância e somente excepcionalmente poderá ser delegada a terceiro.

Especificamente no que diz respeito aos procedimentos de esterilização, deve ser informado que estes não previnem doenças sexualmente transmissíveis, de modo que cuidados como o uso de preservativos seguem sendo necessários para este fim.

Especificamente quanto à vasectomia, deve-se informar que a sua eficácia não é total (havendo risco de gravidez de aproximadamente um para dois mil casos), que há possibilidade de recanalização espontânea, precoce ou tardia, que há necessidade de acompanhamento após o procedimento, por meio da realização de espermograma de controle para verificação de espermatozoides restantes, até que a contagem zere. Além disso, o paciente deve ser esclarecido quanto ao tipo de anestesia a ser adotado e quanto a possíveis complicações consideradas típicas do procedimento, como a formação de coágulo no escroto, granulomas de espermatozoides, sendo que ambos podem ensejar nova cirurgia; dor testicular, a qual, se for persistente e causada por um nervo comprimido, demandará nova intervenção cirúrgica; sensação de "testículos cheios" por esperma armazenado no pós operatório, que deve passar em algumas semanas.[12]

No tocante à laqueadura tubária, igualmente há possibilidade de reversão espontânea (ainda que apenas no percentual de 0,5 a 1% dos casos),[13] risco de desencadeamento da síndrome pós laqueadura, que corresponde a alteração do fluxo menstrual e dor na região pélvica (embora não seja cientificamente comprovada, há inúmeros relatos de pacientes que apresentam esse quadro após o procedimento).[14] Deve-se informar à paciente as formas de procedimento (laparoscópica, microlaparotomia, vaginal ou pós-cesárea – neste último caso, quando for admissível) e mencionar o tipo de anestesia que será aplicado.

---

11. A análise detida destes aspectos consta em BERGSTEIN, Gilberto. *A informação...*, cit. p. 112-126.
12. https://www.medicalnewstoday.com/articles/265127#risks
13. Quanto ao tema relativo a reversão para quem se arrepende do procedimento, veja-se Siegler A.M., Hulka, J., Peretz, A. Reversibility of female sterilization. *Fertil Steril.* 1985 Apr; 43(4), p. 499-510. Disponível em: https://pubmed.ncbi.nlm.nih.gov/3157603/.
14. DIAS, Rogério et al. Síndrome pós-laqueadura: repercussões clínicas e psíquicas da pós-laqueadura. *Rev. Bras. Ginecol. Obstet.* 20 (4), maio 1998. Disponível em: https://www.scielo.br/j/rbgo/a/brtGbNnL96tYt3BnsMB-DYbj/?lang=pt#.

O esclarecimento contemplará as complicações possíveis, como as intraoperatórias (hemorragias, lesões de órgãos), queimaduras por bisturi elétrico etc., e as pós-operatórias, tanto as de menor potencial, mas frequentes, como seromas, hemorragias, cistites, anemia, quanto as de maior potencial danoso, ainda que excepcionais, tais como eventração, apneia, tromboses, hematomas, pelviperitonites, hemorragia e perfurações de órgãos, infecção e sangramento no local da incisão ou intra-abdominal, lesão de órgãos pélvicos ou abdominais, reação alérgica ao anestésico e embolia pulmonar ou, posteriormente, gravidez ectópica.

Expostas as principais questões que envolvem a informação no processo de escolha esclarecida do paciente que pretende se submeter a uma esterilização voluntária, parte-se para a análise de algumas decisões judiciais que tratam da matéria, o que será minuciado no próximo tópico.

4. ANÁLISE DE ALGUMAS QUESTÕES ENVOLVIDAS EM DECISÕES JUDICIAIS SOBRE A MATÉRIA

Nos tópicos antecedentes, foi possível verificar a legislação que rege a matéria, assim como a recomendação do CFM que trata da autonomia do paciente (um dos feixes da dignidade da pessoa humana) e da necessidade de que este seja informado quanto a qualquer intervenção que atinja a sua integridade psicofísica, em face do primado da incolumidade da esfera jurídica da pessoa. A partir disso, toda intervenção depende, em regra, de prévio e adequado consentimento do paciente.

Nesse sentido, os Tribunais costumam tratar da responsabilidade médica sob dois enfoques no que diz respeito a ilicitude da conduta médica: o primeiro ocorre quando o procedimento não for executado de maneira tecnicamente correta e o segundo, quando, ainda que resulte na concretização de um procedimento adequado sob a melhor técnica, não seja efetivado a partir de uma correta e livre decisão do paciente.

Tanto em um caso quanto em outro pode ser caracterizado o dever de indenizar por parte do médico, ou, conforme o caso, do hospital, se os demais requisitos da responsabilidade civil estiverem presentes (nexo de causalidade, nexo de imputação, ilícito – na imputação subjetiva –, e dano).

Por isso, se o paciente tem o interesse de realizar uma cirurgia de retirada de fimose, não pode o médico, por sua própria vontade, vasectomizá-lo. Ao assim proceder, incorre na prática de ato ilícito, causando dano ao paciente, seja moral, seja à sua saúde, devendo o responsável compensar a vítima pelos danos extrapatrimoniais experimentados, assim como pelos danos patrimoniais de eventual cirurgia de reversão ou de *fertilização in vitro* para que a vítima possa ter filhos. Esse foi o caso julgado por meio do Recurso Especial 1.733.387-SP do Superior Tribunal de Justiça – STJ,[15] sendo que a mencionada Corte,

---

15. STJ. 3ª. Turma. Rel. Min. Nancy Andrighi. DJE 18.05.2018, J. em 15.05.2018. Disponível em: https://scon.stj.jus.br/SCON/jurisprudencia/doc.jsp?livre=VASECTOMIA&b=ACOR&p=false&l=10&i=2&operador=mesmo&tipo_visualizacao=RESUMO.

no mesmo julgamento, reconheceu a ilegitimidade do plano de saúde e do hospital, sob o argumento de que, quanto ao primeiro, "o atendimento se deu em caráter particular, por escolha livre e consciente do médico urologista responsável pela condução do tratamento", e o segundo apenas locou as instalações para a realização do ato cirúrgico.

No acórdão, constou que o ilícito era manifesto inclusive porque o paciente, solteiro, contava com vinte anos de idade e sem prole ao tempo do procedimento, de modo que, pelo critério legal, sequer poderia ter sido submetido à vasectomia (ainda que tivesse consentido) "e nem assim o profissional foi capaz de constatar o terrível erro que estava prestes a cometer", causando-lhe "alteração anatômica permanente pela lesão iatrogênica inadvertida do cordão espermático esquerdo".[16]

Quanto aos danos experimentados, constou no acórdão que não estão apenas vinculados à infertilidade, que pode ou não ser permanente e irreversível, mas abrangem o "significativo abalo psicológico desse contexto conturbado e marcado de incertezas"; a perturbação decorrente do término do relacionamento afetivo do paciente em razão do ocorrido e o transtorno da incerteza de quem, diante de um erro dessa dimensão, "não sabe – e isoladamente jamais poderia saber – da sua situação de fragilidade física e emocional", tanto que buscou posteriormente "outro profissional de urologia para se certificar das agruras em seu corpo".[17]

O STJ, em outra oportunidade, julgou o caso de um paciente submetido à vasectomia, cuja esposa engravidou dez anos após o procedimento. O autor da ação alegou que a obrigação do médico seria de resultado e que não teria sido avisado quanto a possibilidade de reversão espontânea tardia.[18]

O médico, por sua vez, embora não tivesse um termo de consentimento escrito, fez prova de que costumava alertar aos seus pacientes desse risco (essa afirmação poderia ser considerada correta se o atendimento ocorreu antes da edição da Lei 9.263/1996, que passou a exigir o consentimento por escrito). Constou no acórdão de origem que, baseado "na confiança depositada no réu decorrente de ser médico da família e com base nas declarações de outros pacientes que também realizaram o mesmo procedimento cirúrgico", não teria ocorrido falha no dever de informar.

Nesse sentido, é importante diferenciar o dever de atuar somente mediante prévio consentimento como requisito para operar, e o dever de informar ao paciente,[19] sendo

---

16. Página 10, terceiro e quarto parágrafos do acórdão.
17. Página 11, primeiro parágrafo do acórdão.
18. STJ. 3ª. Turma. REsp n. 1051674-RS. Rel. Min. Massami Uyeda. J. em 03/02/2009. DJe 24/04/2009. Disponível em: https://scon.stj.jus.br/SCON/jurisprudencia/doc.jsp?livre=VASECTOMIA&b=ACOR&p=false&l=10&i=4&operador=mesmo&tipo_visualizacao=RESUMO.
19. Por exemplo: "Processo civil. Apelação. Laqueadura. Riscos não informados para a apelante. Responsabilidade do médico. Existência. Danos morais. Valor. Regularidade. 1. Os artigos 951 do Código Civil e 14, § 4º, do Código de Defesa do Consumidor, adotaram a teoria da culpa como fundamento da responsabilidade civil dos profissionais liberais, a exemplo dos médicos, cuja caracterização fica condicionada à comprovação de que os danos sofridos decorreram de um serviço culposamente mal prestado (negligência, imprudência e imperícia). 2. O dever de informação é decorrente do princípio da boa-fé objetiva, de modo que desobediência a tal dever caracteriza inadimplemento contratual e consequentemente a responsabilização do contratante que omitiu a

que a Lei determina que o primeiro deva ser escrito, embora o segundo não necessariamente o seja.

Nesse sentido, importante destacar julgado do Tribunal de Justiça do Distrito Federal e dos Territórios – TJDF, segundo o qual, embora a autora não tenha admitido ter assinado termo de consentimento para o ato médico, este termo "consiste apenas na formalização da observância ao dever de informação, representando parte do processo de informação, que inclui esclarecimentos prestados de forma verbal". O Tribunal referiu que, diante do grau de instrução da paciente "e o conhecimento geral da possibilidade de falha do método contraceptivo, situação que se aproxima a fato notório, não se revela crível a alegação de desconhecimento quanto à margem de ineficácia da cirurgia de esterilização cirúrgica a que foi submetida", afirmação essa que é questionável, pois muitas pessoas leigas desconhecem a possibilidade de falibilidade da esterilização por vasectomia ou laqueadura tubária.

No julgado, constou que "ainda que o termo de consentimento não tenha sido assinado pela paciente, tal quadro, por si só, não induz à presunção de ofensa ao dever de informação sobre a falibilidade do procedimento cirúrgico de laqueadura a que foi submetida a autora após o nascimento da segunda filha e a possibilidade de recanalização espontânea". Diante desse quadro, o TJDF não considerou a gestação como ensejadora de "dano efetivo, moral e/ou material".

Outro ponto a destacar no que diz respeito à responsabilidade médica nos procedimentos de esterilização seria o debate quanto a obrigação do profissional ser de meio ou de resultado. A resposta está nas palavras da Ministra Nancy Andrighi, em voto-vista do mencionado REsp 1051674-RS, no sentido de que "é de se esperar que, dentro de condições de normalidade, seja o médico capaz de realizar a efetiva junção dos canais", "sob pena do procedimento ser considerado falho".

Para a Ministra, a obrigação do médico sob o enfoque da boa técnica era de meio e fora observada. E, quanto ao dever de informar, na vasectomia, este contempla "o risco de reversão natural da infecundidade", com a orientação de adoção "dos devidos cuidados, sobretudo a realização periódica de espermogramas".

Ainda o STJ, em recurso de Agravo Regimental no Agravo em Recurso Especial 660443-RS,[20] ao tratar de caso de paciente previamente submetida à laqueadura e que engravidou após o procedimento, referiu que compete ao médico não apenas agir uti-

---

informação. 3. A apelada, ao decidir por se submeter a um tratamento eletivo, precisava estar plenamente ciente de todos as possíveis consequências de tal cirurgia, assim como dos riscos que poderiam advir 4. O quantum indenizatório por danos morais, deve ser pautado pelos parâmetros da proporcionalidade, da razoabilidade e do bom senso, a fim de assegurar o caráter punitivo da medida e evitar o enriquecimento ilícito da parte que foi ofendida. 5. Observada as peculiaridades atinentes ao caso, a fixação do quantum indenizatório no valor de R$25.000,00 (vinte e cinco mil reais), se mostra razoável e proporcional. 6. Apelação conhecida e desprovida. Sentença mantida". TJDF. 3ª Turma Cível. J. em 09.09.2020. APc 0707364-96.2017.8.07.0007. Rel. Des. Gilberto de Oliveira. Disponível em: www.tjdf.jus.br.

20. STJ. 4ª Turma. AgRg no AREsp 660443 / RS. Rel. Min. Maria Isabel Gallotti. J. em 19.03.2015. DJe 08.04.2015. Disponível em: https://scon.stj.jus.br/SCON/jurisprudencia/doc.jsp?livre=LAQUEADURA&b=ACOR&p=-false&l=10&i=6&operador=mesmo&tipo_visualizacao=RESUMO.

lizando técnica adequada, como igualmente deve informar à paciente "quanto à possibilidade de reversibilidade do método contraceptivo adotado", tanto que "a despeito de a perícia indicar que a laqueadura de tubas foi realizada de maneira adequada", os médicos não comprovaram ter comunicado "à paciente acerca da possibilidade de ela vir a engravidar novamente, mesmo com a realização da laqueadura".

Outro caso importante julgado pelo STJ diz respeito à abrangência do dever de informar, que alcança inclusive o esclarecimento à paciente quando não for possível executar o procedimento. No recurso de agravo regimental no agravo em recurso especial 454094-RO,[21] o Ministro Antônio Carlos Ferreira, invocando o teor da ementa do acórdão do Tribunal de Justiça de origem, asseverou em seu voto que, se o hospital não comunica à paciente quanto à não realização da cirurgia de laqueadura de trompas "impossibilitando à mulher que não deseja ter mais filhos de se precaver dos riscos de uma nova gravidez", causa-lhe "abalo psicológico" e atrai o dever de indenizar.

Consta no acórdão que o dever de informar "é imprescindível para que se possa garantir ao paciente o direito à autonomia e à recusa do tratamento arriscado, pelo que deve ser previamente cientificado dos eventuais riscos a que estará exposto em razão do procedimento".

A jurisprudência demonstra uma outra questão importante: a pertinência de que o paciente firme documento escrito no qual ateste ter recebido as informações do médico. Essa providência (art. 10, § 1º, da Lei 9.263/1996[22]) é medida que também tem o propósito de evitar que o tempo apague a memória quanto aos fatos. Veja-se que há casos de reversão que demoraram dez anos a ocorrer, e, sendo a ação proposta mais de uma década depois de realizado o procedimento, torna-se difícil aos envolvidos, notadamente ao médico, demonstrar por outro meio de prova, que não o escrito, que possa efetivamente ter transmitido todas as informações necessárias ao destinatário.

A análise executada nesse tópico também indica a necessidade de cuidado quanto ao fundamento da demanda indenizatória que venha a ser proposta, pois, conforme mencionado anteriormente, há duas possíveis pretensões do paciente, quais sejam, a de um atendimento correto sob o ponto de vista da técnica médica, admitindo-se que a obrigação seja de meio e que a responsabilidade médica seja subjetiva e, por outro lado, a pretensão de recebimento de informações corretas e adequadas ao exercício da sua autonomia existencial.

Assim, se o paciente teve uma cirurgia exitosa, sob adequada técnica, com posterior reversão espontânea, a questão a ser solucionada diz respeito ao dever de informar e ao

---

21. STJ. 4ª Turma. AgRg no AREsp 454094 / RO. Rel. Min. Antônio Carlos Ferreira. J. em 11.03.2014. DJe 19.03.2014. Disponível em: https://scon.stj.jus.br/SCON/jurisprudencia/doc.jsp?livre=LAQUEADURA&b=ACOR&p=false&l=10&i=9&operador=mesmo&tipo_visualizacao=RESUMO.

22. "Art. 10. Somente é permitida a esterilização voluntária nas seguintes situações: (...)
§ 1º É condição para que se realize a esterilização o registro de expressa manifestação da vontade em documento escrito e firmado, após a informação a respeito dos riscos da cirurgia, possíveis efeitos colaterais, dificuldades de sua reversão e opções de contracepção reversíveis existentes."

consentimento que seja adequado. Se a informação foi transmitida, mas o procedimento não foi executado adequadamente, o fundamento da demanda será o ilícito de ordem técnica. Por fim, se há falha na prestação do serviço profissional e também omissão no cumprimento do dever de informar, os dois fundamentos podem ser conjugados e invocados na fundamentação da demanda indenizatória.

Por isso, de nada adianta ajuizar ação postulando indenização contra o médico sob o fundamento de suposto "erro profissional", consubstanciado em ilícito por descumprimento da *leges artis*, se o caso for de omissão informativa relevante quanto ao risco de reversão espontânea, dentre outras informações expostas neste texto.

Adicionalmente, cabe ao postulante direcionar corretamente a demanda contra quem efetivamente seja responsável. Nesse sentido, o plano de saúde será solidária e objetivamente responsável se for este quem escolher o profissional que realizará a intervenção ou disponibilizar lista de médicos, caso o profissional credenciado aja ilicitamente e cause dano ao usuário.[23]

O hospital responderá objetivamente se o médico que prestar atendimento for seu contratado, independentemente de o vínculo ser ou não empregatício. No entanto, a simples locação da infraestrutura para o atendimento não tornará o hospital automaticamente responsável. A responsabilidade deste, nas hipóteses de locação da infraestrutura, ocorrerá caso o dano ao paciente provenha de ato ou fato decorrente do produto ou serviço oferecido pelo nosocômio. Em recente julgado, o Tribunal de Justiça do Rio Grande do Sul seguiu essa linha ao afirmar que, sendo comprovada a culpa do médico integrante do corpo clínico do hospital, "este responde solidariamente" pelos danos causados à vítima.[24]

O médico será responsabilizado, como visto: (1) se deixar de proceder de acordo com a boa prática; (2) se for omisso quanto ao dever de informar sobre a possibilidade de reversão espontânea do procedimento e demais riscos e dados cabíveis. Essas duas facetas são autônomas uma em relação a outra, podendo ocorrer a responsabilização do médico se ambas deixarem de ser atendidas, ou apenas uma delas.

Quando o atendimento é efetivado por meio do sistema público de saúde o regime incidente é o da responsabilidade objetiva aquiliana (art. 37, § 6º, da CF, arts. 6º, VI, do CDC e 927, parágrafo único, do Código Civil), sendo o Estado objetivamente responsável quando comprovada a ocorrência do fato ensejador do dano, a conduta ilícita do médico (agente do serviço público) pela falta de informação e de consentimento no exercício da função ou por má prática, assegurado o direito de regresso dirigido contra o médico que agiu ilicitamente. O STJ vem entendendo que não seria cabível o litisconsórcio passivo no processo do médico e do Estado, apenas a demanda contra o Estado, assegurado a este o referido direito de regresso.

---

23. BRAGA NETTO, Felipe; CHAVES DE FARIAS, Cristiano; ROSENVALD, Nelson. *Novo tratado de responsabilidade civil*. 2. ed. São Paulo: Saraiva, 2017. p. 1.116.
24. TJRS. Décima Câmara Cível APc 70069844520. Relator Des. Túlio de Oliveira Martins. Julgado em: 1º.09.2016. Disponível em: www.tjrs.jus.br.

A responsabilidade do Estado ou do plano de saúde é excluída ou atenuada, conforme o caso, se houver comprovação de ocorrência de fatores causais desvinculados da atividade Estatal específica, como força maior, caso fortuito, conduta da vítima ou fato exclusivo de terceiro (incluindo a condição juridicamente impossível para fornecimento de informações e tomada do consentimento).

No tocante à prova, o Tribunal de Justiça do Rio Grande do Sul destacou que o dever de informar cabe ao médico, inclusive quanto à falibilidade do método (esterilização), que, no caso concreto, gerou uma gestação ectópica de risco, que resultou na retirada da trompa e do feto. Para o Tribunal, "é consectário lógico da boa-fé objetiva, e seu descumprimento, por si só, configura negligência apta a gerar a obrigação de indenizar do médico, com base no art. 14, § 4º do Código de Defesa do Consumidor".[25] O ônus da prova, no caso, resulta da aplicação da Teoria da carga dinâmica da prova, segundo a qual a prova incumbe a quem tem melhores condições de produzi-la, a ser definida na decisão de saneamento e fixação dos pontos controvertidos.

No que diz respeito à importância da informação para a paciente, no mesmo julgado, o TJRS asseverou que "se soubesse que a esterilidade não estava 100% garantida, a apelante poderia ter tomado outros cuidados a fim de evitar a gravidez indesejada." O TJRS ainda confirmou que os danos não são apenas da paciente gestante, mas também do seu marido, seja pela "dor experimentada" por ambos, seja pela perda do filho.

Embora tudo o que vem sendo dito se refira questões processuais relevantes, não se pode olvidar da necessidade de uma prova básica por parte de quem pretende ser indenizado por falha em procedimento de esterilização ou pela omissão informativa, que é a demonstração de que o procedimento foi realizado e da instituição onde ela foi levada a efeito. Nesse sentido, o TJRS julgou improcedente o pedido indenizatório de paciente que não comprovou a realização do procedimento.[26]

Por fim, deve-se observar o prazo prescricional para o ajuizamento da ação indenizatória, que é de três anos em geral (art. 206, parágrafo 3º do Código Civil), e de cinco anos em se tratando de responsabilidade civil do Estado (artigo 1º do Decreto 20.910/32), prazo este contado a partir da produção do dano, ou seja, de quando é razoavelmente possível verificar o defeito informativo, a falha na execução do proce-

---

25. TJRS. Décima Câmara Cível APc 70069844520. Relator Des. Túlio de Oliveira Martins. Julgado em: 01/09/2016. Disponível em: www.tjrs.jus.br.

26. A ementa do julgado é a seguinte: Agravo retido. Reiteração. Inocorrência. Apelação cível. Erro médico. Hospital. Apelação cível. *Laqueadura* de *trompas. Falta* de *provas* da realização do procedimento. 1. Não reiterado o agravo retido, nos termos do artigo 523, § 1º, do CPC, não é de ser conhecido. 2. A responsabilidade civil do hospital por conduta de médico que não é seu empregado e/ou preposto está restrita aos serviços única e exclusivamente relacionados com o estabelecimento empresarial propriamente dito, ou seja, aqueles que digam respeito à estadia do paciente (internação), instalações, equipamentos, serviços auxiliares (enfermagem, exames, radiologia) etc. 3. Não havendo *provas* de que a autora tenha realmente se submetido ao procedimento de *laqueadura* de *trompas* junto ao réu, pois nada consta neste sentido nos prontuários do hospital, a gravidez posterior não pode ser caracterizada como fruto de erro médico. Agravo Retido não Conhecido. Apelo Desprovido. TJRS. APC 70038976916, 9ª Câmara Cível, Relator Des. Tasso Caubi Soares Delabary, Julgado em: 23.03.2011. Disponível em: www.tjrs.jus.br.

dimento médico ou da gestação não planejada. Quanto a este tema, o TJRS referiu que o prazo para ajuizamento de ação contra o Estado em razão de suposta falha no dever de informar quanto à irreversibilidade do procedimento é de cinco anos a contar da data do procedimento,[27] e, no caso concreto, foi contado a partir da data do termo de consentimento assinado pela paciente. No entanto, não ficou claro, no processo, se o termo de consentimento continha informações quanto à irreversibilidade, tampouco se a paciente teve atendido o prazo para reflexão quanto à realização do procedimento, que foi realizado juntamente com uma cesárea. Assim, é essencial que a parte esclareça na sua demanda todas as circunstâncias do atendimento, quanto ao que tenha ou não tenha sido consentido, quanto ao que tenha e ao que não tenha sido informado e quanto ao prazo para maturação da decisão, previsto em lei, pois todos estes aspectos são relevantes à definição de responsabilidade.

Expostas as questões mais relevantes relativas ao enfoque jurisprudencial, demonstrado que os pontos essenciais de discórdia judicial quanto ao consentimento dizem respeito ao debate sobre ter ou não sido repassada ao paciente a informação quanto à reversibilidade do procedimento de esterilização ou sobre a sua eficácia, parte-se para a exposição de algumas notas conclusivas.

5. CONCLUSÕES

O planejamento reprodutivo, para além de uma decisão corriqueira de uma família, diz respeito a deliberações de vida que repercutem por toda a existência do núcleo familiar, seja sob a dimensão individual, seja neste próprio grupo.

Em razão disso, os procedimentos de esterilização "definitiva" assumem inegável relevância na concretização dessa organização. Quando ocorre uma falha na execução do procedimento ou na informação devida ao paciente para que este possa decidir de um modo adequado, que resulte em gestação não planejada, todo o planejamento familiar é afetado, notadamente da gestante.

Ademais, para pacientes que são submetidas a sucessivas cesarianas, é possível que ocorra maior risco de óbito ou mesmo que elas tenham problemas ginecológicos permanentes, caso tenham que se submeter a novas cirurgias para o nascimento de bebês, em razão de falhas no atendimento, no procedimento ou no processo informativo.

Independentemente de qualquer convicção moral ou religiosa, o fato é que o arranjo familiar fora inicialmente programado para ter uma determinada extensão e, em razão de

---

27. A ementa do julgado é a seguinte: Responsabilidade civil. Cerceamento de defesa. Desnecessidade de instrução probatória no caso. Ausência de nulidade. Erro médico. Ação ajuizada quando já ultrapassado o prazo de cinco anos entre a realização do ato e o ajuizamento da demanda. *Prescrição* ocorrente. Assinado pela autora termo de consentimento informado autorizando a realização de *laqueadura* de *trompas* e, em sendo questionada a realização desse procedimento, o termo inicial da contagem do prazo prescricional é a data do fato dito lesivo (27.01.2010). Ajuizada a ação apenas em 16.06.2018, prescrita está a pretensão. Rejeitaram a Preliminar e Desproveram a Apelação. Decisão Unânime. (TJRS. Apelação Cível 70084051432, Décima Câmara Cível. Relator Des. Jorge Alberto Schreiner Pestana, Julgado em: 28.05.2020. Disponível em: www.tjrs.jus.br.

ilícito, passou a involuntariamente ter outro contorno, maior, inclusive quanto aos gastos que se elevam para a sua manutenção, situação que indubitavelmente poderá ensejar o dever de indenizar, se forem caracterizados os pressupostos da responsabilidade civil.

Conforme visto no texto, o dever de informar é basicamente quanto aos riscos, benefícios, custos e providências, além das informações quanto a reversibilidade e eficácia do procedimento, as quais devem ser dispostas com sabedoria e suficiente completude e clareza, de modo a permitir uma eficiente decisão. Aliado a isso, o procedimento deve ser realizado de acordo com a boa técnica, a indicar que o médico tem três deveres: o de previamente informar o paciente, permitindo uma decisão madura e ponderada por parte deste; o de atender às *leges artis* e o de atuar a partir e nos limites do consentimento emitido.

Outro debate a ser feito é sobre a extensão do dano e da consequente indenização, pois há intensa discussão quanto à possibilidade de se cobrar do responsável uma indenização que compense os danos extrapatrimoniais e que supra os danos patrimoniais que dizem respeito à criação de um filho não planejado, questão esta que, conquanto seja de alta relevância, não será explorada aqui em razão do recorte metodológico do texto, exposto na introdução.

6. REFERÊNCIAS

BERGSTEIN, Gilberto. *A informação na relação médico-paciente*. São Paulo: Saraiva, 2013.

BRAGA NETTO, Felipe; CHAVES DE FARIAS, Cristiano; ROSENVALD, Nelson. *Novo tratado de responsabilidade civil*. 2. ed. São Paulo: Saraiva, 2017.

CARNEY, Maria T.; NEUGROSCHL, Judith; MORRISON, R. Sean; MARIN, Deborah; SIU, Albert L. The development and piloting of a capacity assessment tool. *The journal of clinical ethics*. v. 12. n. 1. 2001.

DIAS, Rogério et al. Síndrome pós-laqueadura: repercussões clínicas e psíquicas da pós-laqueadura. *Rev. Bras. Ginecol. Obstet*. 20 (4), maio 1998. Disponível em: https://www.scielo.br/j/rbgo/a/brtGbNnL-96tYt3BnsMBDYbj/?lang=pt#.

FARIAS, Cristiano Chaves; ROSENVALD, Nelson. *Curso de Direito Civil*. 8. ed. JusPodivm, 2016. v. 6.

GOLDIM, José Roberto. Consentimento e informação: a importância da qualidade do texto utilizado. *Revista HCPA*. v. 26, n. 3, p. 117-122. Porto Alegre, 2006.

GRISSO, Thomas; APPELBAUM, Paul S. *Assessing competence to consent to treatment*: a guide for physicians and other health professionals. New York: Oxford University Press, 1998.

HARRIS, N. M. et al. Requests for vasectomy: counselling and consent. *Journal of the Royal Society of Medicine*. 2001. Oct. 94 (10), p. 510-511. Disponível em: https://www.ncbi.nlm.nih.gov/pmc/articles/PMC1282203/.

JOURNAL OF OBSTETRICS AND GYNECOLOGY CANADA, nov/2015, chapter 6, p. S26-S39. Disponível em: https://www.jogc.com/article/S1701-2163(16)39377-X/pdf.

PEREIRA, André Gonçalo Dias. *O consentimento informado na relação médico-paciente*: estudo de direito civil. Coimbra: Coimbra Editora, 2004.

SHARLIP, I.D.; BELKER A.M.; HONIG S. et al. Vasectomy: AUA guideline. *J. Urol*. 2012; 188: 2482 (disponível em: https://www.auanet.org/guidelines/guidelines/vasectomy-guideline).

SIEGLER A.M., HULKA, J., PERETZ, A. Reversibility of female sterilization. Fertil Steril. 1985 Apr; 43(4), p. 499-510. Disponível em: https://pubmed.ncbi.nlm.nih.gov/3157603/.

SOARES, Flaviana Rampazzo. *Consentimento do paciente no direito médico*. Indaiatuba: Foco, 2021.

TRUSSELL, J. et al. Efficacy, safety, and personal considerations. In: HATCHER RA, Nelson AL, Trussell J, Cwiak C, Cason P, Policar MS, Edelman A, Aiken ARA, Marrazzo J, Kowal D. (Ed.). *Contraceptive technology*. 21st ed. New York, NY: Ayer Company Publishers, Inc., 201.

IMPACTOS NA SUCESSÃO DO FILHO CONCEBIDO VIA REPRODUÇÃO HUMANA ASSISTIDA *PÓS-MORTEM*

Ana Luiza Maia Nevares

Doutora e Mestre em Direito Civil pela UERJ. Professora de Direito Civil da PUC-Rio. Vice-presidente da Comissão de Estudos Constitucionais da Família do IBDFAM. Diretora Acadêmica do IBDFAM-RJ. Membro do IBDCivil e do IAB. Advogada.

Sumário: 1. Breve introito – 2. A reprodução humana assistida *post-mortem* no ordenamento jurídico brasileiro – 3. A autorização específica para a reprodução humana assistida *post mortem*. O julgamento do RE 1918421/SP, ocorrido em 08.06.2021, Pelo superior tribunal de justiça – 4. A sucessão hereditária diante da reprodução humana assistida *post mortem* – 5. Angústias e reflexões: à guisa de conclusão – 6. Referências.

1. BREVE INTROITO

O presente ensaio tem por objetivo analisar estritamente a questão da reprodução humana assistida *post mortem* e seus impactos no Direito Sucessório, considerando a previsão do art. 1.798 do Código Civil, que determina que são legitimados a suceder as pessoas nascidas ou já concebidas por ocasião da abertura da sucessão.

Dessa forma, muito embora o tema tangencie o aspecto do momento da aquisição da personalidade, adentrando no campo de debate das teorias natalista e concepcionista, essa questão não será tratada. Da mesma forma, não será abordada a natureza jurídica do embrião e dos materiais genéticos humanos consistentes nos óvulos e sêmen congelados, o mesmo se passando em relação às especificidades dos contratos que os têm como objeto.

Com efeito, não se desconhece a importância dos temas mencionados e suas respectivas relevâncias para o tema aqui tratado. No entanto, o objetivo nesta sede é debater o aspecto sucessório estrito, abordando os desafios que a doutrina e a jurisprudência vêm enfrentando nesse campo específico diante da reprodução humana assistida *post mortem*.

2. A REPRODUÇÃO HUMANA ASSISTIDA *POST-MORTEM* NO ORDENAMENTO JURÍDICO BRASILEIRO

A reprodução humana assistida *post mortem* no ordenamento jurídico brasileiro está contemplada incidentalmente no artigo 1.597 do Código Civil, presumindo-se concebido na constância do casamento[1] os filhos havidos por fecundação artificial ho-

---

1. Discute-se a extensão da presunção de paternidade para os casos de união estável. Não obstante o mérito das posições que admitem a referida interpretação extensiva, a paternidade ficta é aspecto típico do casamento, de-

móloga, mesmo que falecido o marido, bem como os havidos, a qualquer tempo, quando se tratar de embriões excedentários, decorrentes de concepção artificial homóloga.

O dispositivo em exame é permeado de discussões.

De fato, alguns autores já sustentaram que a reprodução humana assistida *post mortem* é vedada pelo ordenamento jurídico brasileiro, por violar o disposto no art. 227, § 6º, da Constituição da República Federativa do Brasil, que determina ser dever da família, da sociedade e do Estado assegurar à criança a convivência familiar, argumentando que a preocupação do legislador ao estabelecer os incisos III e IV do Código Civil foi apenas "reforçar a consideração da paternidade sob o critério biológico, mas sem

---

corrente do ato formal do matrimônio, permitindo que com a apresentação da certidão de casamento no Registro Civil das Pessoas Naturais seja configurada a paternidade do marido. O mesmo não se passa com a união estável, exatamente pela ausência de título formal constitutivo de tal entidade familiar. Nas palavras de Luís Paulo Cotrim Guimarães em alusão ao Código Civil de 1916: "a presunção, por seu turno, tal como se denota no art. 338 do Código, é lastreada em prazos mínimos e máximos de gestação do ser humano, tendo como marco do período presuntivo o início da convivência conjugal, o que é facilmente demonstrável no matrimônio civil pelo registro público. No entanto, em se tratando de união estável, torna-se difícil ou quase que impossível a verificação do início de tal convivência, até mesmo pela necessária informalidade que permeia este vínculo. Mas não seria esse o único obstáculo à admissão do sistema presuntivo nas uniões estáveis. Efetivamente, na própria Lei de Registros Públicos – Lei 6.015/73 – em seu *art. 59*, encontramos a exigência para o registro de filhos havidos *fora do casamento*, qual seja: a presença do pai ao cartório, podendo ser suprida por procuração específica. Ora, se a regra legal prevê tal formalidade – a manifestação voluntária do pai no ato registral –, de nada valeria cogitar-se de *presunção de paternidade* na união estável, posto que a principal de suas consequências – a declaração de paternidade do filho – é vedada à mãe sem o comparecimento ou assentimento do seu companheiro" Luís Paulo Cotrim Guimarães. "A presunção da paternidade no casamento e na união estável". In: PEREIRA, Rodrigo da Cunha (Coord.). *Família e Cidadania*: o novo CCB e a *vacatio legis*. Belo Horizonte: IBDFAM/Del Rey, 2002, p. 374 (grifos do autor). Corrobora este entendimento, Rodrigo da Cunha Pereira, *Concubinato e União Estável, de acordo com o Novo Código Civil*. 6. ed. Belo Horizonte: Del Rey. 2001, p. 50-52. Com efeito, como admitir que o Cartório do Registro Civil das Pessoas Naturais estabeleça a paternidade em virtude da união estável se não há ato formal que prove a sua constituição e o início da convivência dos companheiros? Poder-se-ia argumentar que a declaração judicial da existência da união estável poderia ensejar a presunção da paternidade. No entanto, as digressões não parariam por aí. Dir-se-ia que o contrato escrito entre os conviventes, por conseguinte, também teria esse efeito; mais tarde qualquer documento em que incidentalmente houvesse o reconhecimento da união estável seria suficiente para tal presunção e assim por diante. Dessa maneira, seria instaurada uma insegurança para os Cartórios. Por esta razão, somente a certidão de casamento enseja a presunção de paternidade, sendo este o único título formal a autorizar a configuração da paternidade, independentemente da declaração expressa do pai. Na jurisprudência, vale citar: "Registro de nascimento. Pedido de retificação para incluir nome de pai, mediante exibição de justificação judicial. Inexistência de documento público de reconhecimento direito ou indireto da paternidade. A justificação judicial, a respeito da existência de união estável entre requerente, genitora da menor, e o companheiro falecido, não dispensa a instauração da ação investigadora da paternidade que terá no polo ativo a menor, representada por sua mãe, e no passivo os herdeiros do presumido pai. Provimento do recurso do Ministério Público", TJRJ, 9ª Câmara Cível, Apelação Cível 1995.001.08297, Rel. Des. Elmo Arueira, julgado em 17.04.1996. Em sentido contrário, "Recursos especiais. Ação de anulação de atos jurídicos translativos de propriedade em condomínio. (...) A regra "pater est..." aplica-se também aos filhos nascidos de companheira, casada eclesiasticamente com o extinto, suposta união estável e prolongada (...)", STJ, 4ª T., REsp 23/PR; Recurso especial 1989/0008158-6, Rel. Min. Athos Carneiro, julgado em 19.09.1989, DJ 16.10.1989, p. 15856. "Suprimento judicial – Assento de nascimento – união estável – desnecessidade de ajuizamento de ação de investigação de paternidade. Interpretação dos arts. 226 par. 3 da Constituição Federal e 338, II, do Código Civil. Demonstrada a existência de união estável por vários anos, desnecessidade o ajuizamento de ação de investigação de paternidade para o registro de filha nascida após a morte do companheiro da autora. Considerando que o art. 226, par. 3, da Constituição Federal reconhece a união estável entre homem e mulher como entidade familiar, aplica-se à espécie a presunção legal consubstanciada no art. 338, II do Código Civil. Apelo Provido", TJRS, 4ª Câmara Cível, Apelação Cível 598016186, Rel. Des. João Carlos Branco Cardoso, julgado em 03.06.1998.

atentar para a circunstância de que não se trata de presunção relativa de paternidade, mas de presunção absoluta (ou certeza) de paternidade".[2]

Embora não se negue o desafio de uma criança já nascer sem um dos genitores, não parece haver dúvidas de que os incisos III e IV do Código Civil preveem hipóteses de reprodução humana assistida *post mortem*,[3] sendo este um procedimento viável em nossa realidade.

Apenas para ilustrar o exposto, podem ser citados alguns casos espalhados pelo mundo nos quais ocorreu reprodução humana assistida *post mortem*. Na Índia, uma mãe que havia perdido seu filho em virtude de um câncer no cérebro quando ele tinha 27 anos de idade, devastada, decidiu usar o material genético que o filho havia preservado como forma de se reaproximar dele. Os gêmeos, um menino e uma menina, nasceram a partir de uma maternidade de substituição em 2018.[4]

Em 2017, nasceu na China o filho de um casal que falecera quatro anos antes, em 2013. A iniciativa para realizar esse feito partiu dos avós da criança, que implantaram os embriões que seus filhos haviam preservado no útero de uma mãe por substituição no Camboja.[5]

Nos EUA, em 2019, uma mulher conseguiu tutela judicial para extrair sêmen do corpo de seu recém-falecido marido para uma posterior inseminação artificial. O processo todo deveria ser realizado em menos de 36 horas, ou o material decairia e a operação não poderia ser realizada. Não havia material preservado e a presunção de que o falecido desejava ter outro filho (uma vez que já tinha um) foi fruto de provas colhidas sobre a intenção dele.[6]

No Brasil, após seu marido, Roberto, falecer em 2010, Kátia obteve liminar da 13ª Vara Cível de Curitiba para usar o sêmen que ele havia preservado no início do tratamento do câncer que, infelizmente, o levou a óbito. O Conselho Federal de Medicina se opôs à medida, ameaçando punir o médico que realizasse a operação, mas a reprodução medicamente assistida foi levada à diante e, em 2011, nasceu Luíza Roberta.[7]

Diante do avanço da ciência e do fato de que os embriões podem restar congelados por prazo indeterminado, coube ao Conselho Federal de Medicina orientar seus profissionais sobre a questão. Em 2010, ao editar nova Resolução sobre a Reprodução Humana Assistida, em substituição àquela de 1992, o Conselho Federal de Medicina

---

2. Guilherme Calmon Nogueira da Gama. "A reprodução assistida heteróloga sob a ótica do Novo Código Civil". *Revista Brasileira de Direito de Família*, n. 19, p. 53. ago.-set. 2003.

3. Consoante Paulo Luiz Netto Lôbo, ao analisar o inciso III do art. 1597, "o que há de novidade legal, nessa primeira hipótese, é a possibilidade de a fecundação ocorrer quando já falecido o marido". Lôbo NETTo, Paulo Luiz. *Código Civil Comentado*. São Paulo: Saraiva, 2003, v. XVI, p. 50.

4. Disponível em: https://g1.globo.com/mundo/noticia/mulher-usa-semen-do-filho-morto-para-se-tornar-avo.ghtml. Acesso em: 16 out. 2021.

5. Disponível em: https://g1.globo.com/bemestar/noticia/bebe-nasce-quatro-anos-apos-morte-dos-pais-na-china.ghtml. Acesso em: 16 out. 2021.

6. Disponível em: https://www.bbc.com/portuguese/noticias/2009/04/090419_americanasemen_ba. Acesso em: 16 out. 2021.

7. Disponível em: http://g1.globo.com/brasil/noticia/2010/05/justica-autoriza-professora-usar-semen-de-marido-morto-no-parana.html e http://g1.globo.com/pr/parana/noticia/2013/07/mulher-comemora-dois-anos-da-filha-gerada-com-semen-do-marido-morto.html. Acesso em: 16 out. 2021.

passou a permitir a reprodução humana assistida *post mortem* desde que haja autorização específica do(a) falecido(a) para o uso do material biológico criopreservado, de acordo com a legislação vigente. Essa previsão foi mantida nas Resoluções de 2013, de 2015, de 2017, bem como na Resolução 2.294 de maio de 2021.

Ainda que a norma acima seja de natureza deontológica, uma vez conjugada com o já citado artigo 1.597 do Código Civil, conclui-se que o ordenamento jurídico não veda a reprodução humana assistida *post mortem*, mas ao contrário, admite-a quando há autorização específica daquele que deixou o material genético congelado.

Nessa direção, o Provimento 63 de 14.11.2017 do Conselho Nacional de Justiça, que institui modelos únicos de certidão de nascimento, de casamento e de óbito, a serem adotadas pelos ofícios de registro civil das pessoas naturais, e dispõe sobre o reconhecimento voluntário e a averbação da paternidade e maternidade socioafetivas no Livro "A" e sobre o registro de nascimento e emissão da respectiva certidão dos filhos havidos por reprodução assistida, prevê, em seu art. 17, § 2º, que para fins de registro e de emissão da certidão de nascimento nas hipóteses de reprodução assistida *post mortem*, além dos documentos elencados nos incisos do *caput* deste artigo, conforme o caso, deverá ser apresentado termo de autorização prévia específica do falecido ou falecida para uso do material biológico preservado, lavrado por instrumento público ou particular com firma reconhecida.

De fato, o planejamento familiar é livre, fundado nos princípios da dignidade da pessoa humana e da paternidade responsável, competindo ao Estado propiciar recursos educacionais e científicos para o exercício desse direito, vedada qualquer forma coercitiva por parte de instituições oficiais ou privadas (CR, art. 226, § 7º).

Em relação à reprodução humana assistida *post mortem*, a conjugação dos princípios indicados está presente no consentimento informado daquele que deixa o material genético congelado sobre o seu uso após sua morte. Nessa linha, o Conselho Federal de Medicina prevê como princípio geral para a utilização das técnicas de reprodução humana assistida o consentimento livre e esclarecido, preconizando que as informações devem atingir dados de caráter biológico, jurídico e ético, deduzidas em documento de consentimento livre e esclarecido, a ser elaborado em formulário específico, que estará completo com a concordância, por escrito, a partir de discussão entre as partes envolvidas nas técnicas de reprodução assistida. É o que se verifica no item 4 do Anexo das Normas Éticas para a utilização das técnicas de reprodução assistida, no seu capítulo I, dos Princípios Gerais.

3. A AUTORIZAÇÃO ESPECÍFICA PARA A REPRODUÇÃO HUMANA ASSISTIDA *POST MORTEM*. O JULGAMENTO DO RE 1918421/SP, OCORRIDO EM 08.06.2021, PELO SUPERIOR TRIBUNAL DE JUSTIÇA

Como já apontado, de acordo com o Conselho Federal de Medicina, a reprodução humana assistida *post mortem* é admitida desde que haja *prévia autorização específica* da pessoa falecida para o uso do material genético congelado. Além da referida previsão, o Provimento 63 de 14.11.2017 do Conselho Nacional de Justiça já citado determina que o registro de filhos nascidos por força de reprodução humana assistida *post mortem* demandará a apresentação de termo de autorização prévia específica do falecido ou falecida para uso do material biológico preservado, lavrado por instrumento público ou particular com firma reconhecida.

Diante do acima previsto, por quais meios poderiam ser manifestada a referida autorização específica da pessoa que deixou o material congelado para a realização da reprodução humana assistida *post mortem*?

A questão foi abordada pelo Superior Tribunal de Justiça em 08.06.2021 no julgamento do REsp 1918421/SP. No caso em questão, um casal (T e Z) se submeteu às técnicas de RHA e tal como ocorre em ditos procedimentos, o casal foi instado a preencher formulário no qual deveriam indicar o destino dos embriões excedentes em caso de óbito, doença grave ou incapacidade. Especificamente no caso de óbito de um dos cônjuges, o casal marcou a opção de "Manter todos os embriões congelados sob a custódia do cônjuge sobrevivente". Além disso, na página de assinatura, constou no formulário uma observação, adrede introduzida, como ocorre nos contratos de adesão em geral, com o seguinte teor, a saber, "O parceiro, ao assinar a presente, desde já autoriza a realização da transferência do pré-embrião para o primeiro ciclo à parceira. Essa autorização somente será revogada mediante comunicação formal por escrito e assinada pelo parceiro".

Após o falecimento de Z, T impugnou as primeiras declarações de seu inventário, alegando que ela e Z haviam se submetido às técnicas de reprodução humana assistida *post mortem* e que havia dois embriões a serem implantados. Os filhos de Z contestaram a impugnação e ajuizaram ação declaratória com o objetivo de ver declarada pela Justiça a impossibilidade de os embriões serem implantados.

O Tribunal de Justiça de São Paulo julgou a ação dos filhos de Z improcedente, ao argumento de que se o casal optou em caso de morte *manter os embriões congelados sob a custódia do cônjuge sobrevivente*, por óbvio, tinham intenção de dar prosseguimento ao procedimento nessa hipótese, aduzindo que o Provimento 63/2017 tem caráter infralegal, sendo flexível quanto à forma de manifestação de vontade e, ainda, prevendo o reconhecimento de firma apenas para evitar dúvidas quanto à autenticidade da declaração prestada.

O Superior Tribunal de Justiça, no REsp mencionado, reformou a decisão acima citada do Tribunal de Justiça do Estado de São Paulo, por maioria, apresentando interpretação oposta do caso. Com efeito, o Ministro Luís Felipe Salomão, no voto vencedor do Recurso Especial, enquadrando a escolha de ter filhos e a determinação pela paternidade na autonomia pessoal, a merecer adequada tutela do ordenamento, assim se manifestou:

> No mesmo rumo, o estudo revelado mostra que o Direito ao Planejamento Familiar, invocado pela ora recorrida, como fundamento para o atendimento de seu desejo de gerar filhos, não contém em seu espectro semântico a subserviência da autonomia da vontade de outro sujeito de direito. Ao revés, a autonomia da vontade serve de balança inafastável ao exercício adequado daquele planejamento, constitucionalmente interpretado.

Noutro ponto, ainda concluo que, nos casos em que a expressão da autodeterminação significar a projeção de efeitos para além da vida do sujeito de direito, com repercussões existenciais e patrimoniais, imprescindível que sua manifestação se dê de maneira inequívoca, leia-se expressa e formal, efetivando-se por meio de instrumentos jurídicos apropriadamente arquitetados pelo ordenamento, sob de pena de ser afrontada.

Nessa direção, o Ministro enalteceu o testamento como instrumento hábil para a manifestação de vontade *post mortem* quanto a aspectos existenciais do testador, aduzindo que a decisão de autorizar a utilização de embriões consiste em disposição *post mortem* que, para além dos efeitos patrimoniais e sucessórios, relaciona-se intrinsecamente à personalidade e dignidade da pessoa, devendo, portanto, ser manifestada por forma expressa e incontestável, alcançada pelo testamento ou instrumento que o valha em formalidade e garantia, concluindo que os contratos de prestação de serviços com a Clínica de Reprodução Humana Assistida foram instrumentos inadequados para tanto, ainda mais porque, no caso concreto, Z deixou um testamento público que nada mencionou sobre a vinda de outro filho.

Em seu voto, o Ministro Luís Felipe Salomão seguiu as lições de Maria Berenice Dias, para quem "(...) A tendência é reconhecer que, ainda que o cônjuge ou companheiro tenha fornecido o sêmen, não se presume o consentimento para a inseminação depois de sua morte. Somente se houve expressa autorização para que a implantação do óvulo fecundado ocorra após a sua morte, é possível realizá-la".

4. A SUCESSÃO HEREDITÁRIA DIANTE DA REPRODUÇÃO HUMANA ASSISTIDA *POST MORTEM*

São pressupostos da sucessão hereditária a morte e a vocação hereditária. Essa última consiste na aptidão para determinada pessoa ser convocada a suceder nas relações jurídicas deixadas por uma pessoa falecida.

No Código Civil, há um capítulo destinado à vocação hereditária, prevendo o art. 1.798 que são legitimados a suceder as pessoas nascidas ou já concebidas por ocasião da abertura da sucessão. Nessa direção, o sucessor deve estar vivo ou já concebido quando ocorre a morte daquele de cuja sucessão se trata.

Dita regra é excepcionada na esfera da sucessão testamentária, conforme se pode depreender do disposto no art. 1.799, inciso I, que autoriza que os filhos, ainda não concebidos, de pessoas indicadas pelo testador, desde que vivas estas ao abrir-se a sucessão, sejam chamadas a suceder por força de disposição testamentária. Nesse caso, os bens da herança serão confiados, após a liquidação ou partilha, a curador nomeado pelo juiz, que terá apenas poderes de administração do patrimônio (CC, art. 1.800, caput, §§ 1º e 2º). O legislador estabeleceu um prazo de espera de dois anos para a concepção do sucessor, sendo certo que, se nesse prazo não for concebido o herdeiro esperado, os bens reservados, salvo disposição em contrário do testador, caberão aos herdeiros legítimos (CC, art. 1.800, § 4º).

IMPACTOS NA SUCESSÃO DO FILHO CONCEBIDO VIA REPRODUÇÃO HUMANA ASSISTIDA PÓS-MORTEM

Ainda na sucessão testamentária podem ser chamados a suceder pessoas não concebidas ao tempo da abertura da sucessão por força de disposição testamentária que institua o fideicomisso. Com efeito, a substituição fideicomissária somente se permite em favor dos não concebidos ao tempo da morte do testador (CC, art. 1.952). Nesse caso, não há o que se falar em prazo para a concepção ou nascimento do fideicomissário, uma vez que o direito deste só poderá ser exercido ao tempo da resolução da propriedade do fiduciário. Por conseguinte, prevê o legislador que, se ao tempo da morte do testador, já houver nascido o fideicomissário, adquirirá este a propriedade dos bens fideicometidos, convertendo-se em usufruto o direito do fiduciário (CC, art. 1.952, parágrafo único). Na eventualidade de ocorrer a antecipação da substituição fideicomissária em virtude da morte do fiduciário antes da abertura da sucessão ou em razão de sua renúncia, poder-se-á invocar o disposto no art. 1.800 do Código Civil, uma vez que a hipótese estará convertida em disposição em favor de prole eventual.

Diante da normativa ora apresentada, o que se verifica é que o artigo 1.798 do Código Civil, ao prever a regra geral dos vocacionados à sucessão, refere-se aos nascituros, consoante o previsto no artigo 2º do Código Civil,[8] sendo certo que para adquirirem efetivamente a herança, devem nascer com vida.

Dessa forma, aqueles que venham a nascer após o falecimento de seu genitor, em virtude de embriões criopreservados ou por força de material genético congelado, não teriam direitos sucessórios, sendo filhos com todos os demais direitos de natureza existencial decorrentes da filiação.

Assim se posiciona Mário Delgado, quando aduz que "os filhos havidos por quaisquer das técnicas de reprodução assistida, desde que a implantação do embrião no ventre materno ou a fecundação do óvulo tenha se dado após a morte do autor da herança, não obstante o estado de filiação legalmente assegurado (art. 1.597), direito sucessório algum terão".[9]

A crítica veemente que se apresenta em relação a essa posição é a violação ao princípio da igualdade entre os filhos, insculpido no § 6º do art. 227 da Constituição da República Federativa do Brasil, uma vez que estar-se-ia, dessa forma, criando as categorias de filhos com e sem herança.

O autor acima citado, prestigiando a segurança das relações jurídicas, diante da possibilidade de o filho nascido *post mortem* vir a pleitear a herança muito tempo depois de a partilha dos bens do genitor falecido ter sido realizada, valendo-se das lições de Celso Antonio Banderia de Melo, assim se posiciona:

> Tal fator de desigualação guarda total consonância com o tratamento jurídico diversificado, ou seja, quem já era nascituro na data da morte do autor da herança, legitima-se a suceder por força do disposto

---

8. Art. 2º A personalidade civil da pessoa começa do nascimento com vida; mas a lei põe a salvo, desde a concepção, os direitos do nascituro.
9. DELGADO, Mário Luiz. Filhos diferidos no tempo. Ausência de legitimação sucessória. *Direito das Famílias* – Contributo do IBDFAM em homenagem a Rodrigo da Cunha Pereira. São Paulo: Ed. RT, 2009, p. 640-656.

no art. 1.798. Quem, naquela data, não ostentava a natureza de "ser nascente", estado médico-legal que só adquiriu posteriormente, não! E essa correlação lógica entre fator de discrímen e o tratamento desigual não se choca com os valores prestigiados no sistema normativo constitucional, dentre eles o respeito ao ato jurídico perfeito, ao direito adquirido e à coisa julgada, os quais, por outro lado, correriam sério risco se se viesse a admitir que o filho nascido anos após o encerramento do inventário do pai fosse titular de direito sucessório quanto aos bens há muito partilhados.[10]

De fato, a questão merece especial atenção porque, ainda que se diga que há prazo para pleitear a herança, a saber, aquele dos 10 (dez) anos a contar da abertura da sucessão, consoante a regra geral do artigo 205 do Código Civil, em virtude de inexistir previsão específica para a hipótese, conforme o que preconiza o verbete 149 da Súmula do STF,[11] não corre prescrição contra os absolutamente incapazes (CC, art. 198, I), o que significa dizer que, no mínimo,[12] o prazo para pleitear a herança em face dos herdeiros existentes por ocasião do falecimento do genitor seria de 26 (vinte e seis) anos a contar da abertura da sucessão, revelando, obviamente, uma insegurança jurídica.

Atento a essa problemática e na mesma linha de que os concebidos *post mortem* não podem pleitear direitos sucessórios, posiciona-se Gustavo Tepedino:

> (...) O art. 1.798 veicula regra de contenção, pretendendo, deliberadamente, restringir a capacidade sucessória às pessoas nascidas ou já concebidas no momento da abertura da sucessão. E o legislador assim agiu certamente em homenagem à segurança jurídica, precavendo-se, intuitivamente, daquilo que vem se constituindo em evolução científica sem fim e sem limites. Resta saber se o art. 1.798 pode ser considerado inconstitucional, por violar o princípio da isonomia entre possíveis irmãos.
>
> A resposta a tal indagação é negativa. A constitucionalidade do dispositivo do Código Civil fundamenta-se no princípio constitucional da segurança jurídica, o qual se encontra expresso em diversas normas do ordenamento, cuja constitucionalidade se revela inconteste. À guisa de exemplo, tem-se a admissibilidade de prazos decadenciais ou prescricionais para bloquear prerrogativas ou pretensões patrimoniais de toda natureza, mesmo diante da perda da propriedade privada, garantida constitucionalmente (art. 5º, XXII, Constituição da República); bem como a ação rescisória que limita o acesso à justiça – vez que cabível em hipóteses excepcionalíssimas e somente no prazo legal –, impedindo a revisão de decisão judicial flagrantemente injusta atinente a interesses patrimoniais e existenciais; além do discrímen legítimo entre existir ou não existir no momento da abertura da sucessão.[13]

Apesar das ponderações acima, a posição majoritária está traduzida no Enunciado 267 da III Jornada de Direito Civil, forjado à luz do já citado verbete 149 do STF, assim ementado:

---

10. DELGADO, Mário Luiz. Filhos diferidos no tempo. Ausência de legitimação sucessória. *Direito das Famílias* – Contributo do IBDFAM em homenagem a Rodrigo da Cunha Pereira. São Paulo: Ed. RT, 2009, p. 640-656.
11. É imprescritível a ação de investigação de paternidade, mas não o é a de petição de herança.
12. Diz-se aqui no mínimo porque o dies a quo do prazo para o ajuizamento da petição de herança vem sofrendo debates no âmbito do nossos Tribunais e, assim, a depender da posição que prevaleça, dito prazo de 26 anos pode contar da data do trânsito em julgado do reconhecimento da paternidade ou, ainda, no caso aqui relatado, do nascimento do filho *post mortem* do *de cujus*.
13. TEPEDINO, Gustavo. *Legitimidade sucessória dos embriões*. Parecer não publicado, gentilmente cedido pelo autor, 2017.

> A regra do art. 1.798 do Código Civil deve ser estendida aos embriões formados mediante o uso de técnicas de reprodução assistida, abrangendo, assim, a vocação hereditária da pessoa humana a nascer cujos efeitos patrimoniais se submetem às regras previstas para a petição da herança.

Segundo o Enunciado acima transcrito, o filho nascido por força de reprodução humana assistida *post mortem*, ainda que venha a nascer muitos anos após a abertura da sucessão, ainda terá mais 26 anos a contar de seu nascimento para pleitear a herança de seus irmãos, pois o prazo de 10 anos do artigo 205 do Código Civil só começará a contar quando o filho nascido *post mortem* completar 16 anos, considerando não correr o prazo prescricional contra o absolutamente incapaz (CC, art. 198, I).

5. ANGÚSTIAS E REFLEXÕES: À GUISA DE CONCLUSÃO

A análise acima empreendida permitiu apontar importantes questões que vêm afligindo o tema dos direitos sucessórios dos filhos nascidos por força da reprodução humana assistida *post mortem*.

Inicialmente, vale pontuar a questão da autorização específica para o procedimento, exigida pelo Conselho Federal de Medicina, por força do item VII da já citada Resolução 2.294 de maio de 2021, que é, ainda, reproduzida no Provimento 63 de 14.11.2017, acima citado, que exige para o registro de nascimentos de filhos havidos por reprodução assistida *post mortem* termo de autorização prévia específica do falecido ou falecida para uso do material biológico preservado, lavrado por instrumento público ou particular com firma reconhecida.

Ao analisar o julgamento do REsp 1918421/SP pelo Superior Tribunal de Justiça, bem como o entendimento do caso pelo Tribunal de Justiça de São Paulo, verifica-se que o aludido Tribunal Estadual concluiu que havia autorização para o procedimento da reprodução humana assistida *post mortem*, por presumir que não faria sentido que o casal tivesse decidido que os embriões congelados restassem sob custódia do cônjuge sobrevivente se não fosse para que o referido procedimento fosse concluído com a implantação. Realmente, por determinado ponto de vista, faz sentido a conclusão a que chegou o Tribunal paulista.

No entanto, diante da normativa existente no ordenamento sobre a questão, a presunção não deve ter lugar nessa seara. Ainda que o artigo 107 do Código Civil preveja que a validade da declaração de vontade não dependerá de forma especial, senão quando a lei expressamente a exigir, neste caso, a norma deontológica existente (Resolução 2.294/2021 do Conselho Federal de Medicina) exige uma forma especial, qual seja, autorização específica daquele que deixou o material congelado, o que significa dizer que dita autorização deve ser clara e evidente e não passível de presunção ou deduções.

Apesar de o Provimento 63 de 2017 do Conselho Nacional de Justiça ser norma infralegal, este também se posicionou no sentido de exigir termo específico de autorização do uso do material genético congelado para o registro do nascimento, a demonstrar a posição do nosso ordenamento no sentido de buscar certeza quanto à autorização.

Importante registrar que a forma para a manifestação da vontade é livre, desde que seja inequívoca, específica e expressa, sendo depreendida a autorização diretamente da manifestação de vontade, sem deduções ou inferências.

Além da questão da autorização em si para o procedimento da reprodução humana assistida *post mortem*, importante ponderar a contraposição dos interesses sucessórios do filho nascido por força da técnica com aqueles dos filhos que herdaram por ocasião da abertura da sucessão.

Como debatido acima, considerando a posição majoritária de que a ação de petição de herança é prescritível e de que não há prazo previsto para o seu ajuizamento, invoca-se a aplicação ao caso do prazo de 10 (dez) anos previsto no artigo 205 do Código Civil. Considerando que dito prazo não corre contra os absolutamente incapazes (CC, art. 198, I), este só começaria a contar quando o filho nascido pela reprodução humana assistida *post mortem* completasse 16 anos, o que significaria, no mínimo, o prazo de 26 anos a contar do óbito do genitor para a disputa sucessória, como já ponderado.

Na medida em que, atualmente, as sucessões hereditárias ocorrem quando os filhos já se encontram em idade adulta, com 40, 50 ou até mesmo 60 anos,[14] a contar 26 (vinte e seis) anos da abertura da sucessão, estará instaurado um conflito patrimonial quanto à herança do genitor entre um jovem de 20 e poucos anos e um idoso com talvez mais do que oitenta anos, que muito provavelmente terá consumido toda a herança que recebeu, em idade avançada, possivelmente com elevadas despesas com o cuidado com sua saúde.

Aqui reside o aspecto mais sensível da questão sucessória, a saber, a contraposição entre os interesses patrimoniais dos filhos nascidos *post mortem* pelas técnicas da reprodução humana assistida quanto ao pleito à herança e os interesses daqueles que receberam o acervo hereditário deixado por ocasião da abertura da sucessão, em virtude dos longos prazos envolvidos e, em consequência, a extrema insegurança jurídica gerada. Como já apontado, esse é o fio condutor da posição de Gustavo Tepedino, quando assim se posiciona, ao se referir ao artigo 1.798 do Código Civil:

> Tal norma de contenção, convém repetir, traduz opção legislativa em defesa da segurança jurídica, estando presente, como já acenado, em diversas normas do ordenamento, como na prescrição extintiva, que fulmina o exercício de pretensões, impedindo a aquisição de direitos; ou, ainda, na prescrição consumativa, que admite a aquisição da propriedade pela usucapião. O sistema preocupa-se com a segurança jurídica, garantia constitucional insculpida no art. 5º, XXXVI, que assegura a paz social e permite o estabelecimento das relações humanas. Nessa esteira, a segurança jurídica há de ser observada também nas relações jurídicas decorrentes da fertilização *in vitro*, preservando-se direitos de terceiros e a consolidação das situações jurídicas no curso do tempo.

---

14. Realmente, a partir do desenvolvimento das ciências, especialmente da medicina e da higiene da população, a média da duração de vida do homem aumentou consideravelmente e, assim, a sucessão hereditária ocorre na maior parte das vezes quando os descendentes do autor da herança já estão adultos e independentes, não sendo, assim, a herança um mecanismo indispensável de proteção da família. Isso porque na maior parte das vezes, os filhos herdam dos pais quando já receberam deles a educação necessária para suas respectivas formações, estando em suas fases mais produtivas.

Em que pese a posição majoritária defender que a ação de petição de herança é prescritível, na esteira do verbete 149 do Supremo Tribunal Federal, tendo o enunciado 267 da III Jornada de Direito Civil considerado a referida orientação, deve-se atentar que sempre houve firmes posicionamentos em sentido contrário, sustentando ser a petição de herança imprescritível, cabendo aos demandados sustentar em defesa a usucapião.

Orlando Gomes aduzia que a ação de petição de herança "podia ser intentada a todo tempo", acrescentando que "se o consumo real somente promove a aquisição do título quando já se consumou o usucapião, impossibilitado ficará de recolher os bens. Nessa hipótese, a *petitio hereditatis* torna-se inútil, em vista de não se produzir sua consequência natural, que é a restituição dos mesmos bens. Não é a ação que prescreve, mas a exceção de usucapião que a inutiliza".[15]

No mesmo sentido, vale citar Giselda Hironaka, que assim se posiciona:

> A petição de herança não prescreve. A ação é imprescritível, podendo, por isso, ser intentada a qualquer tempo. Isso assim se passa porque a qualidade de herdeiro não se perde (*semel heres, semper heres*), assim como o não exercício do direito de propriedade não lhe causa a extinção. A herança é transferida ao sucessor no momento mesmo da morte de seu autor, e, como se viu, isso assim se dá pela transmissão da propriedade do todo hereditário. Toda essa construção, coordenada, implica o reconhecimento da imprescritibilidade da ação, que ser intentada a todo tempo, como já se afirmou.
>
> Mas essa construção pode restar ineficaz na prática.
>
> Sempre que transcorrido o lapso temporal referente à prescrição aquisitiva, pode o meio originário de aquisição da propriedade ser oposto como meio de defesa pelo herdeiro aparente ou quem por ele, ou como seu sucessor, se encontre na posse dos bens da herança. Defesa desse jaez deve ser exercida individualmente, ou seja, relativamente a cada coisa pertencente à herança.[16]

Por conseguinte, os demandados em ação de petição de herança poderão alegar em defesa a usucapião, na esteira do que preconiza o verbete 237 da Súmula do STF.[17] No entanto, também nessa hipótese, longos prazos estarão envolvidos, permanecendo presente uma extrema insegurança jurídica em relação aos herdeiros que receberam legitimamente a herança por ocasião da abertura da sucessão. Isso porque, conforme dispõe o artigo 1.244 do Código Civil, estende-se ao possuidor o disposto quanto ao devedor acerca das causas que obstam, suspendem ou interrompem a prescrição, as quais também se aplicam à usucapião.

Dessa forma, a prescrição aquisitiva em favor dos herdeiros existentes por ocasião do óbito começaria a contar da abertura da sucessão. No entanto, uma vez nascido o filho pela reprodução humana assistida *post mortem*, o prazo da usucapião em favor dos referidos herdeiros restaria suspenso até que dito filho alcançasse 16 (dezesseis) anos de idade (CC, art. 198, I), voltando a contar de onde parou a partir desse momento. Nessa

---

15. GOMES, Orlando. *Sucessões*. 12. ed. Forense: Rio de Janeiro, 2004, p. 265.
16. HIRONAKA, Giselda Maria Fernandes Novaes. *Comentários ao Código Civil*. São Paulo: Saraiva, 2003, v. 20, p. 196. Na mesma direção, posicionam-se, ainda, CARVALHO, Luiz Paulo Vieira de. *Direito das Sucessões*. 3. ed. São Paulo: Atlas, 2017, p. 288, e TARTUCE, Flávio. Disponível em: http://genjuridico.com.br/2020/01/31/prazo-acao-peticao-de-heranca/. Acesso em: 16 jan. 2022.
17. A usucapião pode ser arguida em defesa.

direção, o prazo para que se consumasse a usucapião seria muito longo e, mais uma vez, estar-se-ia diante de um conflito de interesses patrimoniais entre herdeiros em posições bem diversas, já que um seria bem mais jovem e o(s) outro(s), bem mais idoso(s), que já teriam consumido a herança depois de muitos anos, em evidente cenário de perplexidade.

Dessa forma, diante do conflito de interesses instaurado em face do direito de herança dos concebidos *post mortem* e daqueles que receberam o acervo hereditário por ocasião da abertura da sucessão, o fiel da balança deve estar na baliza presente em nosso ordenamento jurídico, disposto no artigo 1.798 do Código Civil, na esteira do posicionamento acima exposto de Mário Delgado e Gustavo Tepedino, sob pena de se comprimir indevidamente a segurança jurídica, privilegiando-se apenas o direito de herança dos concebidos *post mortem*, o que não se coaduna com a ponderação de interesses no caso concreto.

Apesar de a herança ser um direito e uma garantia fundamental do cidadão brasileiro, presente no inciso XXX do artigo 5º da Constituição da República Federativa do Brasil, não se trata de um direito absoluto e que, evidentemente, deve ser ponderado com o direito de herança dos demais herdeiros que compartilham da mesma condição em determinada sucessão hereditária.

Como só são legitimados a suceder os nascidos ou já concebidos por ocasião da abertura da sucessão, em virtude do disposto no já citado artigo 1.798 do Código Civil, caberá àquele que deseja ter filhos por força da reprodução humana assistida *post mortem* se planejar e prever a atribuição de herança ao filho que vier a nascer. Para tanto, a lei dispõe de ferramentas já expostas acima, a saber, a disposição testamentária em favor da prole eventual e o fideicomisso.

Quanto à disposição testamentária em favor da prole eventual, através da qual o testador chama à sucessão testamentária os filhos, ainda não concebidos, de pessoas indicadas pelo testador, desde que vivas estas ao abrir-se a sucessão, deve-se atentar que aplica-se à hipótese o prazo de espera de concepção do herdeiro esperado de 02 (dois) anos a contar da abertura da sucessão (CC, art. 1.800, § 4º), sendo certo que, se decorrido esse prazo sem que tenha sido concebido o herdeiro esperado, os bens reservados, salvo disposição em contrário do testador, caberão aos herdeiros legítimos existentes por ocasião do óbito.

Em relação ao fideicomisso, este pressupõe que o testador nomeie o filho a nascer pela técnica de reprodução humana assistida *post mortem* como fideicomissário, ciente de que a sua fruição dos bens poderá demorar longos anos, até que se resolva o direito do fiduciário.

Realmente, não há solução perfeita. A verdade é que a matéria clama por regulamentação e reflexões, que passam não só pelo Direito Civil, mas em especial pelos setores da Bioética.

Vale pontuar que a questão tangencia uma discussão maior, a saber, aquela relativa a uma superpopulação de embriões criopreservados e o seu destino. Indaga-se: deveria existir um prazo para a utilização do material congelado ou do embrião criopreservado?

Dito prazo deveria ser o mesmo para o descarte de embriões, que atualmente é de 03 (três) anos do congelamento, conforme previsto na Lei 11.105/2005? Com esse prazo, poder-se-ia ponderar sobre a previsão de outro prazo, a saber, aquele para o exercício do direito à petição de herança e, assim, haver a redução dos longos períodos em que o filho nascido pela reprodução humana assistida *post mortem* poderia pleitear a herança?

A resolução 2.294/2021 do Conselho Federal de Medicina limitou o número de embriões por procedimento a 8 (oito) embriões e, ainda, exige que para o descarte de embriões haja autorização judicial. Para Lenise Garcia, professora aposentada de Biologia da Universidade de Brasília, "a reflexão provocada no casal pelo fato de eles já terem de definir, antes da criopreservação, o destino dos embriões, pode ser um fator que na prática tenha efeito. Ao ter que refletir eles podem optar por não ter embriões supranumerários",[18] o que, portanto, contribuí para a reduzir a referida superpopulação.

6. REFERÊNCIAS

CARVALHO, Luiz Paulo Vieira de. *Direito das Sucessões*. 3. ed. São Paulo: Atlas, 2017.

DELGADO, Mário Luiz. Filhos diferidos no tempo. Ausência de legitimação sucessória. *Direito das Famílias* – Contributo do IBDFAM em homenagem a Rodrigo da Cunha Pereira. São Paulo: Ed. RT, 2009.

DELGADO, Mario. *A (in)constitucional limitação do fideicomisso pelo CC/2002*. Disponível em: https://www.conjur.com.br/2020-nov-22/processo-familiar-inconstitucional-limitacao-fideicomisso-cc2002. Acesso em: 02 out. 2021.

GUIMARÃES, Luís Paulo Cotrim. A presunção da paternidade no casamento e na união estável. In: PEREIRA, Rodrigo da Cunha (Coord.). *Família e cidadania*: o novo CCB e a *vacatio legis*. Belo Horizonte: IBDFAM/Del Rey, 2002.

HIRONAKA, Giselda Maria Fernandes Novaes. *Comentários ao Código Civil*. São Paulo: Saraiva, 2003. v. 20.

LÔBO NETTO, Paulo Luiz. *Código Civil comentado*. São Paulo: Saraiva, 2003. V. XVI.

LÔBO, Paulo. *Direito Civil*: sucessões. São Paulo: Saraiva, 2016.

NOGUEIRA DA GAMA, Guilherme Calmon. A reprodução assistida heteróloga sob a ótica do Novo Código Civil. *Revista Brasileira de Direito de Família*. n. 19, p. 41-75, ago.-set. 2003.

PEREIRA, Caio Mário da Silva. *Instituições de Direito Civil*. 27. ed. Rio de Janeiro: Forense, 2020. v. VI.

PEREIRA, Rodrigo da Cunha. *Concubinato e União Estável, de acordo com o Novo Código Civil*. 6. ed. Belo Horizonte: Del Rey. 2001.

TARTUCE, Flávio. Disponível em: http://genjuridico.com.br/2020/01/31/prazo-acao-peticao-de-heranca/. Acesso em: 16 jan. 2022.

TEPEDINO, Gustavo. *Legitimidade sucessória dos embriões*. Parecer não publicado, gentilmente cedido pelo autor, 2017.

TEPEDINO, Gustavo; NEVARES, Ana Luiza e MEIRELES, Rose Melo Vencelau. *Fundamentos do Direito Civil*. 2. ed. Rio de Janeiro: Forense, 2022.

VELOSO, Zeno. *Comentários ao Código Civil*: parte especial (do direito das sucessões). São Paulo: Saraiva, 2003. v. 21.

---

18. Disponível em: https://www.gazetadopovo.com.br/vida-e-cidadania/conselho-federal-de-medicina-torna--mais-dificil-o-descarte-de-embrioes/. Acesso em: 02 out. 2021.

ACESSO À REPRODUÇÃO HUMANA ASSISTIDA POR HOMOAFETIVOS E TRANSGÊNEROS

Leandro Reinaldo da Cunha

Professor Titular-Livre de Direito Civil da Universidade Federal da Bahia (graduação, mestrado e doutorado). Pós doutor e Doutor em Direito pela Pontifícia Universidade Católica de São Paulo – PUC/SP e Mestre em Direito pela Universidade Metropolitana de Santos – UNIMES. Pesquisador Científico. Associado Titular do Instituto Brasileiro de Estudos de Responsabilidade Civil (IBERC). Líder dos grupos de pesquisa "Conversas Civilísticas" e "Direito e Sexualidade". https://orcid.org/0000-0003-2062-2184. leandro.reinaldo@ufba.br

Sumário: Introdução – 1. Interessados na reprodução humana assistida e sexualidade – 2. A reprodução humana assistida na legislação brasileira; 2.1 Resolução CFM nº 1.358/1992; 2.2 Resolução CFM nº 1.957/2010; 2.3 Resolução CFM nº 2.013/2013; 2.4 Resolução CFM nº 2.121/2015; 2.5 Resolução CFM nº 2.168/2017 e nº 2.283/2020; 2.6 Resolução CFM nº 2.294/2021; 2.7 Resolução CFM nº 2.320/2022 – 3. Homoafetivos e transgêneros e o acesso a técnicas de reprodução humana assistida – 4. Conclusão – Referências bibliográficas.

INTRODUÇÃO

A busca pela preservação da espécie é um dos traços mais característico do ser humano, que, face ao seu diferencial intelectual em relação aos demais animais, desenvolve-se de forma mais elaborada do que o mero instinto, levando a uma infinidade de tempo dedicado, além da alocação de pessoas e dinheiro, na busca de meios que permitam que a existência do indivíduo na Terra (e até mesmo fora dela) se protraia no tempo cada vez mais.

Ainda que muito já se tenha alcançado a fim de atingir tal objetivo, com progressos que hoje já permitem que a grande maioria das pessoas não venha a morrer de forma precoce em razão de doenças, a finitude da vida humana continua sendo um fato irrefutável. Mesmo que a tecnologia no futuro venha a permitir uma "vida eterna" com a transferência de todas as informações do cérebro de um sujeito para o mundo virtual onde ele poderia continuar a "viver", não estaremos efetivamente diante de uma manutenção da vida nos moldes como conhecemos e conforme ordenado pela natureza humana.

Exatamente em decorrência dessa finitude a forma mais ordinária de se atingir o objetivo de manter-se "eternamente vivo" se dá através da reprodução humana, a qual além de ter o condão de fazer com que parte do patrimônio genético do sujeito permaneça presente no mundo ainda gera a graça de que se possa perpetuar seus preceitos culturais, morais e sociais que podem ser compartilhados com os seres oriundos dessa procriação ante ao contato pessoal e direto estabelecido com os filhos em decorrência dos parâmetros consagrados não só pelos standards naturais da convivência com a prole mas também ante às diretrizes legais que emanam do poder familiar.

De toda sorte é fato que o interesse por ter filhos que carreguem uma linhagem genética ou mesmo por poder cuidar de uma pessoa desde a sua mais tenra idade estão entre os caracteres que constituem o ser humano, fato esse torna a compreensão dos aspectos civis da reprodução humana um elemento dos mais complexos e relevantes atrelados aos direitos fundamentais e da personalidade.

Fato é que o acesso direito de procriar há de ser visto como uma garantia a todas as pessoas, seja por meio dos métodos mais tradicionais, seja valendo-se de toda a gama de soluções e alternativas tecnológicas existentes na atualidade, atendidos certos parâmetros éticos que, indubitavelmente, jamais deveriam estar atrelados à sexualidade dos interessados, ainda que isso seja um traço histórico da nossa sociedade.

O interesse por procriar e ter filhos permeia a sociedade de forma ampla, sendo certo que a garantia ao exercício de direitos que viabilizem a sua concretização é tema recorrente no ordenamento jurídico, com considerações que perpassam pela vedação de esterilização compulsória, impossibilidade de ingerência estatal no planejamento familiar e possibilidade de acesso a meios de reprodução humana assistida, sendo esse último ponto o que nos toca no presente texto.

1. INTERESSADOS NA REPRODUÇÃO HUMANA ASSISTIDA E SEXUALIDADE

A perfeita compreensão do objeto do presente texto passa necessariamente pelo entendimento de conceitos afeitos à sexualidade, razão pela qual se tem por primordial um breve passeio por seus alicerces elementares, especialmente por se tratar de concepções que não são originalmente oriundas do mundo jurídico.

Para fins didáticos temos sustentado já há tempos que a sexualidade há de ser entendida segundo quatro alicerces estruturantes[1], quais sejam, o sexo, o gênero, a orientação sexual e a identidade de gênero, sendo que estes dois últimos se mostram como básicos para a discussão que se pretende aqui entabular.

Apenas para que não se corra o risco de se perder a ideia de entendimento básico da sexualidade cumpre destacar que mesmo havendo uma confusão social instalada acerca do que seja sexo e gênero, com a utilização recorrente dos termos como sinônimos, é de se compreender que o primeiro está atrelado ordinariamente à concepção física genital do indivíduo constatada no momento de seu nascimento, que o conduz a uma indicação como homem/macho (quando possui pênis e bolsa escrotal), mulher/fêmea (quando com vagina), ou mesmo ignorado (em não sendo possível o enquadramento na condição binária, como se dá com a figura do intersexo)[2].

---

1. CUNHA, Leandro Reinaldo da. Identidade e redesignação de gênero: Aspectos da personalidade, da família e da responsabilidade civil. Rio de Janeiro: Lumen Juris, 2018, p. 5.
2. CUNHA, Leandro Reinaldo da. Direito à indenização decorrente da ofensa à dignidade da pessoa humana do intersexual INTERSEXO – Aspectos: Jurídicos, Internacionais, Trabalhistas, Registrais, Médicos, Psicológicos, Sociais e Culturais, São Paulo: Revista dos Tribunais, 2018, p. 198.

Já o gênero está mais vinculado a uma perspectiva de construção cultural, associado com os caracteres que são ordinariamente atribuídos à conduta social esperada daqueles que são designados como homem ou mulher quando de seu nascimento, dando azo ao que na construção binária se tem como masculino e feminino, respectivamente, sendo certo que tal perspectiva dual vem se mostrando continuamente imprecisa e superada pela realidade das pessoas.

Passada a apresentação panorâmica acerca dos dois primeiros pilares de sustentação da sexualidade há de se passar ao próximo elemento estruturante, qual seja, a orientação sexual, aspecto que se vincula ao interesse afetivo-sexual apresentado pela pessoa. Nesse âmbito atualmente se tem que as pessoas possam ser consideradas como sendo heterossexuais, homossexuais, bissexuais, assexuais e pansexuais.

Os heterossexuais são aqueles indivíduos que se atraem por pessoas de outro gênero, em conceito vinculado à perspectiva do binarismo de gênero comumente utilizada, inserindo-se no que se tem por ordinário ou "normal" aos olhos de grande parcela da sociedade e que serve como parâmetro para o estabelecimento dos direitos. Os homossexuais, por sua vez, surgem como aqueles que se interessam por indivíduos do mesmo gênero, enquanto os bissexuais manifestam seu desejo ou atração por pessoas de ambos os gêneros. Em linhas bastante superficiais pode-se afirmar que os assexuais têm por característica não apresentar atração sexual e os pansexuais, por sua vez, revelam uma atração sexual que não está vinculada especificamente ao gênero do outro.

No último dos pilares que dão sustentação à sexualidade localizamos a identidade de gênero, tida como a mais complexa das figuras atreladas ao tema e considerada como uma das mais importantes perspectivas dos direitos civis a serem estudadas, o que em larga medida decorre do enorme desconhecimento social acerca da questão como um todo.

A identidade de gênero se conecta com a percepção que cada pessoa tem quanto ao seu gênero, independentemente de suas características físicas ou mesmo das expectativas postas em decorrência da designação de sexo que lhe foi atribuída quando de seu nascimento. Trata-se de um aspecto da sexualidade que se assenta na perspectiva do pertencimento autodeclarado de cada um[3].

Tal concepção se estabelece de forma totalmente dissociada de aspectos como interesse ou opção, não sendo uma escolha (tanto quanto não o é a orientação sexual), tampouco conduta afeita à libertinagem, vício ou desejo psíquico de constituir-se como uma pessoa de outro gênero por puro prazer[4], totalmente apartada da ideia de vontade[5].

Nessa senda é possível se vislumbrar duas condições, que são a dos cisgêneros (pessoas que se identificam com o gênero associado ao sexo que lhes foi atribuído

---

3. CUNHA, Leandro Reinaldo da. Do dever de especial proteção dos dados de transgêneros. Revista Direito e Sexualidade, Salvador, v. 2, n. 2, p. 213-231, jul./dez. 2021, 216.
4. DINIZ, Maria Helena. O estado atual do biodireito, São Paulo: Saraiva, 2011, p. 317.
5. CUNHA, Leandro Reinaldo da. Direitos dos transgêneros sob a perspectiva europeia. Revista Debater a Europa, N. 19, 2018, p. 49.

quando de seu nascimento[6]) e a dos transgêneros, aqueles que não se compreendem como alguém do gênero que é esperado face ao sexo que se lhes atribuiu no momento de seu nascimento, vivenciando uma condição de incompatibilidade físico-psicológica, situação experienciada por transexuais e travestis, por exemplo[7].

As condições postas como apartadas da "normalidade" esperada sempre estiveram associadas a uma concepção patologizada, sendo que aqueles que se afastavam da heterossexualidade eram tidos como afetados pelo homossexualismo, considerado como uma doença desde 1948 com a publicação da Classificação Internacional de Doenças de número 6 (CID-6), tendo deixado de ser entendido como um transtorno mental em 1973 pelo Manual Diagnóstico e Estatístico de Transtornos Mentais (Diagnostic and Statistical Manual of Mental Disorders – DSM), ainda que apenas tenha vindo a ser excluído da Classificação Internacional de Doenças com a apresentação da edição 10 (CID-10), aprovada em 1989 e que entrou em vigor em 1º de janeiro de 1993.

Trajetória semelhante atinge os transgêneros, tendo a transexualidade já sido denominada pelo Manual Diagnóstico e Estatístico de Transtornos Mentais (DSM) de transtorno de identidade de gênero (DSM-IV) e disforia de gênero (DSM-V), bem como designada como transexualismo (Cod. F64.0) na Classificação Internacional de Doenças 10 (CID-10) vigente até o final ano de 2021. Em 1º de janeiro de 2022 com o início da obrigatoriedade da atenção ao disposto na nova versão da Classificação Internacional de Doenças (CID-11) a transexualidade deixa de ser encarada como uma doença e passa a ser entendida como uma condição sexual denominada incongruência de gênero, nos códigos HA60 (incongruência de gênero na adolescência ou na idade adulta), HA61 (incongruência de gênero na infância) e HA62 (incongruência de gênero não especificada)[8].

Ressalta-se que entre os transgêneros estão inseridos vários grupos de indivíduos, contudo ganham maior visibilidade os transexuais e as travestis. Ainda que seja bastante comum, até mesmo entre a comunidade LGBTQIA+, valer-se das duas palavras como se sinônimos fossem, doutrinariamente se encontra uma distinção possível sustentando que entre os transexuais haveria uma ojeriza face aos órgãos sexuais, fato que não se constataria entre as travestis[9]. Ressalte-se que atualmente já encontra consolidado no Poder Judiciário o entendimento de que a caracterização da condição de transgênero está apartada da realização de intervenção cirúrgica ou tratamento hormonal, vez que se revela como aspecto vinculado à esfera psicológica, nos termos do decidido pelo Superior Tribunal de Justiça (STJ) no REsp. 1.626.739-RS de 2017, bem como no julgamento da ADI 4275 pelo Supremo Tribunal Federal (STF) em 2018.

---

6. JESUS, Jaqueline Gomes de. Orientações sobre a população transgênero: conceitos e termos. Brasília: Autor, 2012, p. 3.
7. CUNHA, Leandro Reinaldo da. O posicionamento da corte interamericana de direitos humanos quanto à identidade de gênero, Revista dos Tribunais: RT, São Paulo, v. 107, n. 991, mai. 2018, p. 231.
8. CUNHA, Leandro Reinaldo da. Identidade de gênero, dever de informar e responsabilidade civil. Revista IBERC, v. 2, n. 1, 22 maio 2019, p. 6.
9. CUNHA, Leandro Reinaldo da. A atual situação jurídica dos transgêneros no Brasil. Revista Interfaces Científicas, V.7, N.2, 2019, p. 149.

Todos aqueles que não se enquadram na perspectiva da heterossexualidade e da cisgeneridade são considerados como "anormais" na prática, sendo amplamente ignorados na elaboração da normatização em seu sentido amplo, relegados a uma situação de ampla marginalização, impondo-lhes a necessidade de que tenham que batalhar para que lhes sejam reconhecidos os direitos elementares garantidos a todos[10], mas que na prática se constata que apenas assim o são quando o sujeito não está fora da normalidade cis-heteronormativa posta[11].

É exatamente nesse contexto que se trava uma discussão acerca da reprodução humana assistida, foco do presente texto.

2. A REPRODUÇÃO HUMANA ASSISTIDA NA LEGISLAÇÃO BRASILEIRA

Em que pese o tema da reprodução humana assistida já ser uma realidade mundial desde o final dos anos 1970, tendo o primeiro caso noticiado no Brasil ocorrido no início dos anos 1980, o tema é praticamente ignorado no nosso ordenamento jurídico, sendo certo que o presente capítulo poderia até mesmo ser tido como irrelevante ante a manifesta leniência do Estado no que concerne à necessidade de elaboração de leis imprescindíveis e que se prestariam a garantir a efetivação de direitos fundamentais[12].

Note-se que o Código Civil de 2002, que revogou legislação elaborada antes da existência das técnicas atuais de reprodução humana assistida, praticamente ignora a questão, tratando do tema de forma incipiente em míseros três incisos destinados à presunção de concepção do filho na constância do casamento (art. 1.597), o que conferiria aos cônjuges a paternidade dessa criança, lastreado ainda pelos preceitos romanos do *mater semper certa* e do *pater is est quem nuptiae demonstrant*, o que se mostra totalmente dissociado do momento histórico mundial em que além de esfacelamento de certos preceitos sociais vigentes outrora (como a manutenção da virgindade até o casamento, o casamento como objetivo social e de sua valorização suprema para a consecução de uma família, entre outros) se convive com uma realidade científica em que o estabelecimento da origem genética de uma pessoa se afigura como algo simples[13].

No referido artigo tem-se apenas que presume-se terem sido concebidos na constância do casamento os filhos havidos por fecundação artificial homóloga, mesmo que falecido o marido (III), os havidos, a qualquer tempo, quando se tratar de embriões

---

10. CUNHA, Leandro Reinaldo da; CAZELATTO, Caio Eduardo Costa. Pluralismo jurídico e movimentos LGBTQIA+: do reconhecimento jurídico da liberdade de expressão sexual minoritária enquanto uma necessidade básica humana. Revista Jurídica - Unicuritiba, [S.l.], v. 1, n. 68, p. 486 - 526, mar. 2022, p. 504.
11. ARAÚJO. Dhyego Câmara de. Heteronormatividade jurídica e as identidades LGBTI sob suspeita. Rev. Direito Práx., Rio de Janeiro, Vol. 9, N. 2, 2018, p. 647.
12. CUNHA, Leandro Reinaldo da. Identidade de gênero e a responsabilidade civil do Estado pela leniência legislativa. Revista dos Tribunais 962, 2015, p. 49.
13. CUNHA, Leandro Reinaldo da. DOMINGOS, Terezinha de Oliveira. Reprodução humana assistida: a resolução 2013/13 do Conselho Federal de Medicina (CFM), Revista de Direito Brasileiro, ano 3, vol. 6. Set./Dez. 2013, p. 275-276.

excedentários, decorrentes de concepção artificial homóloga (IV) e os havidos por inseminação artificial heteróloga, desde que tenha prévia autorização do marido (V).

Apenas para não incorrer no risco de deixar a informação passar sem que seja devidamente esclarecida, a fecundação artificial homóloga é uma técnica de reprodução humana assistida em que o material genético utilizado para a fertilização *in vitro* (FIV) pertence aos cônjuges, enquanto a modalidade heteróloga conta com ao menos parte do material utilizado proveniente de pessoa diversa.

Considerando as restrições inerentes a um texto da presente natureza e visando atingir o ponto específico ao qual se destina o presente trabalho passaremos a discutir o efetivo problema da questão para pessoas homossexuais e transexuais no que concerne a questão da reprodução humana assistida.

As demais considerações existentes e discutidas sobre reprodução humana assistida estão lastreadas por parâmetros estabelecidos pelo Conselho Federal de Medicina (CFM) em suas resoluções, as quais não podemos olvidar que não gozam de caráter normativo para toda a população, constituindo-se apenas como regramento de fundo deontológico direcionado especificamente para a classe médica, desprovidas, portanto, de caráter cogente *erga omnes*[14].

Ante a carência de um regramento legal sobre a questão tem sido recorrente a utilização do posicionamento fixado pelo Conselho Federal de Medicina (CFM) como parâmetros para as decisões jurídicas sobre os pleitos formulados acerca das situações que versam sobre reprodução humana assistida, o que, por si só, há de ser severamente questionado, mormente em razão da natureza de tais instrumentos normativos.

Face a tal situação fática se mostra premente a necessidade de discorrer sobre o entendimento que tem sido utilizado como base para a discussão do tema, mormente ao se considerar que as resoluções do Conselho Federal de Medicina (CFM) tangenciam de forma recorrente a questão da sexualidade dos interessados em se valer das técnicas de reprodução humana assistida.

Assim, impõe-se uma breve análise da forma como a sexualidade dos interessados na realização de reprodução humana assistida é tratada nas resoluções do Conselho Federal de Medicina (CFM).

2.1   Resolução CFM nº 1.358/1992

Com o fulcro de adotar normas éticas para a utilização das técnicas de reprodução assistida o Conselho Federal de Medicina (CFM) em novembro de 1992 publicou a Resolução 1.358/1992, que tem por base a compreensão da "importância da infertilidade humana como um problema de saúde, com implicações médicas e psicológicas, e a legitimidade do anseio de superá-la", o entendimento de que "o avanço do conhecimento

---

14.   CUNHA, Leandro Reinaldo da. Identidade e redesignação de gênero: Aspectos da personalidade, da família e da responsabilidade civil. Rio de Janeiro: Lumen Juris, 2018, p. 252.

científico já permite solucionar vários dos casos de infertilidade humana", atrelado ao fato de que "as técnicas de Reprodução Assistida têm possibilitado a procriação em diversas circunstâncias em que isto não era possível pelos procedimentos tradicionais", como se constata de algumas das diretrizes que nortearam sua elaboração.

Nessa primeira resolução tratando do tema o Conselho Federal de Medicina (CFM) não faz qualquer menção a aspectos da sexualidade dos interessados em utilizar-se das técnicas de reprodução humana assistida, sendo possível apenas se inferir qualquer elemento nesse sentido quando das ponderações tecidas referentes à determinação de que se faria necessária a "aprovação do cônjuge ou companheiro, após processo semelhante de consentimento informado" caso a mulher que queira ser "receptora das técnicas de RA" fosse casada ou vivesse em união estável, como se extrai do item II das normas éticas para a utilização das técnicas de reprodução assistida inserida no anexo da resolução.

De se verificar que a resolução franqueava a toda mulher capaz a possibilidade de valer-se das técnicas de reprodução humana assistida, sem pontuar qualquer elemento quanto a sexualidade. Contudo, em sendo casada ou vivendo em união estável, fica evidente que o texto da resolução se destinava apenas a relacionamentos entre pessoas de sexo/gênero distintos, haja vista que até aquele momento o entendimento vigente era de que tais relacionamentos apenas poderiam ser juridicamente aceitos quando heterossexuais.

Indique-se, ainda, que a condição de casados ou companheiros ainda é citada quando da análise acerca da questão da criopreservação de gametas ou pré-embriões no item V, 3 do anexo da resolução indicando que "os cônjuges ou companheiros devem expressar sua vontade, por escrito, quanto ao destino que será dado aos pré-embriões criopreservados, em caso de divórcio, doenças graves ou de falecimento de um deles ou de ambos, e quando desejam doá-los".

De qualquer sorte, não há nessa resolução inicial qualquer consideração direta acerca da sexualidade daqueles que quisessem se utilizar de reprodução humana assistida.

2.2   Resolução CFM nº 1.957/2010

Como ressaltado pela própria resolução, 18 anos após a Resolução CFM nº 1.358/1992, o Conselho Federal de Medicina (CFM) publicou em janeiro de 2011 a Resolução CFM nº 1.957/2010, que revoga totalmente a anterior, buscando aproximar a regra deontológica da realidade daquele momento.

Ao tratar dos "pacientes das técnicas de RA" no item II do anexo da resolução já se vislumbra uma distinção sutil com relação ao texto substituído vez que afirma que "todas as pessoas capazes, que tenham solicitado o procedimento e cuja indicação não se afaste os limites desta resolução, podem ser receptoras das técnicas de RA", não afirmando que tal prerrogativa seria conferida exclusivamente para mulheres.

No mesmo item ainda traz outro elemento distintivo do texto anterior que é a ausência de qualquer consideração acerca do fato de o interessado nas técnicas de reprodução humana assistida ser casado ou viver em união estável. Mantem-se as mesmas considerações apresentadas na resolução anterior acerca da criopreservação de gametas e pré-embriões quando os interessados forem cônjuges ou companheiros.

Mas, mais uma vez, não há no texto da resolução qualquer menção expressa à sexualidade dos interessados em se utilizar das técnicas de reprodução humana assistida.

2.3 Resolução CFM n° 2.013/2013

Apenas pouco mais de 2 anos após a publicação da Resolução CFM n° 1.957/2010 o Conselho Federal de Medicina (CFM) publica a Resolução CFM n° 2.013/2013 em 09 de maio de 2013, que em sua exposição de motivos assevera que a necessidade de atualização teria se dado em decorrência de questões atinentes ao descarte de embriões congelados e elementos atinentes ao critério etário das mulheres que buscavam a reprodução humana assistida.

Contudo a resolução traz em seus considerandos um elemento novo, inexistente nas que a precederam e que é de suma importância para o objetivo do presente texto, vez que assevera expressamente que uma das diretrizes que a conduz é o fato de o Supremo Tribunal Federal ter reconhecido e qualificado "como entidade familiar a união estável homoafetiva" ante ao julgamento da ADI 4277 e da ADPF 132, trazendo assim pela primeira vez de forma expressa a questão da sexualidade dos interessados nas técnicas de reprodução humana assistida como elemento integrante das ponderações do Conselho Federal de Medicina (CFM).

Ao trazer as considerações pertinentes aos pacientes das técnicas de RA o texto volta a discorrer sobre a condição amorosa-afetiva dos interessados, afirmando ser "permitido o uso das técnicas de RA para relacionamentos homoafetivos e pessoas solteiras, respeitado o direito da objeção de consciência do médico".

Nota-se, portanto, que passa a ser considerada expressamente a possibilidade de que pessoas em relacionamento homoafetivo venham a valer-se da reprodução humana assistida, bem como para as pessoas solteiras, ressaltando que não existia anteriormente qualquer tipo de vedação para tanto. De outro lado confere-se ao profissional a possibilidade de negar-se a realizar os procedimentos necessários sob o argumento da objeção de consciência.

O que se questiona é se a "permissão" expressa quando não existia vedação não tem o condão de gerar uma discussão anteriormente não suscitada de forma geral ou se tem o poder de conferir um viés de confirmação para direcionar a atuação no sentido de garantir o efetivo acesso a tais técnicas para aqueles ali indicados.

Em seguida, no item VII ao tratar da gestação de substituição o texto da resolução pugna que tal técnica apenas poderia ser utilizada caso haja "problema médico que impeça ou contraindique a gestação na doadora genética ou em caso de união homoafetiva", trazendo, assim, expressamente a questão da identidade de gênero como um aspecto relevante para a utilização da reprodução humana assistida.

2.4 Resolução CFM nº 2.121/2015

Novamente em um curto espaço de tempo tem-se a alteração das diretrizes sobre o tema pelo Conselho Federal de Medicina (CFM) com a publicação da Resolução CFM nº 2.121/2015, de setembro de 2015.

Uma das mudanças trazidas na presente resolução versa exatamente sobre o tema objeto do presente trabalho, ante a inclusão de uma nova questão no item destinado aos pacientes das técnicas de reprodução assistida (item II), ao determinar expressamente que "é permitida a gestação compartilhada em união homoafetiva feminina em que não exista infertilidade", notadamente sob a perspectiva de que se poderia vedar o acesso a técnicas de reprodução humana assistida a casais de mulheres sob a alegação de que não seriam pessoas inférteis.

Essencialmente o texto da resolução anterior foi reproduzido no que concerne ao tema objeto do presente texto, contudo também essa normativa pouco tempo teve de vida.

2.5 Resolução CFM nº 2.168/2017 e nº 2.283/2020

Repetido a tendência dos últimos tempos, em pouco mais de 2 anos a Resolução CFM nº 2.121/2015 foi revogada, com a publicação da Resolução CFM nº 2.168/2017, de novembro de 2017, mantendo no que concerne ao tema objeto do presente texto as mesmas considerações.

Contudo em novembro do ano de 2020 a referida resolução veio a ser alterada em seu conteúdo, especificamente na parte referente aos pacientes das técnicas de reprodução assistida, com o item II, 2 passando a determinar que "é permitido o uso das heterossexuais, homoafetivos e transgêneros", substituindo texto anterior que preconizava ser "permitido o uso das técnicas de RA para relacionamentos homoafetivos e pessoas solteiras, respeitado o direito a objeção de consciência por parte do médico".

A alteração trazida tem como pontos relevantes considerar a inclusão da figura dos transgêneros que não se fazia presente anteriormente bem como a supressão da figura das pessoas solteiras e a possibilidade de objeção de consciência do médico, sendo de se consignar que a exposição de motivos assevera que a alteração apresentada se fazia necessária face ao fato de que o texto original possibilitava interpretações divergentes.

De sorte que visando atender a uma necessidade de redação "mais geral e abrangente, que não exclua possíveis interessados na RA, nem permita interpretações heterodoxas que prejudiquem a eficácia da norma" o Conselho Federal de Medicina (CFM) teve por bem a apresentação do novo texto.

No que concerne à retirada da previsão quanto a objeção de consciência do médico o entendimento foi de que esse se mostrava dispensável vez que "atuação profissional se dá com plena autonomia, inexistindo obrigação de o médico atuar em procedimentos que contrariem seus posicionamentos pessoais, à exceção de hipóteses emergenciais" nos termos do inciso VII do Capítulo I, "Princípios fundamentais", do Código de Ética Médica (Resolução CFM nº2.217/2018).

2.6 Resolução CFM nº 2.294/2021

Em 15 de julho de 2021 foi publicada a Resolução CFM nº 2.294/2021, revogando a anterior, mantendo quanto aos pacientes das técnicas de reprodução humana assistida os mesmos elementos que forma indicados anteriormente na resolução revogada.

Assim, o ponto primordial das discussões entabuladas acerca da sexualidade dos interessados na reprodução humana assistida manteve-se, podendo ser utilizada por "heterossexuais, homoafetivos e transgêneros" como consignado no item II, 2 do anexo da resolução.

Nota-se com isso que após uma longa trajetória, conforme aqui relatado, o entendimento posto pelo Conselho Federal de Medicina (CFM) foi no sentido de que as técnicas de reprodução assistida pudessem ser exercitadas não só por aqueles que sempre foram tidos como a população geral e destinatária ordinária de todos os direitos, mas também pelas minorias sexuais, que, exatamente por suas características, sempre tiveram um grande interesse e inconteste necessidade de valer-se da reprodução humana assistida para que pudessem vir a ter filhos.

De se consignar que mais uma vez a exposição de motivos se debruça sobre a questão da sexualidade ao asseverar que "Às famílias monoparentais, aos casais não unidos pelo matrimônio e aos do mesmo sexo fica garantida a igualdade de direitos relativos aos casais e famílias tradicionais para dispor das técnicas de reprodução assistida com o papel de auxiliar no processo de procriação". Complementa ainda, referindo-se especificamente às uniões homoafetivas masculinas que optem por útero de substituição que "há a necessidade de fecundação dos óvulos com espermatozoides de um parceiro isoladamente. Ainda que sejam fertilizados grupos de óvulos separadamente, com espermatozoides de ambos os parceiros, o médico deve conhecer o material genético masculino que deu origem ao embrião implantado – sendo vedada a mistura dos espermatozoides de ambos os parceiros, inviabilizando o conhecimento da origem genética."

2.7 Resolução CFM nº 2.320/2022

Mais uma vez surpreendendo, o Conselho Federal de Medicina (CFM) revoga a resolução apresentada pouco mais de um ano antes e publica, em 20 de setembro de 2022, a Resolução CFM nº 2320/22.

E no que tange ao objeto tratado no presente texto traz uma mudança extremamente relevante, pois no momento destinado à questão dos pacientes das técnicas de reprodução assistida, que anteriormente era composta de três diretrizes passa a ter apenas duas, tendo sido suprimido exatamente aquela que afirmava expressamente ser "permitido o uso das técnicas de RA para heterossexuais, homoafetivos e transgêneros".

De se consignar não ter sido essa a única mudança entre o novo texto e o revogado, contudo essa é uma situação relevante a ser analisada, mormente ao se ponderar que não há no corpo da resolução ou na exposição de motivos a indicação das causas que levara a tal supressão.

A questão de fato é que após um período sem qualquer menção à possibilidade de utilização ou não das técnicas de reprodução assistida por pessoas homossexuais e por transgêneros, sucedido por outro em que se entendeu por bem inserir expressamente a indicação a esses grupos vulnerabilizados, voltou-se a uma resolução cujo texto nada diz acerca dessas minorias sexuais em específico.

Tal decisão do Conselho Federal de Medicina (CFM) pode ensejar interpretações dúbias, uma delas manifestamente equivocada mas perfeitamente compreensível para aqueles que buscam dar à resolução uma inteligência deturpada e sem a devida qualificação técnica.

Há a possibilidade que aqueles que buscam criar obstáculos indevidos ao acesso aos direitos fundamentais às pessoas integrantes de minorias sexuais, lastreados por preceitos conservadores e retrógrados, asseverarem que com a retirada da menção expressa quanto à possibilidade utilização das técnicas de reprodução humana assistida não mais seria possível que esse grupo específico de pessoas pudesse dele se valer. Tal visão se mostra totalmente falha e diametralmente oposta aos preceitos constitucionais vigentes, bem como aos parâmetros norteadores dessa resolução e de inúmeras outras já elaboradas pelo Conselho Federal de Medicina (CFM).

Inquestionável que a correta compreensão é a de que inexiste vedação expressa, seja na legislação ou nas resoluções do Conselho Federal de Medicina (CFM), ao acesso às técnicas de reprodução humana assistida para homossexuais e pessoas transgênero. E, como bem sustenta os preceitos mais elementares de hermenêutica, não havendo vedação é de se entender pela possibilidade, mormente ao se ter que o texto do item II, 1 da resolução garante a toda pessoa capaz a possibilidade de "ser receptoras das técnicas de reprodução assistida", sem que exista qualquer elemento restritivo vinculado à identidade de gênero.

O ponto que se critica aqui é o fato de o Conselho Federal de Medicina (CFM) não ter apresentado qualquer sorte de ponderação acerca da referida supressão ocorrida face ao texto revogado, fato esse que traria uma maior clareza e impediria interpretações tendenciosas e equivocadas acerca dessa questão.

Quanto a questão da possibilidade da realização de gestação compartilhada em união homoafetiva feminina, entendida essa como a "situação em que o embrião obtido a partir da fecundação do(s) oócito(s) de uma mulher é transferido para o útero de sua parceira", continua sendo admissível, como expressamente consigna o item II, 3 do anexo da resolução.

Na exposição de motivos há, no que tange à questão da orientação sexual, algumas ponderações, afirmando que nas hipóteses de gestação em substituição para homens homoafetivos "há a necessidade de fecundação dos oócitos com espermatozoides de um parceiro isoladamente" e que mesmo "que sejam fertilizados grupos de oócitos separadamente, com espermatozoides de ambos os parceiros, o médico deve conhecer o material genético masculino que deu origem ao embrião implantado – sendo vedada a mistura dos espermatozoides de ambos os parceiros, dificultando o conhecimento da origem genética". Quanto as uniões homoafetivas femininas "em que ocorre fertilização de oócitos de origens diferentes, ainda que com o sêmen do mesmo doador", prevalece a mesma regra.

Assim, consigna-se que a preocupação da resolução no caso se deu exclusivamente quanto a forma como o procedimento seria realizado, sem estabelecer qualquer sorte de restrição ou obstáculo para a utilização das técnicas de reprodução humana assistida para homossexuais.

Essas são, portanto, as diretrizes básicas indicadas pelo Conselho Federal de Medicina (CFM) e oponíveis em nível ético aos médicos atualmente no que se refere a reprodução humana assistida e a sexualidade das pessoas interessadas em dispor dos procedimentos atualmente existentes.

3. HOMOAFETIVOS E TRANSGÊNEROS E O ACESSO A TÉCNICAS DE REPRODUÇÃO HUMANA ASSISTIDA

Estabelecidos esses elementos iniciais e de sustentação para a discussão do tema objeto do presente texto é preponderante que se construa alguns entendimentos relativos à questão da sexualidade como um parâmetro para o acesso às técnicas de reprodução humana assistida, estabelecendo um trajeto que considere a ausência legislativa cumulada com a existência de apenas posicionamentos de caráter deontológico para a área médica.

De plano é de se afirmar mais uma vez e de maneira peremptória que o entendimento deontológico oriundo do Conselho Federal de Medicina (CFM) não se reveste de força cogente para a população em geral[15], havendo de ser considerado apenas como uma diretriz a nortear as discussões sobre o tema por indicarem o entendimento proveniente da seara médica quanto a questões desse jaez.

A inexistência de legislação específica sobre o tema é um traço marcante na presente discussão, que revela uma absurda leniência do Estado[16] em regulamentar uma situação de extrema relevância e que acaba restando fragilizada face a falta de uma orientação efetiva, permitindo uma série de incertezas e a instalação de uma indesejada insegurança jurídica na sociedade. Impossível se furtar ao questionamento elementar quanto aos motivos que levam à inexistência de regramento legal sobre o acesso à reprodução humana assistida, enquanto grassam em território nacional leis que se dedicam a temas bem menos relevantes para a sociedade como um todo.

Superadas essas manifestações iniciais é indispensável que se pondere sobre a inadequação da discussão do tema reprodução humana assistida e acesso às técnicas pertinentes tendo por base considerações que perpassam pela sexualidade dos interes-

---

15. CUNHA, Leandro Reinaldo da. DOMINGOS, Terezinha de Oliveira. Reprodução humana assistida: a resolução 2013/13 do Conselho Federal de Medicina (CFM), Revista de Direito Brasileiro, ano 3, vol. 6. Set./Dez. 2013, p. 275.
16. CUNHA, Leandro Reinaldo da. Identidade de gênero e a responsabilidade civil do Estado pela leniência legislativa, RT 962 p. 37 – 52, 2015, p. 48.

sados ou seu estado civil, parâmetro usado de forma recorrente pelo Conselho Federal de Medicina (CFM) ao tratar dos pacientes que poderiam valer-se das técnicas de reprodução humana assistida.

O elementar é considerar que o acesso à reprodução humana assistida há de ser destinada inicialmente[17] aos que tenham o interesse e não possam ter filhos segundo os métodos ordinários, independentemente de características que essencialmente não estão indissociavelmente vinculadas a isso. Nesse sentido, o fato de ser a pessoa casada/vivendo em união estável, solteira, viúva ou separada/divorciada há de ser entendido como irrelevante para a busca da reprodução humana assistida, sendo qualquer ponderação que tangencie o tema um inegável resquício de uma visão absolutamente dissociada da realidade atual que se sustentava na ideia de que a família apenas poderia ser constituída por meio do casamento.

O interesse em se valer de reprodução humana assistida é elemento que não se vincula nos dias atuais à concepção de constituição de família segundo os padrões ideais de séculos passados, não sendo a existência de um consorte o requisito nuclear para que se alcance tal objetivo, mormente ao se considerar o massivo número de famílias que se consolidam na modalidade monoparental.

Em um segundo momento cabe ponderar sobre a vinculação da discussão sobre o tema da reprodução humana assistida à sexualidade dos interessados, com a menção anteriormente existente quanto a viabilidade de que os interessados sejam "heterossexuais, homoafetivos e transgêneros".

De se entender que tal previsão revestia-se de um espectro mais confirmatório do que permissivo, vez que o acesso aos direitos reprodutivos deve ser garantido a todas as pessoas, mormente lastreado por parâmetros constitucionalmente previstos, como a igualdade. A manifestação expressa no sentido de garantir a possibilidade a condições sexuais diversas daquelas tidas como regentes se faz louvável e tem por escopo atender a um propósito inclusivo, contudo tal proposição se faz premente exatamente por existirem vozes oriundas das profundezas do segregacionismo que assentadas em falácias como a da proteção "da família tradicional", ou "da moral e dos bons costumes", ou mesmo dos "valores cristãos" consideram ser ainda válido nos dias atuais a imposição de seus entendimentos a todos em uma atuação doutrinadora que se não efetivada há de culminar na extinção daqueles que não forem cooptados.

Com a redação mais recente dada pelo Conselho Federal de Medicina (CFM) para a questão na Resolução 2.320/2022, suprimindo a menção expressa à identidade de gênero e à orientação sexual, é de se entender que a compreensão norteadora do texto alicerça-se em uma percepção de que a questão do direito ao acesso às técnicas de reprodução humana assistida por parte de pessoas transgênero e homossexuais se faz tão

---

17. Não que outras pessoas não possam se utilizar dessas técnicas, contudo o objetivo do presente está vinculado às minorias sexuais, sem que se teça maiores considerações acerca da autonomia daquele que busca a reprodução humana assistida.

consolidada que não haveria motivos para manter tal possibilidade de forma expressa no texto da resolução, sendo certo que a manutenção seria apenas uma forma de fomentar uma discussão desnecessárias sobre o tema, aprofundando uma discriminação indireta.

A sexualidade do interessado, portanto, não pode jamais ser o parâmetro para que se considere qualquer sorte de obstáculo para o acesso às técnicas de reprodução humana assistida, sendo certo que toda sorte de objeção nesse sentido há de ser prontamente afastada por se revelar francamente discriminatória e inconstitucional.

Em verdade, ao fim e ao cabo, é patente que no plano hipotético pessoas homossexuais e transgênero tendem a ter uma maior necessidade de se valer da reprodução humana assistida (pelo óbvio motivo dos que integram tais relacionamento e que tenham o objetivo de ter filhos) vez que inexiste a possibilidade de atingir o intento de obtenção de prole pelas vias ordinárias, razão pela qual seu interesse se faz ainda mais forte.

No que concerne aos transgêneros é importante consignar que não existe de plano uma impossibilidade de ter filhos pelos métodos tradicionais, mormente porque a sua caracterização com tal independe da realização de intervenções cirúrgicas ou hormonais atualmente no Brasil, contudo tal imposição se fez presente durante muito tempo, com a exigência para a acolhida judicial de pleitos como alteração de nome e sexo/gênero nos documentos de que se comprovasse a realização de operações de transgenitalização.

Apenas à guisa de informação não se pode ignorar que ainda hoje em inúmeros países existe a vedação ao acesso a direitos a transexuais antes que venham a se submeter a processo transgenitalizador ou de esterilização, como se vislumbra em muitos países europeus, em que pese o posicionamento impondo o afastamento de tal exigência determinado pela Corte Europeia de Direitos Humanos[18].

Em sequência, voltando a apreciar a realidade pátria, é interessante pontuar que em resoluções anteriores do Conselho Federal de Medicina (CFM) se chegou a estabelecer considerações acerca da possibilidade do médico vir a opor-se à realização de técnicas de reprodução humana assistida baseado em objeção de consciência, fato que não mais se faz presente do texto da Resolução CFM nº 2.320/2022 (já havia sido afastado na Resolução CFM nº 2283/2020).

Na exposição de motivos da Resolução CFM nº 2283/2020 consignou-se que "a atuação profissional se dá com plena autonomia, inexistindo obrigação de o médico atuar em procedimentos que contrariem seus posicionamentos pessoais, à exceção de hipóteses emergenciais, conforme previsto no inciso VII do Capítulo I, "Princípios fundamentais", do Código de Ética Médica (Resolução CFM nº2.217/2018)".

Esse é um aspecto que na prática pode ensejar algum tipo de restrição de acesso a direitos fundamentais para pessoas homossexuais e transgêneros, quando sob a alegação de objeção de consciência o profissional vier a negar-se a realizar os procedimentos médicos necessários para a reprodução humana assistida, o que poderá dar azo a uma

---

18. CUNHA, Leandro Reinaldo da. A proteção da identidade de gênero em Portugal. Direitos humanos: novas abordagens, velhos desafios. Imprensa da Universidade de Coimbra, 2021, p. 154.

série de prejuízos caso a negativa venha a inviabilizar a realização posterior dos procedimentos necessários. Em tais circunstâncias se fará premente uma aferição cuidadosa a fim de se ponderar o limite existente entre a objeção de consciência e uma conduta lastreada por preconceito, com seus desdobramentos civis (responsabilidade civil) e penais (homotransfobia).

Não é demais se ponderar ainda mais uma vez que a Resolução CFM nº 2.232/2019 de 16 de setembro de 2019 que "estabelece normas éticas para a recusa terapêutica por pacientes e objeção de consciência na relação médico-paciente" é mera regra de caráter ético da área médica e que não tem o poder de se sobrepor a parâmetros jurídicos postos, fato que inegavelmente há de ser considerado em sede judicial caso a pessoa venha a sofrer alguma sorte de dano em decorrência de uma recusa fundada em tal alegação.

É imperioso que se tenha a clareza de se compreender que a oposição da objeção de consciência não pode ser refúgio para a prática de discriminações. Não se pode permitir que condutas não queridas por nossa sociedade e atentatórias a direitos fundamentais possam vir a se consolidar escamoteadas de exercício de um direito válido.

Ainda no mar de ausência de legislação sobre o tema se impõe trazer à colação que o Provimento 63 do Conselho Nacional de Justiça, instrumento direcionado a orientar as atividades dos Cartórios de Registro Civil das Pessoas Naturais e, portanto, também sem força de lei para a população geral, consigna que:

> Art. 16. O assento de nascimento de filho havido por técnicas de reprodução assistida será inscrito no Livro A, independentemente de prévia autorização judicial e observada a legislação em vigor no que for pertinente, mediante o comparecimento de ambos os pais, munidos de documentação exigida por este provimento.
>
> § 1º Se os pais forem casados ou conviverem em união estável, poderá somente um deles comparecer ao ato de registro, desde que apresente a documentação referida no art. 17, III, deste provimento.
>
> § 2º No caso de filhos de casais homoafetivos, o assento de nascimento deverá ser adequado para que constem os nomes dos ascendentes, sem referência a distinção quanto à ascendência paterna ou materna.

Tem-se com isso que o direcionamento seja no sentido de que o registro dos filhos nascidos ante a utilização de técnicas de reprodução assistida há de ser realizado sem que haja a imposição de prévia autorização judicial, com a preocupação para que em caso de filhos de casais homoafetivos se tenha o cuidado de que o assento indique o nome dos ascendentes sem que se tenha designação que possa gerar qualquer sorte de segregação ante a indicação expressa de que se trate de ascendentes da linha materna ou paterna.

No ambiente nacional é fato de que face a falta de legislação específica sobre o tema há de prevalecer parâmetros gerais de direitos fundamentais insculpidos no texto constitucional, sendo que qualquer posicionamento que se desvie de tal diretriz merece ser rechaçado prontamente, razão pela qual há de se garantir de maneira plena o acesso aos direitos reprodutivos a todas as pessoas, sem qualquer obstáculo que possa restringir a consecução dos interesses de ter uma prole a quem quer que seja, especialmente quando tais restrições se fundam no preconceitos nefastos que atingem as minorias sexuais.

4. CONCLUSÃO

O atual estágio de desenvolvimento da humanidade no que concerne a aspectos de cunho social, de empatia e humanitários, em certos círculos de pessoas, aparenta estar em um ponto muito distante daquele em já que se encontra no âmbito tecnológico. Vivemos tempos de transição, com o surgimento de novas ideias, tecnologias e realidades, as quais ainda não são plenamente compreendidas pela população como um todo, sendo um momento histórico do qual a efetiva noção da grandeza apenas poderá ser mensurada no futuro, com o distanciamento temporal dos acontecimentos.

Viemos de uma concepção de mundo em que os contatos eram restritos (ou em sua massiva maioria) às pessoas com proximidade territorial e legaremos para as gerações futuras uma sociedade de informação com um interconectividade espantosa e, ao mesmo tempo, com um forte distanciamento.

Em que pese todos esses avanços muito dos nossos regramentos sociais ainda são regidos por visões arcaicas, totalmente desconectas da realidade do mundo atual, e buscando fincar ancora em um passado segregador que não mais pode permear os nossos dias.

No que concerne ao acesso a técnicas de reprodução humana assistida é fácil constatar o desinteresse do legislador pátrio em cuidar de tema de suma relevância. De outro lado, ao menos no plano deontológico do Conselho Federal de Medicina (CFM), é evidente uma regência no sentido de se estabelecer parâmetros de ordenação que prezem pela prevalência de uma visão includente e que não venha a segregar ainda mais um grupo vulnerabilizado e que em larga maioria precisa da reprodução assistida para alcançar o objetivo de constituir prole.

Fato é que não existe qualquer vedação legal ao acesso às técnicas de reprodução humana assistida a alguém pelo fato de sua orientação sexual ou identidade de gênero não se coadunar com aquilo que se convencionou estabelecer como "padrão" ou "normal", haja vista que o direito de ser diferente é também consagrado em nosso ordenamento jurídico, sem que isso imponha obstáculos ao acesso aos direitos fundamentais.

O direito a valer-se de técnicas de reprodução assistida há de ser franqueado a todos que queiram, sendo inadmissível se cogitar qualquer sorte de vedação que tenha por base a orientação sexual ou a identidade de gênero do interessado, sendo de se clamar pela garantia de que homossexuais e transgêneros, seja sozinhos ou inseridos em um relacionamento (casamento ou união estável), possam ter seus filhos ante as modalidade existente e acessíveis a todas as pessoas.

Não se pode permitir que entendimentos excludentes e marginalizantes continuem a nortear a condução da nossa sociedade, mormente quando impedem o pleno acesso a direitos fundamentais a grupos vulnerabilizados, o que se apresenta como manifestamente contrário aos preceitos elementares e fundantes do Estado Democrático de Direito.

REFERÊNCIAS BIBLIOGRÁFICAS

ARAÚJO. Dhyego Câmara de. Heteronormatividade jurídica e as identidades LGBTI sob suspeita. Rev. Direito Práx., Rio de Janeiro, Vol. 9, N. 2, 2018, p. 640-662.

CUNHA, Leandro Reinaldo da. Identidade e Redesignação de Gênero, aspectos da personalidade, da família e da responsabilidade civil. 2ª edição. Rio de Janeiro. Lumen Juris Direito. 2018.

CUNHA, Leandro Reinaldo da. A proteção da identidade de gênero em Portugal. Direitos humanos: novas abordagens, velhos desafios. Imprensa da Universidade de Coimbra, 2021.

CUNHA, Leandro Reinaldo da. Identidade de gênero, dever de informar e responsabilidade civil. Revista IBERC, v. 2, n. 1, p. 1 - 17, 22 maio 2019.

CUNHA, Leandro Reinaldo da. Direito à indenização decorrente da ofensa à dignidade da pessoa humana do intersexual INTERSEXO – Aspectos: Jurídicos, Internacionais, Trabalhistas, Registrais, Médicos, Psicológicos, Sociais e Culturais, São Paulo: Revista dos Tribunais, 2018.

CUNHA, Leandro Reinaldo da. Identidade de gênero e a responsabilidade civil do Estado pela leniência legislativa. Revista dos Tribunais 962, 2015.

CUNHA, Leandro Reinaldo da. Do dever de especial proteção dos dados de transgêneros. Revista Direito e Sexualidade, Salvador, v. 2, n. 2, p. 213-231, jul./dez. 2021.

CUNHA, Leandro Reinaldo da. DOMINGOS, Terezinha de Oliveira. Reprodução humana assistida: a resolução 2013/13 do Conselho Federal de Medicina (CFM), Revista de Direito Brasileiro, ano 3, vol. 6. Set./Dez. 2013.

CUNHA, Leandro Reinaldo da; CAZELATTO, Caio Eduardo Costa. Pluralismo jurídico e movimentos LGBTQIA+: do reconhecimento jurídico da liberdade de expressão sexual minoritária enquanto uma necessidade básica humana. Revista Jurídica - Unicuritiba, [S.l.], v. 1, n. 68, p. 486 - 526, mar. 2022.

JESUS, Jaqueline Gomes de. Orientações sobre a população transgênero: conceitos e termos. Brasília: Autor, 2012.

O CONHECIMENTO DA ORIGEM GENÉTICA: UMA BREVE ANÁLISE PARA ALÉM DO VÍNCULO PARENTAL NA REPRODUÇÃO HUMANA MEDICAMENTE ASSISTIDA

Rosângela Viana Zuza Medeiros

Professora Universitária e advogada. Graduação em Direito, Mestre em Direito Civil pela Universidade de Coimbra /PT. Doutoranda na Universidade Federal do Paraná-UFPR.

Sumário: 1. Introdução – 2. O dever de informação na reprodução humana medicamente assistida e o conhecimento da origem genética – 3. Os direitos da personalidade, o direito à informação os e fundamentos legais; 3.1 A quem deve ser transmitida a informação – 4. A ação de investigação de paternidade e o estatuto da criança de adolescente: um paradigma de proteção do ordenamento para o direito ao conhecimento da origem genética – 5. O conhecimento da origem genética e a tomada de decisão no projeto de reprodução humana assistida: uma relação para além do direito reprodutivo – 6. Considerações finais – 7. Referências.

1. INTRODUÇÃO

O projeto parental reprodutivo está protegido pela Constituição Federal quando alberga o planejamento familiar como um direito e para tanto cabe aqueles atores envolvidos a possibilidade de para efetivação deste poder utilizar, inclusive, de técnicas de auxílio da ciência para que ocorra a fecundação e gestação.

Nesse ambiente que nasce a reprodução medicamente assistida, técnica em que como auxílio das ciências da saúde possibilitam pessoas de concretizar o projeto parental, podendo ou não para tanto utilizar-se de material genético próprio dos pais e/ou de terceiros, a depender se estamos a falar da reprodução homologa ou heteróloga.

Nesse contexto a pessoa nascida através desse técnica suporta, atualmente, alguns ônus da escolha do projeto parental de seus pais/genitores, e, talvez o mais crítico seja o direito ao conhecimento da origem genética como expressão de seu direito de personalidade.

O acesso à informação dessa origem genética, nos casos de reprodução medicamente assistidas, é calcado na interpretação do direito ao sigilo do doador, quando estamos a tratar da reprodução heteróloga.

O presente artigo tem como propósito analisar se o ordenamento jurídico já privilegiou o direito ao conhecimento à origem genética em detrimento ao um suposto sigilo dos seus genitores como ocorrer no caso da reprodução medicamente assistida.

Para tanto a organização do estudo, baseado em uma revisão bibliográfica, dar-se-á em quatro tópicos, dedicados ao direito à informação nas relações médicas na reprodução humana medicamente assistidas; a observância dos direitos da personalidade, o direito à informação os e fundamentos legais; a análise da ação de investigação de paternidade e o Estatuto da Criança de adolescente como paradigma de proteção do ordenamento para o direito ao conhecimento da origem genética e, por fim, uma análise do conhecimento da origem genética e a tomada de decisão no projeto de reprodução humana assistida como uma relação para além do direito reprodutivo.

A necessidade de melhor tutela dos direitos de personalidade das pessoas nascidas através da técnica de reprodução medicamente assistida, nomeadamente a heteróloga, necessita de uma maior discussão, principalmente, no que toca o confronto do direito à informação do conhecimento da origem genética *versus* o direito ao sigilo do doador. A pretensão não será de esgotar o tema, mas sim de diante de uma ausência legislativa sobre o tema da reprodução medicamente assistida, refletir se o ordenamento jurídico pátrio já não valora o direito ao conhecimento à origem genética como devendo superar qualquer outro que colocado em questão possa macular este direito de personalidade viés da dignidade da pessoa humana.

2. O DEVER DE INFORMAÇÃO NA REPRODUÇÃO HUMANA MEDICAMENTE ASSISTIDA E O CONHECIMENTO DA ORIGEM GENÉTICA

O consentimento informado é um instituto jurídico que tomou força nos últimos anos do século XX.[1] Isto ocorreu devido à mudança do paradigma na relação médico--paciente: do abandono da medicina paternalista para o exercício da medicina em favor da autonomia do paciente.[2] O paciente passou a ser reconhecido pela prática médica como pessoa, dotada de valores inerentes a ela (direitos da personalidade), a qual deve ser respeitada a vontade de autodeterminação.

O termo 'consentimento informado' é derivado da designação anglo-americana *'informed consent'* ao qual, na melhor tradução, atribui-se o sentido de 'consentimento livre e esclarecido'.[3] Esclarecido por que pressupõe, para sua validade, o entendimento pelo paciente das questões relativas à sua condição de saúde e do tratamento ao qual poderá se submeter. Livre porque, a partir da compreensão destes aspectos, o paciente irá decidir, de acordo com suas concepções, se aceita ou não se submeter à intervenção médica.

Dessa forma, o consentimento informado pode ser entendido como uma manifestação de respeito pelo paciente, assim considerado na sua condição de ser humano. Em termos mais práticos, nada mais é do que a concordância ou recusa do paciente de

---

1. PEREIRA, André Gonçalo Dias. *O consentimento informado na relação médico-paciente*: Estudo em Direito Civil. Coimbra Editora: 2004. p. 57.
2. PEREIRA, André Gonçalo Dias. *O Consentimento...* op. cit. p. 349.
3. RODRIGUES, Álvaro da Cunha Gomes. Consentimento informado – Pedra angular da responsabilidade criminal do médico. *Direito da Medicina I*. Coimbra Editora: 2002. p. 33.

se submeter à determinada intervenção médica. No entanto, esta decisão (concordância ou recusa à intervenção médica) pressupõe, para ser válida, o preenchimento de alguns requisitos, dentre eles: capacidade, informação e esclarecimento do paciente, liberdade no consentimento, atualidade do consentimento.[4]

No Direito Brasileiro, a falta de cumprimento do dever de informação para validade do consentimento informado, também gera responsabilidade civil do médico por violação do direito de outrem. De acordo com o art. 15 do Código Civil Brasileiro "Ninguém pode ser constrangido a submeter-se, com risco de vida, a tratamento médico ou a intervenção cirúrgica." Ainda, os artigos 186 e 927[5] do mesmo diploma legal determinam a responsabilidade civil daquele que, por ação ou omissão, negligência ou imprudência, violar o direito de outrem: transpondo para o caso em estudo, o médico incorre em responsabilidade civil caso viole o direito à informação, o qual o paciente é titular.

Daí decorre a dupla importância do dever de informar: afastar a responsabilidade civil do médico, e, sobretudo, instruir o paciente para que ele se oriente numa decisão livre e que concretize o seu direito à autodeterminação. Assim, consoante os elencados a por André Gonçalo Dias Pereira *o dever de informação constitui o cerne de toda a teoria do consentimento esclarecido.*[6]

O esclarecimento para a autodeterminação é oriundo do instituto do consentimento informado e visa permitir a autodeterminação da pessoa para consentir ou negar consentimento para a realização de intervenções médicas. É a informação que o médico deve prestar ao paciente, antes de qualquer intervenção. A partir dessa informação, o paciente estará ciente de sua condição de saúde e de acordo com suas concepções filosóficas poderá decidir se quer se submeter ou não à determinada intervenção médica. Este esclarecimento configura-se, portanto, como um pressuposto, também, da liberdade individual.[7] Ele é importantíssimo porque permitirá a reflexão do paciente sobre sua atual condição e sobre a decisão a ser tomada, influenciando diretamente na autodeterminação do indivíduo. Por isso, o esclarecimento para a autodeterminação deve preencher certos requisitos, como não só o dever do médico de prestar a informação, mas também o dever de verificar se o seu conteúdo foi compreendido,[8] para que realmente possa permitir que o paciente decida livremente e de acordo com a sua autodeterminação.

---

4. Em relação à atualidade como requisito de validade do consentimento, André Goncalves Dias Pereira fala de uma relativa atualidade, expondo que em alguns sistemas jurídicos é admitido o '*living will*', que são declarações antecipadas de vontade. No direito inglês, por exemplo, entende-se que a recusa de tratamento, seja antecipada ou contemporânea, não afeta a sua validade, uma vez que o dissentimento tenha sido claramente afirmado. PEREIRA, André Gonçalo Dias. *O Consentimento...* op. cit. p. 248 e ss.

5. Código Civil Brasileiro: Art. 15. Ninguém pode ser constrangido a submeter-se, com risco de vida, a tratamento médico ou a intervenção cirúrgica. Art. 186. Aquele que, por ação ou omissão voluntária, negligência ou imprudência, violar direito e causar dano a outrem, ainda que exclusivamente moral, comete ato ilícito. Art. 927. Aquele que, por ato ilícito (arts. 186 e 187), causar dano a outrem, fica obrigado a repará-lo.

6. PEREIRA, André Gonçalo Dias. *O Consentimento...* op. cit., p. 349.

7. PEREIRA, André Gonçalo Dias. *O Consentimento...* op. cit., p. 73.

8. ANTUNES, Alexandra. Consentimento Informado. In: SERRÃO, Daniel e NUNES, Rui. (Coord.). *Ética em cuidados de saúde.* Porto Editora, 1999. p. 22.

O esclarecimento terapêutico, apesar de próximo do esclarecimento para autodeterminação, é um instituto mais simples na medida em que visa prestar informações prescritivas[9] não afetando, diretamente, a autodeterminação da pessoa. Informações prescritivas são aquelas contidas, por exemplo, numa receita médica a qual indica as instruções a serem seguidas pelo paciente ao tomar determinada medicação. São, portanto, informações que podem possuir o caráter de um conselho ou de um perigo a evitar (por exemplo, evitar excesso de doce na gravidez), ou mesmo instruções a serem seguidas a fim de obter um melhor resultado (por exemplo, fazer atividade física na gravidez).

André Gonçalo Dias Pereira explica que o esclarecimento terapêutico levanta menos dificuldades do ponto de vista jurídico-dogmático do que o esclarecimento para a autodeterminação. Apesar disso, o âmbito do esclarecimento terapêutico é mais amplo porque o médico deve informar sobre todos os pormenores que possam ser úteis para a saúde do doente, não cabendo falar em privilégio terapêutico, já que as informações sempre contribuem para que o doente assuma comportamentos positivos para a sua saúde. Já o esclarecimento para a autodeterminação refere-se à informação que o médico deve dar previamente a qualquer intervenção médica para obter a livre decisão do paciente e para dar forma ao cumprimento do princípio da autonomia da pessoa humana, enquanto expressão do direito fundamental à dignidade.[10]

Quando se trata da Reprodução humana assistida, esse poder de autodeterminação, bem como o de esclarecimento,[11] tomam uma dimensão maior, visto que, a ausência de compreensão de todo o processo terapêutico impactará diretamente não só no próprio procedimento da implantação das células germinativas e/ou do zigoto, mas, também, na vida do paciente intrauterino, que surgirá em função da técnica retromencionada, o nascituro, e posterior, ser humano, ambos, dotado de personalidade.

A análise, no presente trabalho, dar-se-á na perspectiva da possibilidade do descente, também ser afetado pela condição de paciente durante o procedimento de reprodução assistida dos pais, e, poder ser considerado paciente,[12] pois o seu surgimento se dá pela atividade direita do médico/profissional da saúde responsável por sua fecundação, muitas vezes, *in vitro*, e, é esse geneticista que tomará para si a

---

9. PEREIRA, André Gonçalo Dias. *O Consentimento...* op. cit. p. 71 e 72.
10. PEREIRA, André Gonçalo Dias. *O Consentimento...* op. cit. p. 72.
11. O tópico 4 da resolução CFM 2.168/2017 versa: "O consentimento livre e esclarecido será obrigatório para todos os pacientes submetidos às técnicas de RA. Os aspectos médicos envolvendo a totalidade das circunstâncias da aplicação de uma técnica de RA serão detalhadamente expostos, bem como os resultados obtidos naquela unidade de tratamento com a técnica proposta. As informações devem também atingir dados de caráter biológico, jurídico e ético. O documento de consentimento livre e esclarecido será elaborado em formulário especial e estará completo com a concordância, por escrito, obtida a partir de discussão bilateral entre as pessoas envolvidas nas técnicas de reprodução assistida."
12. O tópico 3 da resolução CFM n 2.168/2017 versa sobre essa concepção de proteção de descente, *in verbis*: "As técnicas de RA podem ser utilizadas desde que exista probabilidade de sucesso e não se incorra em *risco grave de saúde para o(a) paciente ou o possível descendente*" (grifo nosso).

responsabilidade pela higidez desse feto,[13] conhecendo toda a matriz genética, bem como, as combinações destas que originará diretamente na composição integral desse ser humano, impactando em diversos âmbitos de sua vida, como no exercício pleno do direito à saúde, por exemplo .

Quando estar-se a tratar do exercício do direito reprodutivo oriundo da técnica de reprodução assistida, não tem como afastar, que em tal procedimento, o geneticista deve esclarecer não só das dificuldades do próprio procedimento, mas também, para que haja na efetivação desde forma consciente, um controle/conhecimento da condição genética do zigoto. Isto posto, se deve esclarecer dos traços genéticos e de higidez que o zigoto carrega, afastando de pronto, por exemplo a existência de má formação genética prévia.

Esse dever de informar é similar, por exemplo, quando a mulher está grávida oriundo método de fecundação tradicional, onde todas as ações são pensadas considerando o binômio materno-fetal, cabendo ao médico o dever de informação não só sobre a saúde da genitora, mas também, da saúde do nascituro.

Em princípio, é o paciente quem deve ser informado sobre a sua condição de saúde e os tratamentos médicos aplicáveis. É ele quem deve receber as informações pertinentes ao seu estado de saúde e as questões relacionadas a este, mas quando estamos a tratar das condições do direito à informação relacionada ao exercício do direito reprodutivo o dever de cuidado e esclarecimento engloba o binômio materno-fetal em sua totalidade, não afastando de pronto o direito do nascituro e, posteriormente, da pessoa nascida através da técnica de ser informado sobre o tratamento que ocasionou sua formação.

3. OS DIREITOS DA PERSONALIDADE, O DIREITO À INFORMAÇÃO OS E FUNDAMENTOS LEGAIS

A partir do momento em que o paternalismo clínico se tornou obsoleto e deu lugar ao exercício da medicina em respeito à autonomia e autodeterminação do paciente, a relação médico-paciente passou a ser integrada por direitos e deveres recíprocos.

Atualmente, é conhecimento universal que a medicina não conduz necessariamente à cura.[14] É, antes, uma tentativa que sempre implica em riscos. Quando ocorreu a mudança de paradigma no exercício da medicina, entendeu-se que o paciente é quem tem que assumir estes riscos porque a ele é devido respeito em razão de sua dignidade, e, é ele quem irá suportar as consequências desses riscos, uma vez que é o seu bem jurídico que estará em questão: a sua saúde e, em certos casos, até mesmo a sua vida.

Assim, o dever de informar no consentimento informado é o "dever de respeitar um direito autônomo do doente à livre determinação em matéria de saúde".[15] Por envolver

---

13. As técnicas de RA podem ser aplicadas à seleção de embriões submetidos a diagnóstico de alterações genéticas causadoras de doenças –podendo nesses casos ser doados para pesquisa ou descartados, conforme a decisão do(s) paciente(s) devidamente documentada em consentimento informado livre e esclarecido específico. Tópico VI –Diagnóstico genético pré-implantacional de embriões da resolução CFM 2.168/2017.

14. RODRIGUES, Álvaro da Cunha Gomes. *Consentimento...* op. cit. p. 129.

15. OLIVEIRA, Guilherme de. *O fim da...* cit., p. 103.

questões relativas à saúde, liberdade, integridade, autodeterminação, dentre outros, o direito à informação no consentimento informado configura-se um pressuposto para o exercício de direitos que se apoiam no conceito básico da personalidade.[16] Cabe destacar que para Elio Sgreccia, a noção de personalidade implica a de totalidade e independência. Para este autor, a saúde não é um fim último, mas é determinada e limitada pelo significado da própria vida, sendo que, o sentido da saúde encontra-se no projeto de vida boa que cada um se propõe realizar.[17] A partir dessa concepção, o direito à informação no consentimento informado é essencial para a realização do projeto de vida que o paciente idealizou e busca para si, e, no caso da reprodução humana assistida, estamos a falar do binômio materno-fetal.

Os direitos da personalidade são direitos atinentes à tutela da pessoa humana, considerados essenciais à sua dignidade e integridade. Segundo Madaleno *apud* Rubens Limongi França são as faculdades jurídicas cujo objeto são os diversos aspectos da própria pessoa do sujeito, bem assim seus prolongamentos e projeções.[18]

Tal pressuposto deve ser observada na sua integralidade para efetiva proteção dos direitos de personalidade envolvidos, seja da genitora, seja do nascituro, ou do próprio indivíduo após o nascimento.

Sem a informação, não há o respeito ou o exercício dos direitos que afetam diretamente a personalidade. Para que o paciente conceda ou negue o seu consentimento, ele deve ter conhecimento das questões relativas à sua saúde e à intervenção que lhe é proposta. Esse conhecimento implica necessariamente a transmissão da informação do médico ao paciente. Conforme explica Guilherme de Oliveira, "para recusar, ou admitir, um tratamento, (o paciente) precisa de obter a informação relevante. Se o médico não lhe dá actua com negligência, e lesa o direito do paciente à autodeterminação nos cuidados de saúde".[19] A ausência da informação ou a informação inadequada gera a responsabilidade do médico por consequente violação dos direitos da personalidade do paciente, especificamente: violação da liberdade individual de decidir (lesão do direito à autodeterminação), violação do direito à informação, ofensa à integridade física e moral e desrespeito à dignidade do paciente.

Aqui recaímos na proteção integral do direito de personalidade,[20] isto é, afastar qualquer dos âmbitos é um risco assumido de incorrer em dano. A saúde do indivíduo

---

16. Essa é a conceituação de personalidade dada por SILVIO DE SALVO VENOSA: "A personalidade não é exatamente um direito; é um conceito básico sobre o qual se apoiam os direitos. Há direitos denominados personalíssimos porque incidem sobre bens imateriais ou incorpóreos." VENOSA, Sílvio de Salvo. *Direito Civil...* cit. p. 197.

17. SGRECCIA, Elio. *Manual de Bioética* – Fundamentos e ética biomédica. Cascais: Princípia Editora Lda, 2009. p. 155 e 159.

18. ROLF, Madaleno, e BARBOSA, Eduardo (Coord.). *Responsabilidade Civil no Direito de Família.* Grupo GEN, 2015. [Minha Biblioteca]

19. OLIVEIRA, Guilherme de. *O fim da...* cit., p. 103.

20. O direito à integridade psicofísica constitui um dos mais importantes direitos da personalidade do nascituro, consectário direto do próprio direito à vida e é objeto de autônoma e específica tutela constitucional, abarcando sob o seu manto protetor todo aquele que pertencer à espécie humana, donde se conclui pela existência de um "direito de nascer com saúde e dignidade", de que é titular todo ser humano como tal concebido, não havendo

está inserido no direito à vida e a dignidade da pessoa humana, e a sua acepção deve ser pensada não só no âmbito curativo, mas, e principalmente no âmbito preventivo.

Por incidir sobre os direitos que afetam diretamente a personalidade, é aplicável ao consentimento informado. Isto significa que, em tese, deveria albergar os atores dessa relação, o que acarreta que, mesmo que seja cada um a seu tempo, ou via representação do nascituro, o direito à informação deve ser resguardado. No caso da reprodução humana assistida, o consentimento/informação engloba o binômio materno-fetal, e, a proteção do direito de personalidade deve proteger a ambos.

Nesta concepção temos que o direito ao conhecimento da origem genética e familiar da criança se caracteriza como direito de personalidade dela, cujo exercício constitui prerrogativa exclusiva do filho, que não pode ser impedido, quer por parte dos pais socioafetivos, quer por qualquer autoridade, quer pela própria lei.[21]

É por isso que, para André Gonçalo Dias Pereira o dever de informar '*qua tale*' deve receber um significado autônomo (face ao dever de obter consentimento – já que a obrigação de informação não leva necessariamente à obtenção do consentimento) e consequentemente ser assumido como uma obrigação jurídica.[22]

Se o consentimento for envolto de um segredo que é incapaz de concretizar a autonomia da vontade para o tratamento, ou mesmo, que atingia diretamente o direito de personalidade do nascituro que é incapaz de por si só de obter a informação, podemos pensar em mácula ao próprio dever de informar na relação geneticista paciente (binômio materno-fetal).

Nesse sentido, defende Madeleno

A autonomia privada da mãe sucumbe diante do direito à vida, à saúde e à integridade física e psíquica do nascituro. O privilégio da maternidade deve conviver com o ônus de assegurar, em todos os aspectos, o melhor interesse do ser indefeso homiziado no ventre materno. *A liberdade de um ser humano jamais prevalecerá sobre o direito à vida e à saúde de outro.* Especificamente no Direito de Família, mais do que em qualquer outro ramo, em razão da família ser considerada núcleo irradiante, preservante e disseminador da espécie humana, além de constituir o agrupamento social com maior responsabilidade na formação das novas gerações, e, por isso mesmo, especialmente protegida pelo Estado, a tutela dos direitos da personalidade deve ser assegurada plenamente, cabendo ao Direito oferecer instrumentos para impedir, coibir ou prevenir a sua violação.[23] (grifo nosso)

Essa perspectiva demonstra que no exercício do direito reprodutivo dos pais não pode colocar de lado o direito do descendente, ou mesmo, olvidar-se da sua existência. A técnica utilizada pelos pais não será capaz, por exemplo de colocar em xeque o princípio

---

como se admitir qualquer vulneração à integridade do nascituro, muito menos por conduta atribuível à gestante. Em idêntico patamar podemos aludir ao direito fundamental à saúde. ROLF, Madalena, e Barbosa, EDUARDO (Coord.). *Responsabilidade Civil no Direito de Família*. Grupo GEN, 2015. [Minha Biblioteca].

21. SZANIAWSKI, Elimar. *Diálogos com o Direito de filiação brasileiro.* Belo Horizonte: Ed. Fórum, 2019, p. 362.
22. PEREIRA, André Gonçalo Dias. *O Consentimento...* cit. p. 353.
23. ROLF, Madalena, e BARBOSA, Eduardo (Coord.). *Responsabilidade Civil no Direito de Família.* Grupo GEN, 2015. [Minha Biblioteca].

Constitucional de igualdade de filiação[24] (Scalquette, 2019, p. 79), onde o filho oriundo de meio reprodutivo tradicional tenha direitos diversos daqueles oriundos das técnicas de reprodução assistida.

Em relação aos diplomas legais, temos que os diplomas pátrios trazem disposições genéricas sobre o direito à informação. Especificamente aplicável à relação médico--paciente, temos a Lei de Bases da Saúde (Lei 48/90, de 24 de agosto), que ao tratar do Estatuto dos utentes, explicita, na Base XIV, n. 1, e), que os pacientes têm direito a ser informados sobre a sua situação, as alternativas possíveis de tratamento e a evolução provável do seu estado.

Ainda no tocante ao acesso à informação contido no consentimento, temos que direito do paciente em obter informação também encontra respaldo legal no art. 7º, V, Lei 8.080/90 (Lei orgânica da saúde)[25] que, ao determinar os princípios e diretrizes para os serviços de saúde, dispõe que as pessoas assistidas têm direito à informação sobre sua saúde.

Podemos fundamentar, genericamente, o direito do paciente à informação na Constituição Federal que, ao tratar dos direitos e garantias fundamentais, dispõe no art. 5º, XIV que todos têm direito à informação.

3.1   A quem deve ser transmitida a informação

Em princípio, é o paciente quem deve ser informado sobre a sua condição de saúde e os tratamentos médicos aplicáveis. É ele quem deve receber as informações pertinentes ao seu estado de saúde e as questões relacionadas a este. O que durante o procedimento de reprodução assistida seria direcionado a relação materno-fetal.

Além de garantir que a informação deve ser prestada ao próprio paciente. Entretanto, há hipóteses em que não se pode prestar informações ao paciente porque este encontra-se de alguma forma incapacitado. Mesmo assim, o dever de informar do médico persiste. Nesses casos, a informação deve ser fornecida a outras pessoas, à família, ao tutor ou a quem seja responsável pelo paciente, como deve ocorrer no caso em relação ao feto na reprodução assistida.

Neste diapasão estar a se observar a capacidade para consentir no consentimento informado, através da integra da informação adequada e clara, que é exercido por representação, uma vez que teria acesso as informações sobre a sua origem genética.

---

24. SCALQUETTE, A. C. Reprodução humana assistida: do direito à ao direito da. In: A. C. SCALQUETTE, & R. A. SCALQUETTE. *Biotecnologia, biodireito e liberdades individuais*. Indaiatuba, São Paulo: Foco, 2019, p. 79.

25. Lei brasileira 8080/90 (Lei orgânica da saúde): "Art. 7º As ações e serviços públicos de saúde e os serviços privados contratados ou conveniados que integram o Sistema Único de Saúde – SUS, são desenvolvidos de acordo com as diretrizes previstas no art. 198 da Constituição Federal, obedecendo ainda aos seguintes princípios: (...) V – direito à informação, às pessoas assistidas, sobre sua saúde".

4. A AÇÃO DE INVESTIGAÇÃO DE PATERNIDADE E O ESTATUTO DA CRIANÇA DE ADOLESCENTE: UM PARADIGMA DE PROTEÇÃO DO ORDENAMENTO PARA O DIREITO AO CONHECIMENTO DA ORIGEM GENÉTICA

O nascimento é talvez o evento social mais envolto de sentimento que o ser humano se depare, mas ao mesmo tempo em questões jurídicas que o permeiam. A partir dele se adquire a personalidade, por exemplo, mas, além desse fator de suma importância para o direito, o nascimento vem envolto de outras questões importantes, como a proteção do nascituro, os direitos reprodutivos, a existência dos vínculos familiares. Tal assim seja porque as várias pessoas que estão envolvidas modificam as suas vidas em todos os âmbitos, sejam elas pais ou filhos.

Dentro desta perspectiva a paternidade/maternidade tem ganhado notoriedade no mundo jurídico, pois, seja pela existência de vários aspectos relevante, seja pelas consequências que os direitos de filiação impacta na vida de terceiros que estão alheios as tomadas de decisão de como vieram a integrar a humanidade, mas, tem a sua existência protegida por ordenamentos o qual será integrado. Nesse ponto passar a uma observação entre o direito reprodutivo, o direito à vida e a saúde do filho resultado do exercício legitimo do direito reprodutivo antes mencionado.

Em certa medida essa relação só foi analisada dando-se ênfase a descoberta da real paternidade de um filho, quando este não ocorre espontaneamente, o que em tempo remoto talvez, não se desse a importância jurídica ou se demonstrasse a complexidade agora enfrentada,[26] ou seja, a ênfase que se deu aos direitos de filiação foi, por muitos anos, a descoberta real do vínculo parental, biológico ou não biológico, ausente ou presente, presumido ou declarado. Afastou-se, de certa medida, a análise da filiação sob a perspectiva dos direitos de personalidade dos pais, filhos e, por que não falar nos doadores, quando estar a referir a filiação oriunda da reprodução humana assistida.

Neste prisma, determinar os genitores na filiação biológica[27] e não biológica, a qual importa para presente artigo, quando a origem genética do ser humano é oriunda da junção de um óvulo, determinando a maternidade e de um espermatozoide o qual determina a paternidade, acarretando o material genético de que somos formados é passo fundamental e que merece proteção jurídica, inclusive entendida como direito de personalidade.[28]

---

26. A ação de investigação da paternidade tem um longa história e, quer pelo seu significado em termos sociais, quer pelas transformações que foi sofrendo, é um dos institutos mais interessantes do direito de família. (COELHO, Francisco Pereira e OLIVEIRA, Guilherme de. *Curso de direito da família*Coimbra Editora. Coimbra, 2006, v. II – direito de filiação, t. I – estabelecimento da filiação. p. 204).

27. A filiação sempre foi considerada um estado natural do homem antes mesmo de se tornar uma questão jurídica; por isso, durante muito tempo, a biologia considerou pai aquele homem que através da cópula fecundava a mulher, e mãe, a mulher que carregasse o filho em seu ventre (CRUZ, Beatriz Homem de Mello Bianchi, apud Ivelise Fonseca da. *A influência das técnicas da reprodução humana assistida no direito*. Dissertação (Mestrado em Direito). Pontifícia Universidade Católica de São Paulo (PUC-SP), São Paulo, 2005, p. 69.)

28. SÁ, Maria de Fátima Freire de et al. *Manual de Biodireito*. Belo Horizonte: Del Rey, 2009.

Já se observa que os termos empregados pela literatura jurídica para determinar a origem genética se confunde, em muito com o que seria sob a análise do conhecimento da origem genética, ao que podemos relacionar com o genitor e genitora, podendo ou não essa noção coincidir como a classificação de maternidade/paternidade diante do projeto reprodutivo adotado.

A paternidade/maternidade, na concepção jurídica traz um arcabouço de aspectos, posto que, a sua determinação tem reflexo no direito de família, sucessório, obrigacional. Mas a sua determinação passou de meras hipóteses da existência do relacionamento entre os pais à determinação mais precisa da origem genética do indivíduo com o advento e avanço da medicina em suas pesquisas científica, nomeadamente pela leitura do DNA, o que não afastou a possibilidade de vínculo parental de filiação oriundo de laços afetivos, seja ela pela adoção, seja pela reprodução humana assistida, seja para interpretação recente da filiação socioafetiva.

Os dados genéticos têm a capacidade de identificar indivíduos, revelar futuras enfermidades e fornecer informações genéticas sobre parentesco, uma vez que englobam quaisquer informações genéticas, desde as mais gerais às mais específicas.[29] Tal premissa tem impacto jurídico não só sobre os pais, mas, e, principalmente, sobre os filhos. O conhecimento da origem genética vai além da descoberta do vínculo parental, alcança, o próprio desenvolvimento integral do indivíduo.

O conhecimento da origem genética desconhecida é fenômeno, que vai além do descobrimento de uma relação sexual que originou uma gravidez, mas que após o nascimento o suposto pai não vem perante o Estado/sociedade reconhecer a filiação em questão, ela alcança a própria formação do indivíduo reconhecendo-se como tal, bem como, possibilitando a este o exercício integral de todos os direitos que estejam em sua esfera, como personalidade e o direito à saúde, por exemplo.

Desta forma, transitamos pela vida íntima dos indivíduos envolvidos neste processo. Primeiramente nas dos genitores, posto que os pais necessitam demonstrar a sua intimidade para afirmar qual foi o método de concepção da filiação, tendo envolto na tomada de decisão reprodutiva a possibilidade de ser oriundo de uma relação sexual, de um processo de adoção, ou mesmo da utilização de técnicas de reprodução humana assistida. Mesmo atualmente é devastar a sua intimidade, posteriormente do próprio filho, que passa, na melhor das hipóteses pelo constrangimento de ter que requer ao Estado que lhe outorgue lhe era direito, ou seja, o conhecimento da sua origem genética.

Assim, a concepção da paternidade/maternidade sai do âmbito exclusivo do entendimento de família, sendo pai, mãe e filhos e passa a ser encarado na sua acepção biológica, ou seja, quem determinou a origem genética, seja para fins da ação de investigação de paternidade, seja para fins de proteção integral do direito à saúde, seja pelo pleno desenvolvimento do direito de personalidade.

---

29. SÁ, Maria de Fátima Freire de et al. *Manual de Biodireito*. Belo Horizonte: Del Rey, 2009, p. 185.

Os dados genéticos humanos compõem a complexa estrutura de identificação de um indivíduo, apresentando informações a partir da análise do seu DNA.[30]

Não só a família, mas também a filiação foi alvo de profunda transformação, o que levou a repensar as relações paterno-filiais e os valores que as moldam. Das presunções legais se chegou à plena liberdade de reconhecimento de filhos e à imprescritibilidade da investigação dos pais,[31] por exemplo.

É neste escopo que a paternidade/maternidade que necessita de reconhecimento judicial passa a ser encarado, aquele momento encantador do nascimento passa a ser visto com encadeamento de moléculas capazes única e exclusivamente determinar um nome, um direito sucessório, entre outros direitos, dá-se ênfase, assim, ao frio entendimento que a técnica científica deve superar a relação pessoal, quando o ordenamento jurídico pátrio optou pela presunção da paternidade calcada no exame de DNA, e, esse pressuposto, em muito contribuiu para afastar a questão do conhecimento da origem genética sob outras vertentes de igual importância para o direito de personalidade e a saúde do indivíduo.

Para tanto a prova na ação de investigação de paternidade passou por transformações que importe a busca da verdade real deste material genético do qual são formados os ser humanos, e que a princípio determina as relações jurídico-familiares da nossa sociedade, mas em muito afastou, a possibilidade de análise do conhecimento da origem genética em sua integralidade, pois a simplificação da paternidade calcada no vínculo biológico reduziu em muito o aprofundamento das discussões necessárias sob a proteção do direito de personalidade do ser humano.

A possibilidade do reconhecimento da paternidade àqueles que não a tiveram por livre e espontânea vontade do seu genitor é possibilitada desde os tempos romanos,[32] chegando aos tempos modernos, passando esta evolução por restrições no tocante a capacidade e objeto[33] desta ação e culminamos à atualidade da livre investigação da sua origem, e reconhecimento jurídico da relação de parentesco que aqui se estabelece, inclusive livre de qualquer ato discriminatório.

Mas tal evolução não afasta que o conhecimento da origem genética possa ocorrer em virtude da proteção de outros aspectos do direito de personalidade, dissociados do vínculo parental, como por exemplo a possibilidade de conhecimento integral da formação genética capaz de evitar doenças por comportamentos de medicina preventiva, ou mesmo ter acesso ao pertencimento que o indivíduo tem em seu espaço, reconhecendo-se e desenvolvendo de integralmente a sua dignidade.

---

30. SÁ, Maria de Fátima Freire de, op. cit., p. 186.
31. DIAS, Maria Berenice. *Paternidade homoparental*. Artigo disponível em: http://www.conteudojuridico.com. br/. Acesso em: 10 jan. 2021.
32. A investigação de paternidade foi admitida no direito romano tardio, e era entendido com grande largueza pelo direito canônico que a estendia mesmo aos filho adulterinos e aos incestuosos. (OLIVEIRA, Guilherme. *Critério jurídico da paternidade*. Coimbra: Editora Almedina, 2003, p. 97).
33. Como, por exemplo, em época remota no direito francês: OLIVEIRA, Guilherme. *Critério Jurídico da Paternidade*. Coimbra: Editora Almedina, 2003.

Voltando a evolução da parentalidade que foi introduzida pela utilização da investigação da paternidade, ela perpassou por enfrentar diversos questionamentos dos direitos dos sujeitos envolvidos neste processo. A investigação caminha pelo direito do filho ao seu nome (personalidade), bem como pelo direito do suposto pai da sua intimidade.

Poderia se visualizar neste momento a colisão de direito entre ao pai e o filho no sentido de que se o primeiro não reconheceu espontaneamente o filho não deveria estar coagindo a provar a inexistência de tal vínculo, em contrapartida o direito do filho de ter reconhecida a sua ascendência também merece proteção jurídica, e nesta colisão de direitos de mesma hierarquia prevaleceu o do filho.

Entende o sistema jurídico atual que neste conflito deve prevalecer a verdade real do direito ao conhecimento da origem genética.

Observa-se que a busca pela paternidade inicialmente negada girava em torno da comprovação da existência do relacionamento entre os genitores. Tal premissa era, assim, o ponto controverso na lide, determinando que a demonstração da convivência[34] na época da concepção era o fator determinante para o reconhecimento da paternidade, sem na verdade a observância, em muitos casos da origem genética em si.

Essa forma de reconhecimento judicial devia-se, inicialmente, a inexistência ou dificuldade de produção da prova científica, no entanto, tal sistema levava muitas vezes a injustiças, seja o não reconhecimento da paternidade, seja o reconhecimento da paternidade sem a necessária certeza, pois calcava a decisão em indícios, que tinham o privilégio da presunção.

É quase unanime a opinião de que este fundamento importava não pelo seu valor de prova do vínculo biológico, mas pelo seu valor presuntivo da paternidade.[35]

Na evolução do direito de família no tocante a esta matéria de filiação, demonstrou-se a necessidade da busca pela verdade real da filiação, ora questionada. Essa crescente determinou que a valoração da prova, que por si só, não podia ficar calcada em indício que acarretassem a presunção do estado de filiação, deveria levar a realidade dos fatos.

Observa-se que tal mudança foi calcada no reconhecimento do direito do filho em detrimento do direito individual do pai em negar a relação familiar questionada.

Passa a entender a realidade da prova genética como necessária ao deslinde da investigação da paternidade e esta deve ser observada mesmo que para tanto diminua-se a observância do direito a intimidade e integridade física do suposto genitor.

Na verdade, tanto a identidade genética quanto a intimidade e intangibilidade do corpo humano são componentes da dignidade da pessoa humana, de modo que a

---

34. (...) a investigação admissível foi o ter havido convivência da mãe e do pretenso pai, no período da concepção. (COELHO, Francisco Pereira e OLIVEIRA, Guilherme de. *Curso de direito da família*. Coimbra: Coimbra Ed., 2006, v. II – direito de filiação, t. I – estabelecimento da filiação, p. 207).

35. COELHO, Francisco Pereira e OLIVEIRA, Guilherme de. *Curso de direito da família*. Coimbra: Coimbra Ed., 2006, v. II – direito de filiação, t. I – estabelecimento da filiação, p. 207.

dignidade do investigado e a dignidade do investigante estão em confronto. Impossível atender um sem o sacrifício do outro.[36]

O direito à identidade e à integridade pessoais, e o direito ao livre desenvolvimento da personalidade, contêm a faculdade básica de procurar o reconhecimento público da "localização social" do indivíduo; este lugar, que investe o cidadão num conjunto de direitos e obrigações, num estado jurídico, exprime-se usualmente pelo nome e pelos apelidos de família.[37]

Foi assim que a investigação de paternidade deu um salto na sua acepção e passou a ser enfrentada pelo ordenamento jurídico de forma mais clara e, os tribunais, cada vez mais, buscam a identificação do real genitor para reconhecer a filiação. Para isso, a legislação possibilita as formas claras desta busca pela origem.

Tais pressupostos foram calcando as decisões emitidas gerando vínculos familiares, mesmo, que por vezes a verdade real ocorrida não fosse a demonstrada nos autos, pois o elenco referido versa sobre indícios da relação entre os genitores e a consequente filiação, e não necessariamente da origem genética do filho.

Destarte, necessário se fez determinar cristalinamente a filiação, e o que determina o vínculo familiar e, por consequência o reconhecimento da paternidade está diretamente ligada a prova colecionada na ação intentada.

Tais premissas são de importante análise quando estamos a observar o direito ao conhecimento da origem genética para além do reconhecimento do vínculo parental, posto que, as fundamentações utilizadas para consolidar o direito a filiação calcados única e exclusivamente na existência de vínculo genético oriundos de uma relação sexual entre o suposto pai e a mãe é albergada de forma pacífica pelo ordenamento jurídico.

No entanto, quando estamos a analisar o direito de conhecimento da origem genética para quaisquer outros aspectos jurídicos, seja, mesmo que seja para a ampla proteção do direito de personalidade, o exercício pleno do direito à saúde, e, pela completude da proteção efetiva da dignidade humana, ainda se mantém em muito o detrimento do direito ao conhecimento da origem genética.

5. O CONHECIMENTO DA ORIGEM GENÉTICA E A TOMADA DE DECISÃO NO PROJETO DE REPRODUÇÃO HUMANA ASSISTIDA: UMA RELAÇÃO PARA ALÉM DO DIREITO REPRODUTIVO

No que tange a realização do projeto parental a partir da utilização da técnica de reprodução humana assistida, ele vem permeado de consequências não só para os pais, mas também, para a pessoas oriunda desse processo, o filho.

---

36. SÁ, Maria de Fátima Freire de, op. Cit., p. 201.
37. *Curso de direito da família.* Coimbra: Coimbra Ed., 2006, v. II – direito de filiação, t. I – estabelecimento da filiação, p. 209.

Essa premissa acarreta que não se pode retirar desse processo todas as pessoas envolvidas. Assim como na filiação biológica e/ou adotiva há a consequência do projeto parental, a filiação advinda da reprodução humana assistida também. A diferença é que nas demais filiações o exercício do direito reprodutivo, não afasta o direito ao conhecimento da origem genética.

O conhecimento da origem genética é implícito na filiação biológica e assegurada na filiação adotiva, consoante o elencado no art. 48 no Estatuto da Criança e do Adolescente – ECA.[38]

Um dos objetos da tutela do direito ao conhecimento da origem genética é assegurar o direito da personalidade, na espécie direito à vida, pois os dados da ciência atual apontam para necessidade de cada indivíduo saber a história de saúde de seus parentes biológicos próximos para prevenção da própria vida.

A vertente do direito de personalidade do filho oriundo de reprodução Humana assistida do conhecimento da origem genética caminha lado a lado como a tomada de decisão do exercício legítimo do direito reprodutivo dos pais de utilizarem da técnica da reprodução para concretizar o projeto parental.

No entanto, tal tomada de decisão não pode afastar do filho a integralidade do exercício dos seus direitos de personalidade. Considerando que nos filhos proveniente da filiação biológica ou da adoção tal direito é plenamente assegurado, permitindo o pleno desenvolvimento da personalidade a questão que fica é porque o projeto parental que se utiliza da reprodução humana assistida deve se afastar a possibilidade de conhecimento da origem genética, onerando, duplamente os pais e filhos pelo exercício legitimo do direito reprodutivo.

Portanto, deve se analisar como a ciência que possibilita o exercício do direito reprodutivo dos pais através das técnicas de reprodução assistidas essas deve estar acompanhada da proteção dos direitos de personalidade de pais e filhos, principalmente, no que tange ao direito à saúde de todos esses atores e, consequentemente, o direito à informação.

A partir do momento em que o paternalismo clínico se tornou obsoleto e deu lugar ao exercício da medicina em respeito à autonomia e autodeterminação do paciente, a relação médico-paciente passou a ser integrada por direitos e deveres recíprocos.

Atualmente, é conhecimento universal que a medicina não conduz necessariamente à cura.[39] É, antes, uma tentativa que sempre implica em riscos. Quando ocorreu a mudança de paradigma no exercício da medicina, entendeu-se que o paciente é quem tem que assumir estes riscos porque a ele é devido respeito em razão de sua dignidade, e, é ele quem irá suportar as consequências desses riscos, uma vez que é o seu bem jurídico que estará em questão: a sua saúde e, em certos casos, até mesmo a sua vida.

---

38. Art. 48. O adotado tem direito de conhecer sua origem biológica, bem como de obter acesso irrestrito ao processo no qual a medida foi aplicada e seus eventuais incidentes, após completar 18 (dezoito) anos.

39. RODRIGUES, Álvaro da Cunha Gomes. *Consentimento*... cit., p. 129.

Assim, o dever de informar no consentimento informado é o "dever de respeitar um direito autônomo do doente à livre determinação em matéria de saúde".[40] Por envolver questões relativas à saúde, liberdade, integridade, autodeterminação, dentre outros, o direito à informação no consentimento informado configura-se um pressuposto para o exercício de direitos que se apoiam no conceito básico da personalidade.[41] Cabe destacar que para Elio Sgreccia, a noção de personalidade implica a de totalidade e independência. Para este autor, a saúde não é um fim último, mas é determinada e limitada pelo significado da própria vida, sendo que, o sentido da saúde encontra-se no projeto de vida boa que cada um se propõe realizar.[42] A partir dessa concepção, o direito à informação no consentimento informado é essencial para a realização do projeto de vida que o paciente idealizou e busca para si.

Sem a informação, não há o respeito ou o exercício dos direitos que afetam diretamente a personalidade (os quais não possuem conteúdo econômico direto e imediato[43]). Para que o paciente conceda ou negue o seu consentimento, ele deve ter conhecimento das questões relativas à sua saúde e à intervenção que lhe é proposta. Esse conhecimento implica necessariamente a transmissão da informação do médico ao paciente. Conforme explica Guilherme de Oliveira, "para recusar, ou admitir, um tratamento, (o paciente) precisa de obter a informação relevante. Se o médico não lhe dá actua com negligência, e lesa o direito do paciente à autodeterminação nos cuidados de saúde".[44]

A ausência da informação ou a informação inadequada gera a responsabilidade do médico por consequente violação dos direitos da personalidade do paciente, especificamente: violação da liberdade individual de decidir (lesão do direito à autodeterminação), violação do direito à informação, ofensa à integridade física e moral e desrespeito à dignidade do paciente.

Pensando que o projeto parental nasceu da utilização de uma técnica de reprodução medicamente assistida, esse direito de conhecimento da origem genética do doador poderia ser interpretado como parte integrante das informações necessárias para o que o consentimento informado fosse exercício em sua plenitude, posto que, abarcaria o riscos não só da gravidez em si, mas da saúde posterior do binômio materno-filial.

O conhecimento da origem genética não significará o reconhecimento de vínculo parental, mas sim, como, já aludido, se dá no termos do art. 48 do ECA o respaldo jurídico da proteção integral do direito de personalidade do filho oriundo da técnica de reprodução medicamente assistida.

---

40. OLIVEIRA, Guilherme de. *O fim da...* cit., p. 103.
41. Essa é a conceituação de personalidade dada por Silvio De Salvo Venosa: "A personalidade não é exatamente um direito; é um conceito básico sobre o qual se apoiam os direitos. Há direitos denominados personalíssimos porque incidem sobre bens imateriais ou incorpóreos." VENOSA, Sílvio de Salvo. *Direito Civil...* cit., p. 197.
42. SGRECCIA, Elio. *Manual de Bioética* – Fundamentos e ética biomédica. Cascais: Princípia Editora Ltda, 2009. p. 155 e 159.
43. VENOSA, Sílvio de Salvo. *Direito Civil...* cit., p. 197.
44. OLIVEIRA, Guilherme de. *O fim da...* cit., p. 103.

O direito de personalidade seria desenvolvido em sua integralidade, e, na possibilidade do colisão entre o anonimato do doador[45] e conhecimentos da origem genética, principalmente para fins de proteção do direito à saúde, em espectro do exercício da dignidade da pessoa humana.

A tomada de decisão do exercício do direito reprodutivo que irá gera um vida repercute para além daquele que decide ter um filho, mas, também, para que ser humano que nascer oriundo dessa decisão, e, que no caso em análise não consegue exercer e/ou ter protegido plenamente os direitos de personalidade afetado diretamente pela decisão que os pais fizeram pela técnica de reprodução medicamente assistida. Tal cerceamento não ocorrer quando a filiação advém de uma reprodução biológica ou mesmo do processo de adoção.

Essa diferenciação com que o ordenamento jurídico vem tratando os filhos oriundos das técnicas de reprodução medicamente assistidas vai de encontro ao pelo desenvolvimento da personalidade, ao princípio da igualdade de filiação e a proteção da busca pela origem genética já consagrada nas ação e investigação de paternidade e na proteção de conhecimento da origem genética estabelecida no estatuto da criança e do adolescente.

6. CONSIDERAÇÕES FINAIS

O projeto parental, na atualidade, é cercado de infinitas possibilidade de realização. O direito reprodutivo vi além da forma tradicional de fecundação, promovida apenas pelo relação sexual de dois indivíduos de sexos diferentes e a gestação no útero da mulher que está neste relacionamento.

A reprodução medicamente assistida é uma das vertentes de viabilização para que o projeto parental ocorra, e, para o sucesso do procedimento, possibilita-se a utilização tanto de material genético das pessoas envolvidas no projeto parental, ou, mesmo, a utilização de gametas doados por terceiros, e/ou a utilização da útero solidário, tudo como meio de viabilizar a efetividade do direito reprodutivo.

A segunda possibilidade, a utilização de material genérico de terceiro através dos gametas doados, acarreta alguns questionamento, principalmente no que tange a proteção integral do direito de personalidade do indivíduo nascido através dessa técnica.

A mais importante delas, talvez, seja o direito ao conhecimento da sua origem genética frente ao anonimato do doador dos gametas que irão originar a filiação desse projeto parental.

O direito à informação decorrer, no direito médico, do consentimento livre esclarecido, essa vertente, quando analisada sob a ótica de que a reprodução medicamente assistida, cabe ao binômio materno fetal, está-se a vislumbrar que naquele momento os

---

45. Não se trata apenas de resguardar o direito ao anonimato do doador, mas também de se pensar no filho que deseja conhecer as suas origens, ainda que seja por questões emocionais ou psicológicas (SCALQUETTE, 2019, p. 77).

atores envolvidos no projeto de reprodução humana assistida deve preservar o direito à informação/consentimento tanto da genitora quanto do feto, que , ainda não pode expressar a sua vontade, mas o faz através de sua representante legal, mas sem afastar, de pronto que cabe à pessoa nascida o direito de consentimento e informação dos todos aos atos que estão envoltos na sua concepção e nascimento.

É o que acontece na filiação biológica, onde a pessoa tem o conhecimento de tudo que envolveu a sua geração, inclusive, como expressão da sua dignidade e proteção da sua saúde. O fato de afastar o dever de informação caberia, também ao feto, e, em última análise o afastamento do direito fundamental de proteção integral da saúde do mesmo estaria em risco, posto que, o oneraria como o desconhecimento de suas heranças genéticas pelo fato de não ter sido concebido na forma tradicional de reprodução.

Carlos Alexandre Moraes et al apud Maria Helena Diniz entende que "a vida humana é amparada juridicamente desde o momento da singamia, ou seja, da fecundação natural ou artificial do óvulo pelo espermatozoide.[46]

Corrobora com a proteção do direito à informação da sua ascendência genética o ordenamento jurídico já ter protegido esse valor seja na ação de investigação de paternidade, seja na possibilidade de conhecimento de da origem genética estabelecida no ECA.

Nos caso analisado as consequências jurídicas são diversas, consoante a proteção que se pretende, no caso da investigação da paternidade a criação do vínculo de parentalidade, e, no caso do art. 48 do Eca a proteção integral do direito de personalidade da pessoa dando o devido acesso ao conhecimento da origem genética como instrumento de eficácia de várias acepções jurídicas, principalmente a dignidade da pessoa humana.

O conhecimento da origem genética não acarreta necessária em vínculo parental, valor evidente na dimensão do ECA, visto que o direito informação sobre o seu nascimento, as circunstâncias do processo de adoção, e o conhecimento das suas origem genéticas, não são capazes de elidir o vínculo parental efetivado pela adoção.

A preponderância ao direito a informação da origem genética do filho sobre o possível anonimato, também já valorizado no ordenamento jurídico desde a instituição da possibilidade da ação de investigação de paternidade, inclusive com solidificado precedente que a recusa em participar do exame pericial para coleta de material genético acarreta na presunção da paternidade, demonstrando que a hermenêutica é de proteção do direito de personalidade do filho sobre um possível direito ao anonimato do genitor.

Esses comportamentos do ordenamento jurídico de proteção dos direitos de personalidade dos filhos é um índicio que quando estamos a tratar do filho nascido através da reprodução humana medicamente assistida, mesmo na ausência de legislação pátria

---

46. MORAES, C. A. FERDINANDI, M. B. T. As técnicas de reprodução humana assistida e a problemática da responsabilidade civil dos pai. *Conpedi Law Review*: Direito mercantil, direito civil, direito do consumidor, novas tecnologias aplicadas ao direito. v. 1, n. 7, 2015. E-Book:184p. DOI http://dx.doi.org/10.26668/2448-3931_conpedilawreview/2015.v1i7.3466. Disponível in: https://www.indexlaw.org/index.php/conpedireview/issue/view/289/showToc. Acesso em: 25 mar. 2021.

especifica para tratar da matéria, o direito à informação sobre a sua origem genética não pode ser olvidado ou mesmo colocado em segundo plano quando estar-se a tratar do direito de personalidade, devendo se sobressair como já acontecendo nos casos das proteções elencadas na investigação de paternidade e no artigo 48 do ECA.

7. REFERÊNCIAS

ANTUNES, Alexandra. Consentimento Informado. In: SERRÃO, Daniel e NUNES, Rui. (Coord.). *Ética em cuidados de saúde*. Porto Editora, 1999.

CÓDIGO BRASILEIRO DE ÉTICA MÉDICA. Resolução CFM 2.217, de 27 de setembro de 2018+

COELHO, Francisco Pereira e Oliveira, Guilherme de. *Curso de direito da família*. Coimbra: Coimbra Ed., 2006. v. II – direito de filiação, t. I – estabelecimento da filiação.

CRUZ, Beatriz Homem de Mello Bianchi. *A influência das técnicas da reprodução humana assistida no direito*. Dissertação (Mestrado em Direito). Pontifícia Universidade Católica de São Paulo (PUC-SP), São Paulo, 2005.

DIAS, André Gonçalo. *O consentimento informado na relação médico-paciente, estudo em direito civil*. Coimbra: Coimbra Ed., 2004.

DIAS, Maria Berenice. *Paternidade homoparental*. Disponível em: http://www.conteudojuridico.com.br/. Acesso em: 10 jan. 2021.

ESTATUTO DA CRIANÇA E DO ADOLESCENTE – ECA. Lei 8.069, de 13 de julho de 1990.

MARTINS, Rosa Cândido. A criança, o adolescente e o acto médico. O problema do consentimento. *Separata de comemorações dos 35 anos do Código Civil e dos 25 anos da reforma de 1977*. Coimbra: Coimbra Ed., 2004.

OLIVEIRA, Guilherme de. O fim da <arte silenciosa> (O dever de informação dos médicos). *Revista de Legislação e de Jurisprudência*. ano 128. n. 3852 e 3853.

RODRIGUES, Álvaro da CUNHA Gomes. *Consentimento informado* – Pedra angular da responsabilidade criminal do médico. Coimbra: Coimbra Ed., 2002.

RODRIGUES, João Vaz. O consentimento informado para o acto médico no ordenamento jurídico Português (elementos para o estudo da manifestação da vontade do paciente). Coimbra: Coimbra Ed., 2001.

ROLF, Madaleno, e Barbosa, Eduardo (Coord.). *Responsabilidade Civil no Direito de Família*. Grupo GEN, 2015.

SÁ, Maria de Fátima Freire de et al. *Manual de Biodireito*. Belo Horizonte: Del Rey, 2009.

SCALQUETTE, A. C. Reprodução Humana Assistida: do direito à ao direito da. *Biotecnologia, biodireito e liberdades individuais*. Indaiatuba, São Paulo: Foco, 2019.

SERRÃO, Daniel e NUNES, Rui (Coord.). *Ética em cuidados de saúde*. Porto Editora, 1999.

SERRÃO, Daniel. Biotécnica. Perspectiva médica. *Revista da Ordem dos Advogados*, ano 51. Lisboa: 1991.

SGRECCIA, Elio. *Manual de Bioética* – Fundamentos e ética biomédica. Cascais: Princípia Editora Lda, 2009.

SZANIAWSKI, Elimar. *Diálogos com o Direito de filiação brasileiro*. Belo Horizonte: Ed. Fórum, 2019.

VENOSA, Sílvio de Salvo. *Direito Civil. Responsabilidade Civil*. 5. ed. São Paulo: Atlas S.A., 2005. v. 4.

A (DES)NECESSIDADE DE MANIFESTAÇÃO EXPRESSA EM VIDA DO CÔNJUGE ACERCA DO USO DO MATERIAL GENÉTICO EM CASO DE FALECIMENTO

Ana Carolina Brochado Teixeira

Doutora em Direito Civil pela UERJ. Mestre em Direito Privado pela PUC Minas. Professora de Direito Civil do Centro Universitário UNA. Coordenadora editorial da Revista Brasileira de Direito Civil – RBDCivil. Advogada.

Anna Cristina de Carvalho Rettore

Mestre em Direito Privado pela PUC Minas. Bacharel em Direito pela UFMG. Advogada.

Sumário: 1. Introdução – 2. A reprodução assistida *post mortem* no código civil e o preenchimento do vácuo legislativo pela resolução 2.320/2022 do CFM e pelo provimento 63/2017 do CNJ – 3. A questão central à reprodução assistida *post mortem*: o consentimento – 4. Considerações finais – 5. Referências.

1. INTRODUÇÃO

As novas tecnologias desafiaram as normas até então existentes das mais variadas naturezas, inclusive sobre as relações familiares. O advento do DNA, a reprodução medicamente assistida, a possibilidade de doação de gametas, diagnóstico genético pré-implantatório são alguns exemplos de avanços na área biomédica que impactaram sobremaneira vários ramos do Direito.

O desafio sobre o tratamento da matéria fica ainda mais pungente quando se trata de reprodução humana assistida *post mortem,* diante da ausência de normas sobre o tema pois, no debate sobre o planejamento familiar, faz-se relevante perquirir sobre a formalização da autonomia privada projetada sobre a filiação que pode se concretizar após a morte. Nesse contexto, o escopo desse estudo é verificar como pode se dar o consentimento no caso da reprodução assistida *post mortem*: qual a forma de externá-lo? Ele pressupõe um prazo de validade?

2. A REPRODUÇÃO ASSISTIDA *POST MORTEM* NO CÓDIGO CIVIL E O PREENCHIMENTO DO VÁCUO LEGISLATIVO PELA RESOLUÇÃO 2.320/2022 DO CFM E PELO PROVIMENTO 63/2017 DO CNJ

As relações parentais transformaram-se profundamente, tanto em razão de grandes mudanças no Direito de Família, quanto nas relações sociais, de gênero e nos avanços tecnológicos. Por isso, as antigas concepções que determinavam os critérios de filiação tiveram que ser revisitadas para lhes atribuir novos conteúdos, além de haver uma nova forma de constituição de laços de filiação.

A atribuição do *status* de filho pode se dar de diversas maneiras: por meio do estabelecimento de presunções, reconhecimento voluntário e mediante reconhecimento judicial, que ocorre por meio das ações de estado. Grosso modo, essas maneiras são feitas tendo como premissas os critérios que atribuem a filiação: presunção, vínculos biológicos e socioafetivos.

Quanto à filiação presumida, observa-se que a paternidade decorrente de relação matrimonial se prova pela simples demonstração do estado de casado. Prevalece aqui a presunção de paternidade do marido: *pater is est quem justae nuptiae demonstrant*. Nas relações extraconjugais, entretanto, há que se reconhecer o estado de filho, não sendo consentido o estabelecimento da presunção própria da relação matrimonial. É, pois, o reconhecimento o ato de declaração, voluntária ou judicial, da filiação extramatrimonial. O ordenamento jurídico "escolhe" os critérios que proporcionarão certeza jurídica ao fato natural da procriação.[1] Ou seja, os critérios de estabelecimento da filiação são contextualizados historicamente.

As presunções tradicionalmente mereceram grande espaço no direito de família, com a finalidade de apaziguar as relações jurídicas. A necessidade da fixação das presunções originou-se da incapacidade científica de indicar com certeza quem era o pai biológico. Procurava-se identificar o pai, porquanto a mãe sempre foi certa – *mater semper certa est* –, em face da gravidez e do parto.[2] Trata-se, portanto, de matéria afeta à prova da filiação.

Não obstante as relações parentais advindas do manejo das técnicas de reprodução assistida estejam previstas no art. 1.597 do Código Civil, verifica-se que se trata de uma atecnia, já que, pela definição conceitual de presunção, elas não se encaixam nesse panorama. Também podem resultar de material genético do casal ou não, de modo que podem ter ou não origem biológica. Além disso, não se trata, de plano, de filiação socioafetiva porque já consolidada mesmo antes do estabelecimento de relação que propicie a aquisição da posse do estado de filho. Verifica-se, portanto, que o uso das técnicas de reprodução humana não está, necessariamente, incluído nesses três tipos de forma de atribuição do estado de filho – o que não impacta o estabelecimento dos vínculos de filiação, pois elas são necessariamente fruto do planejamento familiar, de

---

1. LIMA, Taisa Maria Macena de. Filiação e biodireito: uma análise das presunções em matéria de filiação em face das ciências biogenéticas. In: SÁ, Maria de Fátima Freire de; NAVES, Bruno Torquato de Oliveira (Coord.). *Bioética, Biodireito e o Código Civil de 2002*. Belo Horizonte: Del Rey, 2004, p. 252.

2. "A maternidade manifesta-se por sinais físicos inequívocos: a prenhez e o parto. Daí a máxima: *mater semper certa est*. A paternidade é, por sua natureza, oculta e incerta. Não havendo indícios, nem sendo fácil ao homem, como não no é, apurar de que pai procede o filho, a sociedade recorre à presunção. A paternidade tem, na constância da sociedade conjugal e dentro de prazos legais, presunção *iuris tantum*, limitada, o que evita a sua incerteza, para que não fosse sempre insegura a filiação paterna" (PONTES DE MIRANDA, *Tratado de Direito de Família*. São Paulo: Ed. RT, 2012, t. IX atual. por Rosa Maria de Andrade Nery, p. 93).

um ato de autonomia parental que define por ter ou não ter filhos, sendo essa a premissa hermenêutica a guiar o estudo ora proposto.[3]

A fim de melhor compreender a reprodução humana assistida no contexto das presunções de filiação, é necessário examinar cada uma das hipóteses do dispositivo. O art. 1.597 do Código Civil estabelece que se presumem concebidos na constância do casamento os filhos (i) nascidos pelo menos cento e oitenta dias depois de estabelecida a convivência conjugal; (ii) nascidos nos trezentos dias subsequentes à dissolução da sociedade conjugal por morte, por separação judicial ou nulidade/anulação de casamento;[4] (iii) havidos por fecundação artificial homóloga, mesmo que falecido o marido; (iv) havidos, a qualquer tempo, quando se tratar de embriões excedentários, decorrentes de fecundação artificial homóloga; e (v) havidos por inseminação artificial heteróloga, desde que com prévia autorização do marido. Os últimos três incisos referem-se a técnicas de reprodução humana assistida.

É necessário distinguir dentre as presunções constantes do artigo. As dos incisos I e II efetivamente atuam como presunções *juris tantum* de veracidade, em decorrência do casamento e como reflexo direto do planejamento familiar, previsto no art. 226, § 7º, da Constituição. Diante da solenidade e formalidade que envolvem o casamento, torna-se possível presumir, para fins de direito, um fato incerto a partir de um fato certo, tal como é o próprio conceito de presunção.[5]

---

3. "Está-se diante de novas realidades que importam uma 'desbiologização e/ou desgenetização da filiação', daí recebendo o conceito de filiação novos contornos, passando-se a falar em 'parentalidade voluntária' (...)".(LAMM, Eleonora. La importancia de la voluntad procreacional en la nueva categoría de filiación derivada de las técnicas de reproducción asistida. *Revista de bioética y Derecho*, Barcelona, n. 24, p. 76-91, jan. 2012. Disponível em: http://www.ub.edu/fildt/revista/RByD24_master.htm. Acesso em: 02 nov. 2015). A autora diz, ainda, que as técnicas de reprodução humana assistida obrigam a atenção à *verdade voluntária*, pela qual a filiação não se determina pelo elemento biológico tampouco o genético, mas sim pelo volitivo. Mesmo que sejam em geral utilizadas por aqueles que não querem renunciar a ter um filho com vínculo genético, não será esse elemento a determinar a filiação, mas sim a escolha, o consentimento previamente prestado.

4. Entende-se possível acrescentar a tais hipóteses a separação de fato, já que a ruptura da convivência, por si só, desfaz a *ratio* normativa da presunção, que leva em conta possibilidades de ocorrência da concepção ainda na constância do casamento, somando-se ao tempo médio de gestação entre seis e nove meses.

5. Entende-se que as presunções de filiação no ordenamento aplicam-se apenas ao casamento, e não à união estável – o que não implica tratamento discriminatório do companheiro em relação ao cônjuge. Isso se dá porque a presunção de paternidade decorre da segurança jurídica própria do ato solene do casamento, sendo a certidão de casamento a prova que viabiliza ilação acerca da existência de convivência demarcada no tempo. Por isso, haja ou não efetivo convívio entre os cônjuges, presume-se que o filho foi havido durante o casamento. A certidão de casamento e a declaração de nascido vivo expedida pela maternidade serão norte seguro para o oficial do cartório no momento da lavratura do registro de nascimento da criança. O mesmo não ocorre na união estável, por ser entidade familiar que se constitui informal e espontaneamente, que não é bem delimitada no tempo e não possui a chancela do Estado na sua constituição. Na maioria dos casos, o Poder Judiciário só se pronuncia sobre a união estável ou seus integrantes só formalizam pacto de convivência posteriormente à sua existência no plano fático, gerando incerteza capaz de inviabilizar a incidência de presunções de filiação. Nesse sentido, Renata Barbosa de Almeida e Walsir Edson Rodrigues Júnior: "De fato, a inaplicabilidade das presunções ao companheirismo resumiria o estabelecimento do vínculo paterno-filial à espontaneidade do pai em reconhecer esta qualidade e, na falta desta, à compulsória declaração judicial. De fato, também, isso poderia representar o estabelecimento de dificuldades maiores a esses filhos, distintivamente aos matrimoniais. Todavia, ainda se crê ser esta uma solução mais segura, se comparada à fragilidade do registro de nascimento sem documento

Todavia, no caso dos incisos III a V, o que gera filiação é a manifestação expressa de consentimento referente ao projeto parental. Nestes casos, é imperioso reconhecer que o consentimento gera o reconhecimento irrevogável da filiação como efeito autônomo, o que não se confunde com a presunção de ser filho, consequência da relação conjugal. O reconhecimento filial é exteriorizado pelos pais – casados, companheiros ou solteiros – junto ao médico responsável por realizar a técnica, e a paternidade ou maternidade decorrerão diretamente da vontade por estes exteriorizada. No mesmo sentido, Renata Barbosa de Almeida e Walsir Edson Rodrigues Júnior:

> (...) na reprodução medicamente assistida, a descendência genética não é o fator determinante – tanto assim que existem as técnicas heterólogas. Quem se vale dessa alternativa que se ver constituído pai e mãe por opção volitiva, possa para tanto também colaborar biologicamente, ou não. Logo, a serventia da presunção nos casos em que haja, igualmente, o vínculo genético é sublinhar que a qualidade de pai ou mãe advém da autônoma vontade pessoal que, uma vez declarada, vincula juridicamente, sendo restritas as possibilidades de renúncias ou desistências posteriores.[6]

Essa distinção é relevante porque as presunções "efetivas", que constam dos incisos I e II, como dito, são presunções relativas (*juris tantum*), admitindo prova em contrário. Já o que se encontra previsto pelos incisos III a V são, diferentemente, manifestações de vontade irrevogáveis: afinal, não se pode admitir a construção e execução de um projeto parental para, após o nascimento da criança, o autor ou autores desse projeto (independente da presença ou não de seus materiais genéticos) poderem simplesmente ignorar suas responsabilidades com a criança. É cediço que a liberdade de planejamento familiar não é absoluta: é condicionada tanto à paternidade responsável, quanto à proteção da dignidade humana do filho em questão e à própria autonomia da vontade, a qual pressupõe responsabilidade com as consequências de escolhas feitas livre e conscientemente.

São exatamente os incisos III a V, tratando do uso de técnicas de reprodução humana assistida, que inovam em relação ao Código Civil de 1916, em razão dos avanços biotecnológicos havidos neste campo. Destrinchando termos técnicos para melhor compreensão dos dispositivos, tem-se: que (i) a procriação homóloga – mencionada nos incisos III e IV – corresponde àquela em que o material genético (os gametas para formação do embrião) é do casal/par autor do projeto parental; enquanto (ii) a procriação heteróloga parte do uso de material genético de terceira pessoa – seja com um ou ambos os gametas advindos de terceiros, por meio de doação.

Em ambos os casos a fecundação, que é a união dos gametas para formação do embrião, pode se dar por meio de inseminação artificial (quando o sêmen é introduzido diretamente na cavidade uterina da mulher) ou por meio de fertilização *in vitro* (quando a fecundação se dá extracorporalmente, sendo o embrião colocado posteriormente no útero).

---

comprobatório hábil da união estável que pode provocar, inclusive, um falso assento de nascimento" (*Direito Civil*: famílias. Rio de Janeiro: Lumen Juris, 2010, p. 384).

6. ALMEIDA, Renata Barbosa de; RODRIGUES JÚNIOR, Walsir Edson. *Direito Civil*: famílias. Rio de Janeiro: Lumen Juris, 2010, p. 384.

Os "embriões excedentários" mencionados no inciso IV são aqueles produzidos na fertilização *in vitro*, mas não implantados no procedimento de reprodução assistida Conforme determinação do Conselho Federal de Medicina no item I, 6 da Resolução 2.320/2022,[7] há um limite de número de embriões a serem transferidos para o útero da mulher, sendo: (i) mulheres até 37 anos: até 2 embriões; (ii) mulheres com mais de 37 anos: até 3 embriões, salvo caso de embriões euploides ao diagnóstico genético (embriões saudáveis), que limitarão à implantação de 2; (iv) nas situações de doação de oócitos, considera-se a idade da doadora no momento da coleta . Como em geral mais embriões são gerados do que os que podem ser implantados, em razão desses limites, remanescem embriões excedentários, os quais poderão ser doados para pesquisa, descartados, ou criopreservados, conforme decisão do(s) paciente(s) documentada com consentimento informado livre e esclarecido (item V, 2 e VI, 1 da Resolução).

Há ainda de se notar que, conquanto os dispositivos do CC refiram-se ao marido, deve incidir o princípio da igualdade para que, mesmo em casos de falecimento da mulher que tenha deixado seu material genético, este possa ser utilizado por meio da técnica de útero de substituição – correspondente à gestação da criança no ventre de outrem, prática que não é regulamentada por lei no Brasil, mas que é praticada nos termos da regulamentação administrativa pelo Conselho Federal de Medicina (no item VII da já mencionada Resolução n. 2.320/2022 do CFM).[8]

No que toca à reprodução assistida *post mortem*, pode-se observar que apenas o inciso III se refere expressamente à eventualidade de falecimento do genitor, entendendo "presumida" a filiação se o filho é originário de "fecundação artificial homóloga, mesmo que falecido o marido". Todavia, como visto, na fecundação homóloga são utilizados gametas do próprio casal, de forma que haverá liame genético certo do filho com o genitor falecido, mais uma vez pondo em xeque se tal previsão se trata efetivamente de uma "presunção".

Há um vácuo deixado pelo dispositivo, contudo, pois não adentra a questão sobre se, para que a fecundação possa ocorrer após a morte, deve ou não ser exigido que o falecido tenha expressado prévio e específico consentimento nesse sentido, tampouco a forma desse consentimento.

Embora os incisos IV e V não se refiram expressamente, como fez o III, à possibilidade de fecundação *post mortem*, percebe-se a aplicabilidade de ambos a essa situação. O inciso IV menciona "filhos havidos a qualquer tempo, quando se tratar de embriões excedentários", de modo que, ainda que tenha falecido o genitor, é possível que o embrião seja implantado por meio do seu consentimento expresso em vida; enquanto o inciso V prevê a inseminação heteróloga "desde que tenha prévia autorização do marido",

---

7. CONSELHO FEDERAL DE MEDICINA. *Resolução CFM 2.320/2022*, que adota as normas éticas para a utilização das técnicas de reprodução assistida. Disponível em: https://sistemas.cfm.org.br/normas/visualizar/resolucoes/BR/2022/2320. Acesso em: 29 jun. 2023.

8. O útero de substituição, nos termos da Resolução do Conselho, deve ser procedimento necessariamente gratuito, que pode ter como receptora dos óvulos apenas parentes até quarto grau daqueles que lançaram mão do uso da técnica e são autores do projeto parental. Outros casos devem ser aprovados previamente pelo CFM.

abarcando a possibilidade (ao não excluí-la) de que ocorra mesmo após o falecimento, sem, todavia, deliberar sobre a exigibilidade de uma autorização específica para a inseminação *post mortem*.[9-10]

Todavia, conquanto haja evidentes lacunas nas previsões do art. 1.597, III a V do Código Civil, não existe outro instrumento legislativo que regulamente o uso de material genético *post mortem*. Leciona Rolf Madaleno:

> Realmente, a abordagem acerca da reprodução assistida no Código Civil é superficial, só sendo referida por decorrência da filiação conjugal presumida, e a normatização da matéria deve ser estabelecida por leis especiais, porque são constantes e dinâmicas as mudanças nessa seara de infindas descobertas no campo da engenharia genética (...).[11]

Lei especial desse teor, por ora, inexiste. Existem, todavia, regulamentações administrativas do Conselho Nacional de Justiça e do Conselho Federal de Medicina a respeito, as quais terminam por preencher o vácuo legislativo deixado pela ausência de uma norma legal mais detalhada.

Tais regulamentações se referem à técnica de reprodução assistida *post mortem*, sendo importante esclarecer esse gênero engloba tanto o manejo de gametas quanto de embriões, ou seja, todo o procedimento de reprodução medicamente assistida, pois há assistência à reprodução em todas essas etapas.

O art. 17, § 2º, do Provimento 63/2017 do CNJ exige, para a reprodução assistida *post mortem*, um termo de autorização prévia específica do falecido ou falecida para uso de material biológico – gameta e embrião –, lavrado por instrumento público ou particular com firma reconhecida.[12]

---

9. Vale citar as críticas que Rose Melo Vencelau já teceu à previsão do art. 1.597 do CC, embora não estejamos de acordo com elas: "Porém, não se deve aceitar sem críticas a redação do art. 1.597, III e IV. Ambos dão vazão à fecundação artificial homóloga *post mortem*. Significa que uma criança poderia ser concebida já órfã. Não de um pai biológico que saberia quem foi, mas de um pai socioafetivo. Inadmissível essa situação frente aos dispositivos constitucionais e ao princípio do melhor interesse da criança. (...) Acolher a possibilidade de uma pessoa já ser concebida sem pai, é frustrá-la do convívio familiar e, principalmente, afrontar a sua dignidade. E não se argumente com o amparo das famílias monoparentais, formadas por quaisquer dos pais e seus ascendentes, pois o que se pretende com a norma do § 4º do art. 226 da CF é que também tenham proteção do Estado, uma vez que venham a se formar tais circunstâncias. (...) Todavia, uma vez sendo permitida a fecundação artificial *post mortem*, mais próximo se chega ao melhor interesse da criança se assim for considerado, ou seja, com a presunção de paternidade" (VENCELAU, Rose Melo. *O elo perdido da filiação*: entre a verdade jurídica, biológica e afetiva no estabelecimento do vínculo parental. Rio de Janeiro: Renovar, 2004, p. 55-56).

10. "(...) o Código Civil não exige autorização escrita; entrementes, conforme Resolução (...) [do CFM], será sempre obrigatório o consentimento informado das pessoas submetidas à técnica de reprodução assistida, mediante o preenchimento e a assinatura de formulário especial autorizando a inseminação artificial" (MADALENO, Rolf. *Curso de Direito de Família*. 5. ed. rev. atual. e ampl. Rio de Janeiro: Forense, 2013, p. 530).

11. MADALENO, Rolf. *Curso de Direito de Família*. 5. ed. rev. atual. e ampl. Rio de Janeiro: Forense, 2013, p. 523.

12. Nota Mário Luiz Delgado que é vedada a criação de exigência de forma por norma infralegal, como é o caso dessa norma do CNJ. Todavia, como ele observa, "a restrição posta no Provimento 63/2017, a par de sua evidente ilegalidade, não obsta o estabelecimento da presunção de paternidade a partir da prévia autorização verbal ou implícita da pessoa morta, mas apenas impede, nesses casos, que o registro de nascimento e a emissão da respectiva certidão se faça administrativamente, independentemente de ordem judicial" (DELGADO, Mário Luiz. Prévia autorização na procuração assistida heteróloga *post mortem*. CONJUR – *Revista Consultor Jurídico*. 15 set. 2019. Disponível em: https://www.conjur.com.br/2019-set-15/processo-familiar-previa-autorizacao-

A Resolução 2.320/2022 do CFM, por sua vez, estabelece no seu item VIII que "É permitida a reprodução assistida *post mortem* desde que haja autorização prévia específica para o uso do material biológico criopreservado em vida, de acordo com a legislação vigente". A Resolução ainda determina que, quando da criopreservação, os fornecedores dos gametas desde logo manifestem o destino que pretendem dar aos embriões excedentários, inclusive em caso de falecimento de um ou ambos, como se depreende do item V:

> 3. Antes da geração dos embriões, os pacientes devem manifestar sua vontade, por escrito, quanto ao destino dos embriões criopreservados em caso de divórcio, dissolução de união estável ou falecimento de um deles ou de ambos, e se desejam doá-los.[13]

Nota-se, portanto, que ambas as regulações – preenchendo lacuna deixada pela legislação que, como visto, não traz disposição a esse respeito – apontam como indispensável a existência de consentimento do falecido, prévio, expresso e específico, para fins de reprodução *post mortem*. Acerca do consentimento é a investigação a ser feita no próximo item.

3. A QUESTÃO CENTRAL À REPRODUÇÃO ASSISTIDA *POST MORTEM*: O CONSENTIMENTO

O primeiro caso de maior expressão acerca da reprodução assistida *post mortem* é da britânica Diane Blood, cujo marido, Stephen Blood, faleceu em 1995 vítima de uma meningite bacteriana, apenas quatro dias após o início da doença. O esperma de Stephen foi extraído já durante o coma. Em virtude da inexistência de consentimento escrito deixado por ele (relacionada à precocidade de seu falecimento, e à rapidez do curso da doença, que logo o deixou inconsciente), foi necessária intensa batalha judicial – com bastante enfoque midiático – para que ao fim e ao cabo Diane lograsse o direito de ser fertilizada na Bélgica, com o nascimento de Liam em 1998. Em 2002, engravidou do falecido marido uma segunda vez, desta vez nascendo Joel.[14]

Em um caso divulgado em 2011,[15] os australianos Jocelyn e Mark Edwards – casados em 2005, cada um já tendo um filho de relacionamentos anteriores – tentaram ter

---

-reproducao-assistida-heterologa-post-mortem. Acesso em: 14 out. 2019. Embora discordemos que se trate de presunção, como exposto no teor deste estudo, coadunamos com a observação feita pelo autor acerca da consequência da norma do CNJ, que é a geração de um impedimento de registro pela via administrativa, mas de possível obtenção por ordem judicial.

13. Embora o item mencione apenas embriões, uma vez que se insere no item V da Resolução (intitulado "Criopreservação de gametas ou embriões"), entende-se importante aplicá-lo também aos momentos de criopreservação de gametas.

14. FOLHA DE SÃO PAULO. Mulher fica grávida de marido morto. *Caderno Ciência*. São Paulo, 16 jul. 1998. Disponível em: https://www1.folha.uol.com.br/fsp/ciencia/fe16079801.htm. Acesso em: 02 set. 2019; BBC BRASIL. Mulher engravida pela 2ª vez de marido morto. *Caderno Saúde & Tecnologia*. 8 fev. 2002. Disponível em: https://www.bbc.com/portuguese/ciencia/020208_mortodi.shtml. Acesso em: 02 jan. 2022. Acerca desses eventos, Diane lançou em 2004 uma autobiografia intitulada "Flesh and Blood".

15. NEWS.COM.AU. *Jocelyn Edwards allowed to use dead husband Mark's sperm*. 23 maio 2011. Disponível em: https://www.news.com.au/national/woman-allowed-to-use-dead-hubbys-sperm/news-story/477423f7f64cba-16d663c008b419b674. Acesso em: 02 jan. 2022.

um filho comum sem sucesso, então decidindo buscar a reprodução humana assistida. Um dia antes de irem à clínica assinar documentos de autorização para o início do procedimento de fertilização in vitro, Mark faleceu em razão de acidente de trabalho. Jocelyn obteve autorização da Suprema Corte de New South Wales para a extração e criopreservação do sêmen do marido.

Posteriormente, em processo judicial para obtenção do direito de usar o material genético colhido, e com apoio de mãe, pai, madrasta, duas irmãs e três irmãos de seu falecido marido, foi-lhe concedido tal direito a despeito da inexistência de consentimento expresso, ressalvando-se que o procedimento não poderia ser realizado em New South Wales porque, ali, havia exigência do consentimento expresso.

Em situação semelhante, o casal de médicos australianos Jennifer e Daniel Gaffney, que já tinham um filho, planejavam um segundo. Contudo, Daniel faleceu durante uma viagem a trabalho, sendo que apenas horas antes do falecimento Jennifer estava em uma clínica de fertilidade dando início ao procedimento para que tivessem outro filho. No dia seguinte à morte foi extraído sêmen do marido, mediante consentimento verbal do médico legista. Ela buscou junto à Suprema Corte de Brisbane o direito de uso do material para conceber outro filho do casal, o que veio a conseguir em junho de 2019, pois reconhecidas as evidências de que o casal desejava ter mais filhos.[16]

Como já exposto, a parentalidade oriunda de um procedimento de reprodução assistida está intrinsecamente vinculada à manifestação de vontade em prol do projeto parental. Afinal, é a escolha autônoma o que gera o vínculo de filiação, pois havendo ou não vínculo genético, e antes mesmo da formação de qualquer relação socioafetiva – já que se trata de escolha feita, por óbvio, antes de qualquer convivência com o filho que está por nascer – a formação do vínculo já é fato certo a partir do momento em que feita a opção pelo autor do projeto de parentalidade.

Por se tratar de um tipo de filiação cujas raízes estão na manifestação de vontade, a identificação do consentimento torna-se questão central à prática da reprodução humana assistida. Aliás, não é demais dizer que na reprodução *post mortem* a questão deve se ater à identificação do consentimento, porque o respeito à vontade é o respeito à autonomia e à própria pessoalidade (sendo que mesmo o sujeito falecido permanece como centro de interesses a serem tutelados): assim, a questão não deve ser tratada sob a perspectiva de que o material genético deixado seria uma propriedade ou bem sujeito à herança, pois corresponde não apenas a uma parte do corpo da pessoa com potencial de gerar vidas humanas.

Nos casos acima expostos se observa, todavia, que o falecido não deixou autorização expressa e específica, em vida, para que seu material genético pudesse ser utilizado para fins de reprodução – na verdade, sequer havia sido extraído esse material enquanto esta-

---

16. SIBSON, Ellie. Widow wins right to use dead husband's sperm to conceive a second child. *ABC News*. 21 jun. 2019. Disponível em: https://www.abc.net.au/news/2019-06-21/court-late-husband-sperm-decision-grante-d-jennifer-gaffney/11235610. Acesso em: 02 jan. 2022.

vam vivos ou, no caso de Diane Blood, enquanto ainda consciente o marido. Por outro lado, observa-se que não houve tempo hábil, nos três casos, para que esse consentimento fosse manifestado: Stephen Blood, ao contrair a doença, logo ficou inconsciente; Mark Edwards e Daniel Gaffney estavam já buscando a realização do procedimento, porém antes de formalizadas as autorizações, faleceram em acidentes de trabalho.

Assim, conquanto o meio mais seguro e eficaz de estabelecimento da filiação deva ser um termo de consentimento livre e esclarecido específico e devidamente assinado, nem sempre terá existido alguma autorização expressa em vida, tornando necessário se estabelecer, por outros meios, qual seria a vontade daquele que faleceu. Nos dizeres de Mário Luiz Delgado, "em qualquer hipótese de reprodução assistida *post mortem*, a presunção da paternidade dos filhos havidos em decorrência do uso dessa técnica exige a prévia autorização do morto (...). O problema que emerge (...) centra-se, agora, na forma dessa autorização".[17]

O ideal é que esse consentimento seja colhido da forma mais segura possível, tendo em vista as consequências dele derivadas. No entanto, argumenta-se ser possível, também, a "reconstrução judicial de vontade do falecido", procedimento pelo qual são judicialmente ouvidas pessoas próximas ao falecido para conhecer tanto o que chegou a ser por ele expressado em vida quanto, caso não tenha sido expressado, quais eram suas crenças e opiniões para assim compreender qual seria sua provável decisão, decidindo-se (e assim "suprindo" sua manifestação de vontade) a partir dessas informações. Nota-se que, nos casos de Mark e Daniel, procedimento semelhante foi adotado, tendo sido aceitas as evidências apresentadas acerca do desejo de ambos por gerarem aqueles filhos, não tendo deixado autorizações expressas pelas súbitas circunstâncias de seus óbitos.

No Brasil, em 2010, admitiu-se semelhante reconstrução de vontade. Kátia Lenerneier, 38 anos, professora em Curitiba, era casada com Roberto Jefferson Niels. O casal havia procurado em 2008 uma clínica de reprodução humana para iniciar um tratamento de fertilização, quando houve o armazenamento de esperma. Roberto, em fevereiro de 2009, recebeu um diagnóstico de câncer, vindo a falecer em fevereiro de 2010 por complicações no tratamento.[18]

Kátia não possuía documento do marido que permitisse a inseminação após a morte, mas o médico do casal chegou a manifestar que o próprio congelamento já indicava a pretensão do casal de ter um filho, não entendendo haver "neste caso, a necessidade de um documento formal para garantir que eles queiram o filho".[19] Tendo apresentado

---

17. DELGADO, Mário Luiz. Prévia autorização na procuração assistida heteróloga *post mortem*. *CONJUR – Revista Consultor Jurídico*. 15 set. 2019. Disponível em: https://www.conjur.com.br/2019-set-15/processo-familiar-previa-autorizacao-reproducao-assistida-heterologa-post-mortem. Acesso em: 03 jan. 2022.
18. ARAÚJO, Glauco. Justiça autoriza professora a usar sêmen de marido morto no Paraná. *G1*. Brasil. 27 maio 2010. Disponível em: http://g1.globo.com/brasil/noticia/2010/05/justica-autoriza-professora-usar-semen-de-marido-morto-no-parana.html. Acesso em: 02 jan. 2022.
19. ARAÚJO, Glauco. Justiça autoriza professora a usar sêmen de marido morto no Paraná. *G1*. Brasil. 27 maio 2010. Disponível em: http://g1.globo.com/brasil/noticia/2010/05/justica-autoriza-professora-usar-semen-de-marido-morto-no-parana.html. Acesso em: 02 jan. 2022.

declarações da família, de amigos e médicos de que a vontade de Niels era ter um filho, Kátia obteve liminar junto à 13ª Vara Cível de Curitiba para fazer a inseminação artificial (vindo a nascer Luísa Roberta em 20 de julho de 2011), tendo ao fim constado da sentença:

> Não parece, porém, que essa manifestação de vontade deva ser necessariamente escrita; deve ser, sim, inequívoca e manifestada em vida, mas sendo também admissível a vontade não expressada literalmente, mas indiscutível a partir da conduta do doador - como a do marido que preserva seu sêmen antes de se submeter a tratamento de doença grave, que possa levá-lo à esterilidade e incentiva a esposa a prosseguir no tratamento.[20]

Em Brasília, por outro lado, semelhante autorização não chegou a ser concedida pelo Tribunal de Justiça do Distrito Federal. Extrai-se do acórdão:

> Ação de conhecimento – Utilização de material genético criopreservado *post mortem* sem autorização expressa do doador – Agravo retido não conhecido – Preliminar de litisconsórcio necessário afastada – Mérito – Ausência de disposição legal expressa sobre a matéria – Impossibilidade de se presumir o consentimento do de cujus para a utilização da inseminação artificial homóloga *post mortem*.
>
> (...). 3. Diante da falta de disposição legal expressa sobre a utilização de material genético criopreservado *post mortem*, não se pode presumir o consentimento do *de cujus* para a inseminação artificial homóloga *post mortem*, já que o princípio da autonomia da vontade condiciona a utilização do sêmen criopreservado à manifestação expressa de vontade a esse fim.
>
> 4. Recurso conhecido e provido.[21]

Conquanto esteja o acórdão sob segredo de justiça, o *Conjur* apresenta mais detalhes sobre o pano de fundo do caso em questão. Conta-se que a autora manteve união estável por 14 anos com o companheiro e, neste período, planejaram ter filhos, inclusive com reversão bem-sucedida de uma vasectomia. Porém, o homem foi diagnosticado com câncer e, por causa do tratamento que faria, o casal contratou o Hospital Albert Einstein para criopreservação de seu sêmen. Em agosto de 2007, todavia, ele faleceu.

Meses depois, o hospital comunicou que o banco de sêmen seria desativado, mas ao constatar que a mulher não tinha autorização por escrito do companheiro para uso do material genético, negou-se a disponibilizá-lo ao argumento de que deveria existir manifestação por escrito, bem como de que teria havido tempo hábil para que essa vontade tivesse sido manifestada formalmente em vida. Na 1ª instância, entendeu-se por determinar que o Hospital entregasse o material à mulher, porém, após recurso do Hospital, entendeu a 2ª instância (vencida a relatora) que não se poderia presumir o consentimento para inseminação homóloga *post mortem*, em atenção ao princípio da autonomia da vontade.[22]

---

20. FADEL, Evandro. Nasce bebê concebido com sêmen de pai morto. *O Estado de São Paulo*. Curitiba, 22 jun. 2011. Disponível em: https://www.estadao.com.br/noticias/geral,nasce-bebe-concebido-com-semen-de-pai-morto-imp-,735542. Acesso em: 02 jan. 2022.

21. TJDFT. Acórdão agravo interno 820873, processo 20080111493002APC – (0100722-92.2008.8.07.0001), 1ª CC, Relª. Desª. Nídia Corrêa Lima, Rel. designado e revisor: Getúlio de Moraes Oliveira. Brasília, publicado no DJE: 23 set. 2014.

22. *CONJUR – Revista Consultor Jurídico*. Uso de sêmen de morto para fertilização depende de autorização por escrito. *Conjur.com.br*. 25 set. 2014. Disponível em: https://www.conjur.com.br/2014-set-25/uso-semen-morto-depende-autorizacao-escrito. Acesso em: 02 set. 2019.

Em posterior acórdão de recurso de embargos de divergência, ao final não providos, o TJDFT baseou-se em Resolução do Conselho Federal de Medicina para fundamentar sua decisão (no caso, a Resolução 1.358/1992, já revogada e substituída por posteriores, estando atualmente vigente a Resolução 2.320/2022, sem alterações relevantes nesse ponto). Com fulcro na exigência do CFM no sentido de que no momento da criopreservação fosse manifestada vontade por escrito quanto ao destino a ser dado ao material em caso de falecimento, entenderam que sua ausência impediria à viúva que dele se utilizasse para ter filhos póstumos de seu companheiro.[23]

O TJSP definiu ser inviável o procedimento de inseminação artificial homóloga *post mortem* em hipótese na qual o material genético não foi fornecido pelo marido em vida, mas colhido após o óbito, diante da ausência de prévia autorização expressa por escrito.[24] Entenderam que a intenção de ter filhos em vida não é suficiente para presumir autorizada a fecundação após a morte. "De fato, o material genético do marido falecido da recorrente foi recolhido após o óbito dele, sem que houvesse em vida prévia manifestação ou autorização expressa por escrito para a finalidade aqui almejada. E diante da falta de disposição legal sobre o assunto, nem mesmo há como se presumir o consentimento do "de cujus", já que o princípio da autonomia da vontade condiciona à manifestação expressa de vontade a esse fim."

Também nesse sentido vai o Enunciado 106 da I Jornada de Direito Civil:

> Para que seja presumida a paternidade do marido falecido, será obrigatório que a mulher, ao se submeter a uma das técnicas de reprodução assistida com o material genético do falecido, esteja na condição de viúva, sendo obrigatória, ainda, a autorização escrita do marido para que se utilize seu material genético após sua morte.

Rolf Madaleno entende, do mesmo modo, que apenas quando houver autorização expressa do falecido poderá o supérstite dar continuidade ao projeto parental. Todavia, reconhece o autor que, na letra da lei, não é possível identificar qualquer exigência dessa autorização expressa e específica para utilização após o óbito, tampouco a forma exigível para essa autorização:

> Consequentemente, a possibilidade de a viúva proceder à inseminação artificial homóloga após a morte do marido, prevista no inciso III do artigo 1.597, só poderá ser levada a efeito se já constar de autorização expressa deixada pelo esposo sucedido em documento de consentimento de precedente posse da clínica, centros ou serviços especializados na aplicação de técnicas de reprodução assistida, ou se em vida o marido assim se expressou por testamento ou documento autêntico.

---

23. "O princípio da autonomia dos sujeitos, como um dos fundamentos do biodireito, condiciona a utilização do material genético do falecido ao consentimento expresso que tenha deixado para esse fim. Assim, não poderá a viúva exigir que a instituição responsável pelo armazenamento lhe entregue o sêmen armazenado para que seja nela inseminado, por não ser objeto de herança. A paternidade deve ser consentida, porque não perde a dimensão da liberdade. A utilização não consentida do sêmen apenas é admissível para o dador anônimo, que não implica atribuição de paternidade" (LÔBO, Paulo. *Direito Civil*: Famílias. 4. ed. São Paulo: Saraiva, 2011, p. 222).

24. TJSP, Ap. Cív. 1000586-47.2020.8.26.0510, 7ª Câm. Dir. Priv., Rel. Des. José Rubens Queiroz Gomes, julg. 11.02.2021.

Em realidade, o Código Civil, em seu inciso III do artigo 1.597, não é claro no tocante à preexistência de autorização expressa do marido para a inseminação artificial depois de seu óbito e tampouco explicita a forma de externar a autorização (...).[25]

Também Mário Luiz Delgado entende a necessidade de autorização expressa, mas ressalva que nenhuma definição existe, em termos de previsão legal, com relação à forma dessa autorização – o que coaduna com a possibilidade de reconstrução judicial de vontade previamente mencionada:

(...) o legislador brasileiro, no artigo 1.597 do Código Civil, não especificou a forma pela qual deveria ser emitida a autorização do cônjuge ou companheiro para fins de presunção de paternidade na reprodução assistida heteróloga post mortem. A validade de qualquer declaração de vontade só depende de forma especial quando a lei (e somente a lei em sentido estrito) expressamente a exigir. Aos atos jurídicos em geral, a regra é a da liberalidade das formas.

Não havendo forma prescrita em lei, estaremos diante de atos ou negócios jurídicos consensuais, que independem de forma ou de solenidade, nos termos do que dispõe o artigo 107 do Código Civil (...).

Ressalve-se que a manifestação de vontade do cônjuge ou companheiro deve ser prévia e expressa, sendo que manifestação expressa não significa manifestação escrita. Significa que a declaração de vontade foi manifestada de modo conclusivo, concludente, categórico, taxativo ou literal. Expresso é o que é explícito, evidente, conhecido ou ostensivo. Portanto a autorização será "expressa" ainda que se realize verbalmente ou por meio de gestos, sinais ou mímicas, desde que se faça de modo explícito, possibilitando o conhecimento imediato da intenção do agente.[26]

Do que se pode depreender dos fatos narrados, os casos de Curitiba e do Distrito Federal se assemelham, por tratarem de homens que planejaram ter filhos e buscaram o congelamento de seus materiais genéticos previamente ao início de tratamentos que poderiam comprometer sua fertilidade. Faleceram, contudo, sem deixar autorização expressa por escrito para uso póstumo do material. Enquanto no caso de Kátia já havia uma busca comum pela utilização da técnica de reprodução humana (até mesmo prévia ao diagnóstico da doença), no caso brasiliense o falecido chegou a realizar, com sucesso, um procedimento de reversão de vasectomia.

---

25. MADALENO, Rolf. *Curso de Direito de Família*. 5. ed. rev. atual. e ampl. Rio de Janeiro: Forense, 2013, p. 525.

26. DELGADO, Mário Luiz. Prévia autorização na procuração assistida heteróloga *post mortem. CONJUR – Revista Consultor Jurídico*. 15 set. 2019. Disponível em: https://www.conjur.com.br/2019-set-15/processo-familiar--previa-autorizacao-reproducao-assistida-heterologa-post-mortem. Acesso em: 14 out. 2021. Conclui o autor: "Em conclusão, a "prévia autorização" a que se refere o inciso V do artigo 1.597 do Código Civil, para fins de se estabelecer a presunção de paternidade do marido ou do companheiro, independe de forma especial. Pode ser exteriorizada por palavras escritas (sem forma especial, como, por exemplo bilhetes, dedicatórias em livros, cartões de natal ou de aniversário); palavras verbais (como em conversas com médicos, funcionários da clínica de reprodução ou outras testemunhas); gestos ou mímicas (como, por exemplo, abaixar a cabeça em sinal de consentimento); comportamentos ou condutas (como, por exemplo, continuar pagando o tratamento de RA ou a criopreservação de material genético ou, ainda, deixar em testamento um legado com essa finalidade). No caso de autorização verbal ou implícita, a prova se fará, essencialmente, por meio de testemunhas". Outros professores também já se manifestaram sobre a possibilidade de maior flexibilização no consentimento, entendendo que ele não precisa ser necessariamente escrito, mas deve ser prévio (DIAS, Maria Berenice. *Manual de Direito das Famílias*. São Paulo: Ed. RT, 2015, p. 402), podendo até mesmo ser verbal, desde que comprovado (LOBO, Paulo Luiz Netto. Código Civil Comentado. In: AZEVEDO, Álvaro Villaça (Coord.). São Paulo: Atlas, 2003, p. 53).

Por oportuno, é importante notar que no caso de Curitiba a participação da família do marido falecido de Kátia deu-se no sentido de contribuição para a reconstrução judicial de sua vontade, ao contrário de se tratar de uma "autorização" de parte dos familiares. Mais uma vez, o foco se trata da apuração da vontade do titular do material genético em vida, o que se entende absolutamente acertado.

Como lecionam Maria de Fátima Freire de Sá e Bruno Torquato de Oliveira Naves, "o consentimento é importante para a efetivação normativa da pessoalidade; possibilita aos indivíduos humanos se assumirem como pessoas livres, que agem e são reconhecidas através dessa ação".[27] A exigência de autorização escrita ou a reconstrução judicial da vontade *post mortem* têm o propósito de garantir a participação do titular do material genético no processo de decisão sobre a geração de filhos seus, refletindo o projeto parental construído no decorrer da sua vida.

Conquanto tenham sido citados precedentes que se referem ao consentimento para a formação do embrião após a morte do usuário da técnica de RHA, o STJ examinou, em 2021, caso paradigmático sobre os requisitos para implantação de embriões após a morte do marido.[28] A sentença entendeu pela impossibilidade do implante dos embriões, enquanto o acórdão do TJSP entendeu suficiente a "manifestação de vontade carreada no documento de fls. 86/87, consubstanciado em contrato hospitalar denominado 'Declaração de opção de encaminhamento de material criopreservado em caso de doença incapacitante, morte, separação ou não utilização no prazo de 3 anos ou 5 anos'. Contratantes que acordaram que, em caso de morte de um deles, todos os embriões congelados seriam mantidos sob custódia do outro, ao invés de descartados ou doados – Confiança dos embriões ao parceiro viúvo que representa autorização para a continuidade do procedimento, a critério do sobrevivente, sendo embriões criopreservados inservíveis a outra finalidade que não implantação em útero materno para desenvolvimento. Contrato celebrado com o hospital com múltiplas escolhas, fáceis, objetivas e simples, impassíveis de gerar qualquer confusão ou desentendimento para os contratantes".[29]

O relator, Min. Marco Buzzi, entendeu pelo desprovimento dos recursos especiais, permanecendo o entendimento do TJSP. Foi seguido pela Minª Maria Isabel Gallotti que entendeu pela existência de "autorização para a implantação desses embriões na medida em que, no contrato assinado pelas partes e pelo hospital, havia expressa previsão do que aconteceria em caso de morte de um dos cônjuges. A opção que foi assinalada

---

27. SÁ, Maria de Fátima Freire de; NAVES, Bruno Torquato de Oliveira. *Manual de Biodireito*. 3. ed. Belo Horizonte: Del Rey, 2015, p. 163.

28. A lide foi delimitada da seguinte forma: "da demonstração inequívoca do desejo e da aquiescência/autorização do falecido para a utilização dos embriões criopreservados para a procriação *post mortem*, com o conhecimento acerca da parentalidade e da presunção absoluta de filiação na hipótese do método de reprodução assistida gerar filhos". (STJ, 4ª T., REsp 1.918.421 – SP, Rel. Min. Marco Buzzi, Rel. p/ acórdão Min. Luis Felipe Salomão, julg. 8.6.2021, DJ 26.8.2021).

29. "No caso específico dos autos, a Corte local, com amparo nas provas colacionadas afirmou categoricamente que o consentimento do falecido para a procriação *post mortem* foi expressamente concedido em documento escrito por ele assinado, sob o qual não paira qualquer discussão de falsidade." (STJ, 4ª T., REsp 1.918.421 – SP, Rel. Min. Marco Buzzi, Rel. p/ acórdão Min. Luis Felipe Salomão, julg. 08.06.2021, DJ 26.08.2021).

foi a de que o embrião ficasse na custódia do cônjuge sobrevivente. Não quiseram eles optar pelo descarte dos embriões, nem pela doação dos embriões e nem pelo uso dos embriões em pesquisa científica."

No entanto, o Min. Luis Felipe Salomão abriu divergência que foi vencedora, seguido que foi pelos Mins. Raul Araújo e Antônio Carlos Ferreira. Foi reconhecida a vontade de procriação em vida, mas entenderam que essa vontade deve assumir facetas diferentes quando um dos usuários da técnica de RHA já tiver falecido. Fundamentou seu entendimento na natureza *post mortem* da disposição que autoriza utilização de embriões após o falecimento, que gera efeitos patrimoniais e sucessórios, o que atrai obediência à forma expressa e incontestável, implementada por meio de testamento ou instrumento equivalente em formalidade e garantia. Por esse motivo, entenderam que a declaração exarada em contrato padrão de prestação de serviços de RHA seria instrumento inadequado para legitimar a implementação de embriões excedentários após a morte, cuja autorização deverá ser efetivada de forma expressa e específica pelos instrumentos referidos de manifestação de vontade que geram efeitos *post mortem*. E justifica:[30]

> Nesses termos, a meu ver, se as disposições patrimoniais não dispensam a forma testamentária, maiores são os motivos para se considerar sejam da mesma forma dispostas as questões existenciais, mormente aqueles que repercutirão na esfera patrimonial de terceiros, não havendo maneira mais apropriada de *garantir-se a higidez da vontade do falecido*.
>
> Seguindo por esse entendimento, não há dúvidas de que a decisão de autorizar a utilização de embriões consiste em disposição *post mortem*, que, para além dos feitos patrimoniais, sucessórios, relaciona-se intrinsecamente à personalidade e dignidade dos seres humanos envolvidos, genitor e os que seriam concebidos, atraindo, portanto, a imperativa obediência à forma expressa e incontestável, alcançada por meio do testamento ou instrumento que o valha em formalidade e garantia.

Entendeu ainda que a autorização dada pelo falecido para que sua esposa custodiasse o material genético faculta "ceder o material para pesquisa, doação, descartar, ou deixar que o tempo o consuma, mas nunca implantá-lo em si, porque aí necessitaria de autorização prévia e expressa do titular do gameta que originou o embrião".

Resultados diferentes para situações semelhantes demonstram a urgência da necessidade de uma regulamentação legislativa que se atente para as mais diversas possibilidades colocadas pelo mundo da vida. A uma porque, existente legislação adequada,

---

30. A respeito da exigência da forma dos negócios jurídicos, a doutrina opina: "a exigência de forma atende à função do negócio jurídico celebrado. O vínculo paterno-filial, ainda que post mortem, implica em um conjunto de situações patrimoniais e existenciais dele decorrentes. A forma assegura o efetivo consentimento do declarante. Nos negócios existenciais (ou dúplices, por envolverem situações de dupla natureza, patrimoniais e existenciais), o princípio do consentimento qualificado reforça a necessidade de se obter a vontade expressa, espontânea, pessoal, atual e esclarecida do declarante, exatamente pelos efeitos pessoais e, na maioria das vezes, irreversíveis que promovem. O engano ou presunção quanto à autorização da reprodução humana post mortem, por exemplo, não poderia desfazer a gestação se comprovado posteriormente inexistir o consentimento. Dessa feita, o cuidado preventivo a partir da interpretação criteriosa da vontade mostra-se o caminho mais acertado." (VENCELAU MEIRELES, Rose Melo, Comentário ao Recurso Especial 1.918.421 – SP: desafios da reprodução humana assistida post mortem. *Civilistica.com*, a. 10, n. 3, Rio de Janeiro, 2021).

será cogente que em toda e qualquer criopreservação de material genético seja desde logo manifestada, por escrito, a intenção de destino a lhe ser dado,[31] estabelecendo-se a forma de tal consentimento; e a duas porque há a oportunidade de previsão de regras e exceções – inclusive, espera-se, com regulamentação mínima do procedimento de suprimento judicial de vontade.

A propósito, retomando o conteúdo do mencionado Enunciado 106 da I Jornada de Direito Civil, observa-se a delineação de mais uma exigência para que se proceda à implantação do material genético: a condição de viuvez, isto é, a não constituição de nova família. De fato, caso a pessoa tenha se casado novamente, por exemplo, restaria a dúvida sobre a paternidade: se seria aplicável a "presunção" reservada às técnicas de reprodução humana assistida, ou se seria aplicável a presunção *pater is est*, de que o pai é sempre o marido da mãe. Observam Renata Barbosa de Almeida e Walsir Edson Rodrigues Júnior:

> (...) também se vem entendendo que a mulher somente pode engravidar com o material deixado, criando a paternidade do morto, se ainda mantiver seu estado de viuvez, não tendo constituído qualquer outra família com terceiro. Este é o parâmetro hermenêutico definido pelo Enunciado 106 aprovado na I Jornada de Direito Civil promovida pelo Centro de Estudos Judiciários do Conselho da Justiça Federal (...).[32]

Outra importante questão acerca do tema envolve cogitar sobre se deve haver prazo de validade da autorização concedida. Nesse sentido, veja-se o caso da britânica Beth Warren, que era casada com o instrutor de esqui Warren Brewer. Ele havia congelado seu esperma em 2005, antes de receber tratamento para um tumor no cérebro, quando deixou claro que sua mulher poderia usá-lo depois de sua morte – não havendo no caso, portanto, dúvidas quanto ao seu consentimento. Warren faleceu aos trinta e dois anos de idade, em fevereiro de 2012.

A Autoridade em Fertilização e Embriologia Humana da Grã-Bretanha informou a Beth, de 28 anos, que o esperma não poderia ficar estocado além de abril de 2015, porque a lei local determina que, conquanto os gametas pudessem ficar armazenados por até 55 anos, o consentimento deve ser renovado a cada dez anos. Beth não desejava engravidar de imediato, por ainda viver o luto (sendo que, além da morte do

---

31. Dentre as possibilidades de destino a ser dado aos embriões excedentários se inclui a permissão de implantação, em vida e/ou *post mortem*; o uso em pesquisas (conforme requisitos da Lei de Biossegurança); e a destinação para doação. Um exemplo da relevância da doação é o caso da cientista de foguetes da NASA Kelly Burke, de 45 anos, que tentou por anos vários tratamentos de fertilidade, sem sucesso. Desistiu de usar os próprios óvulos e descobriu um casal de Oregon disposto a doar quatro embriões. Em 1994, este casal havia recebido óvulos em doação, e decidiram fazer a fertilização *in vitro*. Dois dos embriões então gerados foram implantados (o casal teve gêmeos idênticos) e outros quatro foram criopreservados, material este que viria anos depois a ser doado para Kelly. Ela implantou dois dos quatro embriões, tendo nascido seu filho Liam James em 2013, e armazenou os dois restantes para eventual desejo de um segundo filho mais tarde (G1. *Mulher dá à luz após usar embriões congelados há 19 anos por outra mãe*. Caderno Bem Estar. 23 ago. 2013. Disponível em: http://g1.globo.com/bemestar/noticia/2013/08/mulher-da-luz-apos-usar-embrioes-congelados-ha-19-anos-por-outra-mae.html. Acesso em: 02 jan. 2022).

32. ALMEIDA, Renata Barbosa de; RODRIGUES JÚNIOR, Walsir Edson. *Direito Civil*: famílias. Rio de Janeiro: Lumen Juris, 2010, p. 386.

marido, havia perdido o irmão em um acidente também recente). No início de 2014, por meio de ação judicial, ela obteve o direito de manter o esperma armazenado até pelo menos abril de 2023.[33]

O prazo de validade do consentimento no caso mencionado tem o propósito de garantir a atualidade da manifestação de vontade do dono do material genético, exigindo a confirmação da manutenção de seu propósito ou, em caso de mudança, o cancelamento da autorização. Por outro lado, gera limitação de prazo para casos de reprodução póstuma, dada a impossibilidade de renovação do consentimento; limitando também o número de vezes possíveis para implantações sucessivas – e, consequentemente, a possibilidade de geração de irmãos.

Entende-se compreensível e até mesmo proveitosa a fixação de prazo de validade do consentimento enquanto vivo o titular do material, a fim de garantir sua contemporaneidade e conferindo-lhe maior segurança (o que também condiz com a previsão de possibilidade de revogação do consentimento, que se entende acertada, já que se trata de um direito da personalidade); todavia, no caso de óbito, a questão ganha maior complexidade. Por um lado, pode-se entender desarrazoada essa exigência, por não mais haver que se falar na possibilidade de mudança de vontade daquele que veio a falecer; porém, por outro, surgem problemas da perspectiva sucessória, na medida em que um herdeiro poderá ser concebido muitos anos após o falecimento, gerando uma insegurança patrimonial, a partir da possibilidade de se suscitar questões sobre se a herança deverá ou não ficar reservada, por exemplo.

Estão em trâmite no Brasil alguns projetos de lei relacionados à reprodução assistida, incluindo-se normas acerca de sua realização *post mortem*, que tratam do consentimento – se deve ou não ser necessariamente deixado, sua forma, e se deve haver algum prazo de validade.

O PL 1851/2022 prevê o acréscimo de dois parágrafos ao art. 1.597 do CC, para dispor sobre um consentimento presumido de implantação, pelo cônjuge ou companheiro sobrevivente, de embriões do casal que se submeteu conjuntamente a técnica de reprodução assistida, bem como sobre uma obrigação da clínica de reprodução de indagar se o cônjuge ou companheiro discorda do uso do material após sua morte, registrando sua manifestação de vontade no mesmo documento em que documenta sua autorização para participar da técnica de reprodução assistida.

O PL 1184/2003 prevê, no seu art. 4º, VII, que o termo de consentimento livre e esclarecido será obrigatório e deverá conter "as condições em que o doador ou depositante autoriza a utilização de seus gametas, inclusive postumamente". Além disso, inclui

---

33. G1. *Britânica luta para preservar espermatozoides de marido morto.* Caderno Ciência e Saúde. 05 dez. 2013. Disponível em: http://g1.globo.com/ciencia-e-saude/noticia/2013/12/britanica-luta-para-preservar-espermatozoides-de-marido-morto.html. Acesso em: 02 set. 2019; G1. Mulher ganha batalha legal para manter sêmen de marido morto. *Caderno Ciência e Saúde.* 06 mar. 2014. Disponível em: http://g1.globo.com/ciencia-e-saude/noticia/2014/03/mulher-ganha-batalha-legal-para-manter-semen-de-marido-morto.html. Acesso em: 02 jan. 2022.

no art. 14, § 2º, III, previsão de obrigatoriedade de descarte de gametas "nos casos de falecimento do depositante, salvo se houver manifestação de sua vontade, expressa em documento de consentimento livre e esclarecido ou em testamento, permitindo a utilização póstuma de seus gametas", e estatui como crime, no art. 19, o uso de gametas fora dessas condições.

Já o PL 4892/2012 (apensado ao PL 1184/2003 e ao qual veio a ser apensado o PL 115/2015, dentre outros) reserva um capítulo próprio à reprodução *post mortem*. O art. 35 coloca exigência de "manifestação específica, em documento escrito", com descrição da pessoa a quem será destinado o gameta ou embrião e de quem gestará a criança, bem como com anuência dessas pessoas. No art. 36, prevê a impossibilidade de uso de material daquele que não consentiu expressamente "ainda que haja manifestação uníssona de seus familiares em sentido contrário".

No art. 49, estabelece que o vínculo de filiação na reprodução *post mortem* "se estabelecerá para todos os efeitos jurídicos de uma relação paterno-filial", desde que observados os limites e exigências impostos pela lei (a exemplo dos postos nos arts. 35 e 36). Todavia, contraditoriamente define, no art. 59, que apenas será garantido direito sucessório ao descendente se a gravidez ocorrer "em até 3 anos da abertura da sucessão do genitor que autorizou expressamente a utilização de seu gameta ou embrião criopreservado", posicionamento este que é contrariado, exatamente neste ponto, pelos PL 7591/2017 e PL 9403/2017.

O PL 7701/2010, por sua vez, propõe a inserção do "art. 1.597-A" no Código Civil, estabelecendo que o uso de sêmen *post mortem* (sem prever a implantação de embrião) somente poderá ser feito pela viúva ou ex-companheira com expressa anuência do falecido em vida "e até trezentos dias após o óbito".

Os vários casos que envolvem o tema – não apenas no Brasil – dão conta da atualidade da questão e da consequente necessidade de que regras sejam estabelecidas para que fique estabelecida qual deve ser a forma de atuação dos cidadãos quando em jogo seus interesses nessa seara, bem como para evitar o cometimento de injustiças mediante tratamentos desiguais.

4. CONSIDERAÇÕES FINAIS

Tendo em vista as reflexões feitas nesse estudo, é possível concluir-se o seguinte:

a) A filiação oriunda das técnicas de reprodução humana não necessariamente se enquadra dentre os tipos usualmente previstos (presumido, biológico e socioafetivo). Trata-se de vínculo de filiação necessariamente fruto do planejamento familiar, de um ato de autonomia parental que define por ter ou não ter filhos, tendo sido essa a premissa hermenêutica adotada para o presente estudo;

b) Os incisos I e II do art. 1.597 do Código Civil representam presunções "efetivas" de filiação, e configuram-se em presunções relativas (*juris tantum*) de veracidade, admitindo prova em contrário;

c) No caso das previsões dos incisos III a V (referentes às técnicas de reprodução humana assistida), diferentemente, entende-se que não se tratam de efetivas presunções uma vez que o que gera filiação é a manifestação expressa de consentimento referente ao projeto parental. Afinal, é o planejamento familiar e o consentimento que geram o reconhecimento irrevogável da filiação como efeito autônomo, o que não se confunde com a presunção de ser filho, consequência da relação conjugal;

d) As disposições do art. 1.597 do Código Civil são silentes quanto à necessidade de consentimento expresso para que se autorize a reprodução assistida *post mortem*, e inexiste qualquer outra disposição legal sobre o tema. Há, todavia, normas administrativas do Conselho Nacional de Justiça e do Conselho Federal de Medicina (no mesmo sentido do Enunciado 106 da I Jornada de Direito Civil), pelas quais se entende a autorização prévia expressa e específica como indispensável;

e) Conquanto o meio mais seguro e eficaz de estabelecimento da filiação deva ser um termo de consentimento livre e esclarecido específico e devidamente assinado, nem sempre terá existido alguma autorização expressa em vida, há opiniões no sentido de ser necessário se estabelecer, por outros meios, qual seria a vontade daquele que faleceu, o que pode acontecer por meio da "reconstrução judicial de vontade". Por este procedimento, são judicialmente ouvidas pessoas próximas ao falecido para conhecer tanto o que chegou a ser por ele expressado em vida quanto, caso não tenha sido anunciado, quais eram suas crenças e opiniões para assim compreender qual seria sua provável decisão;

f) Julgado paradigmático do STJ de 2021 entendeu pela necessidade de que a vontade expressa e específica seja formalizada por meio de testamento ou documento equivalente, pois esse consentimento expressa autonomia pessoal ligada ao planejamento familiar de inegáveis repercussões patrimoniais e sucessórias;

g) Importante também deliberar sobre a fixação ou não de prazo de validade para o consentimento nos casos de reprodução póstuma. Por um lado, pode-se entender desarrazoada essa fixação, por não mais haver que se falar na possibilidade de mudança de vontade daquele que veio a falecer; porém, por outro, surgem problemas que levam à insegurança na perspectiva sucessória, na medida em que um herdeiro poderá ser concebido muitos anos após o falecimento, levantando questões sobre se a herança deverá ou não ficar reservada, por exemplo;

h) A ocorrência de vários casos que envolvem a questão, não no só no Brasil mas no mundo, e o fato de que os resultados não têm sido uniformes, demonstram a urgência da necessidade de uma regulamentação legislativa que se atente para as mais diversas possibilidades colocadas pelo mundo da vida;

i) A consolidação da filiação mesmo com a concepção do filho após a morte do genitor só é possível porque o consentimento – seja expresso, seja averiguado judicialmente por reconstrução –, revela o projeto parental construído pelo casal em vida, que é o elemento propulsor da criação dos vínculos de filiação.

5. REFERÊNCIAS

ALMEIDA, Renata Barbosa de; RODRIGUES JÚNIOR, Walsir Edson. *Direito Civil*: famílias. Rio de Janeiro: Lumen Juris, 2010.

ARAÚJO, Glauco. Justiça autoriza professora a usar sêmen de marido morto no Paraná. *G1*. Brasil. 27 mai. 2010. Disponível em: http://g1.globo.com/brasil/noticia/2010/05/justica-autoriza-professora-usar-semen-de-marido-morto-no-parana.html. Acesso em: 02 set. 2019.

CONJUR – *Revista Consultor Jurídico*. Uso de sêmen de morto para fertilização depende de autorização por escrito. *Conjur.com.br*. 25 set. 2014. Disponível em: https://www.conjur.com.br/2014-set-25/uso-semen-morto-depende-autorizacao-escrito. Acesso em: 02 set. 2019.

CONSELHO FEDERAL DE MEDICINA. Resolução CFM 2.320/2022, que adota as normas éticas para a utilização das técnicas de reprodução assistida. Disponível em: https://sistemas.cfm.org.br/normas/visualizar/resolucoes/BR/2022/2320. Acesso em: 29 jun. 2023.

DELGADO, Mário Luiz. Prévia autorização na procuração assistida heteróloga *post mortem*. *CONJUR – Revista Consultor Jurídico*. 15 set. 2019. Disponível em: https://www.conjur.com.br/2019-set-15/processo-familiar-previa-autorizacao-reproducao-assistida-heterologa-post-mortem. Acesso em: 14 out. 2019.

FADEL, Evandro. Nasce bebê concebido com sêmen de pai morto. *O Estado de São Paulo*. Curitiba, 22 jun. 2011. Disponível em: https://www.estadao.com.br/noticias/geral,nasce-bebe-concebido-com-semen-de-pai-morto-imp-,735542. Acesso em: 02 set. 2019.

FOLHA DE SÃO PAULO. Mulher fica grávida de marido morto. *Caderno Ciência*. São Paulo, 16 jul. 1998. Disponível em: https://www1.folha.uol.com.br/fsp/ciencia/fe16079801.htm. Acesso em: 02 set. 2019; BBC BRASIL. Mulher engravida pela 2ª vez de marido morto. *Caderno Saúde & Tecnologia*. 8 fev. 2002. Disponível em: https://www.bbc.com/portuguese/ciencia/020208_mortodi.shtml. Acesso em: 02 set. 2019;

G1. *Britânica luta para preservar espermatozoides de marido morto*. Caderno Ciência e Saúde. 05 dez. 2013. Disponível em: http://g1.globo.com/ciencia-e-saude/noticia/2013/12/britanica-luta-para-preservar-espermatozoides-de-marido-morto.html. Acesso em: 02 set. 2019; G1. Mulher ganha batalha legal para manter sêmen de marido morto. *Caderno Ciência e Saúde*. 06 mar. 2014. Disponível em: http://g1.globo.com/ciencia-e-saude/noticia/2014/03/mulher-ganha-batalha-legal-para-manter-semen-de-marido-morto.html. Acesso em: 02 set. 2019.

G1. Mulher dá à luz após usar embriões congelados há 19 anos por outra mãe. *Caderno Bem Estar*. 23 ago. 2013. Disponível em: http://g1.globo.com/bemestar/noticia/2013/08/mulher-da-luz-apos-usar-embrioes-congelados-ha-19-anos-por-outra-mae.html. Acesso em: 02 set. 2019.

LAMM, Eleonora. La importancia de la voluntad procreacional en la nueva categoría de filiación derivada de las técnicas de reproducción asistida. *Revista de bioética y Derecho*, Barcelona, n. 24, p. 76-91, jan. 2012. Disponível em: http://www.ub.edu/fildt/revista/RByD24_master.htm. Acesso em: 2 out. 2019.

LIMA, Taisa Maria Macena de. Filiação e biodireito: uma análise das presunções em matéria de filiação em face das ciências biogenéticas. In: Maria de Fátima Freire de Sá; Bruno Torquato de Oliveira Naves (Coord.), *Bioética, Biodireito e o Código Civil de 2002*. Belo Horizonte: Del Rey, 2004.

LÔBO, Paulo. *Direito Civil*: famílias. 4. ed. São Paulo: Saraiva, 2011.

MADALENO, Rolf. *Curso de Direito de Família*. 5. ed. rev. atual. e ampl. Rio de Janeiro: Forense, 2013.

NEWS.COM.AU. *Jocelyn Edwards allowed to use dead husband Mark's sperm*. 23 maio 2011. Disponível em: https://www.news.com.au/national/woman-allowed-to-use-dead-hubbys-sperm/news-story/477423f-7f64cba16d663c008b419b674. Acesso em: 02 set. 2019.

PONTES DE MIRANDA, *Tratado de Direito de Família*. São Paulo: Ed. RT, 2012. T. IX atual. por Rosa Maria de Andrade Nery.

RASKIN, Salmo, A análise de DNA na determinação da paternidade: mitos e verdades no limiar do século XXI. In: LEITE, Eduardo de Oliveira (Coord.). *Grandes temas da atualidade*: DNA como prova da filiação. Rio de Janeiro: Forense, 2000.

SÁ, Maria de Fátima Freire de; NAVES, Bruno Torquato de Oliveira. *Manual de Biodireito*. 3. ed. Belo Horizonte: Del Rey, 2015.

SIBSON, Ellie. Widow wins right to use dead husband's sperm to conceive a second child. *ABC News*. 21 jun. 2019. Disponível em: https://www.abc.net.au/news/2019-06-21/court-late-husband-sperm-decision--granted-jennifer-gaffney/11235610. Acesso em: 02 set. 2019.

TJDFT. *Acórdão agravo interno 820873*, processo 20080111493002APC – (0100722-92.2008.8.07.0001), 1ª CC, Relª. Desª. Nídia Corrêa Lima, Rel. designado e revisor: Getúlio de Moraes Oliveira. Brasília, publicado no DJE: 23 set. 2014.

VENCELAU, Rose Melo. *O elo perdido da filiação*: entre a verdade jurídica, biológica e afetiva no estabelecimento do vínculo parental. Rio de Janeiro: Renovar, 2004.

VENCELAU MEIRELES, Rose Melo, Comentário ao Recurso Especial 1.918.421 – SP: desafios da reprodução humana assistida *post mortem*. *Civilistica.com*, Rio de Janeiro, a. 10, n. 3, 2021.

ASSIMETRIA INFORMACIONAL NO PROCESSO DE DOAÇÃO DE MATERIAL GENÉTICO

Alice Krämer Iorra Schmidt

Mestre em Direito Processual Civil pela Universidade de Coimbra/Portugal. Pós-Graduação *Lato Sensu* em Direito de Família e Sucessões pela Fundação do Ministério Público do Estado do Rio Grande do Sul (FMP/RS). Pós-Graduação *Lato Sensu* em Direito Civil e Processual Civil pelo Instituto de Desenvolvimento Cultural (IDC). Advogada inscrita na OAB/RS. Professora Assistente e Coordenadora Curso de Direito da Universidade do Vale do Taquari – UNIVATES.

Sumário: 1. Introdução – 2. As facetas do direito de informação: direito de informar, direito de ser informado e direito de se informar – 3. Dignidade humana, planejamento familiar e reprodução humana assistida – 4. A desinformação como entrave para concretização do projeto parental por pessoas inférteis – 5. Considerações finais – 6. Referências.

1. INTRODUÇÃO

Estar bem-informado é um direito de todo cidadão em um Estado Democrático de Direito. É primordial quando se percebe que é, com base na informação, que o sujeito toma conhecimento sobre seus direitos, garantias e deveres. Mas não se trata de algo superficial, na medida em que existe o direito de informar, de ser informado e de se informar, que configuram uma espécie de tríade do direito de informação.

Paradoxalmente, apesar de vivermos num cenário de velocidade e quantidade nunca antes imaginada de informação, não se trata de um direito de fácil concretização. Receber, propagar e acessar informações são vieses do direito à informação que não se confundem e que são fundamentais para que direitos, deveres e garantias sejam realmente conhecidos e exercidos no plano dos fatos.

Acerca do exercício de direitos e focando na temática a ser desenvolvida neste breve ensaio, que tem como centro de debate a reprodução humana assistida, imprescindível mencionar o reconhecimento, pelo Estado Brasileiro, da dignidade humana enquanto vetor fundamental; da informação enquanto direito fundamental; do direito à liberdade no planejamento familiar; e à saúde, sem restrições, incluindo-se a saúde sexual e reprodutiva, como um direito social – o que implica ações positivas por parte do ente estatal. A interrelação entre todos esses direitos, cuja convivência nem sempre é harmônica, é o que se está propondo neste momento.

Não podemos observar os fenômenos sociais e buscar um suporte fático isolado para que haja a subsunção do fato à norma. É da interconexão de todo o ordenamento que advém soluções para as problemáticas existentes.

Sabe-se que a infertilidade corresponde a um distúrbio que afeta milhares de homens e mulheres ao redor do mundo. Mas esse diagnóstico não é determinante e não encerra em definitivo o sonho da paternidade ou da maternidade, haja vista que a evolução das ciências da saúde, há muito tempo, descobriu técnicas que permitem, mesmo aos pares inférteis, a geração de descendência de forma assistida – através de técnicas que utilizam o material genético do próprio casal ou de bancos de sêmen e/ou óvulos.

O direito à saúde, analisado sob a ótica integral do sujeito, é um direito social previsto na Carta Magna de 1988. Em sendo um direito à prestação por parte do Estado, implica uma posição ativa na efetivação deste e, portanto, sujeitos inférteis podem exigir a viabilização da reprodução assistida pelo ente público. No entanto, encontrar essa informação e exercer esse direito não é simples, muito menos fácil pelas pessoas que dependerem desse procedimento através do serviço público de saúde.

Temos uma disparidade evidente. Casais providos de recursos conseguem acessar a métodos caros de reprodução humana artificial, no Brasil e no exterior, às próprias expensas, já que se trata de serviço não coberto por planos de saúde privados. Todavia, casais que não têm as mesmas condições financeiras sequer sabem que o serviço pode ser acessado pelo Sistema Único de Saúde e, justamente por isso, poucos conseguem efetivar esse direito. É a condição econômica e a informação que vem determinando a concretização deste direito fundamental do cidadão.

A quem interessa a desinformação? E como solucioná-la? São pequenas reflexões que este ensaio se propõe a analisar. Para além da teoria, direitos precisam ser conhecidos para serem concretizados.

2. AS FACETAS DO DIREITO DE INFORMAÇÃO: DIREITO DE INFORMAR, DIREITO DE SER INFORMADO E DIREITO DE SE INFORMAR

Em tempos de velocidade na propagação de informações, novas tecnologias sendo lançadas dia após dia, inéditas formas de comunicação e de transmissão de dados, não há como negar que os detentores de informações têm consigo algo que, apesar de imaterial, é extremamente valioso. E o seu valor vai muito além da monetização que recai sobre dados pessoais – os quais, inclusive, estão se tornando frequentes alvos de ataques hackers nos 'sequestro de dados', modalidade de crime virtual que envolve o bloqueio de dados e informações do usuário, com o fito de auferir valores para o respectivo resgate. O seu valor fulcral está na informação que permite ao indivíduo conhecer sobre seus direitos e fazer escolhas assertivas com relação a inúmeros aspectos de sua vida.

O direito de informação é multifacetado e permite diferentes abordagens. De início, vale ressaltar que se trata de uma baliza fundamental em um Estado Democrático de Direito, no qual as informações podem (e devem) circular, via de regra, sem restrições,[1] haja vista que construção da democracia pressupõe a tomada de decisão consciente por parte do povo. Nessa perspectiva, tem o cidadão direito de participar da construção de-

---

1. Vide Lei de Acesso à Informação, Lei 12.527, de 18 de novembro de 2011.

mocrática através da emissão de sua opinião, difusão do seu pensamento e publicização de suas preferências.

Por se tratar de um direito relacionado com a liberdade humana em face do Poder, não se trata apenas de um direito do cidadão, mas de um dever do Estado, consoante de denota da passagem que segue:

> O direito à informação (subjacente a liberdade à informação, modal político que o alimenta) é um direito de defesa de modo que seu titular não seja impedido de emitir ou difundir suas ideias, ideais, opiniões, sentimentos ou conhecimentos quando opera como direito subjetivo, individual ou coletivo.[2]

Nessa perspectiva, o direito à informação está intimamente ligado ao direto de manifestação do pensamento, cujo assento constitucional reside no art. 5º, inciso IX da Constituição Federal de 1988, conferindo ao cidadão o direito de ser livre para pensar e exteriorizar o seu pensamento. Seria, nesta medida, um *direto de informar*, de transmitir informações, de difundir o pensamento, sem restrições ou impedimentos por parte do Poder Público (art. 220, *caput*, da CF/88). E é exatamente o exercício desse direito que proporciona a veiculação de informações jornalísticas no Brasil, a publicidade eleitoral, o uso de redes sociais e tantos outros mecanismos de publicização de informações.

Para concretização do direito de informar, é fundamental que o próprio Estado viabilize o seu exercício, senão vejamos:

> [...] Na sua dimensão objetiva, o direito à informação postula prestações, tanto de natureza informacional, quanto no âmbito dos deveres estatais de proteção, mediante a edição de normas de cunho procedimental e organizacional, vinculando todos os órgãos estatais, notadamente os jurisdicionais aos quais está deferido o cuidado para a concretização dos direitos e interesses postos em causa.[3]

Sob a ótica do receptor da informação, tem-se também o *direito de se informar*, de buscar a informação e obtê-la sem empecilhos. Isso significa que o cidadão tem direito de, querendo, acessar informações sem qualquer vedação por parte do Estado ou de particulares, como regra. Seria, em suma, o direito de não ser impedido de obter informações – também denominado direito de acesso à informação.[4]

Nesta mesma linha, ainda sob a ótica daquele que recebe a informação, tem-se o *direito de ser informado*, consubstanciado este na prerrogativa do cidadão de receber informações verídicas, fidedignas, atuais e pertinentes, seja de veículos de imprensa, seja do Poder Público, para que consiga tomar decisões assertivas, conheça os seus direitos

---

2. MOLINARO, Carlos Alberto; SARLET, Ingo Wolfgang. Direito à informação e direito de acesso à informação como direitos fundamentais na constituição brasileira. *Revista da AGU*, Brasília-DF, ano XIII, n. 42, p. 09-38, out./dez. 2014. Disponível em: https://repositorio.pucrs.br/dspace/bitstream/10923/11403/2/Direito_a_768_Informac_807_a_771_o_e_Direito_de_Acesso_a_768_Informac_807_a_771_o_como_Direitos_Fundamentais_na.pdf. Acesso em: 28 dez. 2021, p. 17.
3. Idem.
4. SIQUEIRA, Dirceu Pereira; FERRARI, Caroline Clariano. O direito à informação como direito fundamental ao estado democrático. *Revista Direitos Sociais e Políticas Públicas (UNIFAFIBE)*. v. 4, n. 2, 2016. Disponível em: https://unifafibe.com.br/revista/index.php/direitos-sociais-politicas-pub. Acesso em: 7 jan. 2022.

e exerça os seus deveres. Trata-se de direito que assume fundamental importância para o exercício da cidadania, eis que:

> O direito à informação, ou o direito de acesso a informações detidas pelas autoridades públicas, frise-se, é um ingrediente fundamental na responsabilização e participação democrática. Um forte e eficaz direito à informação sustenta o engajamento ativo da cidadania no controle do governo, sendo difícil manter um sistema verdadeiramente participativo na ausência desse direito e de sua adequada concretização.[5]

Sob este viés, o direito de ser informado pressupõe que a informação de cunho particular, ou de interesse coletivo ou geral, chegue até o receptor (art. 5º, XXXIII, Constituição Federal). Somente a partir da concretização deste direito é que o cidadão toma consciência sobre os demais direitos que lhe são assegurados, podendo reivindica-los eficazmente.

Podemos perceber, assim, que o direito à informação é um direito fundamental complexo que possui uma série de desdobramentos e serve como premissa para concretização da dignidade da pessoa humana. E não poderia ser diferente, na medida em que em cada direito fundamental – em maior ou menor grau – se faz presente um conteúdo ou, pelo menos, alguma projeção da dignidade da pessoa.[6]

Dentro dessa complexidade, não se pode perder de vista que de nada adianta o texto constitucional assegurar o direito à informação de forma ampla como direito fundamental se isso, no plano fático, não for concreto nos mais variados contextos. Aliás, o direito que não se concretiza no plano fático é tão somente um texto vazio sem maior relevância.

3. DIGNIDADE HUMANA, PLANEJAMENTO FAMILIAR E REPRODUÇÃO HUMANA ASSISTIDA

Em que pese a dificuldade conceitual na definição da Dignidade da Pessoa Humana, tem-se a compreensão de que se trata "de princípio profundamente humanista, baseado na valorização da pessoa e comprometido com a garantia dos seus direitos básicos contra todas as formas de injustiça e opressão".[7] Para Sarlet, configura-se como uma condição inerente à pessoa, conforme se pode analisar:

> [...] A dignidade, como qualidade intrínseca da pessoa humana, é irrenunciável e inalienável, constituindo elemento que qualifica o ser humano como tal e dele não pode ser destacado, de tal sorte que não se pode cogitar na possibilidade de determinada pessoa ser titular de uma pretensão a que lhe

---

5. MOLINARO, Carlos Alberto; SARLET, Ingo Wolfgang. Direito à informação e direito de acesso à informação como direitos fundamentais na constituição brasileira. Revista da AGU, Brasília-DF, ano XIII, n. 42, p. 09-38, out./dez. 2014. Disponível em: https://repositorio.pucrs.br/dspace/bitstream/10923/11403/2/Direito_a_768_Informac_807_a_771_o_e_Direito_de_Acesso_a_768_Informac_807_a_771_o_como_Direitos_Fundamentais_na.pdf. Acesso em: 28 dez. 2021, p. 22.
6. SARLET, Ingo Wolfgang. *Dignidade da Pessoa Humana e Direitos Fundamentais na Constituição Federal de 1988*. 7 ed. Porto Alegre: Livraria do Advogado, 2009, p. 93.
7. SARMENTO, Daniel. *Dignidade da pessoa humana*: conteúdo, trajetórias e metodologia. 2. ed. Belo Horizonte: Fórum, 2016.

seja concedida a dignidade. Esta, portanto, compreendida como qualidade integrante e irrenunciável da própria condição humana, pode (e deve) ser reconhecida, respeitada, promovida e protegida, não podendo, contudo (no sentido ora empregado) ser criada, concedida ou retirada (embora possa ser violada), já que existe em cada ser humano como algo que lhe é inerente.[8]

Trata-se, assim, de um valor supremo, uma garantia de todo e qualquer cidadão, sendo vedado ao Estado abrir mão se sua aplicação sob qualquer justificativa. Logo, resta evidente que a mera previsão da dignidade humana como fundamento da República, no art. 1º, inciso III, da Constituição Federal, não basta para a sua implementação. Proteger o cidadão, conferir-lhe liberdade, garantir-lhe respeito aos seus direitos fundamentais é assegurar a aplicação concreta da sua dignidade. E isso não se refere a apenas um ou dois aspectos da vida do sujeito, mas na sua inteireza.

Sob a ótica do Direito de Família, a Dignidade da Pessoa Humana também é o vetor fundamental, eis que garantir o respeito às famílias (em todas as suas configurações), permitir o livre exercício do planejamento familiar e assegurar um sistema normativo e interpretativo que efetivamente os proteja integralmente de violências e abusos é tudo que se espera dentro do direito familista.

No que toca ao planejamento familiar, importante mencionar que a Constituição Federal, em seu art. 226 § 7º, assegura à família o planejamento familiar como livre decisão do casal. E isso perpassa a ideia de que caberá ao casal, e tão somente a ele, o livre exercício de seus direitos sexuais e reprodutivos, podendo decidir sobre ter ou não ter filhos, meios, métodos e técnicas para tê-los ou não.

Tal previsão é corroborada pelo art. 1.565, § 2º, do Código Civil, que acrescenta, ainda, que compete ao Estado proporcionar recursos para o exercício deste direito.

A geração de descendência é o sonho de muitas pessoas, mas nem todas conseguem concretizá-la pelas vias naturais, através da relação sexual. Algumas pessoas, em virtude da infertilidade, dependem de técnicas que, artificialmente, unam gametas masculinos e femininos, na chamada reprodução humana assistida: "Essas técnicas vão desde a introdução de gametas masculinos no aparelho genital feminino por meios artificiais até a sofisticada fertilização in vitro (FIV)".[9]

Regulamentando o dispositivo constitucional, a Lei número 9.263, de 12 de janeiro de 1996, prevê que o planejamento familiar é um direito de todo cidadão (art. 1º), garantindo-se à mulher, ao homem ou ao casal um conjunto de ações de regulação da fecundidade que assegurem direitos iguais de constituição, limitação ou aumento da prole (art. 2º). Ainda, para que tal direito se implemente, as instâncias gestoras do Sistema Único de Saúde devem garantir programas de atenção integral à saúde, em todos

---

8. SARLET, Ingo Wolfgang. *Dignidade da Pessoa Humana e Direitos Fundamentais na Constituição Federal de 1988*. 7 ed. Porto Alegre: Livraria do Advogado, 2009, p. 47.
9. NOMURA, Roseli Mieko Yamamoto. Reprodução Humana: reprodução assistida, fertilização *in vitro*, inseminação artificial, direitos reprodutivos. In: GIMENES, Antônio Canteiro; BATISTA, Juliana dos Santos; FUJITA, Jorge Shiguemitsu; ROCHA, Renata da (Org.). *Dilemas Acerca da Vida Humana*: Interfaces entre a Bioética e o Biodireito. São Paulo: Atheneu, 2015, p. 67.

os seus ciclos vitais, que inclua, como atividades básicas, a assistência à concepção e contracepção (art. 3º, parágrafo único e inciso I). Outrossim, ainda dispõe que: "Para o exercício do direito ao planejamento familiar, serão oferecidos todos os métodos e técnicas de concepção e contracepção cientificamente aceitos e que não coloquem em risco a vida e a saúde das pessoas, garantida a liberdade de opção" (art. 9º).

Ademais, ao prever a garantia do direito à saúde como um direito social (art. 6º), a Constituição Federal de 1988 está assegurando, também, o direito à saúde sexual e reprodutiva, já que a saúde, segundo a OMS[10] corresponde "a um estado de completo bem-estar físico, mental e social e não somente ausência de afeções e enfermidade".[11] Justamente por isso, pode-se concluir que:

> O direito fundamental à saúde, bem como o direito fundamental à vida, requerem respeito, sob os vários contornos que surgem na realidade social, o que, promoveria as condições para que todos os cidadãos que sofram problemas de infertilidade e que não dispõem das condições financeiras necessárias possam recorrer ao Estado enquanto prestador dos Direitos Sociais para ter acesso às técnicas de Reprodução Humana Assistida.[12]

Assim, partindo-se da premissa de que todos os cidadãos têm direito à saúde sexual e reprodutiva enquanto um direito social e, portanto, de viés prestacional por parte do Estado, pode-se concluir que caberá ao ente estatal a oferta de meios materiais imprescindíveis para a efetivação deste direito.[13] Isso significa que caberá ao ente público uma atuação positiva através de políticas públicas que garantam acesso a tratamento de eventuais distúrbios na função reprodutora dos cidadãos, e, inclusive, reprodução assistida, quando for o caso.

Para sistematizar e organizar os procedimentos de acordo com suas complexidades, no ano de 2005 foi editada a Portaria 426 do Ministério da Saúde, que instituiu, no âmbito do SUS, a Política Nacional de Atenção Integral em Reprodução Humana Assistida, constituída a partir de três componentes fundamentais: atenção básica, média complexidade e alta complexidade. Na atenção básica, o serviço destina-se à identificação do casal infértil, realização de exames, verificação de patologias, fatores concomitantes e qualquer situação que interfira numa futura gestação e que ponham em risco a vida da mulher ou do feto. O segundo, de média complexidade, são serviços habilitados atender aos casos encaminhados pela Atenção Básica, realizando acompanhamento psicossocial e os demais procedimentos do elenco deste nível de atenção, e aos quais é facultativa e desejável, a realização de todos os procedimentos diagnósticos e terapêuticos relativos à reprodução humana assistida, à exceção dos relacionados à fertilização in vitro. Por fim, os serviços de alta complexidade, que estão habilitados a realizar a fertilização in vitro e a inseminação artificial.[14]

---

10. Organização Mundial de Saúde.
11. WORLD HEALTH ORGANIZATION. *WHO remains firmly committed to the principles set out in the preamble to the Constitution.* Disponível em: https://www.who.int/about/governance/constitution Acesso em: 07 jan. 2022.
12. SARTORI, Giana Lisa Zanardo. *Reprodução humana assistida*: um direito fundamental? Curitiba: Appris, 2015, p. 188.
13. MASSON, Nathalia. *Manual de direito constitucional.* 4. ed. Salvador: JusPodivm, 2016, p. 197.
14. BRASIL. Ministério da Saúde. Portaria número 426/GM, em 22 de março de 2005. Institui, no âmbito do SUS, a Política Nacional de Atenção Integral em Reprodução Humana Assistida e dá outras providências. Disponível

Passados longos 7 anos, a Portaria 3.149, de 28 de dezembro de 2019, do Ministério da Saúde, passou a prever os repasses do governo para que os atendimentos fossem efetivamente realizados gratuitamente.[15]

No entanto, apesar da imprescindibilidade do SUS no Brasil e o seu enorme reconhecimento como um dos maiores programas de saúde pública do mundo,[16] é sabido que enfrenta grandes dificuldades de gestão, de orçamento e de organização quando confrontado com a imensa demanda que lhe incumbe. Para a imensa maioria da população, trata-se da única forma de acessar à serviços de saúde, sem qualquer custo direto, o que garante, em larga medida, a saúde da população brasileira – o que é louvável.

Pode-se imaginar, em vista disso, que acesso à serviços que envolvam reprodução assistida, como fertilização in vitro, não é algo rápido e fácil de se conseguir. No entanto, nem por isso deixa de ser uma garantia do cidadão que sonha em realizar o projeto parental com a geração de descendência.

Nesse sentido, a Resolução do CFM[17] de número 2.294, de 27 de maio de 2021 que trata de técnicas de reprodução humana assistida com o papel de auxiliar no processo de procriação, menciona no tópico II, item 1: "Todas as pessoas capazes que tenham solicitado o procedimento e cuja indicação não se afaste dos limites desta resolução podem ser receptoras das técnicas de RA, desde que os participantes estejam de inteiro acordo e devidamente esclarecidos, conforme legislação vigente". Ou seja, toda e qualquer pessoa que precise e deseje tratamento de reprodução assistida tem direito ao seu fornecimento, de forma gratuita, pelo SUS.

O problema, como se disse anteriormente, não é a falta de previsão legal. É a falta de políticas públicas que, real e concretamente, permitam o acesso da população que, desejosa em realizar o seu projeto parental – não consegue pelas vias naturais.

Entre os indivíduos mais abastados, tornou-se frequente a prática de procedimentos de fertilização in vitro no exterior, tal como noticiado em 10 de novembro de 2020 sobre o "turismo de fertilização" na Califórnia;[18] na ilha de Chipre, no Mar Mediterrâneo;[19]

---

em: https://webcache.googleusercontent.com/search?q=cache:rCDAD4pulLUJ:https://bvsms.saude.gov.br/bvs/publicacoes/portaria_426_ac.htm+&cd=1&hl=pt-BR&ct=clnk&gl=br Acesso em 07 jan. 2022.

15. BRASIL. Ministério da Saúde. Portaria número 3.149, de 28 de dezembro de 2012. Fica destinados recursos financeiros aos estabelecimentos de saúde que realizam procedimentos de atenção à Reprodução Humana Assistida, no âmbito do SUS, incluindo fertilização in vitro e/ou injeção intracitoplasmática de espermatozoides. Disponível em: https://bvsms.saude.gov.br/bvs/saudelegis/gm/2012/prt3149_28_12_2012.html Acesso em 07 jan. 2022.

16. BRASIL. Ministério da Saúde. Maior sistema público de saúde do mundo, SUS completa 31 anos. Brasília, 21 de setembro de 2021. Disponível em: https://www.unasus.gov.br/noticia/maior-sistema-publico-de-saude-do--mundo-sus-completa-31-anos#:~:text=Neste%20domingo%20(19)%2C%20o,outras%20emerg%C3%AAncias%20em%20sa%C3%BAde%20p%C3%BAblica. Acesso em: 05 jan. 2022.

17. Conselho Federal de Medicina.

18. DUNN, Jancee. Como a Califórnia se tornou o destino mundial de tratamento para a fertilidade. *Revista Vogue Internacional*. 10 novembro 2020. Disponível em: https://vogue.globo.com/beleza/noticia/2020/11/como-california-se-tornou-o-destino-mundial-de-tratamento-para-fertilidade.html. Acesso em: 09 jan. 2022.

19. PRADO, Adriana. Turismo da fertilidade. *Revista Istoé*. 10 setembro 2010. Disponível em: https://istoe.com.br/100342_TURISMO+DA+FERTILIDADE/. Acesso em: 09 jan. 2022.

e na Dinamarca.[20] Países que facilitam a doação – ou compra e venda – de material genético viraram destinos procurados por casais de "turistas" inférteis de todo planeta. A questão é bastante polêmica, mas verdadeira. Comercializa-se tudo a um custo bastante elevado, mas que muitos estão dispostos a arcar: a viagem, o passeio, o material genético, o procedimento e a experiência.

No Brasil, frise-se, é vedada a comercialização de material genético: "O ato de doar é obrigatoriamente gratuito, pois a doação não deve ter caráter lucrativo ou comercial".[21] Nesse sentido, o art. 15 da Lei de Transplantes (Lei número 9.434, de 4 de fevereiro de 1997) criminaliza a prática: "Comprar ou vender tecidos, órgãos ou partes do corpo humano: Pena - reclusão, de três a oito anos, e multa, de 200 a 360 dias-multa. Parágrafo único. Incorre na mesma pena quem promove, intermedeia, facilita ou aufere qualquer vantagem com a transação".[22]

A previsão, no entanto, não coíbe eficazmente a prática. Inegavelmente o "turismo de fertilização" ou "turismo reprodutivo" é uma prática corriqueira e casais inférteis do mundo todo transitam buscam ultimar os seus intentos de geração da prole – tendo o Brasil como origem de onde os casais partem para acessar às técnicas no exterior; ou destino, porque o Brasil também recebe casais para que realizem os procedimentos em clínicas brasileiras.[23]

Exercer a sua dignidade, planejar uma família e conseguir concretizar o sonho da geração de descendência, como se percebe, não é simples. E é ainda dificultada pela falta de informação e acesso às políticas públicas que permeiam os serviços de saúde prestados pelo Estado.

4. A DESINFORMAÇÃO COMO ENTRAVE PARA CONCRETIZAÇÃO DO PROJETO PARENTAL POR PESSOAS INFÉRTEIS

Se pudéssemos elencar pelo menos um dos fatores que dificultam sobremaneira o acesso da população infértil que, segundo a OMS, corresponde a 50 a 80 milhões de pessoas no mundo e, no Brasil, cerca de 8 milhões de pessoas,[24] é a falta de informação com relação aos direitos da população de acessar as técnicas de reprodução assistida pelo Sistema Único de Saúde.

---

20. PROCTOR, Lucy. Por que a reprodução assistida é tão popular na Dinamarca. *BBC News*. 25 setembro 2018. Disponível em: https://www.bbc.com/portuguese/geral-45624407. Acesso em: 09 jan. 2022.

21. NOMURA, Roseli Mieko Yamamoto. Reprodução Humana: reprodução assistida, fertilização *in vitro*, inseminação artificial, direitos reprodutivos. In: GIMENES, Antônio Canteiro; BATISTA, Juliana dos Santos; FUJITA, Jorge Shiguemitsu; ROCHA, Renata da (Org.). *Dilemas Acerca da Vida Humana*: Interfaces entre a Bioética e o Biodireito. São Paulo: Atheneu, 2015, p. 70.

22. BRASIL. Lei 9.434, de 4 de fevereiro de 1997. Dispõe sobre a remoção de órgãos, tecidos e partes do corpo humano para fins de transplante e tratamento e dá outras providências. Disponível em: http://www.planalto. gov.br/ccivil_03/leis/l9434.htm. Acesso em: 10 jan. 2022.

23. COSTAS, Ruth. Preço mais baixo e qualidade atraem estrangeiros para clínicas de reprodução no Brasil. *BBC News*. 3 setembro 2012. Disponível em: https://www.bbc.com/portuguese/noticias/2012/09/120828_brasil_turismo_reprodutivo_ru. Acesso em: 08 jan. 2022.

24. ASSOCIAÇÃO BRASILEIRA DE REPRODUÇÃO ASSISTIDA. Movimento da fertilidade. Disponível em: https://sbra.com.br/fertilidade-o-tempo-nao-para/. Acesso em: 07 jan. 2022.

Mesmo realizando buscas, prezado leitor, não é fácil obter essas informações. Não há uma sistematização, não há um repositório, não há uma concentração dessas informações em algum lugar por parte do ente público. O que existe é um emaranhado de Leis e Resoluções, de difícil localização e compreensão para o cidadão leigo em termos técnicos médicos e jurídicos.

Analisando criticamente essa situação, ousamos dizer que é essa falta de informação é deveras conveniente para aquele que arca com as despesas em sua realização prática. Ou seja, há uma violação notória do direito de informação, que dificulta o acesso às políticas públicas que permitem a população conhecer e livremente decidir sobre o seu projeto parental quando existente algum distúrbio de fertilidade.

Há, portanto, uma assimetria informacional entre sujeitos com e sem recursos financeiros. E essa assimetria leva ao sucesso e ao insucesso da geração de prole de forma assistida, respectivamente. Os primeiros detêm informações, acessam ao direito de forma particular, seja dentro, seja fora do país. Aos segundos não há sequer informação adequada, quiçá acesso ao direito.

Ainda sob o viés informacional, passemos a analisar o direito de informação a respeito das publicização das técnicas, procedimentos e acesso à reprodução humana assistida no país enquanto mecanismo garantidor de saúde pública da população que dele dependa.

No que toca ao "direito de se informar", tem-se que a inexistência de maior publicidade sobre os procedimentos de reprodução assistida cobertos pelo SUS, definição acessível dos hospitais que realizam os procedimentos, pré-requisitos mínimos a serem observados pela mulher, homem ou casal, corresponde a um obstáculo para que o direito se concretize e a geração da prole se ultime. Ora, se o cidadão tem o direito de se informar, deveria conseguir acessar às informações de forma simples, clara, precisa – sem obstáculos, sem empecilhos. A desinformação impede que o direito sexual e reprodutivo se concretize, porque, por motivos óbvios, o direito que não é conhecido não é exercido.

Por essa exata razão, a desinformação também afronta ao "direito de ser informado". Se a informação não chega ao receptor que está em busca dela, muito menos para aquele que está aguardando a informação chegar. Nesse sentido, precisamos manifestar nossa preocupação com relação a falta de veiculação dessas informações à população. Quem sabe disso? Onde consultar essas informações? E sem saber disso, como fruir deste direito?

Claro que o desafio na implementação deste direito é bastante difícil, considerando o tamanho da população brasileira, a urgência de muitas (outras) demandas de saúde pública e a dificuldade de difusão dessas informações de forma claras e precisa – paradoxo presente quando falamos em 'sociedade da informação'. No entanto, não podemos, sob o pretexto do volume e da dificuldade, simplesmente abandonar o intento de fazer essa informação chegar aos destinatários ou que seja acessível a quem esteja em busca dela.

Não se pode permitir o exercício do projeto parental apenas àqueles que têm dinheiro para arcar com os enormes custos financeiros do intento (no Brasil ou no exterior). Não há como considerar justo um sistema que permite o acesso apenas a parte da população. O direito fundamental não é seletivo; frise-se, ele é universal – o que significa que "deve estar presente em todo lugar e para todas as pessoas, independentemente da condição jurídica, ou do local onde se encontra o sujeito – porquanto a mera condição de ser humano é suficiente para a titularização".[25] Isso significa que os direitos reprodutivos deveriam ser assegurados e deveriam ser acessíveis a todos que necessitam de assistência pela reprodução assistida.[26]

Políticas Públicas efetivas tem muito a contribuir para minimizar o problema, já que poderiam garantir o direito de informação ao cidadão que pretende realizar o sonho da paternidade ou maternidade, apesar da infertilidade. E, além de informação, de implementá-la para fins de geração da prole de forma segura, rápida e sem custos diretos ao paciente.

Não se trata de um direito de 'menor importância', afastando-se a tese de que inexiste o direito à reprodução e, portanto, não caberia ao Estado custear tratamento para a reprodução assistida (vide Recurso Especial 1.617.970/RJ[27]). Trata-se de um direito fundamental que corresponde a sua saúde e ao seu livre exercício do planejamento familiar. E não cabe ao Estado eximir-se do dever de prestar a efetiva tutela desse direito, pois, em última análise, se está garantindo a dignidade do próprio sujeito de direito.

Cabe, também à ciência jurídica o auxílio para superação desses obstáculos, na medida em que pode apontar soluções e buscar a aplicação concreta das previsões de todos os direitos e garantias do cidadão à realidade. Portanto, incumbe aos operadores do direito desvendar os pormenores legislativos, realizar esforços interpretativos e superar obstáculos de natureza informacional para que a população consiga acessar e concretizar os seus direitos assegurados pela Constituição Federal.

5. CONSIDERAÇÕES FINAIS

Deixar no mundo um legado da própria existência através da geração de descendentes é sonho de muitos homens e mulheres no Brasil e no mundo. Naturalmente isso é possível, através do ato sexual, em que se unem os gametas femininos e masculinos dentro do útero materno. No entanto, por variadas causas, a infertilidade impede que muitas pessoas consigam atingir esse objetivo da forma tradicional. Para estes, técnicas de reprodução humana medicamente assistida existem como forma de superação dos obstáculos que impedem a geração da prole.

---

25. MASSON, Nathalia. *Manual de direito constitucional*. 4. ed. Salvador: JusPodivm, 2016, p. 198.
26. NOMURA, Roseli Mieko Yamamoto. Reprodução Humana: reprodução assistida, fertilização *in vitro*, inseminação artificial, direitos reprodutivos. In: GIMENES, Antônio Canteiro; BATISTA, Juliana dos Santos; FUJITA, Jorge Shiguemitsu; ROCHA, Renata da (Org.). *Dilemas Acerca da Vida Humana*: Interfaces entre a Bioética e o Biodireito. São Paulo: Atheneu, 2015, p. 68.
27. BRASIL. Superior Tribunal de Justiça. Segunda Turma. Recurso Especial número 1.617.970/RJ. Relator Ministro Herman Benjamin. Brasília, 10 out. 2016. Disponível em: https://processo.stj.jus.br/processo/pesquisa/?tipoPesquisa=tipoPesquisaNumeroRegistro&termo=201602037841&totalRegistrosPorPagina=40&aplicacao=processos.ea. Acesso em: 09 jan. 2022.

No Brasil, há uma série de garantias e previsões com relação à liberdade no planejamento familiar e ao direito à saúde – e aqui incluída a sexual e reprodutiva. Justamente por isso, caberá ao Estado a promoção de políticas positivas que ultimem estes direitos no plano dos fatos. Isso significa que os cidadãos com algum problema de infertilidade têm o direito de solicitar auxílio estatal para viabilizar a reprodução.

Trata-se de um direito fundamental e, portanto, universal. Deveria ser acessível a toda e qualquer pessoa que deste auxílio dependam, não apenas àqueles que dispõe de recursos para realiza-los de forma particular, dentro ou fora do país.

No entanto, sujeitos inférteis e desprovidos de recursos financeiros encontram uma série de obstáculos para geração de sua prole. Um deles é nítida violação ao direito de informação, que impede que o direito sexual e reprodutivo seja exercido em sua plenitude, eis que direitos não conhecidos não são exercidos.

Nesse sentido, é imprescindível que haja políticas públicas que difundam informações acerca dos métodos, procedimentos, riscos, pré-requisitos e locais em que se realizam as técnicas de reprodução humana assistida. Ainda, uma vez conhecendo seus direitos, também mecanismos que permitam que os cidadãos exerçam estes direitos e consigam gerar descendentes.

Ainda, o papel dos operadores do sistema jurídico em geral é de auxiliar às pessoas na compreensão de seus direitos e garantias e, uma vez compreendido, implementá-lo, inclusive exigindo-se do Estado.

A desinformação, como se vê, é prejudicial ao cidadão em todos os setores de suas vidas.

6. REFERÊNCIAS

ASSOCIAÇÃO BRASILEIRA DE REPRODUÇÃO ASSISTIDA. Movimento da fertilidade. Disponível em: https://sbra.com.br/fertilidade-o-tempo-nao-para/. Acesso em: 07 jan. 2022.

BRASIL. Lei 9.434, de 4 de fevereiro de 1997. Dispõe sobre a remoção de órgãos, tecidos e partes do corpo humano para fins de transplante e tratamento e dá outras providências. Disponível em: http://www.planalto.gov.br/ccivil_03/leis/l9434.htm. Acesso em: 10 jan. 2022.

BRASIL. Ministério da Saúde. Maior sistema público de saúde do mundo, SUS completa 31 anos. Brasília, 21 de setembro de 2021. Disponível em: https://www.unasus.gov.br/noticia/maior-sistema-publico-de--saude-do-mundo-sus-completa-31-anos#:~:text=Neste%20domingo%20(19)%2C%20o,outras%20emerg%C3%AAncias%20em%20sa%C3%BAde%20p%C3%BAblica. Acesso em: 05 jan. 2022.

BRASIL. Ministério da Saúde. Portaria número 426/GM, em 22 de março de 2005. Institui, no âmbito do SUS, a Política Nacional de Atenção Integral em Reprodução Humana Assistida e dá outras providências. Disponível em: https://webcache.googleusercontent.com/search?q=cache:rCDAD4pulLUJ:https://bvsms.saude.gov.br/bvs/publicacoes/portaria_426_ac.htm+&cd=1&hl=pt-BR&ct=clnk&gl=br Acesso em: 07 jan. 2022.

BRASIL. Ministério da Saúde. Portaria número 3.149, de 28 de dezembro de 2012. Fica destinados recursos financeiros aos estabelecimentos de saúde que realizam procedimentos de atenção à Reprodução Humana Assistida, no âmbito do SUS, incluindo fertilização in vitro e/ou injeção intracitoplasmática de espermatozoides. Disponível em: https://bvsms.saude.gov.br/bvs/saudelegis/gm/2012/prt3149_28_12_2012.html Acesso em 07 jan. 2022.

BRASIL. Superior Tribunal de Justiça. Segunda Turma. Recurso Especial número 1.617.970/RJ. Relator Ministro Herman Benjamin. Brasília, 10 out. 2016. Disponível em: <https://processo.stj.jus.br/processo/pesquisa/?tipoPesquisa=tipoPesquisaNumeroRegistro&termo=201602037841&totalRegistrosPorPagina=40&aplicacao=processos.ea > Acesso em 09 jan. 2022.

COSTAS, Ruth. Preço mais baixo e qualidade atraem estrangeiros para clínicas de reprodução no Brasil. *BBC News*. 3 setembro 2012. Disponível em: https://www.bbc.com/portuguese/noticias/2012/09/120828_brasil_turismo_reprodutivo_ru. Acesso em: 08 jan. 2022.

DUNN, Jancee. Como a Califórnia se tornou o destino mundial de tratamento para a fertilidade. *Revista Vogue Internacional*. 10 novembro 2020. Disponível em: https://vogue.globo.com/beleza/noticia/2020/11/como-california-se-tornou-o-destino-mundial-de-tratamento-para-fertilidade.html. Acesso em: 09 jan. 2022.

MASSON, Nathalia. *Manual de direito constitucional*. 4ed. Salvador: JusPodivm, 2016.

MOLINARO, Carlos Alberto; SARLET, Ingo Wolfgang. Direito à informação e direito de acesso à informação como direitos fundamentais na constituição brasileira. *Revista da AGU*, Brasília-DF, ano XIII, n. 42, p. 09-38, out./dez. 2014. Disponível em: https://repositorio.pucrs.br/dspace/bitstream/10923/11403/2/Direito_a_768_Informac_807_a_771_o_e_Direito_de_Acesso_a_768_Informac_807_a_771_o_como_Direitos_Fundamentais_na.pdf. Acesso em: 28 dez. 2021.

NOMURA, Roseli Mieko Yamamoto. Reprodução Humana: reprodução assistida, fertilização *in vitro*, inseminação artificial, direitos reprodutivos. In: GIMENES, Antônio Canteiro; BATISTA, Juliana dos Santos; FUJITA, Jorge Shiguemitsu; ROCHA, Renata da (Org.). *Dilemas Acerca da Vida Humana*: Interfaces entre a Bioética e o Biodireito. São Paulo: Atheneu, 2015.

PRADO, Adriana. Turismo da fertilidade. *Revista Istoé*. 10 setembro 2010. Disponível em: https://istoe.com.br/100342_TURISMO+DA+FERTILIDADE/. Acesso em: 09 jan. 2022.

PROCTOR, Lucy. Por que a reprodução assistida é tão popular na Dinamarca. *BBC News*. 25 setembro 2018. Disponível em: https://www.bbc.com/portuguese/geral-45624407. Acesso em: 09 jan. 2022.

SARLET, Ingo Wolfgang. *Dignidade da Pessoa Humana e Direitos Fundamentais na Constituição Federal de 1988*. 7 ed. Porto Alegre: Livraria do Advogado, 2009.

SARMENTO, Daniel. *Dignidade da pessoa humana*: conteúdo, trajetórias e metodologia. 2. ed. Belo Horizonte: Fórum, 2016.

SARTORI, Giana Lisa Zanardo. *Reprodução humana assistida*: um direito fundamental? Curitiba: Appris, 2015.

SIQUEIRA, Dirceu Pereira; FERRARI, Caroline Clariano. O direito à informação como direito fundamental ao estado democrático. *Revista Direitos Sociais e Políticas Públicas (UNIFAFIBE)*. v. 4, n. 2, 2016. Disponível em: https://unifafibe.com.br/revista/index.php/direitos-sociais-politicas-pub. Acesso em: 07 jan. 2022.

WORLD HEALTH ORGANIZATION. *WHO remains firmly committed to the principles set out in the preamble to the Constitution*. Disponível em: https://www.who.int/about/governance/constitution. Acesso em: 07 jan. 2022.

PATRIMONIALIDADE NA GESTAÇÃO DE SUBSTITUIÇÃO

Anna Cristina de Carvalho Rettore

Mestre em Direito Privado pela PUC Minas. Bacharel em Direito pela UFMG. Advogada.

Maria de Fátima Freire de Sá

Doutora em Direito pela UFMG. Mestre em Direito pela PUC Minas. Especialista em Direito de Empresa pelo IEC – PUC Minas. Professora do Programa de Pós-Graduação em Direito Privado (mestrado e doutorado) da PUC Minas. Professora Adjunta IV na Faculdade Mineira de Direito da PUC Minas. Membro e Pesquisadora do Centro de Estudos em Biodireito – CEBID.

Sumário: 1. Introdução – 2. Gestação de substituição como contrato – 3. A patrimonialidade na gestação de substituição gratuita – 4. Verificação ético-jurídica da possibilidade de remuneração na gestação de substituição no Brasil – 5. Considerações finais – 6. Referências.

1. INTRODUÇÃO

A gestação de substituição (ou cessão temporária de útero), popularmente conhecida como "barriga de aluguel", é procedimento biomédico de reprodução humana assistida cujo desenvolvimento representa importante avanço tecnológico para auxiliar a busca da autorrealização por pessoas com limitações à reprodução por meios biológicos próprios. Mulheres com dificuldades gestacionais ou doenças do sistema reprodutivo e casais homoafetivos masculinos são exemplos dos que mais comumente recorrem à técnica, pois de outro modo não lograriam compartilhar (nem mesmo de uma perspectiva participativa, tal como ocorre na gestação de substituição) do processo de gravidez de seus filhos.

Nunca houve regulamentação legal específica desse tema no Brasil. Todavia, desde 1992 o Conselho Federal de Medicina edita resoluções que determinam os procedimentos e as circunstâncias para participação de profissionais médicos na viabilização desse procedimento, as quais, conquanto não sejam cogentes para a população brasileira como um todo e não emanem de órgão legítimo e representativo do corpo social, têm determinado a forma como o procedimento é realizado no país. Atualmente, vige a Resolução 2.320, de 20 de setembro de 2022.[1]

---

1. CONSELHO FEDERAL DE MEDICINA. *Resolução CFM 2.320/2022*, que adota as normas éticas para a utilização das técnicas de reprodução assistida. Disponível em: https://sistemas.cfm.org.br/normas/visualizar/resolucoes/BR/2022/2320. Acesso em: 29 jun. 2023.

Muito se questiona sobre a patrimonialidade nessa relação estabelecida entre gestante e beneficiário(s), especialmente em razão da exigência colocada pelo Conselho no sentido de que "a cessão temporária do útero não poderá ter caráter lucrativo ou comercial" (item VII, 2 da Resolução), obrigando os beneficiários apenas a se comprometerem, por escrito, com o pagamento do tratamento e acompanhamento médico da gestante, inclusive por equipes multidisciplinares se necessário, até o puerpério (item VII, 3d).

Inclusive, impõe-se que somente atuem como gestantes substitutas mulheres que já tenham um filho vivo e tenham parentesco consanguíneo com algum dos beneficiários até o quarto grau – o que inclui mães, filhas, avós, irmãs, tias, sobrinhas e primas –, sendo que os casos que ultrapassam essa previsão deverão receber autorização específica do Conselho (item VII, 1), para com isso, a um só tempo, verificar a existência de um vínculo moral entre os participantes e dirimir o "caráter lucrativo ou comercial" que veda expressamente. Contudo, esse procedimento não necessariamente perquire sobre a autonomia da decisão da gestante, acaba por excluir do acesso à técnica uma série de pessoas que não possuem parente ou amiga disposta a passar por todos os transtornos de uma gestação sem contrapartida financeira alguma – sequer se vier a ser preciso, por exemplo, ausentar-se do seu trabalho –, e amplia a desigualdade, na medida em que os que têm possibilidade financeira suficiente, se desejarem, buscarão o acesso à técnica mediante remuneração fora do país, com um alto custo (o denominado *forum shopping*, ou "mercado de direitos").[2]

Considerada a situação exposta, o presente estudo se propõe a demonstrar que o caráter contratual e patrimonial já se encontra presente nas relações de gestação de substituição não remuneradas e atualmente praticadas no Brasil com o aval do Conselho Federal de Medicina, bem como que, a partir da análise do ordenamento jurídico brasileiro, não se verificam fundamentos éticos ou jurídicos pertinentes para o impedimento à sua realização na forma remunerada no país.

2. GESTAÇÃO DE SUBSTITUIÇÃO COMO CONTRATO

A Resolução do CFM não faz expressa remissão a institutos jurídicos específicos, exigindo, contudo, algumas formalidades: assinatura de termo de consentimento livre e esclarecido, de termo de compromisso estabelecendo claramente a filiação da criança,

---

2. RODOTÀ, Stefano. *La vida y las reglas*: entre el derecho e el no derecho. Madrid: Trotta, 2010, p. 74. No que tange especificamente às técnicas de reprodução assistida esse "mercado de direitos" é usualmente denominado "turismo reprodutivo" (GUIMARÃES, Claudia Maria Resende Neves. Homologação de sentença estrangeira: gestação de substituição transnacional, o caso Mennesson e a Ordem Pública no Brasil. *XXIII Encontro Nacional Conpedi UFSC*, Direito Internacional. Florianópolis: Fundação Boiteux, 2014, p. 304-333. Disponível em: www.publicadireito.com.br/artigos/?cod=6d1be3a2fee80212. Acesso em: 05 nov. 2011). Todavia, como narra Jenni Millbank, viagens internacionais em busca de técnicas de reprodução não são "turismo": é algo estressante, dispendioso e arriscado, que expõe os participantes à insegurança quanto à qualidade do tratamento médico, a procedimentos não necessariamente éticos, a reduzida possibilidade de acompanhamento e aconselhamento profissional, além da insegurança por lidar com regimes jurídicos diferentes (MILLBANK, Jenni. Rethinking "commercial" surrogacy in Australia. *Bioethical inquiry*, v. 12, p. 477-490, Holanda, 2015. Disponível em: https://www.ncbi.nlm.nih.gov/pubmed/25015592. Acesso em: 05 nov. 2011, p. 478).

de termos de garantia tanto do pagamento do tratamento da gestante pelo(s) beneficiário(s) quanto do registro civil do filho, bem como a aprovação por escrito pelo cônjuge ou companheiro da gestante, se houver.

A análise da relação estabelecida entre gestante substituta e beneficiário(s) permite a identificação de sua natureza e do instituto jurídico tratado – o que é da mais extrema importância porque é a natureza do instituto que determina a atração de determinado tipo de proteção e regras jurídicas. E é possível depreender, nesse caso, que se trata tipicamente de uma estrutura contratual. Explica-se.

Segundo Caio Mário da Silva Pereira, "contrato é um acordo de vontades, na conformidade da lei, e com a finalidade de adquirir, resguardar, transferir, modificar ou extinguir direitos".[3] Como os termos de compromisso firmados pelos participantes do procedimento de gestação de substituição representam um acordo de vontades acerca do financiamento de tratamento da gestante até o puerpério e quanto à filiação da criança gestada, adquirindo, resguardando e modificando direitos, tem-se formado um contrato.

Pode-se concluir, por conseguinte, que ainda que inexista uma identificação específica de tal relação como contratual pela norma – ou mesmo que não houvesse intenção de que o fosse por seus elaboradores – suas características permitem que seja assim definida e que, com isso, receba a tutela jurídica própria desse tipo de relação.

É curioso notar, entretanto, que em uma das resoluções anteriores sobre o tema, de n. 2.013/2013, o que hoje é tratado como "termo de compromisso" entre os envolvidos era previamente caracterizado como um "*contrato* entre os pacientes [pais genéticos] e a doadora temporária do útero, estabelecendo claramente a questão da filiação da criança".[4] É possível que tal mudança terminológica decorra da pretensão do CFM de se afastar da usual correlação havida entre o termo "contrato" e questões eminentemente patrimoniais, às quais ele é majoritariamente correlacionado.

A mencionada correlação tem origem não apenas na linguagem leiga como também na própria construção do instituto no Direito Civil. Tal como a própria autonomia da vontade, o contrato sob a égide do Estado Liberal existia única e exclusivamente para a regulação da vida do homem como pai, proprietário e negociante, de modo que o delineamento de sua estrutura e regras de aplicação tinha como objetivo a incidência sobre questões patrimoniais.

Ainda hoje, vários doutrinadores apõem definição desse instituto conectada apenas com seu viés patrimonial, de forma mais estrita do que a apresentada por Caio Mário da Silva Pereira, como fazem Pablo Stolze Gagliano e Rodolfo Pamplona Filho, para quem "contrato é um negócio jurídico por meio do qual as partes declarantes, limitadas pelos

---

3. PEREIRA, Caio Mário da Silva. *Instituições de Direito Civil*. 22. ed. rev. e atual. Rio de Janeiro: Forense, 2007, v. 1, p. 7.

4. CONSELHO FEDERAL DE MEDICINA. *Resolução CFM 2.013/2013*, que adota as normas éticas para a utilização das técnicas de reprodução assistida. Revogada. Disponível em: http://www.portalmedico.org.br/resolucoes/CFM/2013/2013_2013.pdf. Acesso em: 05 nov. 2021.

princípios da função social e da boa-fé objetiva, autodisciplinam *os efeitos patrimoniais que pretendem atingir*, segundo a autonomia de suas próprias vontades".[5]

Porém, tendo evoluído a visão sobre o sujeito cuja autonomia é posta em movimento por meio do contrato, passando pelo contexto do Estado Social para chegar ao Estado Democrático de Direito, o indivíduo deixa de ser visto exclusivamente como negociante, proprietário e pai de família, passando a ser concretamente considerado, historicamente situado e com necessidades existenciais que vão além da seara patrimonial. No Brasil, essa visão se consolida juridicamente com o advento da Constituição de 1988, razão que obriga a releitura de diversos institutos tradicionais para que se amoldem ao novo paradigma e à proteção das novas necessidades, no que se inclui a própria teoria contratual.[6]

Sendo a relação da gestante substituta com os beneficiários uma na qual ela exercita seu direito da personalidade à autonomia corporal, enquanto eles exercem o direito à parentalidade na busca por autorrealização, nota-se a presença de situações de relevante conteúdo existencial para todos os participantes. É por essa razão que se entende possível a aplicação dos institutos da teoria contratual como válidos para adensar a proteção jurídica a eles garantida – decerto, desde que relida com a finalidade de que a tutela se volte e se amolde às características extrapatrimoniais desses direitos envolvidos.

3. A PATRIMONIALIDADE NA GESTAÇÃO DE SUBSTITUIÇÃO GRATUITA

A gestação de substituição de caráter gratuito possui, primordialmente, diversos contornos existenciais. No entanto, está também presente um caráter patrimonial, que não deve passar despercebido.

É interesse da gestante que o(s) beneficiário(s) arque(m), exclusivamente, com todos os gastos referentes ao pagamento da clínica de fertilização ou hospital, assim como com quaisquer necessidades de saúde durante a gravidez. Esses tratamentos estarão sujeitos a condições suspensivas referentes à concretização dos fatos de saúde da gestante que os demandem, e que suspenderão apenas a eficácia das respectivas cláusulas sem impactar o negócio como um todo. Essa obrigação para com a gestante dá azo à imediata e con-

---

5. GAGLIANO, Pablo Stolze; PAMPLONA FILHO, Rodolfo. *Novo Curso de Direito Civil*: parte geral. 8. ed. rev. atual. e reform. São Paulo: Saraiva, 2006, v. 1, p. 53. Sem grifo no original.

6. Em outra oportunidade, defendeu-se que em lugar do termo contrato – exatamente em virtude da forte correlação com a seara patrimonial que ainda vigora em seu estudo, como se vê pela definição dada por muitos doutrinadores modernos – a gestação de substituição deveria ser encarada como um "negócio jurídico" em sentido lato, por se tratar de terminologia mais ampla capaz de abarcar também as situações unilaterais e extrapatrimoniais (existenciais), restringindo-se o contrato, por conseguinte, aos negócios jurídicos bilaterais e patrimoniais (RETTORE, Anna Cristina de Carvalho de. *Gestação de substituição no Brasil*: a estrutura de um negócio jurídico dúplice, existente, válido e eficaz. Dissertação de mestrado. Pontifícia Universidade Católica de Minas Gerais. 2018. Disponível em: http://www.biblioteca.pucminas.br/teses/Direito_RettoreAC_1.pdf. Acesso em: 5 nov. 2011). Todavia, entende-se possível a adoção da terminologia "contrato", tal como é a proposta do presente estudo (e tal como também foi proposto em LIMA, Taisa Maria Macena de; SÁ, Maria de Fátima Freire de. Gestação de substituição: uma análise a partir do direito contratual. In: CORDEIRO, Carlos José; GOMES, Josiane Araújo. *Temas contemporâneos de direito das famílias*. São Paulo: Ed. Pilares, 2018, v. 3. p. 461-479), desde que acompanhada da ressalva de que se trata de termo submetido a uma releitura capaz de fazê-lo abarcar situações jurídicas existenciais tanto quanto as patrimoniais.

sequente criação de obrigação correlata deles para com parte que não ela própria (isto é, a clínica ou o hospital), um negócio jurídico coligado ao negócio havido entre eles.

Tal interesse decorre, é claro, da função existencial de cuidado com a própria saúde. Todavia, é inegavelmente dúplice, porque possui simultaneamente uma função patrimonial: à gestante não interessa se ver obrigada a realizar qualquer gasto quando o que pratica já é uma custosa liberalidade. Exatamente por essa razão, tal interesse deve receber a tutela que o ordenamento jurídico destina às questões patrimoniais, assumindo forma e caraterísticas de um direito subjetivo, de modo tal que, caso os beneficiários deixem de arcar com algum dos gastos da gestante, ela poderá deles exigir o cumprimento da obrigação ou, sendo o caso, a indenização decorrente de responsabilidade civil por descumprimento – a qual, no caso desse interesse dúplice, pode abranger danos patrimoniais e morais conforme o caso.

Portanto, é possível notar a presença tanto de elementos existenciais quanto patrimoniais na própria gestação de substituição altruísta, possuindo uma natureza dúplice – sem se descurar da funcionalização, em todos os casos, à tutela da pessoa humana. A estes elementos não se poderia negar a atração da tutela jurídica vertida para institutos patrimoniais – que lhes é a mais adequada e a que mais atende aos interesses dos negociantes – somente pelo fato de se inserirem em um negócio sem contraprestação financeira à gestante.

Por outro lado, além de se demonstrar que mesmo a relação estabelecida gratuitamente não deixa de ter contornos patrimoniais, é preciso reconhecer que a verificação da ausência de "caráter lucrativo ou comercial" (corriqueiramente correlacionado à patrimonialidade) não necessariamente significa uma ação altruísta ou autônoma.

A regra do CFM que determina que a gestante seja parente consanguínea até o quarto grau do(s) beneficiário(s), sendo os demais casos submetidos casuisticamente a autorização, tem um objetivo claro: há uma presunção de que a consanguinidade é garantia de que a prática se dará de maneira exclusivamente altruísta e, nos demais casos, o órgão médico averiguará se a relação entre os envolvidos permite excluir a possibilidade de qualquer avença comercial. No Parecer-Consulta 5505/2015 do CRM-MG, e no Parecer Consulta 13/2014 do CRM-GO, respectivamente, foram autorizados procedimentos nos quais uma amiga gestaria por outra, em ambos os casos com expressa menção ao caráter gratuito:

> A paciente nem seu parceiro não tem parentes consanguíneos disponíveis para realização da técnica de útero de substituição, sendo assim, sua amiga L.A.L., divorciada, se propôs submeter-se ao tratamento de útero de substituição, *de maneira altruísta.*[7]

> No caso em tela, o casal solicitante apresenta pessoa amiga que se dispõe ceder temporariamente o útero para que seja realizada fertilização assistida com óvulos e embriões que foram congelados em tentativas anteriores pela solicitante, onde não se obteve sucesso. A doadora foi avaliada pelo médico

---

7. CONSELHO REGIONAL DE MEDICINA DE MINAS GERAIS. *Parecer-consulta 5505/2015.* Rel. Giovana Ferreira Zanin Gonçalves. 30 abr. 2015. Disponível em: http://www.portalmedico.org.br/pareceres/CRMMG/pareceres/2015/5505_2015.pdf. Acesso em: 06 nov. 2021.

que irá fazer o procedimento, Dr. W. N. A., o qual informa estar ela em condições clínicas favoráveis, assim como *não foi identificada qualquer vantagem dela em relação ao casal solicitante.*[8]

Já se autorizou, inclusive, que uma funcionária gestasse pela empregadora, no Parecer 5501/2015 do CRMMG, considerando-se suficiente um termo de próprio punho dos envolvidos reconhecendo o caráter altruísta da prática para que fosse deferida pelo Conselho:

> A paciente A.R.M. teve diagnóstico aos 15 anos de agenesia uterina, não podendo assim gestar, tendo indicação de fertilização in vitro com útero de substituição. (...) Este casal ainda apresenta 2 embriões criopreservados e deseja agora nova gestação. Entretanto, devido a razões médicas, A. não poderá tentar nova gestação. Não havendo mais parentes do casal com possibilidades de gestar, o casal trouxe uma funcionária de A.R.M. como candidata a útero de substituição.[9]

A presunção da qual parte o Conselho – no sentido de que mulheres com grau de parentesco que atuam como gestantes substitutas, ausente qualquer envolvimento financeiro, necessariamente guardariam a possibilidade de um agir autônomo, pois movidas apenas por seus próprios sentimentos altruístas – significa um fechar de olhos para a realidade de que, em um ambiente familiar (no qual muito se espera do papel feminino, exigindo-se, mesmo que irrefletidamente, atitudes de desprendimento, disposição de sacrifício por outros e compreensão com relação à existência de um "instinto materno"), mulheres possam sofrer uma pressão que, ainda que não possua contornos econômicos, pode ser muito mais intensa do que se os tivesse:

> (...) afirmar que escolhas dentro do âmbito familiar seriam mais livres do que numa relação contratual com considerações econômicas é enganoso. Parte-se de uma concepção muito estreita de exploração e de um entendimento ingênuo sobre o controle social internamente às famílias, que podem ser lugar de opressão para a mulher. Mulheres podem ser manipuladas emocionalmente, ainda que de modo sutil, para participar de uma gestação de substituição. A culpa pode ser mais poderosa que incentivos financeiros para que uma parente atue como gestante substituta. (...) É inválido assumir que a gestação de substituição altruísta, por sua natureza, levará a menos exploração do que relações contratuais, ou que a mulher terá mais controle e manterá a possibilidade de escolha pela retenção da criança.[10]

---

8. CONSELHO REGIONAL DE MEDICINA DE GOIÁS. *Parecer-consulta 13/2014*: Processo Consulta 06/2014. Rel. Aldair Novato Silva. 28. jul. 2014. Disponível em: http://187.5.88.175:8087/biblioteca/anexos/pareceres\2014\ParCons18_2014.pdf. Acesso em: 06 nov. 2021.

9. CONSELHO REGIONAL DE MEDICINA DE MINAS GERAIS. *Parecer-consulta 5501/2015*. Rel. Cláudia Navarro Carvalho Duarte Lemos. 09. mar. 2015. Disponível em: http://www.portalmedico.org.br/pareceres/crmmg/pareceres/2015/5501_2015.pdf. Acesso em: 06 nov. 2021.

10. ANLEU, Sharyn L. Roach. Reinforcing gender norms: commercial and altruistic surrogacy. *Acta sociologica*, s.l., v. 33, n. 1, p. 63-74, 1990. Disponível em: http://www.jstor.org/stable/4200780. Acesso em: 06 nov. 2021, p. 70. Tradução livre de: "(...) to argue that choices within families are freer than those in a contractual relationship involving valuable consideration are misleading. They entail a very narrow conception of exploitation and a naive understanding of social control within families which can be oppressive places for women. Female kin may be emotionally manipulated, albeit subtly, into a surrogate arrangement. Guilt may be more powerful than financial incentives as a means of making a relative act as a surrogate mother. (...) It is invalid to assume that family or altruistic surrogacy arrangements by their nature entail less exploitation than contractual relations, or that a woman will have more control and retain the choice to keep the child".

Fica, assim, subvertida a lógica que preza pelo altruísmo da prática como sinal de autonomia da gestante, uma vez que a presunção de altruísmo nesses casos pode acabar inibindo investigações sobre pressões de muito maior intensidade do que eventual pressão por necessidade financeira, sem que, nesse caso, a gestante sequer tenha a possibilidade de receber alguma espécie de contraprestação.

É, portanto, necessário atentar-se para a existência dessa complicação possível a fim de tomar as medidas cabíveis para evitá-la, o que decerto não significa se utilizar do argumento para, ao contrário, defender a proibição geral da prática: "o fato de que esse risco [de pressão indevida] não pode ser totalmente excluído favorece mais a necessidade de uma regulamentação consistente do que de proibição absoluta da prática".[11] Porém, é também necessário se admitir que a presunção de altruísmo nos casos de gestação substituta intrafamiliar nem sempre é verdadeira, afinal, altruísmo significa uma ação por autonomia e liberalidade, não tendo relação exclusiva com a ausência de contraprestação financeira.

Pelo exposto, do ponto de vista ético, a preocupação deve se verter mais à verificação do caráter autônomo da decisão da gestante (o que pode estar presente mesmo se houver remuneração), do que simplesmente da "ausência de caráter lucrativo ou comercial".

4. VERIFICAÇÃO ÉTICO-JURÍDICA DA POSSIBILIDADE DE REMUNERAÇÃO NA GESTAÇÃO DE SUBSTITUIÇÃO NO BRASIL

Como exposto, o único tipo de regramento atualmente vigente no país que trata expressamente da gestação de substituição é a Resolução 2.320/2022 do CFM, norma deontológica editada por um órgão profissional, corporativo e não representativo do corpo social, voltada apenas para regulamentar a atuação médica, não sendo cogente para todos os cidadãos brasileiros. Por inexistir legislação que trate expressamente sobre esse tema, a doutrina fala em "vazio legislativo",[12] bem como que "a realidade viva reclam[a] regulamentação legislativa".[13]

Destaca-se, de saída, que a disposição do § 4º do art. 199 da Constituição brasileira – a qual dita que "a lei disporá sobre as condições e os requisitos que facilitem *a remoção de órgãos, tecidos e substâncias humanas* para fins de transplante, pesquisa e tratamento, bem como a *coleta, processamento e transfusão* de sangue e seus derivados, sendo vedado todo tipo de comercialização" – não é aplicável à gestação de substituição, seja porque o objeto do procedimento não é a remoção de qualquer espécie de "substância humana"

---

11. BEIER, Katharina. Surrogate motherhood: a trust-based approach. *Journal of Medicine and Philosophy*, Oxford, v. 40, p. 633-652, 2015. Disponível em: https://www.ncbi.nlm.nih.gov/pubmed/26449234. Acesso em: 06 nov. 2021, p. 647.

12. TEIXEIRA, Ana Carolina Brochado. Conflito positivo de maternidade e a utilização do útero de substituição. In: CASABONA, Carlos María Romeo; QUEIROZ, Juliane Fernandes (Coord.). *Biotecnologia e suas implicações ético-jurídicas*. Belo Horizonte: Del Rey, 2004, p. 313.

13. FARIAS, Cristiano Chaves de; ROSENVALD, Nelson. *Direito Civil*: teoria geral. 6. ed. Rio de Janeiro: Lumen Juris, 2007, p. 255.

do corpo da gestante (que se restringe ao uso do útero e da capacidade de gestação como um todo), seja porque não há a finalidade de transplante, pesquisa ou tratamento.

Assim, conquanto de fato seja possível o uso da expressão "vazio legislativo" para descrição da realidade normativa brasileira atual, é imprescindível reconhecer que nosso ordenamento já oferece balizas para a questão a despeito da inexistência de lei específica, as quais ainda carecem de investigação e sistematização mais detida a fim de que as soluções fornecidas, embora existentes e legítimas, não restem desprovidas de segurança jurídica.

Como ensina Stefano Rodotà, é possível afirmar que um ordenamento jurídico abarca espaços de direito e de não direito, sendo que, por vezes, um "vazio de direito" pode definir o sistema muito mais precisamente do que os espaços que se encontram "preenchidos".[14] Seria espaço de direito, segundo a terminologia do autor, aquele regulado por normas jurídicas, e espaço de não direito o que não esteja regulado por qualquer razão, por exemplo, como fruto de opção política.[15]

O princípio da legalidade afigura-se bom demonstrativo de um espaço de não direito: com a garantia de que "ninguém será obrigado a fazer ou deixar de fazer alguma coisa senão em virtude de lei" presente no art. 5º, II da Constituição, resta assegurado às pessoas que, a não ser que haja expresso comando ou proibição legislativa quanto à alguma conduta, há espaço – protegido pelo direito – para que autonomamente deliberem sobre regras aplicáveis e as determinem por si próprias. "A vontade dos figurantes do negócio jurídico, segundo a amplitude do poder de autorregramento que lhe assegura o sistema jurídico, constitui o elemento que mais pode influir no surgimento, modificações e duração da eficácia jurídica".[16]

Outro importante exemplo apresentado por Rodotà é o direito ao livre desenvolvimento da personalidade:

> O livre desenvolvimento da personalidade é uma fórmula que não implica a definição de uma área reservada para as decisões individuais sem qualquer relação com a regra jurídica. Indica, na verdade, um instrumento que torna possível a busca autônoma de uma política de identidade pessoal. Certamente, se adotássemos uma versão diferente, o resultado seria uma interpretação ao mesmo tempo limitada e excessiva. Limitada, porque a determinação de uma área atribuída exclusivamente à autonomia individual, em que pese favorecer o poder de livre exercício nesse âmbito específico, pode acabar cerceando suas possibilidades de expansão para outros âmbitos igualmente relevantes para o livre desenvolvimento da personalidade. Excessiva, porque a renúncia a todo vínculo com a dimensão do direito pode debilitar o próprio poder individual frente a obstáculos que impeçam ou dificultem seu exercício.[17]

---

14. RODOTÀ, Stefano. *La vida y las reglas*: entre el derecho e el no derecho. Madrid: Trotta, 2010, p. 34.
15. RODOTÀ, Stefano. *La vida y las reglas*: entre el derecho e el no derecho. Madrid: Trotta, 2010, p. 29.
16. MELLO, Marcos Bernardes de. *Teoria do fato jurídico*: plano da eficácia, 1ª parte. 6. ed. São Paulo: Saraiva, 2010, p. 47.
17. RODOTÀ, Stefano. *La vida y las reglas*: entre el derecho e el no derecho. Madrid: Trotta, 2010, p. 38-39. Tradução livre de: "El libre desarollo de la personalidade es una fórmula que no implica la definición de un área reservada a las decisiones individuales sin relación alguna con la regla jurídica. Indica, más bien, un instrumento que hace posible la búsqueda autónoma de una política de la identidad personal. En efecto, si adoptáramos una

Tal qual o direito ao livre desenvolvimento da personalidade (que emana do princípio constitucional da dignidade, inclusive por se tratar de uma das formas de sua afirmação), percebe-se possível assegurar que a escolha pela prática da gestação de substituição no Brasil e a sua forma correspondem a um espaço de não direito, o que não implica afirmar que se trata de questão em nada regulamentada por nosso ordenamento como um todo – ou que seja "um vazio", por inexistir referida binariedade.

Ao contrário, a ausência de lei específica sobre o tema, ao mesmo tempo em que garante aos jurisdicionados espaço para autorregramento na matéria, garante-lhes também proteção, pelo direito, nos casos em que o exercício desse autorregramento venha a ser impedido ou dificultado. É nessa medida que a norma deontológica (e não legislada) posta pelo Conselho Federal de Medicina – não obstante possa ser considerada de vanguarda em relação às determinações de outros países, especialmente da Europa[18] – representa limitação aos jurisdicionados que deve ser repelida pelo direito.

Ao inviabilizar a realização do procedimento fora das formas autorizadas pela Resolução do CFM, por meio da restrição que impõe à comunidade médica para realizá-los sob pena de sofrerem punições profissionais (e uma vez que se trata de atividade privativa dos profissionais da medicina, nos termos do art. 4º da Lei 12.842/13), a norma termina por impedir o acesso da população a práticas da gestação de substituição que não são proibidas pelo aparato legislativo brasileiro:

> Já de início nota-se que essa Resolução, bem restritiva, viola o princípio constitucional da legalidade, vez que cria proibições mediante ato normativo infralegal. (...) A Resolução do CFM, que não passou pelo processo legislativo no Congresso Nacional, não pode estabelecer proibições. Assim, ausente vedação em lei, a "barriga de aluguel" seria permitida sem as restrições impostas pelo CFM. Todavia, o procedimento não é livremente realizado no Brasil, em razão dessa resolução.[19]

Convém notar que, além de o CFM não ser instituição representativa do corpo social, como exposto, suas normas em muito ultrapassam o liame do campo médico de atuação, como é o caso da imposição de impossibilidade de troca financeira com a gestante, ou da exigência de que a gestante seja parente consanguínea até o quarto grau do beneficiário e já tenha um filho vivo e, nos demais casos, demandarem expressa autorização do Conselho.

---

versión diferente, el resultado sería una interpretación al mismo tiempo limitada y excesiva. Limitada, porque la determinación de un área atribuida en exclusiva a la autonomía individual, pese a favorecer el poder que se ejerce libremente en ese ámbito específico, puede acabar cercenando sus posibilidades de expansión en otros ámbitos distintos, igualmente relevantes para el desarollo de la personalidad. Excesiva, porque la renuncia a todo vínculo con la dimensión del derecho puede debilitar el proprio poder individual frente a obstáculos que impidan o dificulten su ejercicio".

18. A gestação de substituição sob qualquer modalidade, inclusive altruísta, é expressamente proibida em um número significativo dos países europeus de maior expressão: Espanha, França, Suíça, Alemanha, Itália, Áustria, Polônia, Noruega, Letônia e Islândia. Há, inclusive, manifestação no sentido da proibição pelo Parlamento Europeu (UNIÃO EUROPEIA. Parlamento Europeu. *Resolução do Parlamento Europeu*, de 17 de dezembro de 2015, sobre o Relatório Anual sobre os Direitos Humanos e a Democracia no Mundo (2014) e a política da União nesta matéria (2015/2229 (INI)). Estrasburgo, 2015. Disponível em: http://www.europarl.europa.eu/sides/getDoc.do?pubRef=-//EP//TEXT+TA+P8-TA-2015-0470+0+DOC+XML+V0//PT. Acesso em: 06 nov. 2021).

19. LARA, Mariana. *O direito à liberdade de uso e (auto)manipulação do corpo*. Belo Horizonte: D'Plácido, 2014, p. 87.

Mesmo no que toca a questões médicas, a limitação de idade da gestante substituta para cinquenta anos, trazida pela Resolução, mostra-se igualmente questionável, na medida em que "impõe limitações ao direito fundamental à procriação, extrapolando a competência do órgão da classe médica", uma vez que "a colocação de norma geral e abstrata desconhece as particularidades do caso médico. Se as partes, com pleno discernimento, consentirem no procedimento, e os exames indicarem possibilidade efetiva de sucesso do tratamento",[20] não há por que negar-lhes esse direito.

Daí a afirmação existente em doutrina de que a Resolução pode não ser dotada de eficácia,[21] uma vez que no Brasil não é admitido o *costume contra legem*.[22] Diga-se que mesmo a criminalização do procedimento em outros países não teve o condão de refrear a busca pela prática por aqueles que necessitam. Por exemplo, na Austrália, "'incentivos' à gestação de substituição altruísta por meio da facilitação do registro e da criminalização de arranjos comerciais dentro e fora do país têm se mostrado espetacularmente não efetivos. Centenas de australianos o fazem no exterior e os números crescem ano a ano".[23]

Igualmente, na França, onde a gestação de substituição é proibida, franceses dirigem-se ao exterior (em torno de 350 casais anualmente, segundo dados de 2007) ou realizam-na clandestinamente, existindo em *websites* locais tanto mensagens de mulheres que pretendem atuar como gestantes substitutas quanto de casais inférteis na tentativa de encontrar uma gestante por si próprios. Essa busca incessante "acontece porque, independentemente da situação, sempre haverá pessoas que não aceitarão passar a vida sem filhos").[24]

É de se ressaltar que com a realização da prática na clandestinidade, como em qualquer outra área de atuação humana, os riscos são multiplicados. Por pesquisa realizada na Coreia do Sul, constatou-se que nesses casos as gestantes "podem se tornar vítimas indefesas em casos de gestações malsucedidas. Por outro lado, há casos nos

---

20. SÁ, Maria de Fátima Freire de. NAVES, Bruno Torquato de Oliveira. *Manual de Biodireito*. 3. ed. rev. atual. e ampl. Belo Horizonte: Del Rey, 2015, p. 153.

21. GAMA, Guilherme Calmon Nogueira da. Filiação e reprodução assistida: introdução ao tema sob a perspectiva civil-constitucional. In: TEPEDINO, Gustavo (Org.). *Problemas de direito civil-constitucional*. Rio de Janeiro: Renovar, 2001, p. 543.

22. GAMA, Guilherme Calmon Nogueira da. Reprodução humana assistida e a Resolução 2.013 do CFM. In: BRAGA NETTO, Felipe Peixoto; SILVA, Michael César (Org.). *Direito Privado e contemporaneidade*: desafios e perspectivas do direito privado no século XXI. E-book. Belo Horizonte: Editora D'Plácido, 2014. v. 1, Cap. 13.

23. Segundo dados do Departamento de Imigração e Cidadania da Austrália, 394 bebês nasceram na Índia com beneficiários australianos em 2010/2011, a maioria deles certamente por meio de gestação de substituição com contraprestação financeira. O número de tentativas por australianos no exterior certamente é maior, pois esse número não acoberta eventuais tentativas malsucedidas. Paralelamente, nesse mesmo período, apenas 16 bebês nasceram em território australiano por meio do procedimento de gestação de substituição altruísta regulado (MILLBANK, Jenni. Rethinking "commercial" surrogacy in Australia. *Bioethical Inquiry*, v. 12, p. 477-490, Holanda, 2015. Disponível em: https://www.ncbi.nlm.nih.gov/pubmed/25015592. Acesso em: 06 nov. 2021).

24. SEMBA, Yukari; CHANG, Chiung Fang; HONG, Hyunsoo; KAMISATO, Ayako; KOKADO, Minori; MUTO, Kaori. Surrogacy: donor conception regulation in Japan. *Bioethics*, v. 24, n. 7, p. 348-357, Oxford, 2010. Disponível em: https://www.ncbi.nlm.nih.gov/pubmed/20002072. Acesso em: 06 nov. 2021.

quais os pais beneficiários foram demandados ao pagamento de compensação extra após a concepção".[25]

No Brasil, a despeito da regulamentação do CFM e das dificuldades que ela acarreta, há muitas pessoas dispostas a pagar, e tantas outras dispostas a receber pelo procedimento, dentro ou fora do país. Essas pessoas têm se colocado em ação e encontram-se, sem dúvida, dentro dos espaços de autodeterminação reservados pelo ordenamento jurídico ao seu livre desenvolvimento da pessoalidade, a saber, por meio de negociações dentro do país – quando dependerão de médicos dispostos a questionar as normas deontológicas de seu conselho profissional[26] – ou buscando realizar a técnica no exterior.

Diante do cenário de necessidades que a sociedade atualmente apresenta em relação à gestação de substituição, os avanços da norma com sua reformulação a cada dois ou três anos se mostram tímidos, excluindo, sem justificativa médica, muitas pessoas que desejam fazer uso de técnicas de reprodução humana assistida e não se veem contempladas.

"O reconhecimento de uma pluralidade existencial abre espaço para as mais variadas formas de manifestações da vida, além da pluralidade de valores que são eleitos pelas pessoas na conceituação daquilo que designam 'vida boa'".[27] Quando os agentes não se conformam com a realidade que lhes é posta, têm liberdade de agir segundo valores que elegem para si mesmos e, colocando-os em prática, comunicam ao meio que os cerca aquilo que autonomamente entendem representar, para si, uma forma de *vida boa*, assumindo-se capazes de transformar a si e o mundo à sua volta:

> Para o Direito esta manifestabilidade da pessoa é fundamental, na medida em que em um Estado democrático, a legitimidade do Direito encontra respaldo na discursividade construída e reconstruída nos contextos de convivência social. Em todo âmbito de manifestação social, a pessoa apresenta-se como elemento primeiro e fundamental do discurso, na medida em que se interage com o outro enquanto interlocutora em um fluxo comunicativo de interlocutores (...). Toda pessoa enquanto ser livre, capaz de pensar, querer e agir, apresenta-se como ouvinte ou falantes em uma rede de interlocutores.[28]

A legitimidade desses valores pode ser reconhecida mesmo que em desacordo com o entendimento da maioria, uma vez que a ação se ambienta em um Estado que

---

25. SEMBA, Yukari; CHANG, Chiung Fang; HONG, Hyunsoo; KAMISATO, Ayako; KOKADO, Minori; MUTO, Kaori. Surrogacy: donor conception regulation in Japan. *Bioethics*, v. 24, n. 7, p. 348-357, Oxford, 2010. Disponível em: https://www.ncbi.nlm.nih.gov/pubmed/20002072. Acesso em: 06 nov. 2021.

26. No Japão, por exemplo, onde a gestação de substituição não é regulada, mas existem diretrizes éticas médicas da Sociedade de Obstetrícia e Ginecologia do Japão contra a prática em qualquer de suas formas, um médico obstetra e ginecologista implementou em 2001 a primeira gestação de substituição entre irmãs no país a despeito dessas diretrizes, inclusive como forma de protesto. Posteriormente, ele foi desligado da Sociedade, mas não foi submetido a nenhuma sanção legal, tendo continuado a prática médica em sua clínica (SEMBA, Yukari; CHANG, Chiung Fang; HONG, Hyunsoo; KAMISATO, Ayako; KOKADO, Minori; MUTO, Kaori. Surrogacy: donor conception regulation in Japan. *Bioethics*, Oxford, v. 24, n. 7, p. 348-357, 2010. Disponível em: https://www.ncbi.nlm.nih.gov/pubmed/20002072. Acesso em: 06 nov. 2021).

27. SÁ, Maria de Fátima Freire de; MOUREIRA, Diogo Luna. *Autonomia para morrer*: eutanásia, suicídio assistido, diretivas antecipadas de vontade e cuidados paliativos. 2. ed. Belo Horizonte: Del Rey, 2015, p. 32.

28. MOUREIRA, Diogo Luna. *Pessoas*: a correlação entre as coordenadas da pessoalidade e as coordenadas da personalidade jurídica. 2009. 193f. Dissertação (mestrado em Direito) – Faculdade de Direito, Pontifícia Universidade Católica de Minas Gerais, Belo Horizonte, 26 mar. 2009, p. 80.

se propõe plural e democrático. Por certo que o exercício da autonomia e busca por reconhecimento apenas são fundamentados e efetivamente possíveis na heteronomia, havendo limites colocados às escolhas pessoais. É dizer, a eleição de um valor por uma pessoa ou grupo e sua colocação em prática como busca por reconhecimento não faz dessa escolha algo eminentemente bom ou a ser aceito, porque a convivência se dá em sociedade. No mesmo sentido do que Miracy Gustin destaca ser o entendimento de Maria José Añon Roig, compreende-se que sustentar

> (...) a necessidade de dignidade e de autonomia do indivíduo, no sentido de que esse indivíduo é dono de seus pensamentos e atos e de que, por isso, deve adotar uma atitude consciente e crítica em relação às normas sociojurídicas, não significa que isso deva ser compreendido segundo um modelo individualista. (...) não pode haver ética sem autonomia, pois autonomia deve significar, primordialmente, responsabilidade moral. E não no sentido apenas individual, mas também no compartilhamento de relações éticas. (...) a consciência individual é o ponto de origem das normas morais [o que] não significa dizer que os juízos morais formam-se em uma consciência isolada, pois o homem é consciência em relação a outros homens.[29]

Não seria porque existem pessoas que conscientemente adotam como forma de "vida boa" matar outras pessoas que competiria à sociedade ensejar espaço para garantia de sua autodeterminação. No entanto, qualquer limitação imposta à autodeterminação deve ser necessariamente fundamentada, devendo-se, por conseguinte, sempre se partir de um pressuposto de liberdade como regra, e de "não liberdade" como fundamentada exceção.

No caso da gestação de substituição, as ações já por muitos anos verificáveis na sociedade brasileira como inerentes, conquanto ocultas, mediante a realização do procedimento independentemente das dificuldades existentes na prática (sendo possível observar semelhante movimentação em todo o mundo) são forte indicativo de uma *necessidade humana* que clama por ser suprida. Os embates em prol de reconhecimento na esfera pública se prestam a exercer pressões sobre as comunidades e suas regras estabelecidas, visando a efetivar mudanças que abarquem estilos de vida plurais.

Do ponto de vista ético, alguns argumentos são colocados contrariamente à gestação de substituição mediante remuneração, passando-se, aqui, à análise de alguns dos principais deles. Dentre os mais frequentes está o de que não deve ser permitida a instrumentalização da mulher e de seu corpo, no sentido de sua reificação. Entende-se, de um lado, que se trata da sociedade fazendo os corpos femininos de instrumento, meio para um fim, e de outro, que a própria mulher escolhe fazer de seu corpo um meio para obter dinheiro e, ainda, transformá-lo em algo que pode ser precificado segundo negociações. "A capacidade reprodutiva feminina se torna uma mercadoria a ser comprada e vendida no mercado. A venda reduz severamente o direito da mulher de fazer escolhas sobre seu próprio corpo".[30]

---

29. GUSTIN, Miracy Barbosa de Sousa. *Das necessidades humanas aos direitos*: ensaio de sociologia e filosofia do direito. Belo Horizonte: Del Rey, 1999, p. 125.

30. ANLEU, Sharyn L. Roach. Reinforcing gender norms: commercial and altruistic surrogacy. *Acta sociologica*, s.l., v. 33, n. 1, p. 63-74, 1990. Disponível em: http://www.jstor.org/stable/4200780. Acesso em: 06 nov. 2021, p. 65. Tradução livre de: "Another set of arguments focuses on the implication for women as a group if their value is

O que tal argumento deixa de observar, no entanto, é que todos os corpos em uma sociedade são a todo tempo reificados, e frequentemente também autorreificados, sem que isso seja considerado degradante na grande maioria das vezes.

Lesley A. Sharp descreve "anúncios que detalham características desejadas de uma gestante substituta idealizada, cujo valor advém de sua propensão genética à inteligência, de sua beleza, modos, escolaridade, formato corporal",[31] o que remete imediatamente à forma de seleção de modelos (masculinos ou femininos), ou ainda, com bastante frequência, de atores de televisão e cinema. Como é cediço, não se veem considerações sobre indignidade de homens ou mulheres que figuram em anúncios de grandes marcas, selecionados apenas com base em seus atributos físicos – e recebendo por isso –, na medida em que grande parte das vezes seu nome, história ou interesses sequer são conhecidos pelo público-alvo.

Também no alistamento militar, as pessoas contratam a perda do controle de seus corpos, podendo ser levadas em certas ocasiões para lugares onde, de outra forma, não escolheriam ir, e trabalhar segundo métodos que podem vir a lhes ser danosos.[32] Existem ainda usos dos corpos que os põem em risco, por vezes, até de danificá-lo severa ou permanentemente, com dores potencialmente sem cura, como no caso de diversos esportistas – alguns, remunerados com quantias astronômicas, a exemplo de jogadores de futebol americano, de futebol como Ronaldo Fenômeno e nadadores como Michael Phelps. "Pode-se dizer que o esporte profissional há muito se distanciou do ideal de saúde e corpo saudável".[33] Mas nenhuma das escolhas feitas por eles, no entanto, é vista como indigna; ao contrário, suas atitudes em prol do esporte geralmente são glorificadas e admiradas.

O que se percebe é que o problema não se centra intrinsecamente no uso do corpo como instrumento, seja pela sociedade como um todo, seja pela pessoa sobre ela mesma. Daí a se perquirir a razão de serem direcionadas tamanhas críticas nesse sentido à gestação de substituição, quando o mesmo não acontece com tantos outros atos humanos. As atividades mencionadas (guerra e esportes profissionais) não exigem menor envolvimento corporal ou mesmo emocional que a gestação de substituição. Em todas elas, as pessoas se põem sob risco (quiçá muito mais intenso) e fazem uso deliberado de seus processos metabólicos.

É forçoso concluir que a sacralização de elementos humanos é o motivo que subjaz a assertiva de que haveria indignidade no ato da mulher manipular a sua possibilidade

---

measured solely in terms of reproductive capacity. Surrogacy reduces women to mere reproductive vehicles, to rented wombs, they become incubators which enable men to have children with whom they have genetic links. Women's reproductive capacity becomes a commodity to be bought and sold on the market. The sale severely curtails a woman's right to make choices about her own body. The ultimate devaluation of women will result in reproductive brothels (Corea 1987) which Atwood's (1985) novel *The Handmaid's Tale* describes".

31. SHARP, Lesley A. The commodification of the body and its parts. *Annu. Rev. Antropol*, v. 29, p. 287-238, 2000. Disponível em: https://www.ncbi.nlm.nih.gov/pubmed/15977341. Acesso em: 06 nov. 2021, p. 302.

32. STRAEHLE, Christine. Is there a right to surrogacy? *Journal of applied philosophy*, Oxford, v. 33, n. 2, p. 1146-1159, 2016. Disponível em: onlinelibrary.wiley.com/doi/10.1111/japp.12145/full. Acesso em: 06 nov. 2021.

33. LARA, Mariana. *O direito à liberdade de uso e (auto)manipulação do corpo*. Belo Horizonte: D'Plácido, 2014, p. 79.

reprodutiva com finalidades financeiras, afinal, este é um fato que foge à superfície de supostos problemas éticos, mas que aparece quando submetidos a melhor escrutínio. Se o consagrado é inacessível ao uso humano, a mera intenção de uso é desde logo censurada.

A razão para a sacralização desses elementos está inegavelmente ligada ao fenômeno religioso, mas em muito o ultrapassa. Ao discorrer sobre o *homo sacer*, observa Agamben que "(...) a sacralidade é, sobretudo, a forma originária da implicação da vida nua na ordem jurídico-política, e o sintagma *homo sacer* nomeia algo como a relação 'política' originária, ou seja, a vida enquanto, na exclusão inclusiva, serve como referente à decisão soberana".[34] É homem sacralizado, *homo sacer*, "aquele em relação ao qual todos os homens agem como soberanos",[35] podendo sobre ele impor decisões e excluí-lo das deliberações sobre si mesmo, exatamente o que ocorre com o corpo da mulher e suas decisões quanto à reprodução.

Por sua vez, perpassa o imaginário humano uma relação de deslumbramento e de temor com relação à natureza, de onde decorre uma ideia de intocabilidade em tudo aquilo que é "natural", como a própria reprodução, e se estende para o corpo da mulher, o único capaz de gestar. Como uma divindade personificada, a natureza é vista como "mãe e sábia" – quando, em contrapartida, essa visão é contestada por vários fatos, dentre eles a ocorrência de uma série de desastres naturais que devastam a vida dos seres vivos em geral, em um sentido absolutamente contrário ao do que se pretende expressar com o vocábulo "maternidade".

Pode-se também indagar se a visão sobre a gestação de substituição remunerada como degradante estaria ligada à de que a gestante o faria exclusivamente pelo dinheiro: "aceitar engravidar por dinheiro é visto como reflexo de motivos pragmáticos, egoístas, mercenários e instrumentais – a antítese do papel feminino".[36]

Estudos feitos com gestantes substitutas indicam que a razão que noticiam para ter atuado como tal, na maior parte das vezes, não é a remuneração. Em um deles, dentre 34 mulheres entrevistadas (sendo-lhes autorizado apontar mais de uma razão), a motivação mais reportada foi de ajudar um casal que não pudesse ter filhos (31), seguida de sentir a satisfação da gravidez (5) e de se autorrealizar (2). Apenas uma entrevistada apontou o pagamento como motivação).[37] Millbank assevera que conquanto em algumas pesquisas a remuneração apareça como uma motivação reconhecida pelas gestantes, ela não é a única, tampouco algo que as faria realizar o que, de outra maneira, conside-

---

34. AGAMBEN, Giorgio. *Homo sacer*: o poder soberano e a vida nua. Trad. Henrique Burigo. 2. reimp. Belo Horizonte: Editora UFMG, 2007, v. 1, p. 92.

35. AGAMBEN, Giorgio. *Homo sacer*: o poder soberano e a vida nua. Trad. Henrique Burigo. 2. reimp. Belo Horizonte: Editora UFMG, 2007, v. 1, p. 92.

36. ANLEU, Sharyn L. Roach. Reinforcing gender norms: commercial and altruistic surrogacy. *Acta sociologica*, s.l., v. 33, n. 1, p. 63-74, 1990. Disponível em: http://www.jstor.org/stable/4200780. Acesso em: 06 nov. 2021, p. 71.

37. JADVA, Vasanti; BLAKE, Lucy; CASEY, Polly; GOLOMBOK, Susan. Surrogacy families 10 years on: relationship with the surrogate, decisions over disclosure and children's understanding of their surrogacy origins. *Human reproduction*, v. 7, n. 10, p. 3008-3014, Oxford, 2012. Disponível em: https://www.ncbi.nlm.nih.gov/pmc/articles/PMC3442632/. Acesso em: 06 nov. 2021, p. 2199.

rariam censurável[38] – raciocínio que explica, inclusive, porque muitas mulheres não se envolvem com prostituição.

É de se ressaltar, nada obstante, que mesmo que a motivação exclusiva das gestantes substitutas fosse efetivamente a remuneração, isso não deveria representar um problema moral. Fazê-lo representaria, mais uma vez, sacralizar o uso de seus corpos. Ora, são tantas as atividades perpetradas pelas pessoas em nosso mundo em busca de dinheiro (quantas são as pessoas que exercem a Medicina – de quem se espera vocação com o cuidado da saúde alheia – apenas pela boa remuneração que propicia?), que verter essa preocupação (e essa investigação de motivos) para as gestantes de substituição se mostraria incoerente e desleal.

Mais do que isso, cabe o questionamento: uma vez que a gestação de substituição é algo trabalhoso, que vai além do que se pode razoavelmente esperar que uma pessoa faça a título de "obrigação", seria apropriado exigir que fossem feitos gratuitamente – especialmente quando esses atos podem ser propiciados apenas por pessoas de um tipo de gênero?[39]

Em resumo, conclui-se sobre o argumento da instrumentalização/reificação das gestantes substitutas, que ela efetivamente acontece, mas não deve ser considerada como obstáculo ético para a permissão do procedimento em nenhuma de suas modalidades. É imprescindível, todavia, que esse uso do corpo como instrumento goze do consentimento da gestante (sendo, por isso, também uma forma de autorreificação).

Além disso, a assunção da possibilidade de receber contrapartida não contraria, e sim reafirma, a pessoa como centro do ordenamento, na medida em que o objetivo é assegurar as possibilidades de exercício de sua autonomia mediante instrumentos de tutela adequados que guardem a devida proteção e preponderância da vertente existencial. Ao contrário do retorno ao privilégio do patrimônio sobre a pessoalidade, tem-se a ampliação das possibilidades de exercício de objetivos existenciais plurais, dessacralizando usos dos corpos habitualmente sacralizados, sem deixar de observar a primazia da seara existencial quando necessário.

Outro argumento ético comumente visto contra a gestação substituta remunerada é o de que implicaria a exploração de mulheres. Quanto a isso, o que se observa, infelizmente, é uma nítida alteração dos discursos globalmente, conforme o lugar onde a gestante esteja situada. Quando se trata sobre gestantes substitutas americanas, o foco é vertido para motivações altruístas e desviado do objetivo também financeiro, com críticas às gestantes que precisam do dinheiro e que o aduzem como única motivação, as quais são vistas como menos dignas de confiança. Já ao falar sobre gestantes indianas, é precisamente o ganho financeiro que as exime de críticas, em narrativas que se formam sobre o empoderamento proporcionado pelo dinheiro – ainda que essas gestantes não

---

38. MILLBANK, Jenni. Rethinking "commercial" surrogacy in Australia. *Bioethical Inquiry*, Holanda, v. 12, p. 477-490, 2015. Disponível em: https://www.ncbi.nlm.nih.gov/pubmed/25015592. Acesso em: 06 nov. 2021, p. 482.

39. PHILLIPS, Anne. It's my body and I'll do what I like with it: bodies as objects and property. *Political Theory*, v. 39, n. 6, p. 724-748, 2011. Disponível em: https://www.jstor.org/stable/41502590. Acesso em: 06 nov. 2021.

sejam livres para negociar quantias recebidas – como um "salvamento e resgate" dessas "outras" mulheres, vistas como "vítimas".[40]

Na verdade, grande parte das críticas referentes à exploração feminina nesse caso são, na verdade, cabíveis a qualquer tipo de exploração de trabalhadores em uma sociedade capitalista, porque estruturalmente semelhantes. Em um estudo feito por Shamila Rudrappa em contextos de gestantes em situações de pobreza, constatou-se que a conjuntura das mulheres como trabalhadoras em fábricas têxteis, antes de atuarem como gestantes substitutas, era sentida como muito mais exploradora do que quando viveram a realidade da gestação de substituição, a qual acaba por propiciar-lhes uma vida com mais significado.[41]

Censura também comum face à gestação de substituição mediante contra-partida é a de que representaria reificação e comercialização de crianças vez que "desconsidera os direitos e a dignidade da criança ao transformá-la em um produto a ser comprado e vendido, reassentando crenças históricas de que a criança é pro-priedade de seu pai".[42]

No entanto, "não há qualquer evidência de que pessoas que se tornam pais e mães por meio de retribuições financeiras venham a tratar seus filhos como se fossem bens de consumo. Beneficiários se veem comprando trabalho reprodutivo (...) e não a criança, em si".[43] Além disso, a criança não é utilizada pela gestante como meio para um fim: ela usa seu próprio corpo como instrumento para a gestação, e é remunerada pelo traba-lho fazendo uso de seu corpo, como um serviço prestado, e não pela criança, que não é produto ou bem de consumo.

Paralelamente, a criança também não é instrumentalizada pelos beneficiários – ao menos não mais do que por quaisquer genitores de crianças biológicas (pois são muitos os pais que veem em seus filhos meio para alcançar objetivos de vida próprios, deline-ando antes do nascimento um futuro que por si entendem como bom e pretendem lhes direcionar, sem que ninguém os questione por isso). Assim, o desejo dos beneficiários com a concepção de um filho é em todos os sentidos comparável ao desejo de genitores que planejam e gestam seus filhos por métodos mais usuais, não sendo possível identi-ficar qualquer espécie de instrumentalização paterno-filial exclusiva do procedimento de gestação de substituição.

---

40. MARKENS, Susan. The global reproductive health market: U.S. media framings and public discourses about transnational surrogacy. *Social Science & Medicine*, v. 74, p. 1745-1753, 2012. Disponível em: https://www.ncbi.nlm.nih.gov/pubmed/22014871. Acesso em: 06 nov. 2021.
41. ARVIDSSON, Anna; JOHNSDOTTER, Sarah; ESSÉN, Birgitta. Views of swedish commissioning parents relating to the exploitation discourse in using transnational surrogacy. *Journal PLoS ONE*, v. 10, n. 5, p. 1-12, 2015. Disponível em: https://www.ncbi.nlm.nih.gov/pubmed/25955178. Acesso em: 06 nov. 2021, p. 9.
42. WATSON, Clara. Womb rentals and baby-selling: does surrogacy undermine the human dignity and rights of the surrogate mother and child? *The New Bioethics*, s.l., v. 22, n. 3, p. 212-228, 2016. Disponível em: https://www.ncbi.nlm.nih.gov/pubmed/28219265. Acesso em: 06 nov. 2021, p. 223.
43. VAN ZYL, Liezl; WALKER, Ruth. Beyond altruistic and commercial contract motherhood: the professional model. *Bioethics*, Oxford, v. 27, n. 7, p. 373-381, 2013. Disponível em: https://www.ncbi.nlm.nih.gov/pubmed/22500585. Acesso em: 06 nov. 2021, p. 377.

Passa-se, então, à análise da gestação de substituição remunerada do ponto de vista jurídico em nosso país. O principal ponto de verificação, nesse caso, é sua licitude como objeto de um negócio jurídico, imprescindível para a sua validade. De saída, importa determinar que o objeto *não* é o bebê gestado, mas sim o exercício de direito da personalidade por parte da gestante, especialmente de sua autonomia corporal.

Para que o objeto seja lícito, é preciso atenção para que o exercício de direito da personalidade por parte da gestante se dê em atenção às suas escolhas. É dizer, especialmente, que a autonomia corporal da gestante deve ser respeitada, sob pena de ilicitude do objeto contratual. Se houver alguma espécie de limitação de comportamento, deve ser consentida.

Outrossim, não se identifica norma proibitiva ao recebimento de remuneração pela gestante. O § 4º do art. 199 da Constituição, que dita que "a lei disporá sobre as condições e os requisitos que facilitem a remoção de órgãos, tecidos e substâncias humanas para fins de transplante, pesquisa e tratamento, bem como a coleta, processamento e transfusão de sangue e seus derivados, *sendo vedado todo tipo de comercialização*", não é aplicável à gestação de substituição pois (1) o objeto do procedimento não é a remoção de qualquer espécie de "substância humana" do corpo da gestante (que se restringe ao uso do útero e da capacidade de gestação como um todo), (2) não há a finalidade de transplante, pesquisa ou tratamento e porque, em nosso ordenamento, (3) normas restritivas de direitos somente podem ser interpretadas restritivamente, vedada a interpretação extensiva e a analogia:

> Em síntese, recomenda-se que toda norma que restrinja os direitos e garantias fundamentais reconhecidos e estabelecidos constitucionalmente deva ser interpretada restritivamente. Também uma exceção deve sofrer uma interpretação restritiva.[44]
>
> 4. "O Código Civil explicitamente consolidou o preceito clássico – 'Exceptiones sunt strictissimoe interpretationis' ("interpretam-se as exceções estritissimamente"), no art. 6º da antiga Introdução, assim concebido: "A lei que abre exceção a regras gerais, ou restringe direitos, só abrange os casos que especifica" (...) As disposições excepcionais são estabelecidas por motivos ou considerações particulares, contra outras normas jurídicas, ou contra o Direito comum; por isso não se estendem além dos casos e tempos que designam expressamente. Os contemporâneos preferem encontrar o fundamento desse preceito no fato de se acharem preponderantemente do lado do princípio geral as forças sociais que influem na aplicação de toda regra positiva, como sejam os fatores sociológicos, a Werturteil dos tedescos, e outras. (...)" (Carlos Maximiliano, in "Hermenêutica e Aplicação do Direito", Forense, p. 184-193).[45]

Assim sendo, o que se percebe é a inexistência de lei federal proibitiva de remuneração nesse tipo contratual. Quanto à Resolução do CFM, que proíbe a gestação de substituição remunerada ("caráter lucrativo ou comercial") nos moldes de todas as que a antecederam, é preciso esclarecer que a prerrogativa atribuída ao Conselho é de

---

44. FERRAZ JR., Tercio Sampaio. Introdução ao estudo do direito: técnica, decisão e dominação. 3. ed. São Paulo: Atlas, 2001, p. 291.
45. Superior Tribunal de Justiça. REsp 829.726/PR, Rel. Ministro Francisco Falcão, Rel. p/ Acórdão Ministro Luiz Fux, Primeira Turma, j. 29.06.2006, DJ 27.11.2006, p. 254.

efetivação de direitos fundamentais, não se podendo admitir que os restrinja. Nesse sentido, conquanto se valorize a edição de normas que regulem eticamente a atuação médica em reprodução humana assistida – porque isso facilita o direcionamento dos profissionais e estimula que realizem procedimentos a despeito da inexistência de lei, concretizando direitos fundamentais reprodutivos constitucionalmente assegurados –, nos pontos em que a Resolução limita direitos, entende-se que há inconstitucionalidade e/ou ilegalidade da norma.

Indo além, sabe-se que no Brasil os direitos da personalidade são frequentemente caracterizados como extrapatrimoniais, o que para muitos doutrinadores imporia a contratos de direitos da personalidade a característica de gratuidade.[46] Por outro lado, não se pode negar serem reconhecidos a determinados direitos da personalidade uma feição dúplice (patrimonial e existencial), tal como ocorre com os direitos autorais, o direito de imagem – garotos-propaganda –, além de algumas situações de privacidade e liberdade – a exemplo de *reality shows*, permissão de vigilância no trabalho e das chamadas "cláusulas morais" em contratos.[47]

Diante disso, cabíveis os questionamentos: por que razão existiria um rol de direitos da personalidade que admitem essa feição simultânea de natureza patrimonial-pecuniária, e outros não; ou, ainda, quem poderia determiná-los como um ou outro? Se a pressuposição para as ações deve ser de liberdade, impondo-se fundamentação às não liberdades, o que faria da gestação de substituição remunerada algo indigno à mulher mais ou menos do que o contrato que realiza ao se comprometer com a disponibilização de sua imagem e a renúncia à sua privacidade por longo período em um *reality show*?

É preciso ter cuidado para não admitir justificativas para uma diferenciação dessas situações que se baseiem, ao fim e ao cabo, em uma sacralização do corpo – em especial do corpo feminino – e do próprio processo reprodutivo.

Assim sendo, conquanto se assuma como certo que deve haver tratamento diferenciado entre questões existenciais e patrimoniais para que a tutela atraída por cada uma delas seja adequada às suas características, não parece haver substrato jurídico que

---

46. MEIRELES, Rose Melo Vencelau. *Autonomia privada e dignidade humana*. Rio de Janeiro: Renovar, 2009, p. 203-204; KONDER, Carlos Nelson. O consentimento no Biodireito: os casos dos transexuais e dos wannabes. *Revista Trimestral de Direito Civil*, ano 4, v. 15, p. 51. Rio de Janeiro, jul.-set. 2003; TEIXEIRA, Ana Carolina Brochado. *Saúde, corpo e autonomia privada*. Rio de Janeiro: Renovar, 2010, p. 215-216.

47. "A cláusula moral, que encontra correspondência na língua inglesa como *moral clause, public image, good-conduct* ou *morality clause*, garante ao contratante a possibilidade de resolver o contrato (...), caso o contratado faça algo que possa afetar a sua imagem e, consequentemente, a imagem do contratante. (...) essa cláusula moral é muito comum em se tratando de contratos firmados entre empresas e atores, atletas e celebridades, visando atrelar a imagem e talento desses que endossam as marcas e produtos que aquelas comercializam. Atrelar a imagem de determinada celebridade a uma marca ou produto geralmente envolve contratos milionários e, quando bem-sucedida, a parceria pode elevar as vendas da empresa ou o valor de suas ações no mercado" (LEITE, Ana Paula Parra; CONSALTER, Zilda Mara. O caso Ryan Lochte e a aplicação da cláusula moral no direito negocial brasileiro. *Revista Brasileira de Direito Civil* – RBDCivil, v. 12, p. 37-57, Belo Horizonte, abr./jun. 2017. Disponível em: https://rbdcivil.ibdcivil.org.br/rbdc/article/view/32. Acesso em: 06 nov. 2021, p. 40-41).

autorize conclusão no sentido de que a primazia de situações existenciais impediria a juridicidade apenas de algumas situações dúplices, até mesmo porque não se identifica critério que fundamente tal diferenciação. Isso faz questionar a existência de um "princípio da gratuidade" ou "de não mercantilização" aplicável às situações existenciais, pois isso demandaria sua aplicação como normas apenas a certas situações da realidade, e não a outras, gerando curiosa incongruência.

O segundo ponto a ser abordado para perquirir sobre a licitude do objeto desse contrato é a verificação sobre se há afronta a bons costumes ou à ordem pública, o que obriga, inclusive, o enfrentamento da indeterminação que circunda esses conceitos.

Thamis Dalsenter Viveiros de Castro esforçou-se para delimitar o conteúdo da cláusula de bons costumes, concluindo que este se diferencia quando ela é aplicada a três tipos distintos de situações: em atos de autonomia de eficácia pessoal (cujos efeitos restringem-se ao próprio agente) a incidência dos bons costumes não é admitida; ela o é, todavia, em atos de eficácia interpessoal, que alcançam esferas jurídicas identificáveis que ultrapassam a do agente, e nos quais incidirão desde que comprovada a afetação sobre essa esfera exterior; e é admitida em atos de eficácia social, que atingem um grupo indeterminado de pessoas, prejudicando a coletividade.[48] A gestação de substituição encaixa-se no primeiro tipo – eficácia pessoal –, com efeitos apenas sobre os próprios agentes envolvidos, inibindo a aplicação de referida cláusula.

Já pela "cláusula de ordem pública, vinculam-se as relações privadas aos princípios constitucionais que garantem interesses comunitários, e não somente individuais, (...) [aplicando-se] preceitos constitucionais de proteção à pessoa no âmbito público e no privado".[49] No entanto, os interesses públicos devem ser funcionalizados às realizações pessoais individuais, como demonstra Ana Carolina Brochado Teixeira:

> (...) o conceito de ordem pública, hoje, sofreu mudanças substanciais, não mais remetendo apenas ao coletivo, ou a suposta preponderância do público sobre o privado. Não se nega que as normas de tutela coletiva funcionam como limitadoras a atos de autonomia privada que repercutam em espaços de intersubjetividade, porém deve-se ter em vista também a concepção de ordem pública que visa à realização da pessoa humana, como novo norte hermenêutico em questões existenciais, vez que esta passou a ser funcionalizada à realização plena da pessoalidade.[50]

Ressalta-se ainda, por oportuno, que para a formação sobre o que se entende por ordem pública aplicável a atos de autonomia privada é necessária a participação discursiva dos indivíduos que sofrerão incidência dessa norma, já que a "autonomia é um dos elementos constitutivos da ordem pública".[51] Isso posto, o inegável número de pessoas dispostas a participar em contratos remunerados de gestação de substi-

---

48. CASTRO, Thamis Dalsenter Viveiros de. *Bons costumes no Direito Civil brasileiro*. São Paulo: Almedina, 2017, p. 175-176.
49. CASTRO, Thamis Dalsenter Viveiros de. *Bons costumes no Direito Civil brasileiro*. São Paulo: Almedina, 2017, p. 147.
50. TEIXEIRA, Ana Carolina Brochado. *Saúde, corpo e autonomia privada*. Rio de Janeiro: Renovar, 2010, p. 231.
51. STANCIOLI, Brunello. *Renúncia ao exercício de direitos da personalidade*: ou como alguém se torna o que quiser. Belo Horizonte: Del Rey, 2010, p. 109.

tuição (a exemplo de todas as que buscam a prática no exterior) indica o discurso de agentes sociais sobre uma necessidade humana que clama por ser atendida, cabendo ao ordenamento funcionalizar o que se entende por ordem pública à plena realização dessas pessoalidades.

Ainda de uma análise da perspectiva jurídica, fato é que, tanto quanto o procedimento gratuito, o remunerado também tocará diversas questões existenciais (por vezes, os mesmos), dentre eles as definições sobre direitos e deveres dos envolvidos no curso da gravidez, durante e após o parto, preservação da autonomia corporal da gestante e de sua saúde física e mental.

5. CONSIDERAÇÕES FINAIS

No Brasil, a regulamentação da gestação de substituição feita de forma expressa somente por resoluções do Conselho Federal de Medicina desde 1992 tem levado à realização da técnica somente na forma ali permitida, ainda que se trate de uma norma voltada apenas para os médicos e não representativa da sociedade. Além disso, é comum verificar-se presente um discurso que trata o exercício de direitos da personalidade (especialmente de autonomia corporal da mulher) e a remuneração como coisas repelentes entre si, por vezes ignorando o número de vezes em que isso já é praticado sem qualquer ressalva pelo corpo social.

Demonstrou-se que a gestação de substituição não remunerada tal como praticada no Brasil possui, por sua natureza, caráter contratual e patrimonial (na verdade, dúplice), o que pode auxiliar a desconstrução da visão que conecta a patrimonialidade e o exercício desse direito como algo essencialmente negativo. Por outro lado, a gestação mediante remuneração também envolve inúmeras e complexas finalidades existenciais – independente de existir ou não no íntimo da gestante (o que não cabe a ninguém perquirir, salvo com finalidades científicas) qualquer intenção de que a prática, além de lhe prover certa remuneração, sirva-lhe a algum propósito de realização pessoal. Outrossim, as próprias finalidades patrimoniais desse negócio jurídico estão intrinsecamente conectadas a propósitos existenciais dos envolvidos.

O empoderamento das pessoas sobre seus corpos e sobre a reprodução em seus diversos níveis implica tornar a modificação do mundo como o conhecemos cada vez mais tangível, o que resulta em movimentações no sentido de evitar – com maior sucesso nas relações desiguais (como sói ocorrer com o corpo feminino) – possibilidades de modificação do *status quo* e nas relações de poder atualmente vigentes.

Torna-se, assim, compreensível a existência de uma postura corrente de proibição geral da gestação de substituição em níveis mundiais, assim como a concessão feita, em alguns lugares, à sua forma altruísta, quantitativamente muito mais restrita e que mantém certo grau de controle dos corpos. No entanto, é inescapável a conclusão, mediante minucioso exame do ordenamento jurídico brasileiro, de que inexiste proibição com relação à prática remunerada. Desse modo, nada há que impeça no Brasil que essa necessidade – claramente demandada pelos jurisdicionados – possa ser suprida, inexistindo razão dialeticamente afirmada para "ceifar a possibilidade" de "reciprocidade do reconhecimento":

> É neste ponto que residem as grandes controvérsias normativas enfrentadas pelo Direito, pois ainda que determinados valores sejam assumidos por uma maioria da sociedade, não podem eles ceifar a possibilidade do surgimento de novos valores que partem também de pessoas humanas no processo dialético de afirmação da pessoalidade. Impedir a efetivação destes novos valores implica na limitação da reciprocidade do reconhecimento.[52]

6. REFERÊNCIAS

AGAMBEN, Giorgio. *Homo sacer*: o poder soberano e a vida nua. Tradução Henrique Burigo. 2. reimp. Belo Horizonte: Editora UFMG, 2007. v. 1.

ANLEU, Sharyn L. Roach. Reinforcing gender norms: commercial and altruistic surrogacy. *Acta sociologica*, v. 33, n. 1, p. 63-74, s.l., 1990.

ARVIDSSON, Anna; JOHNSDOTTER, Sarah; ESSÉN, Birgitta. Views of swedish commissioning parents relating to the exploitation discourse in using transnational surrogacy. *Journal PLoS ONE*, v. 10, n. 5, p. 1-12, 2015. Disponível em: https://www.ncbi.nlm.nih.gov/pubmed/25955178. Acesso em: 06 nov. 2021.

BEIER, Katharina. Surrogate motherhod: a trust-based approach. *Journal of Medicine and Philosophy*, v. 40, p. 633-652, Oxford, 2015. Disponível em: https://www.ncbi.nlm.nih.gov/pubmed/26449234. Acesso em: 06 nov. 2021.

CASTRO, Thamis Dalsenter Viveiros de. *Bons costumes no Direito Civil brasileiro*. São Paulo: Almedina, 2017.

CONSELHO FEDERAL DE MEDICINA. Resolução CFM 2.013/2013, que adota as normas éticas para a utilização das técnicas de reprodução assistida. Revogada. Disponível em: http://www.portalmedico.org.br/resolucoes/CFM/2013/2013_2013.pdf. Acesso em: 05 nov. 2011.

CONSELHO FEDERAL DE MEDICINA. Resolução CFM 2.320/2022, que adota as normas éticas para a utilização das técnicas de reprodução assistida. Disponível em: https://sistemas.cfm.org.br/normas/visualizar/resolucoes/BR/2022/2320. Acesso em: 29 jun. 2023.

CONSELHO REGIONAL DE MEDICINA DE GOIÁS. *Parecer-consulta 13/2014*: Processo Consulta 06/2014. Rel. Aldair Novato Silva. 28. jul. 2014. Disponível em: http://187.5.88.175:8087/biblioteca/anexos/pareceres\2014\ParCons18_2014.pdf. Acesso em: 06 nov. 2021.

CONSELHO REGIONAL DE MEDICINA DE MINAS GERAIS. *Parecer-consulta 5501/2015*. Rel. Cláudia Navarro Carvalho Duarte Lemos. 09. mar. 2015. Disponível em: http://www.portalmedico.org.br/pareceres/crmmg/pareceres/2015/5501_2015.pdf. Acesso em: 06 nov. 2021.

CONSELHO REGIONAL DE MEDICINA DE MINAS GERAIS. *Parecer-consulta 5505/2015*. Rel. Giovana Ferreira Zanin Gonçalves. 30 abr. 2015. Disponível em: http://www.portalmedico.org.br/pareceres/CRMMG/pareceres/2015/5505_2015.pdf. Acesso em: 06 nov. 2021.

FARIAS, Cristiano Chaves de; ROSENVALD, Nelson. *Direito Civil*: teoria geral. 6. ed. Rio de Janeiro: Lumen Juris, 2007.

FERRAZ JR., Tercio Sampaio. *Introdução ao estudo do direito*: técnica, decisão e dominação. 3. ed. São Paulo: Atlas, 2001.

---

52. SÁ, Maria de Fátima Freire de; MOUREIRA, Diogo Luna. *Autonomia para morrer*: eutanásia, suicídio assistido, diretivas antecipadas de vontade e cuidados paliativos. 2. ed. Belo Horizonte: Del Rey, 2015, p. 33.

GAGLIANO, Pablo Stolze; PAMPLONA FILHO, Rodolfo. *Novo Curso de Direito Civil*: parte geral. 8. ed. rev. atual. e reform. São Paulo: Saraiva, 2006. v. 1.

GAMA, Guilherme Calmon Nogueira da. Filiação e reprodução assistida: introdução ao tema sob a perspectiva civil-constitucional. In: TEPEDINO, Gustavo (Org.). *Problemas de direito civil-constitucional*. Rio de Janeiro: Renovar, 2001.

GAMA, Guilherme Calmon Nogueira da. Reprodução humana assistida e a Resolução 2013 do CFM. In: BRAGA NETTO, Felipe Peixoto; SILVA, Michael César (Org.). *Direito Privado e contemporaneidade*: desafios e perspectivas do direito privado no século XXI. E-book. v. 1, Cap. 13. Belo Horizonte: Editora D'Plácido, 2014.

GUSTIN, Miracy Barbosa de Sousa. *Das necessidades humanas aos direitos*: ensaio de sociologia e filosofia do direito. Belo Horizonte: Del Rey, 1999.

JADVA, Vasanti; BLAKE, Lucy; CASEY, Polly; GOLOMBOK, Susan. Surrogacy families 10 years on: relationship with the surrogate, decisions over disclosure and children's understanding of their surrogacy origins. *Human reproduction*, Oxford, v. 7, n. 10, p. 3008-3014, 2012. Disponível em: https://www.ncbi.nlm.nih.gov/pmc/articles/PMC3442632/. Acesso em: 06 nov. 2021.

LARA, Mariana. *O direito à liberdade de uso e (auto)manipulação do corpo*. Belo Horizonte: D'Plácido, 2014.

MARKENS, Susan. The global reproductive health market: U.S. media framings and public discourses about transnational surrogacy. *Social Science & Medicine*, v. 74, p. 1745-1753, 2012. Disponível em: https://www.ncbi.nlm.nih.gov/pubmed/22014871. Acesso em: 06 nov. 2021.

MELLO, Marcos Bernardes de. *Teoria do fato jurídico*: plano da eficácia, 1ª parte. 6. ed. São Paulo: Saraiva, 2010.

MILLBANK, Jenni. Rethinking "commercial" surrogacy in Australia. *Bioethical Inquiry*, v. 12, p. 477-490, Holanda, 2015. Disponível em: https://www.ncbi.nlm.nih.gov/pubmed/25015592. Acesso em: 06 nov. 2021.

MOUREIRA, Diogo Luna. *Pessoas*: a correlação entre as coordenadas da pessoalidade e as coordenadas da personalidade jurídica. 26 mar. 2009. Dissertação (mestrado em Direito) – Faculdade de Direito, Pontifícia Universidade Católica de Minas Gerais, Belo Horizonte.

PEREIRA, Caio Mário da Silva. *Instituições de Direito Civil*. 22. ed. rev. e atual. Rio de Janeiro: Forense, 2007. v. 1.

PHILLIPS, Anne. It's my body and I'll do what I like with it: bodies as objects and property. *Political Theory*, v. 39, n. 6, p. 724-748, 2011. Disponível em: https://www.jstor.org/stable/41502590. Acesso em: 06 nov. 2021.

RODOTÀ, Stefano. *La vida y las reglas*: entre el derecho e el no derecho. Madrid: Trotta, 2010.

SÁ, Maria de Fátima Freire de. NAVES, Bruno Torquato de Oliveira. *Manual de Biodireito*. 3. ed. rev. atual. e ampl. Belo Horizonte: Del Rey, 2015.

SÁ, Maria de Fátima Freire de; MOUREIRA, Diogo Luna. *Autonomia para morrer*: eutanásia, suicídio assistido, diretivas antecipadas de vontade e cuidados paliativos. 2. ed. Belo Horizonte: Del Rey, 2015.

SEMBA, Yukari; CHANG, Chiung Fang; HONG, Hyunsoo; KAMISATO, Ayako; KOKADO, Minori; MUTO, Kaori. Surrogacy: donor conception regulation in Japan. *Bioethics*, v. 24, n. 7, p. 348-357, Oxford, 2010. Disponível em: https://www.ncbi.nlm.nih.gov/pubmed/20002072. Acesso em: 06 nov. 2021.

SHARP, Lesley A. The commodification of the body and its parts. *Annu. Rev. Antropol*, v. 29, p. 287-238, 2000. Disponível em: https://www.ncbi.nlm.nih.gov/pubmed/15977341. Acesso em: 06 nov. 2021.

STANCIOLI, Brunello. *Renúncia ao exercício de direitos da personalidade*: ou como alguém se torna o que quiser. Belo Horizonte: Del Rey, 2010.

STRAEHLE, Christine. Is there a right to surrogacy? *Journal of applied philosophy*, v. 33, n. 2, p. 1146-1159, Oxford, 2016. Disponível em: onlinelibrary.wiley.com/doi/10.1111/japp.12145/full. Acesso em: 06 nov. 2021.

SUPERIOR TRIBUNAL DE JUSTIÇA. REsp 829.726/PR, Rel. Ministro Francisco Falcão, Rel. p/ Acórdão Ministro Luiz Fux, Primeira Turma, j. 29.06.2006, DJ 27.11.2006.

TEIXEIRA, Ana Carolina Brochado. Conflito positivo de maternidade e a utilização do útero de substituição. In: CASABONA, Carlos María Romeo; QUEIROZ, Juliane Fernandes (Coord.). *Biotecnologia e suas implicações ético-jurídicas*. Belo Horizonte: Del Rey, 2004.

TEIXEIRA, Ana Carolina Brochado. *Saúde, corpo e autonomia privada*. Rio de Janeiro: Renovar, 2010.

VAN ZYL, Liezl; WALKER, Ruth. Beyond altruistic and commercial contract motherhood: the professional model. *Bioethics*, Oxford, v. 27, n. 7, p. 373-381, 2013. Disponível em: https://www.ncbi.nlm.nih.gov/pubmed/22500585. Acesso em: 06 nov. 2021.

WATSON, Clara. Womb rentals and baby-selling: does surrogacy undermine the human dignity and rights of the surrogate mother and child? *The New Bioethics*, v. 22, n. 3, p. 212-228, s.l., 2016. Disponível em: https://www.ncbi.nlm.nih.gov/pubmed/28219265. Acesso em: 06 nov. 2021.

O MERCADO DE GAMETAS HUMANOS: PRESSUPOSTOS, CONFIGURAÇÕES E INCONSISTÊNCIAS

Lucas Costa de Oliveira

Doutor em Direito pela UFMG, com período de pesquisa na Universidade de Birmingham. Mestre em Direito Privado pela PUC Minas. Bacharel em Direito pela UFOP. Professor adjunto de Direito Civil na UFJF, campus Governador Valadares.

Brunello Stancioli

Doutor, Mestre e Bacharel em Direito pela UFMG. Academic Visitor no Uehiro Centre for Practical Ethics, na Universidade de Oxford (2011-2012). Professor associado (graduação e pós-graduação *stricto sensu*) no departamento de Direito Civil e Comercial da Faculdade de Direito da UFMG.

Sumário: 1. Introdução – 2. Gametas como mercadorias – 3. A comodificação de gametas no contexto brasileiro – 4. Um olhar mais atento à importação de gametas – 5. Considerações finais – 6. Referências.

1. INTRODUÇÃO

Os gametas humanos têm sido tratados, em maior ou menor medida, como objetos de propriedade inseridos em um contexto mercadológico, seja em perspectiva global ou nacional. Práticas como a compensação e a doação compartilhada de oócitos sem critérios claros e precisos, a importação e exportação de gametas sem se atentar às diferenças sociais e legislativas de cada país, além das práticas informais e paralelas, tais como as inseminações caseiras, demonstram que o ímpeto pelo exercício dos direitos reprodutivos e de um livre planejamento familiar tende a ignorar restrições éticas e jurídicas.[1]

Dessa maneira, o objetivo do presente artigo consiste em evidenciar o fenômeno da comodificação de gametas humanos, uma vez que a sua existência e propagação acontecem de maneira velada e acrítica, fazendo-se necessário um estudo que o apresente de maneira sistemática e organizada. Trata-se, nesse sentido, de um pré-requisito para qualquer debate mais aprofundado desta problemática que emerge, sobretudo, da busca incessante pela efetivação de um livre planejamento familiar, o qual se mostra constrangido tanto por questões fáticas (v.g. insuficiência de bancos de gametas e de doadores de óvulos e esperma), quanto por questões jurídicas e deontológicas (v.g.

---

1. O presente artigo foi estruturado e escrito a partir de trechos e reflexões originalmente desenvolvidos na seguinte pesquisa orientada pelo Prof. Dr. Brunello Stancioli: OLIVEIRA, Lucas Costa de. *Gametas como mercadorias*: os desafios ético-jurídicos da comodificação de gametas humanos. Tese (Doutorado em Direito) – Faculdade de Direito da Universidade Federal de Minas Gerais. Belo Horizonte, 2021.

ausência de legislação sobre reprodução assistida e resoluções restritivas do Conselho Federal de Medicina).

O artigo parte de uma análise mais ampla e global do fenômeno, especialmente da perspectiva estadunidense, uma vez em que há a existência de um modelo próximo ao livre mercado de células reprodutivas humanas, além da ampla literatura científica sobre a temática. Em seguida, a comercialização de gametas é estudada com recorte específico ao contexto brasileiro, buscando-se identificar quais são as práticas que têm se difundido, com destaque à importação de gametas – modalidade que apresentou um crescimento vertiginoso nos últimos anos, conforme relatórios publicados pela Agência Nacional de Vigilância Sanitária. Para tanto, realizou-se ampla revisão de literatura, com enfoque na busca de dados empíricos que comprovem a existência e amplitude do mercado de gametas humanos.

Mais do que o mero aclaramento de uma situação fática, o presente artigo busca expor um problema que parece estar ocultado pela falta de pesquisas e estudos de maneira sistematizada. Busca-se, assim, uma análise crítica desse incipiente mercado de gametas humanos, demonstrando-se suas incoerências e propondo possíveis caminhos e soluções para pesquisas vindouras.

2. GAMETAS COMO MERCADORIAS

Adriana é uma paulistana radicada em Los Angeles, Califórnia. Mudou-se para os Estados Unidos em 2003. Viveu no âmbito da ilegalidade até o ano seguinte, quando se casou com um americano. Com a documentação em ordem, decidiu doar sangue – atividade que realizava de maneira corriqueira em São Paulo. Ao pesquisar mais sobre o assunto, acabou se deparando com um recrutamento para a doação de óvulos. Embora a nomenclatura se referisse à doação, pagava-se bem. Em 2005, inscreveu-se em uma companhia chamada *The Egg Donor Program*. Com 25 anos, olhos azuis, cabelos castanhos e cacheados, pele clara e pontuada por sardas, Adriana tinha muitas das qualidades buscadas no mercado reprodutivo, o que tornava seus óvulos bastante valiosos. Ao se alistar para o programa, menciona que duas foram as razões que a motivaram: os 6.500 dólares que receberia a cada procedimento, além da possibilidade de ajudar alguém com obstáculos para gerar um filho. Até 2007, já havia realizado quatro transferências. As negociações envolvem a necessidade de se submeter a uma série de exames iniciais, além de ser imprescindível uma forte terapia hormonal com o objetivo de gerar a estimulação ovariana e sincronizar os ciclos reprodutivos. Nos contratos, Adriana renunciou a qualquer responsabilidade moral e legal em relação aos filhos gerados, bem como se comprometeu a se abster de relações sexuais durante o período de ovulação. Com o dinheiro obtido desde então, algo em torno de 60 mil reais, conta que viajou o mundo e realizou uma cirurgia de lipoaspiração – algo que dificilmente conseguiria com o salário de garçonete e gerente em um restaurante italiano.[2]

---

2. KAZ, Roberto. Toma que o óvulo é teu. *Revista Piauí*, v. 9, 2007.

O MERCADO DE GAMETAS HUMANOS

Poder-se-ia pensar que o caso narrado constitui uma ocorrência excepcional. Entretanto, a racionalidade econômica tem dominado o contexto da reprodução humana assistida. Pode-se afirmar, nesse sentido, que existe um profícuo negócio de bebês, na denominação difundida por Debora Spar. O esperma foi um dos primeiros materiais de origem humana a se inserir em uma lógica mercantil. A facilidade na coleta e a possibilidade de criopreservação deram origem a diversos bancos de esperma ao redor do mundo a partir da década de 1960. Inicialmente, tratava-se de uma prática destinada aos casais que tinham problemas reprodutivos e desejavam armazenar os gametas masculinos para fertilizações futuras. Com o passar do tempo, as clínicas de fertilidade se aproximaram de um negócio de intermediação, tornando-se um sistema mais impessoal. Em 1970, instituiu-se o primeiro banco com intuitos lucrativos, em Minnesota. Uma década depois, havia 17 bancos de congelamento de esperma nos Estados Unidos, com mais de 100 mil amostras destinadas à comercialização.[3]

De modo geral, o público-alvo a ser atingido pelas clínicas são estudantes ou jovens profissionais, sendo escolhidos por suas características físicas, intelectuais e genéticas. Recebem cerca de 75 dólares por recolhimento, o que gera entre três a seis frascos que serão vendidos por 250 a 400 dólares cada – uma margem de lucro colossal. Contudo, o preço dos gametas pode alcançar valores exorbitantes, a depender do nível de instrução, histórico de saúde, características fenotípicas e genotípicas, ou, até mesmo, a universidade em que se estuda. O *Repository for Germinal Choice*, por exemplo, era uma clínica especializada em doadores especiais, incluindo laureados com o Prêmio Nobel e atletas olímpicos.[4]

As informações destinadas aos clientes também são bastante variadas. Na *Cryobank*, localizada na Califórnia, disponibiliza-se um relatório com mais de vinte páginas contendo informações sobre a origem do esperma, incluindo crenças religiosas, textura do cabelo, profissão, habilitação acadêmica e até mesmo gravações de áudio em que o fornecedor responde a perguntas com sua própria voz. A *Fairfax Cryobank*, localizada na Virgínia, oferece perfis amplos dos seus fornecedores, contando com o histórico de saúde de três gerações, além de permitir que seus clientes enviem fotografias das pessoas com quem gostariam que seus filhos se assemelhassem. Ainda, alguns bancos oferecem a oportunidade de que os filhos gerados contatem os provedores dos gametas após completarem a maioridade, prática conhecida como doação aberta, enquanto outros facultam aos clientes o recebimento dos nomes completos e fotografias dos "doadores".[5]

A situação dos óvulos é, por sua vez, mais complexa e controversa. O processo de retirada dos gametas femininos demanda acompanhamento médico, altas doses de hormônios, além de uma cirurgia para a retirada dos oócitos. Os riscos são maiores,

---

3. SPAR, Debora. *O negócio de bebés*: como o dinheiro, a ciência e a política comandam o comércio da concepção. Tradução de Benedita Bittencourt. Coimbra: Almedina, 2007, p. 64-65.
4. SPAR, Debora. *O negócio de bebés*: como o dinheiro, a ciência e a política comandam o comércio da concepção. Trad. Benedita Bittencourt. Coimbra: Almedina, 2007, p. 66-68.
5. SPAR, Debora. *O negócio de bebés*: como o dinheiro, a ciência e a política comandam o comércio da concepção. Tradução de Benedita Bittencourt. Coimbra: Almedina, 2007, p. 65-68.

assim como o desgaste físico e emocional. A prática ganha importância a partir da primeira Fertilização *In Vitro* (FIV) bem-sucedida, realizada por Patrick Steptoe e Robert Edwards, em 1978.[6] Os avanços biotecnológicos viabilizaram a separação, manipulação e transferência dos óvulos, tornando mais fácil a sua circulação. Inicialmente, essa circulação ocorria entre familiares e amigos que optavam por ajudar aqueles que não conseguiam gerar seus filhos de maneira natural, ou nos casos em que existiam óvulos excedentários em virtude de técnicas de reprodução assistida. A dificuldade em encontrar mulheres dispostas a se submeterem ao exaustivo procedimento clínico de maneira altruísta acabou por ocasionar um cenário de escassez.[7]

Durante a década de 1990, em razão da alta procura por óvulos e do desenvolvimento das técnicas de manipulação dos gametas, tem-se o surgimento de um mercado em torno dessas células reprodutivas. Nos Estados Unidos, em face da ausência de normas explícitas proibindo o comércio de gametas, as clínicas passaram a procurar potenciais "doadoras" dispostas a ajudar casais inférteis. Buscava-se, especialmente, estudantes universitárias, jovens mães e outras mulheres que poderiam se interessar em receber o pagamento aproximado de 3.000 a 8.000 dólares, a depender de uma série de características desejadas pelos receptores.[8]

Em 1999, um curioso caso chamou a atenção da mídia e de estudiosos. Ron Harris, um antigo fotógrafo da revista *Playboy,* decidiu desenvolver um *website* destinado ao leilão de óvulos e esperma de modelos. A ideia surgiu quando Harris percebeu que a sociedade vivia em busca da perfeição. Os casais que procuravam gametas para a reprodução assistida eram obcecados com a aparência e sempre almejavam determinadas características físicas. Por outro lado, modelos no início da carreira desejavam obter uma renda extra enquanto perseguiam o sonho do sucesso. A disponibilização do catálogo online custava 24 dólares, enquanto as ofertas se iniciavam em 30.000 dólares.[9]

O mercado de óvulos ganha uma outra dimensão a partir do desenvolvimento de novas técnicas de criopreservação. Devido à grande presença de água em sua constituição biológica, o congelamento de óvulos trazia consigo o infortúnio da ruptura de suas membranas, tornando-os inviáveis para fins reprodutivos. Assim, a utilização dos gametas femininos necessitava de uma perfeita sincronização entre os ciclos reprodutivos da doadora e da receptora para que a transferência fosse efetivada com os óvulos frescos. Somente a partir do processo ultrarrápido de congelamento, denominado de vitrificação, somado a novas substâncias crioprotetoras, é que se tornou possível a sua criopreservação. Trata-se de um avanço recente, pois apenas em 2013 foi declarado pela

---

6. HEALY, Mae Wu; HILL, Micah; DECHERNEY, Alan. IVF: the first four decades. In: GARDNER, David; SIMÓN, Carlos (Ed.). *Handbook of in vitro fertilization.* 4. ed. Boca Raton: CRC Press, 2017, p. 2-3.
7. SPAR, Debora. *O negócio de bebés:* como o dinheiro, a ciência e a política comandam o comércio da concepção. Trad. Benedita Bittencourt. Coimbra: Almedina, 2007, p. 72.
8. SPAR, Debora. *O negócio de bebés:* como o dinheiro, a ciência e a política comandam o comércio da concepção. Trad. Benedita Bittencourt. Coimbra: Almedina, 2007, 74-76.
9. BAUM, Kenneth. Golden eggs: towards the rational regulation of oocyte donation. *Brigham Young University Law Review,* 2001, p. 109.

Associação Americana de Medicina Reprodutiva que o congelamento de óvulos não era mais considerado uma técnica experimental.[10]

Desse modo, a criopreservação deixa de ser uma técnica utilizada apenas com finalidades medicinais, passando a apresentar novas facetas sociais, principalmente com o objetivo de planejamento familiar, possibilitando às mulheres novos mecanismos em busca da autonomia procriativa.[11] A partir dessas novas circunstâncias, marcadas pela expansão das possibilidades de usos medicinais e sociais de óvulos, a criação e difusão de bancos de criopreservação de gametas femininos se tornou uma realidade. Seguindo a lógica dos bancos de esperma, as práticas se afastam do altruísmo puro, adotando uma postura mercadológica para o armazenamento e transferência dos óvulos.

Ainda, faz-se importante observar que a ausência de regulação, somada a uma crescente e lucrativa indústria biotecnológica, proporciona a formação de um excedente de gametas para exportação a países estrangeiros que, em razão de políticas públicas e legislativas mais restritivas, acabam criando um cenário de escassez. O Reino Unido ilustra bem a lógica que se tem instaurado no contexto global da reprodução assistida. Em 2017, houve 1.099 importações de gametas de países que não fazem parte da União Europeia, sendo 989 delas provenientes dos Estados Unidos.[12] É necessário destacar que o *Human Fertilisation and Embryology Act* dispõe que "nenhum dinheiro ou benefício deverá ser dado ou recebido em relação a qualquer fornecimento de gametas".[13]

Poder-se-ia argumentar que se trata de um modelo vigente apenas nos Estados Unidos, onde vigora um pungente liberalismo econômico, sem muitos questionamentos morais ou jurídicos sobre os avanços do mercado, existindo poucas coisas que o dinheiro não pode comprar.[14] Nesse sentido, a comercialização dos gametas seria apenas mais um desdobramento desse paradigma. Contudo, a mercantilização de gametas humanos é uma prática presente em diversos países, com diferentes culturas, valores e sistemas jurídicos. A Dinamarca é um dos países de vanguarda nesse mercado, por meio de clínicas como a *Cryos International Sperm Bank*. O serviço é reconhecido pela rapidez com que fornece os gametas, rígidos parâmetros de qualidade e controle, ampla variedade de características e rigoroso anonimato dos doadores. Em 2002, já exportava cerca de 85% do esperma coletado para mais de 50 países, com uma alta margem de lucro.[15] Na Bélgica, por exemplo, 63% das inseminações que utilizam sêmen de terceiros são realizadas com gametas importados da Dinamarca. Na Irlanda, durante o ano de 2011,

---

10. COBO, Ana. Oocytes and embryo cryopreservation. In: GARDNER, David; SIMÓN, Carlos (Ed.). *Handbook of in vitro fertilization*. 4. ed. Boca Raton: CRC Press, 2017, p. 273-289.

11. GOOLD, Imogen. Trust women to choose: a response to John A. Robertson's "Egg freezing and Egg banking: empowerment and alienation in assisted reproduction". *Journal of Law and the Biosciences*, 2017, p. 507-541.

12. MARREN, Niamh; JONES, Nick. Movement of gametes and embryos across borders (HFEA 872). *Human Fertilisation and Embryology Authority*, 8 mar. 2018.

13. ENGLAND. *Human Fertilisation and Embryology Act* (1990), section 12 (e).

14. Cf. SANDEL, Michael. *O que o dinheiro não compra*: os limites morais do mercado. Trad. Clóvis Marques. Rio de Janeiro: Civilização Brasileira, 2014.

15. SPAR, Debora. *O negócio de bebês*: como o dinheiro, a ciência e a política comandam o comércio da concepção. Trad. Benedita Bittencourt. Coimbra: Almedina, 2007, p. 67-68.

uma única clínica de reprodução assistida comprou cerca de 80 mil libras em amostras de esperma de bancos dinamarqueses.[16]

Por outro lado, há países que proíbem a compra e venda de células reprodutivas, mas admitem uma compensação pela doação em razão do desgaste físico e emocional, além do tempo dispendido no procedimento. A Espanha, um dos principais destinos internacionais para os interessados em reprodução assistida, admite uma "compensação econômica ressarcitória" pela doação de gametas, justificada pelo desconforto físico, gastos com o deslocamento e prejuízos laborais, conforme disposto pela Lei 14/2006. Embora haja previsão legal, a ausência de critérios precisos para se determinar o montante devido a título compensatório permite que a remuneração apresente uma ampla variação, proporcionando o desenvolvimento de um verdadeiro mercado, conforme observação de Donna Dickenson.[17] Na Catalunha, por exemplo, as clínicas acordaram a fixação de um valor único para evitar a concorrência: paga-se 900 euros para os óvulos e 50 euros para o esperma.[18]

Em documento publicado pela Comissão Europeia sobre a implementação do princípio da doação voluntária e gratuita de tecidos e células humanas nos países membros da União Europeia, com acréscimo da Noruega e do Liechtenstein, relata-se que 27 dos 30 países possuem um princípio expresso estabelecendo que as doações de tecidos e células humanas devem ser sempre voluntárias e gratuitas. Dentre esses países, 25 estabelecem penalidades diversas em caso de descumprimento do princípio, tais como a imposição de multas às clínicas e aos hospitais, a suspensão da autorização para o funcionamento, chegando até mesmo à pena de prisão em alguns casos excepcionais.[19]

Embora seja proibida a remuneração para a disposição de tecidos e células humanas na maioria dos países membros da União Europeia, a compensação é excluída do escopo proibitivo.[20] A compensação é definida como uma reparação estritamente delimitada às despesas e inconveniências relacionadas à doação, enquanto o incentivo econômico é definido como um estímulo ou induzimento à doação. O relatório indica que 19 países admitem alguma forma de compensação, podendo-se mencionar o reembolso das despesas com o deslocamento, compensação pelo que a pessoa deixou de ganhar durante o procedimento, entrega de uma quantia pré-determinada em dinheiro, reembolso dos custos médicos, dentre outras. A permissão da compensação, especialmente no caso

---

16. PENNINGS, Guido. Import and export of gametes: ethical and legal issues. In: LUNDIN, Susanne; PETERSEN, Michael; KROLØKKE, Charlotte et al (Ed.). *Global bodies in grey zones*: health, hope, biotechnology. Stellenbosch: Sun Press, 2016, p. 106.

17. DICKENSON, Donna. *Body shopping*: the economy fuelled by flesh and blood. Oxford: Oneworld, 2008, p. 1.

18. GOSÁLBEZ, Pablo Enguer; FERNÁNDEZ, Francisca Ramón. Dilemas bioéticos y jurídicos de la reproducción asistida em la sociedad actual en España. *Revista Latinoamericana de Bioética*, v. 18, ed. 34, p. 120. 2018.

19. EUROPEAN COMMISSION. *Commission staff working document*: on the implementation of the principle of voluntary and unpaid donation for human tissues and cells. Brussels, 2016, p. 4-6.

20. A União Europeia, por meio da Diretiva 2004/23/EC, proíbe apenas a finalidade lucrativa nos procedimentos para obtenção de tecidos e células. Para uma análise mais aprofundada das normas que fundamentam esse posicionamento, cf. LENK, Christian; BEIER, Katharina. Is the commercialisation of human tissue and body material forbidden in the countries of the European Union? *Journal of Medical Ethics*, vol. 38, 2012, p. 342-346.

do pagamento de quantias pré-determinadas, representa um aspecto bastante problemático, uma vez em que se torna uma tarefa complexa determinar as fronteiras entre compensação e remuneração. Estabelece-se, por exemplo, uma quantia compensatória máxima de 628 euros em Portugal, 898 euros no Reino Unido e 320 euros na Dinamarca para a doação das células reprodutivas femininas, sendo o valor substancialmente mais baixo no caso das células reprodutivas masculinas.[21] Alguns pesquisadores entendem que a determinação de um valor fixo teria a vantagem de se evitar as principais objeções de um sistema puramente mercadológico, sobretudo aquelas relacionadas aos riscos de eugenia – mas essa é uma afirmação que merece um maior aprofundamento.[22]

3. A COMODIFICAÇÃO DE GAMETAS NO CONTEXTO BRASILEIRO

Levando em consideração as circunstâncias apresentadas, faz-se necessário analisar a maneira que essas práticas se incorporam ao contexto brasileiro. Em 2017, foi publicado pela Agência Nacional de Vigilância Sanitária (ANVISA) o 1º Relatório de Amostras Seminais para o uso em Reprodução Humana Assistida. Os dados deram publicidade ao vertiginoso crescimento da importação de gametas masculinos, saindo de 16 anuências para importação em 2011, para 436 em 2016 – um aumento de 2.635%.[23] A situação se mostra mais alarmante com a publicação do mais recente relatório, divulgado no final de 2018, em que há uma maior abrangência, uma vez que passa a dispor sobre dados de importação de células e tecidos germinativos para uso em reprodução humana assistida. As anuências para importação de amostras seminais praticamente dobraram após um ano do primeiro estudo, perfazendo um total de 860 autorizações. Em relação aos oócitos, o crescimento também foi expressivo. Entre 2011 e 2016, o número de importações foi pequeno, totalizando 36 óvulos. Já em 2017, houve a anuência para importação de 51 amostras, totalizando 321 óvulos – um aumento de 1.359% em relação ao período anterior. Enquanto as amostras seminais são todas provenientes dos Estados Unidos, especialmente da *Fairfax Cryobank* (70%), as amostras de oócitos são provenientes, em sua maioria, da Espanha e da Grécia, por meio da *Ovobank* (86%). O principal destino dos gametas é o Sudeste brasileiro, correspondendo a 72% das amostras seminais e 100% das amostras de oócitos.[24]

Conforme reportagem publicada pelo *The Wall Street Journal,* a tendência de crescimento nas importações seria justificada pelas mudanças sociais na sociedade brasileira, especialmente o sucesso em reduzir a desigualdade de gênero, razão pelas quais as mulheres estariam buscando seus objetivos profissionais e optando por postergar a

---

21. EUROPEAN COMMISSION. *Commission staff working document:* on the implementation of the principle of voluntary and unpaid donation for human tissues and cells. Brussels, 2016, p. 8-16.
22. SHANLEY, Mary Lyndon. El derecho reproductivo y el mercado de esperma y óvulos. *Revista Internacional de Filosofía Política,* vol. 18, 2001, p. 113.
23. ANVISA. Agência Nacional de Vigilância Sanitária. *1º Relatório de amostras seminais para uso em reprodução humana assistida.* Brasília, 2017, p. 6.
24. ANVISA. Agência Nacional de Vigilância Sanitária. *2º Relatório de dados de importação de células e tecidos germinativos para uso em reprodução humana assistida.* Brasília, 2018, p. 5-8.

maternidade. Além disso, menciona-se a ampliação dos grupos que recorrem às técnicas de reprodução assistida, levando mulheres solteiras e casais homoafetivos a importarem gametas em face da insuficiência dos repositórios nacionais.[25] Realmente, a partir dos dados apresentados nos relatórios, o perfil dos solicitantes de amostras seminais é composto em sua maioria por mulheres solteiras (38%) e casais homossexuais (20%), em contraponto aos casais heterossexuais (42%).[26] Outro aspecto que pode justificar o crescimentos das importações de gametas é a ampliação do número de clínicas de reprodução humana assistida no Brasil. No início dos anos 2000, estima-se que havia apenas algumas dezenas em funcionamento, ao passo que, em 2018, já era possível encontrar 182 clínicas credenciadas, sendo 90% privadas.[27]

O processo de importação é intermediado pelas clínicas privadas brasileiras que têm, cada vez mais, buscado estabelecer convênios com bancos de esperma e óvulos no exterior. Isso ocorre em razão da crescente demanda por gametas nas técnicas de reprodução assistida, aliada a uma escassez dessas células em território nacional, uma vez que existem poucos bancos de gametas disponíveis. Ainda, em relação à utilização dos bancos brasileiros, há uma série de limitações quanto às informações disponíveis aos receptores, além de impossibilidade da escolha das características, conforme proibições do Conselho Federal de Medicina (CFM), o que torna o procedimento realizado no exterior mais atrativo. Não é incomum observar reportagens sobre pessoas com maior poder aquisitivo que optam por realizar a fertilização *in vitro* em outros países em razão das restrições nacionais. O grande diferencial para as importações de amostras seminais é, portanto, a possibilidade de se escolher com detalhes as características dos doadores, mesmo que o procedimento seja realizado totalmente no Brasil. São os próprios clientes brasileiros que escolhem os gametas por meio da disponibilização do acesso digital ao repositório americano. O preço a se pagar pela importação do esperma fica em torno de 1.500 dólares. No caso da importação de óvulos, o principal atrativo é a profunda dificuldade em se encontrar doadoras dispostas a passar pelo laborioso procedimento para estimulação e extração das células reprodutivas de maneira puramente altruísta.

As incoerências dessa situação são evidentes. Em tese, proíbe-se a compra e venda de gametas em território nacional, limitam-se as informações disponíveis para os casais, proíbe-se a escolha de características, dentre uma série de outras restrições impostas pelo Conselho Federal de Medicina,[28] mas permite-se a importação de gametas de países em que há um livre comércio ou que, ao menos, permitem uma compensação pela doação. O paradoxo é incontestável e pode ser compreendido a partir do fenômeno do "turismo de direitos", na expressão utilizada por Stefano Rodotà, em que as proibições

---

25. PEARSON, Samantha. Demand for american sperm is skyrocketing in Brazil. *The Wall Street Journal*, 22 mar. 2018.

26. ANVISA. Agência Nacional de Vigilância Sanitária. *2º Relatório de dados de importação de células e tecidos germinativos para uso em reprodução humana assistida*. Brasília, 2018, p. 15.

27. QUEIROZ, Christina. Gestações transnacionais. *Revista Pesquisa Fapesp,* julho de 2018, p. 72.

28. BRASIL. Conselho Federal de Medicina. *Resolução CFM 2.320/2022*. Adota normas éticas para a utilização das técnicas de reprodução assistida [...]. Diário Oficial da União, 20 set. 2022.

nacionais são contornadas pela possibilidade econômica de se escolher as normas que irão reger determinadas práticas e condutas, enfraquecendo a própria soberania nacional e a imperatividade do direito, além de levantar questões sobre desigualdade e justiça distributiva.[29]

Desse modo, a importação de gametas pode ser compreendida como mais um desdobramento do turismo reprodutivo, situação em que pessoas desconsideram quaisquer barreiras geográficas, econômicas, éticas ou jurídicas na busca incessante pelo exercício da liberdade de procriação.[30] Assim, a reprodução assistida já pode ser considerada como um dos principais exemplos do turismo de direitos, seja em decorrência das conhecidas práticas de gestação de substituição onerosa transnacionais, especialmente implementadas na Índia; do desenvolvimento de um mercado global de gametas e embriões; ou da busca por tarifas mais acessíveis para os procedimentos, o que leva milhares de pessoas a clínicas espanholas.

Ainda em relação aos dados evidenciados pelos relatórios sobre a importação de gametas, deve-se destacar outras questões problemáticas. As resoluções do Conselho Federal de Medicina limitam as informações e as escolhas de características dos doadores, mas o relatório é bastante claro em revelar que não há essas restrições nos casos de importação. Veja-se que há um predomínio na escolha de doadores caucasianos (90% para espermatozoide e 88% para óvulos); olhos azuis ou verdes (56% para espermatozoide e 39% para óvulos) e cabelos castanhos (cerca de 65% para ambas as células reprodutivas). Os dois doadores com maior número de amostras solicitadas são o #4382, descrito como caucasiano, de olhos verdes e cabelos castanhos e o #9601, descrito como caucasiano, olhos azuis e loiro.[31] Ou seja: limitam-se as informações no caso das doações realizadas em território nacional, mas não há qualquer restrição nos casos de importação. Discussões sobre eugenia podem e devem ser levadas em consideração em um pais amplamente miscigenado e diversificado, especialmente em virtude do histórico de escravidão que ainda tem reflexos marcantes na sociedade contemporânea.

Outro aspecto que merece ser mencionado a respeito da entrada da racionalidade econômica na esfera da reprodução assistida é a doação compartilhada de oócitos, prevista na Resolução CFM 2.320/2022.[32] A prática funciona da seguinte maneira: por um lado, existem mulheres, normalmente com idade avançada e com maior independência financeira, que desejam realizar procedimentos de fertilização artificial, mas seus óvu-

---

29. RODOTÀ, Stefano. *La vida e las reglas*: entre el derecho y el no derecho. Trad. Andrea Greppi. Madrid: Editorial Trotta, 2010, p. 74-80.
30. Cf. SPAR, Debora. Reproductive tourism and the regulatory map. *New England Journal of Medicine*, v. 352, n. 6, 2005, p. 531-533; SÁ, Maria de Fátima Freire de; MOUREIRA, Diogo Luna. Os novos rumos da reprodução humana: turismo reprodutivo e aspectos polêmicos das técnicas de reprodução. In: SILVA, Michael César (Org.). *Transformações do direito na contemporaneidade*: reflexões sobre direito, mercado e sustentabilidade. Belo Horizonte: Centro Universitário Newton Paiva, 2015, p. 19-36.
31. ANVISA. Agência Nacional de Vigilância Sanitária. *2º Relatório de dados de importação de células e tecidos germinativos para uso em reprodução humana assistida*. Brasília, 2018, p. 14.
32. BRASIL. Conselho Federal de Medicina. Resolução CFM 2.320/2022. Adota normas éticas para a utilização das técnicas de reprodução assistida [...]. Diário Oficial da União, 20 set. 2022. Seção IV (8).

los não possuem condições biológicas para a fecundação; por outro, existem mulheres jovens e com óvulos saudáveis, mas sem condições de arcar com os altos custos da reprodução assistida. Desse modo, a alternativa consiste em autorizar a transferência dos óvulos saudáveis e excedentários, mediante o pagamento dos custos do procedimento pela receptora, de modo que ambas as partes obtenham vantagens. Dessa maneira, há o compartilhamento tanto das despesas médicas, quanto dos óvulos coletados após o procedimento.

Em relação à doação compartilhada de oócitos, há quem defenda não haver um caráter comercial na prática, afastando-se do contrato de compra e venda por não conter uma contraprestação direta e equivalente, o que impediria a caracterização da comutatividade inerente a esse tipo contratual.[33] Não obstante, parece ser inegável a presença de uma lógica econômica na prática, uma vez que se fundamenta em uma concepção utilitarista de custo-benefício. Pode-se denominar doação compartilhada, doação onerosa, ou permuta. O que não se pode negar é o afastamento de uma prática estritamente altruísta e gratuita, tão presente nesses debates. Vários problemas ético-jurídicos decorrem da doação compartilhada. Para citar dois mais evidentes, poder-se-ia argumentar sobre a correspondência com a comercialização dos gametas femininos e sobre a provável coerção exercida sobre as mulheres que optam por dispor dos seus óvulos, uma vez que essa opção pode se apresentar como a última alternativa disponível para gerar um filho.

Por fim, é possível observar a existência de um sistema desenvolvido de maneira paralela àquele praticado pelas clínicas credenciadas para a reprodução assistida. Os altos custos dos procedimentos, a insuficiência de bancos de gametas e a escassez de clínicas que permitem o acesso via Sistema Único de Saúde (SUS) demostram a ausência de políticas públicas para efetivação do direito fundamental ao planejamento familiar, garantido pela Constituição da República de 1988 (CR/88).[34] A solução encontrada por aqueles que não possuem condições econômicas para arcar com um tratamento privado é recorrer a mecanismos informais para alcançar o sonho da procriação. As chamadas inseminações caseiras têm se difundido no Brasil por meio de grupos criados em redes sociais, apesar dos questionamentos éticos e jurídicos que o procedimento enseja, além dos riscos envolvidos.

Nesse sentido, recorda-se do caso de João Carlos Holland, amplamente noticiado pela mídia jornalística. Desde outubro de 2015, João e sua esposa disponibilizam quartos da própria casa, em São Paulo, para mulheres que desejam passar pelo procedimento da inseminação artificial caseira. Atualmente com 63 anos de idade, anuncia a si próprio em grupos de doação de espermatozoides em redes sociais. Em 2017, já havia realizado cerca de 150 doações, estimando ter colaborado para a gravidez de 24 mulheres. Em

---

33. NAVES, Bruno Torquato de Oliveira Naves; SÁ, Maria de Fátima Freire de. Panorama bioético e jurídico da reprodução humana assistida no Brasil. *Revista Bioética y Derecho*, n. 34, p. 71. 2015.
34. CORRÊA, Marilena; LOYOLA, Maria Andrea. Tecnologias de reprodução assistida no Brasil: opções para ampliar o acesso. *Revista de Saúde Coletiva*, v. 25, n. 3, p. 763-764. 2015.

2019, a estimativa era de 99 testes de gravidez positivos em mulheres espalhadas por todo o Brasil, com 49 bebês nascidos. Descreve-se como um homem loiro, de olhos azuis, com 1,80 metros de altura, 80 quilos, tipo sanguíneo O negativo, com ascendência portuguesa, inglesa, alemã e indígena. João afirma que fica feliz em ajudar as mulheres a realizarem o sonho da maternidade e acredita estar exercendo a empatia e praticando a imortalidade. O analista de sistemas assegura que não existe qualquer tipo de remuneração pela inseminação, mas somente o pagamento de uma taxa diária de 100 reais para que as receptoras permaneçam em sua casa, uma vez que muitas vêm de outros estados e permanecem por vários dias.[35]

Embora no caso narrado não haja a narrativa explícita de comercialização de gametas, o relato demonstra a facilidade que a variável econômica pode ser inserida nos modelos informais de reprodução humana assistida, principalmente em decorrência da impossibilidade fática de fiscalização dessas práticas. Em uma rápida pesquisa na internet é possível encontrar diversos *websites* hospedados no exterior com anúncios de brasileiros, residentes e domiciliados no país, oferecendo seus óvulos e esperma mediante remuneração.[36] No mesmo sentido, recentemente foi divulgado o desenvolvimento de um aplicativo para *smartphones* com a finalidade de conectar pessoas em busca de gametas a pessoas dispostas a ceder suas células reprodutivas – sem qualquer alusão à gratuidade. Seguindo o padrão dos aplicativos de relacionamento, a facilidade em encontrar brasileiros em ambos os polos é estarrecedora.[37]

Percebe-se, portanto, que o fenômeno da comodificação de gametas humanos ocorre de diversas maneiras, para além da compra e venda direta – sua manifestação mais evidente. Tanto a compensação, a doação compartilhada de oócitos, as importações, quanto o mercado paralelo e informal, demonstram que a comodificação ocorre em diferentes graus e nuances. Dessa maneira, pode-se concluir que existem ao menos quatro modelos que incidem sobre as práticas de transferência de gametas humanos, excluindo-se os países que não permitem a cessão, ainda que de maneira gratuita, de células reprodutivas, como ocorre na Alemanha. O primeiro modelo é o de *livre mercado*, representado pelos Estados Unidos, em que não há limites claros para a remuneração dos gametas transferidos, ficando sob o encargo das partes definirem os termos da cessão. O segundo modelo é o do *mercado regulado*, em que se estabelece rígidos parâmetros éticos e jurídicos para a transferência onerosa de gametas. Poder-se-ia determinar, por exemplo, um preço fixo para remunerar as pessoas que escolham ceder suas células reprodutivas. O terceiro modelo é o da *compensação*, presente em países como Espanha, Portugal e Reino Unido, em que se permite algum tipo de recompensa pelo tempo despendido e pelos danos ocorridos durante o processo de transferência, embora haja uma limitação decorrente do princípio da gratuidade para as doações de materiais humanos. Por fim, há o modelo *altruísta*, em que não

---

35. LEMOS, Vinícius. Os brasileiros que doam sêmen para inseminações caseiras. *BBC Brasil*, 29 nov. 2017; CORSINI, Camila. Este brasileiro busca a imortalidade inseminando desconhecidas. *Vice Brasil*, 21 fev. 2019.
36. Cf. www.surrogatefinder.com; www.findsurrogatemother.com; www.mysurrogatemom.com.
37. CAMPBELL, Olivia. This new app is tinder for sperm and egg donors. *HuffPost*, 5 maio 2017.

se permite qualquer tipo de remuneração ou compensação pela doação de gametas, como ocorre, supostamente, no Brasil e na Itália.[38]

4. UM OLHAR MAIS ATENTO À IMPORTAÇÃO DE GAMETAS

A importação de gametas tem crescido de maneira vertiginosa no Brasil, conforme relatórios publicados pela ANVISA, amplamente discutidos acima.[39] A partir dos dados fornecidos, faz-se necessário evidenciar as incoerências em se reconhecer a validade da importação de gametas de países em que se permite a compra e venda ou a compensação pela doação, enquanto se proíbe essas práticas em território nacional – ao menos na compreensão mais aceita pela literatura e pelos tribunais.

A interpretação mais difundida defende que há ampla proibição de comercialização de gametas humanos no ordenamento jurídico brasileiro.[40] O principal fundamento para esse posicionamento seria o art. 199, § 4º da Constituição da República de 1988, o qual prevê que "a lei disporá sobre as condições e os requisitos que facilitem a remoção de órgãos, tecidos e substâncias humanas para fins de transplante, pesquisa e tratamento, bem como a coleta, processamento e transfusão de sangue e seus derivados, sendo vedado todo tipo de comercialização".[41] Embora não haja menção expressa dos gametas, entende-se que haveria uma vedação ampla e genérica à comercialização de todo e qualquer elemento corporal.[42] No mesmo sentido, a Resolução CFM 2.320/2022

---

38. Em sentido similar, Christian Lenk e Katharina Beier apresentam um diagnóstico em relação aos níveis de comercialização de materiais corporais humanos, a partir da análise da legislação dos países europeus. No primeiro nível estaria a abordagem contrária a qualquer tipo de comercialização. No segundo nível estaria permitida apenas a comercialização admitida pelo doador, fundada no seu direito de determinar os usos lícitos de seus materiais biológicos. No terceiro nível haveria a fixação pelo governo, em maior ou menor medida, dos preços permitidos para a disposição dos materiais biológicos de origem humana. Por fim, no quarto nível haveria um livre-comércio. O grande mérito dos autores consiste em identificar que a comercialização ocorre em diferentes graus e de diversas maneiras, apresentando nuances específicas em cada nível. Cf. LENK, Christian; BEIER, Katharina. Is the commercialisation of human tissue and body material forbidden in the countries of the European Union? *Journal of Medical Ethics*, v. 38, p. 343. 2012.
39. ANVISA. Agência Nacional de Vigilância Sanitária. *1º Relatório de amostras seminais para uso em reprodução humana assistida*. Brasília, 2017; ANVISA. Agência Nacional de Vigilância Sanitária. *2º Relatório de dados de importação de células e tecidos germinativos para uso em reprodução humana assistida*. Brasília, 2018.
40. Por todos, cf. OLIVEIRA, Deborah Ciocci Alvarez; BORGES JR., Edson. *Reprodução humana assistida*: até onde podemos chegar. São Paulo: Editora Gaia, 2000, p. 32.
41. BRASIL. *Constituição da República Federativa do Brasil de 1988*. Disponível em: http://bit.ly/2zaHKw2. Acesso em: 19 ago. 2021.
42. No desenvolvimento da tese que deu origem ao presente artigo, discorda-se desse posicionamento. Os fundamentos para a discordância se baseiam em duas linhas argumentativas: primeiro, questiona-se o que pode ser compreendido como "substância humana", uma vez que, se interpretado de maneira generalista, até mesmo os cabelos – amplamente comercializados – estariam incluídos no escopo da norma; segundo, questiona-se o deve ser compreendido como comercialização, especialmente a partir de decisões do Supremo Tribunal Federal, que tem se posicionado reiteradamente de maneira favorável aos benefícios indiretos para a doação de sangue. Cf. OLIVEIRA, Lucas Costa de. *Gametas como mercadorias*: os desafios ético-jurídicos da comodificação de gametas humanos. Tese (Doutorado em Direito) – Faculdade de Direito da Universidade Federal de Minas Gerais. Belo Horizonte, 2021, p. 33-47; OLIVEIRA, Lucas Costa de. Elementos para uma hermenêutica adequada do art. 199, § 4º, da Constituição da República. *Revista de Informação Legislativa*, v. 59, p. 129-145, 2022.

dispõe que a doação de gametas e embriões não poderá ter caráter lucrativo ou comercial, ressalvada a possibilidade da doação compartilhada de oócitos.[43]

Não obstante, ainda que se interprete o art. 199, § 4º da Constituição da República de 1988 como um comando definitivo e aplicável diretamente a todas as hipóteses de comercialização de materiais de origem humana, especialmente na ausência de regras específicas sobre reprodução humana assistida, faz-se importante destacar que não há a criminalização da compra e venda de gametas humanos no ordenamento jurídico brasileiro. A Lei de Doação de Órgãos, Tecidos e Partes do Corpo Humano (Lei 9.434/1997) criminaliza a compra e venda de órgãos, tecidos e partes do corpo humano, estabelecendo uma pena de reclusão de três a oito anos e multa (art. 15). Acontece que a própria lei exclui do seu âmbito normativo o sangue, o esperma e o óvulo (art. 1º, parágrafo único). Assim, não há como realizar uma interpretação extensiva para incluir a criminalização de gametas, uma vez que a exclusão é expressa.[44] No mesmo sentido, a Lei de Biossegurança (Lei 11.105/2005) apenas tipifica o crime de compra e venda de embriões, não fazendo menção às células germinativas humanas.[45] Assim, partindo do princípio da legalidade, a única conclusão possível é a de que não há crime previsto para a venda de gametas humanos, o que, somado à ausência de densificação do preceito constitucional, acaba por estimular as diversas práticas de comodificação relatadas nos tópicos anteriores.[46]

Nesse sentido, poder-se-ia pensar que a importação dos gametas tem sido efetivada de maneira informal, às margens da regulação estatal. Contudo, essa inferência é equivocada. A ANVISA deve, obrigatoriamente, participar de todos os procedimentos para importação de materiais de origem humana, tais como órgãos, tecidos e células. A referida agência é uma autarquia sob o regime especial, criada pela Lei 9.782/1999. A sua finalidade institucional consiste em promover a proteção da saúde da população por intermédio do controle sanitário da produção e consumo de produtos e serviços submetidos à vigilância sanitária, inclusive dos ambientes, dos processos, dos insumos e das tecnologias a eles relacionados, bem como o controle de portos, aeroportos, fronteiras e recintos alfandegados.[47]

Em relação à importação de células reprodutivas humanas, o procedimento está previsto na Resolução da Diretoria Colegiada (RDC) 81, publicada em 5 de novembro de 2008, com alterações posteriores.[48] Dentre as normas previstas, destacam-se as se-

---

43. BRASIL. Conselho Federal de Medicina. Resolução CFM 2.320/2022. Adota normas éticas para a utilização das técnicas de reprodução assistida [...]. Diário Oficial da União, 20 set. 2022. Seção IV (1).
44. BRASIL. Lei 9.434, de 4 de fevereiro de 1997. Dispõe sobre a remoção de órgãos, tecidos e partes do corpo humano para fins de transplante e tratamento. Disponível em: http://bit.ly/2Ke5fdt. Acesso em: 12 nov. 2019.
45. BRASIL. Lei 11.105, de 24 de março de 2005. Regulamenta os incisos II, IV e V do § 1º do art. 225 da Constituição Federal, estabelece normas de segurança e mecanismos de fiscalização de atividades que envolvam organismos geneticamente modificados e seus derivados. Disponível em: http://bit.ly/2q8XSgo. Acesso em: 12 out. 2021.
46. Cf. STANCIOLI, Brunello. Geração X: Lei não prevê crime para venda de óvulos. Consultor Jurídico, 28 abr. 2013.
47. ANVISA. Agência Nacional de Vigilância Sanitária. Institucional. Disponível em: http://bit.ly/2CMscjA. Acesso em: 16 ago. 2021.
48. ANVISA. Agência Nacional de Vigilância Sanitária. Resolução da Diretoria Colegiada 81, de 5 de novembro de 2008. Dispõe sobre o Regulamento Técnico de Bens e Produtos Importados para fins de Vigilância Sanitária. Disponível em: http://bit.ly/33O9eFg. Acesso em: 16 ago. 2021.

guintes: (i) necessidade da manifestação expressa e favorável da ANVISA previamente ao seu embarque no exterior; (ii) responsabilização pessoal do profissional que realizará o procedimento de reprodução humana assistida e do responsável legal da instituição de saúde onde o procedimento será realizado; (iii) obrigação pelo cumprimento das normas regulamentares e legais pelas medidas, formalidades e exigências ao processo administrativo de importação; (iv) necessidade de identificação do Banco de Células e Tecidos Germinativos no qual o material será armazenado e do estabelecimento de saúde onde o procedimento terapêutico for realizado, com identificação das respectivas licenças sanitárias.[49]

Exige-se também a identificação do material biológico com a descrição da sua quantidade; a identificação da receptora, do casal receptor ou do proprietário; a justificativa da importação; as condições de armazenamento e de acondicionamento até o momento de sua utilização; o país de origem e de procedência do material a ser importado; a identificação do transportador; o local e a data prevista para sua chegada. No caso específico de importação de gametas, exige-se ainda a identificação, o endereço completo e os documentos da instituição fornecedora; os dados fenotípicos do doador; e os documento comprobatórios da ausência de células ou tecidos germinativos disponíveis no país.[50]

Há também diversas regras de caráter técnico sobre o acondicionamento e transporte do material na resolução em análise. Contudo, para o propósito do presente artigo, as informações apresentadas são suficientes. Uma vez que todo o procedimento de importação é regulado e fiscalizado de maneira minuciosa pela ANVISA, não há a possibilidade de desconhecimento da origem dos gametas, inclusive suas repercussões econômicas. Embora a resolução não entre no mérito da comercialização e outras matérias relacionadas ao cumprimento da lei, estabelece que "caberá ao importador a obrigação pelo cumprimento das normas regulamentares e legais, medidas, formalidades e exigências ao processo administrativo de importação".[51] Não obstante tal previsão, por ser uma autarquia federal, seus limites normativos se encontram amparados estritamente na legislação. Não seria lícito regular a importação de substâncias que são proibidas pela lei, por violar sua competência regulatória. Admitir o contrário seria equivalente a aceitar a possibilidade de se regular a importação de drogas ilícitas.

A compra e venda internacional de mercadorias, embora admita uma variação a respeito das normas jurídicas incidentes sobre o negócio jurídico, não pode violar preceitos de ordem pública. Assim, se a compra e venda de gametas em território nacional é vedada, não seria possível interpretar de maneira distinta no caso de compra e venda

---

49. ANVISA. Agência Nacional de Vigilância Sanitária. *Processo para autorização de importação de pré-embriões humanos dos próprios genitores e de importação de sêmen para utilização em reprodução humana assistida.* Disponível em: http://bit.ly/2NR6HER. Acesso em: 16 ago. 2021.

50. ANVISA. Agência Nacional de Vigilância Sanitária. *Processo para autorização de importação de pré-embriões humanos dos próprios genitores e de importação de sêmen para utilização em reprodução humana assistida.* Disponível em: http://bit.ly/2NR6HER. Acesso em: 16 ago. 2021.

51. ANVISA. Agência Nacional de Vigilância Sanitária. *Resolução da Diretoria Colegiado 81, de 5 de novembro de 2008.* Dispõe sobre o Regulamento Técnico de Bens e Produtos Importados para fins de Vigilância Sanitária. Disponível em: http://bit.ly/33O9eFg. Acesso em: 16 ago. 2021. Capítulo XXIII, Seção I, dispositivo 4.

internacional, uma vez que se criaria um paradoxo legislativo. Nesse sentido, pode-se afirmar que o Brasil se tornou cúmplice do modelo de livre mercado praticado nos Estados Unidos. Trata-se de uma abordagem hipócrita, como se o direito tivesse uma pretensão de validade puramente nacionalista ou territorialista. Ainda, essa abordagem afasta qualquer argumentação ética que, no plano de justificação das normas, fundamenta a proibição de comercialização de "substâncias humanas", uma vez que a racionalidade ética levanta uma pretensão de universalidade. Desse modo, defender que uma prática rompe com certos padrões éticos e jurídicos em âmbito nacional, implica a necessidade de se estender a mesma racionalidade a outros contextos, ainda que estrangeiros.

Ainda assim, como observa Guido Pennings, esse tipo de abordagem tem se tornado comum na regulação das biotecnologias e biomateriais. Um exemplo conhecido é o da produção de embriões humanos com a finalidade de utilização em pesquisas com células tronco. Em razão do contestado status moral dos embriões, muitos países proibiram ou limitaram a sua utilização com esse propósito. Contudo, devido ao potencial que as pesquisas com células tronco embrionárias possuem, países que adotaram medidas restritivas, a exemplo da Alemanha e da Itália, passaram a admitir a importação de embriões de países com uma legislação mais permissiva. A contradição é evidente: defende-se que o uso de embriões em pesquisas é errado, mas somente se forem embriões dos seus próprios cidadãos. Mais uma vez, entende-se que tais países se tornam cúmplices das práticas que desejam desestimular, perpetuando e fortalecendo uma situação no exterior que pretendem abolir em seus próprios territórios. Assim, não há qualquer tipo de superioridade moral ou distinção jurídica entre países que adotam um modelo de regulação calcado na importação – lógica que também pode ser observada em outros tópicos, como nas pesquisas com animais.[52]

Um caminho mais coerente, ainda que se discorde do conteúdo, pode ser observado no modelo francês. Em 2012, o Diretor Geral da Saúde escreveu uma carta para todos os diretores de clínicas de fertilidade da França informando que a obtenção de gametas de clínicas estrangeiras que não cumprissem os requisitos impostos pela legislação francesa poderia ser punida com pena de prisão e multa de 75 mil euros. Dentre os diversos limites impostos pela legislação francesa – casais heterossexuais, vivos, em idade reprodutiva, anonimato dos doadores e dos recipientes, motivação altruística e triagem dos doadores –, a proibição do pagamento se destaca. A França é um dos países europeus com regras mais rígidas em relação à compensação, limitando-se ao reembolso das despesas devidamente comprovadas.[53] Assim, pode-se concluir que a importação somente ocorre de maneira coerente quando se desenvolve em conformidade com as regras internas de cada sistema jurídico.

---

52. PENNINGS, Guido. Import and export of gametes: ethical and legal issues. In: LUNDIN, Susanne; PETERSEN, Michael; KROLØKKE, Charlotte et al. *Global bodies in grey zones*: health, hope, biotechnology. Stellenbosch: Sun Press 2016, p. 115-116.
53. PENNINGS, Guido. Import and export of gametes: ethical and legal issues. In: LUNDIN, Susanne; PETERSEN, Michael; KROLØKKE, Charlotte et al. *Global bodies in grey zones*: health, hope, biotechnology. Stellenbosch: Sun Press 2016, p. 113-114.

O grande problema é que a reprodução humana assistida é um tema complexo, de maneira que a total identificação na regulação de diferentes países é bastante improvável. No caso do Brasil, embora não haja lei específica que aborde o tema – o que poderia afastar essa objeção – pode-se adotar a resolução do Conselho Federal de Medicina, uma vez que vincula as clínicas que efetuam os procedimentos. Além das diferenças em relação ao pagamento, compensação e compartilhamento de óvulos, já mencionadas anteriormente, há diversas outras nuances que devem ser analisadas. Pennings destaca três aspectos centrais que tornam a importação e exportação de gametas uma temática tão complexa. Primeiro, haveria uma dificuldade em se controlar os limites de descendentes gerados com os gametas de um mesmo doador. Trata-se de um aspecto importante e presente em diversas legislações, buscando-se a diminuição das chances de um relacionamento incestuoso. Contudo, o grande problema seria de ordem prática: como controlar a maneira que as clínicas internacionais estão utilizando os gametas? Os limites seriam restritos a cada país ou seria um limite global? Segundo, haveria o problema do anonimato, uma vez que cada país possui um entendimento diferente em relação a essa temática. Assim, questiona-se: qual legislação deve ser aplicada? A do país que exportou ou a do país que importou os gametas? Por fim, há o problema da obtenção do consentimento informado específico para essa finalidade, o que parece não estar sendo efetivado pelas clínicas. Desse modo, deve-se buscar um consentimento específico para a exportação? O doador teria o direito de restringir a cessão a certos países ou etnias? Como se percebe, a importação de gametas engendra problemas bastante amplos e complexos, para além da comercialização.[54]

Em sucinto artigo, Chin Heng sintetiza os principais problemas éticos e jurídicos nas transações internacionais de esperma e óvulos. Em primeiro lugar, destaca a contradição que existe na importação de gametas de países que possuem regulações distintas em relação à compensação do doador. Também é evidenciado o problema decorrente da ausência de uma legislação internacional clara e transparente para regular a prática da importação. No caso da cessão de óvulos congelados, o autor aponta que o uso da técnica ainda apresentaria taxas mais baixas de sucesso e que isso deveria ser devidamente informado. No entanto, desde a data de publicação do artigo, as técnicas evoluíram consideravelmente, apresentando índices similares à fertilização com óvulos frescos. Por fim, defende a necessidade de barreiras regulatórias para que as clínicas de fertilidade não atuem como corretoras de gametas.[55]

Dessa maneira, conclui-se que a importação de gametas desafia as regulações internas de cada país, além de contestar os fundamentos éticos para a proibição da comercialização de gametas humanos. Estabelecer rígidos parâmetros para a cessão de gametas em território nacional e desconsiderá-los completamente no contexto interna-

---

54. PENNINGS, Guido. Import and export of gametes: ethical and legal issues. In: LUNDIN, Susanne; PETERSEN, Michael; KROLØKKE, Charlotte et al. *Global bodies in grey zones*: health, hope, biotechnology. Stellenbosch: Sun Press 2016, p. 109-110, 115.

55. HENG, Boon Chin. Legal and ethical issues in the international transaction of donor sperm and eggs. *The Journal of Assisted Reproduction and Genetics*, v. 24, 2007, p. 107-109.

cional é um paradoxo que somente se explica pela ausência de clareza no debate sobre a comodificação do corpo humano. Assim, argumenta-se que, independentemente da maneira com que se regula a reprodução assistida, deve-se aplicar as mesmas regras e princípios nos casos de importação, sob pena de se criar uma nova forma de turismo de direitos em que, ao invés do movimento das pessoas, deslocam-se os próprios materiais humanos. Essa abordagem tem como principal efeito o enfraquecimento da validade e efetividade do direito interno, devendo, portanto, ser afastada.

5. CONSIDERAÇÕES FINAIS

Apesar de todas as situações apresentadas ao longo do artigo, quando se pensa em problemas relacionados a materiais de origem humana, especialmente concernentes à reprodução assistida, direitos reprodutivos e planejamento familiar, há uma tendência a reduzir os questionamentos ético-jurídicos a um elemento central: o embrião. Discute-se sobre sua natureza jurídica e ontológica, sobre a possibilidade de pesquisa, manipulação, destruição, criopreservação, transferência e diversos outros desdobramentos.[56]

Ao contrário do que se verifica com os embriões, existem poucas pesquisas com o objeto de estudo restrito às configurações éticas e jurídicas dos gametas, especialmente em território nacional. A falta de interesse pela temática é reverberada nas normas vigentes do ordenamento jurídico brasileiro, algo próximo à anomia. Apesar do aumento considerável da utilização das técnicas de reprodução assistida no Brasil, não há legislação específica sobre o tema. Desse modo, as resoluções do Conselho Federal de Medicina se destacam no estabelecimento de diretrizes para a solução de conflitos nessa área, embora não tenham caráter de lei e sejam direcionadas aos médicos e às clínicas. A respeito da comercialização de gametas humanos, o posicionamento mais explícito consiste em interpretar o art. 199, § 4º da Constituição da República de 1988 como uma proibição absoluta a qualquer tipo de uso comercial do corpo, suas partes e substâncias. Nesse sentido, a Resolução CFM 2.320/2022 dispõe que a doação de gametas e embriões não poderá ter caráter lucrativo ou comercial, ressalvada a possibilidade da doação compartilhada de oócitos.

De todo modo, apesar da constatação da diminuta importância dos gametas humanos em pesquisas para além das ciências biológicas, a situação fática exige uma postura crítica. Com os avanços biotecnológicos em relação à reprodução humana assistida, os gametas passaram a ocupar posição de destaque no cenário da medicina reprodutiva. Óvulos e espermatozoides constituem a matéria-prima de todo o processo de fertilização artificial. Sem a estimulação, extração, manipulação, conservação e transferência desses biomateriais, não seria possível a aplicação de nenhuma das técnicas mais eficazes para superar a infertilidade. Assim sendo, a procura por células reprodutivas tende a

---

56. Cf. FRIAS, Lincoln. *A ética do uso e da seleção de embriões.* Florianópolis: Editora da UFSC, 2012; MEIRELLES, Jussara. *A vida humana embrionária e sua proteção jurídica.* Rio de Janeiro: Renovar, 2000.

aumentar ao longo do tempo, como se depreende da experiência norte-americana e espanhola, fragilizando ainda mais o sistema brasileiro que, impossibilitado de suprir a demanda atual, observa o crescimento das importações, das doações compartilhadas e das inseminações e transferências caseiras.[57]

Dessa maneira, buscou-se demonstrar, especialmente por meio de dados empíricos, que os gametas humanos têm sido tratados como objetos inseridos em um contexto mercadológico, seja em uma perspectiva global, seja em território nacional. Práticas como a compensação e a doação compartilhada de oócitos sem critérios claros e precisos, a importação e exportação de gametas sem se atentar às diferenças sociais e legislativas de cada país, além das práticas informais e paralelas, tais como as inseminações caseiras, demonstram que o ímpeto pelo exercício dos direitos reprodutivos e de um livre planejamento familiar tende a ignorar restrições éticas e jurídicas.

Vários são os problemas que decorrem da comodificação de gametas humanos. Para evidenciar um problema que se relaciona de maneira mais direta e imediata como a temática proposta nesta obra coletiva, destaca-se a injustiça distributiva, uma vez que os gametas têm sido compreendidos como bens que apenas classes mais abastadas têm amplo acesso, permitindo o exercício pleno de direitos reprodutivos e do livre planejamento familiar somente a uma parcela bastante reduzida da população brasileira. Assim, observa-se que as oportunidades de efetivação de um livre planejamento familiar se encontram longe de condições de igualdade, tornando-se um direito restrito a classes com maior poder aquisitivo, além de submeter pessoas vulneráveis a situações de risco e insegurança, como nos casos de inseminações caseiras. Essas famílias vulneráveis e com menos recursos financeiros acabam por depender do Sistema Único de Saúde que, embora tenha toda a competência e qualidade para gerir e distribuir esses recursos, depende da solidariedade de pessoas que estejam aptas a doar seus gametas.

A saída, como defendido alhures,[58] parece caminhar em direção à regulação das práticas de comercialização de gametas humanos, partindo de rígidos critérios éticos que implementem parâmetros e valores desejáveis, tal como uma distribuição justa e equânime, de modo que todos possam exercer seus direitos reprodutivos de maneira igualitária, como desdobramento do direito fundamental ao livre planejamento familiar. Contudo, em razão do recorte metodológico e das próprias limitações espaciais do presente artigo, o aprofundamento desse debate, bem como possíveis parâmetros regulatórios, ficarão como objetos para pesquisas vindouras.

---

57. TOBER, Diane; PAVONE, Vicenzo. Las bioeconomías de la provisión de óvulos en Estados Unidos y em España: uma comparación de los mercados médicos y las implicaciones en la atención a las donantes. *Revista de Antropología Social*, v. 27, n. 2, p. 162. 2018.

58. OLIVEIRA, Lucas Costa de. *Gametas como mercadorias*: os desafios ético-jurídicos da comodificação de gametas humanos. Tese (Doutorado em Direito) – Faculdade de Direito da Universidade Federal de Minas Gerais. Belo Horizonte, 2021.

6. REFERÊNCIAS

ANVISA. Agência Nacional de Vigilância Sanitária. *1º Relatório de amostras seminais para uso em reprodução humana assistida*. Brasília, 2017. Disponível em: https://bit.ly/3fzh2n6. Acesso em: 16 ago. 2021.

ANVISA. Agência Nacional de Vigilância Sanitária. *2º Relatório de dados de importação de células e tecidos germinativos para uso em reprodução humana assistida*. Brasília, 2018. Disponível em: https://bit.ly/3d-nu0kY. Acesso em: 25 ago. 2021.

ANVISA. Agência Nacional de Vigilância Sanitária. *Processo para autorização de importação de pré-embriões humanos dos próprios genitores e de importação de sêmen para utilização em reprodução humana assistida*. Disponível em: http://bit.ly/2NR6HER. Acesso em: 16 ago. 2021.

ANVISA. Agência Nacional de Vigilância Sanitária. *Resolução da Diretoria Colegiada 81, de 5 de novembro de 2008*. Dispõe sobre o Regulamento Técnico de Bens e Produtos Importados para fins de Vigilância Sanitária. Disponível em: http://bit.ly/33O9eFg. Acesso em: 16 ago. 2021.

BAUM, Kenneth. Golden eggs: towards the rational regulation of oocyte donation. *Brigham Young University Law Review*, p. 107-166, 2001.

BRASIL. Conselho Federal de Medicina. Resolução CFM 2.320/2022. Adota normas éticas para a utilização das técnicas de reprodução assistida [...]. Diário Oficial da União, 20 set. 2022.

BRASIL. Constituição da República Federativa do Brasil de 1988. Disponível em: http://bit.ly/2zaHKw2. Acesso em: 19 ago. 2021.

BRASIL. Lei 9.434, de 4 de fevereiro de 1997. Dispõe sobre a remoção de órgãos, tecidos e partes do corpo humano para fins de transplante e tratamento. Disponível em: http://bit.ly/2Ke5fdt. Acesso em: 12 ago. 2021.

BRASIL. Lei 11.105, de 24 de março de 2005. Regulamenta os incisos II, IV e V do § 1º do art. 225 da Constituição Federal, estabelece normas de segurança e mecanismos de fiscalização de atividades que envolvam organismos geneticamente modificados e seus derivados. Disponível em: http://bit.ly/2q8XSgo. Acesso em: 12 out. 2021.

CAMPBELL, Olivia. This new app is tinder for sperm and egg donors. *HuffPost*, 5 May 2017. Disponível em: https://bit.ly/3mgVxst. Acesso 03 abr. 2021.

COBO, Ana. Oocytes and embryo cryopreservation. In: GARDNER, David; SIMÓN, Carlos (Ed.). *Handbook of in vitro fertilization*. 4. ed. Boca Raton: CRC Press, 2017.

CORRÊA, Marilena; LOYOLA, Maria Andrea. Tecnologias de reprodução assistida no Brasil: opções para ampliar o acesso. *Revista de Saúde Coletiva*, v. 25, n. 3, p. 753-777, 2015.

CORSINI, Camila. Este brasileiro busca a imortalidade inseminando desconhecidas. *Vice Brasil*, 21 fev. 2019. Disponível em: https://bit.ly/3dqdnoW. Acesso em: 03 abr. 2021.

DICKENSON, Donna. *Body shopping*: the economy fuelled by flesh and blood. Oxford: Oneworld, 2008.

ENGLAND. *Human Fertilisation and Embryology Act*, 1990. Disponível em: https://bit.ly/3rMYuSA. Acesso em: 3 set. 2021.

EUROPEAN COMMISSION. *Commission staff working document*: on the implementation of the principle of voluntary and unpaid donation for human tissues and cells. Brussels, 2016. Disponível em: https://bit.ly/31HrrVx. Acesso em: 3 set. 2021.

FRIAS, Lincoln. *A ética do uso e da seleção de embriões*. Florianópolis: Editora da UFSC, 2012.

GOOLD, Imogen. Trust women to choose: a response to John A. Robertson's "Egg freezing and Egg banking: empowerment and alienation in assisted reproduction". *Journal of Law and the Biosciences*, p. 507-541, 2017.

GOSÁLBEZ, Pablo Enguer; FERNÁNDEZ, Francisca Ramón. Dilemas bioéticos y jurídicos de la reproducción asistida en la sociedad actual en España. *Revista Latinoamericana de Bioética*, v. 18, ed. 34, p. 104-135, 2018.

HEALY, Mae Wu; HILL, Micah; DECHERNEY, Alan. IVF: the first four decades. In: GARDNER, David; SIMÓN, Carlos (Ed.). *Handbook of in vitro fertilization*. 4. ed. Boca Raton: CRC Press, 2017.

HENG, Boon Chin. Legal and ethical issues in the international transaction of donor sperm and eggs. *The Journal of Assisted Reproduction and Genetics*, v. 24, p. 107-109, 2007.

KAZ, Roberto. Toma que o óvulo é teu. *Revista Piauí*, v. 9, 2007. Disponível em: https://bit.ly/3sHpl3X. Acesso em: 03 abr. 2021.

LEMOS, Vinícius. Os brasileiros que doam sêmen para inseminações caseiras. *BBC Brasil*, 29 nov. 2017. Disponível em: https://bbc.in/3d7UCVa. Acesso em: 03 abr. 2021.

LENK, Christian; BEIER, Katharina. Is the commercialisation of human tissue and body material forbidden in the countries of the European Union? *Journal of Medical Ethics*, v. 38, p. 342-346, 2012.

MARREN, Niamh; JONES, Nick. Movement of gametes and embryos across borders (HFEA 872). *Human Fertilisation and Embryology Authority*, 8 Mar. 2018. Disponível em: https://bit.ly/30JYKrP. Acesso em: 03 abr. 2021.

MEIRELLES, Jussara. *A vida humana embrionária e sua proteção jurídica*. Rio de Janeiro: Renovar, 2000.

NAVES, Bruno Torquato de Oliveira Naves; SÁ, Maria de Fátima Freire de. Panorama bioético e jurídico da reprodução humana assistida no Brasil. *Revista Bioética y Derecho*, n. 34, p. 65-80, 2015.

OLIVEIRA, Deborah Ciocci Alvarez; BORGES JR., Edson. *Reprodução humana assistida*: até onde podemos chegar. São Paulo: Editora Gaia, 2000.

OLIVEIRA, Lucas Costa de. *Gametas como mercadorias*: os desafios ético-jurídicos da comodificação de gametas humanos. Tese (Doutorado em Direito) – Faculdade de Direito da Universidade Federal de Minas Gerais. Belo Horizonte, 2021.

PEARSON, Samantha. Demand for american sperm is skyrocketing in Brazil. *The Wall Street Journal*, 22 Mar. 2018. Disponível em: https://on.wsj.com/3frzOJF. Acesso em: 03 abr. 2021.

PENNINGS, Guido. Import and export of gametes: ethical and legal issues. In: LUNDIN, Susanne; PETERSEN, Michael; KROLØKKE, Charlotte et al (Ed.). *Global bodies in grey zones*: health, hope, biotechnology. Stellenbosch: Sun Press, 2016.

QUEIROZ, Christina. Gestações transnacionais. *Revista Pesquisa Fapesp*, p. 70-75, jul. 2018.

RODOTÀ, Stefano. *La vida e las reglas*: entre el derecho y el no derecho. Traducción de Andrea Greppi. Madrid: Editorial Trotta, 2010.

SÁ, Maria de Fátima Freire de; MOUREIRA, Diogo Luna. Os novos rumos da reprodução humana: turismo reprodutivo e aspectos polêmicos das técnicas de reprodução. In: SILVA, Michael César (Org.). *Transformações do Direito na Contemporaneidade*: reflexões sobre direito, mercado e sustentabilidade. Belo Horizonte: Centro Universitário Newton Paiva, 2015.

SANDEL, Michael. *O que o dinheiro não compra*: os limites morais do mercado. Trad. Clóvis Marques. Rio de Janeiro: Civilização Brasileira, 2014.

SHANLEY, Mary Lyndon. El derecho reproductivo y el mercado de esperma y óvulos. *Revista Internacional de Filosofía Política*, v. 18, p. 257-284, 2001.

SPAR, Debora. *O negócio de bebés*: como o dinheiro, a ciência e a política comandam o comércio da concepção. Trad. Benedita Bittencourt. Coimbra: Almedina, 2007.

SPAR, Debora. Reproductive tourism and the regulatory map. *New England Journal of Medicine*, vol. 352, n. 6, p. 531-533, 2005.

STANCIOLI, Brunello. Geração X: Lei não prevê crime para venda de óvulos. *Consultor Jurídico*, 28 abr. 2013.

TOBER, Diane; PAVONE, Vicenzo. Las bioeconomías de la provisión de óvulos en Estados Unidos y em España: uma comparación de los mercados médicos y las implicaciones en la atención a las donantes. *Revista de Antropología Social*, v. 27, n. 2, p. 261-286, 2018.

A DESTINAÇÃO DOS EMBRIÕES CRIOPRESERVADOS EM CASO DE RECUPERAÇÃO JUDICIAL OU FALÊNCIA DE CLÍNICAS DE REPRODUÇÃO HUMANA ASSISTIDA

Renata Oliveira Almeida Menezes

Doutora em Direito Privado pela Universidade Federal de Pernambuco, com Período Sanduíche na Universidade de Lisboa. Doutora em Ciências Jurídicas e Sociais pela Universidade Federal de Campina Grande e Universidad del Museo Social Argentino. Mestre em Direito Privado pela Universidade Federal de Pernambuco. Especialista em Direito pela Faculdade de Ciências Sociais Aplicadas. Bacharela em Direito pela Universidade Estadual da Paraíba. Professora Adjunta do PPGD e da Graduação da Universidade Federal do Rio Grande do Norte. Advogada licenciada. E-mail: renattaolive@gmail.com.

Rafael Vieira de Azevedo

Doutor e Mestre em Direito Privado pela Universidade Federal de Pernambuco. Bacharel em Direito pela Universidade Estadual da Paraíba. Professor Adjunto da Universidade Federal do Rio Grande do Norte. Coordenador do Curso de Direito do Centro de Ensino Superior do Seridó – UFRN. E-mail: rafaelazevedo2013@gmail.com.

Sumário: 1. Introdução – 2. Aspectos gerais sobre o embrião na reprodução humana assistida – 3. A regulamentação sobre o armazenamento e descarte de embriões em clínicas de reprodução humana assistida – 4. Armazenamento, transferência e descarte de embriões no plano de recuperação judicial – 5. Armazenamento, transferência e descarte de embriões no processo de falência – 6. Conclusão – 7. Referências.

1. INTRODUÇÃO

A lei de recuperação judicial e falências (Lei 11.101/2005) possibilita a resolução da crise empresarial por meio de um processo de execução concursal (falência) ou de novação das obrigações do devedor em crise, possibilitada a partir da aprovação de um plano de recuperação elaborado pelo devedor e aprovado pelos credores, no *quórum* fixado em lei. Há duas modalidades de recuperação de empresas, a extrajudicial e a judicial, essa última ocorre quando a mencionada novação em processo judicial.

Sob essa perspectiva, cumpre assinalar que a reforma performada pela Lei 14.112, de 2020, apresentou outras possibilidades de solução da crise, inclusive prevendo que os próprios credores apresentem um plano de recuperação judicial, em substituição àquele apresentado pelo devedor.

Apesar da modernização, a reforma da Lei 11.101, de 2005, não apresentou uma solução para questões sensíveis envolvendo a atividade da reprodução humana assistida, quando exercida como atividade econômica empresarial. Tanto na análise do plano de recuperação, quando no processo de falência, há questões sensíveis que ultrapassam a esfera do interesse patrimonial dos envolvidos, a saber, as que se referem aos embriões e aos materiais genéticos armazenados nos estabelecimentos empresariais.

O problema de pesquisa do presente artigo parte da seguinte pergunta: qual destinação pode ser dada aos embriões armazenados nas clínicas de reprodução humana assistida em caso de falência e de recuperação judicial?

As duas hipóteses, levantadas *a priori*, são: os embriões não entram dentro do conceito de ativo, por não possuírem natureza de coisa; a destinação dos embriões armazenados em clínicas de reprodução assistida, atingidas pelo regime concursal, deve proceder em conformidade com a lei de biossegurança e as normas gerais de Biodireito, compatibilizando essas normativas com as regras de direito empresarial e o princípio da preservação da empresa.

O objetivo geral da pesquisa é fixar os limites a serem observados pelos atores do processo de falência e de recuperação judicial no que concerne a destinação dos embriões armazenados no estabelecimento do devedor. Os objetivos específicos são: analisar o estado atual da normatização de Biodireito no Brasil no que diz respeito ao armazenamento e descarte de embriões em clínicas de reprodução humana assistida; apresentar alternativas viáveis que podem ser apresentadas em plano de recuperação judicial para destinação desses e; propor parâmetros a serem observados no processo concursal de falência para proteção e destinação desses embriões, com observância da legislação pertinente e causando o menor ônus possível ao interesse dos credores.

Para tanto, será feito uso do método dedutivo, confrontando as previsões legislativas acerca da destinação da massa falida objetiva, com a proteção jurídica dos embriões criopreservados nos tanques de hidrogênio das empresas executadas. Será feita pesquisa bibliográfica e documental, utilizando o método da interpretação sistemática para buscar compatibilidade entre as normas de biodireito vigentes no Brasil, tanto aquelas que são leis em sentido formal, como aquelas provenientes de resoluções de agências reguladoras, bem como, as normas atinentes a recuperação de empresas em crise, em especial, a Lei 11.101/2005.

2. ASPECTOS GERAIS SOBRE O EMBRIÃO NA REPRODUÇÃO HUMANA ASSISTIDA

A fertilização in vitro, técnica que originou a expressão "bebê de proveta", consiste na coleta de um óvulo e um espermatozoide, separadamente, seguida da união deles em um meio de cultura. O óvulo fecundado cresce por algum tempo em laboratório, e depois é transplantado de novo para o útero, com o fito de consolidar uma gravidez.[1]

Cumpre salientar que apesar de afins, os conceitos de embrião, concepto, feto e nascituro não se confundem. Embrião é o ser humano em desenvolvimento durante

---

1. ALVES, MUOTRI, 2014, p. 30-31.

seus estágios iniciais; concepto são todos os produtos da concepção, da fertilização em diante e suas membranas, o embrião é um tipo de concepto. Feto é aquele que era embrião, após oito semanas de desenvolvimento. Nascituro é ente gerado ou concebido, cujo nascimento é tido como provável, no entanto ainda não ocorreu – remanesce discussão se o nascituro deveria englobar o embrião e o feto, ou deveria ser restrito ao feto.

Lima Júnior[2] defende que a pessoalidade do nascituro se aloca na conexão entre o biológico e o metafísico, já que a ética desempenha o papel relevantíssimo de suscitar a fronteira onto-biológico de respeito ao vivente. Acresce, ainda, que inexiste momento na cronologia do ser humano em que este seja completamente destituído de substrato moral.

Embora Acosta e Rosado[3] afirmem ser possível dizer com absoluta certeza que, desde que o óvulo é fecundado merece o status de indivíduo humano, e que as perguntas sobre essa questão estão no coração das mais terríveis tormentas políticas, sociais e religiosas, a verdade é que precisar o início da vida humana e, consequentemente, a partir de qual momento é possível identificar o início do indivíduo humano, é matéria controversa e apartada de posição uníssona.

Assim como todos os bilhões de células do corpo humano, o embrião está vivo, no entanto para configurar vida humana, é necessário que possua atributos neurológicos. Em um sentido geral, a vida inicia dentro da célula individual, mas na acepção especial, a vida está vinculada ao funcionamento cerebral, a origem da consciência.[4] É importante ressaltar que esse viés é coerente com o conceito atual de morte encefálica, ora, se a morte é entendida com a cessação das atividades do tronco-encefálico, é razoável a compreensão de que a vida começa com a consciência.

É possível afirmar que, em princípio, há vida humana em cada célula humana, mas que no caso do embrião, ele contém essa vida em potência, para vir a se tornar pessoa. Por meio do congelamento, essa potencialidade de vida é interrompida artificialmente, caracterizando a diferença entre a vida do embrião criopreservado e a vida do nascituro.[5]

O embrião possui o potencial para converter-se não somente em um ser humano qualquer, mas especialmente apresenta a composição genética, única e singularíssima de todo material genético. Esse potencial, com toda a sua biodiversidade, não existe dentro do óvulo ou do esperma separadamente. É devido à enorme variabilidade genética, que tanto o zigoto, quanto o embrião possuem um grau de unicidade.[6]

Nesse sentido, fica evidente a relevância de tratar sobre a destinação dos embriões criopreservados em tanques de nitrogênio implicados em processo de falência ou de recuperação de empresas, pois o que se coloca em pauta é, primeiramente a natureza jurídica dos embriões, e, em segundo plano, como coexistir no ordenamento jurídico

---

2. 2016, p. 215.
3. 2007, p. 55.
4. ACOSTA; ROSADO, 2007, p. 57.
5. SEMIÃO, 2012, p. 297.
6. ACOSTA; ROSADO, 2007, p. 57-58.

disposições de cunho existencial, em contraponto com a lógica mercantilista inerente ao Direito Empresarial, especificamente ao Direito Concursal.

3. A REGULAMENTAÇÃO SOBRE O ARMAZENAMENTO E DESCARTE DE EMBRIÕES EM CLÍNICAS DE REPRODUÇÃO HUMANA ASSISTIDA

Tome-se como exemplo o caso de embriões abandonados, cuja mensalidade não está sendo paga à clínica de reprodução, agora insolvente. Todo esse conflito patrimonial é capaz de interferir na natureza jurídica dos embriões criopreservados? Como esclarece Semião:[7]

> Não se pode conceber, assim, que alguns embriões, só por serem órfãos ou abandonados, isto é, aqueles embriões sem responsáveis por eles, possam ser tratados diferentemente dos embriões que tenham genitores. A natureza de um e outro embrião é a mesma, ou seja, uma vida humana em germe.

É por essa razão que se mostra tão importante a regulamentação da matéria. Conforme explicita Santiago Dantas:[8]

> Muitas vezes serão encontradas normas jurídicas que protegem um monumento, que protegem um determinado lugar. Estas normas não estão reconhecendo nesses seres inanimados uma personalidade, mas considerando bens que interessam ser guardados de uma certa forma, elas os cercam de proteção e é o que acontece com o nascituro.
>
> Ele é protegido, mas não se lhe confere nenhum direito subjetivo. Não basta, porém, nascer, para que a personalidade surja; é preciso nascer com vida, o natimorto não chega a ter personalidade; o problema é, pois, extremamente importante pelas suas consequências práticas.

Sob a perspectiva social, a revolução biotecnológica tanto demanda a necessidade de adoção de novos posicionamentos humanos, quanto requer uma adaptação social no sentido de repudiar ou recepcionar as decorrências do progresso científico.[9] Como as técnicas de reprodução humana assistida conformam um dos mais importantes traços evolutivos na biotecnologia, é preciso ponderar os seus avanços para que não configurem retrocesso no que tange os direitos existenciais.

Considerando que "no Brasil, há o seguinte contrassenso: as normativas éticas emitidas pelo Conselho Federal de Medicina, que apenas têm força de *soft law*, são mais completas e detalhadas, a priori, que a legislação *strictu sensu*, coercitiva",[10] não há outra alternativa para tratar sobre armazenamento e descarte de embriões senão iniciar a análise com base nas resoluções do Conselho Federal de Medicina.

A Resolução Conselho Federal de Medicina 2.168, de 2017, apresentava as normas éticas para a utilização das técnicas de reprodução assistida, preconizando a defesa do aperfeiçoamento das práticas e da observância aos princípios éticos e bioéticos.

---

7. 2012, p. 297.
8. 1977, p. 170-171.
9. MENEZES, 2015, p. 29.
10. MENEZES, 2020, on-line.

Foi seguida pela Resolução 2.283/2020, para aprimorar o texto do regulamento em vigência. E ambas foram revogadas pela Resolução 2.294, de 2021.[11]

Cumpre salientar que outras normativas também antecederam aquela que data de 2022, a saber: Resolução 2121/2015; Resolução 2013/2013; Resolução 1957/2010; Resolução 1358/1992. Devido principalmente à inexistência de legislação específica sobre assunto aprovada pelo Congresso, o CFM justifica a constante necessidade de edição de resoluções sobre o tema.

A última resolução antecessora à vigente Resolução 2.320/2022, a Resolução 2.294/2021, previa no Capítulo V, item 1: "As clínicas, centros ou serviços podem criopreservar espermatozoides, oócitos, embriões e tecidos gonadais.". O item 3, do mesmo capítulo, salientava que no ato da criopreservação, os pacientes deveriam se posicionar, por escrito, acerca do destino dos embriões, em caso de divórcio, dissolução ou falecimento, estabelecendo previamente se pretendem doá-los. No mesmo capítulo, os itens 4 e 5[12] tratavam sobre o descarte de embriões, se não abandonados, o descarte deveria ser feito com o consentimento dos pacientes e com autorização judicial; e se abandonados, mediante autorização judicial. Em ambos os casos, o descarte só poderia ocorrer a partir de três anos após o congelamento.

Na Resolução do CFM 2.320/2022, foram suprimidos os itens 4 e 5 do Capítulo V, justamente aqueles que discorriam sobre descarte de embriões e necessidade de autorização judicial. Essa supressão pode ser apontada como um retrocesso pois embora coubesse intenso debate em relação ao conteúdo, havia, pelo menos, alguma previsão sobre o tema; a ausência de previsão dá margem para maior insegurança a respeito do descarte. O item 2 obriga a criopreservação dos embriões excedentários, já que afirma que "(...) Os excedentes viáveis devem ser criopreservados.", mas estranhamente a resolução não disciplina o descarte. Ao passo que o item 3 limita-se a tratar sobre a manifestação de vontade acerca da destinação dos embriões em caso de divórcio, dissolução de união estável ou falecimento.[13]

A Lei de Biossegurança, Lei 11.105, de 2005, expressa em seu artigo 5º, II e III, a possibilidade de utilizar células-tronco embrionárias obtidas de embriões humanos

---

11. "Adota as normas éticas para a utilização das técnicas de reprodução assistida – sempre em defesa do aperfeiçoamento das práticas e da observância aos princípios éticos e bioéticos que ajudam a trazer maior segurança e eficácia a tratamentos e procedimentos médicos (...)".

12. V – Criopreservação de gametas ou embriões (...) 3. No momento da criopreservação, os pacientes devem manifestar sua vontade, por escrito, quanto ao destino a ser dado aos embriões criopreservados em caso de divórcio, dissolução de união estável ou falecimento de um deles ou de ambos, e se desejam doá-los. 4. Os embriões criopreservados com três anos ou mais poderão ser descartados se essa for a vontade expressa dos pacientes, mediante autorização judicial. 5. Os embriões criopreservados e abandonados por três anos ou mais poderão ser descartados, mediante autorização judicial.

13. V – (...) 2. O número total de embriões gerados em laboratório será comunicado aos pacientes para que decidam quantos embriões serão transferidos a fresco, conforme determina esta Resolução. Os excedentes viáveis devem ser criopreservados.

3. Antes da geração dos embriões, os pacientes devem manifestar sua vontade, por escrito, quanto ao destino dos embriões criopreservados em caso de divórcio, dissolução de união estável ou falecimento de um deles ou de ambos, e se desejam doá-los.

produzidos por fertilização *in vitro* e não utilizados no respectivo procedimento, contanto que sejam inviáveis ou estejam congelado há três anos ou mais. O primeiro parágrafo do mesmo artigo preconiza a necessidade de consentimento dos pais para tais utilizações; ao passo que o parágrafo terceiro veda expressamente a comercialização das células-tronco.

A Constituição Federal dispõe em seu artigo 199, que "a assistência à saúde é livre à iniciativa privada"; e no parágrafo quarto reforça a vedação da comercialização de órgãos, tecidos e substâncias humanas.

Da análise sistemática dos dispositivos supramencionados, é possível constatar que os dispositivos deontológicos da Resolução do CFM são mais específicos que a legislação em sentido estrito, mas que apesar da sua especificidade não aponta uma solução clara para o problema em questão: a destinação dos embriões criopreservados em face da insolvência empresarial da clínica de reprodução humana assistida.

A Lei de Biossegurança, em consonância com a Constituição Federal, evidencia uma preocupação com a tutela jurídica do embrião, embora apresente certo contrassenso quando permite o descarte após três anos, contados da criopreservação.

4. ARMAZENAMENTO, TRANSFERÊNCIA E DESCARTE DE EMBRIÕES NO PLANO DE RECUPERAÇÃO JUDICIAL

A recuperação judicial, ao contrário do processo de falência, possui nítido caráter negocial, posto que o devedor ingressa com processo judicial visando não uma decisão adjudicatória, mas, a princípio, uma decisão homologatória de um plano aprovado pelos credores. Nessa perspectiva, deve-se ter em conta duas características intrínsecas a todo processo de recuperação judicial: o caráter voluntário da jurisdição e a natureza negocial do processo, mesmo nos casos de *cram down*[14] fora do quórum alternativo fixado na lei.

O processo de recuperação judicial como exercício de jurisdição voluntária se justifica pelos seguintes argumentos: (i) embora haja um litígio potencial, a afirmação de conflito não é aspecto essencial (afirma-se somente a existência de uma crise); nesse sentido, inclusive, a lei só impõe a realização de assembleia de credores caso haja objeção ao plano de recuperação (art. 56, *caput*, da Lei 11.101/05 (LGL\2005\2646)); (ii) ao ajuizar um pedido de recuperação judicial, busca-se, como já destacado, a produção de determinados efeitos jurídicos que não poderiam ser obtidos mediante simples manifestação da vontade; (iii) a integração da vontade pressupõe o atendimento a determinados requisitos expressamente previstos em lei; e (iv) há atividade judicial de fiscalização e integração da vontade dos envolvidos (homologação no plano).[15]

---

14. Termo em inglês, utilizado para designar a possibilidade de o magistrado impor aos credores discordantes, a aprovação de plano de recuperação judicial apresentado pelo devedor e aceito pela maioria da massa falida subjetiva.
15. DIDIER JR.; BRAGA; BATISTA, 2020, p. 10-11.

Ademais, transparece a essência negocial da recuperação judicial ao atentar que a Lei 11.101 de 2005 confere aos credores o poder de decidirem pela solução quanto ao destino do devedor, seja a recuperação judicial ou a falência.[16] Essa realidade ficou ainda mais clara quando foi permitido que os credores apresentassem uma contraproposta de plano de recuperação judicial, na reforma trazida pela Lei 14.112/2020. Resta evidente que é um processo negocial em que há não só proposta e aceitação, também ocorre a apresentação de contraproposta, com a possibilidade de interrupção do procedimento a qualquer momento para realização de mediação entre as partes.

A adoção do modelo de negociação estruturada (*structured bargaining*) pelo diploma brasileiro é particularmente significativa, pois possibilita a liberdade para devedor e credores discutirem amplamente o plano de recuperação, e permite o controle de sua legalidade pelo juiz.[17]

Nesse aspecto, a natureza de jurisdição voluntária do processo de recuperação judicial permite ao magistrado maior liberdade na adequação do procedimento ao caso concreto, visando a realização das finalidades previstas na lei, principalmente a preservação da empresa, nos termos do art. 723, parágrafo único do CPC.[18]

A doutrina especializada tem destacado que os tribunais brasileiros vêm realizando diversas adaptações ao procedimento da recuperação judicial, com fulcro na preservação da empresa, como atividade econômica. É possível verificar que em diversas oportunidades o judiciário brasileiro optou pela mitigação das regras procedimentais da Lei 11.101, de 2005.[19]

É possível exemplificar nos seguintes termos: dispensa da exibição de certidões negativas tributárias para concessão da recuperação judicial; a prorrogação, por decisão judicial, do chamado *stay period* (suspensão automática de processos por um prazo), mesmo antes da reforma da Lei 14.112, de 2020, que permitiu uma única prorrogação por igual prazo; a relativização judicial do quórum alternativo para aprovação do plano de recuperação judicial (*cram down*), com fulcro no princípio da preservação da empresa; a realização da audiência de gestão democrática do processo. Há que se destacar, entretanto, que qualquer adaptação ao procedimento só pode ser feita mediante cumprimento de necessário dever mais acentuado de fundamentação, nos termos do art. 489, §§ 1º e 2º, do CPC.[20]

A Lei 11.101/2005 dispôs sobre regras de processo negocial entre credores, devedor ou devedores (em caso de recuperação de grupo de empresas) e Poder Judiciário. Entretanto, no caso das clínicas de reprodução humana assistida, há credores que necessitam

---

16. PUGLIESE; CALVO, 2019, p. 3.
17. TOLEDO, 2013, p. 8.
18. Art. 723. O juiz decidirá o pedido no prazo de 10 (dez) dias.
    Parágrafo único. O juiz não é obrigado a observar critério de legalidade estrita, podendo adotar em cada caso a solução que considerar mais conveniente ou oportuna.
19. DIDIER JR.; BRAGA; BATISTA, 2020, p. 13.
20. DIDIER JR.; BRAGA; BATISTA, 2020, p. 13.

de atenção especial, não por serem credores de obrigações de fazer (depósito), mas em razão da natureza daquilo que é objeto da prestação do devedor: a criopreservação dos embriões.

Conforme destacado nos dois primeiros capítulos, os embriões não são qualificáveis como coisa e, portanto, possuem tratamento especial pela Lei de Biossegurança, e pelas resoluções do Conselho Federal de Medicina e da Agência Nacional de Saúde (ANS).

Assim, o plano de recuperação judicial, na qualidade de negócio jurídico, está sujeito à obediência dessas normas cogentes, que obrigam a manifestação dos titulares dos embriões armazenados, em uma pluralidade de hipóteses. Para uma melhor compreensão das consequências de tomar o mencionado plano como um negócio jurídico, cumpre revisitar os aspectos gerais, principalmente conceito e objetivos, dos negócios jurídicos, seguindo o viés da teoria de Pontes de Miranda.

Negócio jurídico é o fato jurídico cujo elemento nuclear do suporte fático consiste em manifestação ou declaração consciente de vontade em relação à qual o sistema jurídico faculta às pessoas, dentro de limites predeterminados e de amplitude vária. O poder de escolha da categoria jurídica e de estruturação do conteúdo eficacial das relações jurídicas respectivas, quanto ao seu surgimento, permanência e intensidade no mundo jurídico.[21]

O conceito de negócio jurídico surgiu para abranger os casos em que a vontade humana pode criar, modificar ou extinguir direitos, pretensões, ações ou exceções, tendo por fito esse acontecimento do mundo jurídico. Para tal poder de escolha supõe-se certo autorregramento de vontade, dito "autonomia da vontade", e com esse, o agente determina as relações jurídicas em que há de figurar como termo.[22]

O autorregramento da vontade é entendido como o espaço que o direito destina às pessoas, dentro de limites prefixados, para tornar jurídicos atos humanos e, pois, configurar relações jurídicas e obter eficácia jurídica.[23] Pelo autorregramento, permite-se a escolha da categoria negocial e concede-se o poder de estruturação do conteúdo eficacial da relação jurídica, cuja amplitude é variável, não sendo possível, entretanto, a criação voluntária de efeitos que não estejam previstos ou ao menos admitidos pelo sistema.[24]

Sob esse prisma, há liberdade limitada de autorregramento, que esbarra nos limites que o próprio Direito põe a vontade humana. Ao ser humano é livre a disposição de seus bens, mas não poderá doar o adúltero ao cúmplice do adultério (art. 550, CC), por exemplo; tampouco poderá também dispor sobre aquilo que o Direito qualificou como indisponível, como os direitos da personalidade.

Conforme se denota da análise gramatical da resolução Conselho Federal de Medicina 2.294, de 2021, a destinação dos embriões não pode ser decidida nem pelo devedor

---

21. MELLO, 2019, p. 256.
22. PONTES DE MIRANDA, 1983, p. 3.
23. LÔBO, 2013, não paginado.
24. MELLO, 2019, p. 248.

recuperando, tampouco pelos credores coletivamente, a escolha cabe aos pacientes que são titulares do embrião.[25] Na qualidade de credores de obrigação de fazer, os pacientes, que se submeteram aos procedimentos de reprodução humana assistida devem decidir sobre essa destinação, não cabendo ao devedor ou aos credores coletivamente a intervenção nessa esfera de decisão.

O número de embriões a serem criopreservados, conforme o item 2, V, da resolução, será comunicado aos pacientes para que decidam quantos embriões serão transferidos a fresco, devendo os excedentes, viáveis, serem criopreservados.

Apenas caberá a escolha ao devedor e aos credores coletivamente no caso de embriões criopreservados e abandonados há mais de 3 (três) anos, e mediante autorização judicial, entendendo-se como abandonados apenas aqueles em que os responsáveis descumpriram o contrato preestabelecido e não foram localizados pela clínica recuperanda. Ainda assim, a escolha será entre mantê-los ou descartá-los, sendo vedada, em qualquer circunstância, a sua comercialização, nos termos do art. 199, § 4º da Constituição de 1988.

O exame dessas questões está dentro dos limites de atuação do magistrado no exame de legalidade das cláusulas do plano de recuperação judicial, pois diz respeito aos limites que a autonomia da vontade está sujeita nesses contratos. Conforme vem decidindo o Superior Tribunal de Justiça, ao juiz cabe o exame da legalidade do plano de recuperação aprovado, não se imiscuindo no exame da viabilidade econômico-financeira.[26]

É importante destacar que o Ministério Público deve ser chamado a intervir como *custos legis*, por se tratar de interesse individual indisponível (art. 178, CPC), que também opinará pela legalidade ou não do plano de recuperação quanto a este ponto. O *parquet* deverá atuar ainda nos casos em que os embriões não tiverem titulares identificáveis, conforme será melhor abordado no capítulo seguinte.

Além disso, o contrato de criopreservação de embriões é de trato sucessivo, gerando obrigações que se protraem no tempo para ambas as partes, pacientes e clínicas de reprodução. Sua manutenção, muitas vezes, pode tornar inviável a recuperação da empresa em crise, em razão de, por exemplo, o número de clientes adimplentes não ser suficiente para cobrir os custos da preservação desses embriões, que muitas vezes não estão em condições de descarte, conforme as regras acima expostas.

Assim, é perfeitamente possível haver a rescisão dos contratos que tornarem-se excessivamente onerosos, entretanto, os embriões que não estiverem em condições de descarte, deverão ser encaminhados para outra clínica, mantidas as condições hígidas de criopreservação, consultados sempre os pacientes titulares previamente.

---

25. V – Criopreservação de gametas ou embriões (...) 3. No momento da criopreservação, os pacientes devem manifestar sua vontade, por escrito, quanto ao destino a ser dado aos embriões criopreservados em caso de divórcio, dissolução de união estável ou falecimento de um deles ou de ambos, e se desejam doá-los. 4. Os embriões criopreservados com três anos ou mais poderão ser descartados se essa for a vontade expressa dos pacientes, mediante autorização judicial. 5. Os embriões criopreservados e abandonados por três anos ou mais poderão ser descartados, mediante autorização judicial.

26. STJ, 2021, p. 1.

Aqui há que adotar uma solução de razoabilidade e proporcionalidade, como, por exemplo, a de estabelecer uma clínica destino com custos de transferência a serem arcados pelo devedor em recuperação, deixando a opção aos pacientes de escolher outra clínica de reprodução de sua preferência, arcando, entretanto, com eventuais acréscimos nos custos da operação decorrentes dessa escolha.

5. ARMAZENAMENTO, TRANSFERÊNCIA E DESCARTE DE EMBRIÕES NO PROCESSO DE FALÊNCIA

Diferentemente da recuperação judicial, a falência, também conhecida como quebra ou bancarrota, é o regime jurídico liquidatório reservado aos empresários individuais e sociedades empresárias, no qual se busca a liquidação do patrimônio do devedor presumidamente insolvente para o pagamento de seus credores, de acordo com garantias e preferências legalmente estipuladas.[27]

Conforme o art. 117 da Lei 11.101/2005, os contratos bilaterais, a exemplo dos contratos entre titulares de embriões e clínicas de reprodução, não se resolvem pela falência e podem ser cumpridos pelo administrador judicial se o cumprimento reduzir ou evitar o aumento do passivo da massa falida ou for necessário à manutenção e preservação de seus ativos, mediante autorização do Comitê. Nesse caso, os contratos de armazenamento e criopreservação de embriões fazem parte da atividade empresarial desse tipo de clínica, por isso, sua manutenção passa por essa análise entre custo e benefício por parte do administrador judicial e do comitê de credores, mas não só.

A decisão pela manutenção ou não dos referidos contratos deverá ser objeto de controle de legalidade pelo juízo e, em razão disso, deve obedecer sim às normativas de Biodireito.

Assim, embora os pacientes que se sujeitaram à reprodução humana assistida, e que deles decorrem o material genético dos embriões criopreservados, possam integrar a parte dos credores da massa falida coletivamente, estão em causa direitos individuais indisponíveis, de titularidade dos embriões.

Nesse sentido, é dever do juízo falimentar fazer adequações ao procedimento de modo a conformar a realização desses interesses com aqueles normalmente perseguidos no processo de falência, quais sejam, a preservação da empresa como atividade econômica, preservar e otimizar a utilização produtiva dos bens, dos ativos e dos recursos produtivos, inclusive os intangíveis, da empresa, permitir a liquidação célere das empresas inviáveis, com vistas à realocação eficiente de recursos na economia; e fomentar o empreendedorismo, inclusive por meio da viabilização do retorno célere do empreendedor falido à atividade econômica (art. 75, incisos I a III da LRF).

Apesar de não se tratar de procedimento de jurisdição voluntária como a recuperação judicial, a norma processual permite que flexibilizações sejam feitas ao procedi-

---

27. SCALZILLI; SPINELLI; TELLECHEA, 2018, p. 562.

mento para adequá-lo a situação de direitos indisponíveis presentes dentro dos "ativos" da massa falida.

Uma sugestão interessante é a realização das audiências de gestão democrática do processo, conforme tem sido amplamente feito pela 1ª Vara de Falências e Recuperação Judicial da comarca de São Paulo. Dentro do modelo de gestão democrática, as decisões judiciais, notadamente sobre os temas que demandam maior urgência e compatibilidade com o tempo dos agentes econômicos, devem ser tomadas em audiências públicas com a presença de todos os atores processuais interessados nos destinos do processo, vale dizer, do administrador judicial, do perito, do MP e de outros eventuais interessados especificamente nas questões a serem decididas (notadamente os empregados e parceiros comerciais).[28]

A realização das audiências de gestão democrática do processo encontra também fundamento no CPC, na medida em que permite ao juiz "determinar, a qualquer tempo, o comparecimento pessoal das partes, para inquiri-las sobre os fatos da causa, hipótese em que não incidirá a pena de confesso" (art. 139, inciso VIII). Para suprir eventual insuficiência dos procedimentos estabelecidos, o Código permite, dentro de certos limites, que o magistrado flexibilize o procedimento (art. 139, inciso VI) e ainda aposta na possibilidade de as partes, de comum acordo, adaptarem o procedimento por meio de negócios processuais (art. 190).[29]

Além disso, conforme a Lei 11.101/2005, permite-se ao juiz designar audiência para a colheita de informações das partes e demais interessados, sempre que entender necessário para a solução rápida e adequada das questões postas em juízo. E mais. Essa forma de gestão de processos é a que melhor atende aos princípios constitucionais da eficiência e da duração razoável do processo.[30]

Nesse caso, uma das primeiras e principais pautas a ser tratada em audiência de gestão democrática seria a manutenção ou não dos contratos de criopreservação de embriões, bem como, as opções disponíveis ao administrador e ao comitê de credores em relação aos interesses dos titulares daqueles. A título de exemplo, há algumas situações possíveis que devem ser identificadas na audiência de gestão democrática: titulares vivos que tem interesse em futuramente fazer uso deles; titulares mortos que deixaram instruções específicas de seu consentimento (por exemplo, só pode ser destinado à doação); titulares vivos com interesses conflitantes entre si (divórcio e apenas um deles deseja manter os embriões); titulares vivos mas que sofreram restrição na capacidade civil (interdição) de um ou de ambos; titulares vivos e conhecidos que não possuem interesse em continuar com os embriões; titulares desconhecidos.

Constata-se, em todos os casos, que a questão extrapola o que cotidianamente se pode esperar de um processo regido por direito concursal, as questões existenciais, en-

---

28. COSTA, 2015, p. 75.
29. MARINONI; ARENHART; MITIDIERO, 2017, não paginado.
30. COSTA, 2015, p. 79.

globando direitos da personalidade e direito de família reclamam um destaque especial, centrado na eficácia social dos direitos.

Em qualquer caso, não é cabível o pedido de restituição pelo titular dos embriões armazenados. Segundo o art. 85 da Lei 11.101/2005 ele é cabível para o proprietário de bem arrecadado no processo de falência ou que se encontre em poder do devedor na data da decretação da falência, que poderá pedir sua restituição. O objetivo do pedido de restituição é a salvaguarda do direito dos proprietários dos bens que não pertencem ao falido. A medida não busca diminuir o patrimônio da massa, mas sim devolver os bens que não pertencem a ela a seus legítimos proprietários, assegurando, assim, o direito do titular de reaver o bem arrecadado que se encontrava na posse do devedor. Trata-se de mecanismo de tutela do direito de propriedade constitucionalmente garantido (CRFB, art. 5º, XXII).[31]

Assim, o pedido de restituição é apropriado às coisas, e, como se sabe, o embrião não pode ser considerado *res*, isto é, ser propriedade de alguém. O embrião não tem proprietário, mas sim, responsável que, mediante uma exegese simples do art. 5º da Lei de Biossegurança, a princípio, são os genitores, ou seja, aqueles que lhe forneceram o patrimônio genético.[32] O remédio processual adequado, nesses casos, será uma ação pelo procedimento ordinário, sendo facultado ao titular a utilização dos pedidos de tutela de urgência, em caráter antecedente ou incidental previstos no CPC.

Questão importante tanto na recuperação judicial como na falência é o tratamento que deve ser dado aos embriões que não possuam titulares identificáveis e que não estão em condições de descarte.

Há posição doutrinária no sentido de que, para estes, é necessária a nomeação de um curador especialmente designado para defender seus interesses, mesmo para aqueles que defendem que o embrião seria um terceiro gênero, não se enquadrando no conceito de pessoa ou de coisa[33] e que ficaria responsável por decidir a sua destinação, nos termos do art. 1.779 do CC. De forma mais explícita, cumpre destacar a proposta de Semião:[34]

> Propomos que no momento da decretação da falência de uma clínica de reprodução humana assistida, o juiz, na própria sentença, nomeie um curador, que deverá ter conhecimentos técnicos e médicos específicos, para saber se existe embrião congelado no estabelecimento da falida, principalmente algum embrião em situação irregular. Em caso positivo, deverá o curador diligenciar a transferência de tais embriões para um serviço de reprodução humana assistida do Estado e, ato contínuo, comunicar o fato ao juiz.

Embora a equiparação desses embriões a figura do nascituro, ainda que para fins de curatela, esteja longe de ser unanimidade, a nomeação de um curador, aliada a atuação do Ministério Público, por se tratar de direito individual indisponível, parece ser a solução que conforma maior segurança jurídica a decisão a ser tomada no processo concursal.

---

31. SCALZILLI; SPINELLI; TELLECHEA, 2018, p. 817.
32. SEMIÃO, 2012, p. 278.
33. SEMIÃO, 2012, p. 313.
34. 2012, p. 319.

6. CONCLUSÃO

Por todo o exposto, a crise empresarial em clínicas de reprodução humana assistida tem o potencial de gerar situações complexas, cujas soluções não se encontram adequadamente tratadas na legislação falimentar. No que concerne aos objetivos deste trabalho, verificou-se que a tutela adequada da situação da destinação dos embriões presentes nas clínicas em situação de crise passa por uma necessária adaptação do procedimento previsto na Lei 11.101/2005, para falência e para a recuperação judicial.

Encontrou-se nos fundamentos negociais e no caráter de jurisdição voluntária do processo de recuperação judicial, fundamento suficiente para colocar os titulares no centro do processo decisório sobre a destinação de seus embriões, conforme ditam as normas de biodireito. Na falência, a realização das audiências de gestão democrática, já presentes na praxe judiciária, transparece ser a técnica adequada para identificar as questões sensíveis atinentes a destinação dos embriões de modo a buscar uma solução consensual quanto a sua destinação, colocando os titulares destes, mais uma vez, em posição de destaque na tomada de decisão.

Por tratar de direitos individuais indisponíveis, a atuação do Ministério Público nesses processos de recuperação judicial e de falências terá uma particularidade especial, pois, este será chamado a atuar, além dos casos previstos na Lei 11.101/2005, em todos os atos processuais referentes aos embriões *in vitro*.

Sendo assim, as decisões a esse respeito, no âmbito dos processos concursais de falência e recuperação, terão natureza negócio jurídico de suporte fático complexo, pois, incluirão a manifestação dos titulares dos embriões, ou do curador na ausência desses, do membro do Ministério Público, do devedor e demais credores (limitada a sua esfera de atuação, que será basicamente os aspectos econômicos envolvidos) e homologação/decisão final do magistrado, a quem caberá efetuar o controle de legalidade daquilo que foi decidido, realizando-se, preferencialmente, nas audiências de gestão democrática do processo, onde poderão ser encontradas soluções consensuais adequadas para cada caso.

7. REFERÊNCIAS

ACOSTA, Aura María Baute; ROSADO, Laura Cristina Oñate. *El genoma humano y sus implicaciones socio jurídicas*. Bogotá: Leyer, 2007.

ALVES, Adelson; MUOTRI, Allyson. *Simples assim*: células-tronco. São Paulo: Atheneu, 2014.

COSTA, Daniel Carnio. O novo método da gestão democrática de processos de insolvência. In: CEREZETTI, Sheila C. Neder; MAFFIOLETTI, Emanuelle Urbano. *Dez anos da Lei 11.101/2005*: estudos sobre a lei de recuperação e falência. São Paulo: Almedina, 2015.

DANTAS, San Tiago. *Programa de direito civil*: aulas proferidas na Faculdade Nacional de Direito [1942-1945]. Parte Geral. Rio de Janeiro: Editora Rio, 1977.

DIDIER JR., Fredie; BRAGA, Paula Sarno; BATISTA, Felipe Vieira. A recuperação judicial como jurisdição voluntária: um ponto de partida para a estruturação do procedimento. *Revista de Processo*. v. 310, p. 237-262, dez. 2020.

LIMA JÚNIOR, Oswaldo Pereira de. *Entre o biológico e o humano*: conflitos e tensões entre a opção parental e o *status* moral do nascituro. Tese (Doutorado em Direito) – Universidade Estácio de Sá. Rio de Janeiro, 2016.

LÔBO, Paulo. Autorregramento da vontade – um insight criativo de Pontes de Miranda. *Revista Jus Navigandi*, ISSN 1518-4862, Teresina, ano 18, n. 3748, 5 out. 2013. Disponível em: https://jus.com.br/artigos/25357. Acesso em: 02 jan. 2022.

MARINONI, Luiz Guilherme; ARENHART, Sérgio Cruz; MITIDIERO, Daniel. *Novo curso de processo civil*: tutela dos direitos mediante procedimento comum. 3. ed. São Paulo: Ed. RT, 2017. v. 2.

MELLO, Marcos Bernardes de. *Teoria do fato jurídico*: plano da existência. São Paulo: Saraiva, 2019.

MENEZES, Renata Oliveira Almeida. A Lei Geral de Proteção de Dados regula o segredo médico? *Revista Consultor Jurídico*. São Paulo. 12 out. 2020. Disponível em: https://www.conjur.com.br/2020-out-12/direito-civil-atual-lei-geral-protecao-dados-regula-segredo-medico. Acesso em: 11 jan. 2022.

MENEZES, Renata Oliveira Almeida. *Ortotanásia*: o direito à morte digna. Curitiba: Juruá, 2015.

PONTES DE MIRANDA, Francisco Cavalcanti. *Tratado de Direito Privado*: Parte Geral. São Paulo: Ed. RT, 1983. t. III.

PUGLIESI, Adriana Valéria; CALVO, Bianca Barcena. Consolidação substancial e o caráter negocial da recuperação judicial: análise da jurisprudência do tribunal de justiça do estado de São Paulo. *Revista de Direito Recuperacional e Empresa*. v. 11/, jan.-mar. 2019.

SCALZILLE, João Pedro; SPINELLI, Luis Felipe; TELLECHEA, Rodrigo. *Recuperação de empresas e falência*: teoria e prática na Lei 11.101/2005. 3. ed. São Paulo: Almedina, 2018.

SEMIÃO, Sérgio Abdalla. *Biodireito e direito concursal*. Belo Horizonte: Del Rey, 2012.

SUPERIOR TRIBUNAL DE JUSTIÇA. AgInt no REsp 1875528/MT, Rel. Ministro Marco Buzzi, Quarta Turma, julgado em 31.05.2021, DJe 04.06.2021.

TOLEDO, Paulo Fernando Campos Sales de. O plano de recuperação e o controle judicial da legalidade. *Revista de Direito Bancário e do Mercado de Capitais*, v. 60/2, abr. 2013.

O EXERCÍCIO DO PLANEJAMENTO FAMILIAR NA ESTERILIZAÇÃO VOLUNTÁRIA E O ERRO MÉDICO POR NEGLIGÊNCIA INFORMACIONAL

Igor de Lucena Mascarenhas

Doutorando em Direito pela Universidade Federal da Bahia e pela Universidade Federal do Paraná. Professor da graduação, pós-graduação e residências médicas e em Saúde do UNIFIP. Membro do IBERC, SBB e IBDCivil. Advogado. E-mail: igor@igormascarenhas.com.br.

Sumário: 1. Introdução – 2. Consentimento informado – 3. O resultado adverso e a responsabilidade profissional – 4. A prova do consentimento e os resultados adversos relacionados ao planejamento familiar – 5. Considerações finais – 6. Referências.

1. INTRODUÇÃO

Analisando a realidade das esterilizações voluntárias no Brasil é prudente afirmar que quem se sujeita à esterilização voluntária não pretende ter filhos. Ocorre que, não raras as vezes, por uma falha no processo informacional ou por publicidade enganosa, o paciente é levado a crer que não há chances de concepção e, consequentemente, o risco do planejamento familiar positivo.

Ocorre que, em algumas situações, a concepção posterior à esterilização pode resultar em uma responsabilidade médica ou não baseando-se no princípio bioético da autonomia, de modo que é necessário perquirir se o ato médico atendeu ao que se estabelece na legis artis e no processo de consentimento informado.

O presente artigo, por intermédio da revisão bibliográfica e documental pretende debater o enfrentamento do tema no ordenamento jurídico brasileiro, a partir da perspectiva do processo de consentimento informado e da negligência informacional.

Para tanto, o texto será estruturado em três seções distintas: consentimento informado, resultado adverso e responsabilidade profissional e uma análise da jurisprudência em casos de concepção pós esterilização voluntária.

2. CONSENTIMENTO INFORMADO

A autonomia, de forma geral, significa garantir o direito à autodeterminação ou seja, a possibilidade das pessoas fixarem suas próprias regras de conduta e vivência a partir de pressupostos básicos. No âmbito existencial, a autonomia representa a possibilidade de desenvolvimento da própria personalidade, de se autogovernar e impedir que regras heterônomas incidam sobre a perspectiva individual.

O consentimento informado garante que o paciente, sob a perspectiva autônoma, que se proteja de eventuais paternalismos médicos, ou seja, de ingerências sacerdotais com a única perspectiva de ditar o que é melhor para o paciente a partir do médico. No âmbito da Bioética, consentir perpassa, necessariamente, por ter a informação precisa para poder decidir. Consentir sem informação não é processo de consentimento, mas uma decisão baseada em uma assimetria de informação. É dever do médico subsidiar o paciente com um conteúdo informacional suficiente para que ele tenha ciência do que o afeta e as possíveis consequências de suas decisões.

Nesse sentido, o processo de consentimento deve ser livre, reversível, informado, consciente e individualizado. Livre, pois não deve estar sujeito à nenhuma coação ou elemento externo que vicie a vontade do paciente. Reversível, na medida em que é direito do paciente, caso não se sinta seguro ou mude de opinião, não se sujeitar ao procedimento que originalmente havia consentido. Informado, pois o processo de consentimento é baseado na informação. Quanto maior o nível de risco, maior o rigor com o dever informacional.[1] Deve ainda ser consciente, na medida em que aquele que consente deve estar no pleno domínio das suas razões, de modo que condições de considerar todas as informações passadas e, a partir de um juízo próprio, determine se concorda ou não com o procedimento. Individualizado, pois não é possível que o consentimento seja dado de forma genérica e não personalizada.

Notadamente em relação ao aspecto individualizado do consentimento, a Medicina moderna é baseada nos Quatro P's. Significa dizer que a Medicina deve ser preditiva, personalizada, participativa e preventiva.[2] Não há como garantir uma Medicina participativa e personalizada com um processo de consentimento massificado. Nesse sentido, Giorgio Resta alerta que o consentimento precisa ser individualizado e particularizado ao caso.[3] Como bem alerta Stanley Henderson, consentimentos baseados em regras genéricas, via de regra, representam estratégias de ocultar informações relevantes ao paciente.[4]

De acordo com Eugenio Facchini Neto, na Itália, por exemplo, o consentimento genérico não é suficiente, exigindo-se, para perfectibilização do ato, que seja prestado especificamente em relação a tratamento claramente individualizado.[5]

Para o CFM, o processo de consentimento é interpretado como:

---

1. KFOURI NETO, Miguel. A quantificação do dano na ausência de consentimento livre e esclarecido do paciente. *Revista IBERC*, v. 2, n. 1, p. 01-22, Minas Gerais, jan.-abr. 2019.
2. FLORES, Mauricio et al. P4 medicine: how systems medicine will transform the healthcare sector and society. *Personalized medicine*, v. 10, n. 6, p. 565-576, 2013.
3. RESTA, Giorgio. O acesso ao material biológico humano com fins de pesquisa e de aproveitamento industrial: questões relativas ao consentimento e à responsabilidade na perspectiva do direito comparado. In: MARTINS-COSTA, Judith; MÖLLER, Letícia Ludwig (Org.). *Bioética e responsabilidade*. Rio de Janeiro: Forense, 2009. p. 169.
4. HENDERSON, Stanley D. Contractual Problems in the Enforcement of Agreements to Arbitrate Medical Malpractice. *Virginia Law Review*, v. 58, p. 947, 1972.
5. FACCHINI NETO, Eugênio. O maior consenso possível – O consentimento informado sob o prisma do direito comparado. *Revista de Direito Civil Contemporâneo*, v. 2, n. 4, p. 53-105, jul.-set. 2015.

o esclarecimento claro, pertinente e suficiente sobre justificativas, objetivos esperados, benefícios, riscos, efeitos colaterais, complicações, duração, cuidados e outros aspectos específicos inerentes à execução tem o objetivo de obter o consentimento livre e a decisão segura do paciente para a realização de procedimentos médicos.[6]

Esse consentimento pode ainda ser classificado como expresso ou tácito. Se expresso, o paciente ou seu representante legal manifesta a aquiescência de forma escrita ou verbal em relação ao processo de consentimento informado. Já a forma tácita ou presumida está relacionada às situações em que o consentimento não pode ser perfectibilizado de forma expressa pelo paciente ou seu representante legal por impossibilidade de manifestação ou ausência de tempo hábil para isso – como uma hipótese de uma vítima de acidente automobilístico que está desacordada e com múltiplas fraturas –, porém o médico presumirá que a existência do consentimento em razão do princípio da beneficência e não maleficência.[7]

Caso o consentimento seja expresso, a sua manifestação pode se dar de forma oral (que pode ser gravada em áudio ou vídeo) ou então escrita. Tradicionalmente, sobretudo para atos extremamente invasivos, eletivos e extraordinários, é prudente que o consentimento se dê de forma escrita, conforme orientação do CFM:

A forma verbal é a normalmente utilizada para obtenção de consentimento para a maioria dos procedimentos realizados, devendo o fato ser registrado em prontuário. Contudo, recomenda se a elaboração escrita (Termo de Consentimento Livre e Esclarecido).[8]

Todavia, o fato do consentimento preferencialmente ser reduzido a termo está mais relacionado a uma questão probatória do que propriamente da exigência da forma para consolidação do processo. Como o paciente não tem condições de provar o "não consentimento", é dever do médico, de acordo com o Superior Tribunal de Justiça (STJ) promover o consentimento:

O ônus da prova quanto ao cumprimento do dever de informar e obter o consentimento informado do paciente é do médico ou do hospital, orientado pelo princípio da colaboração processual, em que cada parte deve contribuir com os elementos probatórios que mais facilmente lhe possam ser exigidos (STJ, REsp: 1540580-DF 2015/0155174-9, Relator Ministro Lázaro Guimarães (desembargador convocado do TRF 5ª Região), Data de Julgamento: 02.08.2018, T4 – Quarta Turma, Data de Publicação DJe 04.09.2018).

Ou seja, por uma questão mais probatória do que propriamente ética ou médica, cabe ao profissional, preferencialmente, reduzir a termo a conclusão do processo de

---

6. CFM. Recomendação CFM 1/2016. Disponível em: https://portal.cfm.org.br/images/Recomendacoes/1_2016.pdf. Acesso em: 20. nov. 2021.
7. Miguel Kfouri Neto aponta que, nessas situações, ocorre a dispensa de consentimento, porém preferimos a adoção da presunção de consentimento, na medida em que, sem consentimento não é possível agir, de modo que a presunção de consentimento representa uma ficção de que, caso o paciente estivesse lúcido, consciente e orientado, o consentimento seria garantido. Cf. KFOURI NETO, Miguel. A quantificação do dano na ausência de consentimento livre e esclarecido do paciente. *Revista IBERC*, v. 2, n. 1, p. 01-22, Minas Gerais, jan.-abr. 2019.
8. CFM. Recomendação CFM 1/2016. Disponível em: https://portal.cfm.org.br/images/Recomendacoes/1_2016.pdf. Acesso em: 20 nov. 2021.

consentimento através do Termo de Consentimento Livre e Esclarecido.[9] Todavia, ainda que o TCLE represente uma prova de suposto consentimento, o processo de consentimento não se inicia ou se encerra com ele, na medida em que o paciente só deve assinar após haver de fato o consentimento. A mera assinatura sem consentimento, ainda que caiba ao paciente comprovar que o consentimento foi viciado, pode não ter validade.

3. O RESULTADO ADVERSO E A RESPONSABILIDADE PROFISSIONAL

É preciso reconhecer que a culpa dos profissionais de Medicina decorre da violação às *leges artis*. Nesse sentido, a inobservância das regras profissionais poderá resultar na responsabilidade profissional se observada que a conduta médica foi inadequada ou contraindicada aos conhecimentos, experiências e preceitos adotados pela comunidade médico-científica.[10]

Como pontifica Genival Veloso: "É preciso desarmar as pessoas de um certo preconceito de que todo resultado atípico e indesejado no exercício da medicina é de responsabilidade do médico…".[11] Em idêntico sentido destaca Vera Lucia Raposo:

> Nem todo efeito adverso suscetível de ocorrer no âmbito de um ato médico traduz uma falta ética. O efeito adverso é um conceito muito lato, que pretende exprimir toda a ocorrência negativa sobrevinda para além da vontade do médico, que surja como consequência do ato médico e não do estado clínico que lhe deu origem, e que acaba por causar algum tipo de dano ao paciente.[12]

Desta forma, não basta que o resultado não tenha sido o esperado ou o mais exitoso possível, mas que o profissional tenha agido com culpa para fins de sua responsabilização. Ocorre que, na atual conjuntura médica, outro cenário de responsabilidade tem surgido: a negligência informacional.

Significa dizer que o médico não tem apenas o dever de agir com perícia, prudência e cuidado, mas que tem que garantir que o processo informacional também tenha sido respeitado. Mesmo que o profissional não tenha agido com imperícia, imprudência ou negligência tradicionais, a atual jurisprudência entende que a violação da autonomia do paciente é, *per si,* um dano indenizável. "A ausência do consentimento pode constituir lesão autônoma, por si só danosa e passível de indenização".[13]

---

9. Registre-se que, conforme já defendido em outra oportunidade, dependendo do contexto específico da atuação médica, o Termo de Consentimento, sob o pretexto de fazer maior prova, pode resultar em desumanização da atenção e maior burocratização procedimental. Cf. MASCARENHAS, Igor de Lucena; MATOS, Ana Carla Harmatiuk. O processo de consentimento informado e a desnecessidade de termo de consentimento no contexto dos cuidados paliativos. In: DADALTO, Luciana. *Cuidados paliativos*: aspectos jurídicos. 2. ed. Indaiatuba: Foco, 2022. p. 95-107.

10. PEREIRA, André Gonçalo Dias. *Direitos dos pacientes e responsabilidade médica*. Coimbra: Coimbra, 2012. p. 390.

11. FRANÇA, Genival Veloso. *Comentários ao Código de Ética Médica*. 6. ed. Rio de Janeiro: Guanabara Koogan, 2010. p. 58.

12. RAPOSO, Vera Lúcia. *Do ato médico ao problema jurídico*. Coimbra: Almedina, 2013. p. 14.

13. KFOURI NETO, Miguel. A quantificação do dano na ausência de consentimento livre e esclarecido do paciente. *Revista IBERC*, Minas Gerais, v. 2, n. 1, p. 01-22, jan.-abr. 2019.

Nesse sentido, a obrigação de bem informar surge como um dos deveres da relação médico paciente e, portanto, um dever próprio do médico de garantir que o processo de consentimento seja adequado. Significa dizer que o médico deve tornar claros as justificativas, objetivos esperados, benefícios, riscos, efeitos colaterais, complicações, duração, cuidados relativos ao procedimento sob pena de, ainda que tecnicamente irretocável a sua conduta, responda por não ter observado a manifestação da autonomia do paciente.

Esse tipo de posicionamento não é novo no Judiciário, visto que, ao menos, desde 2002 o STJ tem construído uma jurisprudência sobre o assunto:

> Responsabilidade civil. Médico. Consentimento informado.
>
> A despreocupação do facultativo em obter do paciente seu consentimento informado pode significar – nos casos mais graves – negligência no exercício profissional. As exigências do princípio do consentimento informado devem ser atendidas com maior zelo na medida em que aumenta o risco, ou o dano.
>
> Recurso conhecido.
>
> (REsp 436.827/SP, relator Ministro Ruy Rosado de Aguiar, Quarta Turma, julgado em 1º.10.2002, DJ de 18.11.2002, p. 228).
>
> Civil. Responsabilidade civil. Cirurgia plástica. Dano moral. O médico que deixa de informar o paciente acerca dos riscos da cirurgia incorre em negligência, e responde civilmente pelos danos resultantes da operação. Agravo regimental não provido.
>
> (AgRg no Ag 818.144/SP, relator Ministro Ari Pargendler, Terceira Turma, julgado em 09.10.2007, DJ de 05.11.2007, p. 264).
>
> Recurso especial. Ação de indenização por danos morais. Procedimento cirúrgico realizado para resolver síndrome da apneia obstrutiva do sono (SASO). Falecimento do paciente. Negativa de prestação jurisdicional. Não ocorrência. Falha no dever de informação acerca dos riscos da cirurgia. Constatação apenas de consentimento genérico (*blanket consent*), o que não se revela suficiente para garantir o direito fundamental à autodeterminação do paciente. Restabelecimento da condenação que se impõe. Redução do valor fixado, considerando as particularidades da causa. Recurso provido parcialmente.
>
> 1. O presente caso trata de ação indenizatória buscando a reparação pelos danos morais reflexos causados em razão do falecimento do irmão dos autores, ocasionado por choque anafilático sofrido logo após o início da indução anestésica que precederia procedimento cirúrgico para correção de apneia obstrutiva do sono, a qual causava problemas de "ronco" no paciente.
>
> *1.1. A causa de pedir está fundamentada não em erro médico, mas sim na ausência de esclarecimentos, por parte dos recorridos – médico cirurgião e anestesista –, sobre os riscos e eventuais dificuldades do procedimento cirúrgico que optou por realizar no irmão dos autores.*
>
> 2. Considerando que o Tribunal de origem, ao modificar o acórdão de apelação na via dos embargos declaratórios, fundamentou o decisum na ocorrência de omissão e erro material no acórdão embargado, não há que se falar em violação do art. 535 do CPC/1973.
>
> 3. *Todo paciente possui, como expressão do princípio da autonomia da vontade, o direito de saber dos possíveis riscos, benefícios e alternativas de um determinado procedimento médico, possibilitando, assim, manifestar, de forma livre e consciente, o seu interesse ou não na realização da terapêutica envolvida, por meio do consentimento informado. Esse dever de informação encontra guarida não só no Código de Ética Médica (art. 22), mas também nos arts. 6º, inciso III, e 14 do Código de Defesa do Consumidor, bem como no art. 15 do Código Civil, além de decorrer do próprio princípio da boa-fé objetiva.*
>
> 3.1. *A informação prestada pelo médico deve ser clara e precisa, não bastando que o profissional de saúde informe, de maneira genérica, as eventuais repercussões no tratamento, o que comprometeria o consentimento informado do paciente, considerando a deficiência no dever de informação. Com efeito, não se*

admite o chamado "blanket consente", isto é, o consentimento genérico, em que não há individualização das informações prestadas ao paciente, dificultando, assim, o exercício de seu direito fundamental à autodeterminação.

3.2. Na hipótese, da análise dos fatos incontroversos constantes dos autos, constata-se que os ora recorridos não conseguiram demonstrar o cumprimento do dever de informação ao paciente – irmão dos autores/recorrentes – acerca dos riscos da cirurgia relacionada à apneia obstrutiva do sono. Em nenhum momento foi dito pelo Tribunal de origem, após alterar o resultado do julgamento do recurso de apelação dos autores, que houve efetivamente a prestação de informação clara e precisa ao paciente acerca dos riscos da cirurgia de apneia obstrutiva do sono, notadamente em razão de suas condições físicas (obeso e com hipertrofia de base de língua), que poderiam dificultar bastante uma eventual intubação, o que, de fato, acabou ocorrendo, levando-o a óbito.

4. A despeito da ausência no cumprimento do dever de informação clara e precisa ao paciente, o que enseja a responsabilização civil dos médicos recorridos, não deve prevalecer o valor da indenização fixado pelo Tribunal de origem na apelação, como pleiteado pelos recorrentes no presente recurso especial, revelando-se razoável, diante das particularidades do caso, a fixação do valor de R$ 10.000,00 (dez mil reais) para cada autor, acrescido de correção monetária desde a data da presente sessão de julgamento (data do arbitramento), a teor do disposto na Súmula 362/STJ, além de juros de mora a partir da data do evento danoso (27.03.2002 – data da cirurgia), nos termos da Súmula 54/STJ. 5. Recurso especial provido em parte. (REsp 1.848.862/RN, relator Ministro Marco Aurélio Bellizze, Terceira Turma, julgado em 05.04.2022, DJe de 08.04.2022.) Sem destaques no original.

Nessa perspectiva, a jurisprudência tem se consolidado para apontar a negligência informacional como um dano próprio não relacionado à técnica ou êxito do ato profissional, mas ao aspecto antecedente: a falha do processo de consentimento.

Nesse sentido, o STJ, apesar de já construir um longo percurso de defesa da autonomia do paciente, tem apontado que o julgador deve sopesar, no momento do julgamento, as particularidades e contextos fático-jurídico envolvidos à época do ato médico. Significa dizer que analisar fatos ocorridos há muito tempo não podem ser analisados sob a ótica contemporânea:

Assim, embora, atualmente, seja comum a prática de se obter o consentimento livre e informado do paciente, principalmente mediante documento por escrito, cujas informações sobre a terapêutica envolvida são prestadas de forma bastante pormenorizada, sobretudo em casos cirúrgicos, não há como ignorar que a cirurgia em discussão foi realizada em março de 2002, isto é, há mais de 20 anos, época em que não havia, ainda, a prática usual em relação à prestação de informação clara e precisa ao paciente.

Nessa linha, fixar uma indenização tomando como base a realidade atual, no tocante à relação médico-paciente, para um fato que ocorreu há duas décadas, não se revela consentâneo com o princípio da razoabilidade (REsp 1.848.862/RN, relator Ministro Marco Aurélio Bellizze, Terceira Turma, julgado em 05.04.2022, DJe de 08.04.2022).

Nesse sentido, na atual conjuntura, mostra-se prudente que o médico possua uma prova do consentimento, notadamente para evitar futuros dissabores relacionados ao ato médico regular, mas que, eventualmente, venha a apresentar resultados adversos.

A ação do paciente não deve debater o erro médico tradicional baseado em imperícia, imprudência ou negligência, mas no novo tipo de dano decorrente da violação à autonomia por ausência de consentimento. De acordo com Miguel Kfouri, esse tipo de dano não pode equivaler ao dano ordinariamente causado por erro médico, na medida em que, ainda que ilícito, possui lesividade menor do que comparada aos casos de imperícia, imprudência e negligência típicos, devendo, para fins de fixação do quantum indenizatório, haver o arbitramento conforme as particularidades do caso.[14]

4. A PROVA DO CONSENTIMENTO E OS RESULTADOS ADVERSOS RELACIONADOS AO PLANEJAMENTO FAMILIAR

De acordo com o art. 226, § 7º da Constituição Federal e Lei 9.263/96, o planejamento familiar é direito do cidadão, cabendo ao Estado garantir o seu exercício através de educação, informação, auxílio a concepção e contracepção.

Pode-se afirmar que o planejamento familiar representa uma forma de manifestação da personalidade e da própria existência do ser humano. Um dos traços do próprio planejamento familiar se traduz no direito de querer ou não exercer o direito de maternidade/paternidade. As pessoas têm o direito de programar ter filhos ou não, quantos ter e quando os ter.[15]

Ao realizar um ato de esterilização voluntária, é fundamental que a pessoa envolvida seja cientificada, sobretudo, de dois aspectos: possível reversão natural da medida e a possibilidade de reversão cirúrgica. A reversão cirúrgica está relacionada ao próprio planejamento familiar, no sentido de que é possível que um homem ou uma mulher não deseje ser pai/mãe, porém, no futuro, pretenda exercer o direito de filiação através da reversão da esterilização voluntária. Apesar de possível, o procedimento se mostra complexo e, conforme estudos divulgados, percentual significativo dos envolvidos em procedimentos de esterilização voluntária buscam os serviços para reversão do procedimento.[16] Já no tocante à reversibilidade natural da medida, esta está relacionada à evitar uma concepção indesejada.

A Lei de Planejamento familiar exige que o consentimento seja escrito, conforme previsão no art. 10, § 1º:

Art. 10. Somente é permitida a esterilização voluntária nas seguintes situações:

§ 1º É condição para que se realize a esterilização o registro de expressa manifestação da vontade em documento escrito e firmado, após a informação a respeito dos riscos da cirurgia, possíveis efeitos colaterais, dificuldades de sua reversão e opções de contracepção reversíveis existentes.

---

14. KFOURI NETO, Miguel. A quantificação do dano na ausência de consentimento livre e esclarecido do paciente. *Revista IBERC*, Minas Gerais, v. 2, n. 1, p. 01-22, jan.-abr. 2019.
15. MASCARENHAS, Igor de Lucena; COSTA, Ana Paula Correia de Albuquerque da Costa. Fertilização in vitro e o direito ao planejamento familiar: a ilegalidade do enunciado n. 20 da i jornada de direito da saúde do conselho nacional de justiça e a teoria da captura aplicada à ANS. *Revista de Direito do Consumidor*, v. 121, p. 323-345, 2019.
16. VIEIRA, Elisabeth Meloni; SOUZA, Luiz de. A satisfação com o serviço de esterilização cirúrgica entre os usuários do Sistema Único de Saúde em um município paulista. *Revista Brasileira de Epidemiologia*, v. 14, p. 556-564, 2011; VIEIRA, Elisabeth Meloni. O arrependimento após a esterilização feminina. *Cadernos de Saúde Pública*, v. 14, p. S59-S68, 1998. e VIEIRA, Elisabeth Meloni. O arrependimento após a esterilização cirúrgica e o uso das tecnologias reprodutivas. *Revista Brasileira de Ginecologia e Obstetrícia*, v. 29, p. 225-229, 2007.

Ainda que a mídia leiga,[17] artigos especializados[18] e até Sociedades especializadas[19] tratarem a reversão natural como uma falha do procedimento de esterilização, é importante registrar que não se trata de uma falha, pois a falha pressupõe uma culpa e, considerando que se trata de uma resposta natural do organismo, não há culpa envolvida no procedimento de reversão natural.

Desta forma, ainda que existam múltiplos métodos para condução do planejamento familiar negativo, ou seja, para que não haja concepção, é importante ressaltar que nenhum método preventivo se traduz em 100% de eficácia, salvo a abstinência.[20]

Nesse cenário, é dever do médico informar previamente sobre a possibilidade de concepção, mesmo tendo ocorrido a esterilização voluntária masculina ou feminina, sob pena de responsabilidade profissional por negligência informacional.

A Sociedade Brasileira de Urologia (SBU) e a Federação Brasileira das Associações de Ginecologia e Obstetrícia (FEBRASGO) disponibilizam modelos de TCLE que ressaltam justamente a ausência de infalibilidade do procedimento, respectivamente:

> Apesar da vasectomia ser um método de esterilização permanente, existe uma pequena possibilidade de ocorrer recanalização espontânea, ou seja, ocorrer a passagem dos espermatozoides de um coto para outro e voltarem a ser ejaculados e o indivíduo poderá permanecer fértil e ocasionar uma gravidez.[21]

> Embora o método de laqueadura tubária esteja entre os mais efetivos dos métodos de planejamento familiar, sua efetividade não é de 100%. *Existe uma porcentagem de falha em torno de 0,41% que independe da paciente ou do médico.* (Grifos constantes no original)

Analisando o teor dos documentos, é fundamental que haja destaque para, como sugestionado pela FEBRASGO, da possibilidade de reversão, visto que essa informação se mostra essencial para o comportamento sexual dos pacientes no futuro.

A partir da questão do consentimento nas hipóteses de esterilização surgem dois casos paradigmáticos sobre a matéria cujos desfechos foram diametralmente opostos. O primeiro julgado pelo TJRS[22] em 2012 e o segundo julgado pelo TRF4[23] em 2020.

---

17. G1. *Falha em laqueadura e vasectomia depende da técnica, dizem médicos.* Disponível em: https://g1.globo.com/bemestar/noticia/2013/03/falha-em-laqueadura-e-vasectomia-depende-da-tecnica-dizem-medicos.html. Acesso em: 20 nov. 2021.
18. MACEDO, Éverton Silveira; ALENCAR NETO, Nehemias Rodrigues de; LÓSSIO NETO, Cláudio Couto; LYRA, Ricardo José Lisboa. Risco de paternidade após a vasectomia: uma revisão sistemática da literatura de 2011 a2022. Id on Line *Rev.Psic.* v. 17, n. 65, p. 18-46, fev. 2023, ISSN: 1981-1179.
19. FEBRASGO. *Termo de consentimento livre e esclarecido:* documento de consentimento pós-informado para realização de laqueadura tubária. Disponível em: https://www.febrasgo.org.br/images/emkt04_12/TCLE-Laqueadura-2023.pdf. Acesso em: 5 fev. 2023.
20. LUCON, Marcos et al. Paternity after vasectomy with two previous semen analyses without spermatozoa. *Sao Paulo Medical Journal*, v. 125, p. 122-123, 2007.
21. SBU. *Consentimento informado para vasectomia.* Disponível em: https://portaldaurologia.org.br/medicos/wp-content/uploads/2015/09/Consentimento-Informado-VASECTOMIA.pdf. Acesso em: 17 dez. 2021.
22. TJ-RS – AC: 70045261443 RS, Relator: Leonel Pires Ohlweiler, Data de Julgamento: 28.03.2012, Nona Câmara Cível, Data de Publicação: Diário da Justiça do dia 03.04.2012.
23. TRF-4 – AC: 50045952220174047110 RS 5004595-22.2017.4.04.7110, Relator: Cândido Alfredo Silva Leal Junior, Data de Julgamento: 16.09.2020, Quarta Turma.

O primeiro caso, julgado pelo TJRS em 2012, tratava de um homem realizou procedimento de vasectomia e foi exposto a seguinte publicidade: "Vasectomia. Tenha uma vida sexual tranquila e saudável. Em apenas 10 minutos, o casal fica livre da pílula e do DIU. Clínica Humana Vita Vasectomia".

O casal ingressou com ação indenizatória alegando que havia a garantia de que estariam livres da pílula e do DIU, pois a própria Clínica afirmava em publicidade que a cirurgia seria definitiva, segura e irreversível sem nenhuma ressalva quanto a possível, ainda que improvável, reversão. No âmbito do TJRS, compreendendo que houve falha no processo de consentimento e publicidade enganosa, a Clínica foi condenada a indenizar o casal em R$30.000,00 a título de danos morais pela informação falsa.

Já o segundo caso, julgado pelo TRF4 em 2020, trata de uma mulher que ingressou com uma ação indenizatória após engravidar, mesmo tendo feito a laqueadura. A mulher havia ingressado com uma ação indenizatória em face da Universidade Federal de Pelotas e dos dois médicos responsáveis pelo procedimento e pleiteava danos morais no importe mínimo de 50 salários mínimos, além de pensionamento no valor de um salário mínimo mensal até o menor atingir a maioridade. Em sede de defesa, os médicos, que nem sequer deveriam constar no polo passivo, considerando o Tema 940 do STF, e a UFPEL alegaram que havia termo de consentimento livre e esclarecido, além de não ter ocorrido erro profissional. O laudo pericial apontou que não teria ocorrido erro ou má técnica na execução do procedimento, pois o resultado ocorrido seria intrínseco à técnica empregada. O TCLE continha a informação que é "pouco provável" que sobrevenha gravidez, mas que isso não seria impossível. Nesse sentido, detalhava que: "... a referida cirurgia é realizada com fins irreversíveis, no entanto, embora seja este o propósito e intenção pode ser que o resultado não seja assim".

Em razão do TCLE existente e ausência de prova de que o processo de consentimento tenha sido defeituoso, o que poderia afastar a presunção criada pelo TCLE, a ação foi julgada improcedente.

Em ambos os casos, não se debateu erro médico propriamente, mas as consequências jurídicas de um suposto processo de negligência informacional. Se no primeiro cenário, a publicidade e falta de termo de consentimento adequado foram prejudiciais à Clínica, no segundo caso, a existência de um TCLE adequado serviu como fundamento absolutório.

5. CONSIDERAÇÕES FINAIS

Pensar o processo de consentimento se mostra fundamental para garantir um bom planejamento jurídico de hospitais, clínicas e consultórios. A crescente judicialização da Medicina exige uma adequação dos profissionais não apenas sob a perspectiva técnica, mas, sobretudo, procedimental.

O médico, na contemporaneidade, tem que ter de que ciência que não basta ser prudente, perito e cuidadoso, mas também tem a obrigação de observar outros deveres como a informação e respeito à autonomia do paciente. Por vezes, o Judiciário tem se debruçado sobre demandas que não versam sobre o erro médico clássico, mas por violações ao processo de consentimento.

O planejamento familiar representa um direito constitucional protegido pela Magna Carta, de modo que os cidadãos têm o direito de analisar quando, quantos e se desejam ter filhos. Essa decisão representa uma exteriorização da sua própria percepção do planejamento não estritamente familiar, mas também pessoal. Nesse sentido, a esterilização pode representar um desejo de um indivíduo ou de um casal.

De acordo com a Lei de Planejamento familiar, o consentimento para os casos de esterilização voluntária possui forma vinculada, ou seja, deve, necessariamente, ser escrito.

Imaginemos quantas crises conjugais podem ser causadas por uma falha informacional. Os casais litigantes, via de regra, apontam para desconfianças do parceiro/parceira em razão da concepção indesejada, além de destacar que não desejavam ser pais e que agora terão que suportar um impacto financeiro significativo e não planejado.

Eventuais descumprimentos ao dever de informação e autonomia do paciente poderão resultar em condenações de ordem material e moral, notadamente pelo filho concebido não ter sido planejado. Na verdade, gravidezes ocorridas pós esterilização voluntária indicam que o filho é originalmente "não desejado", visto que os pais adotaram conduta ativa para evitar a sua concepção. Nesse cenário, a negligência informacional pode resultar em severos prejuízos para os pais que serão, eventualmente, indenizados pelo médico omisso.

6. REFERÊNCIAS

CFM. Recomendação CFM 1/2016. Disponível em: https://portal.cfm.org.br/images/Recomendacoes/1_2016.pdf. Acesso em: 20. nov. 2021.

FACCHINI NETO, Eugênio. O maior consenso possível – O consentimento informado sob o prisma do direito comparado. *Revista de Direito Civil Contemporâneo*, v. 2, n. 4, p. 53-105, jul.-set. 2015.

FEBRASGO. *Termo de consentimento livre e esclarecido*: documento de consentimento pós-informado para realização de laqueadura tubária. Disponível em: https://www.febrasgo.org.br/images/emkt04_12/TCLE-Laqueadura-2023.pdf. Acesso em: 5 fev. 2023.

FLORES, Mauricio et al. P4 medicine: how systems medicine will transform the healthcare sector and society. *Personalized medicine*, v. 10, n. 6, p. 565-576, 2013.

FRANÇA, Genival Veloso. *Comentários ao Código de Ética Médica*. 6 ed. Rio de Janeiro: Guanabara Koogan, 2010.

G1. *Falha em laqueadura e vasectomia depende da técnica, dizem médicos*. Disponível em: https://g1.globo.com/bemestar/noticia/2013/03/falha-em-laqueadura-e-vasectomia-depende-da-tecnica-dizem-medicos.html. Acesso em: 20 nov. 2021.

HENDERSON, Stanley D. Contractual Problems in the Enforcement of Agreements to Arbitrate Medical Malpractice. *Virginia Law Review*, v. 58, p. 947, 1972.

KFOURI NETO, Miguel. A quantificação do dano na ausência de consentimento livre e esclarecido do paciente. *Revista IBERC*, Minas Gerais, v. 2, n. 1, p. 01-22, jan.-abr. 2019.

LUCON, Marcos et al. Paternity after vasectomy with two previous semen analyses without spermatozoa. *Sao Paulo Medical Journal*, v. 125, p. 122-123, 2007.

MACEDO, Éverton Silveira; ALENCAR NETO, Nehemias Rodrigues de; LÓSSIO NETO, Cláudio Couto; LYRA, Ricardo José Lisboa. Risco de Paternidade após a Vasectomia: Uma Revisão Sistemática da Literatura de 2011 a2022.Id on Line *Rev.Psic.* v. 17, n. 65, p. 18-46, fev. 2023. ISSN: 1981-1179.

MASCARENHAS, Igor de Lucena; COSTA, Ana Paula Correia de Albuquerque da Costa. Fertilização in vitro e o direito ao planejamento familiar: a ilegalidade do enunciado n. 20 da I jornada de direito da saúde do Conselho Nacional de Justiça e a teoria da captura aplicada à ANS. *Revista de Direito do Consumidor*, v. 121, p. 323-345, 2019.

MASCARENHAS, Igor de Lucena; MATOS, Ana Carla Harmatiuk. O processo de consentimento informado e a desnecessidade de termo de consentimento no contexto dos cuidados paliativos. In: DADALTO, Luciana. *Cuidados paliativos*: aspectos jurídicos. 2. ed. Indaiatuba: Foco, 2022.

PEREIRA, André Gonçalo Dias. *Direitos dos pacientes e responsabilidade médica*. Coimbra: Coimbra, 2012.

RAPOSO, Vera Lúcia. *Do ato médico ao problema jurídico*. Coimbra: Almedina, 2013.

RESTA, Giorgio. O acesso ao material biológico humano com fins de pesquisa e de aproveitamento industrial: questões relativas ao consentimento e à responsabilidade na perspectiva do direito comparado. In: MARTINS-COSTA, Judith; MÖLLER, Letícia Ludwig (Org.). *Bioética e responsabilidade*. Rio de Janeiro: Forense, 2009.

SBU. Consentimento informado para vasectomia. Disponível em: https://portaldaurologia.org.br/medicos/wp-content/uploads/2015/09/Consentimento-Informado-VASECTOMIA.pdf. Acesso em: 17 dez. 2021.

VIEIRA, Elisabeth Meloni. O arrependimento após a esterilização cirúrgica e o uso das tecnologias reprodutivas. *Revista Brasileira de Ginecologia e Obstetrícia*, v. 29, p. 225-229, 2007.

VIEIRA, Elisabeth Meloni. O arrependimento após a esterilização feminina. *Cadernos de Saúde Pública*, v. 14, p. S59-S68, 1998

VIEIRA, Elisabeth Meloni; SOUZA, Luiz de. A satisfação com o serviço de esterilização cirúrgica entre os usuários do Sistema Único de Saúde em um município paulista. *Revista Brasileira de Epidemiologia*, v. 14, p. 556-564, 2011.

ANOTAÇÕES